Reden nach Hitler

STIFTUNG BUNDESPRÄSIDENT-THEODOR-HEUSS-HAUS

WISSENSCHAFTLICHE REIHE 4

DEUTSCHE VERLAGS-ANSTALT · STUTTGART

Ulrich Baumgärtner

Reden nach Hitler

THEODOR HEUSS –
DIE AUSEINANDERSETZUNG MIT DEM
NATIONALSOZIALISMUS

DEUTSCHE VERLAGS-ANSTALT · STUTTGART

Bildnachweis
Bundesarchiv Koblenz (NL Heuss): 158 f.
Bundesbildstelle (Meyer-Pfeiffer, Bonn): Rückseite (oben, 4. Abb.
von oben)
Deutsche Presseagentur (dpa): 260, Rückseite (5. Abb. von oben)
Gesellschaft für Christlich-Jüdische Zusammenarbeit: 189
Heuss, Theodor: Hitlers Weg. Eine historisch-politische Studie
über den Nationalsozialismus, Stuttgart 1932: 46
Landesarchiv Berlin: 310, Rückseite (3. Abb. von oben)
Lichtbildatelier Schafgans, Bonn: Rückseite (unten)
Ullstein Bilderdienst: 286, Rückseite (2. und 6. Abb. von oben)

Die Deutsche Bibliothek – CIP-Einheitsaufnahme

Ein Titeldatensatz für diese Publikation ist bei
Der Deutschen Bibliothek erhältlich

© 2001 Deutsche Verlags-Anstalt GmbH, Stuttgart München
Alle Rechte vorbehalten
Satz: Hahn Medien GmbH, Kornwestheim
Umschlaggestaltung: Atelier Reichert, Stuttgart
Druck und Bindung: Friedrich Pustet, Regensburg
Diese Ausgabe wurde auf chlor- und säurefrei gebleichtem,
alterungsbeständigem Papier gedruckt.
Printed in Germany

ISBN 3-421-05553-X

Für Gerlinde

Inhalt

Einleitung

I

»Heuss hat die Erinnerung an die nationalsozialistische Vergangenheit wachgehalten, er hat den deutschen Widerstand gegen den Nationalsozialismus gerechtfertigt, die Wiedergutmachung gutgeheißen, in behutsamer, doch unmißverständlicher Weise die Lehren und Tugenden der freiheitlichen Demokratie verkündet und selbst gelebt«.[1]

An dieser Würdigung von Kurt Sontheimer ist dreierlei bemerkenswert. Zum einen spricht er dem ersten Bundespräsidenten eine wichtige Stellung im Rahmen der später so genannten »Vergangenheitsbewältigung« zu; zum anderen betont er, worauf Formulierungen wie »wachgehalten«, »gerechtfertigt«, »gutgeheißen« und »verkündet« hindeuten, daß die öffentliche Rede das entscheidende Mittel gewesen sei, um diese politischen Ziele zu erreichen; schließlich hebt er die persönliche Integrität des Menschen Heuss und seine Vorbildfunktion als Inhaber des höchsten Staatsamtes hervor.

Damit sind zugleich drei wissenschaftlich bislang wenig untersuchte Aspekte der Geschichte der Bundesrepublik angesprochen. Im Hinblick auf die »Vergangenheitsbewältigung« standen bislang vor allem die personelle Säuberung, die justitielle Ahndung sowie die legislatorische Regelung im Vordergrund, während die geistige Auseinandersetzung nur am Rande beachtet wurde; Reden wurden zwar immer wieder als Quellen herangezogen, um die Intentionen der Akteure zu erschließen, aber selten als politische Handlungen in ihrer spezifischen Struktur wahrgenommen; Theodor Heuss als Bundespräsident schließlich erschien gegenüber dem ersten Bundeskanzler, nach dem die Gründerjahre der Bundesrepublik als »Ära Adenauer« benannt wurden, oft nur als repräsentative Randfigur.

Die vorliegende Untersuchung widmet sich der bis heute nachwirkenden und bislang wenig erforschten erinnerungspolitischen Leistung des ersten Bundespräsidenten; sie fragt danach, wie sich das auf den Nationalsozialismus bezogene Geschichtsbewußtsein in den von Theodor Heuss gehaltenen »Reden nach Hitler« manifestiert. Bei der Betrachtung seiner rhetorischen Auseinandersetzung mit dem Nationalsozialismus ergeben sich damit drei Perspektiven: die Geschichte der »Vergangenheitsbewältigung«, die Rolle von Reden im historischen Prozeß und die Bedeutung von Theodor Heuss als Bundespräsident.

II

»Im Anfang war die ›Vergangenheitsbewältigung‹.«[2] – Dieser Schluß-satz von Manfred Kittels Studie »Die Legende von der ›Zweiten Schuld‹« verweist auf die Tatsache, daß die Auseinandersetzung mit dem Nationalsozialismus eine wichtige, ja »konstitutive Rolle für das politische Selbstverständnis der Bundesrepublik« gespielt hat – und spielt.[3] Dabei steht der Begriff »Vergangenheitsbewältigung«

> »in den politischen Diskussionen nach 1945 und in den pädago-gischen Reflexionen über den Nationalsozialismus für die Mah-nung vor dem Vergessen der Geschichte, als Aufforderung zur kritischen Auseinandersetzung mit der NS-Ära, als Leitbegriff von Defizit-Diagnosen in der politischen Kultur sowie als Orientie-rung für die Praxis politischer Bildung«.[4]

Der Neologismus wurde in den 1950er Jahren verschiedentlich in Zeitungskommentaren und Vorträgen verwendet, ging aber erst ge-gen Ende des Jahrzehnts als historisch-politisches Schlagwort in den allgemeinen Sprachgebrauch ein.[5] Unabhängig von der genauen Urheberschaft läßt sich der Zeitpunkt des Aufstiegs zum »Modewort« relativ genau ins Jahr 1959 datieren, wobei zu diesem Zeitpunkt die »inflationäre Verwendung« selbst schon reflektiert wurde.[6] So er-wähnte z. B. Theodor Heuss bereits in einer Rede im März 1959, es sei »seit einiger Zeit ein neues politisches Schlagwort in Umlauf gesetzt von der ›bewältigten‹, von der ›nichtbewältigten Vergangen-heit‹«.[7] Dabei erkannte er zum einen eine psychoanalytisch inspi-rierte Bedeutung, wenn er darauf hinwies, daß dabei »wesentlich an das Überwinden oder Ausheilen mannigfacher seelischer Verwun-dungen gedacht« sei; zum anderen löste er den Begriff von der Fixie-rung auf den Nationalsozialismus und beschrieb mit ihm den grundsätzlichen Zusammenhang, »daß *alle* Politik, die auf ein Mor-gen blickt, Bewältigung einer Vergangenheit bleibt«.[8]

Als Heuss drei Monate später anläßlich der Kieler Woche über »Wert und Unwert einer Tradition« sprach, beschrieb er die Einstel-lung, die seiner Meinung nach gegenüber der Vergangenheit gebo-ten sei, so:

> »Wir bleiben hier in Stolz und Dank, dort in Scham und Trauer Erben und auch Opfer der Geschichte. Unser aller Aufgabe ist,

den Kindern, den Enkeln in der bedrohten, in der dürftigen Zeit, die wir erleben, die *Chance* eines Traditionsgefühls zu sichern, das nichts mehr kennt von dem Bramarbasieren, das sich vom inneren Ressentiment nährt und in erzwungenem Pathos sich über die innere Verlegenheit, oft mit leichter Verlogenheit, hinwegredet, sondern *vor der Wirklichkeit nüchtern steht*, aber um die Pflicht vor dem Werdenden weiß. Ein Schlagwort dieser Gegenwart spricht von der ›unbewältigten Vergangenheit‹. In dieser Formel verbirgt sich eine tiefe Not, mit der man aber nur fertig wird, wenn man sich, ohne Überschwang, doch mit unverschwärmter Klarheit mit der Zukunft verbündet weiß.«[9]

Damit versuchte Heuss das durch Hitler in Frage gestellte Traditionsgefühl zu retten, indem er dessen fortwirkende Bedeutung würdigte, ohne jedoch die Belastung durch den Nationalsozialismus zu leugnen. Zwar sprach Heuss allgemein von Geschichte, doch ist der Bezug zum Nationalsozialismus unverkennbar.

Daran wird deutlich, daß die nationalsozialistische Vergangenheit nicht nur für die Deutschen als Individuen zum Problem wurde, sondern daß auch die neu entstandene Bundesrepublik ihr Verhältnis zum »Staat Hitlers«[10] definieren mußte. Während Österreich, so die These von M. Rainer Lepsius, dieses Erbe »externalisierte«, da es beim sog. »Anschluß« 1938 Opfer der expansionistischen Politik Hitlers wurde, verstand die DDR den Nationalsozialismus als Spielart des Faschismus und konnte ihn so »universalisieren«. Im Gegensatz dazu mußte sich die Bundesrepublik, zumal sie sich als Rechtsnachfolgerin des 1945 militärisch besiegten »Großdeutschen Reiches« verstand, immer wieder mit dessen Erbe auseinandersetzen:

»Insofern behielt der Nationalsozialismus in der Bundesrepublik die größte Relevanz für die Selbstreflexion des politischen Systems und blieb damit ein Bezugsereignis, auf das die verschiedensten Ereignisse bezogen werden konnten. Man kann daher sagen, der Nationalsozialismus ist in der Bundesrepublik normativ *internalisiert* worden.«[11]

Für diese kontinuierliche Auseinandersetzung mit der nationalsozialistischen Vergangenheit bürgerte sich, wie gesagt, seit den 1950er Jahren der Begriff »Vergangenheitsbewältigung« ein.

Dieses Schlagwort war und ist in seiner Bedeutung allerdings keineswegs klar; seine Verwendung ist zumeist gekennzeichnet durch die Verengung der Vergangenheit auf die Epoche des Nationalsozialismus, durch die fehlende Konkretisierung der gemeinten Lebensbereiche und durch die im Begriff enthaltene Zielprojektion eines abgeschlossenen Prozesses: Zur »Bewältigung« gehört gemäß der sprachlichen Logik der erreichte (bzw. nicht erreichte) Zustand der beendeten Auseinandersetzung danach.

Den mitunter synonym verwendeten Terminus »Aufarbeitung« betrachtet Theodor W. Adorno mit Mißtrauen, da er in ihm ein Plädoyer für eine Beendigung der Auseinandersetzung vermutet. In seiner folgenreichen Schrift »Was bedeutet: Aufarbeitung der Vergangenheit?« aus dem Jahr 1959 versucht er, dem Begriff eine kritische Bedeutung zu geben. Auch wenn seiner Meinung nach das »Vergessen des Nationalsozialismus« aus der »gesellschaftlichen Situation weit eher als auch [richtig: aus] der Psychopathologie« zu verstehen sei,[12] plädiert er für eine radikale Selbstreflexion:

> »Es kommt wohl wesentlich darauf an, in welcher Weise das Vergangene vergegenwärtigt wird; ob man beim bloßen Vorwurf stehen bleibt oder dem Entsetzen standhält durch die Kraft, selbst das Unbegreifliche noch zu begreifen.«[13]

Verengt diese psychologische Konnotation den Gesamtprozeß, so impliziert der Begriff »Aufarbeitung« ebenso wie das ähnliche »Verarbeitung« einen Endzustand und enthält insofern eine normative Komponente.[14]

Eignet sich »Vergangenheitsbewältigung« einerseits als pauschaler Oberbegriff für alle Formen der Auseinandersetzung mit der nationalsozialistischen Vergangenheit, so handelt es sich dabei andererseits um ein politisches Reizwort.[15] Die jeweilige Beurteilung der geleisteten bzw. nicht geleisteten »Vergangenheitsbewältigung« gilt im Meinungskampf nach wie vor als politisches Credo und prägt mitunter auch wissenschaftliche Positionen. Die in diesem Zusammenhang entstandene »sozusagen forschungsfreie Essayistik füllt mittlerweile eine kleine Bibliothek«[16] und hat jenen Überdruß erzeugt, für den sich die einsetzende wissenschaftliche Erforschung dieses Komplexes glaubt entschuldigen zu müssen.[17] Denn trotz oder gerade wegen dieser heftigen öffentlichen Auseinandersetzung ist die Erforschung dieses Phänomens noch nicht weit gediehen: »Ernsthafte historische Forschung mit Distanz gegenüber solchen tagespolitischen Kontroversen und ihren kulturkämpferischen Implikationen steht dagegen erst an den Anfängen.«[18]

Dabei lassen sich im wesentlichen zwei Positionen unterscheiden, die den politischen Meinungskampf ebenso bestimmen, wie sie die wissenschaftliche Diskussion beeinflussen.[19] Die »Verdrängungsthese« hebt prononciert auf die Versäumnisse im Umgang mit der nationalsozialistischen Vergangenheit ab. Der Publizist Ralph Giordano spricht in seiner 1981 erschienenen gleichnamigen Streitschrift sogar von einer »zweiten Schuld«: »Jede zweite Schuld setzt eine erste voraus – hier: die Schuld der Deutschen unter Hitler; die zweite Schuld: die Verdrängung und Verleugnung der ersten nach 1945.«[20] Dabei stützt er sich auf die kritische Beschreibung der bundesrepublikanischen Seelenlage, die Alexander und Margarete Mitscherlich 1967 unter dem Titel »Die Unfähigkeit zu trauern« publizierten. Darin deuten sie den Umgang mit der nationalsozialistischen Vergangenheit psychoanalytisch:

> »Die Bundesrepublik ist nicht in Melancholie verfallen, das Kollektiv all derer, die einen ›idealen Führer‹ verloren hatten, den Repräsentanten eines gemeinsam geteilten Ich-Ideals, konnte der eigenen Entwertung dadurch entgehen, daß es alle affektiven Brücken zur unmittelbar hinter ihnen liegenden Vergangenheit abbrach.«[21]

Diese Blockade der emotionalen Erinnerung mit der Folge einer »Derealisierung« der NS-Zeit habe gleichermaßen dem Selbstschutz gedient wie eine produktive Auseinandersetzung verhindert. Der oft zitierte Titel beschreibt also nicht die moralische Unempfindlichkeit gegenüber den NS-Verbrechen, sondern meint die mißlungene Ablösung von der idealisierten Führerfigur Hitler.[22]

Die fehlende Auseinandersetzung mit dem Nationalsozialismus, wie sie Giordano behauptet, kann jedoch unter einem anderen Blickwinkel auch anders beurteilt werden. Hermann Lübbe sieht in diesem Ausweichen, das er bewußt rechtfertigt, die Chance, dem neuen Staat die Loyalität seiner Bürger zu sichern: »Diese gewisse Stille war das sozialpsychologisch und politisch nötige Medium der Verwandlung unserer Nachkriegsbevölkerung in die Bürgerschaft der Bundesrepublik Deutschland.«[23]

Die »Aufarbeitungsthese« würdigt im Gegensatz zur »Verdrängungsthese« gerade angesichts der schwierigen Ausgangslage die ausgeprägte Bereitschaft zu einer Auseinandersetzung mit der nationalsozialistischen Vergangenheit. Während Manfred Kittel in seiner wissenschaftlichen Monographie die publikumswirksamen Thesen von Giordano grundsätzlich in Frage stellt und versucht, sie als »Legende von der ›Zweiten Schuld‹« zu entlarven,[24] lobt Daniel Goldhagen, der als Historiker die damaligen Deutschen als »Hitlers willige Vollstrecker« kritisiert,[25] in einer Rede die gelungene »Ver-

gangenheitsbewältigung« in der Bundesrepublik: »Ich kenne kein
anderes Land, das so offen und konsequent mit den unrühmlichen
und schrecklichen Kapiteln der eigenen Vergangenheit umgeht.«[26]
Der »Verdrängungsthese« steht somit die »Aufarbeitungsthese« gegenüber.[27] Beide Thesen prägen in ihrem kontroversen Aufeinan-
dertreffen die öffentliche Diskussion, in der sie als Credo für die
jeweilige politische Gesinnung gelten, und verweisen in ihrer Verbindung von normativen mit deskriptiven Aussagen auf die Verschränkung von öffentlicher Diskussion und wissenschaftlichem
Diskurs.[28]

Die publikumswirksamen Kontroversen der 1980er und 1990er
Jahre über den richtigen Umgang mit der nationalsozialistischen
Vergangenheit, das Erbe der DDR-Vergangenheit und die notwendige Selbstvergewisserung des vereinigten Deutschlands bilden den
Hintergrund für eine Reihe neuerer Arbeiten,[29] die in ihrer Vielfalt
den Facettenreichtum des nicht auf historisch-politische Aspekte beschränkten Phänomens »Vergangenheitsbewältigung« widerspiegeln und vom politischen Pamphletismus über persönliche Erfah-
rungsberichte[30] bis hin zu wissenschaftlichen Untersuchungen
reichen.[31] Neben in ihren Intentionen deutlich voneinander abweichenden Essays und Sammelbänden zum Gesamtthema,[32] neben
reportageartigen Reflexionen,[33] neben anregenden – z. T. international vergleichenden – Überblicks- und Grundsatzartikeln[34] finden
sich Aufsätze zu Einzelaspekten bzw. zeitlichen Schwerpunkten[35]
sowie einzelne Monographien. Constantin Goschler stellt die »Wiedergutmachung« in Westdeutschland in den Jahren 1945 bis 1954
dar.[36] Christa Hoffmann untersucht unter dem Titel »Stunden
Null?«, also in der Perspektive der doppelten deutschen Diktaturer-
fahrung, die justitielle »Vergangenheitsbewältigung in Deutschland
1945 und 1989«;[37] Ulrich Brochhagen widmet sich in »Nach Nürnberg. Vergangenheitsbewältigung und Westintegration in der Ära
Adenauer« vor allem der mit den Nürnberger Prozessen eingeleite-
ten personellen Säuberung.[38] Die schon erwähnte Arbeit Manfred
Kittels »Die Legende von der ›Zweiten Schuld‹. Vergangenheitsbewältigung in der Ära Adenauer« versucht eine zusammenfassende
Darstellung für die 1950er Jahre;[39] Norbert Frei zeichnet mit seiner
Arbeit »Vergangenheitspolitik. Die Anfänge der Bundesrepublik und
die NS-Vergangenheit« die entsprechenden politischen Auseinan-
dersetzungen in den frühen 1950er Jahren nach.[40] Eine umfassende
Darstellung der »NS-Vergangenheit im geteilten Deutschland« bie-

tet Jeffrey Herf in seiner 1998 deutsch erschienenen Darstellung »Zweierlei Erinnerung«, wobei er sich auf die Einschätzungen führender Politiker konzentriert.[41] Die spezielle Rolle der Frankfurter Schule im Zuge dieser Diskussion beleuchten verschiedene Autoren in ihrer aus Einzelstudien kompilierten Darstellung »Die intellektuelle Gründung der Bundesrepublik«.[42] Bei der Betrachtung der Auseinandersetzung mit dem Erbe der NS-Herrschaft ist auch das zwischen Wissenschaftlichkeit und moralischer Verpflichtung angesiedelte Problem der »Historisierung« zu bedenken, das die Debatte zwischen Martin Broszat und Saul Friedländer prägte.[43] Im sog. Historikerstreit sowie in der Goldhagen-Kontroverse erhielt die Bewertung des Nationalsozialismus neue Aktualität und erschien angesichts des Endes der DDR als Teil einer »doppelten Vergangenheitsbewältigung« schließlich in veränderter Perspektive.[44]

Die Entwicklung der Forschung zur »Vergangenheitsbewältigung« zeigt zum einen, daß das Thema als eigenständiges Forschungsgebiet erkannt und differenziert untersucht wird. Damit geht zum anderen, auch wenn die »Verdrängungsthese« bzw. die »Aufarbeitungsthese« durchaus noch nachwirken, eine Ablösung von vorgefertigten Wertungen einher, so daß zusehends vermittelnde Positionen vertreten werden. So plädiert Peter Reichel für eine differenzierende Betrachtung:

»Man muß keineswegs so weit gehen und gegen den pauschalen Verdrängungsvorwurf nun ebenso pauschal von einer vorbildlichen, einmaligen, gar übertriebenen Erinnerungsleistung sprechen, um doch anzuerkennen, daß der Umgang mit dem NS-Erbe auf vielen Feldern ein widersprüchliches Bild geschaffen hat.«

Es sei daher »gewiß nicht allein die viel gescholtene Erinnerungsverweigerung darstellungs- und erklärungsbedürftig, sondern ebenso die kollektive Erinnerungsanstrengung«.[45]

Im Zuge der Forschung werden verschiedene Phaseneinteilungen vorgeschlagen. Neben der Beendigung der »verordneten Vergangenheitsbewältigung« durch das Ende des Besatzungsregiments und die Staatsgründung mit eingeschränkter Souveränität wird im Zusammenhang mit den Hakenkreuz-Schmierereien 1959 in den späten 1950er bzw. frühen 1960er Jahren ein entscheidender Einschnitt gesehen;[46] demgegenüber tritt die Zäsur durch die Studentenrevolte in ihrer Bedeutung zurück.[47]

Die unterschiedlichen Phaseneinteilungen und deren Charakterisierung erklären sich z. T. aus den jeweils vorrangig betrachteten

Aspekten der »Vergangenheitsbewältigung«. Begann etwa mit dem Ulmer Einsatzgruppenprozeß, der Gründung der Zentralstelle der Justizverwaltungen der Länder in Ludwigsburg und dem großen Auschwitzprozeß 1963 seit Ende der 1950er Jahre ein neuer Abschnitt der justitiellen Auseinandersetzung mit der nationalsozialistischen Vergangenheit,[48] so war die Gesetzgebung zur »Wiedergutmachung« im wesentlichen Mitte der 1950er Jahre abgeschlossen.[49] Demgegenüber lösten die Hakenkreuz-Schmierereien 1959 eine heftige öffentliche Diskussion aus. Die Gedenkreden von Theodor Heuss wiederum fielen in seine erste Amtszeit zwischen 1949 und 1954. Es ist also davon auszugehen, daß die Auseinandersetzung mit der nationalsozialistischen Vergangenheit ein »mehrdimensionales und arbeitsteiliges Unternehmen« ist.[50] Dementsprechend müßten für die Einzelbereiche die jeweiligen Zäsuren erforscht werden, bevor eine globale Phaseneinteilung vorgenommen werden kann.

Unabhängig von der jeweiligen Einschätzung werden die 1950er Jahre dabei als relativ einheitliche Phase angesehen, die einerseits durch das Ende der »verordneten Vergangenheitsbewältigung« mit der Gründung der Bundesrepublik 1949 und andererseits mit im einzelnen leicht von einander abweichenden Zäsursetzungen durch die wieder intensivierte Strafverfolgung und die neu aufflammende öffentliche Diskussion um 1960 begrenzt wird. Zumeist sieht man dieses Jahrzehnt als eine Zeit, in der keine Auseinandersetzung mit dem Nationalsozialismus erfolgt sei.[51] Lediglich Manfred Kittel sieht in dieser Zeit drei »Bewältigungsschübe« zu Beginn des Jahrzehnts, um das Jahr 1956 und schließlich am Ende des Jahrzehnts.[52] Betrachtet man die rhetorische Auseinandersetzung von Theodor Heuss mit dem Nationalsozialismus, so liegt der Schwerpunkt, was seine großen Gedenkreden betrifft, in seiner ersten Amtszeit zwischen 1949 und 1954 und besonders im Jahr 1952. Dies deutet darauf hin, daß die Gründerjahre der Bundesrepublik bis zur Erlangung der Souveränität eine intensive Phase der »Vergangenheitsbewältigung« darstellten.[53]

Daran wird erkennbar, daß der mit dem Globalbegriff »Vergangenheitsbewältigung« bezeichnete Vorgang in verschiedene Bereiche zerfällt, die nicht immer parallel verlaufen und daher deutlich unterschieden werden müssen, auch wenn es bei dieser Einteilung keinen Konsens gibt. Wie sinnvoll solche Zuordnungen sind, läßt sich am konkreten Beispiel der rhetorischen Auseinandersetzung mit dem Nationalsozialismus überprüfen. Wenn z. B. Andreas Maislinger

»1. strafrechtliche, 2. finanzielle, 3. psychologisch-pädagogische und 4. politische Maßnahmen« gegeneinander abgrenzt, so kann man Reden weder als politische Maßnahmen i. e. S. ansprechen, noch erschöpfen sie sich in ihren psychologisch-pädagogischen Aspekten.[54] Michael Bock unterscheidet eine »politisch-institutionelle Dimension«, die sich in der Verfassung, der Wirtschaftsordnung und der Außenpolitik niedergeschlagen habe, eine »juristisch-personelle Dimension«, die »Säuberung und Wiedergutmachung« umfaßt, eine »Dimension von biographisch-existentieller Vergangenheitsbewältigung«, womit die auf dem *forum internum* stattfindende individuelle Auseinandersetzung gemeint ist, und schließlich eine »theoretisch-geistige« Dimension in der öffentlichen Diskussion.[55] Eröffnet die neutrale Benennung »Dimension« ein weites Untersuchungsfeld und erscheint eine Zuordnung der rhetorischen Auseinandersetzung zur letzten Kategorie auf den ersten Blick durchaus sinnvoll, ist auf den zweiten Blick, zumal bei Politikerreden, die Trennung von politischen Aspekten, die hier zudem institutionell verengt werden, irreführend.

Unter dem Aspekt der Erinnerungskultur verzichtet Peter Reichel auf eine sachliche Differenzierung des Untersuchungsgegenstandes, sondern legt die Kategorien »Emotionalität (affektiv)«, »Authentizität (ästhet.-expressiv)«, »Wahrheit (instrumentell-kognitiv)« und »Gerechtigkeit (politisch-moralisch)« zugrunde, die die Art und Weise der Auseinandersetzung mit dem Nationalsozialismus (und nicht nur mit dieser Epoche) beschreiben sollen.[56] Die Zuordnung bestimmter Formen und ihrer Leistungen birgt nicht nur das Problem der nötigen Trennschärfe etwa zwischen den Bereichen »Emotionalität« und »Authentizität« in sich, sondern auch das Problem einer unnötigen Verengung der Phänomene auf einen Aspekt. Wenn Gedenkreden als Teil von Gedenktagen wohl dem Bereich »Emotionalität« zuzurechnen sind und »Identität« und »Integration« als deren Leistung beschrieben wird, stellt sich die Frage, ob die rhetorische Auseinandersetzung nicht auch am Bereich der »Authentizität« und der »Wahrheit« teilhat.

Zusammenfassend läßt sich festhalten, daß es aus Gründen der begrifflichen Präzision in der wissenschaftlichen Diskussion sinnvoll erscheint, den normativ aufgeladenen Begriff »Vergangenheitsbewältigung« (mit oder ohne Anführungszeichen!) zurückhaltend zu verwenden. Angemessener wäre m. E. die neutrale Benennung des zur Diskussion Stehenden als »Auseinandersetzung mit dem Nationalsozialismus in Deutschland nach 1945«. Durch die Hinzufügung entsprechender Adjektive ließe sich eine sinnvolle Differenzierung erreichen, die der Komplexität des Prozesses angemessen wäre: Untersucht werden könnte dann, bevor eine Zusammenschau versucht wird, die personelle, publizistische, gesetzgeberische, justitielle, filmische, pädagogische, historiographische, verfassungsrechtliche, finanzielle, schulpolitische, literarische oder eben, worum es in der vorliegenden Arbeit geht, rhetorische Auseinandersetzung mit dem Nationalsozialismus.

III

»Für die öffentliche Beredsamkeit in der Bundesrepublik ist der angemessene Umgang mit dem Nationalsozialismus eine der größten Herausforderungen. Die Aufarbeitung dieses Abschnitts der deutschen Vergangenheit wird zum besonderen Thema der G.[edenkrede], woraus eine weitere Sonderentwicklung dieser Gattung in Deutschland resultiert.«[57]
Innerhalb der öffentlichen Diskussion über die nationalsozialistische Vergangenheit spielt die rhetorische Auseinandersetzung in ihren verschiedenen Formen eine wichtige Rolle, wobei der Redegegenstand »Nationalsozialismus« sich als besonders prekär darstellt. Plädoyers in NS-Strafverfahren, Bundestagsdebatten über »vergangenheitspolitische« Fragen sowie Ansprachen zu einschlägigen Gedenktagen wie dem 8. Mai oder dem 9. November sind Beispiele dafür, daß dieses Thema in verschiedenen Zusammenhängen zur Sprache kam und alle drei klassischen Redegattungen beeinflußte: die Gerichtsrede *(genus iudicale)*, die politische Streitrede *(genus deliberativum)* oder die Lobrede *(genus demonstrativum; genus laudativum)*.[58] Im juristischen wie im politischen Kontext ist aber die Rede über den Nationalsozialismus immer auf andere Fragen bezogen und einem übergeordneten Redeziel untergeordnet, geht es hier doch um Verurteilung oder Freispruch, um die Begründung von Gesetzentwürfen oder die Durchsetzung von Entscheidungen. Im Unterschied dazu wird in der Gedenkrede die Vergangenheitsdeutung selbst thematisch, weshalb sich solche Texte für eine Untersuchung der rhetorischen Auseinandersetzung mit dem Nationalsozialismus besonders eignen.

Der epideiktischen Beredsamkeit zugehörig, ist die Gedenkrede »eine Lob- und Mahnrede, die retrospektiv auf eine verstorbene Person oder ein historisches Ereignis gehalten wird«.[59] Da sie eine *res certa* als Redegegenstand, mithin einen Konsens voraussetzt, unterscheidet sie sich von der in den Prozeßverlauf eingebundenen Gerichtsrede sowie von der politischen Streitrede, die beide einen umstrittenen Redegegenstand *(res dubia)* behandeln.[60] Gleichwohl sind die Grenzen fließend, da bei der ereignisbezogenen Gedenkrede im Unterschied etwa zu einer Leichenrede, bei der der positive Tenor *(»nihil nisi bene«)* vorgegeben ist, ein strittiges Thema vorliegen kann: »Durch die Applikation historischer Themen auf den geschichtlichen Kontext der G.[edenkrede] treten neben die laudativen Elemente auch deliberative Aspekte.«[61] Erfordert die justitielle Beschäftigung mit dem Nationalsozialismus die Gerichtsrede (Plädoyers, Urteilsbegründungen) und die öffentliche Debatte über anstehende Entscheidungen die politische Parteirede, darf die Gedenkrede Kontroversen allenfalls indirekt thematisieren und muß einen Konsens zugrunde legen, da sie meist bei solchen Anlässen gehalten wird, die schon aufgrund ihres Arrangements keine Diskussion vorsehen und zulassen. »Es geht also um die rhetorische Befriedigung eines unterstellten öffentlichen Interesses an konsensorientierter Geschichtsdeutung, womit implizit der Anspruch auf Gegenwarts- und Zukunftsbedeutung verbunden ist.«[62] Diese Konstellation, die einerseits für das öffentliche Gedenken die Gefahr der Ritualisierung birgt, ermöglicht es andererseits, den vorhandenen, unterstellten bzw. angestrebten gesellschaftlichen Konsens bezüglich des Umgangs mit dem Nationalsozialismus auf seine spezifische Struktur hin zu befragen. Gedenkreden lassen sich so als Ausdruck des gesellschaftlichen Geschichtsbewußtseins verstehen. Dementsprechend lautet die leitende Fragestellung der vorliegenden Untersuchung: Wie manifestiert sich das auf den Nationalsozialismus bezogene Geschichtsbewußtsein der bundesdeutschen Gesellschaft in den zu offiziellen Anlässen gehaltenen Gedenkreden? Wie vollzieht sich in diesen Texten die historische Sinnbildung?

Karl-Ernst Jeismann betont in der vornehmlich geschichtsdidaktisch bestimmten Diskussion zum Geschichtsbewußtsein die Zeitebenenverknüpfung zwischen Vergangenheit, Gegenwart und Zukunft als zentrales Element und hebt hervor, daß die Wahrnehmung von Geschichte immer von gegenwärtigen Bedürfnissen geleitet wird. »Als Leitkategorie empirischer Untersuchung von Geschichtsvorstellungen im breiten Verständnis faßt der Begriff ›Geschichtsbewußtsein‹ alle vorfindbaren Formen und Inhalte des Wissens von und des Denkens über Vergangenheit.«[63] Dabei geht es nicht um bestimmte Wissensbestände, sondern um die mentalen Prozesse im Umgang mit den verschiedenen Zeitebenen; Geschichtsbewußtsein kann somit »als Bezeichnung des Verhältnisses« verstanden werden, »das zwischen erkennendem Subjekt und zu erkennendem Gegenstand, also zwischen Mensch und Geschichte, besteht oder gestiftet werden soll«.[64] Diesen Zusammenhang kann man im Hinblick auf die Beschaffenheit (Morphologie), die Entstehung und Veränderung (Genese), die Wirkungsweise (Funktion) sowie die gezielte Formung (Pragmatik) analysieren.[65] Insbesondere Morphologie und Funktion des Geschichtsbewußtseins sind in Gedenkreden greifbar und bilden somit den Inhalt der vorliegenden Untersuchung. Da für diesen Redetypus der Bezug zur Vergangenheit konstitutiv ist, führt die Beschäftigung mit diesen Texten über den konkreten historischen Bezugspunkt Nationalsozialismus hinaus und berührt grundlegende Fragen im Umgang mit Geschichte.

Geschichtsbewußtsein ist nach Jörn Rüsen im menschlichen Bedürfnis nach historischer Orientierung verankert, das die wahrgenommenen Veränderungen in bezug auf die Erfordernisse der Lebenspraxis interpretiert, und beruht so auf Prozessen der »Sinnbildung über Zeiterfahrung«.[66] Dabei unterscheidet Rüsen vier Typen: Betrachtet die »traditionale« Sinnbildung »die zeitlichen Veränderungen von Mensch und Welt mit der Vorstellung einer Dauer von Weltordnungen und Lebensformen«, lehrt die »exemplarische« Sinnbildung gemäß dem Topos *historia magistra vitae* »an der Fülle der von ihr überlieferten Geschehnisse der Vergangenheit allgemeine Handlungsregeln«. »Kritische« Sinnbildung zielt hingegen darauf ab, »kulturell wirksame historische Deutungsmuster durch die deutende Mobilisierung widerstreitender historischer Erfahrungen« in Frage zu stellen. »Genetische« Sinnbildung schließlich rückt »das Moment zeitlicher Veränderung ins Zentrum der historischen Deutungsarbeit« und versteht Historizität als »Qualität menschlicher Lebensformen«.[67] Der vorliegenden Untersuchung geht es also darum, die Struktur der Auseinandersetzung mit der nationalsozialistischen Vergangenheit, wie sie sich in Gedenkreden niederschlägt, zu analysieren, um auf diese Weise Aufschlüsse über das diesbezügliche Geschichtsbewußtsein und die entsprechenden Prozesse historischer Sinnbildung zu erhalten.

Dazu genügt es nicht, die vorliegenden Reden textimmanent zu erschließen, sondern es ist erforderlich, sie in ihrer spezifischen

Typik zu betrachten und auf ihren jeweiligen Kontext zu beziehen. Gedenkreden haben nämlich einen konkreten Anlaß und sind in der Regel in entsprechende Feiern eingebunden. Dies können einmalige Ereignisse wie Einweihungen oder wiederkehrende Gelegenheiten wie Gedenktage sein, die entweder jährlich oder zu bestimmten »runden« Jubiläen begangen werden.[68]

Seit Kriegsende und insbesondere seit Gründung der Bundesrepublik gab es immer wieder Anlässe, sich in öffentlichen Gedenkreden mit dem Nationalsozialismus auseinanderzusetzen. Neben Einweihungen von Soldatenfriedhöfen und KZ-Gedenkstätten entwickelte sich, nachdem sich die neue Tradition eines »Tages der Opfer des Faschismus« in Westdeutschland nicht durchsetzen konnte, seit den frühen fünfziger Jahren eine Trias von jährlich wiederkehrenden Gedenktagen bzw. Gedenkwochen. Standen am Volkstrauertag die Opfer von Krieg und Gewaltherrschaft im Mittelpunkt der öffentlichen Erinnerung und wurde am 20. Juli der Widerstand gegen Hitler gewürdigt, diente die Woche der Brüderlichkeit der deutsch-jüdischen Aussöhnung. Hinzu kamen mit der wachsenden zeitlichen Distanz »runde« Jahrestage, an denen wichtiger Ereignisse aus der Epoche des Nationalsozialismus gedacht wurde, sei es die Machtübernahme 1933, das November-Pogrom 1938 oder das Kriegsende 1945. Dabei ist die jeweilige Redesituation zu berücksichtigen, da, abgesehen von den Zwängen »konsensorientierter Gedenktagsrhetorik«,[69] der entsprechende Rahmen der Feier (Ort, Zeitpunkt, Zuhörererwartungen, Programm usw.) dem Redner Vorgaben macht, die er, will er nicht »unangemessen« reden, zu berücksichtigen hat. Die Form des Gedenkens und die Gestaltung der Gedenkfeiern selbst sind ihrerseits aufschlußreich für den Umgang mit der nationalsozialistischen Vergangenheit.

Ist es die Intention jedes Redners, den Zuhörern seine Sichtweise nahezubringen,[70] so zielen auch Gedenkreden darauf ab, »das Publikum zur Nachahmung zu ermuntern oder in einer Ermahnung zu anderem Verhalten zu raten«.[71] Sie dienen nicht allein der Erinnerung, sondern auch der Wirkung in der Öffentlichkeit, mithin der politischen Beeinflussung. Gerade im Hinblick auf die kontroverse Deutung des Nationalsozialismus ist der Versuch, eine bestimmte Sichtweise rhetorisch zu vermitteln, ein Politikum. Dementsprechend kommt es immer wieder dazu, daß solche Ansprachen die politische Diskussion prägen und öffentliche Reaktionen provozieren. Die Reden von Theodor Heuss zum 10. Jahrestag des 20. Juli 1944

(1954), von Richard v. Weizsäcker zum 40. Jahrestag der Beendigung des Zweiten Weltkriegs (1985) und von Philipp Jenninger zum 50. Jahrestag des November-Pogroms (1988) sind dafür bekannte Beispiele. Gerade das Wechselspiel von Gedenkrede und öffentlicher Resonanz, soweit es rekonstruierbar ist, verspricht Aufschlüsse darüber, wie die Struktur der gesellschaftlichen Auseinandersetzung mit dem Nationalsozialismus als Teil der »Geschichtskultur« beschaffen ist.

In Weiterführung der Überlegungen zum Geschichtsbewußtsein begreift Jörn Rüsen unter »Geschichtskultur« »den Gesamtbereich der Aktivitäten des Geschichtsbewußtseins«[72] und sieht darin den

> »Inbegriff der Deutungen von Zeit durch historische Erinnerung, die für eine Gesellschaft notwendig ist, um ihre Lebensformen und -vollzüge im aktuellen Prozeß des zeitlichen Wandels sinnhaft zu organisieren, sich selbst im Verhältnis zu anderen zu verstehen und so Handeln als absichtsvolle Veränderung von Mensch und Welt zu ermöglichen«.[73]

Auch wenn dieser Begriff weniger die kognitiven und individuellen Aspekte und mehr die »Prozeduren der öffentlichen historischen Erinnerung« betont, ist es fraglich, ob es sich dabei um eine neue »Art, über Geschichte nachzudenken« handelt, da auch die Kategorie des Geschichtsbewußtseins den gesellschaftlichen Umgang mit Geschichte umfaßt.[74] In Anlehnung an die »elementaren mentalen Operationen des Fühlens, Wollens und Denkens« unterscheidet Rüsen einen ästhetischen, einen politischen und einen kognitiven Bereich.[75] Gedenkreden und Gedenktage werden von ihm der »Politik« zugerechnet und dienen der Herrschaftslegitimation: »Politisch ist die Geschichtskultur insofern, als jede Form von Herrschaft einer Zustimmung durch die Betroffenen bedarf, in der ihre historische Erinnerung eine wichtige Rolle spielt.«[76] Da, wie auch Rüsen einräumt, alle drei Bereiche ineinander übergehen,[77] ist allerdings fraglich, ob die rhetorische Auseinandersetzung mit der nationalsozialistischen Vergangenheit in der Loyalitätsabsicherung aufgeht.

Überdies ist nicht geklärt, ob Geschichtskultur als Teil der politischen Kultur zu gelten hat. Auch wenn der Kulturbegriff vage ist und in der Forschung nicht einheitlich gebraucht wird, lassen sich verschiedene Bedeutungsebenen unterscheiden:

> »Kultur im engeren Sinn bezogen auf die Hervorbringungen des menschlichen Geistes und im weiteren Sinn auf alle Hervorbringungen des Menschen; Kulturen als weltweite Pluralität menschlicher Vergesellschaftung wie als Plural zur Bezeichnung

verschiedener kultureller Systeme innerhalb einer Gesellschaft; schließlich Kultur als Symboluniversum, das die Gesellschaft eint«.[78]

Dieser letzte Aspekt umschreibt die politische Kultur, die die kommunikative Verständigung in der Gesellschaft organisiert und so auch das politische System steuert.[79] Das Schlagwort »symbolische Politik« beschreibt dann nicht nur die Kritik an folgenlosen Ersatzhandlungen politisch Verantwortlicher, sondern verweist auf den grundsätzlichen Zusammenhang, daß jedes politisches Handeln symbolisch vermittelt ist und sich wesentlich durch die Auseinandersetzung um Deutungen konstituiert. Der öffentlichen Inszenierung von Politik kommt so besondere Bedeutung zu.[80] Durch die Analyse von Gedenkreden in ihrem situativen Kontext können die Kommunikationsprozesse beleuchtet werden, die die politische Kultur konstituieren. Das bedeutet aber, die Reden nicht im Hinblick auf ihre historiographische Korrektheit zu untersuchen, sondern sie als Ausdruck gesellschaftlicher Selbstverständigung über die nationalsozialistische Vergangenheit zu verstehen. Denn Geschichtsbewußtsein zeigt sich in Reden nicht in der richtigen Verwendung wissenschaftlich abgesicherter Erkenntnisse, sondern in einer auf die Orientierungsbedürfnisse der Gegenwart ausgerichteten argumentativen Struktur.[81]

In Abgrenzung vom Konzept der Geschichtskultur versucht Edgar Wolfrum »Geschichtspolitik« als »Forschungsthema« zu etablieren: »Geschichtspolitik ist ein Handlungs- und Politikfeld, auf dem verschiedene Akteure Geschichte mit ihren spezifischen Interessen befrachten und politisch zu nutzen suchen.«[82] Diese Definition verengt allerdings das weite Feld der Geschichtskultur, indem lediglich der für politische Zwecke instrumentalisierte Umgang mit Geschichte thematisiert wird. Überdies müßten noch genauer die einzelnen Formen und Ebenen geschichtspolitischer Aktivitäten unterschieden werden. Staatliche Maßnahmen, eine präsidiale Rede, eine Parlamentsdebatte, ein Leitartikel, möglicherweise eine Straßendiskussion wären allesamt Teil der Geschichtspolitik. Demgegenüber erscheint aus Gründen der begrifflichen Trennschärfe eine Begrenzung auf den engeren Bereich staatlichen Handelns sinnvoll. Sowohl im Sinne von Wolfrum als auch in einem engeren Verständnis sind die präsidialen Reden von Theodor Heuss als Ausdruck staatlicher Geschichtspolitik zu begreifen, da er sich in seiner offiziellen Funktion als Staatsoberhaupt äußerte.

Da die vorliegende Untersuchung an einem begrenzten Ausschnitt versucht, mentale Einstellungen zu erschließen und Bewußtseinsprozesse nachzuzeichnen, berührt sie mentalitätsgeschichtliche Fragestellungen.[83] Dabei können über Gedenkreden Mentalitäten nur indirekt erschlossen werden, da zum einen nur die Äußerung einer Einzelperson vorliegt, die sich nicht unverstellt äußert, sondern ihr Statement auf eine bestimmte Situation hin konzipiert; zum anderen können die Rezeptionsweisen der Zuhörer mangels entsprechender Quellen nur ansatzweise rekonstruiert werden. Gleichwohl werden Mentalitäten bei der Analyse von Gedenkreden insofern sichtbar, als Zuhörererwartungen die Rede beeinflussen bzw. vom Redner mitunter selbst angesprochen werden.

Zudem sind Fragen der Erinnerungskultur als Form individueller und gesellschaftlicher Selbstverständigung für die vorliegende Arbeit von Bedeutung.[84] Im Anschluß an die grundlegenden Überlegungen von Maurice Halbwachs und Pierre Nora bestimmt Jan Assmann das kulturelle Gedächtnis als Fortsetzung des in der Alltagswelt wurzelnden kommunikativen Gedächtnisses:

> »Damit meinen wir, daß eine Gruppe ein Bewußtsein ihrer Einheit und Eigenart auf dieses Wissen stützt und aus diesem Wissen die formativen und normativen Kräfte bezieht, um ihre Identität zu reproduzieren.«[85]

Auf diese Weise wird das Wechselspiel von Vergangenheit, Kultur und Gesellschaft erfaßbar: Durch die Ausbildung fester und verbindlicher Formen der Erinnerung, die den Bezug zur Vergangenheit immer wieder erneuern, erschließt sich eine Gesellschaft die Möglichkeit der Selbstreflexion und der Identitätsbildung.

> »In ihrer kulturellen Überlieferung wird eine Gesellschaft sichtbar: für sich und andere. Welche Vergangenheit sie darin sichtbar werden und in der Wertperspektive ihrer identifikatorischen Aneignung hervortreten läßt, sagt etwas aus über das, was sie ist und worauf sie hinauswill.«[86]

Aleida Assmann unterscheidet dabei das sich im Wechselspiel von individueller und Gruppenerinnerung konstituierende kommunikative Gedächtnis vom normativ ausgerichteten kollektiven Gedächtnis. Da »aus der Stabilisierung einer bestimmten Erinnerung eine eindeutige Handlungsorientierung für die Zukunft resultiert«, ist dieses »ein politisch instrumentalisiertes Gedächtnis«.[87] Demgegenüber bewahrt das kulturelle Gedächtnis Erfahrungen und Wissen über lange Zeiträume auf und ist daher auf »externe Medien und

Institutionen« angewiesen.[88] Dies geht über »erfundene Traditionen« («invented traditions«) hinaus, da hier stetige Wiederholung nicht nur verbindliche Norm- und Handlungsorientierungen schafft, sondern der Bezug zur Vergangenheit selbst thematisch wird.[89]

Gedenkreden im allgemeinen und zum Nationalsozialismus im besonderen können als Manifestationen des kollektiven Gedächtnisses verstanden werden, die Einblick geben in die Identität der bundesrepublikanischen Gesellschaft. Einerseits spiegelt sich in ihnen, zumal sie dem Zwang »konsensorientierter Gedenktagsrhetorik« unterliegen, eine repräsentative Form der gesellschaftlichen Erinnerung; andererseits sind sie zeitgebunden, da sich der Redner auf sein zeitgenössisches Publikum und die entsprechenden Erwartungen der Öffentlichkeit einstellt. So verteidigte z. B. Theodor Heuss 1954 die Verschwörer des 20. Juli, während Richard von Weizsäcker 30 Jahre später fragte, wie der inzwischen allgemein akzeptierte Gedenktag neu belebt werden könne.[90] Im Hinblick auf die 1950er Jahre ist dabei von einer Überschneidung von kommunikativem und kollektivem Gedächtnis auszugehen, da die nationalsozialistische Herrschaft in der lebensweltlichen Erinnerung noch präsent war, während Heuss in seinen Reden bereits an der Formung der gesellschaftlich institutionalisierten Erinnerung arbeitete. Damit nimmt er in seinen Gedenkreden nicht nur auf das kommunikative Gedächtnis Bezug, sondern vollzieht in diesen Ansprachen auch den Übergang in das kulturelle Gedächtnis.

Hinsichtlich der Forschungslage zur Rolle von Reden im historischen Prozeß läßt sich feststellen, daß die Rhetorik einerseits auf das Interesse verschiedener Disziplinen stößt, mithin als genuin interdisziplinärer Untersuchungsgegenstand zu gelten hat.[91] Innerhalb der Geschichtswissenschaft ist aber andererseits die Untersuchung von politischen Reden im historischen Prozeß im allgemeinen und die Analyse der rhetorischen Auseinandersetzung mit dem Nationalsozialismus im besonderen nicht sehr weit gediehen. Die Beschäftigung mit der Rhetorik und mit politischen Reden ist dabei weitgehend literaturwissenschaftlich,[92] bisweilen kommunikationswissenschaftlich,[93] politologisch[94] und philosophisch[95] motiviert. Aus geschichtswissenschaftlicher Sicht sind Karl-Georg Fabers grundlegende Ausführungen »Zum Einsatz historischer Aussagen als politisches Argument«[96] zu nennen, die Reden aus der Revolution 1848 als Beispiel heranziehen. Im Anschluß daran untersucht Wolfgang Bach in seiner Dissertation »Geschichte als politisches Argument« zwei Bundestagsdebatten im Hinblick auf die »politische Argumentation mit Geschichte«.[97] Mit hohem theoretischen Anspruch analysiert Katharina Oehler in ihrer Arbeit »Geschichte in der politischen Rhetorik« die Spezifik von politischer Argumentation mit Geschichte als legitimatorisches Sprachhandeln, wobei sie sich an den vier Typen historischer Sinnbildung nach Rüsen orientiert und diese an Haushaltsdebatten im Bundestag expliziert.[98]

Versuchen diese Arbeiten die Struktur der politischen Rhetorik grundsätzlich zu bestimmen, weshalb sie einzelne Reden nur exemplarisch heranziehen, untersucht Hans-Peter Goldberg in seiner umfangreichen Studie »Bismarck und seine Gegner« die »politische Rhetorik im kaiserlichen Reichstag«. Er rekonstruiert die Bedingungen der rednerischen Auftritte und entwirft aufgrund der Reden, die er allerdings nicht für sich analysiert, »rhetorische Porträts« des Reichskanzlers und seiner Widersacher Bebel, Richter und Windthorst. Dabei steht das redetechnische »Profil« des jeweiligen Politikers im Vordergrund, das »dem politischen parallel geht, welches ebenfalls von Wiederholungen, Stereotypen und ›Grundlinien‹ geprägt ist«.[99] Demgegenüber legt Dieter Langewiesche in seinem Aufsatz »Geschichte als politisches Argument«, in dem er »Vergangenheitsbilder als Gegenwartskritik und Zukunftsprognose« in den Reden der Bundespräsidenten untersucht, das Schwergewicht auf die Geschichtsvorstellungen der Amtsinhaber.[100] Auch Matthias Rensing macht diese Fragestellung zum Ausgangspunkt seiner Arbeit »Geschichte und Politik in den Reden der deutschen Bundespräsidenten 1949–1984«. Da er die Texte verwendet, um ein »in sich schlüssiges oder zumindest darstellbares ›Geschichtsbild‹« des jeweiligen Bundespräsidenten zu zeichnen, spielt der redetechnische Aspekt keine Rolle.[101] Welche Bedeutung der Nationalsozialismus in den Debatten des Deutschen Bundestages hatte, untersucht Helmut Dubiel in seiner bewußt für einen größeren Rezipientenkreis verfaßten Studie »»Niemand ist frei von Schuld««.[102] Wolfgang Benz reflektiert über »Geschichte als prägendes Element« für die Bundesrepublik und kommt zu der Einschätzung, daß Theodor Heuss »in seiner bildungsbürgerlichen Zurückhaltung gegenüber der Erinnerung an die nationalsozialistische Verbrechen typisch für die westdeutsche Gesellschaft« gewesen sei.[103] Im Zusammenhang mit der vielbeachteten Rede von Richard v. Weizsäcker zum 8. Mai 1945 und der weithin verurteilten Ansprache von Philipp Jenninger zum

9. November 1988 entstanden eine Reihe von Studien, in denen, nicht immer frei von politischen Parteinahmen, die inhaltlichen Aussagen, die rhetorische Darbietung sowie die Wirkung der beiden Reden untersucht werden.[104]

Die Einbettung von Reden in das Arrangement von Gedenktagen als Teil der politischen Kultur analysiert Peter Reichel in seiner Studie »Politik mit der Erinnerung«,[105] während Dietmar Schiller in seiner thematisch verwandten Arbeit »Die inszenierte Erinnerung« den Schwerpunkt auf die mediale Vermittlung legt.[106] Ulrike Emrich und Jürgen Nötzold betrachten die offiziellen Gedenkreden zum 20. Juli und kontrastieren sie mit der Sichtweise in der DDR.[107] Andreas Wöll stellt am Beispiel des 20. Juli die »Praxis des Gedenkens« dar und sieht darin ein »Fallbeispiel« dafür, »wie mit der NS-Vergangenheit in der Bundesrepublik Politik gemacht wurde«.[108] Regina Holler nimmt die Rezeptionsgeschichte insgesamt in den Blick, wobei sie besonderen Wert auf die journalistische Vermittlung des historischen Ereignisses legt.[109] Eine sprachwissenschaftliche Fragestellung verfolgt Ekkehard Felder, indem er »Kognitive Muster der politischen Sprache« anhand von Reden von Theodor Heuss und Konrad Adenauer untersucht.[110]

Den meisten historisch orientierten Arbeiten zu diesem Themenkreis ist gemeinsam, daß sie die Reden im Hinblick auf die jeweilige Fragestellung unter weitgehender Ausklammerung der konkreten Redesituation auswerten, sie gleichsam als Steinbrüche benützen, um einzelne Aussagen herauszubefördern. Der Einsatz historischer Aussagen als politisches Argument, das Geschichtsverständnis der Bundespräsidenten oder die Verwendung bestimmter Formen historischer Sinnbildung läßt sich selbstverständlich an Reden, aber nicht nur an ihnen untersuchen, sondern auch anhand von Zeitungsartikeln, Interviews, Memoiren usw. Demgegenüber stehen die einzelnen Reden *als Reden* im Mittelpunkt der folgenden Untersuchung. Angesichts der vornehmlich geschichtsdidaktischen Fragestellung, das sich in Gedenkreden manifestierende Geschichtsbewußtsein und die sich in ihnen vollziehende Sinnbildung zu untersuchen, ist eine Konzentration auf Einzelreden geboten. Denn aufgrund ihrer Einbindung in eine konkrete Redesituation und ihrer spezifischen Form der Textkonstitution lassen sich rhetorische Aussagen nur im Kontext der Rede angemessen untersuchen. Dieses exemplarische Arbeiten schränkt zwar die Repräsentativität der Aussagen ein, was aber durch die Einbeziehung weiterer Vergleichstexte sowie die umfassende Erarbeitung der Redesituation und des zeitgeschichtlichen Kontextes ausgeglichen wird.

Ist unter inhaltlichen Aspekten die isolierte Betrachtung einzelner Aussagen durchaus sinnvoll, muß unter rhetorischen Aspekten das situative Zusammenwirken der einzelnen Textelemente im Hinblick auf die Intention des Redners und das für die Rhetorik konstitutive Prinzip der Angemessenheit *(aptum)* betrachtet werden. Nur im analytischen Nachvollzug der Rede läßt sich die Entwicklung historischer Sinnbildung beschreiben und die Struktur des Geschichtsbewußtseins bestimmen. Dabei muß nicht nur die einzelne Aussage interpretiert, sondern auch der Aufbau der Rede, der Gang der Argumentation und die stilistische Gestaltung analysiert werden. Im Hinblick auf den Aufbau etwa kommen dem Anfang *(exordium)* und dem Schluß *(peroratio)* der Rede insofern große Bedeutung zu, als sie für die rhetorische Wirkung oft entscheidend sind.[111] Im Rahmen der Argumentation spielen die Topoi eine wichtige Rolle, die einerseits kontextunabhängige Schlußverfahren beschreiben wie »Ursache – Wirkung« und andererseits kontextabhängige argumentative Grundmuster wie »Gleiches Recht für alle«.[112] Davon ausgehend lassen sich wiederkehrende Deutungsmuster beschreiben, die auf spezifische Formen der historischen Sinnbildung hinweisen und somit wichtige Bestandteile des Geschichtsbewußtseins darstellen. Die stilistische Gestaltung[113] ist nicht nur ein äußerlicher Schmuck der Argumentation, sondern konstituiert die Textbedeutung, denn inhaltliche Aussagen sind erst in der sprachlichen Realisation kommunizierbar. Dabei ist insbesondere der metaphorische Sprachgebrauch i. w. S. zu beachten, da sich im »uneigentlichen Sprechen« jenseits der manifesten Wortbedeutung eine eigene Bedeutungsebene eröffnet.[114]

Bei der Analyse der einzelnen Reden kann man auf die Regeln der antiken Rhetorik zurückgreifen. Dies ist aus biographischen Gründen naheliegend, dem Redner Theodor Heuss als Absolvent eines humanistischen Gymnasiums war diese Tradition vertraut. Das in der Antike ausgebildete System der *ars bene dicendi* als »die Kunst des guten Redens (und Schreibens) im Sinne einer von Moralität zeugenden, ästhetisch anspruchsvollen, situationsbezogenen und auf Wirkung bedachten Äußerung, die allgemeines Interesse beanspruchen kann«,[115] gilt jedoch nicht nur als praktische Anleitung für den guten Redner, sondern »umfaßt sowohl die Theorie *(ars rhetorica,* Redekunst) als auch die Praxis *(ars oratoria,* Eloquenz, Beredsamkeit) und hat damit zugleich den Charakter von Kunstlehre und Kunstübung«.[116] Umgekehrt läßt sich die *ars rhetorica* auch als Analyseinstrumentarium verstehen:

> «Die *rhetorische Methode* schließlich bezeichnet das Verfahren, sämtliche Konstituenten eines Werkes aus einem sie alle übergreifenden Wirkungszusammenhang mit Hilfe eines überlieferten, doch geschichtlich variablen und offenen, also weiterzuentwickelnden Systems der Rhetorik zu erklären und diesen selber historisch jeweils unterschiedlich und nach Maßgabe aller gesellschaftlichen und kulturellen Bedingungen zu begreifen.«[117]

In der vorliegenden Untersuchung geht es nicht um eine isolierte werkimmanente Interpretation der Texte, sondern um die Erschließung der Reden in ihrem situativen wie historischen Wirkungszusammenhang. Dabei stimmen die Intentionen des Redners nicht notwendig mit der Textbedeutung und der Redewirkung überein. Die Arbeit geht insofern neue Wege, als sie inhaltlich den Blick auf die Rolle von Reden im historischen Prozeß richtet und methodisch historisch-kritische Quelleninterpretation mit rhetorischer Textanalyse verbindet.[118]

Die Verwendung dieses Instrumentarium bietet sich auch deswegen an, weil es im Hinblick auf die Textsorte »Rede« wesentliche Elemente einer Diskursanalyse in sich vereinigt. Dieser sozialwissenschaftliche Ansatz betrachtet den einzelnen Text als Teil eines überindividuellen Wissenszusammenhangs und interessiert sich für die »kollektive Ebene von Prozessen gesellschaftlicher Wirklichkeitskonstruktion«.[119] Da sich die individuell erscheinenden Sichtweisen als kollektiv vereinbarte Bedeutungen erweisen, besitzen sie verhaltenssteuernde Wirkung. Die Konzentration auf Texte, die Einbeziehung des Kontexts, die Rekonstruktion des inneren argumentativen Zusammenhangs und der Wirkungsaspekt verbinden Diskurs- und rhetorische Analyse.[120]

Eine Konzentration auf die von Theodor Heuss gehaltenen »Reden nach Hitler« erscheint aufgrund der bisherigen Überlegungen als sinnvoll, da ihm als erstem Bundespräsident bei der seit über 50 Jahren stattfindenden außerordentlich breiten rhetorischen Auseinandersetzung mit dem Nationalsozialismus[121] eine Schlüsselstellung zukommt. Lohnte sich eine Analyse seiner Reden zum Nationalsozialismus schon allein deshalb, weil er immer wieder als guter Redner, der wirkungsvoll formulieren konnte, gewürdigt wurde,[122] so rechtfertigt auch die erinnerungspolitische Leistung des ersten

Bundespräsidenten diese Schwerpunktsetzung. Seine präsidialen Reden in den Anfangsjahren artikulierten das Selbstverständnis des neuen Staates gegenüber der nationalsozialistischen Vergangenheit und stellten damit das Vorbild für Gedenkreden zu diesem Thema dar, an dem sich nicht nur seine Nachfolger orientierten, auch wenn die von ihm artikulierte Sichtweise später aufgegeben oder variiert wurde. Zudem entwickelte sich der Bundespräsident schnell zum führenden Gedenkredner der Nation. Die Ansprachen des Staatsoberhaupts erhielten im Hinblick auf das Verhältnis der neu gegründeten Bundesrepublik gegenüber dem »Staat Hitlers« den Status offizieller Stellungnahmen. Aufgrund seiner besonderen, der aktuellen politischen Diskussion enthobenen Stellung können die in seinen Reden formulierten Positionen im Hinblick auf die gesellschaftlichen Einstellungen ein hohes Maß an Repräsentativität beanspruchen, zumal er überdies der für Gedenkreden konstitutiven Verpflichtung zum Konsens unterlag. Umgekehrt verweisen die durch seine Reden ausgelösten kritischen Einwände auf die Grenzen der gesellschaftlichen Übereinstimmung.

Nahmen auch Konrad Adenauer und Kurt Schumacher in ihren Reden auf die nationalsozialistische Vergangenheit Bezug, so blieben ihre Aussagen fast immer in den Kontext einer zweckgerichteten politischen Auseinandersetzung eingebunden. Dagegen konnte Heuss durch die ihm qua Amt zugewiesenen Gedenkreden die rhetorische Auseinandersetzung mit dem Nationalsozialismus maßgeblich bestimmen. Andere Politiker wie Carlo Schmid waren von der tagespolitischen Auseinandersetzung absorbiert oder konnten wie Hermann Ehlers oder Ernst Reuter wegen ihres Todes in den frühen 1950er Jahren keine vergleichbare Wirkung entfalten.[123] Auch wenn die Wirkung der Reden im Detail nur schwer rekonstruierbar ist, ist der Einfluß der rhetorischen Auseinandersetzung von Theodor Heuss mit dem Nationalsozialismus nicht zu unterschätzen.[124]

IV

»Zweifellos prägte Heuss als erster Bundespräsident den Stil des Amtes: Er wollte ein überparteilicher, ein repräsentierender, redender und reflektierender Präsident sein«.[125] Bevor er als erster Bundespräsident von 1949 bis 1959 amtierte, war der 1884 in Brackenheim (Württemberg) geborene Journalist schon vor dem Ersten Weltkrieg politisch aktiv. In der Weimarer Republik saß er als Abgeordneter für die Deutsche Demokratische Partei (DDP) bzw. Deutsche Staatspartei (DStP) im Reichstag. Nachdem er sich wiederholt mit dem Nationalsozialismus beschäftigt hatte, setzte er sich schon im Mai 1932 in einer Reichstagsrede kritisch mit der Politik der NSDAP auseinander. Gleichwohl stimmte er aus Gründen der Fraktionsdisziplin im März für das »Ermächtigungsgesetz«. Hatte er während des Dritten Reiches zurückgezogen gelebt, wurde er in der unmittelbaren Nachkriegszeit schnell einer der führenden deutschen Politiker und war als Mitglied des Parlamentarischen Rates maßgeblich an der Entstehung des Grundgesetzes beteiligt. Aus seinem persönlichen Werdegang ergibt sich somit ein weiterer Ansatzpunkt für die Untersuchung: Wie veränderte sich im Übergang von der Weimarer Republik über das Dritte Reich und die Besatzungszeit bis hin zur Bundesrepublik die rhetorische Auseinandersetzung mit dem Nationalsozialismus? Dabei ist vor allem im Hinblick auf seine präsidialen Reden die Verschränkung biographischer Einflüsse und institutioneller Rahmenbedingungen unerläßlich. Einerseits bestimmten seine im Verlauf seines Lebens erworbenen politischen Einstellungen sein Selbstverständnis als Staatsoberhaupt und seine rhetorische Auseinandersetzung mit dem Nationalsozialismus; andererseits beeinflußten die besonderen Bedingungen der präsidialen Rede seine rhetorischen Aussagen.

Weder das Amt des Bundespräsidenten noch der politische und private Lebensweg von Theodor Heuss erweckten bislang das besondere Interesse der Forschung. Während dem Leben Adenauers zwei große Biographien gewidmet sind und auch andere wichtige Politiker der Nachkriegszeit wissenschaftliche Würdigung finden,[126] fehlt für Heuss eine entsprechende umfassende Darstellung. Schon zu Lebzeiten mitunter hymnisch gewürdigt,[127] wird seither sein Vermächtnis beschworen[128] und sein Lebensweg verschiedentlich nachgezeichnet,[129] doch beschränkt sich ein Großteil der vorliegenden Literatur auf biographische Abrisse und persönliche gefärbte Erlebnisberichte.[130] Während Friedrich Henning einen ausführlicheren Lebensabriß gibt und Hildegard Hamm-Brücher und Hermann Rudolph sein Leben in einem Bildband präsentieren,[131] würdigt Horst Möller den »Staatsmann und Schriftsteller«.[132] Lediglich Jürgen C. Heß widmet sich in einer Reihe von Studien verschiedenen Aspekten seiner Biographie und seinem politischen Denken bis in die frühe Nachkriegszeit.[133] Modris Eksteins beschäftigt sich mit der Rolle von Heuss in der Weimarer Republik;[134] Ingrid Wurtzbacher-

Rundholz sowie Wolfgang Wiedner nähern sich auf methodisch unterschiedliche Weise dem politischen und verfassungsrechlichen Denken von Heuss.[135] Eberhard Pikart stellt das Verhältnis zwischen Bundeskanzler und Bundespräsident dar;[136] neuerdings informiert Reiner Burgers Darstellung über »Theodor Heuss als Journalist«.[137]

Die lückenhafte Erforschung des politischen und persönlichen Lebens von Theodor Heuss liegt zu einen Teil darin begründet, daß der institutionelle Rahmen fehlte: Erst 1995 wurde die Stiftung Bundespräsident-Theodor-Heuss-Haus in Stuttgart errichtet, die sich der Erforschung des ersten Bundespräsidenten und des zeitgeschichtlichen Hintergrunds widmet.[138] Das zuvor schon eingerichtete Theodor-Heuss-Archiv wurde in den 1970er Jahren aufgelöst, so daß die damals begonnene Editionstätigkeit und wissenschaftliche Erforschung nicht weitergeführt werden konnte. Der auf mehrere Stellen verteilte Nachlaß ist inzwischen in Stuttgart in Kopie zusammengeführt und durch seine politische Privatbibliothek ergänzt, so daß sich hier eine zentrale Anlaufstelle für die Heuss-Forschung entwickelt. Zudem eröffnen sowohl die z. T. neu aufgelegten Schriften von Theodor Heuss selbst als auch Ausstellungskataloge,[139] Lesebücher,[140] Redensammlungen[141] und Editionen[142] einen Zugang zu seiner Person, seinem Werk und seiner politischen Tätigkeit.

Zum anderen Teil liegen die Forschungslücken darin begründet, daß der Bundespräsident bislang ein Stiefkind der zeitgeschichtlichen Forschung war: »Die Rolle des Bundespräsidenten in der bald 40jährigen Geschichte der Bundesrepublik Deutschland ist noch kein Thema der Zeitgeschichtsforschung.«[143] So existiert z. B. außer Rudolf Morseys Lübke-Darstellung zu keinem anderen Bundespräsidenten eine wissenschaftlichen Ansprüchen genügende Biographie.[144] Ebenso sind Monographien selten bzw. älteren Datums, die das Amt des Bundespräsidenten umfassend bzw. auf einzelne Themenkomplexe hin untersuchen.[145] Gleichwohl gibt es eine Reihe von Studien, zumeist in Aufsatzform[146] oder als Teil übergreifender Fragestellungen,[147] die wichtige Aufschlüsse geben. Einschlägig sind auch juristische[148] und politologische[149] Abhandlungen, Publikationen zur politischen Bildung[150] sowie journalistische Darstellungen,[151] die das Amt des Bundespräsidenten thematisieren. Dabei überwiegt allerdings die systematische bzw. tagespolitische Sichtweise, wobei die historische Entwicklung oft nur beiläufig betrachtet wird. Darin spiegelt sich die vorherrschende Einschätzung, daß insbesondere für die Ära Adenauer der politisch gestaltende Einfluß des Bundeskanzlers entscheidend gewesen sei, während der Bundespräsident in dieser Perspektive eher als repräsentative Randfigur erscheint. Der 1999 erschienene Sammelband »Von Heuss bis Herzog« versucht, diese Forschungslücken zu füllen und die Bedeutung des Staatsoberhaupts stärker zu betonen.[152]

Obwohl Reden mitunter als »entscheidende Waffe des Bundespräsidenten«[153] galten, wurden sie bislang wenig untersucht. Unter inhaltlichen Gesichtspunkten analysieren sie, wie schon erwähnt, Dieter Langewiesche in seinem Aufsatz »Geschichte als politisches Argument« und Matthias Rensing in seiner Darstellung »Geschichte und Politik in den Reden der Bundespräsidenten«.[154] Daneben werden sie zumeist entweder in Darstellungen zum Amt des Bundespräsidenten als eine Einflußmöglichkeit unter anderen erwähnt[155] oder essayistisch gewürdigt.[156] Insofern verspricht eine Untersuchung der Reden von Theodor Heuss Aufschluß über die Entstehungsbedingungen und Wirkungsmöglichkeiten präsidialen Redens im politischen System der Bundesrepublik.

V

Die Fragestellung, das Geschichtsbewußtsein zu untersuchen, wie es in den Gedenkreden von Theodor Heuss zur nationalsozialistischen Vergangenheit zum Ausdruck kommt, bestimmt das Vorgehen. Die einzelnen Aspekte, die bei der Analyse zu berücksichtigen sind, lassen sich anhand eines einfachen Kommunikationsmodells erläutern.[157]

Zu betrachten ist zunächst die *konkrete Redesituation*, auf die der Redner sich einzustellen hat, will er nicht sein Redeziel verfehlen. Ausgehend von seinen Intentionen und Fähigkeiten muß er im Hinblick auf den Redegegenstand und im Hinblick auf die Erwartungen des Publikums eine in sich stimmige Rede halten und so das zentrale Kriterium der Angemessenheit (*aptum*) erfüllen.[158] Diese situativen Bedingungen der Reden von Theodor Heuss lassen sich aus verschiedenen Quellen (Zeitungsberichte; Vorbereitungsunterlagen; Tonaufnahmen usw.) mehr oder weniger genau rekonstruieren und liefern damit einen wichtigen Anhaltspunkt für die Analyse der Reden.

Neben der konkreten Redesituation ist als zweite Ebene die *erweiterte Redesituation* anzusprechen, die dadurch gekennzeichnet ist, daß die aktuell gehaltene Rede durch die mediale Weiterverbreitung (persönliche Erzählungen, Medienberichterstattung; Abdruck des

Wortlauts, auch in Auszügen usw.) einen sehr viel größeren Zuhörerkreis erreicht und dadurch auf die aktuelle politische Situation wirkt, in die die Rede hineingesprochen wird. Umgekehrt wird die Rede durch diese vom Redner antizipierte erweiterte Redesituation selbst beeinflußt. Ist diese Unterscheidung bei einer vor einem abgegrenzten Auditorium gehaltenen Rede, über die dann berichtet wird, unerläßlich, gleichen sich bei einer Rundfunkrede die beiden Redesituationen einander an, ohne allerdings ineinander aufzugehen. Auch eine für einen exklusiven Zuhörerkreis einmalig gehaltene Rede kann zum Gegenstand des öffentlichen Interesses und Teil der öffentlichen Diskussion werden, die potentiell allen Interessierten zugänglich ist. Die Reden von Heuss wurden nicht nur von den direkten Zuhörern wahrgenommen, sondern als präsidiale Reden in der Öffentlichkeit rezipiert. Dieses Wechselspiel ist eingebettet in die *historische Situation*, die den ganzen rhetorischen Wirkungszusammenhang prägt: von der Einstellung des Redners über die Gestaltung der Redesituation bis hin zu den Erwartungen des Publikums und den Reaktionen der Öffentlichkeit.

Nur dann, wenn der *Redner* das Prinzip der Angemessenheit nicht nur im Hinblick auf die Redesituation (äußeres *aptum*), sondern auch im Hinblick auf den Redegegenstand (inneres *aptum*) berücksichtigt,[159] kann er auf den Erfolg seiner Rede hoffen. Die Rhetorik unterscheidet im Hinblick auf den Entstehungsprozeß verschiedene Phasen: *inventio*: Finden des Stoffes – *dispositio*: Anordnung des Stoffes – *elocutio*: sprachlich-stilistische Gestaltung – *pronuntiatio*: Vortrag.[160] Soweit diese Bearbeitungsstufen über entsprechende Quellen zum Entstehungsprozeß (Entwürfe; Äußerungen des Redners, Briefe usw.) erschließbar sind, eröffnen sie den Blick auf die Motive und Erwägungen des Redners, die durch die Einbeziehung seiner persönlichen Einstellungen und seiner grundlegenden Anschauungen noch vertieft werden kann. Aufgrund der Unterlagen zu den einzelnen Reden sowie aus den umfangreichen Schriften von Theodor Heuss lassen sich hierzu verläßliche Aussagen machen.

Demgegenüber ist eine Rekonstruktion der Wirkung bei den *Zuhörern* ungleich schwieriger. Beschränkte sich die Presseberichterstattung weitgehend auf die inhaltliche Wiedergabe des Redeinhalts und waren Kommentare eher selten, kann hier im wesentlichen nur das Ausmaß der öffentlichen Kenntnisnahme abgeschätzt werden und weniger ihre spezifische Form. Demgegenüber lassen sich aufgrund einer Analyse der Zuschriften, die Heuss nach seinen

Reden erhielt, jene Punkte näher bestimmen, die zustimmend bzw. ablehnend zur Kenntnis genommen wurden. Dabei ist zu bedenken, daß diese Stellungnahmen auch bei einer umfangreichen Resonanz nur einen vergleichsweise geringen Ausschnitt der öffentlichen Reaktion repräsentieren und zudem auf die Extrempositionen hin verzerrt sind, denn die emphatische Zustimmung oder die empörte Ablehnung motivieren den Zuhörer bzw. Leser viel eher zu einer schriftlichen Meinungsäußerung als dies eine moderate Reaktion auf die Rede vermag. Jenseits der Analyse der konkreten Stellungnahmen zu einer Rede, bleibt man im Hinblick auf deren Repräsentativität auf Vermutungen angewiesen.[161]

Der der Analyse zugrunde liegende Text ist mit dem gesprochenen Text nicht identisch, da Heuss in der Regel keine druckfertige Vorlage erstellte. Da wesentliche Elemente der Wirkung wie Intonation, Gestik, Mimik usw. erst in der aktuellen Darbietung der Rede (*actio*) realisiert werden, wäre eine Analyse des gesprochenen Textes wünschenswert. Einerseits ist dies teils wegen unzureichender Voraussetzungen wie unvollständige Tonaufnahmen, fehlende Filmaufnahmen usw., teils wegen des damit verbundenen Aufwands nicht möglich.[162] Andererseits bezogen die Reden gerade auch aus der schriftlichen Verbreitung ihre Wirkung, so daß die Verwendung der ersten Veröffentlichung als Textgrundlage sinnvoll erscheint. Die im Mittelpunkt stehende rhetorische Analyse der textkritisch gesichteten Einzelreden wird also in die Rekonstruktion der Redesituation und der Vorgeschichte des rednerischen Auftritts sowie in die Betrachtung der Rezeption eingebettet. Anmerkungen zur biographischen und zur zeitgeschichtlichen Situation sowie Vergleiche mit anderen Reden und Texten vervollständigen das Bild. Dabei wurde vor allem auf den politischen und bundespräsidialen Nachlaß von Theodor Heuss zurückgegriffen, der durch die gezielte Suche sowohl in seinem literarischen Nachlaß sowie in anderen Archiven ergänzt wurde.[163]

Die vorliegende Arbeit gliedert sich in vier Teile. Zunächst wird die Reichstagsrede von Theodor Heuss vom 11. Mai 1932 untersucht, um die Perspektive der rhetorischen Auseinandersetzung mit dem Nationalsozialismus auf die Jahre vor 1933 zu erweitern und so die Struktur der historischen Sinnbildung nach 1945 noch deutlicher herausarbeiten zu können. Die folgenden Teile behandeln die Zeit nach 1945. Wie sich die Erfahrung des Nationalsozialismus in seinen Reden der unmittelbaren Nachkriegszeit niedergeschlagen hat, wird anhand von zwei zentralen Ansprachen aus der unmittelbaren Nachkriegszeit – »In memoriam« (1945) und »Um Deutschlands Zukunft« (1946) – im zweiten Teil nachgezeichnet. Bevor die wichtigsten Reden zur nationalsozialistischen Vergangenheit aus seiner Amtszeit als Bundespräsident analysiert werden, wird im systematisch angelegten dritten Teil der Ausgestaltung des Präsidentenamtes durch Theodor Heuss und der Prägung der präsidialen Rhetorik durch die Bedingungen des Amtes nachgegangen. Die Reden selbst, die im vierten Teil einzeln analysiert werden, lassen sich gemäß den Gedenkanlässen, die in der frühen Bundesrepublik entstanden bzw. wieder aufgegriffen wurden, thematisch in drei Gruppen gliedern. In seinen Ansprachen zum deutsch-jüdischen Verhältnis vor der Wiesbadener Gesellschaft für christlich-jüdische Zusammenarbeit, bei der Woche der Brüderlichkeit und bei der Einweihung des Mahnmals in der KZ-Gedenkstätte Bergen-Belsen setzte sich Theodor Heuss mit »Konsequenzen der Kollektivscham« auseinander. Die Einweihung von Soldatenfriedhöfen und der Volkstrauertag boten ihm die Gelegenheit zu einer »Auseinandersetzung mit der militärischen Tradition«. Am 10. Jahrestag des 20. Juli 1944 bemühte er sich um die »Begründung einer positiven Gedenktradition«. Die Konzentration auf die erste Amtszeit beruht nicht auf einer willkürlichen Auswahl, sondern ist das Ergebnis der Sichtung der Reden von Heuss. Auch wenn er in verschiedenen Zusammenhängen sich auf die Epoche des Nationalsozialismus bezog, fallen seine Gedenkreden, die die Vergangenheitsdeutung selbst thematisieren, in seine erste Amtszeit, so daß sich für die vorliegende Arbeit ein zeitlicher Schwerpunkt in den frühen 1950er Jahren ergibt.

VI

Die vorliegende Untersuchung der rhetorischen Auseinandersetzung von Theodor Heuss mit dem Nationalsozialismus vereinigt drei Perspektiven: die Geschichte der »Vergangenheitsbewältigung« in der Bundesrepublik Deutschland, die Rolle politischer Reden im historischen Prozeß und die Bedeutung von Theodor Heuss als Bundespräsident. Die leitende Fragestellung zielt darauf ab, das auf die nationalsozialistische Vergangenheit bezogene Geschichtsbewußtsein zu erschließen und die Prozesse historischer Sinnbildung nachzuvollziehen, wie sie sich vornehmlich in Gedenkreden von Heuss niederschlagen. Im Hinblick auf die Geschichte der »Vergangenheitsbewältigung« beleuchtet die vorliegende Arbeit einen bisher wenig beachteten Aspekt des Gesamtprozesses; zum anderen untersucht sie die einschlägigen Reden in ihrer Eigengesetzlichkeit und ihren Wirkungsmöglichkeiten *als Reden*; schließlich rückt sie die Reden als einen wichtigen Bereich des Selbstverständnisses des Bundespräsidenten in den Vordergrund, das Theodor Heuss in seiner Amtszeit durch seine Person wesentlich geprägt hat. Methodisch geht die Untersuchung insofern neue Wege, als sie historisch-kritische Quellenanalyse und rhetorische Textanalyse kombiniert. Dabei zeigt sich: »Reden nach Hitler« bedeutet, auch »über Hitler« zu reden. In einem Staat, der das Erbe des Nationalsozialismus »internalisiert« hat, sind solche Reden ebenso notwendig wie riskant, berühren sie doch die vielleicht empfindlichste Stelle des eigenen Selbstverständnisses.

I.
» … aber in der ideenpolitischen Auseinandersetzung offenbar ganz wirkungsvoll«[1]

Die rhetorische Auseinandersetzung von Theodor Heuss mit dem Nationalsozialismus in der Reichstagssitzung am 11. Mai 1932

1. Erfahrungen von Theodor Heuss als Redner bis 1932

Als Theodor Heuss als Abgeordneter der Deutschen Staatspartei am 11. Mai 1932 im Reichstag eine Rede gegen den Nationalsozialismus hielt, meldete sich ein 48jähriger Politiker zu Wort, der zu diesem Zeitpunkt schon eine ereignisreiche berufliche und politische Laufbahn hinter sich hatte.[2] Am 31. Januar 1884 in der kleinen württembergischen Stadt Brackenheim als Sohn des Regierungsbaumeisters Louis Heuss und dessen Frau Elisabeth geboren, wuchs er in Heilbronn auf, wo er 1902 nach dem Besuch des humanistischen Gymnasiums sein Abitur machte. Nach dem Studium in München und Berlin promovierte er bei dem Nationalökonomen Lujo Brentano mit einer Arbeit über den »Weinbau und Weingärtnerstand in Heilbronn a. N.«. Besonders prägend wurde für ihn die an die Ereignisse des Jahres 1848 anknüpfende liberale Tradition des südwestdeutschen Bürgertums, die ihm vor allem sein Vater vermittelte.

Nach ersten Anfängen noch während seiner Schulzeit profilierte sich Theodor Heuss schnell als vielseitiger Journalist[3] und wurde 1905 noch vor Ende seines Studiums Redakteur der Wochenschrift »Die Hilfe«, die der liberale Politiker Friedrich Naumann herausgab. Seit 1912 Chefredakteur der Heilbronner »Neckar-Zeitung«, leitete er seit 1913 auch die Zeitschrift »März«. Nach dem Ersten Weltkrieg setzte er seine journalistische Karriere bei Periodika wie der »Deutschen Politik« und »Die Deutsche Nation« fort und war freiberuflich auch für andere Blätter tätig. Seine Artikel zeichneten sich durch eine außerordentlich große Themenvielfalt aus: Er beschäftigte sich u. a. mit Fragen der bildenden Kunst, der Literatur, der Politik und der Geschichte.[4] Daneben war er Geschäftsführer des Deutschen Werkbunds,[5] bis 1926 stellvertretender Vorsitzender des Schutzverbandes deutscher Schriftsteller sowie bis 1924 Studienleiter und bis 1933 Dozent der Deutschen Hochschule für Politik in Berlin.

Seine Bemühungen um ein politisches Mandat waren zunächst weniger erfolgreich. Zwar engagierte er sich nachhaltig und erfolgreich für Friedrich Naumann, aber weder gelang es ihm, 1912 einen Sitz im Württembergischen Landtag zu erringen, noch glückte ihm nach dem Ersten Weltkrieg der Einzug in den Reichstag. Seit 1920 Berliner Stadtverordneter, errang er erst 1924 für die linksliberale Deutsche Demokratische Partei (DDP) ein Reichstagsmandat, das er mit Unterbrechungen bis 1933 innehatte. »Journalismus und Politik: Dies sollte in unterschiedlichen Spielarten, Interpretationen und Kombinationen das Programm für Theodor Heuss' ganzes Leben werden.«[6]

Dieser hier nur kurz skizzierte Lebensweg bis ins Jahr 1932 brachte es mit sich, daß Heuss immer wieder öffentlich in Erscheinung trat.[7] Bei der Nachzeichnung seiner Entwicklung als Redner ist man im wesentlichen auf seine autobiographischen Aufzeichnungen angewiesen, die eine große zeitliche Distanz zum damaligen Geschehen aufweisen. Darüber hinaus deutet er seinen eigenen Lebensweg in der Rückschau als in sich schlüssige Entwicklung.[8] Seine Reifung zum erfolgreichen Redner schloß Rückschläge nicht aus. Noch in seiner im wesentlichen in den Jahren 1944/45 entstandenen und 1953 erschienenen Autobiographie »Vorspiele des Lebens« bedauerte Theodor Heuss, daß er die Abiturrede nicht halten durfte: »Ein bißchen plagte mich der Neid, daß der offizielle Abschiedsvortrag nach dem Abitur auf *ihn* fiel, während ich mich dafür zuständig hielt. Damit mußte ich mich abfinden.«[9] Ob dabei die verwehrte Ehre oder die abgeschnittene öffentliche Wirkung entscheidend war, läßt sich nicht mehr entscheiden. Daß er nicht zum Zuge kam, mußte ihn auch deshalb schmerzen, da er damals schon erste Artikel veröffentlicht, sich für Friedrich Naumann politisch engagiert und somit erste Erfahrungen im öffentlichen Wirken gesammelt hatte.[10]

Den Beginn seiner Rednerlaufbahn datiert Heuss selbst ins Jahr 1902, als er aufgrund seiner politischen Aktivitäten und eines ausführlichen Aufsatzes zum gestellten Thema »Die deutsche innere Einheit und ihre Widersacher« von seinem Lehrer Lechler aufgefordert wurde, er solle »am 27. Januar 1902, bei einem Schauturnen des Gymnasiums, eine kurze Rede auf den Kaiser halten«.[11] Seinen Stolz eingestehend – »Meine Eitelkeit war leicht gestreichelt« –, berichtet er vom »reizvollen Kampf zwischen Schüler und Lehrer« über den Inhalt und die Tendenz der Rede. Nachdem dieser eine entschärfte zweite Fassung durchgesetzt hatte, war Heuss sehr unzufrieden: »Die gefiel mir selber nicht mehr, sie war nicht byzantinisch, jedoch arg ausgebeint und bereitete mir beim Memorieren viel seelische Verlegenheit«, woraufhin er sich, ohne seinen Lehrer davon zu informieren, entschloß, doch die erste Fassung vorzutragen. Dabei sah er sich in der Nachfolge seines Vaters:

> »Wenn schon der Vater seine öffentliche Redetätigkeit mit einer Kaiserrede abgeschlossen und der Sohn sie mit einer solchen eröffnen sollte, dann durfte kein fremder Ton drin sein. Die Überlegung sagte: eine kleine Perfidie gegen Lechler trägt sich leichter als eine große gegen dich selber, und unterbrechen wird er dich nicht. Also trug ich die erste Fassung vor.«[12]

Von der Reaktion berichtet Heuss: »Er sah mich erstaunt an: ›So war das nicht verabredet!‹ war nachher der ganze Tadel. Er spürte, daß mir die Sache ernster war, als ihr Gewicht verdiente.«[13]

In seine Münchner Zeit fielen »die Versuche eines frühen ›öffentlichen Auftretens‹, d. h. des freien, rednerischen Experimentes«, deren sich Heuss als erfahrener Redner rückblickend »wie an ein Gesellenstück« erinnert.[14] In dieser Selbstreflexion wird erkennbar, wie Heuss den eigenen Lebensweg und hier seine Entwicklung zum Redner in ein bestimmtes Deutungsmuster einpaßt. Nach den ersten Erfahrungen als unbedarfter Lehrling legte er schließlich die erste Probe seines Könnens ab – sein »Gesellenstück« –, was aber Mißerfolge nicht ausschloß, die er aus der Perspektive erreichter Meisterschaft entsprechend selbstironisch und milde kommentieren konnte.

Eine Rede über religiöse Malerei, die Heuss einem Heilbronner Pfarrer »dreist« vorgeschlagen hatte, endete mit einem rhetorischen Fiasko:

> »Das las ich nun, meiner bieder geformten Sätze sicher, mit Nachdruck vor, als ich plötzlich merkte, daß ich völlig über die Köpfe der ungefähr fünfzig Leute hinweglas. Mein Angebot war, bei allem löblichen Drang zur Volkspädagogik letztlich jungenhaft wichtigtuerische Eitelkeit, und ich schämte mich des Vorgangs.«[15]

Gleichwohl zog Heuss daraus eine wichtige Lehre: »es war die erste und blieb die letzte Rede vor wartenden Menschen, die wörtlich niedergeschrieben wurde. Ich merkte, daß es für den Redner ein größerer Gewinn sei, in den Augen der Hörer als auf den Papierbogen zu lesen.«[16]

Die Feuertaufe als Diskussionsredner bestand Heuss hingegen bei einer Diskussionsveranstaltung unter dem Titel »Die Lebendtötung der Arbeiterschaft«, zu der der Pazifist Ludwig Quidde eingeladen hatte. Dabei wurde, so die Erinnerung von Heuss, über den wissenschaftliche Ertrag von Tierversuchen und die mögliche Gefahr von Menschenversuchen debattiert: »Ich griff ihn nach Strich und Faden an, wie er mit seinem Namen solche böswillige Demagogie decken könne«, schildert er rückblickend seine Attacken auf Quidde, um schließlich befriedigt festzustellen: »die Einzeldinge weiß ich nicht mehr, es ging aber großartig. Am Schluß sagte ich ihm ›Schämen Sie sich.‹«[17] Nachdem sich der Angegriffene in seinen Augen nur ungeschickt verteidigte, fühlte Heuss sich »rednerisch als Sieger«, zumal es nun nach dem Mißerfolg in Heilbronn »mit dem freien, auch mit dem improvisierten Sprechen« geklappt habe.

Ein anderes Mal trat er in einer öffentlichen Versammlung dem Führer der bayerischen Sozialdemokraten Georg v. Vollmar entgegen, der ihm »mit eingehender Liebenswürdigkeit« antwortete und so den jungen Diskussionsredner zur beachteten »›Figur‹« werden ließ.[18] Schließlich fühlte Heuss sich ermutigt, selbst als politischer Versammlungsredner in Heilbronn aufzutreten. Die gut und prominent besuchte Veranstaltung mit einer ausführlichen Diskussion seines Vortrags empfand der Redner Heuss wiederum als Erfolg – »und ich genoß zum erstenmal die unschätzbare Einrichtung des ›Schlußwortes‹«.[19]

Ganz deutlich wird hier, wie Heuss aus der zeitlichen Distanz von Jahrzehnten seinen rhetorischen Erfahrungen einen biographischen Sinn unterlegt. Im Rückblick aus dem Jahr 1953, als seine rhetorische Meisterschaft öffentlich allenthalben anerkannt wurde, stilisiert er seine frühen durchaus gemischten Erfahrungen nach dem Muster einer handwerklichen Ausbildung, in der die Fortschritte auch durch herbe Mißerfolge erkauft waren.[20] Insofern kann die von Pierre Bourdieu konstatierte »biographische Illusion« auch für diesen Einzelaspekt der Selbstdarstellung von Heuss unterstellt werden, nämlich

»daß die autobiographische Erzählung sich immer, mindestens teilweise, von dem Ziel anregen läßt, Sinn zu machen, zu begründen, eine gleichzeitig retrospektive und prospektive Logik zu entwickeln, Konsistenz und Konstanz darzustellen, indem sie einsehbare Beziehungen wie die der Folgewirkung von einem verursachendem oder letztem Grund zwischen aufeinanderfol-

genden Zuständen herstellen, die so zu Etappen einer notwendigen Entwicklung gemacht werden.«[21]
Gleichwohl läßt sich festhalten: Die »Lehrjahre« des Redners Heuss waren nicht nur durch seine rhetorische Begabung und sein Selbstbewußtsein gekennzeichnet, sondern auch durch Mißerfolge, so daß seine spätere Wirkung als Redner auch als Ergebnis eines Lern- und Erfahrungsprozesses anzusehen ist.

Im Zuge seines politischen Engagements bestand für Theodor Heuss die Möglichkeit, seine rhetorischen Fertigkeiten etwa im Landtagswahlkampf 1906 bei Auftritten in Bauerndörfern zu schulen: »Zu einem richtigen Bauernredner haben mich diese paar Uracher Wochen gewiß nicht gemacht, aber ich bin der Schule des Dorfes dankbar geblieben; sie begrenzte die Gefahr der Überheblichkeit.«[22] Nach Redeauftritten in Berlin[23] bedeutete vor allem der Landtagswahlkampf 1912 eine besondere rhetorische Herausforderung für ihn, bei der er lernte, seine Reden situationsbezogen zu formulieren und wirkungsvoll zu gestalten. So gab ihm ein politischer Weggefährte den Rat: »Reden Sie immer, immer das gleiche, auch wenn es Ihnen schrecklich wird«. Dies kommentierte Heuss so:

»Das ist der soziologische Tatbestand einer standardisierten Bezirkswahlrede. Ich folgte dem Rat einigermaßen, aber das Redlein wuchs von zwanzig Minuten auf drei viertel Stunden. Denn ich lernte bald, die ›Probleme‹, die in der Diskussion auftauchten, Schulhauskosten und Anteil an den Wegelasten, in dem Referat unterzubringen.«[24]

Auch nach dem Ersten Weltkrieg ergriff Heuss im Zuge der Revolution 1918/19 als Redner mitunter das Wort und scheute nicht die Debatte mit Kommunisten.[25] Insbesondere seine große Rede »Deutschlands Zukunft« im November 1918 war der Auftakt für wiederholte politische Redeauftritte für die DDP.[26] Auch wenn man die eigenen rückblickenden Stilisierungen seiner Rednerkarriere im Sinne von Bourdieus Bemerkungen zur »biographischen Illusion« kritisch betrachtet, ist festzuhalten, daß Theodor Heuss, als er 1924 Reichstagsabgeordneter wurde, über eine reiche rhetorische Erfahrung verfügte.

Im Reichstag beeindruckte Theodor Heuss als Debattenredner dessen Präsidenten Paul Löbe:

»Wenn Theodor Heuss im alten Reichstag das Wort ergriff, hatte er [...] schon nach dem ersten Satz ›das Ohr des Hauses‹. Oft habe ich dabei vom Präsidentenstuhl aus nach dem Zauberstab gesucht, der ihm gelingen ließ, was andere trotz ehrlichen Mühens nicht erreichen konnten. Aber es war kein Wundermittel, es war der Blick in seine Gedankenwerkstatt, den er dem Hörer gestattete.«[27]

Die »eigene Note«, so Löbe, bestehe in der Fähigkeit, eine Argumentation vor den Ohren der Zuhörer allmählich zu entwickeln, diese »wie einen guten Freund durch seinen Gedankengarten« zu führen. Hinzu komme die »seltene Gabe, sich in die Gedankenwelt des Gegners einzufühlen« und die dabei entstehende »Atmosphäre, in der man sicher war, daß sie niemals verletzen würde«. Schließlich beeindruckte ihn die »natürliche Abwehr jedes hohlen Pathos«, ganz zu schweigen vom »schwäbisch-vertraulichen Tonfall, der den Hörer wie ein warmer Mantel umfing«. Ob die Wirkung seiner Rhetorik tatsächlich so durchschlagend war, ist insofern fraglich, als Löbes Charakteristik sich in dem Sammelband »Begegnungen mit Theodor Heuss« findet, den sein persönlicher Referent Hans Bott zu seinem 70. Geburtstag zusammenstellte. Wird bei einem solchen Anlaß der Jubilar sowieso in ein besonders positives Licht gerückt, so ist zudem zu bedenken, daß die Debatten im Reichstag damals über 20 Jahre zurücklagen und von dessen Präsidenten, der zwischenzeitlich politische Verfolgung und KZ-Haft überlebt hatte, nachträglich anders wahrgenommen wurden. Auch verführte das öffentliche Image des begnadeten Redners, das sich Heuss im Laufe seiner ersten Amtszeit erworben hatte, dazu, dieses Bild in die Vergangenheit zu verlängern.

Tatsächlich war seine Reichstagskarriere keineswegs so glänzend, wie man aus Löbes Charakterisierung schließen könnte. So wurde Heuss erst 1924 als Vierzigjähriger für die DDP in den Reichstag gewählt, verlor 1928 sein Mandat wieder, war dann von 1930 bis Herbst 1932, nun als Abgeordneter der Deutschen Staatspartei, und noch einmal für kurze Zeit nach der Wahl am 8. März 1933 »MdR«.[28] Er bekleidete innerhalb der Fraktion das Amt des Fraktionsgeschäftsführers und war für verschiedene Führungspositionen innerhalb der Partei im Gespräch.[29] War Heuss auch kein »Hinterbänkler«, was angesichts der geringen Größe der liberalen Fraktion auch eine unzutreffende Bezeichnung wäre, so gehörte er im Reichstag der Weimarer Republik eher zur zweiten Garde der Parlamentarier.[30] Dabei profilierte er sich insbesondere als Kulturpolitiker, was sich auch in seinen Redebeiträgen niederschlug.[31]

Die Laufbahn von Theodor Heuss als Debattenredner fing, wie für einen Neuling auch nicht verwunderlich, wenig spektakulär an.

Zunächst Mitglied im Petitionsausschuß, resultierte sein erster parlamentarischer Auftritt aus der Arbeit im Ausschuß für die Kriegsopfer. »Meine sogenannte ›Jungfernrede‹ im Reichstag – seltsames Wort! – galt dem Ausbau des Kriegsopfergesetzes –«, stellt er in seinen 1963 veröffentlichten »Erinnerungen 1905–1933« fest und wertet seine damaligen Ausführungen deutlich auf: »ich habe später, nach 1950, auf einer großen Kundgebung mit internationalem Charakter darauf hinweisen und einiges zitieren können; ich brauchte mich dessen nicht zu schämen.«[32] Von den weiteren Reden, die Heuss als Reichstagsabgeordneter hielt, erwähnt er in seiner Autobiographie besonders die durch die Auseinandersetzungen um ein sog. Schund- und Schmutzgesetz verursachten »Rededuelle« mit dem SPD-Abgeordneten Rudolf Breitscheid, der »auf die Tribüne stieg, um meiner Ironie sein Pathos entgegenzusetzen«.[33] Der Streit um die Memoiren von Großadmiral Tirpitz, der zur Abfassung amtliche Akten verwendet hatte, gipfelte in einer von Heuss zu vertretenden Interpellation. »Die Parteien der Rechten erwiesen mir ihre Verachtung, indem sie vor Beginn meiner Rede geschlossen den Sitzungssaal verließen, um nicht Zeugen der erwarteten Demolierung eines Nationalheros zu werden«.[34] Daneben hebt er besonders seine ironische Stellungnahme zur Frage einer Einheitskurzschrift hervor: »An diese Rede [...] denke ich noch nach Jahrzehnten mit einem heiteren Behagen; sie hat, wenn ich sagen darf, meinen ›Ruf als Redner‹ begründet.«[35] Auch wenn Theodor Heuss im Reichstag nicht zur ersten Garde der Parlamentarier im Reichstag gehörte und auch wenn gegenüber der rückblickenden Selbststilisierung kritische Distanz geboten ist, läßt sich festhalten, daß er aufgrund seiner vielfältigen Erfahrungen als erfahrener politischer Redner gelten konnte, als er am 11. Mai 1932 ans Rednerpult trat, um sich rhetorisch mit den Nationalsozialisten auseinanderzusetzen.

2. Ein parlamentarischer Debattenbeitrag: Die Reichstagsrede am 11. Mai 1932

Seit den 1920er Jahren nahm Heuss in Reden, Vorträgen und Pressebeiträgen wiederholt öffentlich zum italienischen Faschismus, zum Nationalsozialismus und zu Hitler Stellung;[36] persönlich wurde er in einer nationalsozialistischen Zeitung als »Jude und Freimaurer« beschimpft und bei seinen Versammlungen wiederholt gestört.[37] 1930 hatte er im Auftrag der Reichszentrale für Heimatdienst ein Studie

Theodor Heuss: „Hitlers Weg", Titelblatt. Die 1932 erschienene Studie erreichte acht Auflagen und wurde ins Italienische, Schwedische und Niederländische übersetzt.

über die NSDAP angefertigt, die allerdings nicht veröffentlicht wurde.[38] Seine 1931 entstandene und im folgenden Jahr veröffentlichte Schrift »Hitlers Weg« kann als Ergebnis dieser intensiven Auseinandersetzung gelten. Nach einem Vortrag Anfang 1931 in Tübingen, über den in der Presse ausführlich berichtet wurde, erbat ein Verlag das Manuskript, um es zu veröffentlichen. Da Heuss sich nur Notizen gemacht und keinen zusammenhängenden Vortragstext formuliert hatte, verfaßte er in den kommenden Monaten die Schrift, die bis 1932 acht Auflagen erlebte und ins Italienische, Schwedische und Niederländische übersetzt wurde.[39] Wie der Untertitel »Eine historisch-politische Studie über den Nationalsozialismus« signalisiert, handelt es sich nicht um eine propagandistische Kampfschrift gegen die NSDAP, sondern um eine kritische Analyse der nationalsozialistischen Bewegung und insbesondere ihrer Programmatik. Bei Joseph Goebbels stieß sie auf brüske Ablehnung:

> »Ich lese eine Broschüre, die ein Demokrat über ›Hitlers Weg‹ geschrieben hat. Dies ist alles so dumm, daß es kaum einer Beachtung wert erscheint. Die bürgerliche Welt versteht uns nicht und kann uns nicht verstehen. Ihre Argumente gehen haarscharf an den eigentlichen Wesenheiten unserer Bewegung vorbei.«[40]

Da der italienische Faschismus seiner Meinung nach durch das »Überkompensieren d.[er] militärischen Enttäuschungen d.[er] jungen Intelligenz ein nationalsozialistisches Ideal gibt«, war er für Heuss »aber doch nur auf italienischem Boden denkbar«.[41] Den Hitler-Putsch erklärte er aus der »Kumulierung d.[er] Inflationsperiode« und schätzte deshalb die Gefahr einer nationalsozialistischen Machtübernahme als gering ein.[42] Diese Beurteilung aus dem Jahr 1927 revidierte Heuss auch angesichts der späteren Wahlerfolge der NSDAP nicht grundsätzlich; vielmehr bewertete er 1932 in »Hitlers Weg« das Abschneiden bei der Reichspräsidentenwahl als »nichts anderes als eine vollkommene Niederlage, von der sich die NSDAP. [!] nicht mehr erholen wird«.[43] Diese Fehlprognose lag darin begründet, daß Heuss die Stabilität des Weimarer Staates nach den überstandenen Krisen der ersten Jahre über- und die Massenwirksamkeit der nationalsozialistischen Bewegung unterschätzte.[44] Heuss war so aufgrund seiner eingehenden kritischen Auseinandersetzung mit der Hitler-Bewegung zu einer dezidierten Lageeinschätzung gekommen, als er im Mai seine Rede hielt.

Im Reichstag konnte er allerdings mit wenig Rückhalt rechnen, denn Heuss war Mitglied der kleinen, nur 5 Mitglieder zählenden

Fraktion der Deutschen Staatspartei (DStP). Hatte sich der Liberalismus nach dem Ersten Weltkrieg im wesentlichen in der Deutschen Volkspartei (DVP) und in der Deutschen Demokratischen Partei (DDP) organisiert und spielte die DDP aufgrund ihres großen Erfolgs bei der ersten Wahl 1919 und ihrer Unterstützung der neuen Ordnung eine staatstragende Rolle, kam es seit dem Einbruch bei der Wahl 1920 zu einem kontinuierlichen Abstieg.

> »Das fehlgeschlagene Experiment der im Sommer 1930 gegründeten Staatspartei zog nur noch den Schlußstrich unter den unaufhaltsamen Niedergang der Deutschen Demokratischen Partei, deren Schicksal deutlicher als das jeder anderen politischen Gruppe die Labilität und das schließliche Scheitern der demokratischen Ordnung von Weimar widerspiegelt«.[45]

War die Gründung der DStP als Nachfolgeorganisation der DDP durch persönliche Rivalitäten, politische Dissonanzen, fehlende Perspektiven und finanzielle Schwierigkeiten gekennzeichnet, setzten sich im folgenden die »Zerfallserscheinungen« fort.[46] 1919 mit 17,1 % drittstärkste Fraktion im Reichstag, war die DDP bis 1928 auf 4,8 % abgesunken; hatte die DStP 1930 auf Reichsebene 3,8 % erreicht, was 20 Mandaten entsprach, so erlebte die Partei bei der Wahl in Preußen im April 1932 ein Fiasko: von 22 Mandaten blieben nur noch zwei übrig. Angesichts der desolaten Situation kam in der Wahlanalyse am 28. 4. 1932 und im Geschäftsführenden Vorstand auch der Gedanke an eine Auflösung der Partei auf.[47] Gleichwohl stellte die Partei mit Hermann Dietrich aber den Reichsfinanzminister der Regierung Brüning, was zu einer äußerst problematischen Situation führte:

> »So sah sich die Staatspartei mit einem unverhältnismäßig großen Maß an Verantwortung für das Kabinett Brüning belastet, verfügte aber bei ihrer Schwäche im Reichstag nicht über die mindeste auch nur potentielle Machtbasis, die Politik der Regierung [...] in irgendeiner Weise im Sinne ihrer Vorstellungen beeinflussen zu können.«[48]

Die Reichstagssession vom 9. bis 12. Mai 1932, in deren Rahmen Heuss am dritten Tag das Wort ergriff, fand in einer politisch angespannten Situation statt.[49] Zwar konnte Brüning Hindenburgs Wiederwahl am 10. April 1932 im zweiten Wahlgang als Erfolg für sich verbuchen, doch die Unterstützung durch die SPD, während DNVP und Stahlhelm gegen ihn votierten, »empfand der greise Reichspräsident als einen Kampf in verkehrter Frontstellung und legte dies

Brüning zur Last«.[50] Der Versuch von Brüning und Reichwehrminister Groener, der das Innenministerium mitverwaltete, durch das am 13. April erlassene SA-Verbot der »Stimmung des ›Hitler ante portas‹« Einhalt zu gebieten,[51] war nicht dazu angetan, die fortschreitende Entfremdung zwischen Reichspräsident und Reichskanzler rückgängig zu machen; vielmehr entfesselten die Nationalsozialisten eine äußerst wirkungsvolle und erfolgreiche Kampagne gegen die Regierung. Hatte Hitler im zweiten Wahlgang über 36 % der Stimmen auf sich vereinigen können, so konnten die Nationalsozialisten ihre Erfolgsserie bei den Landtagswahlen am 24. April in Preußen, Bayern, Württemberg, Hamburg und Anhalt, bei denen die Deutsche Staatspartei eine so vernichtende Niederlage erlitten hatte, fortsetzen.

Die Regierung geriet so zusehends unter Druck.[52] Ohne sichtbaren außenpolitischen Erfolg kehrte Brüning am 30. April von der Genfer Abrüstungskonferenz zurück, denn dem Verlangen nach militärischer Gleichberechtigung Deutschlands hatte sich Frankreich strikt verweigert. Innenpolitisch erschütterten die Rücktritte von Wirtschaftsminister Warmbold am 28. April und von Finanzstaatssekretär Schäffer am 2. Mai die Position des Reichskanzlers.[53] Hinter den Kulissen intrigierte Schleicher, Chef des Ministeramtes im Reichswehrministerium, und suchte den Kontakt mit der NSDAP, wobei er sich am 28. April und 7. Mai zweimal mit Hitler traf. Sein Ziel war es, die Regierung zu stürzen und eine weiter rechts stehende Präsidialregierung einzusetzen; für die Tolerierung durch die NSDAP sagte Schleicher die Aufhebung des SA-Verbots und die Ausschreibung von Neuwahlen zu. Brüning konnte in einem Gespräch mit Hindenburg noch einmal Zeit gewinnen, auch wenn seine Position zusehends aussichtslos wurde.[54] Im Rückblick kann man also mit Karl Dietrich Bracher behaupten,

> »daß die Sitzung vom 9. bis 12. Mai der letzte Akt im Drama des 1930 gewählten Reichstags war. In der Tat bekundete ihr Ergebnis zum letzten Mal in der Geschichte der Weimarer Republik die bewußte parlamentarische Tolerierung einer Reichsregierung, bevor fortgesetzte Auflösung und schließlich Terror die Beschlüsse des Reichstags zur Farce erniedrigten«.[55]

Inzwischen hatte sich die »Desintegration des politischen Systems« im allgemeinen und die »Erosion des parlamentarischen Systems« im besonderen fortgesetzt. Gab es 1930 noch 94 Sitzungstage des Reichstags, waren es 1931 nur 42 und 1932 lediglich 13; wurden

1930 noch 98 Gesetze beschlossen, waren es 1931 nur 34 und 1932 lediglich fünf.[56] Dieser Machtverlust des Reichstags, eine sich abzeichnende Regierungskrise, Wahlerfolge der Nationalsozialisten und deren heftige Propaganda gegen das SA-Verbot sowie das sich um Schleicher zentrierende Intrigenspiel bildeten den politischen Rahmen der am 9. Mai beginnenden Reichstagssession.

Zu fragen ist, wie sich Heuss in dieser konkreten Situation mit dem Nationalsozialismus auseinandersetzte. Zum einen hatte er sich, wie oben dargestellt, intensiv mit dem Nationalsozialismus beschäftigt und war zu der Einschätzung gekommen, eine aktuelle Gefahr der Machtübernahme stehe nicht bevor; zum anderen verfolgte er die aktuelle politische Entwicklung sehr aufmerksam, wobei allerdings offen bleiben muß, inwieweit Heuss von dem Intrigenspiel hinter den Kulissen Kenntnis hatte.[57]

Die Session[58] wurde am 9. Mai 1932 mit einer ausführlichen Darstellung der finanzpolitischen Situation durch Finanzminister Dietrich, einem Fraktionskollegen von Heuss, eröffnet, der auf der Grundlage einer neuen Notverordnung nach Art. 48 WRV weitere Kreditermächtigungen forderte, um damit zur Arbeitsplatzbeschaffung Siedlungsmaßnahmen im Osten zu finanzieren.[59] Während die SPD durch Rudolf Breitscheid die weitere Tolerierung von der Sanierung der Arbeitslosenversicherung abhängig machte,[60] verweigerte die NSDAP die Zustimmung.[61]

Am folgenden Tag, der die 1. und 2. Beratung des Schuldentilgungsgesetzes sowie eine allgemeine politische Aussprache vorsah, entwickelte Gregor Strasser die wirtschaftspolitischen Vorstellungen der Nationalsozialisten, mit denen sich Heuss dann am nächsten Tag eingehend auseinandersetzte.[62] Diese »vergleichsweise maßvolle, ja konstruktive Rede des Reichsorganisationsleiters der NSDAP«[63] wiederholte zwar einerseits übliche wirtschaftspolitische Forderungen der NSDAP wie Zinssenkungen, Arbeitsdienstpflicht, Autarkie und Aussiedlung der Großstädte, erweckte aber andererseits den Eindruck einer Annäherung an die Positionen der Regierung, indem er das gewerkschaftliche Arbeitsbeschaffungsprogramm für diskutabel erklärte und von der plakativen Forderung des wirtschaftspolitischen Theoretikers der NSDAP Gottfried Feder nach »Brechung der Zinsknechtschaft« abrückte.

Als Göring in seiner Rede[64] nicht nur die Außenpolitik der Regierung heftig attackierte, sondern vor allem gegen das SA-Verbot Stellung bezog, provozierte er damit Reichswehrminister Groener zu einer Entgegnung,[65] die in den Zwischenrufen und Störversuchen der Nationalsozialisten unterging, was zur Unterbrechung der Sitzung führte. Dieses parlamentarische Fiasko führte zwei Tage später zu Groeners Rücktritt.

Für die Sitzung am 11. Mai, auf deren Tagesordnung die 3. Lesung des Gesetzes und wiederum eine allgemeine politische Aussprache stand, war eine Rede des Reichskanzlers angekündigt.[66] Heuss, der zuvor das Wort erhalten sollte, konnte mit großer Aufmerksamkeit rechnen: »Brüning war so freundlich, erst *nach* meiner Rede zu sprechen, so daß ich, in der Erwartung *seiner* Darlegungen, einen anständig besetzten Saal vor mir hatte und den Göring, Goebbels, Frank [richtig: Frick] hübsche Antworten auf ihre Störversuche geben konnte.«[67] Wie es zum Redeauftritt kam, beschrieb Heuss am 14. 5. 1932, also wenige Tage nach der Debatte, in einem Brief an Reinhold Maier:

> »In der Reichstagsfraktion waren Weber und Meyer zunächst dafür, wir sollten überhaupt nicht reden. Ich habe dieser Resignation, wesentlich durch Bäumer unterstützt, widersprochen mit dem Ergebnis, daß ich verurteilt wurde, die Rede zu halten, daß aber die Frage, ob ich sie halten solle, erst vom Verlauf der Debatte abhängig gemacht wurde. Nachdem sich ergab, daß auch Volkspartei, Wirtschaftspartei und Christsoziale sprechen würden, erhielt ich zwei Stunden, ehe ich drankommen würde, den Auftrag zu der Rede mit besonderer Auflage, zu den Einzeldingen der Arbeitsbeschaffungsfinanzierung, mit der Prämienanleihe, etc. nichts zu sagen, da hier die Fraktion sehr unterschiedlicher Auffassung ist. Da Brüning hatte mitteilen lassen, daß er nach mir sprechen wolle, war an sich klar, daß die Rede aus Raumgründen kaum ein Presseecho finden könne, aber das Haus war dann bei meiner Rede sehr gut besetzt, und ich kam in volle Fahrt, so daß ich mit 5 Zetteln Notizen statt der geplanten 30 Minuten eine volle Stunde drauflosredete; politisch, nach Weisung, nicht sehr konkret, aber in der ideenpolitischen Auseinandersetzung offenbar ganz wirkungsvoll, so daß ich auch die Nazis, einschließlich Frick, Göring und Goebbels, die am Anfang stören wollten, fast völlig zur Ruhe brachte.«[68]

Es ging also, so läßt sich diesem Brief entnehmen, der Fraktion allenfalls darum, in der Debatte präsent zu sein und nicht gezielt zu politischen Sachfragen Stellung zu nehmen; die Wirkung dieser rhetorischen Präsenz sollte zudem vom konkreten Debattenverlauf abhängig gemacht werden. Die kurzfristige Entscheidung, Heuss sprechen zu lassen, bedeutete für ihn nicht nur eine kurze Vorbereitungszeit und den Zwang zur Improvisation, sondern für die Rede auch, daß sie nicht dem langfristigen Plan entsprang, die Nationalsozialisten im Parlament ›zu stellen‹. Die Anlage der Rede war so mehr dem situativen Erfordernis als der grundsätzlichen Auseinandersetzung geschuldet.

In der Perspektive der »Erinnerungen« erscheint diese improvisierte Stellungnahme in anderem Licht. Da er erst nach der Märzwahl 1933 wieder in den Reichstag zurückkehrte, ohne bis zur Aberkennung seines Mandates noch einmal als Parlamentarier sprechen zu können, empfand Heuss diesen Debattenbeitrag als »eigene Abschiedsrede im Reichstag«[69]. Deutet diese Formulierung auf eine wohlüberlegte Vorbereitung hin, so erhielt sie dadurch, daß er sie als einzige Ansprache in ihrem Wortlaut in seine »Erinnerungen« aufnahm und sie überdies exponiert ans Ende seines Buches setzte, eine besondere Dignität, da er auf diese Weise seine Gegnerschaft zum Nationalsozialismus, die aufgrund seiner späteren Zustimmung zum Ermächtigungsgesetz umstritten war, unter Beweis stellen konnte.[70] Im Sinne der von Bourdieu konstatierten »biographischen Illusion« wurde Heuss zum »Ideologen seines eigenen Lebens«.[71]

Im Gegensatz zu den späteren, dem historischen Rückblick verpflichteten und dem *genus demonstrativum* zugehörenden Gedenkansprachen des Bundespräsidenten war dieser Debattenbeitrag der aktuellen Auseinandersetzung mit dem Nationalsozialismus gewidmet, mithin eine dem *genus deliberativum* zugehörige Parteirede des Parlamentariers Theodor Heuss.[72] Dies spiegelt sich auch im Aufbau der Rede wider, in der sich Heuss zunächst mit außenpolitischen Fragen beschäftigt, bevor er sich mit den Ausführungen Strassers auseinandersetzt, um schließlich den Nationalsozialismus insgesamt kritisch in den Blick zu nehmen. Dabei fügt er in seine Darlegungen immer wieder Abschweifungen und Zwischenbemerkungen ein.[73]

Ausgangspunkt für Heuss ist das von ihm mit Verwunderung (»merkwürdige Lage«) zitierte Presseecho,[74] der Reichstag sei wegen der von Gregor Strasser angedeuteten Bereitschaft zur konstruktiven Mitarbeit im Parlament »›langweilig‹ geworden«:

> »Wir sind alle gezwungen, festzustellen, daß die Nationalsozialistische Deutsche Arbeiterpartei gestern durch den Abgeordneten Strasser, mit dem auch ich mich nachher noch beschäftigen werde, in der Haltung seiner Rede mitteilen wollte, sie wolle jetzt

dem Parlament, dem sie bisher nur ihre Störungen gewidmet hat, zu dem sie bisher in scharfem Gegensatz stand, sachlich dienen.«[75]

Bereits an diesem Satz wird der ironische Grundton seiner Ausführungen deutlich, indem Heuss den Alltag parlamentarischer Arbeit mit dem antiparlamentarischen Verhalten der Nationalsozialisten konfrontiert und in der Antithese »Störungen widmen« zum Ausdruck bringt. Die gespielte Verwunderung (»sind alle gezwungen festzustellen«) steigert er zum Sarkasmus, wenn er das eigentlich Selbstverständliche – die Beteiligung an der Arbeit des Reichstags – hyperbolisch als außergewöhnliches Ereignis darstellt: »Ja, es geht die Legende durch das Land, daß die Herren sich künftig an den Ausschüssen und sogar an deren Arbeit beteiligen wollen.«[76]

Hier formuliert Heuss, ohne von seinem ironischen Tonfall abzuweichen, den grundsätzlichen Ansatzpunkt seiner Kritik, nämlich die Unfähigkeit der Nationalsozialisten bzw. die sachliche Unmöglichkeit, die politische Programmatik praktisch umzusetzen:

»Ich glaube, wir alle sind recht froh darüber, wenn die Herren jetzt kommen; wir wollen sehr dankbar sein, wenn da etwa Herr Gregor Strasser vor dem Zwang steht, der für uns alle erwünscht sein muß, das große Panoramagemälde der deutschen Zukunft, das er uns gestern entwarf, in die Form von juristisch gefaßten Paragraphen zu bringen, [sehr gut!] wobei wir dann mit ihm gemeinsam in der Lage sind, die sozialen, wirtschaftlichen und finanziellen Voraussetzungen und Folgen seiner Vorschläge zu prüfen, eine Möglichkeit, die die Herren uns bis heute noch nie gewährt haben.«[77]

Zum einen relativiert also Heuss durch die Kontrastierung von weit ausgreifender politischer Utopie und detailbezogener Gesetzgebungsarbeit die Zielvorstellungen Strassers und der NSDAP. Zum zweiten ist es Heuss in diesem ironischen Tonfall möglich, seiner Skepsis, die NSDAP könne nun die parlamentarischen Spielregeln einhalten, ebenso Ausdruck zu verleihen wie seiner Hoffnung auf eine Parlamentarisierung der NSDAP. In Analogie zu einer entsprechenden Entwicklung der SPD im Kaiserreich folgert er in »Hitlers Weg« als »Gesetzmäßigkeit«: »Die Logik des Parlaments beginnt, wenn auch unter Kampf und Krampf, ihre Widersacher an sich zu zwingen.«[78] Gleichwohl deutet die schroffe Entgegensetzung von »wir alle« und »die Herren« in der Rede darauf hin, daß bei Heuss trotz allem große Zweifel blieben.

Zum dritten behauptet er gerade gegenüber der NSDAP die Gültigkeit der traditionellen Formen der politischen Auseinandersetzung. Diese sind für ihn keine technischen Äußerlichkeiten, sondern Ausdruck einer lebenden und überlebensfähigen Demokratie. Die Verfassung der Weimarer Republik, so schreibt Heuss in »Hitlers Weg«,

>»hat, nicht willkürlich, sondern ›organisch‹, das parlamentarische Herrschaftssystem aus der Kräfteentwicklung der Vorkriegs- und Kriegszeit zur Satzung werden lassen. Das ist in der juristischen Fixierung möglich geworden, aber nicht in der geistigen Grundlegung. Denn der Parlamentarismus rechnet, über alle Parteigegensätze hinweg, mit einer gemeinsamen Sprache, mit einer Achtung der ›Spielregeln‹, mit dem Bewußtsein einer stillschweigenden Übereinkunft über letzte staatliche und nationale Dinge. Dies alles fehlt in Deutschland. Die Mängel seines politischen Betriebs liegen nicht so sehr in einer Formenwelt, in einem ›System‹ (das ja elastisch genug ist), als in den Gesinnungen, die sich in ihm begegnen und messen sollten, aber die ›Fairneß‹ des Kampfes nicht anerkennen – wenig ist so schlimm und so charakteristisch als dies, daß für diesen Begriff das englische Wort entliehen werden muß.«[79]

Weniger die Gewährleistung eines geordneten organisatorischen Ablaufs von Reichstagssitzungen ist sein zentrales Anliegen als vielmehr die Entwicklung einer parlamentarischen Kultur, die gleichermaßen der sachlichen Auseinandersetzung dient und von persönlichem Respekt getragen ist. Die Durchsetzung einer so verstandenen »Fairneß«, die auch nach 1945 ein Schlüsselbegriff für Heuss darstellt, ist das über die explizite inhaltliche Auseinandersetzung hinausgehende implizite Ziel der Rede.[80] Die Verpflichtung auf die sachliche Auseinandersetzung und der Glaube an das bessere Argument kennzeichnet die Vorstellung von Politik, die für Heuss auch nur im Rahmen von Parteien und Parlamenten denkbar war. So beschränkt er sich auch schon in »Hitlers Weg« auf eine sachliche Kritik der programmatischen Aussagen der NSDAP.[81]

Dies zeigt sich auch in der Entgegnung auf Görings vehemente Kritik an den bisherigen Ergebnissen der Genfer Abrüstungskonferenz, bei der er die Würde des Reichstags betont und die Grundprinzipien einer parlamentarischen Auseinandersetzung grundsätzlich von dem Ablauf einer propagandistischen Massenveranstaltung abhebt: »Herr Göring, von Ihnen hätte ich nicht erwartet, daß Sie

hier im Reichstag, also in voller Verantwortung, die propagandistischen Naivitäten Ihrer Versammlungsreden wiederholen«.[82] Indem
Heuss aber – zumindest fiktiv und ironisch distanziert – Charakteri-
stika einer demokratischen Partei auf die NSDAP anwendet, kann er
die spezifische Beschaffenheit der nationalsozialistischen Bewegung
nicht erkennen.[83] In »Hitlers Weg« stellt er zwar deutlich fest, daß
sich in der NSDAP

> »zwei sehr verschiedene Tendenzen überdecken: eine völlig irra-
> tionale und eine höchst rationalistische. Beide haben ihre Wur-
> zeln in Hitlers Persönlichkeit, wie sie dem Doppelsinn deutschen
> Wesens entgegenkommen. Man könnte von bürokratisierter Ro-
> mantik sprechen. Das Romantische ist die Führerlegende, die
> Gefolgschaftshingabe, der Glaube an den Mann, den *einen* Mann,
> die auf ihn allein (nicht auf ein papierenes Programm) abgestellte
> Opferbereitschaft, der einem Menschen, nicht einer ›Sache‹ gel-
> tende Begeisterungswille«.[84]

Erkennt er also durchaus den Doppelcharakter der NSDAP als Partei
und Bewegung, die dem Führerprinzip unterliegt, so vergleicht er in
einem Analogieschluß die Stellung Hitlers in der NSDAP mit der
Lassalles im Allgemeinen Deutschen Arbeiterverein.[85] Dadurch wird
das nationalsozialistische Führerprinzip historisch normalisiert und
die politische Integration der Arbeiterbewegung zum normativen
Modellfall für den Umgang mit der NS-Bewegung stilisiert.

Im folgenden sucht Heuss in seiner Reichstags-Rede die Sach-
auseinandersetzung mit den Nationalsozialisten, wobei er sich mit
der außenpolitischen Situation, den wirtschaftspolitischen Vorstellungen der NSDAP sowie der innenpolitische Lage insgesamt beschäftigt. Im außenpolitischen Teil seiner Rede lobt Heuss zunächst
ausdrücklich Brünings Verhandlungsweise und begründet seine
Hoffnung auf einen Verhandlungserfolg mit der »Pleite aller Völker«
und den Kosten für kriegstechnische Neuentwicklungen.[86] Gleichwohl verhehlt Heuss nicht seine Skepsis, daß bei den von Militärs
geführten Detailberatungen die positiven Ansätze wieder hinfällig
würden, »denn es ist fast wider die Natur des Menschen, von Offizieren als Sachverständigen dort zu erwarten, daß sie Beschlüsse vor-
bereiten, die ihren Beruf und ihre Arbeit sozusagen überflüssig
machen«.[87] Er behauptet das Primat politischer Entscheidungen
und setzt der von nationalistischem Pathos getragenen Kritik an Ab-
rüstungsbemühungen die nüchterne Beurteilung diplomatischer
Möglichkeiten entgegen. Diese hätten sich, »unterbaut durch unse-

ren moralischen Anspruch«, an der »Frage der deutschen Sicherheit« zu orientieren. Gerade die deutsche Position, Sicherheit durch Abrüstung zu erreichen, steht für Heuss der französischen gegenüber, die erst Sicherheit und dann Abrüstung wolle.

Der zweite Punkt der Auseinandersetzung ist die Stellung gegenüber den Auslandsdeutschen. Göring hatte in seiner Rede den Ausgang der Wahlen im Memelland, das bis 1923 unter alliierter Verwaltung gestanden hatte, bevor es 1923 von Litauen annektiert wurde und 1924 einen Autonomiestatus erhielt, als »Verdienst der Hitlerbewegung« dargestellt. Heuss dagegen betont die hier bestehende überparteiliche Verpflichtung:

> »Wollen wir damit anfangen, Fragen des Auslandsdeutschtums unter die binnenparteiliche Bewertung zu stellen, und dazu mit so fraglichem Recht? Nein. Warum dies nicht? Weil dies bisher die fast einzige Provinz des gesamtdeutschen Problems gewesen ist, aus dem alle, von Dr. Breitscheid [SPD – U.B.] bis zu Herrn von Freytagh-Loringhoven [DNVP – U.B.], wir alle, die wir an diesen Dingen teilnehmen, die parteipolitische Bewertung bewußt und erfolgreich draußengehalten haben.«[88]

Wiederum wird deutlich, wie Heuss auf eine rationale Sachargumentation abhebt und einen parteiübergreifenden Konsens anstrebt.

In diesem Zusammenhang geht Heuss auf die »staatspolitische Grundauffassung der Nationalsozialisten« ein, »jenes Prinzip vom ›Staatsbürger‹, der nur sein kann, wenn er ›Volksgenosse‹ ist«.[89] Dabei setzt er sich nicht grundsätzlich mit dem Antisemitismus der Nationalsozialisten auseinander, sondern erwägt lediglich mögliche Auswirkungen für die Deutschen im Ausland. Er befürchtet ganz konkret, daß eine in diesem Sinne aggressive Politik des Staatsbürgerrechts im Ausland auf die dort lebenden Deutschen in Form vermehrter Unterdrückung zurückschlagen und alle Bemühungen um eine Verbesserung ihrer Lage vereiteln könnte:

> »Die Folge ist, daß, wenn die anderen Völker das staatsbürgerliche Prinzip der Nationalsozialistischen Deutschen Arbeiterpartei zu ihrer Staatskonstruktion verwenden würden (Sie wollen damit die paar hunderttausend Juden bei uns in Deutschland treffen!), daß dann die Millionen deutscher Volksgenossen draußen in eine gefährliche Lage kommen. Ich bin in großer Sorge, daß Ihre Argumentation auf andere Länder übergreift.«[90]

Heuss verurteilt zwar deutlich den Antisemitismus der Nationalsozialisten, rückt aber hier vor allem mögliche Folgewirkungen für die

Deutschen im Ausland in den Mittelpunkt seiner Kritik. Die Gefahren für die Juden spielen in seiner Argumentation nur eine untergeordnete Rolle. Schon 1927 war er der Meinung, daß das antijüdische Programm bei der NSDAP »mehr Propagandamittel als unmittelbar geglaubte Möglichkeit« sei.[91]

Aufschlußreich an dieser Passage ist, daß hier das Protokoll zum ersten Mal Reaktionen der Nationalsozialisten verzeichnet. Dies läßt sich dadurch erklären, daß Heuss eine zentrale politische Aussage der NSDAP kritisiert. An seinen Repliken auf die Zwischenrufe von nationalsozialistischer Seite wird deutlich, wie sehr seine Argumentation auf dem nationalen Prinzip basiert. Auf den Einwurf des NSDAP-Abgeordneten Dr. Frick »Die Deutschen Volksgenossen im Auslande werden doch schon längst unterdrückt, weil wir unter Ihrer Regierung schwach sind!« antwortet Heuss:

> »Verehrter Herr Dr. Frick, das wissen wir genauso gut wie Sie, daß diese Volksgenossen unterdrückt werden, wissen aber auch, daß sie in dem Kampf um ihre kulturelle und politische Autonomie jede mögliche sachliche und moralische Unterstützung von Deutschland her erhalten.«[92]

An dieser Stelle verzichtet Heuss also auf die prinzipielle Auseinandersetzung mit der Forderung, die Staatsbürgerschaft rassisch zu definieren; er erwähnt nur beiläufig die Konsequenzen für die Juden in Deutschland und geht lediglich auf die taktische Eignung dieser Forderung zur Besserung der Lage der Deutschen im Ausland ein. Dabei stimmt Heuss sogar der Einschätzung zu, die Deutschen würden unterdrückt, wobei er das politische Handeln jedoch auf eine indirekte Unterstützung beschränkt wissen will.

Prinzipiell widerspricht er auch nicht der Forderung »Ein kraftvolles Deutsches Reich ist die beste Unterstützung!«, die in einem weiteren Zwischenruf Göring erhebt. Vielmehr versucht Heuss, gerade gegen die Nationalsozialisten die nationale Würde zu behaupten: »Gewiß, aber Sie gehen an die Deutschen des Auslands heran, um das Mutterland, diese Herberge des Deutschtums, bei den Deutschen des Auslands herunterzureißen und seinem Staat die moralische Kraft und Würde zu rauben!«[93] Die pathetische Beschwörung nationaler Zugehörigkeit offenbart die nationale Ausrichtung des politischen Denkens von Theodor Heuss.

Dieser »demokratische Nationalismus« war nach dem Ersten Weltkrieg eine politische Leitvorstellung der DDP, die im »Streben nach der Vollendung der Nation nach außen und innen« bestand,

»mit dem Ziel der großdeutschen Republik einerseits und der demokratischen Volksgemeinschaft andererseits«.[94] Als Nation begreift
Heuss nicht das »natürlich Gegebene, d.[as] Volkstum als solches,
sondern seine historisch=politische Gestaltung«.[95] Dabei überwiegt
die kulturelle Zusammengehörigkeit, worunter nicht allein die
Sprachgemeinschaft zu verstehen ist, gegenüber der staatlichen Einheit. Die individuelle wie kollektive Identität konstituiert sich »vor-
staatlich« durch die Zugehörigkeit zur Kulturnation, die sich in
einem staatlichen Gebilde erst organisiert.[96]

Wie die Repliken von Heuss zeigen, sucht er nicht die frontale
Auseinandersetzung, sondern hält sich an die Regeln einer parlamentarischen Debatte, indem er auf die Zwischenrufe eingeht,
Gemeinsamkeiten benennt und Unterscheide – mitunter auch polemisch – herausstellt. Dies läßt sich auch an seiner Reaktion auf den
Zwischenruf von Goebbels erkennen, der ihm wegen der geringen
Fraktionsstärke das Rederecht bestreitet: »Was wollen Sie eigentlich
in diesem Hause? Sie haben ja gar keinen Anhang mehr!«[97] Auch
wenn die DStP in der Tat nur noch das Dasein einer Splitterpartei fri-
stete, ist die Antwort von Heuss nicht nur eine schlagfertige Replik,
sondern offenbart auch seine Vorstellung eines demokratisch gewählten Abgeordneten, der ein freies Mandat ausübt und nur seinem Gewissen verpflichtet ist: »Herr Dr. Goebbels, ich vertrete hier
meine Auffassung«. In ironischer Anspielung auf Hitlers Bemühen,
die Nationalsozialisten als ernsthafte politische Kraft darzustellen,
erinnert er Goebbels an die Einhaltung parlamentarischer Spielregeln: »Aber Sie mußten eigentlich wissen, daß Ihnen für diese Reichstagssession in toto ein anständiges, manierliches und biederes Verhalten zur Auflage gemacht worden ist. Das gilt doch wohl auch für
Sie«; und er setzt nach einem Heiterkeitserfolg hinzu: »Ich möchte
Sie deshalb bitten, diese Anweisung auch während meiner Rede mit
zu berücksichtigen.«[98]

Zurückgreifend auf die Auseinandersetzungen um den Young-
Plan, die im dann gescheiterten Volksbegehren eskaliert waren, kritisiert Heuss die außenpolitische Einstellung der Oppositionspar-
teien, womit er vor allem die seit 1930 außerordentlich erstarkte
NSDAP meint. Angesichts der in England sich abzeichnenden Bereitschaft, auf Reparationen zu verzichten, und angesichts der inzwischen erreichten Fortschritte beim Abzug französischer Truppen
weist er darauf hin, »daß die Frage, ob Deutschland in dem außenpolitischen Ringen eine größere Freiheit und Beweglichkeit erhalte,

völlig daran gebunden war, daß wir zunächst für den deutschen
Boden die territoriale Freiheit zurückgewännen«.[99] Dabei thematisiert Heuss weniger den inhaltlichen Dissens bezüglich einzelner
Maßnahmen oder grundsätzlicher Ziele, sondern vielmehr die Art
und Weise der Auseinandersetzung, die durch persönliche Diffamierung gekennzeichnet gewesen sei:

> »Ich glaube, die Chance, daß wir in Deutschland eine – ich will
> einmal sagen: anständig funktionierende ›nationale Opposition‹
> erhalten könnten, ist in dem Augenblick zerstört worden, als
> durch den berüchtigten Paragraphen des Volksbegehrens zum
> Young-Plan die moralische Infamierung der führenden deut-
> schen Staatsmänner ausgesprochen war und vom Volk gefordert
> war – Zuchthausandrohung wegen Landesverrat. Von diesem
> Vorschlag, von dieser Diffamierung einer vaterländischen Gesin-
> nung [...] datiert die Unmöglichkeit, daß die ›nationale Opposi-
> tion‹ anständig mit in das Spiel der deutschen Kräfte eingesetzt
> wird.«[100]

Zweierlei wird hier wiederum deutlich: Zum einen der Rekurs auf den
»demokratischen Nationalismus« (»vaterländische Gesinnung«) als
politische Grundhaltung; zum anderen die Einforderung einer geregelten und von gegenseitigem Respekt getragenen politischen Auseinandersetzung, wie es in der wiederholten Verwendung des Wortes »anständig« anklingt. Auch in der anschließenden Erzählung
vom Wahlkampfauftritt eines NS-Funktionärs wird das Bemühen
von Heuss um die Würde des Parlaments und das Ansehen der
Nation noch einmal deutlich. Gegen die dort vorgebrachte Invek-
tive, Brüning sei nur an seiner Pension interessiert, weist er auf die
vom Redner verschwiegene Rechtslage hin und erinnert an die
Pflicht zur Zurückhaltung vor wichtigen außenpolitischen Verhandlungen.

> »Das ist das Schlimmste in diesen Auseinandersetzungen«, spitzt
> Heuss unter »lebhafte[r] Zustimmung in der Mitte und links«
> seine Kritik zu, »daß die Subalternität – denn ein solches Gehirn,
> das so etwas sagen kann, muß in seiner Konstruktion tief subal-
> tern sein – [wiederholte Zustimmung] die Grundanlage eines lo-
> yalen Kräftemessens verdirbt.«[101]

Wie sich zeigt, dominiert in der Rede von Heuss zusehends die moralische Dimension der Auseinandersetzung, die weniger die inhaltlichen Fragen thematisiert als vielmehr das persönliche Verhalten einzelner Politiker und den Stil der öffentlichen Debatte.

Innerhalb seiner Argumentation stellt der folgende Abschnitt der Rede, in dem er sich mit Görings Bismarck-Bild auseinandersetzt, die Überleitung zu den innenpolitischen Fragen dar; im Ausmaß gewinnt sie den Charakter eines eigenständigen Exkurses, einer *digressio*. Heuss wendet sich gegen Görings Glorifizierung des ersten Reichskanzlers »als Vorbild«, nämlich »daß Bismarck nicht bloß als Außen-, sondern auch als Innenpolitiker die Volkskräfte an seine außenpolitische Zielsetzung herangezwungen hat«. In eine rhetorische Frage gekleidet, weist er auf dessen innenpolitisches Versagen hin, nämlich »daß Bismarck der Reihe nach große breite Kräfte des deutschen Volkstums, zuerst die, die hinter der katholischen Kirche standen und stehen, dann die Sozialisten, von dem Staate abzudrängen versuchte und der Zukunft damit ein schweres Erbe hinterließ«.[102] Heuss wehrt sich hier gegen die bewußte Instrumentalisierung des ersten Reichskanzlers durch die Nationalsozialisten, die sich später in »Kontinuitätsinszenierungen« wie den »Tag von Potsdam« und die Installierung des preußischen Staatsrates niederschlugen.[103] Die »Tragik seiner innenpolitischen Arbeit« sieht Heuss demgegenüber darin, daß Bismarck »die Kräfte des Volkes selber nicht an die staatliche Verantwortung mit herangeführt hatte«,[104] mithin in einer Spaltung von Staat und Teilen der Nation.

Die Grundlage der hier deutlich zu fassenden demokratischen Komponente seines politischen Denkens ist allerdings eine »historisch relativierende Betrachtungsweise von Staatsformen und politischen Ideen«. Dies hat eine lediglich »pragmatische Rechtfertigung der Demokratie als historische Notwendigkeit« zur Folge, wodurch sich Heuss deutlich von einem liberalen Demokratiebegriff westeuropäischen Zuschnitts unterschied.[105] Gerade in der innenpolitischen Stabilisierung sieht Heuss die Chance, nach der Bereinigung außenpolitischer Streitfragen zu einer dauerhaften Lösung der Krise zu kommen. Nicht nur der Vorrang des nationalen Zusammenhalts vor der staatlichen Organisation kommt hier zum Ausdruck, sondern auch die Notwendigkeit einer umfassenden Völkerversöhnung:

> »In die Völker muß wieder ein Wissen davon hineingebracht werden – ich sage ›in die Völker‹ und nicht bloß zu den Staatsmännern und Wirtschaftsführern –, daß sie einzeln, daß ihre Gemeinschaft nur dann aufleben können, wenn im Innern der einzelnen Staaten und in ihrer Wechselbeziehung ein anständiges Vertrauensverhältnis wiederhergestellt wird«.[106]

Dieser Mentalitätenwandel und die Herstellung stabiler innenpolitischer Verhältnisse, wie sie für Heuss z. B. durch den Wahlkampf um das Amt des Reichspräsidenten gerade nicht gefördert wurde, ermöglicht in seinen Augen erst die Einbindung Deutschland in die Weltwirtschaft, die »wirtschaftliche Neuverflechtung mit der Welt, vor der wir als Aufgabe stehen«.[107]

Damit ist Heuss beim zweiten großen Komplex der Auseinandersetzung mit den Nationalsozialisten angelangt, ihren wirtschaftspolitischen Vorstellungen, wie sie am Vortag Gregor Strasser in seiner Rede formulierte. Hier folgt er weitgehend der Argumentation, wie er sie in seiner Schrift »Hitlers Weg« entwickelt hat.[108] So spricht er sich scharf gegen die Autarkiebestrebungen der NSDAP aus:

> »Man kann die Autarkie, wie die Herren (zu den Nationalsozialisten) sie vertreten, bejahen, wenn man gleichzeitig den Mut hat, auszusprechen, daß dann die Aufgabe gestellt ist, den Hunger weiterer Millionen in Deutschland zu organisieren.«[109]

Auch verwahrt er sich gegen Strassers Verurteilung der kapitalistischen Entwicklung in der zweiten Hälfte des 19. Jahrhunderts und bricht eine Lanze für die liberale Wirtschaftspolitik: »Die Leistung dieses sogenannten ›liberalistischen‹, dieses kapitalistischen Systems ist einfach die gewesen, daß deutsche Menschen in Deutschland Arbeit, Brot und Wohnung gefunden haben.«[110] Nicht nur der Verzicht auf qualifizierte Arbeitskräfte, die bei einer strikten Autarkiepolitik ausgewandert wären, sondern auch der Verzicht auf wertvolle Rohstoffe stellt für Heuss ein entscheidendes Gegenargument dar. In Anknüpfung an die zollpolitischen Debatten des Kaiserreichs weist Heuss darauf hin, daß die Krise der Landwirtschaft durch den Mangel an Massenkaufkraft bedingt sei, »daß die Wiedereinführung dieser Massen in die gewerbliche Arbeit schlechthin die Voraussetzung einer landwirtschaftlichen Erholung in Deutschland ist«.[111]

Insbesondere die währungspolitischen Vorstellungen der NSDAP kritisiert er als realitätsfremd und gefährlich. Nicht nur die ausschließliche Orientierung der währungspolitischen Überlegungen am Goldstandard (»einem negativen Goldwahn«[112]), erregt seine Kritik, sondern vor allem die konkreten Vorschläge wie die Finanzierung von Sachwerten durch zinslose Darlehen stoßen bei ihm auf Widerspruch. So kommt er zum abschließenden Urteil, »daß diese ganze währungspolitische Lehre nichts ist als theoretischer Unsinn, aber auch politische Gefahr in dem Augenblick, wie eine Regierung, sie sei zusammengesetzt wie immer, sich verleiten lassen würde, auf diesem Gebiete zu manipulieren«.[113]

Gerade bei diesen wirtschaftspolitischen Fragen wird deutlich, wie Heuss die sachliche Diskussion sucht. Der Versuch einer logischen Widerlegung der entsprechenden Vorstellungen der NSDAP im Rahmen einer ökonomischem Fachdebatte macht für ihn das Wesen einer parlamentarischen Auseinandersetzung aus. Heuss kann sich dabei nicht nur als studierter Nationalökonom profilieren, sondern demonstriert ein bürgerliches Bildungsverständnis, das im Gegensatz zum Anti-Intellektualismus der Nationalsozialisten steht.[114] Laut Sitzungsprotokoll stößt Heuss während dieser Passage kaum auf negative und selten auf positive Resonanz. In diesem Zusammenhang wirft er Strasser vor, daß die wirtschaftspolitischen Ideen der Nationalsozialisten, von diesen als »›neues Denken‹« postuliert, ein »sehr altes Denken« seien, »eine Kombination von deutscher Romantik und utopischem Frühsozialismus in der Weise von Weitling und Proudhon«.[115] Hier offenbaren sich einmal mehr die Grenzen seiner Auseinandersetzung mit dem Nationalsozialismus. Er verkennt die Andersartigkeit der NSDAP gegenüber den etablierten Parteien, da er lediglich die programmatischen Aussagen auf ihre logische Stringenz und ihre politischen Konsequenzen hin analysiert. Die dabei zu Tage geförderten Traditionslinien (»altes Denken«), die der Selbststilisierung der NSDAP als dynamische, neue Wege beschreitende (»neues Denken«) Bewegung zuwiderlaufen, erfassen nicht die Massenwirksamkeit und politische Dynamik der NS-Bewegung. Der Beschwörung eines das ganze Volk ergreifenden Aufbruchswillens, wie sie Strasser in seinen Formulierungen »große antikapitalistische Sehnsucht« und »grandiose Zeitenwende« zum Ausdruck gebracht hat,[116] kann Heuss nur seine moralische Empörung über den Mißbrauch der Jugend durch die Nationalsozialisten entgegensetzen. Nach dem Bericht, daß bei einer nationalsozialistischen Versammlung für Brünings Beerdigung gesammelt worden sei, ruft Heuss entrüstet aus: »Das ist das Ergebnis einer politisch-moralischen Erziehung, wie sie von Ihnen [zu den Nationalsozialisten] vor der Seele dieser jungen Menschen verantwortet werden muß. [Sehr wahr! in der Mitte.]«[117]

Damit ist Heuss beim dritten Thema seiner rhetorischen Auseinandersetzung. Er setzt zwar die Diskussion politischer Sachfragen fort, die Kritik am Nationalsozialismus dominiert aber zusehends. Zunächst noch in der Sache *(ad rem)* argumentierend, sucht er immer mehr die persönliche Auseinandersetzung *(ad personam)* mit den Nationalsozialisten. Angesichts der wirtschaftlichen Schwierigkeiten, die den geburtenstarken Jahrgängen den Eintritt ins Erwerbs-

leben und damit die Integration in die Gesellschaft verwehren, ist
Heuss bereit, die u. a. von den Nationalsozialisten geforderte Einführung eines freiwilligen Arbeitsdienstes zu unterstützen. Gleichwohl sieht er, »welcher unendliche Mißbrauch, welches Zerschlagen
seelischer Werte getrieben wird, indem man aus dieser Not der deutschen Jugend ein agitatorisches Gewerbe macht«.[118]

Weiterhin nimmt er, seine Aussagen nun eher beliebig reihend,
zur Frage des SA-Verbotes Stellung, die am Tag zuvor zum »Debakel«
Groeners führte, [119] und kritisiert die Rolle der SA. Zum einen kontrastiert er den behaupteten Anspruch, eine Elite zu sein, mit der Realität des »Bonzentums«.[120] Zum anderen prangert er das öffentliche
Auftreten der SA zunächst ironisch-distanziert an:

> »Wer, wie ich etwa, in manchen Versammlungen die SA nicht
> nur als geschulten Gesangverein erfahren durfte, sondern sie
> auch einmal mit dem Drum und Dran von Schwärmern und Frö-
> schen erlebt hat, der hat eine kritische Vorstellung von dem, was
> den Typus der Elite in dieser neuen Aristokratie darstellt«.

Dann spitzt er seine Aussagen polemisch zu: »Wir haben auch genug
erfahren, daß dieses Instrument ein Instrument der Einschüchte-
rung, der einfachen Terrorisierung, einen fortgesetzten Appell an
den ängstlichen Spießbürger bedeutet.«[121] Dementsprechend kritisiert er, in eine Frage gekleidet, den späten Zeitpunkt des SA-Verbots.

Angesichts der von Hitler ausgegebenen Legalitätstaktik sieht
Heuss bei der NSDAP die »geradezu groteske Lage, daß sie den liberalen Rechtsstaat deklamieren, während sie selber den totalitären
Machtstaat wollen«. Gegen diese antidemokratische Position setzt
er seine Staatsauffassung,

> »daß jeder Staat Macht bedeutet, daß jeder Staat aufgebaut ist auf
> Befehlsgewalt und Gehorsamsanspruch und daß dieser gegen-
> wärtige Staat gar keinen Grund hat, nun auf einmal sentimental
> zu werden, sobald er es mit seinen erklärten Feinden zu tun hat.
> Wenn der demokratisch-liberale Staat in der Zwangslage, in die
> er durch Sie [zu den Nationalsozialisten] versetzt wird, aus Ihrem
> Geistesgut eine kleine Voranleihe macht und mit den Mitteln,
> die jeder Staat braucht, der im Kampf um seine Existenz steht,
> mit den Mitteln der Gewalt sich zu bewahren und durchzuset-
> zen versucht und es auch versteht, so sollten Sie darüber nicht
> zu greinen beginnen.«[122]

Das eindeutige Bekenntnis zu einem starken Staat markiert die klare
Frontstellung von Heuss gegenüber den Nationalsozialisten. Ande-

rerseits ist die Inkonsistenz seiner Argumentation nicht zu übersehen, im Parlament einerseits die sachliche Auseinandersetzung mit den Feinden des Staates zu suchen und diese auf staatstragende Mitarbeit zu verpflichten und sie andererseits gemäß der Vorstellung von »Befehlsgewalt« und »Gehorsamsanspruch« des Staates unterdrücken zu wollen. Die Durchsetzung einer solchen Politik war, wie die Auseinandersetzung um ein SA-Verbot zeigt, nicht allein wegen der geringen Größe des liberalen Lagers, insbesondere der DStP, sondern wegen der allgemeinen Situation in der Endphase der Weimarer Republik nicht mehr möglich.

Nach einem rhetorischen Geplänkel mit den wieder aktiver werdenden nationalsozialistischen Zwischenrufern –

»Ich habe so viel dummes und böses Zeug von Nationalsozialisten in meinem Leben über mich ergehen lassen müssen, daß Sie mir schon lange nicht mehr auf die Nerven fallen. Ich bin auf diesem Gebiet ganz immun geworden. [Heiterkeit bei der Deutschen Staatspartei und bei den Sozialdemokraten.]«[123] –

nach diesem Geplänkel ironisiert Heuss Hitlers Propagandafeldzug vor der Reichspräsidentenwahl. Der Anspruch, »daß ein neuer politischer Typus entsteht, ein neuer politischer Stil«, provoziert seinen Widerspruch; insbesondere das Spiel mit Heroisierung und Mitleidserregung – »das eine Mal der große, sieghafte Mann, das andere Mal der Märtyrer und die verfolgte Unschuld« – stößt bei ihm auf Kritik. Wenn die »Heldenepopöe« über Hitlers Deutschlandflug für ihn »das Grausamste an Kitsch war, was zur Zeit in der deutschen Publizistik geleistet werden kann«,[124] wechselt er in seiner Argumentation von der politisch-moralischen Ebene auf die ästhetische. Dadurch gewinnt das individuelle Geschmacksurteil die Dignität eines kritischen Arguments.[125]

In der abschließenden Charakterisierung der Hitlerbewegung reduziert er deren Politik auf eine Neuauflage des Wilhelminismus.

»Wenn poetisch und pathetisch vom ›Dritten Reich‹ geredet und uns der neue Typus, der neue Stil des kommenden Deutschland angekündigt wird, diese Woche vor dem 13. April hat uns gelehrt: Die Ausstattung des Dritten Reiches wird aus einem Großausverkauf von neulackierten und aufgeputzten Ladenhütern der wilhelminischen Epoche bezogen sein [lebhafte Zustimmung in der Mitte und bei den Sozialdemokraten], und davon, meine Herren, haben wir, denke ich genug gehabt. [Lebhafter Beifall bei der Staatsbürgerlichen Fraktionsgemeinschaft.]«.[126]

Damit konterkariert er zwar zum einen den von der NSDAP selbst erhobenen Anspruch, eine neue Bewegung darzustellen, verkennt aber zum anderen – abgesehen von dem Zugeständnis einer neuen »Verpackung« – die Modernität der Propagandamethoden, die er hier nur einer ästhetischen Stilkritik unterzieht,[127] und unterschätzt schließlich die Bereitschaft zur rücksichtslosen Machtausübung.

Zusammenfassend läßt sich feststellen, daß Theodor Heuss in seinem Debattenbeitrag die sachliche Auseinandersetzung mit den programmatischen Aussagen und der politischen Praxis der Nationalsozialisten nach parlamentarischen Spielregeln suchte. Sowohl im Duktus seiner Argumentation, die zentrale Felder wie die Außen-, die Wirtschafts- und die Innenpolitik nacheinander diskursiv abhandelte, als auch in der wiederholten Erinnerung an den Kodex rhetorischer Erörterung in der Volksvertretung sowie im ironisch-distanzierten Unterton versuchte Heuss, die Würde des Parlaments zu behaupten und die damit verbundenen Regeln einer fairen Auseinandersetzung über politische Sachfragen gegenüber der NSDAP durchzusetzen. Insofern war Heuss typisch für viele andere liberale Politiker. Deren Schwierigkeit, »die nationalsozialistische Gefahr voll auszumessen, dürfte nicht zuletzt ihrer ethisch gebundenen Grundauffassung zuzuschreiben sein, die bestimmte minimale Normen und Spielregeln politischen Kampfes für allgemein verbindlich hielt«.[128] Dabei verkannte er nicht die antidemokratische und antiliberale Gesinnung der Nationalsozialisten, unterschätzte jedoch ihren Willen zu einer gewaltsamen Durchsetzung ihres Machtanspruches und der Errichtung einer totalitären Diktatur und täuschte sich über die Bedeutung des Antisemitismus. Auch hier traf er sich in seiner Einschätzung mit der anderer bürgerlich-liberaler Politiker, die die rücksichtslose Mißachtung ihrer Werte sich auch dann nicht vorstellen konnten, als der Terror bereits unübersehbar war.[129]

Heuss verkannte aber auch, wie insbesondere in der ästhetischen Beurteilung der Reportagen über Hitlers Deutschland-Flug zum Ausdruck kommt, die massenwirksame Dynamik der NS-Bewegung, die sich der neuen Medien bediente, zu denen Heuss keinen Zugang fand.[130]

So läßt sich in dieser Rede ein »kaum auflösbares Dilemma des intellektuellen Bildungsbürgers« erkennen:

>»Drei klassische Medien der Stiftung des *common sense* also sind es, mit denen Heuss die zentrifugalen Tendenzen im republikanischen Lager rhetorisch aufzuhalten versucht: Der *rationale Dis-*

kurs, das *symbolische Kapital der Bildung* und das *ästhetische Emp-finden*. Dabei setzte seine rhetorische Topik eben jenen Kanon kulturellen Wissens voraus, dessen legitimatorische Kraft in den zwanziger Jahren längst im Schwinden war.«[131]
Inhaltlich entsprach diesem rhetorischen Gestus das Bekenntnis zum demokratischen Staat, dem als starker Staat die Machtmittel zum Kampf gegen seine Feinde zugebilligt werden. Die wirkungsvolle Repression der nationalsozialistischen Bewegung, die Heuss in sei-ner Rede anmahnte, war nicht nur politisch nicht durchsetzbar, son-dern stand in Spannung zum Ideal einer fairen politischen Aus-einandersetzung. Hier wird die Problematik einer politischen Haltung deutlich, die mit dem politischen Gegner eine politische Diskussion gemäß parlamentarischer Regeln suchte, die jedoch dadurch, daß die-ser sie nicht anerkannte, ihre Gültigkeit zusehends einbüßten.

Das Bekenntnis von Theodor Heuss zum »demokratischen Na-tionalismus«, bei dem sich in seiner Vorstellung die vor-staatlich kon-stituierende Nation in einem als parlamentarische Demokratie verfaßten Staat organisiert, teilte mit dem integralen Nationalismus der Rechten die Orientierung am Nationalgedanken als Basis kollek-tiver Identität, hob sich jedoch von dessen autoritärem, mitunter totalitärem Anspruch ab. Gab es auch Berührungspunkte bei der Staatsvorstellung, wenn Heuss das Verhältnis zwischen Staat und Staatsbürger mit dem Begriffspaar »Befehlsgewalt und Gehorsams-anspruch« kennzeichnete, so unterschieden die Prinzipien Gewalten-teilung, Parlamentarismus und Recht diese Form eines »demokrati-schen Obrigkeitsstaats« von den Zielvorstellungen der politischen Rechten.[132] So gesehen, mußte die NSDAP die heftige Kritik von Heuss herausfordern, ohne jedoch aufgrund der fließenden Über-gänge und zumindest terminologisch gleicher Ansatzpunkte den prinzipiellen Bruch mit der traditionellen Politik deutlich werden zu lassen.

Was die Resonanz der Rede anbetrifft, war die Einschätzung von Heuss in seinem Brief an Reinhold Maier durchaus realistisch: Brü-ning lief ihm den Rang ab. So titelte z. B. die Vossische Zeitung in der Abendausgabe des 11. Mai »Die große Kanzlerrede« und berich-tete nur knapp über die Ansprache von Heuss.[133] Auch die Mün-chener Neuesten Nachrichten brachten nur eine 8-Zeilen-Notiz, während sie Brünings Aussagen ausführlich wiedergaben.[134] Dem-gegenüber war die Reaktion von Reichstagskollegen deutlicher. In seinen Erinnerungen berichtet Heuss:

»Dies blieb mir in skuriller Erinnerung: der junge hessische So-
zialdemokrat Mierendorff, in dem die Kollegen seiner Fraktion,
und nicht sie allein, einen kommenden Führer der Partei sahen,
erteilte mir lachend den Ritterschlag: ›Wenn dieser Laden noch
eine Zeitlang beisammen bleibt, haben Sie die Chance, ein großer
Parlamentarier zu werden! Denn Wels (der war damals der sozialdemokratische Fraktionsvorsitzende) hat sich zunächst nur mit
Ihnen beschäftigt. Der Heussle habe die Rede gehalten, die keiner von unseren eigenen Leuten gewagt hätte.‹«[135]
Selbst den Nationalsozialisten habe, so berichtete Heuss später, diese
Rede Eindruck gemacht: »Angeblich, das erzählte mir der Berliner
Vertreter der ›Kölnischen Zeitung‹, habe mir meine Reichstagsrede
vom Mai 1932 in führenden Parteikreisen einigen nachwirkenden
Respekt verschafft«.[136]
    Angesichts dieser frühzeitigen und eingehenden Kritik am Natio-
nalsozialismus wäre zu erwarten gewesen, daß Heuss, als es bei der
Abstimmung über das Ermächtigungsgesetz zum Schwur kam, den
Feinden des demokratischen Staates die Zustimmung verweigert
hätte. Daß dem nicht so war, war eine für seine Biographie prägende
Entscheidung, die nicht ohne Einfluß auf seine spätere Einstellung
zum Nationalsozialismus blieb und für seine rhetorische Auseinandersetzung nach 1945 bedeutsam wurde.[137] »Jeder von uns, der als
Publizist oder als ›Politiker‹ zu Entscheidungen gezwungen war, die
er später bedauerte, hat Dummheiten gemacht.«[138] Mit dieser allgemeinen Feststellung begann Heuss die rückblickende Darstellung
seines damaligen Verhaltens, um sogleich die Besonderheit der
Situation hervorzuheben: »Doch dieser Begriff ist zu schwach für die
Zustimmung zu diesem Gesetz, und auch das Wort ›später‹ trifft
nicht die innere Lage; denn ich wußte schon damals, daß ich dieses
›Ja‹ nie mehr aus meiner Lebensgeschichte auslöschen könne.«
    Der Ablauf stellt sich so dar: In der Ausschußsitzung der Deut-
schen Staatspartei kam keine einhellige Meinung zustande, auch
wenn »die Mehrzahl der Beamten«, so Heuss, »die Unterstützung
befürwortete, unter dem leidenschaftlichen Widerspruch vor allem
von Gertrud Bäumer«. Es wurde beschlossen, »der Reichstagsfraktion
die Entscheidung zu überlassen mit dem Ersuchen, einheitlich abzu-
stimmen«.[139] Heuss, seit der Märzwahl 1933 wieder Reichstagsabgeordneter, hatte, da die Fraktion »gespalten« war, nach eigener Erinnerung zwei Erklärungen vorbereitet, eine für Enthaltung bzw.
Ablehnung, wofür er selbst und sein Fraktionskollege Dietrich ein-

traten, und eine für Zustimmung, wofür die restlichen drei Fraktionsmitglieder (Ernst Lemmer, Reinhold Maier, Hermann Landahl)
votierten. Im Nachlaß findet sich hingegen nur eine Erklärung, die
deutlich die Vorbehalte ausspricht und auf Ablehnung hindeutet,
jedoch die Stimmenthaltung erklärt.[140] Da Dietrich mit Brüning
abstimmen wollte und da das Zentrum Zusagen Hitlers erhalten
hatte, entschloß sich Heuss zur Zustimmung:»Und so blieb auch ich
an der Seite von Dietrich.«[141] In der entscheidenden Reichstagssitzung begründete dann Reinhold Maier das Abstimmungsverhalten
der DStP-Abgeordneten, wobei seine Erklärung deutliche Anleihen
aus dem Entwurf von Heuss aufweist.[142]

Angesichts der sich überstürzenden Ereignisse und der zielgerichteten Machteroberung durch die Nationalsozialisten im Frühjahr 1933 war Heuss bewußt, daß das Ermächtigungsgesetz die Ordnung der Weimarer Republik grundlegend veränderte. Andererseits
konnte die Hoffnung auf eine Klärung der Situation Heuss und seine
Parteifreunde dazu veranlassen, trotz ihrer Bedenken zuzustimmen,
zumal ihre Stimmen kaum ins Gewicht fielen. Sein Fraktionskollege
Ernst Lemmer charakterisiert rückblickend seine Motive so:»Trotz
der Warnungen von Heuss und Dietrich entschlossen wir uns doch,
dem Ermächtigungsgesetz in der törichten Hoffnung zuzustimmen,
daß die Diktatur Hitlers durch die Schaffung einer gesetzlichen
Grundlage eine legale Begrenzung erfahren würde.«[143]

Heuss selbst wurde nach 1945 wiederholt mit seinem damaligen
Fehlverhalten konfrontiert; im Frühjahr 1947 beschäftigte sich ein
parlamentarischer Untersuchungsausschuß des württembergisch-
badischen Landtages mit dem damaligen Abstimmungsverhalten,[144]
und auch danach spielte diese Frage immer wieder eine Rolle. Er versuchte auch im nachhinein nicht, wie die oben zitierte Reflexion
beweist, die moralische Bedeutung dieser Entscheidung zu verharmlosen. Andererseits relativierte er im Hinblick auf die weitere
Entwicklung den politischen Einfluß dieser Entscheidung. Heuss
bekannte,

>   »daß ich für das ›Nein‹ gerne votiert hätte aus reinem ›histori
>   schen Stilgefühl‹ – Illusionen über das Gewicht eines Ja oder eines
>   Nein konnte ich nicht haben. Denn, das ist meine feste Über
>   zeugung, das ›Ermächtigungsgesetz‹ hat für den praktischen Wei
>   tergang der nationalsozialistischen Politik keinerlei Bedeutung
>   gehabt.«[145]

An dieser Bewertung ex post fällt zum einen der Rückzug auf eine moralische Begründung einer möglichen Ablehnung auf, wie sie schon in der Reichstagsrede begegnet war, und zum anderen das Bemühen, die Bedeutung der eigenen Stimmabgabe zu relativieren. Wohl ist wahr, daß auch eine Nein-Stimme von Heuss und auch ein geschlossenes Nein der fünf Abgeordneten der Staatspartei die weitere Entwicklung wohl kaum hätte verändern können, gleichwohl ist sein Abstimmungsverhalten, ohne es moralisch zu werten, als »schwerer politischer Fehler« zu bezeichnen.[146] Für Theodor Heuss bedeutete das Jahr 1933 auf alle Fälle »einen tiefen Einschnitt in seiner Laufbahn als Politiker, Dozent und politischer Journalist«, an die er erst 1945 wieder anknüpfen konnte.[147]

II.

»Es wird eines ungeheuren seelischen Prozesses bedürfen, um diese Elemente aus dem Wesen der Deutschen auszuscheiden.«[1]

Der Beginn der rhetorischen Auseinandersetzung von Theodor Heuss mit dem Nationalsozialismus nach 1945

1. Zum Hintergrund der ersten Nachkriegsreden von Theodor Heuss

»Zwölf Jahre im öffentlichen Leben stumm / Wir wußten: nur in verwandelter Welt würden / wir unsere Stimme wieder erheben können. / Es lag und liegt uns nichts am bloßen Redenhalten / Wir erstickten manchmal schier an der würgenden / Sorge um das Vaterland.«

So beginnt die handschriftliche Disposition der Rede, die Theodor Heuss am 3. November 1945 bei der Gründungsversammlung der Demokratischen Volkspartei im Landestheater Stuttgart hielt.[2] Hier klingen sowohl seine politischen als auch seine persönlichen Erfahrungen während der nationalsozialistischen Diktatur an. Er hatte während des Nationalsozialismus weitgehend geschwiegen bzw. schweigen müssen.[3] Die Aberkennung seines Reichstagsmandats und die erzwungene Selbstauflösung der Deutschen Staatspartei beendeten seine politische Laufbahn; der Verlust der Dozentur an der Deutschen Hochschule für Politik und die Brandmarkung seiner publizistischen Tätigkeit durch die Bücherverbrennung beeinträchtigte seine berufliche Existenz massiv. Übergangszahlungen von verschiedener Seite und die erfolgreiche Tätigkeit seiner Frau Elly Heuss-Knapp als Werbetexterin konnten eine materielle Notlage der Familie verhindern.[4] Die vorübergehende steckbriefliche Fahndung und die Furcht vor Verfolgung stellte eine existentielle Gefahr dar.

Theodor Heuss zog sich nach der dramatischen Entwicklung in den Monaten nach der Machtergreifung in publizistische Nischen zurück, die für ihn zum »Politikersatz« wurden:[5] Zunächst betreute er bis 1936 als verantwortlicher Schriftleiter die Zeitschrift »Die Hilfe«; er blieb allerdings in dieser Funktion nicht unbehelligt. Nachdem er einen vorsichtigen »Kurs der Kooperation« zu steuern ver-

suchte, wurde er wiederholt ins Reichspropagandaministerium ein-
bestellt und verwarnt, bis seine Ablösung als Schriftleiter unver-
meidlich erschien.[6] Später konnte er für verschiedene Blätter arbeiten, wie z. B. von 1941 bis zur Einstellung 1943 regelmäßig für das
Feuilleton der Frankfurter Zeitung oder auch für die von Joseph
Goebbels gegründete Zeitschrift »Das Reich«.[7] Dabei verwendete er
seit 1941 das an seine Heimatstadt erinnernde Pseudonym »Thomas
Brackenheim« bzw. unterzeichnete mit den Endbuchstaben seines
Namens ».r. s.«.[8] Neben diesen journalistischen Arbeiten, wofür die
Publikationsmöglichkeiten bis 1945 immer schlechter wurden, verfaßte Heuss Biographien: Seinen Lehrmeister Friedrich Naumann
würdigte er 1937, dem Architekten Hans Poelzig widmete er 1939
ein Werk, das 1941 nicht wieder aufgelegt werden durfte, 1940 legte
er eine Lebensbeschreibung des Zoologen Anton Dohrn und 1942
eine des Chemikers Justus von Liebig vor.[9] Die seit 1942 in Angriff
genommene Darstellung des Lebens von Robert Bosch erschien erst
1946 nach Kriegsende. Im letzten Kriegsjahr widmete er sich schließlich der Abfassung seiner Autobiographie »Vorspiele des Lebens«, die
er 1953 veröffentlichte.

Auch wenn Heuss wiederholt in Konflikt mit dem System geriet
und auch wenn er mit führenden Vertretern des deutschen Widerstands in Kontakt stand, beteiligte er sich nicht an entsprechenden
Aktionen.[10] Heuss und seine Frau hatten Berlin bereits 1943 verlassen, wobei politische Motive keine Rolle spielten,[11] und verbrachten
die letzten Kriegsjahre in Heidelberg im Haus einer Schwägerin.[12]
Dort erlebten sie das Kriegsende[13] und die ersten Nachkriegsmonate,
bevor sie dann nach Stuttgart-Degerloch umzogen. Zunächst mußte
sich Heuss darauf beschränken, seine Gedanken und Überlegungen
für die Schublade niederzuschreiben.[14] Seine Pläne richteten sich insbesondere darauf, eine Geschichte des Nationalsozialismus zu schreiben, die aber über einige Notizen nicht hinaus gelangte. So bemerkte
er im März 1946 in einem Rundfunkinterview rückblickend: »Ich gab
darauf meine weiteren Buchpläne auf. Denn meine eigentliche Absicht bestand darin, mich mit den geistigen Wurzeln des Nationalsozialismus auseinanderzusetzen.«[15]

Der Grund für die Aufgabe größerer Projekte lag zum einen darin,
daß Theodor Heuss am 5. September zusammen mit dem Kommunisten Rudolf Agricola und dem Sozialdemokraten Hermann Knorr
Lizenzträger der Heidelberger Rhein-Neckar-Zeitung wurde. Auch
wenn er von einem Mitglied der Information Control Division (ICD)

aufgesucht und dafür vorgeschlagen wurde, entzündete sich an seiner journalistischen Tätigkeit während des Dritten Reichs eine Kontroverse innerhalb der Besatzungsbehörden, die aber schließlich zu seinen Gunsten entschieden wurde.[16] Heuss konnte so wieder als Journalist arbeiten und hatte die lang entbehrte Möglichkeit, das aktuelle Geschehen zu kommentieren. Davon machte er, wie an den regelmäßigen Kolumnen in der Rhein-Neckar-Zeitung erkennbar ist, regen Gebrauch.[17]

Seine Stellung als Herausgeber der Rhein-Neckar-Zeitung behielt er auch bei, als er am 24. September von der amerikanischen Militärregierung zum Kultminister des Landes Württemberg-Baden bestellt wurde; dieses Amt hatte er bis Dezember 1946 inne.[18] Als »Politiker mit Zeitungslizenz«[19] war er dann seit Juni 1946 Mitglied der Verfassunggebenden Versammlung des Landtages von Württemberg-Baden und später Landtagsabgeordneter. Hinzu kam, daß sich Heuss an der Neugründung liberaler Parteien maßgeblich beteiligte: Auf dem Drei-Königs-Treffen der DVP für Württemberg-Baden am 6. 1. 1946 hielt er die Grundsatzrede; im September des gleichen Jahres wurde er zu einem der Vorsitzenden der DVP in der amerikanischen Besatzungszone gewählt, bevor er am 17. März 1947 zusammen mit Wilhelm Külz den Vorsitz der Demokratischen Partei Deutschlands (DPD) übernahm. Als schließlich das Projekt einer gesamtdeutschen liberalen Partei gescheitert war, wurde Heuss am 12. Dezember 1948 der 1. Vorsitzende der neugegründeten Freien Demokratischen Partei in Westdeutschland.[20]

Auch wenn all diese Aktivitäten der Beobachtung bzw. der Kontrolle der amerikanischen Besatzungsmacht unterlagen, konnte Heuss sowohl als Zeitungsherausgeber als auch als Politiker auf die öffentliche Meinung Einfluß nehmen. Daran, daß Heuss »in den beinahe sechs Monaten zwischen dem 3. Oktober 1945 und dem 18. März 1946 insgesamt sechsunddreißigmal in der Öffentlichkeit gesprochen« hat,[21] wird erkennbar, wie hoch er die öffentliche Rede als Mittel der politischen Bewußtseinsbildung in der damaligen Situation einschätzte. Da die Deutschen erst nach und nach von den Besatzungsmächten am politischen Leben beteiligt wurden, war dies auch eine der wenigen Möglichkeiten, auf die politische Entwicklung Einfluß zu nehmen.

Dabei bestimmte die jeweilige Besatzungsmacht, in welcher Form die Auseinandersetzung mit der nationalsozialistischen Vergangenheit durchgeführt werden sollte.[22] Die Entscheidungen wa-

ren dabei maßgeblich von der jeweiligen Deutung des Nationalsozialismus geprägt.[23] Diese »verordnete Vergangenheitsbewältigung«
umfaßte den noch gemeinsam durchgeführten Nürnberger Kriegs-
verbrecherprozeß gegen die Hauptschuldigen sowie die Folgever-
fahren, während bei der personellen Säuberung mittels Fragebogen
und Spruchkammerverfahren die Amerikaner die Vorreiterrolle be-
anspruchten. Daneben wurden eine Reihe von strukturellen Maßnahmen in Angriff genommen, die von Schulreformen über die
Neugestaltung des Rundfunkwesens bis hin zu umfassenden Enteignungen in der Sowjetischen Besatzungszone reichten.

Da die Deutschen bei diesen Entscheidungen allenfalls beratend
herangezogen wurden bzw. von sich aus versuchten, bestimmte Entwicklungen zu beeinflussen, konnte sich die Selbstverständigung
über den Nationalsozialismus nur im privaten Bereich oder im Rahmen der von den Alliierten kontrollierten Öffentlichkeit vollzie-
hen.[24] Im Zuge der jeweiligen politischen Vorstellungen versuchten
die Besatzungsmächte diesen öffentlichen Diskussionsprozeß durch
verschiedene Maßnahmen wie Presselizensierung, Zensur oder Auf-
klärungsprogramme in ihrem Sinne zu beeinflussen. Ließ dieses Ziel
der »Umerziehung« auch nur einen bestimmten Teil des Meinungs-
spektrums zu, so entwickelte sich in den Zeitschriften der Nachkriegszeit eine lebhafte öffentliche Diskussion. Angesichts der »moralischen Katastrophe«[25] bestand ein unmittelbares Bedürfnis nach
persönlicher Klärung und öffentlicher Selbstverständigung. Bei dieser Neuorientierung sollten insbesondere Philosophie und Geschichte behilflich sein, ging es doch um eine »Erziehung zum
›Geist‹«, die die Zersplitterung in Milieus, wie sie die Situation in der
Weimarer Republik gekennzeichnet hatte, überwinden und einen
»breiten geistig-moralischen Konsens« herstellen sollte.[26]

Im Mittelpunkt der »theoretisch-geistigen« Auseinandersetzung[27] mit dem Nationalsozialismus stand dabei die Frage nach der
Schuld der Deutschen, die je nach Standort unterschiedlich beantwortet wurde und im Wechselspiel von »Anklage« und »Verteidigung« zu einer mehr oder weniger ausgeprägten Verurteilung der
Deutschen führte.[28] Diese »Debatte um die Schuldfrage«,[29] die weniger eine Suche nach den Verantwortlichen als vielmehr eine umfassende Auseinandersetzung mit dem Erbe des Nationalsozialismus
darstellte, war allerdings durch erhebliche sprachliche Unschärfen
gekennzeichnet, da die Verwendung des Schuldbegriffs verschiedene Schattierungen annahm.

»Eine objektive und produktive Auseinandersetzung mit der Schuldfrage wurde daher nicht nur durch das starke Rechtfertigungsbedürfnis, das die Anklage der Sieger geweckt hatte, entscheidend blockiert, sondern zusätzlich noch durch eine erhebliche Begriffsverwirrung«.[30]

Zudem war die öffentliche Auseinandersetzung »von Anfang an emotional getrübt und von Mißverständnissen geprägt. Sie entartete bald weitgehend in gegenseitige Beschuldigungen, wenngleich diese gegenüber den Besatzungsmächten selten offen ausgesprochen wurden.«[31] Diese Diskussion erreichte 1946 ihren Höhepunkt,[32] blieb aber auch später virulent und bestimmte noch die öffentliche Auseinandersetzung mit dem Nationalsozialismus in der neu gegründeten Bundesrepublik.

Dabei lassen sich mit Barbro Eberan sechs Positionen unterscheiden: »*Dogmatisches Christentum* – katholisches und evangelisches –, ›*Weimardeutsch*‹ für eine von der Goethe-Verehrung bestimmte schöngeistige Haltung, *Psychoanalyse, Existentialismus, ›Potsdamdeutsch*‹ für ein selbstkritisches Preußentum, sowie *Marxismus*«.[33] Diese Positionen wurden nicht trennscharf vertreten, sondern konnten sich natürlich überschneiden. In der Diskussion, die sich thematisch auf den »deutschen Nationalcharakter«, die »geschichtlichen Wurzeln des Nationalsozialismus« sowie die »kollektive und individuelle Schuld« konzentrierte, lassen sich hinsichtlich der deutschen Verantwortung verschiedene Standpunkte unterscheiden. Sie reichten von der Behauptung eines grundsätzlich schlechten deutschen Nationalcharakters bis hin zur Relativierung des Nationalsozialismus als deutsche Variante des international anzutreffenden Faschismus.[34]

Besondere Bedeutung innerhalb dieser Auseinandersetzung hatte eine im Wintersemester 1945/46 gehaltene Vorlesung des Philosophen Karl Jaspers, die unter dem Titel »Die Schuldfrage« als eigenständige Schrift veröffentlicht wurde.[35] Dabei unterschied er vier Schuldbegriffe, nämlich die strafrechtlich nachweisbare »kriminelle Schuld«, die sich aus falschem staatsbürgerlichen Verhalten ergebende »politische Schuld«, die in individuellem Fehlverhalten begründete »moralische Schuld« sowie die im Geschehen-Lassen von Unrecht enthaltene »metaphysische Schuld«.[36]

Diese Differenzierungen ermöglichten die Trennung zwischen der öffentlichen Verurteilung auf einem *forum externum* und einer verinnerlichten Selbstbesinnung auf einem *forum internum*.[37] Unter

Hinweis auf ein Plakat, das die Deutschen mit dem Satz »Das ist eure Schuld« für die im Konzentrationslager Bergen-Belsen begangenen Verbrechen verantwortlich machte, führte Jaspers aus:

> »Jener Satz: ›Das ist eure Schuld‹ kann bedeuten: Ihr haftet für die Taten des Regimes, das ihr geduldet habt – hier handelt es sich um unsere politische Schuld. Es ist eure Schuld, daß ihr darüber hinaus dies Regime unterstützt und mitgemacht habt – darin liegt unsere moralische Schuld. Es ist eure Schuld, daß ihr untätig dabei standet, wenn die Verbrechen getan wurden – da deutet sich eine metaphysische Schuld an. Diese drei Sätze halte ich für wahr. [...] Weiter kann ›Das ist eure Schuld‹ bedeuten: Ihr seid Teilnehmer an jenen Verbrechen, daher selbst Verbrecher. – Das ist für die überwiegende Mehrzahl der Deutschen offenbar falsch.«[38]

An dieser Passage wird deutlich, wie die Unterscheidung von Jaspers die Trennung justitieller, öffentlicher und privater Auseinandersetzung ermöglichte und den pauschalen Kollektivschuld-Vorwurf entkräftete. Gleichwohl wurden jene, die sich nicht unmittelbar etwas zuschulden kommen ließen, nicht von ihrer Verantwortung freigesprochen.

Diese Auseinandersetzung betraf insbesondere auch die Geschichtswissenschaft.[39] Sie stand vor der Aufgabe, die Ursachen des Nationalsozialismus zu erklären, und fand sich mit der Erwartung der Öffentlichkeit konfrontiert, zur geistigen und moralischen Neuorientierung beizutragen. Aus der Fülle der Literatur, die nach 1945 entstand, sind Friedrich Meineckes »Die deutsche Katastrophe« und Gerhard Ritters »Geschichte als Bildungsmacht«, beide 1946 erschienen, besonders bedeutsam, stammten sie doch von prominenten Vertretern der Zunft. Beide Schriften verbanden wissenschaftliche Analyse mit politischer Reflexion und moralischen Erwägungen.[40] So wollte Friedrich Meineckes weniger eine historiographische Darstellung bieten als vielmehr einen Beitrag zur historischen Orientierung in der unmittelbaren Nachkriegszeit leisten.[41] Sein Buch bewegte sich damit an der Schnittstelle von Wissenschaft und Publizistik, da es einerseits im Zusammenhang mit der lebhaften Diskussion in den Zeitschriften stand und andererseits, auch wenn es nicht auf Quellenstudien basierte, dem wissenschaftlichen Diskurs verpflichtet war.

Ausgehend von den zwei epochalen Bewegungen Sozialismus und Nationalismus, die er als die »beiden großen Wellen des 19. Jahrhunderts« bezeichnete, sah Meinecke im Hinblick auf den Nationalsozialismus einerseits »bestimmte Analogien und Vorstufen in den autoritären Systemen der Nachbarländer«.[42] Andererseits machte er in Deutschland eine spezifische Entwicklung aus, die nicht nur eine demokratisch-liberale Nationalstaatsgründung verhindert,[43] sondern auch zur Ausbildung einer spezifisch deutschen Mentalität geführt habe. Dieser »oft stürmische Hang«, »vom Bedingten der Wirklichkeit [...] rasch emporzusteigen zum Unbedingten«, habe schließlich »von den Höhen der Goethezeit zu dem Sumpfe der Hitlerzeit« herabgeführt.[44] Hitler selbst, den Meinecke zu den »schlechthin dämonischen Persönlichkeiten« rechnete, sei es gelungen, die epochalen Tendenzen aufzugreifen und so zusammen mit einem »Verbrecherklub« seine Diktatur zu errichten.[45] Damit folgte Meinecke der sog. »outlaw«-Theorie, die das deutsche Volk in der Hand skrupelloser Krimineller sah, auch wenn er eine Reihe von Voraussetzungen beschrieb, die die Etablierung der Herrschaft erst ermöglichten.

Die »Wege der Erneuerung«,[46] die Meinecke sah, bestanden für ihn zum einen darin, die individuelle Verantwortung differenziert zu beurteilen; zum anderen seien die überlieferten Traditionen wie das Geschichtsbild, der Machtgedanke oder der preußische Militarismus kritisch zu sichten; zum dritten glaubte er, eine religiös inspirierten Selbstbesinnung könne die neue Grundlage für die weitere Entwicklung sein: »Die Orte, wo wir uns seelisch wieder anzusiedeln haben, sind uns gewiesen. Sie heißen Religion und Kultur des deutschen Geistes.«[47] Im Rahmen von Goethe-Gemeinden sollte dieser Prozeß der »Verinnerlichung«[48] den Deutschen gleichermaßen einen Zugang zu ihrer eigenen Tradition erschließen und eine Zukunftshoffnung eröffnen. Daß Theodor Heuss an diesen Überlegungen lebhaften Anteil nahm, ergibt sich aus der brieflichen Mitteilung an Meinecke, er habe sein Buch »mit Gewinn« gelesen, auch wenn er selbst die Bedeutung des Imperialismus geringer veranschlagte.[49] Mit seiner Sicht stand Meinecke nicht allein, da auch in den Nachkriegszeitschriften die Anknüpfung an die Traditionen des christlichen Abendlands gefordert wurde, insbesondere an die sich in der Gestalt Goethes verkörpernde humanistische Bildungswelt.[50]

Gerhard Ritter ging in seinen Überlegungen zur »Geschichte als Bildungsmacht« von den Deutungen der aktuellen Situation aus, die als »sinnloser Abbruch eines großartigen Aufstiegs« bzw. als »zwangsläufige Folge eines Irrwegs« angesehen wurde.[51] Da ihm beide Sichtweisen »im Blick auf Deutschlands Zukunft wenig oder gar keine Hoffnung übriglassen«, bemühte er sich um eine differenzierte Wertung. Weder den »preußischen Militarismus« noch den »neudeutschen Nationalismus« mochte er für das Aufkommen des Nationalsozialismus alleine verantwortlich machen.[52] Vielmehr versuchte er, die Grundlagen einer politischen Geschichtsschreibung zu retten, indem er behauptete,»daß menschliche Gemeinschaft nur auf dem festen Boden staatlicher Ordnung gedeihen kann und daß es ohne Machtanspruch und Anwendung von Gewalt praktisch keine staatliche Ordnung gibt«.[53] Auch wenn Ritter über die Ursachen des Nationalsozialismus keine definitiven Aussagen traf, verteidigte er die staatliche Tradition Deutschlands, in der er auch die Möglichkeit für einen Neuanfang erblickte:»ohne die feste Grundlage einer gesunden staatlichen Ordnung wird kein Neubau staatlichen Lebens gelingen«.[54] Im Unterschied zu Meinecke wies Ritter eine pauschale Schuldzuweisung deutlich zurück und artikulierte eine sehr viel größeres Zutrauen zum Fortbestand der nationalstaatlichen Tradition.[55]

Dies zeigt – wobei Hinweise auf die Position der Kirchen, auf literarische Strömungen u. v. m. das Bild vervollständigen könnten –, daß eine intensive Auseinandersetzung mit dem Erbe des Nationalsozialismus, insbesondere mit der Schuldfrage erfolgte. Diese war nicht nur von den Alliierten »verordnet«, sondern auch Ausdruck des Bedürfnisses nach Selbstverständigung vieler Deutscher. Gleichviel, ob sie in religiöser Besinnung oder intensivem Kunsterlebnis sich ihrer selbst zu vergewissern suchten, gleichviel, ob sie an der regen öffentlichen Auseinandersetzung um die »Schuldfrage« teilnahmen – die nationalsozialistische Vergangenheit war so gegenwärtig, daß jede rhetorische Auseinandersetzung auf unmittelbares Interesse stoßen konnte.

2. Rhetorische Orientierungsversuche von Theodor Heuss in der unmittelbaren Nachkriegszeit

Heuss rekurrierte bei seinen vielen Reden, die er zu dieser Zeit hielt, immer wieder auf die Erfahrungen in und mit der nationalsozialistischen Diktatur und zog daraus Schlüsse für die gegenwärtige Situation. In der kurzen Rundfunkansprache »Erziehung zur Demokratie«, die am 3. Oktober 1945 ausgestrahlt wurde, formulierte Theodor Heuss auf knappem Raum zentrale Gedanken seiner rhetorischen Auseinandersetzung mit dem Nationalsozialismus. Angesichts der Erfahrung der Manipulation im Staat Hitlers, daß man nämlich ein Volk »vergewaltigen« kann, überlegte er, ob man ein Volk auch positiv beeinflussen dürfe und könne, ohne den »Raum der freien Entfaltung« zu verletzen. Dabei erachtete er die »immerwährende Auseinandersetzung mit der Geschichte und mit dem *Geschichtsbild*« als entscheidend.[56] Die deutsche Situation weise aber Besonderheiten auf, denn die »*Freiheitskämpfe, die politischen Volksbewegungen in Deutschland sind eine Geschichte von Niederlagen.*« Auch wenn es den Deutschen im Unterschied zu anderen Völkern nicht gelungen sei, daß die Demokratie »allen zum gemeinsamen Lebensgefühl, in der staatlichen Willensbildung zur staatlichen Lebensform«[57] wurde, könne dies nicht durch die Nachahmung fremder Vorbilder geschehen, sondern die »Grundrisse« einer neuen politischen Ordnung müßten »nach *deutschen* Bedürfnissen neu geplant werden«. Auch wenn dies in der aktuellen Situation unter Besatzungsherrschaft noch nicht möglich sei, könnten allerdings die »seelischen Elemente einer demokratischen Verfahrensweise« gelernt werden, die insbesondere in der »*Achtung vor dem anderen*« bestehe, was er mit dem schon vor 1933 verwendeten Begriff »Fairneß«[58] bezeichnete. Vorläufig, bevor diese neue Einstellung sich in der politischen Praxis bewähren könne, blieb Heuss nur der »Aufruf zur *Selbstprüfung und Selbsterziehung an jedermann*«. Das Programm der Erziehung zur Demokratie bestand für ihn also in der persönlichen Auseinandersetzung mit der Vergangenheit mit dem Ziel der Ausbildung einer neuen Haltung »*im menschlichen Bezirk*«. Nicht nur wegen der Machtlosigkeit der Deutschen, sondern auch als Voraussetzung für eine dauerhafte Etablierung der Demokratie rief er in dieser Rede zum kollektiven Mentalitätenwandel auf, der von jedem einzelnen individuell zu leisten sei. Dieses pädagogisch-politische Programm beschränkt sich auf den moralischen Appell und entzieht die Auseinandersetzung, indem sie auf das *forum internum* verlagert wird, der öffentlichen Diskussion auf dem *forum externum*.

Kam Theodor Heuss immer wieder auf Gedanken dieser frühen Ansprache zurück, so war in den meisten Reden nicht die Vergangenheitsdeutung selbst das Thema der Reden, sondern sie wurde im Rahmen aktueller politischer Fragen wie z. B. Parteigründungen argumentativ funktionalisiert. Dabei ist zu beobachten, daß manche Passagen in verschiedenen Ansprachen immer wieder begegnen[59] und eine Zusammenschau seiner diversen publizistischen Aktivitäten in dieser Zeit ein relativ einheitliches Bild ergibt.[60] Zwei Reden besitzen indes eine Sonderstellung, da sie jenseits der unmittelbaren politischen Verwendung angesiedelt und deshalb für die vorliegende Fragestellung besonders ergiebig sind. Sie ermöglichen es, das sich in der rhetorischen Auseinandersetzung mit dem Nationalsozialismus manifestierende Geschichtsbewußtsein exemplarisch zu untersuchen. Zum einen hielt Heuss am 25. November 1945 im Stuttgarter Staatstheater anläßlich des »Tages der Opfer des Faschismus« eine Ansprache (»In memoriam«), die ein frühes Beispiel für die nach 1945 bei verschiedenen Anlässen sich herausbildende Tradition von Gedenkreden zum Nationalsozialismus darstellt. In ihr kann man das Verhältnis zwischen vorgegebenem Gedenkanlaß und rhetorischer Auseinandersetzung greifen, das insbesondere für seine späteren bundespräsidialen Reden konstitutiv wurde. Zu welchen Gelegenheiten der nationalsozialistischen Vergangenheit in welcher Form gedacht wird, ist aber nicht nur für die rhetorischen Sinnbildungsprozesse von zentraler Bedeutung, sondern wirft auch ein Licht auf die Gedenk- und damit die politische Kultur der Nachkriegszeit, mithin auf das Selbstverständnis der Deutschen nach 1945.

War diese paradigmatische Gedenkrede stärker vergangenheitsorientiert, ging es in der zweiten Rede mit dem Titel »Um Deutschlands Zukunft« um eine programmatische Zeitdiagnose. Theodor Heuss hielt diesen Vortrag am 18. 3. 1946 in Berlin auf Einladung des »Kulturbunds zur demokratischen Erneuerung Deutschlands«. Er griff über eine parteipolitische Rede weit hinaus und versuchte eine umfassende Deutung der Nachkriegssituation Deutschlands. Da der programmatische Titel auf seine 1919 gehaltene Rede »Deutschlands Zukunft« explizit Bezug nahm, bietet sich ein Vergleich der jeweiligen Sichtweise nach dem Ende des Ersten und nach dem Ende des Zweiten Weltkriegs an.

a) Eine paradigmatische Gedenkrede: »In memoriam« (1945)

»Dieser Tag, diese Stunde soll den Deutschen eine neue Tradition schaffen.« – Mit diesem programmatischen Satz begann der damalige Kultminister Theodor Heuss am 25. November 1945 seine Rede im Stuttgarter Staatstheater.[61] »Dieser Tag« war der Totensonntag des Kirchenjahres. Auf Initiative der »Vereinigung der politischen Gefangenen und Verfolgten des Nazi-Systems« sollte er als Gedenktag für die Opfer des Faschismus begangen werden. So meldete die Stuttgarter Zeitung am 3. 11. 1945:

»Im Einvernehmen mit der Württembergischen Landesregierung und den kirchlichen Behörden beider Konfessionen wollen die von der Militärregierung zugelassenen politischen Parteien und der Württ. Gewerkschaftsbund den *Sonntag, 25. November 1945* zu einem Gedenktag für die ›Opfer des Faschismus‹ gestalten.«[62]

Zu diesem Zeitpunkt stand zumindest im großen und ganzen der Ablauf der Feier und die Teilnahme von Theodor Heuss als Redner fest: »Der Höhepunkt des Sonntags ist eine Gedächtnisfeier im Württ. Staatstheater, in welcher Kultusminister Dr. *Heuß* [!] die Ansprache hält.« Aus der beiläufigen Bemerkung in der Rede »Als ich die Aufforderung annahm, an diesem Vormittag zu sprechen, erbat ich von denen, die zu mir kamen, die Freiheit, heute einiger Freunde gedenken zu dürfen«[63] ist zu entnehmen, daß Heuss seinen Auftritt mündlich zugesagt hatte, was aufgrund der damaligen Situation naheliegend war.[64]

Zwei Wochen später wurde im Namen der »Vereinigung der politischen Gefangenen und Verfolgten des Nazi-Systems«, der Christlich-Sozialen Volkspartei, der Demokratischen Volkspartei, der Kommunistischen Partei, der Sozialdemokratischen Partei und des Württembergischen Gewerkschaftsbunds, Ortskartell Stuttgart, der offizielle Aufruf erlassen. Darin hieß es:

»Wir rufen alle Männer, Frauen und Jugendliche auf, mit uns am Sonntag, dem 25. November 1945, den *Gedenktag für die ›Opfer des Faschismus‹* zu begehen. Wir wollen mit diesem Gedenktag die vielen Millionen Opfer des nationalsozialistischen Terrors ehren. Wir wollen unsere Bereitschaft zur Wiedergutmachung der im Namen des deutschen Volkes begangenen Verbrechen bekunden. Wir wollen uns verpflichten, im Geist der im Kampf gegen die Nazidiktatur Gefallenen einmütig zusammenzuarbeiten für die Erneuerung unseres Volkes. Wir wollen den Ungeist des Nationalsozialismus und Militarismus aus den Herzen und Hirnen vertreiben und den Schuldigen an unserem Elend jede Möglichkeit nehmen, noch einmal ihren verderblichen Einfluß auf unser Schicksal auszuüben. Wir wollen lernen, jede ehrliche Ueberzeugung zu achten und über alles Trennende hinweg zusammenzuarbeiten für den Wiederaufbau unserer verwüsteten Heimat, für ein friedliebendes demokratisches Deutschland.«[65]

Mit der Verbindung von Totenehrung und Aufbauwille, der Anknüpfung an das Erbe des Widerstands und der Verpflichtung zur Wiedergutmachung, dem Appell, einen neuen Faschismus zu verhindern, und der Willensbekundung, in parteiübergreifender Zusammenarbeit den Zielen Frieden und Demokratie zu dienen, enthielt der Aufruf einen Katalog von Willenserklärungen und Selbstverpflichtungen, der als »Glaubensbekenntnis« des öffentlichen Gedenkens an den Nationalsozialismus der unmittelbaren Nachkriegszeit gelten kann und eine Fülle von Topoi enthält, die in der Argumentation von Gedenkreden wiederkehren.

In dem Versuch, einen »Tag der Opfer des Faschismus« als dauerhaft zu etablieren, zeigte sich eine aus der aktuellen Situation entstehende Neuorientierung des öffentlichen Gedenkens. Oft von der »Vereinigung der Verfolgten des Naziregimes« getragen, wurde in verschiedenen Städten und Ländern ein solcher Gedenktag begangen, wobei es dafür allerdings kein einheitliches Datum gab.[66] Während in Stuttgart der Totensonntag gewählt wurde, war es z.B. in Bayern ein Tag im September.[67] Daran wird erkennbar, daß es einerseits ein aus der Gesellschaft hervorgehendes Bedürfnis nach einer neuen Traditionsbildung gab und dieses sich in Deutschland auf je spezifische Weise entwickelte. Andererseits erschwerte das zwangsweise unkoordinierte Vorgehen in den einzelnen Ländern und Beatzungszonen die Ausbildung einer national einheitlichen Gedenkkultur. Nach der Gründung der Bundesrepublik wurde dieser Ansatz, einen Tag der Opfer des Faschismus zu etablieren, nicht weiterverfolgt. Die DDR hingegen kultivierte bis zu ihrem Ende gerade diesen Gedenktag.

Wie wichtig solche Veranstaltungen waren, belegt ein Rundschreiben von Kultminister Heuss an »sämtliche Bezirksschulämter, Leiter der Höheren und berufsbildenden Schulen«, in dem er auf den von der Vereinigung der politischen Gefangenen und Verfolgten des Nazi-Systems veranstalteten Gedenktag ausdrücklich hinwies:

> »Dieser Gedenktag soll eine Ehrung sein für viele Millionen, die in den nationalsozialistischen Zuchthäusern, Konzentrations- und Vernichtungslagern ermordet wurden. Darüber hinaus soll er ein Bekenntnis sein zur Wiedergutmachung der im Namen des deutschen Volkes begangenen Verbrechen. Er soll die Verpflichtung wecken, im Geiste der [für?] Freiheit und Menschlichkeit Gefallenen einmütig zusammenzuarbeiten am Wiederaufbau unserer verwüsteten Heimat.«[68]

Diese Trias von Ehrung, Wiedergutmachung und Wiederaufbau sollte auch für die hiermit angeordneten Schulfeiern verbindlich sein:

»Für den Vortag am 24. November wird für die letzte Unterrichtsstunde in den Schulen eine Gedenkstunde angeordnet, in der den Schülern in eindringlicher Weise die mit dem Gedenktag für die Opfer des Faschismus erstrebten Absichten und die ihn beherrschenden Grundgedanken dazulegen [!] sind. Wo in den einzelnen Gemeinden an den Sonntagnachmittagen *Gemeindefeiern* stattfinden, ist die Mitwirkung der oberen Klassen der Schulen durch Vortrag von geeigneten Liedern und Gedichten erwünscht.«[69]

Aus der privaten Initiative wurde eine von deutschen Behörden mit durchgeführte und von der Militärregierung unterstützte landesweite öffentliche Gedenkfeier.

Wie verlief die Stuttgarter Zentralveranstaltung mit der Rede von Theodor Heuss? Unter der Überschrift »›Ihr Opfer soll nicht vergessen sein!‹« berichtete die Stuttgarter Zeitung: »Die Hauptkundgebung fand am Sonntagvormittag im Großen Haus des Staatstheaters statt. Der äußere Rahmen der Veranstaltung war schlicht, aber würdig und eindrucksvoll. Das Haus war gut besetzt.« In Anwesenheit u. a. von Vertretern der Militärregierung, der Staatsregierung und der Stadtverwaltung begrüßte zunächst Karl Keim von der »Vereinigung der politischen Gefangenen und Verfolgten des Nazi-Systems« die Gäste. Vor der Rede von Heuss standen die Ouvertüre von Glucks »Iphigenie«, der Chor der Gefangenen aus Beethovens »Fidelio« sowie die Lesung von Hebbels »Requiem« auf dem Programm, danach eine Rezitation aus Hölderlins »Empedokles«. »Hinreißend erklang zum Abschluß die Ouvertüre zu ›Egmont‹ von Beethoven.«[70]

Der Rückgriff auf den kirchlich vorgegebenen Totensonntag bedeutete die Ablösung der öffentlichen Erinnerung von einem konkreten historischen Bezugspunkt und gliederte das Gedenken in den Rahmen kirchlicher und privater Totenehrung ein. Das hatte zur Folge, daß die Gruppe der »Opfer des Faschismus« sich ausweitete und nicht nur die »Opfer des nationalsozialistischen Terrors« und die »im Kampf gegen die Nazidiktatur Gefallenen« umfaßte, sondern alle »Gefallenen«; diesen Bezug stellte Heuss in der Schlußpassage der Rede explizit her. Der 1952 offiziell eingeführte Volkstrauertag war denn auch dem Gedenken an alle Opfer von Krieg und Gewaltherrschaft gewidmet.[71] Die Veranstaltung, die als »mahnend« und als »hoffnungweckend« empfunden wurde,[72] vereinigte traditionelle Elemente von Gedenkfeiern wie Lesungen, musikalische Darbietungen und eine Rede.

Im Unterschied zu seiner Reichstagsrede, die der Gattung der politischen Parteirede *(genus deliberativum)* zuzurechnen ist, handelt es sich bei seiner Ansprache »In memoriam« um eine Gedenkrede *(genus demonstrativum)*, die der ehrenden Erinnerung an die Opfer des Nationalsozialismus dienen soll und insofern weniger der kognitiven Erörterung als der affektiven Ansprache verpflichtet ist. Seine Rede ist ein frühes Beispiel für die »Sonderentwicklung dieser Gattung in Deutschland« nach 1945, da die Auseinandersetzung mit dem Nationalsozialismus zum »besonderen Thema« der Gedenkrede und »die historische Erinnerung mit einer ethisch-politischen Mahnung verbunden« wird.[73]

Am Beginn der Ansprache von Theodor Heuss wird die für Gedenkreden typische Zeitebenenverknüpfung deutlich, indem er einerseits rückblickend nach der Verantwortung der Deutschen fragt und verschiedene Widerstandsaktionen würdigt und andererseits vorausschauend über die zukünftige Entwicklung reflektiert. Das Gedenken der Opfer geht von der Gegenwart aus, verweist in der Erinnerung an die Opfer auf die Vergangenheit und die Begründung einer Tradition auf die Zukunft des Gedenkens:

> »Dieser Tag, diese Stunde soll den Deutschen eine neue Tradition schaffen. Wenn wir heute der Opfer in dem inneren Kampf dieser zwölf Jahre gedenken, dann nicht bloß, um einer Anstandsverpflichtung zu genügen, weil das nun jetzt einmal so sein muß und weil es bisher nicht möglich gewesen ist. Nein; es werden die Deutschen im nächsten Jahr und in zwei Jahren und in drei Jahren dies wieder tun.«[74]

Heuss führt so ins Zentrum der Argumentation, indem er mit einem fiktiven Zwischenrufer – rhetorisch gesprochen eine *sermocinatio* – einen Dialog beginnt:

> »Da mag einer erschrocken rufen: Ja, wollt ihr das in Ewigkeit treiben, wollt ihr denn immer diese Gräßlichkeiten, diese KZ- und Foltergeschichten, diese Verleumdungen und Verschleppungen, dieses Umgebrachtwerden, dieses Unrecht um Unrecht, wollt ihr denn immer davon reden?«

Zwar räumt er ein, der »Einwurf mag überdacht werden«, er hebt aber sowohl im Hinblick auf die persönliche Betroffenheit als auch im Hinblick auf die moralische Verantwortung ganz entscheidend auf die Notwendigkeit des Gedenkens ab: »Wir wollen solchem Tag seine dauernde Weihe und Würde geben, weil wir es sollen und weil wir es müssen, nicht nur aus Achtung vor den Leiden, vor den Ver-

storbenen, vor den Getöteten, sondern auch um unserer moralischen Volkszukunft willen.«[75]

Daß Heuss diesen Gedanken nicht apodiktisch behauptet, sondern auf die rhetorische Figur der *sermocinatio* zurückgreift, läßt sein
Bemühen erkennen, den für die Redewirkung zentralen Publikumsbezug zu beachten. Auch und gerade die Zuhörer, die mit seinen
Positionen nicht übereinstimmen, werden so mit einbezogen und
in ihren Ansichten ernst genommen. Entgegen den auf Massenzu-
stimmung ausgerichteten Redeauftritten führender Nationalsozialisten[76] pflegt Heuss hier einen dem Ideal der »Fairneß« verpflichteten und damit der Demokratie angemessenen Redestil, wie er es
schon in seiner Reichstagsrede implizit gefordert und praktiziert
hatte. Dadurch, daß er die Gegenposition direkt zitiert und in den
Gang seiner Argumentation einfügt, öffnet er die monologische
Redesituation hin zu einem Dialog. Die kontroverse Auseinandersetzung über ein Thema ist damit nicht nur in der inhaltlichen Argumentation präsent, sondern spiegelt sich auch in der rhetorischen
Form. Heuss, als Gedenkredner dem *genus demonstrativum* verpflichtet, das eine *res certa* zum Gegenstand hat, tritt damit allerdings in die Erörterung einer *res incerta* ein, die eigentlich Inhalt
des *genus deliberativum*, der politischen Parteirede, ist. Er hält also
in dieser Passage keine Gedenkrede, sondern eine Rede *für* das Gedenken.

Die nun folgende nachdrückliche Vergegenwärtigung der gemachten Erfahrungen, die durch eine Häufung von Wiederholungsfiguren bewirkt wird (»Wir Lebende, wir Überlebenden [...]«), erklärt
sich nicht nur aus der zeitlichen Nähe des Grauens, dem »unmittelbaren Eindruck«, sondern soll die Gefahr des Vergessens bannen:
»Namen und Erinnerungen verblassen. Dann wird alles gewesen sein
– vergessen? Vielleicht ein Haufen von Material für Historiker und
Romanschriftsteller. Aber gerade das darf nicht eintreten.«[77] In diesem Appell, die öffentliche Erinnerung über die Reichweite des individuellen Gedächtnisses hinaus wachzuhalten und ihr Dauer zu verleihen, weist Heuss auf jene Phase hin, in der das kommunikative
Gedächtnis sich als kollektives artikuliert und in ein kulturelles
überführt wird. Die lebensweltlich verbürgte Alltagserfahrung wird
geformt und institutionalisiert und dient der historischen Orientierung von Gruppen und Gesellschaften. Haben die Zuhörer von
Heuss im November 1945 noch persönliche Erinnerungen an die
Zeit des Nationalsozialismus, können sich nachfolgende Generatio-

nen nur mehr über »Objektivationen der Kultur« wie z. B. Gedenktage jener Epoche vergewissern.[78]

In diesem Zusammenhang ist es nicht nur für die künftige Vergangenheitsdeutung, sondern auch für die aktuelle Selbstverständigung nach der Erfahrung der Diktatur notwendig, sich mit der Frage
zu beschäftigen, wie es zur NS-Diktatur kommen konnte: »Das deutsche Volk hat es sich leicht gemacht, zu leicht gemacht in seiner
Masse, sich in die Fesseln des Nationalsozialismus zu begeben.«[79]
Die hier aufgeworfene »Schuldfrage«, wie sie Karl Jaspers nannte und
als »Kollektivschuld«-Vorwurf zum Reizwort nicht nur der unmittelbaren Nachkriegsgeschichte wurde, kommt nicht nur in seinen
Reden immer wieder zur Sprache, sondern ist ein zentraler Aspekt
der Auseinandersetzung mit dem Nationalsozialismus insgesamt.
Theodor Heuss sieht einerseits eine klare Schuld der Deutschen,
denn in der Formulierung »zu leicht gemacht« ist unüberhörbar ein
Vorwurf formuliert; andererseits relativiert er diese durch die Verwendung der metaphorischen Wendung, die Deutschen hätten sich
»in die Fesseln des Nationalsozialismus« begeben.

Die sich in der Rede unmittelbar anschließende Charakterisierung des Nationalsozialismus beruht auf zwei Aussagen: »Es war ein
Zustand des latenten Bürgerkriegs, wo nur eine Gruppe die Waffen
trug.« Und: »Zuckerbrot und Peitsche. Das war es, was diese zwölf
Jahre in Deutschland regiert hat.« In dieser Perspektive erscheinen
die meisten Deutschen nicht als Täter, sondern als Opfer, deren
Schuld darin bestand, dieser Degradierung zum Opfer zugestimmt
zu haben. Das ist auch der Sinn der Fessel-Metapher: Zwar setzte man
der Gefangennahme, um im Bild zu bleiben, keinen Widerstand entgegen, war dann aber, wenn man seiner Freiheit beraubt war, auch
nicht mehr in der Lage zu widerstehen. Gemäß der impliziten Logik
dieser Metapher kann man für dieses Versäumnis nicht mehr verantwortlich gemacht werden. Ohne Waffen einer gewaltsamen Clique ausgeliefert und beherrscht von einen ausgeklügelten System
von Unterdrückung und Verführung, verflüchtigt sich die persönliche Schuld in der erlittenen Opferrolle. Damit greift Heuss ein
gängiges Argument auf, das die Schuldvorwürfe im Hinblick auf die
Existenzbedingungen in der Diktatur zu entkräften suchte.[80] Gleichwohl beharrt er aber darauf, diese Erfahrungen nicht zu vergessen
und zu verleugnen; das deutsche Volk dürfe »es sich nicht leicht
machen, die bösen Dinge wie einen wüsten Traum hinter sich zu
werfen«.[81] Die Abweisung der Täter- und die Zuweisung der Opfer-

rolle erscheint als Voraussetzung, um überhaupt einen Zugang zur Erinnerung zu ermöglichen.[82]

Vergleicht man die Position von Theodor Heuss mit den oben zitierten Überlegungen zur »Schuldfrage« von Karl Jaspers, fällt auf, daß Heuss auf eine vergleichbare Differenzierung verzichtet und in seinen Aussagen unbestimmt bleibt, da er in dieser Situation den Erwartungen des Publikums nach einer Gedenkrede Rechnung tragen muß und solche moralphilosophischen Gedanken allenfalls andeuten kann. Im Hinblick auf die Verantwortung bei der Etablierung der Diktatur, worum es Heuss in dieser Passage geht, sieht Jaspers eine »doppelte Schuld: erstens sich überhaupt politisch einem Führer bedingungslos zu ergeben, und zweitens die Artung des Führers, dem man sich unterwirft. Die Atmosphäre der Unterwerfung ist gleichsam eine kollektive Schuld.«[83] Betrachtet Jaspers die Zustimmung zu Hitler gerade als moralisches Fehlverhalten, so folgt ihm Heuss in seiner Einschätzung, auch wenn er den Vorwurf sprachlich entschärft. Jaspers geht in seiner Anklage allerdings noch weiter:

»Dazu kommt unsere moralische Schuld. Obgleich diese immer nur im einzelnen Menschen liegt, so daß ein jeder mit sich selbst zurechtkommen muß, gibt es doch im Kollektiven etwas gleichsam Moralisches, das in der Lebensart und den Gefühlsweisen liegt, denen sich keiner völlig entziehen kann. Diese sind auch politisch wesentlich.«[84]

Diese weitergehende Kritik, daß nämlich eine historisch geprägte Mentalität in Deutschland zu diesem politischen Fehlverhalten geführt habe, kommt in den Ausführungen von Heuss nicht zur Sprache.

Vielmehr leitet die rhetorische Frage »Das ganze Volk?« auf den Widerstand gegen Hitler über: »Die Welt draußen machte und macht sich keine genügende Vorstellung von dem dumpfen Widerstand, der in dieser Zeit in Deutschland lebte und gärte.«[85] Damit zielt er auf eine Ehrenrettung des deutschen Volkes ab. Heuss widerspricht mit der rhetorischen Frage nicht nur dem Vorwurf einer deutschen Kollektivschuld, sondern konzediert auch vielen die Wahrung ihrer moralischen Integrität, da ihre Haltung durch einen stillen, »dumpfen Widerstand« geprägt gewesen sei: »Der ging nicht auf die Straßen der Marschkolonnen, sondern fraß in den Hinterstuben seine Wut in sich hinein, und er suchte auch seinen Ausbruch.«

Auf der anderen Seite wendet er sich mit der Apostrophe an die »Welt draußen«, ohne sie direkt anzusprechen, auch an die anwesenden Vertreter der Militärregierung, um sie auf dieses andere, das bessere Deutschland hinzuweisen. Indem Heuss behauptet, es werde einmal, »mag's noch lange dauern, die Geschichte der Gegenbewegungen, der Gegenunternehmungen gegen die nationalsozialistische Herrschaft geschrieben werden«,[86] unterstellt er eine zahlenmäßig bedeutende, kontinuierliche und sich nicht auf isolierte einzelne Aktionen beschränkende deutsche Widerstandsbewegung. Als Beispiele nennt er zunächst die »Rote Kapelle«, als »Offiziere des Luftfahrtministeriums und Männer des Wirtschaftsministeriums den Versuch machten, mit Rußland in Fühlung zu kommen«,[87] dann die Weiße Rose, »jene Widerstandsbewegung des Südens«,[88] und schließlich den 20. Juli »mit seiner unermeßlichen Tragik«. Das Handeln der Verschwörer verteidigt er sowohl gegen die nationalsozialistische Propaganda als auch gegen Vorbehalte von seiten der Alliierten: Das »geschichtlich Wichtigste an diesem Vorgang war die Begegnung der jungen aktivistischen Sozialdemokraten [...] mit dem, wenn Sie das pathetische Lutherwort gestatten, ›christlichen Adel deutscher Nation‹«. Dieses Zusammentreffen von Personen verschiedener sozialer Herkunft und politischer Einstellung, »dieses Wollen in sachlicher Klärung umschrieb eine deutsche Möglichkeit, die wir mit dem Mißlingen nicht untergegangen sein lassen wollen«.[89]

De Redestrategie wurde durch den Beginn des Nürnberger Prozesses am 14. November 1945 beeinflußt, der die durch den Nationalsozialismus ausgelöste »moralische Katastrophe« wieder verstärkt ins öffentliche Bewußtsein hob.[90] Für Theodor Heuss ergab sich die Schwierigkeit, im Hinblick auf die Besatzungsmacht ein klares Bekenntnis zur deutschen Schuld abzulegen und gleichzeitig eine Ehrenrettung zu versuchen, die die äußerst schwache Position der Deutschen moralisch und politisch stärken konnte. Im Hinblick auf die Deutschen ergab sich das Dilemma, die naheliegende Schuldabwehr zu durchbrechen und gleichzeitig das Schuldgeständnis moralisch erträgbar zu machen.

Im nun folgenden Teil erinnert Heuss an den ehemaligen Staatspräsidenten Württembergs, Eugen Bolz, und seine persönlichen Freunde Fritz Elsas, den früheren Berliner Bürgermeister, und Otto Hirsch, der Vorstandsmitglied im Reichsverein deutscher Juden war, und würdigt sie als Opfer des Nationalsozialismus.[91] In der hier angemessenen hohen Stilart *(genus sublime)* hält er eine persönliche Trauerrede, bei der er die Zuhörer – »Jedem von Ihnen sind andere Namen eingefallen« – mit einbezieht. Dabei verbindet er die Bekundung persönlicher Trauer mit dem moralischen Appell zum ehrenden Gedenken:

> »Aber es sind ja nicht die einzelnen, sondern es sind die Namenlosen, die die große und grausame Legende bilden werden, hinter denen die Pflicht, unsere Pflicht, einherschreitet, Leid und Elend wieder gutzumachen, soweit es einem so schwer getroffenen Volke möglich sein wird. Jene Legende wird sich bilden von den Männern und Frauen, die für die Freiheit gekämpft und gelitten haben.«[92]

Die Überlagerung des gesellschaftlichen Gedenkens durch individuelle Trauer wird am Ende dieses Abschnitts deutlich, wenn Heuss auf eine persönliche Erfahrung zu sprechen kommt: »Wenn ich mich entsinne, daß noch am 21. April so ein Rollkommando der SS fünf, acht Freunde und Verwandte von mir in Moabit erschossen, dann hört es mit dem Mitleiden und der Nachsicht auf. Man wird bitter und bleibt bitter.«[93]

Durch die Erinnerung an die in Südwestdeutschland lebendige »Tradition des Achtundvierzigertums« parallelisiert Heuss im nun folgenden Teil die damalige bürgerlich-liberale Revolution mit dem Widerstand gegen den Nationalsozialismus, da beide als »stärkendes Erbe« die Nachfahren verpflichteten. Dadurch wird die Kontinuität eines der Freiheit und der Menschenwürde verpflichteten anderen Deutschlands behauptet. Demgegenüber tritt die NS-Diktatur als singuläres Ereignis zurück. Heuss betont weniger die Widerstandsleistung selbst und deren Erfolg als vielmehr die Wahrung des menschlichen Anstands in schwierigen Zeiten und über ideologische Gräben hinweg, wobei nicht die politische, sondern die ethisch-moralische Dimension im Mittelpunkt steht. Der Nationalsozialismus konnte in seiner Sichtweise die Kontinuität der deutschen Geschichte nicht vollends unterbrechen, sondern das andere Deutschland habe auch zwischen 1933 und 1945 als dumpfer Widerstand in den Hinterstuben, in den konspirativen Aktionen der »Roten Kapelle«, in der Studentengruppe der Weißen Rose und im konservativ-militärischen Widerstand des 20. Juli überlebt und die Tradition der liberalen und demokratischen Bewegung des 19. Jahrhunderts fortgeführt. War dies auch gezielt an die Adresse der Besatzungsmacht gerichtet, um die Position der Deutschen moralisch aufzuwerten, so zeigt sich darin die spezifische Perspektive, unter der Heuss den Nationalsozialismus im Rahmen der deutschen Geschichte sieht: »So ist es auch weniger die Negation der NS-Zeit als ihre Überbrückung, aus der heraus Heuss eine Verpflichtung für Gegenwart und Zukunft sieht.«[94] Durch den Rekurs auf die liberale und demokratische Tradition in Deutschland und durch die Singularisierung des Nationalsozialismus kann er den für sein Denken konstitutiven »demokratischen Nationalismus«, wie er in der Reichstagsrede zur Sprache kam, als politisch-weltanschauliche Grundlage retten.

Daraus erklärt sich die Metapher vom besudelten deutschen Namen, die Heuss am Ende der Rede verwendet:

> »Die innerdeutschen politischen Opfer und an ihrer Seite die Hunderttausende, ja Millionen Fremder, die zu Tode gequält sind, die sprechen von dem, was das schwerste und teuerste Opfer des Nationalsozialismus geworden ist: die Ehre des deutschen Namens, die in den Dreck sank. Indem wir das aussprechen, zornig, bedrückt, beschämt, wehrlose Zeitgenossen dieser trübsten Periode deutscher Geschichte gewesen zu sein, empfinden wir die Pflicht, uns und den Namen unseres Volkes wieder zu reinigen.«[95]

Das Vertrauen in die nationale Würde ist für Heuss erschüttert, aber nicht grundsätzlich in Frage gestellt, weshalb ihm deren Wiederherstellung möglich erscheint und er sie als Aufgabe formulieren kann. Dabei ist die metaphorische Wendung »im deutschen Namen« von entscheidender Bedeutung, ermöglicht sie doch gleichermaßen die sprachliche Benennung des Nationalsozialismus als deutsches Phänomen *und* die inhaltliche Trennung des Nationalsozialismus von der Geschichte der deutschen Nation.

Diese Formulierung begegnet nicht nur bei Heuss, sondern findet sich ebenso im oben zitierten Aufruf zum Tag der Opfer des Faschismus[96] und ist – unabhängig vom jeweiligen politischen Standort – bis heute in vielen einschlägigen Texten nachweisbar. Auch der KPD-Funktionär und spätere Präsident der DDR Wilhelm Pieck verwendete sie z. B. in einer Rundfunkansprache nach der Eroberung Berlins durch die Rote Armee am 4. Mai 1945:

> »Ihr habt auf die Warnungen der Antifaschisten nicht gehört, seid ihren Aufrufen nicht gefolgt, ihr ließet euch blenden von den scheinbaren Erfolgen der Hitlermacht und nahmt in euch das Nazigift der imperialistischen Raubideologie auf. Ihr wurdet zu Werkzeugen des Hitlerkrieges und habt damit eine große Mitschuld auf euch geladen. Jetzt werdet ihr diese Schuld gegenüber den anderen Völkern abtragen und den deutschen Namen wie-

der reinwaschen müssen von seiner Beschmutzung durch die Hit-
lerschande.«[97]
Abgesehen von den Unterschieden, die auf die verschiedene politische Ausrichtung von Pieck und Heuss und auf die je spezifische Redesituation zurückzuführen sind, fällt dabei die ideologieübergrei-
fende Metaphorik auf: Einig waren sich beide Politiker darin, daß der
deutsche Namen, der durch die »Hitlerbande« beschmutzt wurde,
von allen wieder reingewaschen werden müsse. Auch die Rolle der
Deutschen wurde von Pieck ähnlich gesehen wie von Heuss: Nannte
dieser sie »gefesselt«, sprach jener von »Werkzeuge[n]«. Betonte
Pieck die Mitschuld auch stärker, so findet sich auch hier das Element der Willenlosigkeit. Das Bemühen, die nationale Integrität
angesichts der Erfahrung des Nationalsozialismus zu behaupten,
bestimmte auch kommunistische Politiker.

In der Schlußpassage der Rede von Theodor Heuss laufen die verschiedenen Argumentationslinien noch einmal zusammen: der Nationalsozialismus als dunkles, aber beendetes Kapitel der deutschen
Geschichte; das Schuldgefühl und die Scham der Deutschen; die teilweise Entschuldigung der Deutschen als wehrlose Opfer; die Betonung der liberalen Tradition Deutschlands, die die »Überbrückung«
der Epoche des Nationalsozialismus ermöglicht und die Perspektive
auf die Wiederherstellung der moralischen Integrität Deutschlands
eröffnet; schließlich der Appell, der Opfer des Nationalsozialismus
zu gedenken, den er in bildhaften Formulierungen als ethisch-mora-
lischen Auftrag formuliert: »Das Gedächtnis derer, die schuldlos lit-
ten, die tapfer starben, wird uns in den dunklen Jahren, durch die
wir gehen werden, mit stillem, ruhigen Schein die Wegleuchte
sein.«[98] Damit beschränkt er die Auseinandersetzung mit dem Nationalsozialismus einerseits auf das auf dem *forum externum* der Öffentlichkeit stattfindende Gedenken an die Opfer und andererseits
auf die öffentlich nicht verhandelbare und nur auf dem *forum internum* zu leistende individuelle Selbstbesinnung. Auf diese Weise wird
die Schuldfrage privatisiert.

Angesichts der Krisenerfahrung der nationalsozialistischen Herrschaft und des Zweiten Weltkriegs stellt sich für Theodor Heuss das
grundsätzliche Problem, sich und seine Zuhörer historisch zu orientieren und eine der Situation angemessene Sinnbildung über
Zeiterfahrung zu entwickeln. Dabei kombiniert er Elemente einer
kritischen Sinnbildung, indem er die freiheitliche Tradition der deutschen Geschichte betont, einer exemplarischen Sinnbildung, indem

er den Widerstand als vorbildlich würdigt, und einer genetischen Sinnbildung, indem er über die Wirkungsweise innerhalb der NS-Herrschaft reflektiert. Insbesondere die traditionale Sinnbildung hat angesichts der Erfahrung der Kriegsendes für Heuss ihre Wirksamkeit eingebüßt. Zentraler Aspekt seiner Argumentation ist aber die Suspendierung einer dauerhaften historischen Orientierung, die erst im Zuge einer auf die Vergangenheit bezogenen Selbstvergewisserung und eines auf die Zukunft gerichteten umfassenden Mentalitätenwandels erfolgen kann. Erinnerung, historische Identität und historische Orientierung sind bei Heuss aufeinander bezogene Aspekte des Geschichtsbewußtseins.

Theodor Heuss war hier erstmals in öffentlicher Funktion mit der spezifischen Redesituation einer Gedenkrede zum Nationalsozialismus konfrontiert, die die Erinnerung an die Opfer und den politisch-moralischen Appell erfordert. Der Ruf nach einem »Schlußstrich« begleitete, wie man an diesem frühen Beispiel sieht, die Auseinandersetzung mit dem Nationalsozialismus fast wie ein Schatten und mußte rhetorisch immer wieder zurückgewiesen werden. Dem Totengedenken war zudem die Diskussion der Frage der Schuld unterlegt, die allerdings im Rahmen einer konsensorientierten Gedenkrede nicht politisch kontrovers diskutiert werden konnte.

Der Rede von Heuss lag die Struktur einer stufenweisen Relativierung der Schuld der Deutschen zugrunde, die Opfer der Clique um Hitler waren und trotzdem die Tradition des anderen Deutschland wachhielten. Dies ermöglichte die Hoffnung auf eine unbeschädigte nationale Zukunft; rückblickend erschien der Nationalsozialismus so als eine zu »überbrückende« dunkle Epoche der deutschen Geschichte. Wenn Heuss auf die Formulierung von politischen Konsequenzen und ethischen Imperativen verzichtete, sondern eine metaphernreich formulierte moralische Gedenk-Haltung und Erinnerungs-Leistung anmahnte, waren die Übereinstimmungen etwa mit der Position, die Friedrich Meinecke in seiner Schrift »Die deutsche Katastrophe« als Wege der Erneuerung vorschlug, unverkennbar. Insbesondere das Wechselspiel von Schuldanerkenntnis und Schuldabwehr, wie es die Debatte um die Schuldfrage kennzeichnete, kehrte auf spezifische Weise bei Heuss wieder. Grundlage der rhetorischen Auseinandersetzung von Theodor Heuss mit dem Nationalsozialismus war die Verpflichtung auf die Erinnerung, die das öffentliche Schuldbekenntnis mit der Individualisierung der Schuldprüfung verband.

b) Eine programmatische Zeitdiagnose: »Um Deutschlands Zukunft« (1946)

»Stürzte auch in Kriegesflammen / Deutsches Kaiserreich zusammen, / Deutsche Größe bleibt bestehn.« – Mit diesen Schillerversen beendete Theodor Heuss 1919 seine Rede »Deutschlands Zukunft« – und mit diesem Zitat begann er 1946 seine Rede »Um Deutschlands Zukunft«. Sowohl der fast gleichlautende Titel als auch die Verwendung des gleichen Zitats an exponierter Stelle könntenn auf den ersten Blick vermuten lassen, Heuss wollte unmittelbar an die Vorkriegszeit anschließen. Auch wenn dies nicht der Fall war, wird gleichwohl sein Bestreben deutlich, an Traditionen anzuknüpfen und verläßliche Kontinuitäten aufzuspüren. Die Tatsache, daß er diese Verse in anderen Zusammenhängen immer wieder verwendete, deutet darauf hin, daß er darin seine Gedanken gültig formuliert sah.[99] Darüber, wie Heuss »Deutschlands Zukunft« knapp ein Jahr nach Kriegsende beurteilte, wie er im Gegenwartsverständnis des Jahres 1946 die Vergangenheitsdeutung in Zukunfterwartungen ummünzte, gibt seine Rede Aufschluß.

Heuss hielt sie als amtierender Kultminister von Württemberg-Baden am 18. 3. 1946 in Berlin auf Einladung des »Kulturbundes zur demokratischen Erneuerung Deutschlands«. Dieser war unmittelbar nach dem Zweiten Weltkrieg unter maßgeblicher Beteiligung von Johannes R. Becher gegründet worden.[100] Von Ulbricht direkt aus dem sowjetischen Exil angefordert, arrangierte er Ende Juni in seinem Haus ein Treffen zwischen Wissenschaftlern und Künstlern, die den Nationalsozialismus auf ganz verschiedene Weise überstanden hatten und ein breites politisches Spektrum repräsentierten; der Kreis der Gäste reichte vom jungen, aus der Wehrmacht desertierten Wolfgang Harich bis zum Rektor der Berliner Universität Eduard Spranger, vom Theaterkritiker Herbert Jhering bis zum sozialdemokratischen Journalisten Gustav Dahrendorf. Diese Zusammenkunft erklärte sich zur Gründungsversammlung und verabschiedete ein Manifest. Nach der Zulassung durch die sowjetische Besatzungsmacht fand schon Anfang Juli die erste öffentliche Versammlung in Berlin statt, und Anfang August wurde Becher zum ersten Präsidenten gewählt. In der Folgezeit kam es vor allem im Osten zur Gründung von Landesverbänden und »Suborganisationen« (Arbeitsgemeinschaften und Kommissionen).[101] Damit befand man sich einerseits in Übereinstimmung mit der Politik der sowjetischen Be-

satzungsmacht, die der Kultur bei der Überwindung des Nationalsozialismus eine besondere Bedeutung zumaß, während man andererseits eine eindeutige kommunistische Ausrichtung zunächst vermied.[102] Gleichwohl schloß dies einen entscheidenden Einfluß der
Kommunisten nicht aus.

> »Die Präsenz der Parteien und Kirchen sowie die Besetzung der
> Schaltstellen mit KPD-Mitgliedern spiegelten die bündnispoliti-
> schen Vorstellungen der Kommunisten ebenso wider wie ihren
> Führungsanspruch: formale Überparteilichkeit, weltanschau-
> liche Pluralität und reale Kontrolle des Apparates.«[103]

Im Westen tat sich der Kulturbund schwerer. Zunächst erlaubten die
Besatzungsmächte keine überregionalen bzw. länderübergreifenden
Vereinigungen; dann betrachteten sie ihn wegen der sowjetischen
Protektion in der Ostzone mit Mißtrauen, was 1947 sogar zu einem
Verbot im Westteil Berlins führte. Gleichwohl bildeten sich unter
verschiedenen Namen einzelne Ableger. Auch in Stuttgart kam es am
9. Februar 1946 zur Gründung eines Ortsvereins des »Deutschen Kulturbunds«, bei der Theodor Heuss die Eröffnungsrede hielt. Aus der
Rededisposition ist zu entnehmen, daß Heuss einerseits auf die entsprechenden Initiativen im Westen Bezug nahm, ohne allerdings die
Aktivitäten im Osten zu erwähnen: »Charakteristischer Vorgang /
da, dort Gründung von Kulturbünden / örtliches Bedürfnis, ohne
Zusammenhang«.[104] Andererseits mahnte er angesichts der politischen und wirtschaftlichen Katastrophe die Notwendigkeit einer
geistigen Erneuerung an:

> »Bekenntnis zu den *geistigen Kräften* / das Geheimnis des geisti-
> gen Schöpfertums / unabhängig von polit. Konjunkturen / u.
> wirtsch. Reserven / Seine Entfaltung abhängig von der / Willig-
> keit der Aufnehmenden / von dem, was wir ›Atmosphäre‹ nen-
> nen wollen.«

Unabhängig vom genauen Wortlaut der gesprochenen Rede wird
hier ein Kulturverständnis sichtbar, das sich deutlich vom Selbstverständnis der Ostberliner Gründung unterschied und gerade das
Zweckfreie und Überzeitliche betont. Seine Teilnahme an der Gründungsversammlung betrachtete Heuss, wie er in einem Brief an
einen amerikanischen Besatzungsoffizier mitteilte, eher als einen
Pflichttermin des amtierenden Kultministers.[105] Trotz dieser Skepsis
nahm er die Einladung nach Berlin an, nachdem bereits im November 1945 Johannes R. Becher Kontakt zu ihm aufgenommen hatte.
In einem Brief hob dieser im Hinblick auf die Artikel von Heuss her-

vor, »wie *beredt* Sie zu all dem schwiegen, was die Nazis gern gehört hätten. Damit war mir Ihr politischer, antifaschistischer Standpunkt absolut klar«. Weiterhin erinnerte er ihn an die inzwischen überwundenen Auseinandersetzungen im Schutzverband deutscher Schriftsteller zur Zeit der Weimarer Republik, informierte ihn über seine Kontakte im Rahmen der Arbeit für den Kulturbund und gab der Hoffnung Ausdruck, »dass [!] wir Sie auch zu unserem Mitarbeiter gewinnen dürfen«.[106]

Nachdem Ernst Ludwig Heuss versuchte, seinem Vater noch 1945 eine Redemöglichkeit in Berlin zu verschaffen, ergab sich durch die Vermittlung von Wilhelm Külz die Möglichkeit, vor dem Kulturbund zu sprechen.[107] Nach der offiziellen Einladung Bechers beteiligte sich Ernst Ludwig Heuss maßgeblich an der organisatorischen Vorbereitung. Er verhandelte mit dem Kulturbund vor Ort über eine mögliche Terminverschiebung und kümmerte sich um die Übersendung des Redemanuskripts. Im Vorfeld wurde auch erst der ursprüngliche Titel der Rede festgelegt: »Deutschland – Schicksal und Aufgabe«.[108] Der Kulturbund war darauf bedacht, die Ansprache als Großveranstaltung aufzuziehen. Man suchte nach einem entsprechend großen Raum und machte Heuss der Öffentlichkeit bekannt. So gab dieser in einem Rundfunkinterview, das am 11. März 1946 im Rahmen der Reihe »Kunst, Literatur und Wissenschaft« gesendet wurde, Auskunft über seinen Lebensweg,[109] und am 15. März richtete der Kulturbund einen Empfang zu seinen Ehren aus.[110]

Daß Heuss als »erster Vertreter Süddeutschlands [...] in Berlin das Wort ergreifen wird«,[111] war nicht unproblematisch. So fragten die Besatzungsbehörden wiederholt nach dem »Manuskript des Vortrages«[112] und am 11. März mußte der Kulturbund – Heuss war schon in Berlin – noch einmal nachdrücklich um eine Genehmigung bitten.[113] In diesem Schreiben wurde die Einladung damit begründet,

> »dass [!] Th. Heuss in den bisher von ihm gehaltenen Reden viel weiter ging als irgend einer der bekannten bürgerlichen Intellektuellen, was die Anerkennung der deutschen Kriegsschuld und die Verpflichtung zur Wiedergutmachung anbetrifft. Heuss ist als ein Demokrat alter Schule gut bekannt, und wenn er im Rahmen einer Kulturbund-Veranstaltung auftritt, so ist es ohne Zweifel ein ausserordentlicher Gewinn für unsere Bewegung, umsomehr [!] als Heuss der einzige unter den Ministern der süddeutschen Staaten ist, der sich eindeutig für die deutsche Einheit einsetzt und der niemals irgend wie antisowjetisch aufgetreten ist«.[114]

Anerkennung der Kriegsschuld und der Pflicht zur Wiedergutmachung, Verzicht auf antisowjetische Äußerungen sowie das Bekenntnis zur deutschen Einheit waren demnach die Kriterien für die Einladung an Heuss.

Abgesehen von der taktischen Notwendigkeit, die Veranstaltung
gegenüber den Besatzungsbehörden entsprechend begründen zu
müssen, wird das Motiv deutlich, Heuss für das Konzept einer parteiübergreifenden antifaschistischen Volksfront in Anspruch zu nehmen. Diese Überlegungen stießen anscheinend bei der Sowjetischen
Militärverwaltung auf Bedenken, weshalb »die Rede nicht sofort
über den Funk übertragen wird, sondern auf Band aufgenommen,
sodass [!] man später entscheiden kann, ob sich die Rede zur Übertragung eignet«.[115] Um die Besatzungsbehörden zu beruhigen, wies
man drauf hin, daß Johannes R. Becher eine Einführung und ein
Schlußwort spreche, »sodass [!] er in der Lage ist, noch auf die eine
oder andere Frage einzugehen«.[116] Dementsprechend wies der DDR-
Historiker Karl-Heinz Schulmeister darauf hin, »wie weit Kompro-
mißbereitschaft und Bündnispolitik der Arbeiterklassen gingen«,
um angesichts der politischen Situation und trotz des Risikos ideo-
logischer Aufweichung die Einladung doch als »richtige[n] Schritt«
zu rechtfertigen.[117] Im Berliner Funkhaus fanden sich dann viele
Zuhörer ein, die durchaus im Sinne des Kulturbunds ein breites politische Spektrum repräsentierten. Neben dem von den Sowjets ein-
gesetzten parteilosen Oberbürgermeister Werner, der auch ein
Grußwort sprach, vermerkten die Zeitungsberichte Vertreter der
Universitäten, »Vertreter der Militärregierungen« und »Männer des
Berliner Parteilebens«.[118]

Die wie üblich aus Satzfragmenten bestehende Disposition der
Rede, die ihm vermutlich in einer maschinenschriftlichen Fassung
bei der Rede vorlag, war die Grundlage für den ausformulierten Text,
der allerdings erst posthum veröffentlicht wurde.[119]

Ausgangspunkt dieser Rede, in der er sich ausführlich mit den
Ursachen und Folgen der nationalsozialistischen Herrschaft in
Deutschland auseinandersetzt und ein Programm der Erneuerung
aufstellt, ist die Erfahrung des Kriegsendes: »Am 8. Mai des vergangenen Jahres wurde in Berlin die bedingungslose Kapitulation
der deutschen Wehrmacht unterzeichnet. Am 9. Mai war Schillers
140. Todestag.«[120] Mit diesem Redeauftakt greift Heuss auf seine bei
Kriegsende angefertigten tagebuchartigen Aufzeichnungen zurück.
Ein Vergleich zwischen diesen Notizen und dem Vortrag wirft ein

Licht auf die spezifische Form rhetorischer Sinnbildung, bei der in anderem Zusammenhang entstandene Gedanken an die Redesituation angepaßt werden. In den Begriffen der Rhetorik läßt sich von einer Durchdringung von *inventio* und *elocutio* sprechen.

Unmittelbar nach Kriegsende notierte Heuss:

>»Neunter Mai 1945. Gestern haben die siegenden Mächte den Victory-Day gefeiert. Wir haben ihn am Radio registriert, in dem Bewußtsein, daß er einer der furchtbarsten Tage der deutschen Geschichte sei, doch in einer völlig anderen seelischen Situation als jener, in der wir den politisch-militärischen Zusammenbruch des Novembers 1918 erlebten.«[121]

Nach politischen und militär-strategischen Überlegungen, wie es zu diesem Tag gekommen war, setzte Heuss den Eintrag unvermittelt so fort:

>»Heute ist der 140. Todestag von Schiller. Ich entsinne mich des Abends vor 40 Jahren, da ich an dem schönen Maitag von Dachau, wo ich meine Doktorarbeit schrieb, nach München hereinfuhr, um auch das Denkmal zu besuchen. Das war eine jugendlich gehobene Sentimentalität, es trafen sich die lauen Abendstunden dort noch manche andere Leute. Jetzt bin ich froh«, lenkte Heuss wieder in die damalige Gegenwart zurück, »daß das Dritte Reich diesen Tag nicht noch erlebte, denn wenn er auch keinen genormten Jubiläumstermin darstellt, hätte man sich seiner bei den schamlosen Raubzügen in die Vergangenheit des deutschen Geistes bemächtigt, um auch ihn zu beschmutzen«.[122]

In diesen Einträgen ist die Diskrepanz zwischen der Katastrophe des Kriegsendes, die Heuss als Tiefpunkt der deutschen politischen Geschichte erscheint, und der ehrwürdigen Tradition der deutschen Kulturgeschichte, die er in Schiller verkörpert sieht, deutlich feststellbar. In dieser ambivalenten Deutung zeigt sich der Grundzug seiner Zeitdiagnose.

Nicht nur die Koinzidenz von Kriegsende und Schillers Todestag war ein wiederkehrendes Motiv in seinen Ausführungen, sondern vor allem der wiederholt zitierte Schiller-Vers. Im Eintrag vom 9. Mai 1945 heißt es nämlich weiter: »Jetzt gehen die Verse aus dem nachgelassenen Fragment [mir?] durch den Sinn: ›Stürzte auch in Kriegesflammen / deutsches Kaiserreich zusammen, / deutsche Größe bleibt bestehn.‹« Dieses Zitat kommentierte Heuss so:

>»Das war einmal ein stolzes Trostwort der geschichtlichen Ehrfurcht beim Untergang des alten Reiches, um die Dauer unver-

derbbarer geistiger und moralischer Werte eines Volkes wissend. Man überdenkt heute die Worte mit Bitterkeit, denn auch jene Kräfte der Deutschen, deren Schiller sich in unbefangener Zuversicht als ewig wirkend erfreuen konnte, scheinen durch die zwölf Jahre Nationalsozialismus in ihrem Mark und Kern gefährdet, durch Lüge, propagandistische Zweckhaftigkeit und subalternes Ressentiment vergiftet. Es wird eines ungeheuren seelischen Prozesses bedürfen, um diese Elemente aus dem deutschen Wesen wieder auszuscheiden. Ob Schiller selber dabei helfen kann?«[123] Was hier zum Ausdruck kommt, ist die existentielle Verunsicherung angesichts der »moralischen Katastrophe«, die noch bedrängender empfunden wurde als die militärische Niederlage und die politische Ohnmacht. Der von Heuss als notwendig erachtete »ungeheure seelische Prozeß« bedeutete aber nichts anderes als einen umfassenden Mentalitätenwandel.

Die persönliche Erfahrung im Mai 1945 verallgemeinerte Heuss zu einer Deutung der politischen Situation, wobei aus dem einmaligen privaten Erlebnis ein wiederkehrendes, Allgemeingültigkeit beanspruchendes Deutungsmuster wurde, das er in seiner Berliner Rede verwendete und auf das er immer wieder zurückgriff.[124]

So veröffentlichte er am 9. Mai 1946, ein Jahr nach dem Kriegsende, in der Rhein-Neckar-Zeitung unter der Überschrift »Kapitulation« einen Leitartikel, den er wiederum mit dem Hinweis auf die unmittelbar aufeinander folgenden Daten des Kriegsendes und von Schillers Geburtstag begann.[125] Im weiteren Verlauf zitierte er seine Reflexionen vom Vorjahr und bezog deutlich Stellung gegen die Unzufriedenheit angesichts der aktuelle Situation unter der Besatzungsherrschaft. Er wies auf die »Ursachen des Elends« hin, die er vor allem im »seelischen Habitus der nationalsozialistischen Führungsschicht« ausmachte, und forderte dazu auf, sich mit den »bittere[n] Wahrheiten« auseinanderzusetzen. »So billig kommen wir in der moralisch-politischen Bilanz nicht weg. Die Konten sind aufgeschrieben und ihre Abrechnung ist hart und schwer. Darüber gibt es keine Illusionen. Die Erinnerung an den 8. Mai des alten Jahres soll uns allen dies Gesetz bewußt erhalten.«[126]

1949 erinnerte Theodor Heuss noch einmal in einem Leitartikel unter dem Titel »Vier Jahre danach« an dieses Datum, das er als »Ausdruck einer militärischen Katastrophe« begriff.[127] Zwar beklagte er, daß die Verbündeten ihrem militärischen Erfolg »keine sinnvolle politische Form« geben konnten, wies aber beschwörend darauf hin, daß »Hitler das deutsche Lebensschicksal verspielte und die russische Macht nach Deutschland brachte«.[128] So sah er den Tag der Kapitulation weniger als Tag der Befreiung, sondern als tiefe Zäsur der Nationalgeschichte: »Der 8. Mai hat deutsche Geschichte abgeschlossen – ach, wäre es nur die des Nationalsozialismus gewesen, dann könnte uns die Erinnerung wenig Belastung geben!« Dabei gelte es, sich über die aus dem »Urgrund der Seele« auftauchenden »verwirrten Gefühle« Rechenschaft abzulegen:

> »Was soll also das Denken? In das Wissen zurückzuführen um die tragische Verschlungenheit, da eine wüste Politik nicht nur die Heimat verdarb und über die innere Schmach ins äußere Elend führte, sondern die Welt in Wirrnis stieß. Kein tröstliches Geschäft, aber ein notwendiges.«[129]

In diesen Zeitungsartikeln rückte Heuss den belastenden Aspekt des Kriegsendes am 8. Mai in den Vordergrund und betonte, daß man sich dieses Ereignis erinnernd vergegenwärtigen müsse. Die Ambivalenz dieses historischen Datums betonte er besonders in seiner Schlußrede im Parlamentarischen Rat, wobei er seine Deutung stilistisch zuspitzte: »Im Grunde genommen bleibt dieser *8. Mai 1945* die *tragischste* und *fragwürdigste Paradoxie der Geschichte* für jeden von uns. Warum denn? Weil wir *erlöst und vernichtet in einem* gewesen sind.«[130] Wiederum die Schiller-Verse zitierend und über den Begriff »Deutsche Größe« reflektierend, sah er in der aktuellen Situation »ganz nüchtern und bescheiden« die Chance zum »politisch einheitlich *Lebenkönnen*«. Dies setzte aber voraus, »daß in der Auseinandersetzung mit den Völkern und Nationen das *Zu-sich-selbstgefunden-haben* der *Deutschen* erst Wirklichkeit geworden sein muß«.[131] Die fundamentale Bedeutung des Kriegsendes für die historische Sinnbildung lag für Heuss zwar auch darin, daß damit die Epoche des Nationalsozialismus beendet wurde, aber vor allem im tiefen Bruch der Nationalgeschichte, der nur mühsam und schrittweise überwunden werden konnte.

Nachdem er die Rede in Berlin mit diesem für ihn zentralen und wiederholt verwendeten Deutungsmuster eröffnet hat, verdeutlicht Heuss in einem Rückblick auf die Situation nach dem Ersten Weltkrieg die grundlegend andere Ausgangslage »heute, da die Aufgabe unendlich viel schwerer ist«.[132] Im Gegensatz zu damals, als die erbitterten Auseinandersetzungen um die Kriegsschuldfrage einerseits und die Dolchstoßlegende andererseits die Erfolgsaussichten der Weimarer Republik von vornherein erheblich beeinträchtigt hätten,

»sind wir bei Beginn des neuen Weges von diesen Fragen frei«.[133] Die Gefahr, neuerdings mit solchen Hypotheken belastet zu sein, erachtet er als gering, da die Tatsachen für sich sprächen und »nur die Dummen«[134] etwa einer neuen Dolchstoßlegende anhängen könnten.

Die Feststellung, »daß dieser Krieg von Deutschland verursacht und in seiner Führerschicht gewollt worden ist«, ist für ihn weniger eine Frage der politischen Ehrlichkeit oder wissenschaftlichen Korrektheit, sondern vor allem eine Voraussetzung der moralischen Selbstverständigung, denn »ohne dieses deutliche Aussprechen verlieren wir die Basis unter uns selber«.[135] Die Kriegsschuld beschränkt er aber auf die nicht näher charakterisierte »Führerschicht« und insbesondere auf Hitler, wenn er als Belege dessen Ausführungen in »Mein Kampf« und dessen Verhalten gegenüber Chamberlain anführt. Mit dem Fazit »So sind wir bewußt in diesen Krieg hineingezwungen worden« vollzieht Heuss eine Trennung zwischen dem Hauptverantwortlichen Hitler und den mitverantwortlichen anderen Nationalsozialisten auf der einen und dem nicht verantwortlichen deutschen Volk auf der anderen Seite. Das Personalpronomen »wir« kann an dieser Stelle die Deutschen als Gesamtheit meinen, was einer kollektiven Entschuldigung gleichkäme, oder den herausgehobenen Kreis der Zuhörer, die als Opfer der nationalsozialistischen Gewalt eine besondere moralische Dignität erlangten. Diese Unbestimmtheit ermöglicht dem einzelnen seine individuelle Lesart und verweist ihn ähnlich wie in der oben analysierten Rede »In memoriam« durch das Oszillieren zwischen Schuldbehauptung und Schuldrelativierung auf eine private Selbstbesinnung.

Dies zeigt sich besonders deutlich, als Heuss auf die Rolle der deutschen Soldaten im Zweiten Weltkrieg eingeht. Einerseits versucht er eine Ehrenrettung der Wehrmachtssoldaten: »Es ist nicht erlaubt, von diesem Kämpfen und Sterben von Millionen von deutschen Soldaten gering zu denken und gar verächtlich zu sprechen.«[136] Andererseits muß er ihren Mißbrauch für nationalsozialistische Ziele eingestehen, da sie »für Deutschland zu kämpfen glaubten und für Hitler starben«. Diese »tragische Bindung« betrachtet er in historischer Perspektive: Er kann zwar darauf hinweisen, »wie das deutsche Soldatentum geschichtliche Größe in sich getragen hat«, muß aber ein Ende dieser Tradition konstatieren: »Aber wir sehen klar: dieses Stück deutscher Geschichte ist vorbei.«

Bereits vier Monate nach Kriegsende hatte Heuss am 12. 9. 1945 in einem Leitartikel der Rhein-Neckar-Zeitung grundsätzliche Gedanken über »Das Ende der Wehrmacht« formuliert, die den Hintergrund für die eben zitierte Passage bilden.[137] Angesichts der »müden Gruppen heimkehrender Soldaten« stellte er fest, daß mit ihnen »ein großes Stück deutscher Geschichte in die Vergangenheit wandert«.[138] Denn im Nationalsozialismus sei die Tradition der deutschen Wehrmacht durch die Einbindung in das nationalsozialistische Herrschaftssystem korrumpiert und desavouiert worden:

»Die Linie Gneisenau-Moltke-Schlieffen, in der wirkende Größe staatlichen Willens und nationalen Sinnes gezeichnet ist, endet und verschwindet, zerfasert und geknickt, im vollen intellektuellen und moralischen Ungenügen, ein Körper, der wie wenige geschichtsmächtig war, stirbt, ohne daß der Ausgang auch nur ein geringes Symbol seiner historischen Würde schafft.«[139]

Diese Erfahrung des Traditionsbruches, mit der er seine Rede schon eingeleitet hat, spitzt Heuss in Anspielung auf Hitlers drohende Prophezeiung, am Ende dieses Krieges gebe es nur noch Vernichtete und Überlebende, paradox zu: »Vernichtete und Überlebende! Wir sind die Vernichteten, und wir sind die Überlebenden.«[140]

Nach dieser Situationsbeschreibung des ersten Teils, die Vergangenheitsdeutungen enthält, aber wesentlich auf eine Bestandsaufnahme der gegenwärtigen Lage 1946 zielt, geht Heuss nun zu den Zukunftsperspektiven über und entwickelt Vorstellungen zu »Deutschlands Zukunft«. Durch Wiederholungsfiguren verleiht er seinen Worten beschwörenden Nachdruck: »Ein Volk will leben, wir wollen leben, unsere Kinder wollen leben, und es ist die Frage: können wir leben, kann das Volk leben? Wird es in Deutschland möglich sein?«[141] Der positiv besetzte und mit Zukunftshoffnung assoziierte Begriff »Leben« steht dabei in Opposition zu den durch das Dritte Reich in der Vergangenheit verhinderten Lebensmöglichkeiten.

Diese affektive Anrede der Zuhörer, indem er ihre Zukunftshoffnungen anspricht, bildet gleichsam das Motto für seine im folgenden skizzierten programmatischen Vorstellungen. Dabei spricht er ein breites Feld von Themen an, ohne einer systematischen Gliederung zu folgen. Erwägungen über die Grundlagen der Neubesinnung wechseln mit Zielbestimmungen und der Beschreibung von dazu nötigen Methoden. Die Rede folgt damit eher dem Prinzip der lockeren Reihung als dem einer stringenten Ableitung.

Das andere Spezifikum ist die Beschränkung auf den kulturellen Bereich, die aufgrund des Forums und der Zeitsituation nahelag und zudem durch sein Amt wie seine politischen Vorstellungen bedingt war. Da den Deutschen politische Einflußnahme verwehrt ist und sie »nur Zuschauer unseres Schicksals« sind,[142] sucht er einen anderen Ansatzpunkt, um den Traditionsbruch zu heilen. Er ruft seine Zuhörer auf, »im Raum des Geistig-Moralischen« zu entscheiden. Dies stellt in seinen Augen keinen Politikersatz dar, sondern ist angesichts der aktuellen Krisenerfahrung, die die nationale Identität der Deutschen fundamental in Frage stellt, unabdingbar:

> »Dies sind die Dinge, die uns ja alle ernstlich nicht erst seit Ausgang des Krieges beschäftigen, die Fragen: wie konnte es dazu kommen, daß ein Volk dieser Geschichte, dieser Leistungen in diese Zeit der zwölf Jahre hineinging? Schuld, Schuld aller Deutschen? Schuld der Passivität?«

Die gleichzeitige Frage nach möglichen Belastungen der nationalen Tradition und nach der individuellen Verantwortung beantwortet Heuss mit dem Bekenntnis: »Wir sind alle in dieser Zeit und durch diese Zeit schmutzig geworden.« Dadurch, daß er sich mit seinen Zuhörern auf die gleiche Stufe stellt und den Gestus des moralisch Überlegenen vermeidet, gewinnt seine Argumentation an persönlicher Glaubwürdigkeit. Allerdings greift er nicht den von ihm selbst vorgegebenen Schuldbegriff auf, sondern benutzt eine Metapher, die in ihrer syntaktischen Einbindung einen vagen Assoziationshorizont eröffnet. Die Passivkonstruktion läßt einerseits den Urheber der Verunreinigung offen; bildlich gesprochen: Haben sich die Deutschen selbst verunreinigt, oder wurden sie verunreinigt? Die unbestimmte Zeitangabe »in dieser Zeit und durch diese Zeit« unterstellt andererseits einen schleichenden Prozeß und keine bestimmbaren Ereignisse oder Handlungen.

Die drängende individuelle Schuldfrage wird von Heuss auf diese Weise sprachlich entschärft und im folgenden durch den Rückbezug auf die nationale Tradition entindividualisiert. Die Entwertung des Nationalstolzes und die Einbindung in die moralische Verantwortung bekräftigen das Erinnerungspostulat und das Bekenntnis zu diesem Kapitel der deutschen Geschichte, lassen aber die individuelle Zurechnung der Verbrechen offen.

> »So entstand, ohne daß wir plump und vertraulich dem Beethoven oder dem Kant auf die Schulter klopften, das Bewußtsein, daß wir stolz darauf waren, Deutsche zu sein. Und das war das Scheußlichste und Schrecklichste, das uns der Nationalsozialismus antat, daß er uns zwang, uns schämen zu müssen, Deutsche

zu sein, daß Zwang und dieses Schämen uns selber vor unserem Gefühl erniedrigte, und daß wir Sehnsucht haben müssen nach dem Tage, wieder mit freier Seele stolz darauf sein zu dürfen, Deutscher zu sein. Das ist ein schwerer Weg der Selbstreinigung, den wir gehen müssen.«[143] Die nationalsozialistischen Verbrechen haben zwar den National-stolz der Deutschen zerstört, was aber im Zwang, sich für andere Angehörige des eigenen Volkes und deren Taten schämen zu müs-sen, den moralischen Ausweg eröffnet, die Auseinandersetzung mit der eigenen Verantwortung zu dispensieren.

Der in Aussicht gestellte »Weg der Selbstreinigung«, der schon sprachlich an eine psychische Katharsis gemahnt, zielt auf einen umfassenden Mentalitätenwandel und erfordert, wie Heuss schon bei Kriegsende notiert hatte, einen »ungeheuren seelischen Prozeß«. Die sich immer wieder zeigende enge Verklammerung, ja unlösbare Einheit von Vergangenheitserfahrungen im Dritten Reich und unge-wissen Zukunftserwartungen, läßt deutlich erkennen, wie diese nur als Gegenbild jener gedacht werden konnten. Diese in der Textstruk-tur liegende Opposition von Deutschlands nationalsozialistischer Vergangenheit und Deutschlands demokratischer Zukunft vermit-telt den Zuhörern jenseits der inhaltlichen Aussagen den Eindruck überwundener Schrecken und eröffnet ihnen eine hoffnungsvolle Zukunftsperspektive.

Ein Aspekt dieser nur ex negativo zu denkenden Selbstreinigung ist die Wiedergewinnung der individuellen Selbstverantwortung. Der Nationalsozialismus sei insofern »eine sehr bequeme Einrichtung« gewesen, als »er den Menschen erlaubte, ja sogar voraussetzte, daß sie sich des Gewissens entäußerten«. Dies illustriert Heuss mit Hilfe eines Zitats von Robert Ley (»Ich habe kein Gewissen. Mein Gewis-sen heißt Adolf Hitler«) und der Redewendung »Ist ja bloß ein Jude«:
> »Und dieses ›ist ja bloß ein Jude‹, das war der Anfang. Von dort an ist die deutsche Seele krank geworden, weil sie im Menschen nicht mehr das Menschliche, die Würde des Menschen sah. Diese Bequemlichkeit des Denkens, diese Auflösung von Selbstverant-wortung führte ganz notwendig zu dem was wir später erlebt haben.«[144]

Die politisch unentschiedene und menschlich unempfindliche Hal-tung wird von Heuss als mitverantwortlich für die Entstehung bzw. das Funktionieren der NS-Herrschaft erachtet. Diese »Schuld der Pas-sivität« reicht weiter als die pauschal zugerechnete Scham, denn hier liegt ein Ansatz zur Zuschreibung von individueller Verantwortlichkeit, die in der Terminologie von Jaspers als politische und moralische Schuld anzusprechen wäre und die den Großteil der ehemaligen deutschen »Volksgemeinschaft« betreffen würde.[145]

Ein zweiter Aspekt der Selbstreinigung stellt für Heuss die Überwindung einer im »Schicksal der zwölf Jahre« besonders wirksamen Mentalität der Deutschen dar, die durch eine »polare Spannung« gekennzeichnet sei: »Auf der einen Seite der Überschwang des Denkens, des geistigen Exzesses, der die größten Dinge denken und leisten kann, auf der anderen die spaßige Subalternität. Das Ausschweifen in uferlose Romantik und ein kleinbürgerliches Versorgungsideal nebeneinander.«[146] Diese ambivalente Struktur eines unterstellten Nationalcharakters habe durch die Partizipation an der phantasierten nationalen Überlegenheit und durch die Einfügung in ein unreflektiertes Gehorsamsverhältnis das reibungslose Funktionieren des NS-Systems ermöglicht.

Der dritte Aspekt der Selbstreinigung ergibt sich neben der Besinnung auf die ethische Norm der Selbstverantwortung und der Reflexion der kollektiven Mentalität aus der Analyse der historischen Tradition. Den Untertanengeist führt Heuss darauf zurück, daß »die Zerbrochenheit unserer geschichtlichen Entwicklung uns ein verbindliches Geschichtsbewußtsein nicht gegeben hat«, womit er die fehlende Freiheitstradition in der deutschen Geschichte meint: »Wir stehen und werden weiterhin stehen unter der Last unserer an Größe reichen Geschichte, weil bei uns in Deutschland die Geschichte der Freiheitskämpfe, die auch wir gekannt haben, eine Geschichte der Niederlagen geworden und geblieben ist.«[147] Damit greift Heuss die Denkfigur des deutschen Sonderweges auf,[148] indem er sie aber entgegen der langen aus dem 19. Jahrhundert stammenden positiv gewerteten Tradition negativ akzentuiert: »Heute, am 18. März, mag man sich dessen erinnern, daß es den Deutschen nicht gelang, aus diesem Versuch des Jahres 1848 irgendeine ihrem Bewußtsein dienende Kraft zu schaffen.«[149] Aus den Beispielen leitet er ein fundamentales politisches Defizit ab, das sich der Nationalsozialismus zunutze machen konnte, nämlich »die Angst vor dem Atem der Freiheit. Wir haben in Deutschland nie das erlebt, was man als elementaren Liberalismus, über den Parteigrenzen stehend, ansehen könnte.«

In dieser Rede sieht Heuss die durch die spezifisch deutsche historische Entwicklung erzeugte, Größenwahn und Gehorsam in sich

vereinigende, widersprüchliche Mentalität als Ursache des Nationalsozialismus: »So konnte es nicht fehlen, daß wir das Opfer eines
totalitären Gewalt- und Versorgungsapparates geworden sind.« Gerade in der Erkenntnis des Herrschaftssystems als »Gewaltapparat«
und als »Versorgungsapparat« lenkt Heuss den Blick, obwohl er
selbst von einer »politischen Ebene« spricht, auf eine mentalitätsgeschichtliche Erklärung des Dritten Reiches. Das bedeutet in der
Konsequenz, daß der Weg der Selbstreinigung, den Heuss anmahnt,
nur dann erfolgreich beschritten werden kann, wenn die Deutschen
sich dieses historischen Zusammenhangs vergewissern, die fehlende
Freiheitserfahrung nachholen und sie in ihre nationale Identität
integrieren.

Auf der anderen Seite verweist er auf die NS-Ideologie, die er im
Anschluß an seine Schrift »Hitlers Weg« von 1932 als »biologischen
Materialismus« bezeichnet. In diesem Zusammenhang stellt Heuss
aber nicht die ideenpolitische Auseinandersetzung, sondern die
moralische Kritik an der menschenverachtenden Praxis in den Mittelpunkt: »Aber in dem Augenblick, als dies kam, Rassegesetze, Ehe-
gesetze, Gesetze über die Erbkranken, da war die Hybris des Menschen in der Nachbarkeit [?] des Schicksal Geschichte geworden.«[150]
Der Reduktion des Menschen zum »Nützlichkeitsobjekt« stehe kom-
plimentär die Ausbildung eines hypertrophierten »Herrschaftsan-
spruchs« eines »›nordischen‹ Selbstbewußtseins« gegenüber.

Ein vierter Aspekt – und damit geht Heuss immer stärker zur positiven Bestimmung der Selbstreinigung über – besteht in der Wiederbelebung des kulturellen Austausches, der schon vor dem Nationalsozialismus aufgrund der Mittellage Deutschlands von manchen
mißtrauisch beäugt und schließlich rigoros verhindert worden sei:

> »Wir brauchen wieder Weltluft, die uns versperrt war, nicht um
> vor den anderen Komplimente zu machen, sondern um trotz
> unserer Verluste in dieser Zeit reicher und blühender zu werden,
> wenn man zwischen Trümmern von Reichtum und kommender
> Blüte überhaupt zu sprechen wagen darf.«[151]

Dieser Austausch setzt aber eine moralische Selbstvergewisserung
voraus, die nach der Meinung von Heuss in der Rückkehr zu den Traditionen von Antike und Christentum besteht. »Jenes Weggehen
von der Antike, jenes Weggehen vom Christentum war der Verzicht
auf die transzendente Bindung des Menschen und bedeutete die Los-
lösung des deutschen Menschen von der abendländischen Kultur-
grundlage, die ihn dann in die Barbarei gestürzt hat.«[152] Nicht nur

in Friedrich Meineckes historischer Zeitdiagnose »Die deutsche Katastrophe«, sondern in weiten Teilen der kulturell-politischen Zeitschriftenszene der Nachkriegszeit war diese Anknüpfung an die
humanistische Bildungswelt der entscheidende Ansatzpunkt einer
geistig-moralischen Erneuerung.[153]

Neben der Notwendigkeit einer »Denazifizierung des deutschen
Sprachgutes«, die die »Technifizierung des Lebens« und das »Mon-
ströse«, das im nationalsozialistischen Sprachgebrauch zum Ausdruck kam, rückgängig macht, plädiert Heuss für eine »Reinigung
des deutschen Geschichtsbildes«.[154] Es geht ihm darum, der miß-
bräuchlichen Vereinnahmung der deutschen Geschichte durch die
Nationalsozialisten eingedenk zu sein und sich ihrer Grundlagen
neu zu versichern. Dabei fällt auf, daß er mit Hölderlin, Uhland,
Goethe und Schiller ausnahmslos Dichter als Beispiele erwähnt, mithin Geschichte auf Kulturgeschichte, ja Literaturgeschichte reduziert. Die Forderung nach einer »Revision des Geschichtsbilds« war
in den Jahren nach 1945 gängig, wobei sie allerdings inhaltlich vage
blieb und nur ansatzweise verwirklicht wurde.[155] Heuss beschränkt
sich von vornherein auf das Postulat der Freiheit der Wissenschaft,
ohne inhaltlich Stellung zu nehmen. So wehrt er sich vehement
gegen neue Vereinnahmungen:

> »Die Frage des deutschen Geschichtsbildes steht als schwerste
> Aufgabe im Geistigen und Politischen vor uns. Sie ist nicht da-
> durch zu lösen, daß man eine Reinigungsanstalt herbeiholt und
> die braune Farbe abputzen läßt, um eine andere Farbe aus bereit-
> gestellten Kübeln aufzuschmieren, sondern die Forderung ist die,
> daß wir in dem Raum der Wissenschaft wieder die zweckentbun-
> dene Wahrheit hereinführen und uns dazu bekennen, daß die
> wissenschaftlichen Fragen frei sein müssen.«[156]

Diese bildhafte und – wenn man »andere Farbe« durch »rote Farbe«
ersetzt – verklausuliert auf die Zustände in der SBZ gemünzte Absage
an jegliche politische Instrumentalisierung von Kunst und Wissenschaft und das Plädoyer für freie Forschung machen die Dissonanzen vollends deutlich. Hat er im Zusammenhang mit der Reinigung
des Sprachgutes das Ziel formuliert, »eine einheitliche deutsche saubere Kultur im gemeinsamen Ausdruck unseres Lebens wiederfinden« zu wollen,[157] so markiert er hier eine grundlegende Bedingung
für eine einvernehmliche kulturelle Entwicklung. Heuss thematisiert
nicht die politischen Kontroversen, zumal die Entscheidung, wie er
ja selbst betont, bei den Alliierten und nicht bei den Deutschen liegt,

weist aber deutlich auf die verschiedenen kulturellen Entwicklungen in den verschiedenen Besatzungszonen Deutschlands hin.

Die aus dem Rückfall in die Barbarei sich ergebende Zukunftsaufgabe einer Selbstreinigung des deutschen Volkes führt Heuss also im einzelnen aus: Die ethische Vergewisserung auf das Prinzip der Selbstbestimmung, die Besinnung auf die deutsche Mentalität und die Reflexion der fehlenden Freiheitstradition in der deutschen Geschichte machen es nötig, durch den kulturellen Austausch mit den anderen europäischen Völkern sich der gemeineuropäischen, in Antike und Christentum liegenden geistigen Grundlagen zu versichern und sich ein neues Sprachgefühl und ein neues, durch die Freiheit der Wissenschaft und Kunst verbürgtes Geschichtsverständnis zu erarbeiten.

In einem dritten Teil widmet sich Heuss dann einem seiner zentralen Anliegen, das er auch in seiner Zeit als Bundespräsident besonders betont: das »Gespräch mit der deutschen Jugend«.[158] Deren Situation schildert Heuss besonders eindringlich, sieht er doch in der glückenden Integration der im Nationalsozialismus aufgewachsenen und durch die Kriegserfahrung geprägten Generation die einzige Chance für die demokratische Erneuerung Deutschlands. »Es *kann* nicht die Generation eines Volkes ›abgeschrieben‹ werden, wie es in einer Buchhaltung bei faulen Sachen üblich ist, sondern dieses Stück Generation ist ja ein wichtiger Bestandteil unserer Volkssubstanz.«[159] Gleichwohl verdeutlicht Heuss seinen Zuhörern die schwierige Situation dieser Jahrgänge. Die Anpassung an das System habe eine »Gleichgültigkeit in moralischen Entscheidungen«[160] entstehen lassen; das Denunziantenwesen habe das »Gefühl der anständigen Redlichkeit zwischen Menschen, die nebeneinander verkehren und leben müssen«, zerstört; und nun sei die Jugend mit dem »Zerbrechen von Glaubenswerten, die für sie ernst gewesen sind«, konfrontiert.

Diese Desorientierung ist auf das Zusammentreffen von nationalsozialistischer Indoktrination, prägender Kriegserfahrung und anomischer Nachkriegssituation zurückzuführen. Dies bringt er in einer Reihe parallelistischer Sätze, die bis auf wenige Ausnahmen auch als direkte Anrede der Kriegsgeneration zu verstehen sind, eindringlich zum Ausdruck: »Sie stehen heute vor den schwersten beruflichen und seelischen Entscheidungen. Sie, die jetzt vom Feld zurückkamen, wollen als Menschen – durch Erfahrungen gereift – am Leben teilnehmen.« Nach einem kurzen Gedenken an die Kriegstoten fährt er, durch eine Epanalepse den rhetorischen Nachdruck steigernd, fort: »Sie kommen und wollen lernen, lernen, lernen. Sie haben das Gefühl der menschlichen Reife und der sachlichen Leere. Sie finden sich nicht zurecht in dieser Luft, die Deutschland heißt und die nicht anders sein kann, als sie ist.« Schließlich beendet er die anaphorische Reihung mit der synekdochischen Wendung: »Sie haben noch die Sprache und Lieder von früher im Ohr und stehen vor der Entscheidung gegenüber dem, was jetzt eine neue Begriffswelt um sie herum ist.«[161] Auf diese Weise gelingt es ihm, die Kriegsgeneration gleichzeitig anzusprechen und deren Situation in der rhetorischen Zuspitzung den Zuhörern zu verdeutlichen.

Heuss greift die bisherige Argumentation noch einmal auf, um sie von einer anderen, der staatsrechtlichen Perspektive noch einmal neu zu beleuchten. Das Ende des Reiches, des »Herrschaftstum[s] der Deutschen«[162] und der damit zusammenhängende Verlust der staatlichen Einheit sind eine auch und gerade von der jüngeren Generation zu akzeptierende Tatsache. Die Nation als lebensgestaltender, ja identitätsstiftender Orientierungspunkt im politischen Denken von Theodor Heuss wird hier noch einmal deutlich.

»Wir sprechen vom Reich, und man spricht das Wort Reich fast zögernd aus, denn es liegt ein Schimmer von Größe, ein Glanz von Macht darauf. Und heute liegt es im Schatten der Ohnmacht. Aber indem wir es heute aussprechen, wissen wir, es war politisch ungesichert, lebendig aber im Wissen um die Einheit des deutschen Geistes und auch um die Einheit des staatlichen Schicksals.«[163]

Den Kontrast zwischen der jahrhundertealten Tradition und der aktuellen Situation hebt Heuss ebenso hervor, wie er an die Brüchigkeit des Mythos vom kraftvollen Reich erinnert. Zudem erscheint jenseits der staatlich-politischen Dimension die Vorstellung einer den Zusammenhalt verbürgenden Kulturnation. Die Identifikation mit der Nation, sowohl in der Anerkennung der aktuellen politischen Katastrophe als auch der fortwirkenden geistigen Tradition, ist in den Augen von Heuss unverzichtbar. »Es gibt kein Entrinnen aus dem deutschen Gesamtschicksal. Wir sind und blieben gesamthaftbar für das, was wir erlebt haben.« Dies bezieht sich natürlich auch auf die Auseinandersetzung mit dem Nationalsozialismus, auch wenn Heuss ihn hier expressis verbis nicht erwähnt. Im Begriff »gesamthaftbar« läßt er die den Deutschen zugesprochene indirekte »Schuld der Passivität« anklingen, ohne sie allerdings zu konkretisieren.

In diese Ausführungen zur staatlichen Zukunft Deutschlands fügt sich eine *digressio* über Berlin ein.[164] Die nicht nur dem Ort der Rede und der eigenen biographischen Erfahrung geschuldeten Einlassungen führen einerseits die desolate Situation der ehemaligen Reichshauptstadt vor Augen (»Diese Stadt ist in einem Zustand zum Heulen«) und verteidigen sie andererseits gegen den Makel, Ursprungsort von »Nationalsozialismus und Militarismus« zu sein. Heuss weist demgegenüber auf die »große Tüchtigkeit dieser Stadt« hin und stilisiert sie zum Symbol für die »Unverdrossenheit am Aufbauwerk«. Die ansonsten oft am Anfang einer Rede stehende *captatio benevolentiae* leitet hier zum Schlußteil, der *peroratio*, über.

»Wir waren 12 Jahre in der Hölle der Geschichte. Wir sind auf langehin jetzt im Fegefeuer des Läuterungsweges. Und dann kommt das Paradies?«[165] Die metaphorische Formulierung verbindet christliche Heilserwartungen und aktuelle Zukunftshoffnungen. Dadurch wird noch einmal die Dramatik der Zeitsituation deutlich. Die Absetzung vom selbst initiierten bildhaften Sprechen (»Nein, das Paradies, das gibt es nur in utopischen Romanen«) ermöglicht es Heuss, seine Botschaft zusammenzufassen:

»Wir werden froh sein, wenn es nicht das Paradies ist, sondern wenn wir nur einmal wieder festen Boden eines freien Lebens bekommen. Dies sollen wir bekommen im Zeichen der Demokratie. Auch Demokratie ist keine Zauberformel für die Nöte der Welt; die gibt es auch in der Demokratie. Demokratie heißt auch nicht nur Wählerstatistik und ist nicht nur ein Rechenverfahren, sondern im Elementaren die Anerkennung eines freien Menschentums, das auch im Gegner den Partner sieht, den Mitspieler. Die Deutschen müssen bei dem Wort Demokratie ganz vorne anfangen im buchstabieren, auch wenn sie sich heute Demokraten nennen.«[166]

Zwar verstößt Heuss, indem er zwischen verschiedenen Bildbereichen (»fester Boden«, »Zauberformel«, »Mitspieler«) wechselt, gegen die Regel der Klarheit *(perspicuitas)*, prägt aber durch die wiederholte Nennung des Schlüsselbegriffs den Zuhörern seine Vorstellung von Demokratie ein. Diese erschöpft sich nicht in Verfahrensfragen, sondern wurzelt in einer am Ideal der Humanität gründenden zwischenmenschlichen Verständigungsbereitschaft, wofür Heuss den Begriff »Fairness« verwendet: »Sehr tragisch, daß wir dafür kein Wort haben und offenbar in unserer Tradition auch keinen Inhalt hatten«. Der von Heuss geforderte »Geist der Duldung«, womit er »Fairness«

hilfsweise übersetzte, markiert eine neu auszubildende Mentalität, die nicht nur die Grundlage für eine funktionierende Demokratie, sondern auch für einen gedeihlichen internationalen Austausch, insbesondere auf kulturellem Gebiet, bedeuten würde. Hier wird deutlich, wie Heuss bis in die Wortwahl hinein an die von ihm schon in der Weimarer Republik vertretene Position direkt anknüpft.

Dieser von Heuss angemahnte Mentalitätenwandel läßt sich auch nicht in gezielten Appellen oder der Forderung bestimmter Maßnahmen konkretisieren, sondern lediglich umschreibend charakterisieren:

»Wir sehen die Dinge sehr hart und sehr klar. Mit der ›heiligen Nüchternheit‹, von der Hölderlin spricht, müssen wir um die Erkenntnis der Wirklichkeit kämpfen als die Kraft der Selbst- und Volkserziehung, die innerste Erfassung des Notwendigen, damit man die Not wende, eine lange Not, eine große Not, die das feste Herz und die Kraft der Liebe fordert.«[167]

»Erkenntnis«, »Selbsterziehung«, »innerste Erfassung«, »Herz«, »Liebe« sind allesamt Begriffe, die sich nicht auf die Bewältigung des Alltags beziehen und auch nur am Rande Fragen der politischen Neuordnung berühren, sondern vielmehr eine als notwendig erachtete seelisch-moralische Einkehr umschreiben. Daß dies nicht planbar und nicht kalkulierbar ist, macht Heuss durch den abschließenden Hinweis auf Jean Pauls »Flegeljahre« deutlich, worin der Held nach unruhigen Träumen Gott für seine Zukunft dankt. Heuss deutete diesen Traum so um: »Ich weiß nicht, wann für uns als Volk einmal solch kühler Morgen kommen wird, da düstere Träume vorbei sind und wir knien, um Gott zu danken für unsere Zukunft. Wann dieser Morgen solcher Tage kommen wird, niemand ahnt es. Aber er wird kommen.«

Dieser pathetische Schluß ist der Anmahnung der seelischen Einkehr angemessen und entspricht der rednerischen Pflicht des *movere*. Heuss verlagert den Prozeß der Auseinandersetzung mit der Vergangenheit auf das *forum internum* der individuellen Selbstbesinnung und lädt diese zudem christlich auf. Dieser Prozeß nähert sich so einem christlich geprägten Erlösungsvorgang an, dessen Heilserwartung das geforderte Unterfangen adelt. Der zuvor geforderte aktive Beitrag allerdings wird durch die Metapher des überstandenen bösen Traumes relativiert.

Die Struktur des Geschichtsbewußtseins stimmt also in den beiden Reden »In memoriam« und »Um Deutschlands Zukunft« überein, wobei allerdings in der späteren Ansprache zum einen die Orientierung an der Zeitebene »Zukunft« überwiegt und zum anderen die genetische Sinnbildung vorherrscht. Auf diese Weise nähert sie sich einem wissenschaftlichen Vortrag an, der die Notwendigkeit einer historischen Orientierung angesichts der Krisenerfahrung thematisiert. Sie kann in seinen Augen im Weg der »Selbstreinigung« erst langsam wiederhergestellt werden. Dabei geht er über das Erinnerungspostulat hinaus und stellt der individuellen Selbstvergewisserung Maßnahmen zur gesellschaftlichen Selbstverständigung an die Seite.

Seinen Auftritt schätzte Heuss selbst sehr positiv ein. Zum einen war er sich der durch seinen Auftritt als süddeutscher Politiker in Berlin bedingten Sonderstellung durchaus bewußt, wenn er in einem Brief an Johannes R. Becher feststellte, »daß meine Fahrt in die alte, vertraute und nun so zerstörte Stadt fast etwas wie Symbolgehalt erhielt«.[168] Auch war er »froh darüber, dass [!] die menschliche Atmosphäre zwischen uns beiden von Anbeginn treu und warm gewesen ist«. Zum anderen war er mit der Resonanz auf seine Rede durchaus zufrieden, auch wenn ihm, sich im übrigen vom Kulturbund distanzierend (»Ihre Vereinigung«), der politische Dissens gegenwärtig blieb: »Der Vortragsabend im Kulturbund ist ja, wie ich glaube spüren zu dürfen, befriedigend verlaufen und ich würde froh sein, wenn auch der Nachhall ohne Mißklang blieb. Wenn nur das erreicht wurde, was Sie erwartet haben, als Sie mir Ihre Vereinigung als Tribüne angeboten haben.«

Über die Rede von Heuss im Berliner Funkhaus wurde in verschiedenen, zumeist Berliner Zeitungen berichtet, wobei vor allem die Aussagen von Heuss mehr oder weniger ausführlich und unkommentiert wiedergegeben wurden. Neben der Tatsache, daß er der erste süddeutsche Politiker war, der Berlin nach der Errichtung der Länder besuchte, wurde sein »Bekenntnis zur Einheit« hervorgehoben.[169] Dadurch erschien er als »Mittler zwischen Ost und West«.[170] Der Vortrag von Heuss war also in Berlin für die Interessierten durchaus ein Ereignis, wozu natürlich auch die Öffentlichkeitsarbeit des Kulturbunds wesentlich beitrug.

So wie er die Rede »Um Deutschlands Zukunft« am 18. März 1946 mit dem Schillerzitat über das Fortbestehen deutscher Größe begann, so hatte Heuss 27 Jahre vorher am 17. Januar 1919 seine in Stuttgart in einer Parteiversammlung der Deutschen Demokratischen Partei gehaltene Rede »Deutschlands Zukunft«[171] beendet.

Ohne hier die Redesituation, die Vorbereitungen und die Resonanz auf die Rede zu rekonstruieren, erscheint eine Betrachtung der damaligen Aussagen sinnvoll, um die 1946 vertretene Position noch schärfer hervortreten zu lassen.[172] Denn sowohl 1919 als auch 1946 empfand Heuss die historische Situation als tiefgehenden Einschnitt, ja als Bruch, an dem sich die Frage nach »Deutschlands Zukunft« grundlegend neu stellte. Obwohl sich in der Rückschau die Zäsur nach dem Ersten Weltkrieg im Vergleich zu der nach dem Zweiten Weltkrieg als weniger gravierend herausstellte, war das damalige Krisenerlebnis für die Zeitgenossen existentiell. »Die Erinnerung an jene Monate sind wahrhaft beklemmend«, notierte Heuss noch in seinen 1963 erschienenen »Erinnerungen«.[173] Bei der Betrachtung dieser Rede soll auch nicht die Auseinandersetzung von Heuss mit der brisanten aktuellen politischen Situation untersucht werden, die durch die Niederschlagung des Spartakusaufstands am 12. Januar und durch die am 19. Januar 1919 unmittelbar bevorstehenden Wahlen zur Nationalversammlung gekennzeichnet war. Vielmehr soll im Hinblick auf seine Rede von 1946 untersucht werden, wie sich die jeweiligen Situationswahrnehmungen und daraus entstehenden historischen Sinnbildungen zueinander verhielten.

Das Bewußtsein, eine historische Zäsur mitzuerleben, kennzeichnet beide Reden. »Das Gefühl der unendlichen Verantwortung dieser Zeit ist um uns. Wir sind zwischen Gestern und Morgen gestellt«, konstatiert Heuss 1919.[174] Entsprechend widmet er einer rückblickenden Bewertung des Gestern, dem Deutschen Kaiserreich von 1871, einen großen Teil seiner Ausführungen.

»Das alte Deutschland liegt hinter uns – wir wollen es nicht schmähen. Es war die Heimat unserer Väter, das Land der Arbeit, des Fleißes, der Beharrlichkeit. Wir werden auch später aus seinem mancherlei Erbe und seinen Tugenden Kraft ziehen.«

Diese positive Grundeinstellung gegenüber den persönlichen Bindungen, dem gesellschaftlichen und wirtschaftlichen Leben sowie den prägenden Mentalitäten schließt die Einsicht keineswegs aus, daß das Fortwirken der Tradition »zur Fessel des Werdenden sich wandelt«. In einer kritischen Bestandsaufnahme betont Heuss die fehlende liberale, ja revolutionäre Tradition in der deutschen Geschichte: »Bei uns wurde nie radikal gehandelt und darum auch nicht radikal gedacht«, stellt er in Abgrenzung von der französischen und englischen Entwicklung fest und weist auf den hier negativ akzentuierten Sonderweg Deutschlands hin: »Die deutschen ›Revolutionen‹ waren Proklamationen an die Zukunft, nicht mehr, Ansätze mit kurzem Atem, unter dem Druck der Vergangenheiten.«[175] Diese Denkfigur greift Heuss auch nach dem Zweiten Weltkrieg wieder auf, wobei er sie mentalitätsgeschichtlich erweitert und moralisch radikalisiert. Denn Heuss leitet in seiner Berliner Rede 1946 aus dieser fehlenden freiheitlichen Tradition eine antidemokratische Disposition der Deutschen ab, die er für die indirekt eingestandene »Schuld der Passivität« verantwortlich macht.

1919 konstatiert er, um einen modernen Begriff zu verwenden, »Modernisierungsdefizite« im Kaiserreich. Während sich Deutschland zu einem in die Weltwirtschaft eingebunden Industriestaat (»Gewerbestaat«[176]) gewandelt hatte, blieb die staatliche Verfassung vergangenheitsorientiert; sie bezog ihre »Autorität aus den Überlieferungen der Geschichte« und nicht »aus dem unmittelbaren Vertrauen des Volkes«.[177] Angesichts seines Plädoyers für einen starken Staat – (»Denn kein Staat [...] kann der Obrigkeit, des Befehlens und Gehorchens, entbehren, wenn er nicht zur Karikatur entarten will«) – richtet sich die Kritik von Heuss auf die fehlende demokratische Verankerung der Staatsgewalt. Daß die im gesellschaftlichen Leben entstandenen Formen der bürgerlichen Mitbestimmung und genossenschaftlichen Vereinigung sich nicht in das Feld der politischen Entscheidungen hinein auswirkten und das vergleichsweise demokratische Reichstagswahlrecht sich in der Regierungspolitik nicht niederschlug, war in seiner Sicht ein fataler Konstruktionsfehler der Verfassung und der politischen Ordnung von 1871: »Denn das Parlament, das aus dieser formalen Demokratie der Abstimmung emporstieg, war ohne Macht«. Dies zeigt sich auch in der Situation der Parteien, die von einer möglichen Regierungsverantwortung ausgeschlossen und mit »dem peinlichen Zusatz des Selbstzwecks« versehen waren: »Die Parteien sind nicht zum Regieren erzogen worden.«[178] Nicht nur die Verfassungsordnung des Kaiserreichs hat sich nach der Ansicht von Heuss überlebt, sondern auch die Autorität der Eliten. Insbesondere Wilhelm II. als monarchische Spitze des Kaiserreichs, als führender Repräsentant des Adels sowie als Kriegsherr im Ersten Weltkrieg hat gerade vor dem Hintergrund der »große[n] Hohenzollerntradition« versagt: »um die Person des Kaisers und die seines ältesten Sohnes wird sich eine royalistische Bewegung monarchistischer Restauration nicht sammeln.«[179] Insbesondere die militärische Verfassung kritisiert er heftig: »Was aber schlecht war, und

was wir als besonders deutsche Spielart des Militarismus anerken-
nen, war die staatsrechtlich unabhängige Stellung der militärischen
Leitung gegenüber der politischen Verantwortung.«[180] 1946 wirkt
die Auseinandersetzung von Heuss mit der militärischen, ja milita-
ristischen Tradition in Deutschland sehr viel schärfer. Nicht mehr
einzelne Repräsentanten, nicht mehr die der parlamentarischen
Kontrolle entzogenen Kommandogewalten diskreditierten nunmehr die, insbesondere preußische, Tradition, sondern diese selbst
hatte sich, wie oben dargestellt, um ihr Existenzrecht gebracht.

Die Kritik von Heuss am Kaiserreich, die sich durch die Hinfü-
gung weiterer Facetten noch weiter veranschaulichen ließe, kleidet
er 1919 in die fast lyrische Klage:»Die Töne brachen ab, die politische Melodie war unrein. Das war unser Schicksal«.[181] Sie richtet sich
also vornehmlich auf die fehlende demokratische Einbindung. Diese
hätte sich sowohl in einer Modernisierung der politischen Verfassung als auch in der Ausbildung einer in der Gesellschaft veranker-
ten politischen Kultur äußern müssen. 1946 hat aufgrund der anders
gelagerten historischen Situation das Kaiserreich nicht mehr die
aktuelle Bedeutung; es ist vielmehr Bestandteil der oben dargestell-
ten fehlenden demokratischen und freiheitlichen Tradition
Deutschlands insgesamt.

Schließlich ist für ihn die existentielle Verunsicherung der nationalen Identität, wie sich an der Ausdeutung des Schiller-Zitats in seinen beiden Reden zeigt, nach dem Zweiten Weltkrieg grundlegen-
der. Kann Heuss 1919 noch behaupten:»Deutsche Größe, das ist
Tapferkeit, Kraft, Geist, Treue, Glaube«,[182] so war diese Selbstge-
wißheit nach 1945 verflogen. Hebt er 1919 die visionäre Kraft von
Schillers Fragment hervor, der versucht habe,»seinem Glauben an
Deutschland in einem groß gesehenen Gedankenbild Ausdruck zu
geben«, betont er 1946 dessen Scheitern:»Schiller, ein Mann voll
Geschichte und Gesichtern, war dabei steckengeblieben, sich ein
Bild zu machen von dem, was Deutschlands Schicksal werden
würde.« Und weiter:»Er wollte deuten, was er erlebte. Es ist ihm
nicht gelungen. Das Gedicht ist Entwurf geblieben, Fragment,
Bruchstück. Fast symbolisch.«[183] Die Form der Überlieferung selbst
wird zum Indiz für die Gebrochenheit der Nationalgeschichte. Die
unmittelbare Nachkriegssituation ist für ihn einerseits durch die
Erleichterung über die Befreiung vom Nationalsozialismus[184] und
andererseits durch die grundlegende Infragestellung der nationalen
Tradition gekennzeichnet.

In seinem ebenfalls 1946 gehaltenen Vortrag »Die deutsche Nationalidee im Wandel der Geschichte« setzte Heuss weder bei der politischen Geschichte noch beim Reichsgedanken an, sondern ließ seine »geschichtliche Besinnung« im 18. Jahrhundert beginnen, »da die Völker sozusagen zu sich selber kommen, mit politischen Ansprüchen kraft neu gesetzten Rechtes, da die Nationen sich melden, indem sie den Kampf gegen die Legitimitäten der Geschichte aufnehmen«.[185] Nachdem er die geschichtliche Entwicklung Deutschlands seit dem 18. Jahrhundert im einzelnen Revue passieren ließ, fragte Heuss: »Gibt es denn überhaupt eine Stelle, da in dieser Verlorenheit und Verlassenheit des deutschen Menschen ein neues Nationalgefühl sich finden und bilden könnte?«[186] Da weder die »preußische Tradition« noch die »Habsburgische Sendung, weder die »Wirtschaftswirkung der deutschen Arbeit« noch die »internationale Solidarität des Proletariats« und nur »sehr begrenzt« die »Freiheit der inneren Gestaltung« Anknüpfungspunkte boten, blieb in den Augen von Heuss nur die Rückkehr zur durch Antike und Christentum bestimmten abendländischen Tradition: »Beide sind eingeborene Elemente unseres nationalen Werdens und Seins gewesen und geblieben«. Damit gestand Heuss ein, daß dies »noch nicht ein neues Nationalgefühl der Deutschen« sei, aber der »Boden, auf dem es wachsen kann«.[187] Erschien also die übernationale Tradition des Abendlands angesichts der zerstörten Nationalidee als Gegenbild, so war die Revolution von 1848 das andere.

Dieses Ereignis war für Heuss mehr als ein historisches Beispiel oder ein rhetorisches Argument, sondern ein zentrales Element seines politischen Denkens.[188] Schon nach dem Ersten Weltkrieg forderte er in seiner Rede »Deutschlands Zukunft«,

»das Jahr 48 neu zu sehen und zu begreifen, daß es eines der größten Ereignisse der deutschen Staats- und Seelengeschichte ist, da das deutsche Volk, aus eigenem Recht, den Versuch machte, die Fürstenkläglichkeit des gelähmten deutschen Bundes durch einen würdigen deutschen Nationalstaat zu überwinden.«[189]

Die demokratische Komponente mit dem Prinzip der Volkssouveränität (»das deutsche Volk, aus eigenem Recht«) tritt im Denken von Heuss gegenüber der nationalen zurück, der staatsrechtliche Aspekt wird durch den geistes- oder besser: mentalitätsgeschichtlichen (»Seelengeschichte«) ergänzt. Heuss fordert 1919, daß die politische Perspektive »über Bismarck zum Jahr 1848« zurückreichen und das Ziel der liberalen Nationalbewegung des 19. Jahrhunderts nun ver-

wirklicht werden müsse: »Wenn wir heute staatsrechtlich neu denken sollen, so nehmen wir den Verfassungsentwurf des Jahres 49 aus
der Schublade und buchstabieren dort weiter, wo unsere Großväter
aufgehört haben«,[190] behauptet er in seiner Rede und entwickelt
detaillierte Vorstellungen über die künftige politische Ordnung
Deutschlands. Das Ziel ist eine auf föderalistischen Grundsätzen
beruhende parlamentarische Demokratie, die die bürgerlichen Frei-
heitsrechte verbürgen, einen großdeutschen Zusammenschluß
ermöglichen und eine machtvolle Selbstdarstellung eröffnen sollte.[191] Leitsatzartig durchzieht diese Position die ganze Rede:
»Deutschland wird also Bundesstaat sein und die deutschen Glieder
wollen darin die Gewähr ihres kulturellen Eigenlebens besitzen, in
der Ablehnung eines deutschen Typus«; »Bismarcks Reich ist tot und
Großdeutschland ist allen zur gemeinsamen Aufgabe gestellt«; »Der
Gewaltenaufbau im neuen Reich wird demokratisch sein«; »Wir werden in Deutschland zum Parlamentarismus kommen müssen«; »Das
neue Deutschland wird nicht konservativ sein«; »Das neue Deutschland wird nicht militaristisch sein«; »Das neue Deutschland wird
nicht sozialistisch sein«.[192]

Jenseits dieses grundsätzlichen politischen Standpunktes und
jenseits der z. T. sehr detaillierten Vorschläge, die er in der Rückschau
z. T. selbst mit ironischer Distanz betrachtete,[193] besteht die entscheidende Zukunftsperspektive für Heuss nach dem Ersten Weltkrieg in der »Erneuerung des nationalen Gedankens, der nationalen
Würde«. Zwar räumt er ein, daß der »nationalistische Geist in
Deutschland eine so furchtbare Katastrophe erlitten hat«, beharrt
allerdings darauf, daß eine »Verschmelzung mit der Demokratie«
den Fortbestand der nationalen Orientierung gewährleiste:

>»Denn der deutsche Nationalgedanke ist nicht mit Brutalität und
>Herrscherwillen durchsetzt, sondern findet seine Ziele und Gren-
>zen im Geistigen. Das Volk will leben, schaffen, wachsen können,
>als nationale Gemeinschaft, und verlangt von seiner politischen
>Führung, daß ihm dies gesichert bleibe – seine eigenen Werte gei-
>stiger, religiöser, kultureller Art, in denen der Reichtum der natio-
>nalen Begabung sich ausdrückt, prägt es, ohne in nationalisti-
>scher Hochspannung sein eigentliches Wesen zu verzerren.«[194]

Die emphatische Beschwörung eines »demokratischen Nationalismus«, die sich im Duktus seiner Formulierungen widerspiegelt, und
die Stilisierung der Nation zum Subjekt der Geschichte, die in der
Personifizierung des Volkes zum Ausdruck kommt, offenbaren die

fundamentale Bedeutung der Nation im politischen Bewußtsein von Theodor Heuss. Die wiederholte Berufung auf das Geistige (»Wir müssen uns, um aufrecht zu bleiben, in das Geistige retten«[195]) ist nicht nur ein Reflex auf die krisenhafte Erschütterung der Revolutionszeit, sondern zeigt den spezifischen Zuschnitt seines Nationenbegriffes, der in der liberalen Tradition des Vormärz ebenso wurzelte wie in der aus dem 18. Jahrhundert stammenden Vorstellung einer Kulturnation.

In diese Tradition versucht Heuss, in eine rhetorische Frage gekleidet, die Revolution einzuordnen, ja er erhofft sich durch sie eine Erneuerung:

> »Soll die Revolution, heute noch für unser Begreifen des Geistes völlig bar, Militärsabotage des Krieges, unwürdige Kopie russischer Vorlagen, nicht auch einmal vor der Geschichte, trotz allem Häßlichen und Kleinen, ihre Weihe erhalten, wie die britische, wie die französische: daß sie wie jene Mutter eines neuen, vom Volke getragenen Nationalgefühls werde, innerlicher als das, was früher von Kriegsruhm und Wirtschaftsreichtum seine Prägung erfahren hatte?«[196]

In der geistig-seelischen Erneuerung, in der Überwindung eines übersteigerten aggressiven Nationalismus zugunsten eines demokratisch geläuterten, erblickt Heuss in der revolutionären Situation nach dem Ersten Weltkrieg die Chance eines politischen Neuanfangs.

1946 ist die Situation ganz anders.[197] Da es ein staatsrechtliches Gebilde namens Deutschland nur noch als gemeinsamen Orientierungspunkt alliierter Zonenpolitik und Fluchtpunkt einer zu entwickelnden Nachkriegsordnung gibt und da alle großdeutschen Träume endgültig ausgeträumt sind, eignet sich die Revolution von 1848 für Heuss nicht mehr als direkte politische oder gar verfassungsrechtliche Handlungsanleitung, aber sie bleibt, vor allem im Hinblick auf die Grundrechtsdiskussion, als Vorbild verbindlich.[198] Die Revolution von 1848 kann nach dem Zweiten Weltkrieg also nicht mehr als Blaupause für einen neuen Staatsaufbau dienen, ist aber angesichts der »moralischen Katastrophe« des Nationalsozialismus Symbol der freiheitlichen Tradition Deutschlands, mithin Inbegriff des anderen, des guten Deutschland.[199]

Heuss hatte bereits in seiner Rede »In memoriam« angekündigt, des 100jährigen Jubiläums der Revolution von 1848 zu gedenken. Bei verschiedenen Gelegenheiten,[200] würdigte er das Ereignis, ins-

besondere in einer eigenen Schrift, die 1948 unter dem Titel »1848
– Werk und Erbe« erschien.[201] In ihr stellte er nicht nur die damaligen Ereignisse (»Werk«) dar, sondern reflektierte die Relevanz der
Vergangenheit für die gegenwärtige Situation (»Erbe«). Angesichts
der Zerstörung des staatlichen Gebildes Deutschland in »ein Aggre-
gat, ein Nebeneinander von Zonen fremder Militärmächte« forderte
er, daß »unser Volk die Gedanken um hundert Jahre zurücksenden
soll auf jenen großen und dann doch mißglückten Versuch, politisches Volk der eigenen Würde und Verantwortung zu werden«.[202]
Was sich für ihn aus der Vergegenwärtigung des geschichtlichen
Ereignisses als »Kernstück des Auftrags« herausschälte, war der »Wille zur demokratischen Selbstgestaltung der Nation, die in die einheitliche Vertretung die freie Verantwortung ihrer besten Männer
und Frauen entsendet«.[203]

Das Schlußkapitel »Das Erbe« enthielt in den späteren Auflagen
einen bis zu den Verfassungsberatungen des parlamentarischen Rates heraufgeführten historischen Rückblick, in dem der Nationalsozialismus dann als »Zwischenstück deutscher Geschichte«, als
»Geschichtsexperiment« und Hitlers Politik als »Aufstand gegen die
deutsche Geschichte« bezeichnet wurde.[204] Dadurch verschob
Heuss nicht nur gegenüber der ersten Auflage der Schrift, sondern
auch gegenüber den frühen Reden, in der dieser Gedanke schon enthalten war, die Gewichte: Der Nationalsozialismus geriet zusehends
zur Ausnahmeerscheinung in einer durchgehenden demokratischen
Tradition der deutschen Geschichte.

Daran wird eine grundlegende Inkonsistenz der Geschichtsdeutung von Heuss deutlich. Einerseits behauptet er die durchgehende
demokratische Tradition, die sich gegen den Nationalsozialismus
aufwiegen läßt; andererseits räumt er ein, daß die Erfolgslosigkeit der
demokratischen Revolutionen mentalitätsgeschichtliche Voraussetzungen für die Etablierung der nationalsozialistischen Herrschaft
geschaffen hätten, was allerdings die durchgängige Kontinuität
demokratischer Traditionen in Frage stellt.

Mit seiner Deutung der Revolution 1848 reihte sich Heuss 1948
in die lebhafte öffentliche Diskussion über dieses historische Ereignis ein, die deutliche Interpretationsunterschiede zwischen West
und Ost offenbarte.[205] Während die SED die damalige Bewegung zur
Vorgeschichte der eigenen antifaschistischen Gesinnung stilisier-
te,[206] trafen sich die westlichen Politiker im Bekenntnis zur freiheitlichen Demokratie: »Der Basiskonsens der westlichen Demokraten

stellte sich über die Dimensionen Verfassungsstaat und Parlamentarismus her – sie bildeten die beiden Pfeiler der Brücke, die die entstehende Bundesrepublik mit der Paulskirche verbinden sollte«.[207] Heuss zielte dabei nicht nur auf die äußere Seite des technischen Funktionierens einer demokratischen Ordnung, sondern auch auf die innere der mentalen Verankerung einer als »Fairneß« bezeichneten demokratischen Gesinnung.

3. Die rhetorische Auseinandersetzung mit dem Nationalsozialismus bei Konrad Adenauer und Kurt Schumacher zum Vergleich

Ob Heuss bei der Vergangenheitsdeutung tatsächlich eine Sonderstellung einnahm, ob er, wie von seiten des Kulturbunds behauptet worden war, »in den bisher von ihm gehaltenen Reden viel weiter ging als irgend einer der bekannten deutschen bürgerlichen Intellektuellen«, läßt sich stichprobenartig durch einen Vergleich mit Reden von Konrad Adenauer und Kurt Schumacher überprüfen. Knapp eine Woche nach der Berliner Rede von Heuss hielt Konrad Adenauer am 24. März 1946 in der Aula der Kölner Universität eine Grundsatzrede, die als sein »erster großer Beitrag zum Verhältnis von deutscher Vergangenheit und Gegenwart«, mithin als Schlüsseldokument für seine politischen Positionen in der unmittelbaren Nachkriegszeit gelten kann.[208] Konrad Adenauer, der ähnlich wie Heuss die Zeit des Nationalsozialismus in Deutschland zurückgezogen, wenngleich nicht unbeschadet von Verfolgung und Verhaftungen, überstanden hatte,[209] war seit Anfang März Vorsitzender der CDU in der britischen Zone und sprach in Köln als Parteipolitiker. Während Heuss in Berlin als »bürgerlicher Intellektueller« und weniger als amtierender Kultminister von Württemberg-Baden grundsätzlich über »Deutschland – Schicksal und Aufgabe« reflektierte, also sich in seinen Ausführungen der Form eines wissenschaftlichen Vortrags annäherte, nutzte Adenauer seinen Auftritt einerseits zu einer Darstellung der politischen Ziele der CDU und andererseits zu einer Auseinandersetzung mit der Programmatik der SPD, insbesondere mit Kurt Schumacher. Er hielt insofern eine klassische deliberative Streitrede.[210] Weil er dabei immer wieder auf den Nationalsozialismus einging, bieten sich seine Aussagen zum Vergleich an. Es zeigt sich aber auch, daß die Entfaltung politischer Zielvorstellungen in der unmittelbaren Nachkriegszeit nicht ohne Rückbezug auf das Erbe des Nationalsozialismus, ja nur als Kontrastprogramm möglich erschien.

Nach der Einleitung widmet Adenauer den ersten Teil seiner Rede
dem historischen Rückblick und fragt nach den Ursachen des Nationalsozialismus, bevor er im folgenden eine allgemeine »Übersicht
über politische Fragen« gibt, insbesondere das Selbstverständnis und
die Zielvorstellungen der neu entstandenen CDU darlegt und sich
mit den Vorstellungen der SPD und ihres Vorsitzenden Kurt Schumacher auseinandersetzt.[211]

»Wie war es möglich, daß das Aufleben deutschen Geistes so kurz
war? Wie ist es möglich, daß die nach 1918 entstandene Deutsche Republik nur 15 Jahre Bestand hatte, wie war es möglich,
daß das Bismarcksche Reich, 1871 gegründet, bald schon der
mächtigste Staat der Welt, bereits 1918, nach 47 Jahren, zusam-
menbrach, ein Reich, das so stark und fest schien wie kaum ein
anderes europäisches Land jener Zeit! Wie war das nationalsozialistische Reich, zuerst von vielen Harmlosen mit Jubel begrüßt, dann wegen seiner abgrundtiefen Gemeinheit und Nie-
dertracht von vielen, sehr vielen Deutschen zwar gefürchtet, aber
auch verachtet und verflucht, wie war das im deutschen Volke
möglich?«[212]

Diese sich weiter fortsetzende Kaskade von Fragen deutet nicht nur
darauf hin, wie bedrängend Adenauer selbst solche Gedanken empfand, sondern zeigt auch seine historische Perspektive, die die »Geschichte Deutschlands seit mehr denn hundert Jahren« umfaßt. Die
Entstehung des Nationalsozialismus leitet er also weniger aus der
Auflösung der Weimarer Republik ab, sondern aus umfassenden
säkularen Tendenzen, namentlich der »falschen Auffassung vom
Staat« und der »materialistischen Weltanschauung«.

In jener Hinsicht wirft Adenauer dem deutschen Volk vor, es habe
»den Staat zum Götzen gemacht und auf den Altar erhoben. Die Einzelperson, ihre Würde und ihren Wert hat es diesem Götzen geopfert«. Diese »Überzeugung von der Staatsomnipotenz« sei »in zwei
Schüben in Deutschland zur Herrschaft gelangt«[213] und habe
zunächst nach den Freiheitskriegen und dann nach der Reichsgründung die Integrität des Individuums in Frage gestellt. Adenauer ver-
ortet den Nationalsozialismus dabei als Station auf einem unheil-
vollen, durch den preußischen Militarismus verursachten deutschen
Sonderweg:

»So wurde der Militarismus zum beherrschenden Faktor im Denken und Fühlen breitester Volksschichten. Nach der Gründung
des Kaiserreichs unter preußischer Vorherrschaft wandelte sich

der Staat aus seinem ursprünglich lebendig gefügten Wesen mehr und mehr in eine souveräne Maschine.«[214] Einerseits ist seine Ablehnung des preußischen Militarismus, die er wiederholt artikuliert,[215] prinzipiell, ja er geht sogar soweit, in seiner hier an eine Verschwörungstheorie erinnernden Argumentation zu behaupten: »Die Erfinder des Nationalsozialismus waren militärische Kreise, waren hohe Militärs«, die Hitler als »namenlosen Soldaten an die Spitze« stellten und ihn als Instrument benutzten, »um dem Instinkt breiter Massen entgegenzukommen«.[216] Andererseits stellt Adenauer der abschreckenden Vorstellung einer entindividualisierten Staatsmaschinerie das verlorengegangene Idealbild eines organologisch gedachten Gemeinwesens gegenüber. Die hier zum Ausdruck kommende Skepsis gegen den modernen Interventionsstaat, der in immer mehr Lebensbereiche regulierend und vereinheitlichend eingreift, läßt den Nationalsozialismus in Adenauers Sichtweise als Irrweg der Moderne erscheinen. Noch deutlicher formulierte er im Dezember in einem Brief, »daß der Nationalsozialismus nichts anderes wie eine konsequente Weiterentwicklung des preußischen Staatsgedankens ist«.[217]

Verstärkt wird dies in seinen Augen durch die sozial- und wirtschaftsgeschichtliche Entwicklung des 19. Jahrhunderts; insbesondere die

»schnell zunehmende Industrialisierung, die Zusammenballung großer Menschenmassen in den Städten und die damit verbundene Entwurzelung der Menschen machten den Weg frei für das verheerende Umsichgreifen der materialistischen Weltanschauung im deutschen Volk. Die materialistische Weltanschauung hat zwangsläufig zu einer weiteren Überhöhung des Staats- und Machtbegriffs, zur Minderbewertung der ethischen Werte und der Würde des einzelnen Menschen geführt.«[218]

Der im Zuge des wirtschaftlichen und sozialen Wandels sich vollziehende Wertewandel ist der entscheidende Kritikpunkt Adenauers, der mit der Überbewertung des Staates zwar in untrennbarer Verbindung steht, diesen aber erst zur moralischen Katastrophe macht. Sowohl der Marxismus als auch der Nationalsozialismus erscheinen Adenauer als Spielarten des Materialismus, die die im Christentum wurzelnden überkommenen Werthaltungen auflösen. Insofern ist der Nationalsozialismus für ihn »nichts anderes als eine ins Verbrecherische getriebene Konsequenz der sich aus der materialistischen Weltanschauung ergebenden Anbetung der

Macht und Mißachtung, ja Verachtung des Wertes des Einzelmenschen«.[219]

Adenauer betont die negativ bewerteten Kontinuitäten in der geistesgeschichtlichen Entwicklung des 19. Jahrhunderts und isoliert den Nationalsozialismus nicht als Betriebsunfall oder Ausnahmefall, sondern sieht ihn als Folge der historischen Entwicklung Deutschlands an:

> »In einem Volk, das so erst durch die preußische überspitzte und übertriebene Auffassung vom Staat, seinem Wesen, seiner Macht, den ihm geschuldeten unbedingten Gehorsam, dann durch die materialistische Weltanschauung geistig und seelisch vorbereitet war, konnte sich, begünstigt durch die schlechte materielle Lage weiter Volkskreise, verhältnismäßig schnell eine Lehre durchsetzen, die nur den totalen Staat und die willenlos geführte Masse kannte, eine Lehre, nach der die eigene Rasse die Herrenrasse und das eigenen Volk das Herrenvolk ist und die anderen Völker minderwertig, zum Teil vernichtungswürdig sind, nach der aber auch in der eigenen Rasse und im eigenen Volk der politische Gegner um jeden Preis vernichtet werden muß.«[220]

Nur dort, so Adenauers Argumentation, wo die Religion noch tief verankert gewesen sei und der Sozialismus wenige Anhänger gefunden habe, sei es für die Nationalsozialisten schwer gewesen, sich durchzusetzen. Deshalb lautet seine oberste politische Maxime: »Wir wollen die Grundsätze des christlichen Naturrechts wiederherstellen.« Nur auf dieser Grundlage sieht er die Chance eines Neuanfangs, nämlich »daß man schon die tiefsten Kräfte, die in jedes Menschen Seele schlummern, erwecken muß: das sind die religiösen, um es wieder der Gesundung entgegenzuführen«.[221]

Bei Adenauer erscheint der Nationalsozialismus also als ein End- und Tiefpunkt des durch den preußischen Militarismus geprägten und sich in einer Auflösung christlicher Werte manifestierenden Irrwegs der Moderne im allgemeinen und Sonderwegs der deutschen Geschichte seit Beginn des 19. Jahrhunderts im besonderen. Gerade weil aber diese in seiner Sicht so fatale Denkungsart so tief im Volk wurzelte, weil der Nationalsozialismus ein »in breiten Schichten der Bevölkerung vorbereitetes Land für seine Giftsaat gefunden« habe,[222] stellt sich die Schuldfrage verschärft und erscheint der Neubeginn so schwierig. Auch wenn er eine Kollektivschuld der Deutschen verneint, ist er in dieser Rede doch weit entfernt davon, eine verbrecherische Clique um Hitler allein verantwortlich zu machen.

Einerseits stellt er klar: »Ich verlange kein Schuldbekenntnis des gesamten deutschen Volkes«; andererseits fügt er sogleich einschränkend hinzu: »obgleich viele Deutsche eine sehr schwere, viele eine Schuld trifft, die zwar minder schwer ist, aber doch Schuld bleibt«. So fordert er zwar »Strafe für den, der Schuld hat«, was aufgrund der vorherigen Aussage nicht unerhebliche Kreise der Bevölkerung betreffen würde, greift dann aber doch zur Entlastung auf die Verführungsthese zurück und fordert »Belehrung und Aufklärung für die weiten Kreise unseres Volkes, die ohne eigene Schuld planmäßig irregeleitet worden sind«.[223]

Diese Position vertrat Adenauer als Kölner Oberbürgermeister in seiner Ansprache vor der von der britischen Militärregierung ernannten Stadtverordneten-Versammlung am 1. Oktober 1945. Er rief nach einer eindringlichen Schilderung der katastrophalen Situation in Köln aus:

»Schuld an diesem namenlosen Jammer, an diesem unbeschreiblichen Elend sind jene Fluchwürdigen, die in dem unseligen Jahre 1933 zur Macht kamen, jene, die den deutschen Namen vor der ganzen zivilisierten Welt mit Schmach bedeckt und geschändet haben, unser Reich zerstörten, die unser verführtes und gelähmtes Volk, als ihr eigener, mehr als verdienter Untergang gewiß war, planmäßig und bewußt in das tiefste Elend gestürzt haben.«[224]

Sich an die Stadtverordneten wendend, fügte er hinzu: »Wir, Sie und ich, sind nicht die Schuldigen an diesem Elend.« Nicht nur die von der britischen Besatzungsmacht nach politischer Zuverlässigkeit und Gegnerschaft zum Nationalsozialismus ausgewählten Stadtverordneten und nicht nur Adenauer selbst, sondern auch alle Deutschen außer den machthabenden Nationalsozialisten erscheinen in dieser Formulierung als unschuldig. Mochte bei dieser Exkulpation die Redesituation vor dem Kölner Kommandanten der britischen Militärregierung eine Rolle spielen, zeigt sich daran doch, wie Adenauer in seiner rhetorischen Auseinandersetzung mit dem Nationalsozialismus zwischen den Polen Schuldakzeptanz und Schuldabwehr oszillierte.[225]

In einem privaten Brief vom Februar 1946, also einen Monat vor seiner Kölner Rede, wurde Adenauer noch deutlicher, wenn er schonungslos die seiner Meinung nach Schuldigen benannte:

»Nach meiner Meinung trägt das deutsche Volk und tragen auch die Bischöfe und der Klerus eine große Schuld an den Vorgängen in den Konzentrationslagern. Richtig ist, daß nachher vielleicht nicht viel mehr zu machen war. Die Schuld liegt früher. Das deutsche Volk, auch Bischöfe und Klerus zum großen Teil sind auf die nationalsozialistische Agitation eingegangen. Es hat sich widerstandslos, ja zum Teil mit Begeisterung [...] gleichschalten lassen. Darin liegt seine Schuld.«[226]

Diese Position, die den Deutschen in den Begriffen von Karl Jaspers politische und moralische Schuld zuwies, führte Adenauer noch näher aus, indem er vehement mit der Schutzbehauptung, nichts gewußt zu haben, abrechnete:

»Im übrigen hat man aber auch gewußt – wenn man auch die Vorgänge in den Lagern nicht in ihrem ganzen Ausmaß gekannt hat –, daß die persönliche Freiheit, alle Rechtsgrundsätze, mit Füßen getreten wurden, daß in den Konzentrationslagern große Grausamkeiten verübt wurden, daß die Gestapo, unsere SS und zum Teil auch unsere Truppen in Polen und Rußland mit beispiellosen Grausamkeiten gegen die Zivilbevölkerung vorgingen. Die Judenpogrome 1933 und 1938 geschahen in aller Öffentlichkeit. Die Geiselmorde in Frankreich wurden von uns offiziell bekanntgegeben. Man soll also wirklich nicht behaupten, daß die Öffentlichkeit nicht gewußt habe, daß die nationalsozialistische Regierung und die Heeresleitung ständig aus Grundsatz gegen das Naturrecht, gegen die Haager Konvention und gegen die einfachsten Gebote der Menschlichkeit verstießen.«[227]

Vergleicht man diese deutlichen Worten in einem privaten Brief mit den Formulierungen der Rede, fällt die Abschwächung in der öffentlichen Stellungnahme auf, wofür Adenauer im selben Brief auch einen Grund angab. Weil der Widerstand, insbesondere von seiten des Klerus, ausgeblieben sei – »darum schweigt man am besten«.

Gleichzeitig tritt in der Kölner Rede für ihn die grundsätzliche Infragestellung der nationalen Identität, die die Erfahrung des Nationalsozialismus auch für Adenauer bedeutete, angesichts des Verhaltens vieler Deutscher in der aktuellen Situation zurück. Der nationale Stolz ist für ihn gleichsam ein mentaler Rettungsanker; er bekennt: »Ich habe mich seit 1933 oft geschämt, ein Deutscher zu sein«, und fügt hinzu: »Aber jetzt bin ich wieder stolz darauf, ein Deutscher zu sein. Ich bin so stolz darauf wie ich es nie zuvor, auch nicht vor 1933 und nicht vor 1914 gewesen bin.«[228] Dieses Lob diente auch der *captatio benevolentiae*, da in Adenauers Briefen das zwiespältige Verhältnis zu seinen Landsleuten sehr deutlich wird. So befürchtete er im August 1945, daß die Deutschen für radikale Parolen anfällig seien: »Leider sind ganz große Teile des deutschen Volkes so urteilslos, daß sie die wahren Gründe all des Elends, das der kommende Winter über sie bringen wird, auch jetzt noch nicht klar erkennen, sondern einfach die Lage des vorigen Winters mit der jetzigen vergleichen.«[229] Im Dezember 1946 war seine Sicht allerdings schon positiver:

> »Daß nach 12 Jahren Nationalsozialismus, einem solchen Krieg und all der Not, die seit dem Zusammenbruch über das deutsche Volk hereingebrochen ist, die Mehrheit des deutschen Volkes sich nicht radikalen Parteien zugewendet hat, spricht sehr stark für die guten Eigenschaften, die im deutschen Volke doch noch vorhanden sind.«[230]

Vergleicht man die Aussagen von Heuss und Adenauer miteinander, fällt bei beiden das Oszillieren zwischen Schuldanerkenntnis und Schuldabwehr als Signum der rhetorischen Auseinandersetzung mit dem Nationalsozialismus auf. Dabei ist allerdings die unterschiedliche Perspektive bedeutsam. Während Adenauer die Trennung zum deutschen Volk herausstellte und kein persönliches Schuldbekenntnis ablegte (»Ich verlange kein Schuldbekenntnis des gesamten deutschen Volkes«[231]), bezog Heuss die Schuldfrage auch auf sich (»Wir sind alle in dieser Zeit und durch diese Zeit schmutzig geworden.«[232]). Dies zeigt, daß jener den Nationalsozialismus als Ergebnis eines politisch-moralischen Verfallsprozesses betrachtete, dem er sich persönlich verweigert hatte, während dieser stärker die mentalitätsprägenden Wirkungen der historischen Entwicklung betonte, denen auch er sich nur bedingt entziehen konnte. Gemeinsam ist beiden die Vorstellung eines negativ bewerteten deutschen Sonderwegs, dessen Ursachen sie jedoch entsprechend ihrer politischen Grundüberzeugungen in ganz unterschiedlichen Bereichen erblickten. Geißelte Adenauer den Verlust christlicher Werte (»Deutschland ist eines der religionslosesten und unchristlichsten Völker Europas«[233]), beklagte Heuss das Fehlen einer freiheitlichen Tradition (»Wir haben in Deutschland nie das erlebt, was man als elementaren Liberalismus [...] ansehen könnte«[234]). Auch steht der grundsätzlichen Ablehnung des preußischen Militarismus durch Adenauer die differenzierte Bewertung der Wehrmacht durch Heuss entgegen, deren positive Tradition er vor dem Hintergrund ihres definitiven Versagens noch zu retten versuchte. Dementsprechend unterscheiden sich bei beiden die Therapievorschläge. Heuss hatte einen langwierigen seelischen Reinigungsprozeß im Auge, an dessen offenem Ende eine Erneuerung eines demokratischen Nationalbewußtseins stehen sollte, während Adenauer eine Umerziehung auf christlicher Grundlage für notwendig hielt. Dementsprechend hatte das Ziel einer Erneuerung des Nationalbewußtseins bei Heuss eine grundlegendere Bedeutung.

Adenauers Vergangenheitsdeutung führte ihn zur politischen Konsequenz, Deutschland fest in den Westen einzubinden.[235] Gleichwohl reflektierte er, wie sich an der Kölner Rede gezeigt hat, über die Ursachen des Nationalsozialismus, erörterte die Schuldfrage und mahnte eine Erneuerung christlicher Werte an. In einem Brief wurde er sogar noch deutlicher:

> »Ihre Annahme, daß für mich die Entnazisierung [!] mit der Verfolgung der Hauptschuldigen abgeschlossen habe [!], ist irrig. Die Befreiung des deutschen Geistes von den Grundanschauungen, aus denen auch der Nationalsozialismus erwachsen ist, scheint mir als die Hauptsache.«[236]

Da es Adenauer als Folge seiner Erfahrung mit dem Nationalsozialismus vor allem auf die Erneuerung christlicher Werte und eine klare Politik der Westorientierung ankam, mußte er zur Begründung seiner Politik diesen Zusammenhang immer wieder öffentlich artikulieren, so daß im Hinblick auf seine rhetorische Auseinandersetzung mit dem Nationalsozialismus in der unmittelbaren Nachkriegszeit von einem »Totschweigen und Vergessen der dunklen Vergangenheit« nicht die Rede sein kann.[237]

Auch Kurt Schumacher, der Führer der Sozialdemokraten, machte in der unmittelbaren Nachkriegszeit den Nationalsozialismus zum Thema seiner Reden. Da er bereits in der Endphase der Weimarer Republik offensiv gegen die NSDAP aufgetreten und da er nach 1933 lange Jahre im KZ eingesperrt war, unterschied sich seine biographische Erfahrung wesentlich von der Adenauers oder der von Heuss.[238] Da er schnell zum führenden Repräsentanten der Sozialdemokratie aufstieg, eignet sich eine Analyse seiner in Reden vorgetragenen Vergangenheitsdeutung dazu, um die Konturen der rhetorischen Auseinandersetzung von Theodor Heuss mit dem Nationalsozialismus zu schärfen. Bei der Eröffnung des ersten Nachkriegsparteitages der SPD ein Jahr nach Kriegsende am 9. Mai 1946 sprach Schumacher zur »Ehrung der Opfer des Faschismus«.[239] Von der Ausführlichkeit wie von der situativen Einbindung her ist diese Ansprache allerdings nicht mit der paradigmatischen Gedenkrede

»In memoriam« von Theodor Heuss zu vergleichen. Aufgrund des parteipolitischen Zuschnitts der Versammlung konzentrierte sich das Gedenken auf die toten Gesinnungsgenossen und verzichtete auf grundsätzliche Ausführungen. Außer der Charakterisierung des von ihm als »deutsche[r] Faschismus« bezeichneten Nationalsozialismus als verbrecherische Bewegung (»Er gründete seine Herrschaft über das eigene Volk auf Mord«) und außer dem Bekenntnis zur Freiheit und zur persönlichen Würde (»Die Persönlichkeit zählt, nicht der Rang«) als ethische Leitlinien der Sozialdemokratie erschöpft sich diese Ansprache im Totengedenken und in der pathetischen Beschwörung des fortwirkenden Erbes der Opfer des Faschismus: »Ihr Vermächtnis und unsere Pflicht ist Kampf. Kampf und Arbeit. Kampf und Arbeit, damit die unsterblichen Ideen der Freiheit, der Menschenwürde, der Gerechtigkeit und des Friedens Wirklichkeit werden.« Diese kurze Gedenkrede diente damit eher der innerparteilichen Selbstvergewisserung, die in der Totenehrung sich den eigenen politischen Auftrag vor Augen führte. Das Hauptreferat Schumachers »Aufgaben und Ziele der deutschen Sozialdemokratie«, das vom programmatischen Gehalt und der öffentlichen Wirkungsabsicht mit Adenauers Kölner Rede durchaus vergleichbar ist, enthält aber, was die Vergangenheitsdeutung betrifft, weniger ergiebige Aussagen.[240]

Als Vergleichstext bietet sich daher eine Rede an, die Schumacher am 6. Mai 1945 in Hannover vor sozialdemokratischen Funktionären in Hannover hielt.[241] Zwar steht sein Grundsatzreferat unter dem unmittelbaren Eindruck des Kriegsendes, kann aber ähnlich wie Adenauers Rede in der Universität Köln als Schlüsseldokument für seine politischen Anschauungen gelten, »in dem alle wichtigen Themen seines politischen Wirkens in der ›Neubauphase‹ 1945/46 bereits angeschnitten wurden«.[242]

Schumacher versteht seine Rede als undogmatische, aber vom Marxismus inspirierte Situationsanalyse, die auf einer Deutung des Nationalsozialismus beruht, die in die Geschichte des 19. Jahrhunderts zurückgreift: »Wir erkennen vielmehr, daß der Nazismus seine schon länger bestehenden und wirkenden ökonomischen und sozialen Voraussetzungen und eine längere, wenn auch vielartig schillernde Ideengeschichte hat.«[243] Wenn er als Ausgangspunkt seiner Analyse den Imperialismus wählt und den »Beginn dieser verhängnisvollen geschichtlichen Entwicklung« auf die Zeit um 1878 datiert (»mit dem Einsetzen der Politik der Hochschutzzölle«),[244] wird Schumachers Sichtweise deutlich, den Gang der Geschichte wesentlich auf ökonomische Prozesse zurückzuführen. Das »Bündnis der Schwer- und Rüstungsindustrie und überhaupt des gesamten modernen Finanzkapitals mit den Kräften des preußischen Militarismus« ist für ihn die Grundlage einer im Inneren »gegen die Interessen der Arbeiter und ihre politischen und sozialen Ideen« gerichteten und nach außen auf aggressive Expansion abzielenden Politik, die sich zu ihrer ideologischen Rechtfertigung des Nationalismus und Antisemitismus bediente.

Wenngleich er einräumt, daß der Imperialismus ein internationales Phänomen gewesen sei, betont er doch die spezifisch deutsche Ausprägung:

> »Das deutsche Volk war schon beim Beginn der Auseinandersetzung mit diesen Ideen in weiten Kreisen geistig und seelisch wehrloser als andere Völker. Seine innere Geschichte war zu Zeiten, als dort erfolgreiche Kämpfe um politische Freiheiten sich abspielten, noch immer eine reine Fürsten-, Militär- und Obrigkeitsgeschichte. Das deutsche Bürgertum hatte seine Revolution von 1848 zu keinem eindeutigen politischen Ergebnis führen können und in seinen wichtigsten Teilen das Bündnis mit der Reaktion gemacht.«[245]

Auch Schumacher bekennt sich also zur These des negativ akzentuierten deutschen Sonderwegs, wobei er nicht den mit einer Entchristlichung einhergehenden moralischen Verfall im Auge hat wie Adenauer, sondern ähnlich wie Heuss auf die fehlende Freiheitstradition in Deutschland abhebt. Dies betrachtet er aber lediglich als ideologische Begleiterscheinung der ökonomischen und politischen Prozesse: Die Anfälligkeit weiter Kreise der Bevölkerung, namentlich der Bauern, des (alten und neuen) Mittelstands, der Angestellten und der Beamten, ermöglichte so die Durchführung der imperialistischen Politik. Nach dem Ersten Weltkrieg verschärfte sich diese von Schumacher als Ausdruck des Klassenkampfes begriffene Auseinandersetzung durch das Aufkommen des Nationalsozialismus »als Partei der nationalistischen Unternehmerknechte«.[246] Die so betriebene »Gegenrevolution in revolutionärem Gewande«[247] erschloß den reaktionären Kräften das Milieu der Arbeiter und der Jugend. Damit bewegt Schumacher sich im Rahmen einer marxistischen Deutung der NS-Diktatur als deutscher Spielart des Faschismus, der der Absicherung der kapitalistischen Klassenherrschaft gedient habe. Gerade weil dem bloßen Machterhalt verpflichtet, fehlte den Nationalsozialisten eine schlüssige Ideologie:

»Sie haben darum von allen politischen Richtungen des In- und Auslandes einzelne Programmpunkte, wenn nicht wahllos, so doch hirnlos zusammengestohlen. [...] Die Kenntnislosigkeit und Unlogik ist zu einem derartigen Berge aufgetürmt worden, daß schon dadurch eine geistige Auseinandersetzung unmöglich war.«[248]

Wenn er sein 1932 in einer Reichstagsrede verwendetes Diktum von der »Mobilisierung der Dummheit« aufgreift, setzt Schumacher zu einer vernichtenden Kritik der menschlichen Qualitäten der führenden Nationalsozialisten und ihrer Anhänger an:

»Unter der Hakenkreuzfahne sammelten sich dann alle, die aus dem ersten Weltkrieg nicht in ein geordnetes Leben zurückfinden können, alle Bankrotteure des Geschäftslebens, alle Defekten und Untauglichen, alle Beamten mit schlechtem Examen und dienstlichen Verfehlungen, alle Erfolglosen und mit Recht Benachteiligten, die Arbeitsunwilligen und die Lebensuntüchtigen. Sie gaben der Partei vor 1933 das Gepräge.«[249]

Die moralische Empörung über den »Aufstand der Taugenichtse«[250] und die menschliche Verachtung für die »Horde von verkrachten Existenzen, von Verbrechern und Abenteurern«[251] kontrastiert einerseits mit der ökonomisch-gesellschaftlichen Analyse, verstärkt aber andererseits die prinzipielle Unterscheidung zwischen den wissenden und damit unschuldigen Gegnern Hitlers und den unbedarften und damit schuldigen Mitläufern und Anhängern.

Schumacher erinnert an die Warnungen der Sozialdemokraten (»Vergeblich haben wir gesagt, daß Hitler der Krieg sei«[252]) und leitet daraus, daß die Deutschen »aus Kurzsichtigkeit und Mangel an politischer Vorstellungskraft diese Warnungen nicht ernst genug genommen«[253] hätten, einen Schuldvorwurf ab. Dieser wiege um so schwerer, weil andere Widerstand geleistet hätten. Auffallend ist dabei die klare Gegenüberstellung von Unschuldigen und Schuldigen: Gehören in Schumachers Augen zu jenen die verfolgten »Gruppen der Nazifeinde«,[254] rechnet er zu diesen auch diejenigen, die als Nazigegner keinen Widerstand geleistet hatten:

»Darüber hinaus gibt es andere Leute, die vielleicht mit allzuviel Ausweichtaktik, Schweigen und Untätigkeit gesündigt haben, wo sie folgerichtiger illegale Arbeit geleistet hätten. In diesem Unterlassen liegen schon Ansätze eines Verschuldens, denn diese Menschen waren voller Haß gegen die Nazis und wünschten ihre Niederlage um jeden Preis.«[255]

Der aktive Widerstand wird für ihn so zum Kriterium, an dem sich die Frage der Schuld entscheidet.

Fallen schon diese Menschen bei Schumacher in Ungnade (»gesündigt«!), trifft sein Urteil jene mit voller Schärfe, die mit dem System zumindest phasenweise paktiert hatten. Zwar räumt er ein, es sei »für einen freien Menschen in einer freien Welt nicht so ganz möglich, die furchtbaren menschlichen Verstrickungen in diesem tyrannischsten aller Tyrannenstaaten völlig zu begreifen«, fügt jedoch gleich hinzu, daß dies »Worte der Erklärung und nicht der Entschuldigung« seien. Dementsprechend geißelt er die Haltung der »Vielzuvielen«, »die, ohne eigentliche Überzeugungsbasis zu sein und ohne einen Verfolgungswillen gegen die Nazifeinde zu zeigen, zum Teil schon vor, zum Teil nach 1933 sich als stupide Nachläufer der Hitlerei und bloße Macht und [Erfolgsanbeter] erwiesen haben«.[256] Das Porträt dieser mit den Nationalsozialisten allenfalls sympathisierenden oder auch unpolitischen Mitläufer gerät menschlich vernichtend. Bemerkenswert ist allerdings, daß er bereits auf die Judenverfolgung hinweist:[257]

»Ihre ewige Entschuldigung ›das habe ich nicht gewußt!‹ ist ohne moralischen und politischen Wert. Es mag sein, daß sie nicht alles gewußt haben, aber sie haben genug gewußt. Von den Konzentrationslagern jedenfalls wußten sie so viel, um eine heillose Angst zu haben, und diese Angst war eine der Hauptstützen des Systems. Sie haben auch gern genommen, was ihre Söhne, Väter und Ehemänner im Krieg aus den besetzten Gebieten herangeschleppt haben. Vor allem haben sie mit eigenen Augen gesehen, wie bestialisch gemein man die Juden gepeinigt, beraubt und verjagt hat. Sie haben aber nicht nur geschwiegen, sondern ihnen wäre es sogar lieber gewesen, wenn Deutschland mit einem Sieg im zweiten Weltkrieg ihnen ihre Ruhe und noch so einen kleinen Profit daran garantiert hätte.«[258]

An der parallelistische Reihung dieser Vorwürfe kann man die moralische Empörung und die rigorose Bewertung Schumachers erkennen, die zum Zeitpunkt der Rede beim Zusammenbruch des Staates Hitlers besonders heftig war.

Legt man die Unterscheidung von Karl Jaspers von individueller, moralischer, politischer und metaphysischer Schuld zugrunde, so argumentiert Schumacher hier auf der Ebene moralischer Schuld, die er den »Vielzuvielen« zuspricht und damit assoziativ zumindest den Vorwurf einer kollektiven Verstrickung anklingen läßt. Auch wenn

»sowohl die Gerechtigkeit als auch die künftige Demokratisierung die Zurückweisung der Kollektivschuldthese und die Zu-
messung individueller Verantwortung« verlangen,[259] entsteht in
dieser Rede der Eindruck, Schumacher sehe eine Mitverantwortung
der erdrückenden Mehrheit der Deutschen an der nationalsozialistischen Herrschaft. Aber nicht nur dieser »bequeme Egoismus«
mache die Schuld der Deutschen aus, sondern »die eigentliche
Schuld dieser Menschen ist eine politische« – durchaus im Sinne von
Jaspers:

> »Sie haben zugelassen und gefördert, daß eine in Fähigkeiten und
> Charakter ungeprüfte Horde von Abenteurern die Macht an sich
> gerissen hat, und sie haben diese Horde unkontrolliert wirtschaf-
> ten lassen. Die Mitschuld großer Volksteile an der Blutherrschaft
> der Nazis liegt in ihrem Diktatur- und Gewaltglauben!«[260]

So ergibt sich für ihn ein dichotomisches Bild: auf der einen Seite
die Widerstand leistenden Gegner der Nationalsozialisten, auf der
anderen Seite verschiedene Gruppen abgestuft Schuldiger, von den
passiv verharrenden Gegnern des Regimes über die unpolitischen
Mitläufer und politischen Sympathisanten bis hin zu den verantwortlichen Akteuren. Hier unterschied sich Schumacher weniger
von Adenauer als von Heuss, der sich selbst vom Schuldvorwurf
nicht ausnahm. Um die Schuld zu sühnen, nennt er im Rahmen des
notwendigen Aufbaus einer demokratischen Ordnung eine Reihe
von konkreten Maßnahmen. Sie reichen von der Schaffung einer
»politischen Polizei« und einer »politischen Strafjustiz«, wodurch
das korrumpierte Rechtsempfinden wieder hergestellt werden sollte, über die gesellschaftliche Ächtung aktiver Nationalsozialisten
(»diese Elemente öffentlich bloßzustellen«) bis hin zu einer politisch
motivierten Vergabe von Arbeitsplätzen.[261]

Ein Jahr später beim ersten Nachkriegsparteitag der SPD würdigte
Schumacher allerdings die moralische Substanz vieler Deutscher:

> »Wenn jemand von draußen nach Deutschland kommt, dann er-
> lebt er sicher, wenn er fühlen kann und wenn er Fingerspitzenge-
> fühl hat, wenn er seelisch in den Anderen eindringen kann, das
> eine große Wunder, daß nach 12 Jahren Diktatur noch so viele
> Menschen innerlich anständig geblieben sind.«[262]

Ohne die grundsätzliche Kritik zurückzunehmen, deuten solche
Äußerungen doch auf eine Relativierung des Verdikts hin, das in der
Endphase des Nationalsozialismus noch besonders scharf ausgefal-
len war.

Beim Vergleich zeigt sich, daß die nachmals führenden Repräsentanten der verschiedenen politischen Richtungen darin überein-
stimmten, die geschichtliche Entwicklung als negativ bewerteten
Sonderweg zu betrachteten. Lag bei Adenauer die Betonung auf dem
durch Entchristlichung bedingten moralischen Verfall und hob
Schumacher auf die durch die reaktionäre Formierung hervorgeru-
fenen mentalen Deformationen ab, richtete Heuss sein Augenmerk,
ähnlich wie Schumacher, auf die fehlende Freiheitstradition in
Deutschland, ohne ihm allerdings in seiner marxistisch inspirierten
ökonomisch-gesellschaftlichen Analyse zu folgen. Mit Adenauer
stimmte er in der Notwendigkeit einer seelisch-moralischen Erneuerung überein, ohne allerdings dessen christliche Vorstellungen zu
teilen. Insofern sprachen alle drei, mit individuellen Varianten,
großen Teilen der Deutschen Verantwortung, ja Schuld für das Dritte
Reich zu, wobei lediglich Heuss sich die Schuldfrage persönlich zu
eigen machte.

In dieser Zusammenschau zeigt sich, daß die Position von Heuss
keineswegs singulär war, sondern Berührungspunkte mit den Repräsentanten der anderen politischen Richtungen aufwies. Umgekehrt
lassen sich jedoch einige Besonderheiten festhalten. Heuss knüpfte
nicht nur in der historischen Rückschau, sondern auch in der aktuellen Verpflichtung an die Tradition der liberalen Nationalbewegung
des 19. Jahrhunderts an. Das Mißlingen einer Demokratisierung, die
sich vor allem in der Ausbildung einer entsprechenden Mentalität
hätte manifestieren müssen, eignete sich bei ihm ebenso für die
Erklärung des Nationalsozialismus wie sie ex negativo eine Zukunftsperspektive eröffnete. Dabei griff er nicht auf konkrete politische
Maßnahmen zurück, sondern mahnte einen »seelischen Reinigungsprozeß« an, mithin einen Mentalitätenwandel. Insofern war
seine rhetorische Auseinandersetzung grundsätzlicher, als er nicht
den automatischen Folgewirkungen politischer bzw. ökonomischer
Maßnahmen traute, sondern von der Nicht-Planbarkeit dieses
gleichwohl überlebensnotwendigen Prozesses ausgehen mußte.
Selbstvergewisserung und Erinnerung blieben als einzige Medien der
Auseinandersetzung mit der nationalsozialistischen Vergangenheit,
was diese als ebenso unabschließbar wie riskant erscheinen ließ.
Dabei verzichtete er darauf, konkrete Maßnahmen vorzuschlagen
oder Handlungsanleitungen zu geben, sondern überließ es dem einzelnen, sich auf dem *forum internum* einer möglichen Schuld zu stellen.

III.

» … und es ist mir, ich weiß es selber, manchmal Gutes eingefallen, und es hat ein Lustgefühl des Produzierens geweckt. Aber es war in der Termin-Nähe auch manchmal eine arge Last«[1]

Das Amt des Bundespräsidenten und der Redner Theodor Heuss

1. Die verfassungsrechtliche Stellung des Bundespräsidenten

Als Theodor Heuss am 12. September 1949 im 2. Wahlgang mit 406 von 800 abgegebenen Stimmen zum Bundespräsidenten gewählt wurde, hatte er seit seinem Ausscheiden aus der württembergisch-badischen Landesregierung im Dezember 1946 kein exekutives Amt mehr innegehabt. Einerseits widmete er sich seiner ausgedehnten und vielseitigen publizistischen Tätigkeit[2] sowie seiner Dozententätigkeit an der Technischen Hochschule Stuttgart, nachdem er dort 1948 zum Honorarprofessor für politische Wissenschaften und Geschichte ernannt worden war. Andererseits setzte er sein politisches Engagement fort. So wurde er zusammen mit seiner Frau Elly Heuss-Knapp 1946 für die Deutsche Volkspartei (DVP) in den Landtag von Württemberg-Baden gewählt und stieg schließlich 1948 nach dem »Fehlstart« mit der gesamtdeutschen Demokratischen Partei Deutschlands (DPD)[3] zum 1. Vorsitzenden der westdeutschen FDP auf. Aufgrund dieser parlamentarischen und parteipolitischen Aktivitäten konnte Theodor Heuss als einer der führenden Politiker Westdeutschlands gelten, als er als Mitglied des Parlamentarischen Rates begann, am Grundgesetz mitzuarbeiten. Dabei wurde das Amt geschaffen, das er als erster Repräsentant einnahm.

Eine neue politische Ordnung zu etablieren, stellte sich nach dem Zweiten Weltkrieg als außerordentlich schwierig dar.[4] Zunächst waren die Deutschen nach der bedingungslosen Kapitulation von jeder politischen Aktivität ausgeschlossen und unterlagen der Befehlsgewalt der Besatzungsmächte. Erst nach und nach wurden sie, in den einzelnen Besatzungszonen unterschiedlich, beratend, dann mitentscheidend herangezogen und konnten zusehends ihre Interessen einbringen. Die Initiative zu einer Weststaatsgründung lag allerdings bei den West-Alliierten und wurde 1948 im Zuge des entstehenden Kalten Krieges auf der Londoner Sechs-Mächte-Konferenz getroffen und mit der Übergabe der Frankfurter Dokumente in Gang gesetzt. In mühevollen Verhandlungen konnten die Ministerpräsidenten und dann der Parlamentarische Rat die Vorläufigkeit einer West-staatsgründung, auch begrifflich, zum Ausdruck bringen und die Option der Wiedervereinigung offenhalten. Zum anderen wurde die konkrete Verfassungsberatung im Verfassungskonvent von Herrenchiemsee und im Parlamentarischen Rat nicht nur durch die staats- und verfassungsrechtliche Tradition Deutschlands und die seit Kriegsende auf verschiedenen Ebenen stattfindende Diskussion über eine künftige politische Ordnung beeinflußt, sondern auch durch die politischen Optionen der verschiedenen Parteien und Gruppierungen geprägt, die ihre programmatischen Positionen verwirklicht wissen wollten. Schließlich stand die Gründung eines neuen deutschen Staates unter dem Menetekel des Nationalsozialismus, da eine neue Ordnung eine Wiederholung der vermeintlichen bzw. tatsächlichen Fehler der Weimarer Republik künftig verhindern sollte.

Im Parlamentarischen Rat war Heuss eine der zentralen Gestalten der Verfassungsberatungen. Nicht nur als Vorsitzender der fünfköpfigen FDP-Fraktion,[5] sondern auch als Mitglied im Grundsatzausschuß, der sich mit den Grundrechten, der Präambel und den Staatssymbolen beschäftigte, und im Hauptausschuß, der die Ergebnisse der einzelnen Ausschüsse am Ende zusammenfaßte, hatte er maßgeblichen Anteil an der Gestaltung des Grundgesetzes.[6] Obwohl studierter Nationalökonom, konnte er auf einen reichen »Fundus verfassungshistorischer Kenntnisse zurückgreifen«, wobei er »vor allem als intellektuell verstärkendes Sprachrohr im Sinne der Konsensbildung wirkte, statt eigentlicher Urheber im Wortsinn zu sein«.[7] Diese Fähigkeit zur Vermittlung würdigte Carlo Schmid in seiner »Parlamentarischen Elegie im Januar«, indem er Heuss mit Nestor, dem weisen und erfahrenen Kämpfer um Troja, verglich:

»Nestor selbst könnte es nicht so, dazu braucht's Theodor Heuss.
Wallend weht ihm das Haar im Silberschimmer der Weisheit,
Und seines Basses Gewalt gibt ein dreifach Gewicht
Jeglichem Wort; so erdrückt es den Kampfmut des wildesten
  Streithahns«.

Aber nicht nur argumentative Potenz und rhetorische Überzeugungskraft, sondern auch das gezielte Abstimmungsverhalten, das Spaltungen gleichwohl vermieden habe, thematisierte Schmid:

»Weise verteilet der Heuss seine Gaben, das Ja und das Nein, dass
Keinem schwelle der Kamm, und bis zum letzten Tag
Zucke das Zünglein der Waage und jeglicher merke: es siege
Schliesslich der, dem der Bass Theodors endlich sich neigt.
Traun, das wird dann ein Fest sein im Zelte des Siegers! Doch
    Theodor
Gehet zu dem, der verlor, und sein spendendes Wort
Lehrt ihn, dass alles auf Erden ja wechsle, dass morgen ein Tag
    sei,
Der, was sich heute versagt, bringen könnte – vielleicht …«.[8]
Die Arbeit am Grundgesetz betrachtete Theodor Heuss weniger
unter dem Aspekt der juristischen Systematik als vielmehr unter dem
Aspekt der geschichtlichen, insbesondere der verfassungsgeschicht-
lichen Entwicklung Deutschlands. Dies verdeutlichte er in seiner Ab-
schlußrede:

»Ob die Staatstheoretiker und Staatsrechtler mit uns zufrieden
sind, das wird uns einmal interessieren, wenn sie die Kommentare schreiben; aber es wird uns nicht zu stark beeindrucken können. Denn sie sind die Perfektionisten auf dem Papier, während
wir in die *Wirklichkeiten* der *deutschen Geschichte* gestellt waren
und gestellt sind«.[9]

Sowohl die Paulskirchen-Verfassung von 1849, die er als »historischen Angelpunkt« betrachtete,[10] als auch die Weimarer Verfassung
von 1919, in deren Abwertung er »so ein bißchen noch die Sugge-
stion der Hitlerpropaganda« vermutete,[11] waren für ihn wichtige
Stationen auf dem Weg Deutschlands zur Demokratie. Diese sei aber
»in Deutschland nicht erobert worden«.[12] Insofern war eine Verfassung für Heuss mehr als die nur rechtliche Regulierung staatlichen
Zusammenlebens; sie sollte vielmehr »politisch-erzieherischer Stilbildung« dienen.[13] Ihm kam es auf die »Integrationskraft dieses
Grundgesetzes im Bewußtsein des deutschen Volkes« an,[14] mithin
auf die mentale Verankerung einer demokratischen Einstellung, für
die er wiederholt den Begriff »Fairneß« verwendete.[15]

So wandte er sich dagegen, das Provisorische bei der Beratung des
Grundgesetzes zu sehr zu betonen: »Wir müssen vielmehr struktu-
rell schon etwas Stabileres hier fertigzubringen versuchen, [Zustim-
mung] auch etwas, was eine gewisse Symbolwirkung hat«.[16] Insbesondere durch entsprechend gewählte und gestaltete Staatssymbole
sah er eine Möglichkeit, das demokratische Bewußtsein zu fördern:
Theodor Heuss plädierte für die Farben Schwarz-Rot-Gold,[17] erach-

tete »Bundesrepublik Deutschland« – und nicht »Bund deutscher Länder« – als angemessene Staatsbezeichnung,[18] kümmerte sich um eine stilistisch ansprechende Formulierung einzelner Artikel[19] und setzte sich intensiv mit der Präambel auseinander, die seiner Meinung nach »eine gewisse *Magie des Wortes* besitzen« müsse: »Man könnte auch von einer profanen Liturgie sprechen, die in einem Staatsgrundgesetz ihren Platz finden will.«[20] Für ihn stellte das Grundgesetz also auch ein pädagogisches Instrument dar, das, da dies im Zuge der geschichtlichen Entwicklung in Deutschland noch nicht geleistet worden war, dem Ziel der mentalen Verankerung eines demokratischen Bewußtseins in der Bevölkerung dienen sollte.

Daß Theodor Heuss den Staatssymbolen so viel Aufmerksamkeit schenkte, hing nicht nur damit zusammen, daß sie seiner Meinung nach in diesem mentalen Wandlungsprozeß eine wichtige Rolle spielten, sondern lag auch in seinem Staatsverständnis begründet. Wie schon vor 1933 war für ihn Staat ohne Macht nicht denkbar: »Jeder Staat, auch der demokratische Staat, ruht auf Befehlsgewalt und Gehorsamsanspruch, und der demokratische Staat hat darin sein Wesenhaftes, daß er einen Herrschaftsauftrag auf Frist, also auch kündbar, enthält.«[21] Die Bindung der Staatsgewalt an eine demokratische Legitimation verband sich bei ihm jedoch nicht mit einem Plädoyer für basisdemokratische Vorstellungen, weshalb er Volksentscheide als »Prämie für jeden Demagogen« ablehnte.[22] Aber auch einer naturrechtlichen Verankerung der Grundrechte stand er skeptisch gegenüber, denn diese seien »ein Stück des Staates; aber sie sind gleichzeitig Mißtrauensaktionen gegen den Mißbrauch der staatlichen Macht«.[23] In Anspielung auf Thomas von Aquin gestand er zwar zu, sich vom Naturrecht »irgendwie anregen zu lassen für die Überprüfung rechtlicher Normen«, hielt aber daran fest, daß das »Verhältnis von Recht und Macht ein ewiges geschichtliches Spannungsverhältnis ist«.[24] Dementsprechend kam dem Staat in der Tradition Hegels eine eigenen Dignität zu, die in der Volkssouveränität nicht aufging: »Der Staat ist nicht nur eine Apparatur, sondern er ist auch ein Träger eingeborener Würde, und als Träger der ordnenden Gemeinschaft ist er für den Menschen und ist der Mensch für ihn keine Abstraktion.«[25] Aus dieser Perspektive gewann das Amt des Staatsoberhaupts für Heuss eine ganz besondere Bedeutung.

Die Beratungen des Parlamentarischen Rates über das Amt des Bundespräsidenten[26] waren dabei ganz deutlich von dem Willen geprägt, Lehren aus der Geschichte zu ziehen, da man der Rolle des

Reichspräsidenten eine große Schuld an der Auflösung der Weimarer Republik zusprach und dessen Machtbefugnisse beschneiden wollte.[27] Schon im Herrenchiemseer Verfassungskonvent herrschte »weitgehende Einigkeit«, daß der künftige Bundespräsident »auf keinen Fall die nach der Weimarer Verfassung dem Reichspräsidenten eingeräumte starke Position haben dürfe«.[28] Abgesehen von phasenweisen Überlegungen, eine Präsidialverfassung nach amerikanischem Vorbild einzuführen,[29] die den Dualismus zwischen Kanzler und Präsident beseitigt hätte, stand im Parlamentarischen Rat eine politische Entmachtung des Präsidenten zugunsten des Kanzlers außer Frage. Die Beratungen über das Staatsoberhaupt, die im sog. Kombinierten Ausschuß,[30] dem Hauptausschuß sowie in den Plenarsitzungen stattfanden, waren nicht nur durch die bewußte Abkehr von der Weimarer Reichsverfassung geprägt, sondern auch durch den Gedanken der Vorläufigkeit der Staatsgründung sowie durch die verschiedenen Verfassungsvorstellungen der einzelnen politischen Richtungen.

Die Vorschläge, auf eine repräsentative Staatsspitze überhaupt zu verzichten bzw. dem Bundestagspräsidenten oder einem Dreier-Kollegium (die Präsidenten des Bundestags, des Länderrats und des Verfassungsgerichtshofes) ersatzweise deren Funktionen zu übertragen, waren einerseits vom Willen getragen, das Provisorische der Staatsgründung zum Ausdruck zu bringen. Andererseits kamen sie einem eher im politisch linken Spektrum beheimateten unitarischen Verfassungsverständnis entgegen, das dem Parlament die Stellung des zentralen Verfassungsorgans zusprechen wollte. »Die Diskussion um den Bundespräsidenten geriet in das Spannungsfeld von Föderalismus und Zentralismus, radikaldemokratischem Demokratieverständnis und (liberalen) Vorstellungen einer gewaltenteilenden Demokratie«. Dabei wurde »die Frage der Wahl zum eigentlichen Streitpunkt«.[31]

Innerhalb dieses Spektrums plädierte Theodor Heuss schon in seiner ersten Grundsatzrede gegen ein Direktorium:

»Wir halten dafür, daß die Person, die Amtsfunktion des *Bundespräsidenten* nicht in die ungewisse Geschichte abgeschoben werden soll, weil die Zeit noch nichts Rechtes für ihn zu tun gibt. Verkennen Sie nicht die Symbolkraft, die davon ausgeht, und vermeiden Sie das Provisorium eines Direktoriums, was dann in der Bevölkerung gleich wieder so ausgedeutet wird: man will also die verschiedenen Leute und Parteien mit daran beteiligt haben.

Man muß schon den Mut haben, in das Strukturelle das Feste einzubauen.«[32]

Die Schaffung eines Bundespräsidentenamtes war für ihn auf der einen Seite das Signal, den zu gründenden Weststaat als Kernstaat eines künftigen vereinigten Deutschlands zu verstehen und nicht als vorübergehenden Notbehelf; in einem Staatsoberhaupt sah er die Verkörperung des autonomen, parteiunabhängigen staatlichen Eigenrechts.

Auf der anderen Seite wandte er sich gegen ein Präsidialsystem, wie es von seinem Fraktionskollegen Dehler favorisiert wurde. Dieser befürchtete, daß die »Form der reinen Parlamentsherrschaft« wegen der »parteiegoistischen Erwägungen« nicht in der Lage sei, die aktuellen Aufgaben der »großen Massenstaaten« zu lösen, und wollte der Demokratie durch eine nach dem Vorbild der USA gestaltete Staatsspitze, die die Funktionen des Staatsoberhaupts und des Regierungschefs in sich vereinigt, »Würde und Autorität« verleihen.[33] Demgegenüber plädierte Heuss nachdrücklich dafür, »daß wir am parlamentarischen System festhalten sollen, obwohl ich die Einwendungen dagegen kenne, rein aus dem Grunde, weil in dem parlamentarischen System für Regierungen und Parteien gerade in Deutschland die Erziehungsschule der politischen Verantwortung liegt«.[34]

Bereits 1946 hatte sich Heuss in einer seiner Kolumnen in der Rhein-Neckar-Zeitung anläßlich der Verfassungsberatungen in Württemberg-Baden mit »Verfassungsfragen« beschäftigt und über die Stellung des Staatsoberhaupts reflektiert.[35] Vor dem Hintergrund der Weimarer Verfassungskonstruktion sah er in der »Gestalt des gedachten Staatspräsidenten« entweder »die ausgleichende Kraft, auf die man ein erwartungsvolles Vertrauen in Perioden der Unruhe und des Gegensatzes wirft« oder die »embryonale Vorform einer neuen Diktaturmöglichkeit«. Heuss entschied sich für die Variante mit weniger Machtbefugnissen:

>»Man wird also den Staatspräsidenten in der geruhigeren Aufgabe sehen müssen, für kritische Situationen einfach da zu sein, um eingreifen zu können. Es soll ein Amt außerhalb der täglichen Gefährdung und Bewährung ausgesetzten parlamentarischen Regierung vorhanden sein – die Franzosen haben dafür den Begriff des pouvoir neutre geschaffen, der ›neutralen‹ Macht, die den Staat als solchen über die tagespolitischen Schwankungen hinweg in seiner Kontinuität darstellt.«[36]

Die Gefahr der sich im bloßen Repräsentieren erschöpfenden Bedeutungslosigkeit war Heuss wohl bewußt, weshalb er hohe Erwartungen an den Amtsinhaber und die konkrete politische Praxis stellte und zentrale Gedanken seiner späteren Antrittsrede schon damals formulierte:

> »Aber es ist klar: Die Paragraphen füllen dies Amt nicht aus. Daß es zur politischen Kraft werde, setzt nicht bloß den Mann voraus, der mit gelassener Überlegenheit und dann auch mit zugreifendem Willen regiert, sondern auch die Umstände, die sein Hervortreten, sein Zu- und Eingreifen fordern. Sonst mag es geschehen, daß er zur bloßen Repräsentationsfigur wegsinkt, daß er sich schließlich – langweilt.«[37]

Nach langwierigen Diskussionen und vielen internen Absprachen hatte sich im Parlamentarischen Rat der »Konsens auf einer mittleren Ebene eingependelt, dessen verfassungsrechtliches Ergebnis nur noch schwer die unterschiedlichen Ausgangspunkte erkennen ließ«.[38] Dieser Kompromiß bedeutete zunächst eine verfassungsrechtliche Vorgabe, die sich in der Praxis noch bewähren mußte. Theodor Heuss brachte dies in seiner Antrittsrede als Bundespräsident deutlich zum Ausdruck:

> »Was ist denn das Amt des Bundespräsidenten? Es ist bis jetzt ein Paragraphengespinst gewesen. Es ist von dieser Stunde an ein Amt, das mit einem Menschentum gefüllt ist. Und die Frage ist nun, wie wir, wir alle zusammen, aus diesem Amt etwas wie eine Tradition, etwas wie eine Kraft schaffen, die Maß und Gewicht besitzen und im politischen Kräftespiel sich selber darstellen will.«[39]

Nach der Verabschiedung des Grundgesetzes am 8. Mai 1949 im Parlamentarischen Rat, der Ratifizierung durch die Länderparlamente und dem Inkrafttreten am 23. Mai 1949 war also das »Paragraphengespinst« fertig.[40] Gegenüber dem Reichspräsidenten der Weimarer Republik hat der Bundespräsident der Bundesrepublik an politischer Macht eingebüßt.[41] Das Staatsoberhaupt wird nicht mehr durch das Volk, sondern durch die Bundesversammlung gewählt, die paritätisch aus Bundestagsabgeordneten und von den Länderparlamenten gewählten Vertretern besetzt ist; die Amtsdauer beträgt nur noch 5 Jahre, und die Wiederwahl ist nur einmal möglich. Substantieller ist die Beschneidung der machtvollen Stellung des Reichspräsidenten, der durch die Kombination des Rechts zur Parlamentsauflösung (Art. 25 WRV) und zur Kanzlerernennung (Art. 53 WRV) sowie des

Notverordnungsrechts (Art. 48 WRV) in der Endphase der Weimarer Republik eine so entscheidende und fatale Rolle spielen konnte. Der Kanzler wird vom Parlament gewählt und nicht mehr durch den Präsidenten bestimmt, wobei diesem noch das Vorschlagsrecht für den ersten Wahlgang und das Recht, einen Minderheitenkanzler zu ernennen, zusteht. Auch das bedeutsame Parlamentsauflösungsrecht wurde auf den Fall einer abgelehnten Vertrauensfrage *und* eines entsprechenden Vorschlags des Bundeskanzlers eng begrenzt. Schließlich bleibt vom umfassenden Notverordnungsrecht lediglich die Befugnis, unter wiederum eng umgrenzten Voraussetzungen den Gesetzgebungsnotstand zu erklären. Weiterhin entfällt die Organisationsgewalt im Bereich der Regierung (bis auf die Genehmigung der Geschäftsordnung), das Recht, Volksentscheide anzuordnen, und – nach Einführung der Bundeswehr – der Oberbefehl.

Gleichwohl ist der Bundespräsident deshalb nicht vollends machtlos. So leitet sich aus der Aufgabe der Ausfertigung und Verkündung der Gesetze ein (formales und materielles) Gesetzesprüfungsrecht ab;[42] die Ernennung und Entlassung des Bundeskanzlers und der Bundesminister sowie der Bundesrichter, Bundesbeamten und der Offiziere sichert ihm den Einfluß auf Personalentscheidungen. Hinzu kommt die Ehrenhoheit, das Begnadigungsrecht sowie das Recht, den Bundestag unter bestimmten Bedingungen einzuberufen, und schließlich die völkerrechtliche Vertretung der Bundesrepublik Deutschland. Insgesamt prägen das Amt vor allem »*prohibitive Rechte* [...], die das Staatsoberhaupt in der Regel nur auf Vorschlag oder unter Mitwirkung anderer Organe – zumeist des Bundeskanzlers – wahrnehmen darf.«[43]

Ausgehend von diesen im Grundgesetz fixierten Rechten und Aufgaben kann man die Funktionen bestimmen, die das Staatsoberhaupt im Rahmen des politischen Systems wahrnimmt. Schlaich unterscheidet dabei drei Funktionen: »die Funktion der Integration, der politischen Reserve und der rechtlichen Reserve«;[44] zum einen stelle der Bundespräsident die Einheit des Gemeinwesens dar und fördere sie aktiv; zum zweiten könne er in politischen Krisenzeiten aktiv werden, um »das parlamentarische Regierungssystem zu entstören«; zum dritten wirke er durch seine prohibitiven Kontrollrechte als »Legalitätsreserve«.

Daran knüpft sich die Frage, wie die Rolle des Bundespräsidenten staatsrechtlich zu würdigen ist. Hierbei sind zwei Tendenzen auszumachen:[45] Die eine sieht vor allem die fehlenden Machtbefugnisse und betrachtet den Bundespräsidenten lediglich als einen »Repräsentanten« oder »Staatsnotar«, während die andere die politischen Einflußmöglichkeiten betont und – im Anschluß an Benjamin Constant – in ihm ein »pouvoir neutre« oder einen »Hüter der Verfassung« erkennt. Angesichts der weitgehenden Entmachtung des Bundespräsidenten einerseits und der gleichzeitigen Einbindung in das politische Kräftespiel andererseits erscheint die Vorstellung einer über den einzelnen Kräften stehenden neutralen Kraft, die Constant zu Beginn des 19. Jahrhunderts anhand der napoleonischen Verfassung entwickelte, ebenso unzutreffend[46] wie die Zuweisung einer übergeordneten (juristischen) Kontrollfunktion (»Hüter der Verfassung«), die im wesentlichen auf das Bundesverfassungsgericht übergegangen ist.

Demgegenüber sprechen die Einbindung des Bundespräsidenten in den politischen Prozeß sowie seine prohibitiven Rechte gegen die bloße Reduktion auf repräsentative Aufgaben. Insbesondere die Möglichkeit, »durch persönliche auctoritas in etwa auszugleichen, was ihm an potestas fehlt«,[47] eröffnet dem Staatsoberhaupt politische Wirkungsmöglichkeiten. Betrachtet man nicht nur die fixierten Bestimmungen der Verfassung, sondern auch die Rolle im politischen Prozeß, kann man seine Rolle als »Hüter der Politik« bestimmen:

> »In diesem Sinne ist der Bundespräsident weder als unerhebliche Galionsfigur noch als bloßer Staatsnotar zu sehen, sondern eher als ein *Moderator oder sogar Koordinator der Politik*, zur Sorge dafür bestimmt, daß diese Politik [...] durch einen sauberen politischen Stil und durch eine (vielfach fehlende) Verständlichkeit ausgezeichnet ist«.[48]

2. Die Ausgestaltung des Bundespräsidentenamtes durch Theodor Heuss

Wenn Theodor Heuss nach seiner Wahl betonte, daß das Amt des Bundespräsidenten »mit einem Menschentum gefüllt« sei und es »im politischen Kräftespiel sich selber darstellen« wolle,[49] verwies er auf die Chance, persönliche Akzente zu setzen und dem neu entstandenen Verfassungsorgan ein eigenständiges Profil zu geben. Seine individuellen Entfaltungsmöglichkeiten wurden allerdings durch die Bedingungen der Kanzlerdemokratie Konrad Adenauers beschränkt.[50] Im Zuge der Etablierung der Verfassungsorgane erfolgte

die personelle Besetzung der einzelnen Ämter unter parteipolitischen Vorzeichen, und obwohl die Wahl des Staatsoberhauptes der
Wahl des Regierungschefs zeitlich voranging, unterstand auch jene
dem koalitionspolitischen Kalkül Adenauers. In der legendären
Rhöndorfer Konferenz konnte Adenauer die politischen und personellen Weichen in Richtung einer bürgerlich-liberalen Koalition stellen. Neben Adenauer als Bundeskanzler und dem CSU-Politiker
Ehard als Bundesratspräsident, der dann allerdings nicht gewählt
wurde, war Heuss als FDP-Vertreter für das Amt des Bundespräsidenten vorgesehen. Die Besetzung des höchsten Staatsamtes erfolgte
also nicht neutral oder überparteilich, sondern wurde von parteipolitischen Überlegungen bestimmt, wobei die Nominierung von
Heuss auf erhebliche Widerstände in der Union stieß.[51]

Nach der Wahl Adenauers und der Regierungsbildung waren
zwar die vom Grundgesetz vorgesehenen Ämter zum großen Teil
besetzt, der Staatsaufbau bei weitem aber nicht abgeschlossen. Ab-
weichend von den Empfehlungen des Organisationsausschusses der
Ministerpräsidenten, der die Tradition der Präsidialkanzlei des Weimarer Reichspräsidenten fortführen wollte,[52] wurden die politischen Kompetenzen des neuen Bundespräsidialamtes beschnitten.
Die relativ geringe Personalausstattung und die vergleichsweise
niedrige Einstufung seines Leiters als Ministerialdirektor (erst ab
1952 Staatssekretär) lassen die Unterordnung gegenüber dem politisch machtvolleren Bundeskanzleramt erkennen.[53] Aufgrund dieser Situation konnten eine Mitsprache in Personalangelegenheiten
und die umfassende Ausübung des (materiellen) Gesetzesprüfungs-
rechts schon aufgrund der institutionellen Voraussetzungen nicht
geleistet werden, was den unmittelbaren politischen Einfluß begrenzte.[54]

Darüber hinaus wurde Theodor Heuss an außenpolitischen Aktivitäten, die er aufgrund seines Rechtes zur völkerrechtlichen Vertretung hätte entwickeln können, dadurch gehindert, daß einerseits
Adenauer das Außenministerium in Personalunion mitverwaltete
und den Verkehr mit den Hohen Kommissaren monopolisierte und
andererseits angesichts des Provisoriumsvorbehalts eine Vertretung
durch den Bundespräsidenten zunächst nicht opportun erschien
bzw. von den Hohen Kommissaren nicht gewünscht wurde.[55] Wuch-
sen dem Bundespräsidenten nach der Wiedererlangung der Souveränität 1955 etwa durch Staatsbesuche mehr außenpolitische Aufgaben zu, blieben sie doch auf das Repräsentative beschränkt und

tasteten die Kompetenzen des Bundeskanzlers und des Außenministers nicht an. Ebenso wurde nach der Einführung der Bundeswehr der Oberbefehl nicht dem Bundespräsidenten, sondern dem Verteidigungsminister bzw. dem Bundeskanzler zugesprochen.[56] Umgekehrt zeigte die innere Organisation des Amtes, das zunächst mehr als persönlicher Stab von Heuss denn als Behörde agierte,[57] daß der Bundespräsident auch keine gestalterische Rolle in der Politik anstrebte:

> »Im Grundsatz akzeptierte Heuss die geringe personelle Ausstattung und die mageren Kompetenzen des Präsidialamtes, die nicht nur der Verfassungslage entsprachen, sondern auch sein Verständnis von der Stellung des Kanzlers und des Präsidenten im Behördenbereich widerspiegelten«.[58]

Dieses Arrangement konnte nicht zuletzt wegen der »guten persönlichen Beziehungen«[59] zwischen den beiden Inhabern des Kanzler- und des Präsidentenamtes so problemlos und ohne Machtstreitigkeiten vonstatten gehen. Konflikte seien, so Konrad Adenauer rückblickend,

> »durch gegenseitige Aussprache aus der Welt geschaffen worden. Das geschah einmal wegen der Persönlichkeit des Bundespräsidenten Heuss, wegen unserer freundschaftlichen Verbundenheit, zum anderen aber, weil wir im großen und ganzen auf dem gleichen politischen Boden standen und uns davon leiten ließen.«[60]

Umgekehrt stellte Heuss fest:

> »So unterschiedlich die landsmannschaftlichen und politischen Herkünfte sein mochten – die verwandte Erkenntnis der Wirklichkeit besaß eine bindende Kraft und schuf von Anbeginn der Begegnung das Verhältnis der freien, unbefangenen Aussprache, das sich, ohne jeden Bruch, in das spätere ›amtliche‹ Verhältnis fortsetzte.«[61]

Politisch-bürokratische Unterordnung des Bundespräsidialamtes unter das Bundeskanzleramt einerseits und das persönliche und politische Einvernehmen der Amtsinhaber andererseits waren somit die Grundbedingungen der Zusammenarbeit zwischen diesen beiden Verfassungsorganen für die Ära Adenauer. Dies schloß aber »Probleme, Konflikte, Kompromisse« nicht aus.[62]

Die Ausgestaltung des Bundespräsidentenamtes, die auf den Grundgegebenheiten des koalitionspolitischen Kalküls, der behördlichen Ausstattung und dem politisch-persönlichen Verhältnis von

Adenauer und Heuss beruhte und sich in einem dynamischen Prozeß aus der politischen Praxis heraus entwickelte, führte zu einer Abgrenzung der Einflußsphären zwischen Bundeskanzler und Bundespräsident, bei der Heuss einerseits als Berater in politischen wie personellen Fragen erheblichen Einfluß ausübte, ohne in die von Adenauer initiierten und durchgesetzten Entscheidungen direkt einbezogen zu sein, bei der er sich aber andererseits einen eigenen Gestaltungsspielraum vor allem im Bereich der Staatsrepräsentation sicherte.

War er im Verhältnis zu Adenauer nie bloßer Staatsnotar, der die Entscheidungen nachträglich nur »beurkundete«, beschränkte er seine symbolische Rolle auch nicht auf das bloß Repräsentative. Im Bereich der Kulturpolitik i. w. S., den er aufgrund seiner Demokratievorstellung als hochpolitisch ansah und den er aufgrund seiner Neigungen, Erfahrungen und Beziehungen besonders wirkungsvoll auszufüllen glaubte, entfaltete er eine Vielzahl von Initiativen.[63] In der Grundsatzrede »Kräfte und Grenzen einer Kulturpolitik« von 1951 erinnerte er an sein Diktum aus den Jahren vor 1933: »Mit Politik kann man keine Kultur machen; vielleicht kann man mit Kultur Politik machen«. Er wies darauf hin, »daß eine freie, saubere und sichere Darstellung geistiger Leistungen, in der Kunst, in der Wissenschaft, in der Erziehung, wenn sie nicht das eingeengte politische ›Ziel‹ hat, die breite politische Wirkung haben kann.«[64] Dabei ging es ihm nicht um ein dekoratives Beiwerk zur harten Tagespolitik, sondern um ein langfristiges politisches Programm, das jenseits konkreter Entscheidungen auf einen umfassenden Mentalitätenwandel abzielte:

»Ich habe mein unmittelbares ›Regierungsprogramm‹ in das einfache Wort eingepackt: Entkrampfung. Damit ist natürlich noch nicht die oder die konkrete Entscheidung geleistet, aber eine psychologische Situation geschaffen, die die innere Gesundung der Deutschen erleichtert.«[65]

Dieses brieflich formulierte Selbstverständnis brachte er immer wieder auch in die öffentliche Diskussion ein und formulierte es z. B. in der Rede »Stilfragen der Demokratie« von 1955 so:

»Mein ›Programm‹ ist in ein Wort zusammengefaßt, und das heißt ›Entkrampfung‹. Halten Sie das bitte nicht für falsches Pathos, sondern die einfache und schwere Aufgabe, die Deutschen aus der Verkrampfung der Hitlerzeit und der furchtbaren Verkrampfung der Nachkriegszeit etwas herauszulösen.«[66]

»Seelische Selbstreinigung«, »innere Gesundung«, »Entkrampfung« sind in den Jahren nach 1945 wiederkehrende Beschreibungen des von Heuss nachdrücklich angemahnten Mentalitätenwandels. Bemerkenswerterweise bezog sich Heuss dabei gleichermaßen auf die Jahre vor und nach 1945, woran erkennbar wird, daß in seinen Augen nicht nur die »moralische Katastrophe« des Nationalsozialismus, sondern auch die politische Katastrophe des deutschen Nationalstaates die Identität der Deutschen nachhaltig erschüttert hatte. Vor diesem Hintergrund war die Wiedererlangung eines Nationalbewußtseins, was durch die deutsche Teilung noch zusätzlich erschwert war, von entscheidender Bedeutung. Deshalb stießen Fragen der Staatssymbolik auf das besondere Interesse von Heuss.

Staatssymbole sollen »die an sich unanschaulichen, die Gemeinschaft tragenden Ideen zur Anschauung bringen und dadurch persönliches Bekenntnis und Anteilnahme des Bürgers ermöglichen«.[67] Ohne den Charakter der Vorläufigkeit zu leugnen, setzte sich Heuss doch deutlich von der Auffassung der Bundesrepublik als Provisorium ab und verstand den neuen Staat als »Transitorium« zu einem wiedervereinigten Deutschland;[68] mit seiner Gründung besitze dieser eine eigene Legitimität, die sich entsprechend darzustellen habe. Schon im Parlamentarischen Rat hatte Heuss für die Farben Schwarz-Rot-Gold plädiert, die Präambel wesentlich mitgestaltet und sich für den aussagekräftigeren Staatsnamen »Bundesrepublik Deutschland« eingesetzt. Diese Linie führte er nach seinem Amtsantritt fort, indem er in deutlicher Abweichung vom Ordensverbot der Weimarer Republik und im Kontrast zum Ordenswesen des Nationalsozialismus verschiedene Orden und Ehrenzeichen wie das »Silberne Lorbeerblatt« (1950) und den Verdienstorden der Bundesrepublik (1955) einführte und den Orden »Pour le mérite« erneuerte.[69]

Schwierigkeiten bereitete jedoch die Nationalhymne.[70] Da sich bei verschiedenen Gelegenheiten die Notwendigkeit ergab, den neugegründeten Staat auch musikalisch zu repräsentieren, und angesichts des Mißbrauchs des Deutschlandlieds durch die Nationalsozialisten suchte Heuss nach einer Alternative, die er in einer von Hermann Reutter komponierten und von Rudolf Alexander Schröder gedichteten Hymne fand. Bei der probeweisen Ausstrahlung über Rundfunk zum Jahreswechsel 1950/51 stieß sie auf weit verbreitete Ablehnung; die pejorative Abwertung als »schwäbischer pietistischer National-Choral« stammte von Kurt Schumacher. Heuss schließlich steckte angesichts des Widerstandes zurück und arrangierte sich mit Adenauer, der die dritte Strophe des Deutschlandlieds bevorzugte und sie bisweilen – sehr zum Unwillen der Alliierten und der SPD – anstimmen ließ. Der Briefwechsel wiederum, mit dem diese Lösung publik gemacht wurde, stammte in beiden Teilen von Heuss selbst. Konnte er seine Vorstellungen nicht durchsetzen, so blieb er doch Herr des Verfahrens und konnte seine Einflußsphäre auch öffentlich gegen den Bundeskanzler wahren.[71] An dieser Auseinandersetzung wird deutlich, wie wichtig Heuss Fragen der Staatsrepräsentation erschienen, welche politische Bedeutung er gerade unter dem Bildungs- und Erziehungsaspekt diesen Fragen beimaß und weshalb er auch in Einzelfragen auf solche vermeintlich unwichtigen Stilfragen besonderen Wert legte.[72]

Die andere Einflußmöglichkeit, die Heuss intensiv zu nutzen verstand, waren schließlich die Ansprachen. Auf sie verwendete er besonders viel Sorgfalt, da sie im Rahmen seiner kulturpolitischen Ausgestaltung des Amtes von zentraler Bedeutung waren. Seine »großen Reden«[73] wurden für seine Nachfolger, wie Roman Herzog bekannte, zum Vorbild: »So hat er den Stil der Bundesrepublik, aber auch den Stil des Präsidentenamtes geprägt. Von dem Bonus, den er durch seine Art, das Wort zu handhaben, erwarb, von seiner Rhetorik also, haben alle seine Nachfolger, mich eingeschlossen, profitiert.«[74] Auch die Öffentlichkeit nahm das Staatsoberhaupt zusehends als Redner wahr: Im Juni 1959 etwa zählten 42 % der Befragten »Soll ein guter Redner sein« zu den Eigenschaften eines guten Bundespräsidenten.[75]

Am Ende seiner Amtszeit kam es im Zusammenhang mit der geplanten Kandidatur des Bundeskanzlers für das Amt des Bundespräsidenten zu einem ernsthaften Streit zwischen den beiden Amtsinhabern. Adenauers Äußerung, daß das Amt des Bundespräsidenten »zu gering eingeschätzt« werde, empfand Heuss als »ganz einfach unbillig« und reagierte entsprechend heftig.[76] In diesem Brief findet sich die vielleicht konzentrierteste Stellungnahme von Heuss zu seinem Amtsverständnis:

> »Ich selber habe mein Amt, wie Sie selber spüren müssen, immer als ein eminent politisches begriffen und zu führen gesucht, wenn es auch oft genug sich wesentlich in den Sphären des Metapolitischen auswirkte – wollen Sie, bitte, was ich in den Kreisen der Wissenschaft und der musischen Dinge zum ersten Mal in der deutschen Geschichte, neben Ludwig I. von Bayern und wohl

auch Friedrich Wilhelm IV. an Goodwill für den Staat geschaffen habe, nie vernachlässigen«.[77]
Entgegen einer weit verbreiteten Einschätzung[78] entpuppt sich die scheinbar unpolitische Amtsführung von Theodor Heuss aufgrund der verfassungsrechtlichen Vorgaben im »Paragraphengespinst« des Grundgesetzes, aufgrund des in seinem »Menschentum« angelegten Politikverständnisses und aufgrund der spezifischen Ausprägung des »politischen Kräftespiels« im ersten Jahrzehnt der Bundesrepublik Deutschland als »eminent politisch«, obwohl und gerade weil sie auf Kompetenzstreitigkeiten und Machtkonflikte verzichtete. Der große »metapolitische« Einfluß, den Heuss sich auch gerade deshalb sichern konnte, beruhte zu einem großen Teil auf seinen Reden.

3. Bundespräsident Theodor Heuss als Redner

Wenn Heuss als Bundespräsident eine Rede hielt, sprach er nicht als Abgeordneter oder als Landesminister, sondern unterlag ganz zwangsläufig bestimmten Zwängen.

»Einerseits kann der Bundespräsident, so wie unsere Verfassung sein Amt nun einmal ausgestaltet hat, wenn überhaupt, nur durch Reden politisch wirken. Andererseits müßte er aber, ebenfalls streng nach dem Grundgesetz, überhaupt keine einzige Rede halten, um seine verfassungsmäßigen Aufgaben zu erfüllen.«[79]
Die Redetätigkeit selbst ist verfassungsrechtlich nicht geregelt und wird allenfalls unter dem Aspekt der Gegenzeichnungspflicht aktuell: Ist der Bundespräsident verpflichtet, um der Gegenzeichnungspflicht nach Art 58 GG Genüge zu tun, seine Reden vorzulegen und genehmigen zu lassen? Dort heißt es: »Anordnung und Verfügungen des Bundespräsidenten bedürfen zu ihrer Gültigkeit der Gegenzeichnung durch den Bundeskanzler oder durch den zuständigen Bundesminister.« Während die herrschende Meinung unter den Verfassungsrechtlern eine Gegenzeichnungspflicht bejaht,[80] entwickelte sich die politische Praxis anders.

Als Heuss noch 1949 in einem AP-Interview sich zur Frage eines deutschen Wehrbeitrags äußerte, bremste Adenauer den Bundespräsidenten,[81] woraufhin dieser zurücksteckte; andererseits beharrte Heuss erfolgreich darauf, daß seine Reden – abgesehen von den bei Staatsbesuchen gehaltenen, die vom Auswärtigen Amt gegengelesen wurden – nicht der Gegenzeichnungspflicht nach dem Grundgesetz unterstanden. Noch 1958 verwahrte sich Heuss gegen eine mögliche Einflußnahme Adenauers auf seine Neujahrsansprache und verwies in einem Brief dezidiert auf seine Unabhängigkeit:

>»Ich habe nie erwartet oder erwarten können, daß Sie mit jedem Wort, das ich sprach oder schrieb, einverstanden sein würden, Sie haben aber auch nie eine ›Zensur‹ beansprucht, auf die ich mich, nach meiner Natur und nach meiner Amtsstellung, nie eingelassen hätte«.[82]

In diesem Zusammenhang sprach Heuss Adenauer auch einmal auf die grundsätzliche Problematik an und berichtete in einem Brief an Toni Stolper: »Ich sagte ihm, es sei nett, daß er nicht gemerkt habe, daß ich die zehn Jahre hindurch verfassungswidrig gehandelt habe, da ich keine meiner politischen Reden ihm oder einem Ressort zur ›Gegenzeichnung‹ vorgelegt habe.« Die Antwort Adenauers gab er so wieder: »Ja, darüber sei wohl gelegentlich gesprochen worden, aber das hätte man sich nicht getraut als Einwand zu melden.«[83]

Der spätere Bundespräsident Karl Carstens, selbst Staatsrechtslehrer, beschrieb seine Abkehr von der herrschenden Lehre wie folgt: »Auch ich habe, mindestens in der Tendenz, 1971 einen ähnlichen Standpunkt eingenommen. Heute muß ich sagen, daß diese Auffassung nicht haltbar ist.« Und weiter: »Kein Bundespräsident hat, soweit ich weiß, die Bundesregierung vor seinen Reden um ihre Zustimmung gebeten.«[84] Heuss sicherte sich (und seinen Nachfolgern) also nicht de iure, aber de facto mit den Reden einen eigenen politischen Gestaltungsspielraum, der zwar nicht in die exekutiven Befugnisse eingriff, aber in hohem Maße öffentlichkeitswirksam war. Diese Unabhängigkeit verhinderte die vollständige Einbindung des Bundespräsidenten in die Regierungsgeschäfte als bloßer »Staatsnotar« wie sie gleichzeitig die persönliche Autorität der Amtsinhaber festigte. Dementsprechend wird gerade in den Reden ein wesentliches Merkmal der Amtsführung des Bundespräsidenten gesehen: Für Arnulf Baring ist er der »wichtigste Meinungsbilder des Landes«; Golo Mann spricht vom »Redner als Erzieher«.[85]

Der Bundespräsident muß zu allem sprechen können. So werden Reden zum einen bei Amtsantritt und am Ende der Präsidentschaft erwartet, die, auch wenn so etwas nicht vorgesehen ist, mitunter den Charakter von programmatischen Erklärungen bzw. Rechenschaftsberichten annehmen. Dann gibt es zweitens die wiederkehrenden Redeanlässe wie z. B. die traditionelle Silvesteransprache, die zwischenzeitlich im Tausch mit dem Bundeskanzler auf Weihnachten vorgerückt ist, den Neujahrsempfang für das diplomatische Korps oder die regelmäßigen Ordensverleihungen. Drittens spricht der Bundespräsident, zumeist auf Einladung, bei offiziellen Zusammenkünften gesellschaftlich relevanter Gruppen und bei bedeutsamen Ereignissen. Als vierte Gruppe lassen sich Würdigungen von Einzelpersonen anläßlich eines runden Geburtstages oder auch ihres Todes und von Institutionen und Vereinigungen anläßlich eines Jubiläums herausheben. Schließlich kommen als sechste Gruppe die Reden auf Auslandsreisen und bei Staatsgästen hinzu. Eine eigene Tradition entwickelten in diesem Zusammenhang die Gedenkreden, die sich mit dem Nationalsozialismus beschäftigen.

Die Bundespräsidentenrede ist aber nicht nur in das verfassungsrechtliche Geflecht eingebunden, sondern weist in ihrer Kommunikationsstruktur Besonderheiten auf. Dolf Sternberger umschreibt dies so:

»Die Ansprache des Bundespräsidenten hat keine weitere Handlung zum Ziel, sie ist selbst die Handlung. Dieser Redner steht allein, er hat keine Konkurrenten und keine Gegner, es findet – in aller Regel – keine Debatte statt. Er will auch nicht werben, mindestens nicht für spezielle Aktionen und Personen, allenfalls für den Staat selber. Diese Art Rede ist, was die Rede-Situation betrifft, am ehesten der Predigt zu vergleichen, hat viele Merkmale mit ihr gemein. Sie ist eine Art weltlicher Predigt.«[86]

Dadurch, daß der Bundespräsident für das ganze Volk, für alle sprechen muß, ist der »Konsens-Druck« besonders hoch. Dies mag bei beiläufigen Anlässen wie Empfängen, Jubiläen usw. weniger ins Gewicht fallen, bei Gedenkreden, die politische Kontroversen beinhalten – und dies ist bei Gedenkreden zum Nationalsozialismus immer der Fall – wiegt dies um so schwerer. In den Begriffen der Rhetorik gesprochen: Die Bundespräsidentenrede gehört dem *genus demonstrativum* an, der Lob- und Gedenkrede, nicht dem *genus deliberativum*, der politischen Streitrede, und nicht dem *genus iudicale*, der Gerichtsrede. Der Bundespräsident muß versuchen, für das ganze Volk zu sprechen; er ist, zumal bei den hier interessierenden Anlässen, an eine »konsensorientierte Gedenktagsrhetorik« gebunden.[87] Umgekehrt konstituiert sich die öffentliche Meinung in einer pluralistischen Gesellschaft wie der Bundesrepublik gerade durch ihre kontroversen Äußerungen. Dadurch gerät die Präsidentenrede in eine rhetorische Aporie, die darin besteht, daß das Staatsoberhaupt für alle sprechen soll, die alle nicht der gleichen Meinung sind. Das *genus demonstrativum* und das *genus deliberativum* schieben sich gleichsam ineinander. Der hohe »Konsens-Druck« erschwert dezidierte Stellungnahmen und begünstigt druckreife Formelkompromisse.

Allein in seiner zehnjährigen Amtszeit als Bundespräsident hielt Heuss mehr als 500 schriftlich vorbereitete Ansprachen,[88] wobei er bei der Redeproduktion seinen eigenen Stil pflegte. Die aus der antiken Kunstlehre stammenden Bearbeitungsphasen *inventio – dispositio – elocutio – pronuntiatio – memoria*,[89] die Heuss als Absolvent eines humanistischen Gymnasiums vertraut waren, gestaltete er gemäß seinen eigenen Bedürfnissen. Wie Heuss als Bundespräsident seine Reden schrieb, läßt sich am Beispiel der Silvesteransprache am 31. 12. 1955 besonders gut dokumentieren, da man den Entstehungsprozeß anhand der an Toni Stolper gerichteten »Tagebuchbriefe« nachvollziehen kann. Der erste Hinweis findet sich Anfang Dezember:

>»Und ›interessante‹ Reden kriegst Du jetzt auch nicht mehr zu konsumieren«, schrieb Theodor Heuss am 1. Dezember 1955 an die Freundin und vertraute Briefpartnerin, »denn ich werde in den kommenden Monaten keine halten! Nur die Sylvesteransprache steht noch etwas ›bedrohlich‹ vor mir – spreche ich sie vor der Fahrt nach Lörrach – vermutlich 17. 12. – ›auf Band‹, oder erst dort? Was sage ich zu der verstörten außenpolit. Lage – am 18. 12. Wahlen im Saargebiet, über die ich vermutlich nichts sagen werde. Es ist ein für mich seltsames Gefühl, keine ›drohenden‹ Reden überdenken zu müssen. Im sterbenden Jahr waren es zuviel. Es hat ja einen Reiz, beim seltenen Spazierengehen darüber zu sinnieren, was die Technik, was der Schiller, was die ›Stadt der Zukunft‹ an Deutung erwarten – und es ist mir, ich weiß es selber, manchmal Gutes eingefallen, und es hat ein Lustgefühl des Produzierens geweckt. Aber es war in der Termin-Nähe auch manchmal eine arge Last, und von der fühle ich mich frei.«[90]

Das Redenschreiben war für Theodor Heuss Last und Lust zugleich. Wenn man die Anzahl der Reden – rein rechnerisch – mit der Amtszeit in Beziehung setzt, ergibt sich, daß Heuss jede Woche durchschnittlich eine größere Rede gehalten hat. Insofern ist es nicht weiter verwunderlich, daß er die Pflicht, Reden zu halten, als Bürde, als »arge Last« empfand: »Im sterbenden Jahr waren es zuviel.« Auf der anderen Seite hatte Heuss Freude daran, und er empfand ein »Lustgefühl des Produzierens«. Die von ihm besonders hervorgehobenen Themen waren nicht nur durch die Stellung des Bundespräsidenten vorgegeben, sondern entsprachen auch dem politischen Selbstverständnis und den persönlichen Neigungen von Theodor Heuss. Nicht die aktuelle Tagespolitik mit der Bewertung von Wahlergebnissen, sondern »metapolitische« Fragen waren sein Anliegen.

Einen Monat vor dem Redetermin beschäftigte sich Heuss also bereits mit der Ansprache, die natürlich, weil sie zu einem außergewöhnlichen Anlaß über den Rundfunk weithin verbreitet wurde, besondere Bedeutung besaß. Sie war ihm aber auch deshalb so wichtig, weil er sich nicht auf unverbindliche Neujahrsgrüße beschränken wollte, sondern die Rede dezidiert als eine politische verstand. Im Produktionsstadium der *inventio* überlegte er, auf die »außenpolit. Lage« gezielt einzugehen bzw. die anstehenden »Wahlen im Saargebiet« bewußt auszusparen.

In den nächsten drei Wochen beschäftigte sich Heuss immer wieder mit dieser Ansprache. Als Heuss die ihm angetragene Gedenkrede zu Feier des 100. Todestages von Heinrich Heine abgelehnt hatte, wurde der deutsch-tschechische Schriftsteller jüdischer Herkunft Max Brod, der Herausgeber Kafkas, gefragt. Dies rief das Entsetzen von Heuss hervor: »Aber welche instinktlose Simpelei, einen jüdischen Mann aus Tel Aviv kommen zu lassen! Das heißt: in Deutschland findet sich keiner, der das ›heiße Eisen‹ anfassen will!« schrieb er am 4. 12. an Toni Stolper.[91] Angesichts möglicher Mißverständnisse, wenn er der Feier fern bleiben sollte – »bleibe ich weg, heißt es auf einmal, was hat denn der Heuss gegen jüdische Menschen und Dichter? Er ist doch sonst nicht so« –, wollte er die Silvesteransprache zu einer Klarstellung benutzen:

»Aber ich habe bei meinem Parkspaziergang, der mir ›noch und noch‹ Verse in Heinescher Manier hätte schenken können – die Manier haben wir zwischen dem 16. und 19. Lebensjahr beherrscht – die ›rettende‹ Idee gehabt. In meiner Neujahrsansprache werde ich, auf das Schillerjahr 55 ein ›kurzes Auge‹ werfend, von dem Mozart- und Heinejahr 1956 etwas sagen, einfach ein paar rund formulierte Sätze, und dann bin ich ›fein heraus‹.«[92]

Nicht der Entwurf aus einem Guß, kein in sich geschlossenes Konzept, sondern das allmähliche Zusammenwachsen einzelner sich im Lauf der Vorbereitung ansammelnder Elemente, eine sich über mehrere Wochen hinziehende *inventio*, kennzeichnet seine Produktionsweise in diesem Fall.

Zwei Tage später findet sich die nächste Mitteilung, die Heuss im Stadium der *dispositio* bzw. der *elocutio* zeigt: »Nun ist es aber genug darauf los geplaudert – es ist 3/4 10 geworden und das Programm des Abends sieht noch eine Rohskizze für die diesmal ziemlich schwierige Sylvesteransprache vor«.[93] Unter dem Datum »8. 12.« heißt es: »1. 10. Und nun ist 1 Uhr vorbei. Aber die Sylvesterrede ›im Griff‹ – die ersten Seiten – Genf 1, Genf 2 – niedergeschrieben und stenographisch Fortsetzung und Einfälle notiert.[...]«.[94] Allerdings verrät eine Bemerkung drei Tage später wieder Ernüchterung: »und dann bedroht mich die – Sylvesteransprache. Kann man, darf man sie schon jetzt formulieren? Ludwig rät, sie erst bei ihm ›auf Band‹ zu sprechen.« Auch in den nächsten Tagen kam Heuss anscheinend nicht weiter; am 19. 12. schrieb er an Toni Stolper:

> »Mein hiesiges Tun? Statt der Sylvesterrede mich zuzuneigen, habe ich gestern Abend bis zur gewohnten Späte (plus 1 1/2 Flaschen Rotwein!) sechs Seiten dieses Formates, mit etwas größerem Schrift-Duktus niedergeschrieben und meine Ansichten über ›Oberbefehl‹, Militärtradition, ›Repräsentation‹ und dergl. niedergeschrieben.«[95]

Erst kurz vor Weihnachten vollendete er die Rede. Am 21. Dezember, also drei Wochen nach der ersten Erwähnung in den »Tagebuchbriefen«, schloß er die Phase der *elocutio* ab:

> »So die ›Jungen‹ haben sich schon vor einer Stunde gelegt, aber ich will noch ein bißchen zu dir hindenken. Die ›Pflicht‹ ging voran – höchst intensiv schrieb ich die gestern begonnene Sylvester-Ansprache zu Ende und eben fabrizierte ich auch etwas für den Rundfunk: Adenauers 80. Morgen kommt noch etwas für die Auslandsdeutschen – anstrengende Tradition! Was kann einem immer Neues einfallen? Alles geht morgen nach Bonn zum Abtippen; hier entstehen zu viel Pannen und Bott, seit heute in Stuttgart, soll kontrollieren. Er hat mir 2 Seiten Stichworte hierhergesandt, *alles* soll drankommen, in 15 Minuten – Du kriegst dann den Kram. Schade, daß Du ihn nicht hören kannst. Das Sylvester-Zeug ist immer schwer bei meiner Scheu vor banalen Wiederholungen. Aber ich habe elegant den Mozart *und* den Heine untergebracht«.[96]

Die Vermutung, Heuss sei ein langsamer Redenschreiber, ein zögerlicher Formulierer, trifft allerdings nicht zu, da die Abfassung des Textes parallel lief mit anderen schriftlichen Arbeiten, etwa der Erstellung einer Denkschrift über den Oberbefehl, oder schriftstellerischen Tätigkeiten wie der Arbeit an dem Sammelband »Die Großen Deutschen«.[97] Nach dem Abtippen des Manuskripts in Bonn wurde die Ansprache in Lörrach aufgenommen, worüber Heuss Toni Stolper folgendes berichtete:

»Das war heute so: der Rundfunkaufnahmewagen von Freiburg war auf 11 Uhr bestellt, Aufnahme meiner drei Ansprachen[98] in meinem Zimmer, zur Vermeidung von Nebengeräuschen für 3/4 Stunden Klo-Besuch den Einwohnern des Hauses untersagt, Polizei von Ludwig beauftragt, für diese Zeit kein Töff-Töff usf. durchzulassen – aber der Wachpolizist und die Briefträgerin waren sich darin einig, daß diese akustischen Vorsichtsmaßnahmen für einen Brief aus New York keine Geltung besäßen – so klingelte es vergnügt an der Haustür, zu Ludwigs hohem Polizei-Erstaunen. Aber da ich nicht gerade das Diktaphon besprach, sondern Pause für Themenwechsel, kam das Signal nicht ›aufs Band‹. Aber dein Brief lag mit freundlicher Geduld neben meinen Manuskriptseiten, bis ich mein Programm ›abgewickelt‹ hatte. Du kriegst die Dinge, wenn sie im ›Bulletin‹ vorliegen.«[99]

Betrachtet man im Vergleich dazu die Überlieferung, so ergibt sich folgendes Bild. Im politischen Nachlaß findet sich der handschriftliche Entwurf der Rede sowie die Endfassung mit Sperrfristvermerk,[100] die auch im Nachlaß des Bundespräsidialamtes enthalten ist, dort ist überdies eine maschinenschriftliche Fassung mit Korrekturen überliefert.[101] Die in den »Tagebuchbriefen« erwähnten Vorentwürfe und stenographischen Notizen sind also nicht erhalten.

Diese Ansprache ist insofern ein Modellfall, als man aufgrund der Bemerkungen in den »Tagebuchbriefen« den Entstehungsprozeß unmittelbar verfolgen kann und daran das typische Vorgehen von Heuss deutlich wird. Vergleicht man den Entstehungsprozeß der Neujahrsansprache mit dem des folgenden Jahres, werden Unterschiede und Gemeinsamkeiten deutlich:

»Ich habe nach dem Wegdiktieren der Briefe, [...] einfach meine Sylvesteransprache von 15–20 Minuten in einem Zug heruntergeschrieben, 20. Parteitag, Satelliten, Suez, Saar, kommender Wahlkampf, zuviel Paragraphenperfektionismus – Bott las es vorhin und ist – zufrieden, obwohl ich gar nicht abgewartet habe, bis er mir wie sonst auf einen Zettel schrieb, was alles drankommen *müsse*! Jetzt ruht die Sache bis 27.12., da ich sie in dem auch dir bekannten Baden-Badener Studio erzähle – da kann ja das Neue noch eingefügt werden. Aber die Anlage steht.«[102]

Es handelte sich bei den Reden von Theodor Heuss nicht um improvisierte Ansprache aus der Situation heraus. Vielmehr sind immer mehr oder weniger intensive Spuren der Vorbereitung nachweisbar. Eine Rede konnte relativ schnell entstehen oder, wie im obigen Fall, einen längeren Zeitraum der Vorbereitung erfordern. So begann Theodor Heuss mit der Vorbereitung seiner Abschiedsrede als Bundespräsident bereits Ende Juli, also über sechs Wochen vorher: »Denk Dir, womit ich gestern Abend begonnen: Radio-Abschiedsrede vom 12. September. Noch ungewiß, ob die Sache was wird. Du darfst fleißig mitüberlegen.«[103] Die Dauer und die Intensität der Vorbereitung hing also ab vom Anlaß und vom Thema der Rede, aber auch von den Amtsgeschäften und den sonstigen Verpflichtungen.

Unter Heranziehung entsprechender Äußerungen aus seinem Umfeld ergibt sich dabei folgendes Bild des Redenschreibers Theodor Heuss. Er schrieb im Unterschied zu seinen Nachfolgern alle wichtigen Reden selbst: »Ich erzählte L[übke], was er ja schon wußte, daß ich meine Reden halt alle selber gemacht, daß ich aber Grußworte an Kriegsgefangene und dergl. von dem Schicksalgenossen [!] Oberüber entwerfen ließ«.[104] Dies wurde auch von seinen Mitarbeitern vielfach bestätigt; sein persönlicher Referent Hans Bott bemerkte, daß »er seine Reden in Stichworten selbst verfaßte«.[105] Der Chef des Präsidialamtes Manfred Klaiber berichtete: »Als Meister des Wortes und der Sprache formulierte er seine Reden selbst. Er will sich nicht mit fremden Federn schmücken.«[106] Sprach Heuss wiederholt davon, eine Rede »gedichtet« zu haben, drückte sich darin sein Stolz über die eigene Autorenschaft aus.[107] Den Einfluß der Mitarbeiter auf Heuss schätzte Klaiber so ein:

> »Anregungen werden dankbar entgegengenommen, vorbereitete Texte jedoch abgelehnt. Er läßt es zu, daß Gedankengänge, wenn sie zu anspruchsvoll und zu hoch im Geistesflug sind, vereinfacht werden. Im Sprachgebrauch des Bundespräsidialamtes wird dieser Vorgang ›Entheussen‹ der Reden genannt. Die Vereinfachung darf aber nie zur Banalität führen, die Theodor Heuss haßt.«[108]

Es gab also keinen Redenschreiber, keine Reden-Werkstatt, sondern nur das Gespräch mit Mitarbeitern, deren Anregungen er dann aufgriff, wenn sie in seinem Sinne waren.[109]

Abgesehen von ritualisierten Grußworten, die er auch einmal seinen Mitarbeiter Oberüber schreiben ließ, beharrte Heuss auf der eigenen Autorenschaft. Anläßlich des Besuchs des italienischen Ministerpräsidenten Segni im Februar 1956 ignorierte er die Vorlage für eine Tischrede aus dem Außenministerium und formulierte eine eigene Ansprache, nicht ohne dies stolz und kokett mitzuteilen:

»Meiner staatsmännischen Pflicht habe ich eben genügt [...]: ich habe auf Brentanos Wunsche meine Tischrede für den Staatsbesuch der Italiener niedergeschrieben. Die muß nämlich übersetzt und dem Signor Segni für eine Antwort vorgelegt werden. Brentano hatte mir, wie das so zu geschehen pflegt, von seinem Italienreferenten einen Entwurf schicken lassen. Du kannst Dir ungefähr denken, daß ich kein Wort, kaum einen Gedanken davon übernahm, nur die Schlußfloskeln, auf wessen Gesundheit das Glas zu erheben ist. Ich bin nun a) gespannt, ob Brentano Änderungen wünscht, b) ob die Italiener jemand ›an der Hand‹ haben, der auf meine Tonlage anspringt.«[110]

Der Entstehungsprozeß vollzog sich in der Regel schrittweise: von ersten Gedanken und Notizen zur handschriftlichen »Rededisposition«.[111] Diese bestand aus fortschreitend eingerückten Textpassagen: mehr als »Stichwörter«, wie Bott es nannte, aber (noch) kein ausformulierter Text. Diese Disposition wurde dann in derselben graphischen Anordnung getippt und diente Heuss, da er auf das Einprägen der Rede *(memoria)* verzichtete, als Redevorlage. Diese war im Format DIN A 5 (oder kleiner) gehalten, um die rhetorische Wirkung nicht zu beeinträchtigen. So gab er seinem Nachfolger Lübke den Rat: »Ich hatte dem Guten ganz brav meine Rede-Technik mitgeteilt: gestufte Textfetzen auf kleinen Papieren, die man am Schluß in der Rocktasche verschwinden läßt, statt mit den großen Bögen abzuziehen«.[112] Bei besonderen Anlässen wie der Neujahrsansprache oder anderen Rundfunkansprachen, aber auch bei besonders bedeutsamen Gelegenheiten wie der Rede zum 20. Juli 1954 wurde eine druckfertige Endfassung angefertigt, die zumeist mit Sperrfristvermerk an die Presse ging und dann in der Regel im Bulletin veröffentlicht wurde. Dieser Entstehungsprozeß läßt sich schematisch so darstellen:

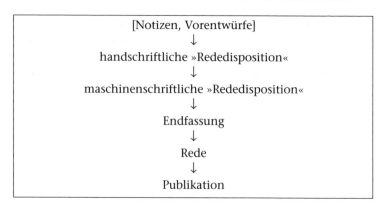

Die andere Variante läßt sich am Beispiel der Rede »Das Mahnmal«
in Bergen-Belsen nachvollziehen. Im Programm war schon festgehalten worden: »Die Rede des Bundespräsidenten wird auf Band und
von einem Landtagsstenographen aufgenommen. Dieser begibt sich
im Anschluß an die Feier zum Sonderzug, wo er die Rede in die
Maschine diktiert – 2 Durchdrucke an Dr. Werz vor der Ankunft in
Hannover«.[113] Auf der Rückfahrt nach Bonn wurde die so erstellte
Mitschrift korrigiert. »Nach dem Abendessen Durchsicht der Ansprache Belsen«, hieß es im Programm.[114] Diesen Ablauf bestätigt die
Äußerung von Heuss in einem Brief: »Nun hatten wir [...] ja bereits
auf dem Weg von Belsen bis Hannover im Zug das Stenogramm
durchkorrigiert, und, in Bonn angekommen, kam ein druckfertiges
Stück an die jüdische Wochenzeitung.«[115] Der gesprochene Text
wurde auf Tonband aufgenommen und/oder mitstenographiert, die
so entstandene Redemitschrift dann unter Heranziehung der Rededisposition korrigiert, so daß eine druckfertige Endfassung entstand.[116] Dieser Entstehungsprozeß stellt sich so dar:

[Notizen, Vorentwürfe]
↓
handschriftliche »Rededisposition«
↓
maschinenschriftliche »Rededisposition«
↓
Rede
↓
korrigierte Redemitschrift
↓
druckfertige, meist hektographierte Endfassung
↓
Publikation

Diese typischen Bearbeitungsstufen spiegeln sich in der Überlieferung in einer jeweils charakteristischen Weise. Bei manchen Reden ist nur die handschriftliche Rededisposition überliefert, was darauf schließen läßt, daß nur diese – der geringeren Wichtigkeit des Anlasses gemäß – angefertigt wurde. Bei anderen Anlässen zeigt der Vergleich der verschiedenen Bearbeitungsstufen, daß mehrere Zwischenkorrekturen stattfanden. In anderen Fällen wurde keine Endfassung erstellt, weil die Nachfrage nicht so groß bzw. keine Veröffentlichung geplant war. Es zeigt sich also, daß Heuss seine Reden nach einem bestimmten Modell vorbereitete, das – bis hin zur Größe des Formats und dem Zeilenfall – auf die konkrete Redesituation hin entwickelt worden war. Dies waren aber keine Stichwörter, auf deren Grundlage Heuss improvisierte, sondern weitgehend feststehende Formulierungen, wie ein Vergleich der verschiedenen Bearbeitungsstufen der Rede »Das Mahnmal« zeigt.

In der maschinenschriftlichen Rededisposition lautet die Anfangspassage so; die charakteristischen Einrückungen lassen sich im Original deutlich erkennen:

»Als gefragt wurde, ob ich heute, hier solchen Anlass [!] ein Wort zu sagen bereit, ohne lange Überlegung mit Ja geantwortet.

Ein Nein der Ablehnung, der Ausrede wäre mir als Feigheit vorgekommen.

Und wir Deutschen wollen, sollen, müssen will mir scheinen, tapfer zu sein lernen gegenüber der Wahrheit, und zumal auf einem Boden, der von Exzessen menschlicher Feigheit verwüstet wurde.«[117]

Theodor Heuss entwarf zunächst eine handschriftliche „Disposition",
die bereits die zentralen Formulierungen der Rede enthielt …

```
          B e l s e n
          ============

          Mahnmal
          30.11.52


Als gefragt wurde, ob ich heute, hier
                    solchen Anlass
     ein Wort zu sagen bereit,
ohne lange Überlegung mit Ja geantwortet.

Ein Nein der Ablehnung, der Ausrede wäre
     mir als Feigheit vorgekommen.

Und wir Deutschen wollen, sollen, müssen,
                 will mir scheinen,
     tapfer zu sein lernen gegenüber der Wahr-
                                         heit,
     und zumal auf einem Boden,
     der von Exzessen menschlicher Feigheit
                 verwüstet wurde.

Denn die bare Gewalttätigkeit,
     die sich mit Karabiner oder Pistole
               oder Rute verziert,
ist in einem letzten Winkel immer feige,

wenn sie gut gesättigt drohend und mitleid-
     los zwischen schutzloser Armut, Krankheit
               und Hunger umherstolziert.



                              - 2 -
```

… und die ihm – abgetippt – während der Ansprache vorlag. Die verbliebenen Formulierunglücken füllte er im Akt des Sprechens.

Der gesprochene Text hatte folgenden Wortlaut – die Formulierungen der Disposition sind unterstrichen:

>>Als ich gefragt wurde, ob ich heute, hier aus diesem Anlaß ein Wort zu sagen bereit sei, habe ich ohne lange Überlegung mit Ja geantwortet. Denn ein Nein der Ablehnung, der Ausrede, wär[e] mir als eine Feigheit erschienen, und wir Deutschen wollen, sollen und müssen, will mir scheinen, tapfer zu sein lernen gegenüber der Wahrheit, und zumal auf einem Boden, der von den Exzessen menschlicher Feigheit gedüngt und verwüstet wurde.<<[118]

Der schließlich publizierte Text hatte den folgenden Wortlaut, wobei die Formulierungen der Disposition wiederum unterstrichen, die Veränderungen gegenüber dem gesprochenen Text kursiv gesetzt sind:

>>Als ich gefragt wurde, ob ich heute, hier aus diesem Anlaß ein Wort zu sagen bereit sei, habe ich ohne lange Überlegung mit Ja geantwortet. Denn ein Nein der Ablehnung, der Ausrede, *wäre* mir als *[eine]* Feigheit erschienen, und wir Deutschen wollen, sollen und müssen, will mir scheinen, tapfer zu sein lernen gegenüber der Wahrheit, *[und]* zumal auf einem Boden, der von den Exzessen menschlicher Feigheit gedüngt und verwüstet wurde.<<[119]

Dieses Beispiel zeigt: Nicht nur der Duktus der Rede, sondern auch die Formulierungen zentraler Passagen standen mit der Erstellung der Disposition weitgehend fest; lediglich einzelne Konjunktionen, Verben und Partikel wurden dann beim Sprechen eingefügt. Die endgültige Form erhielt die Rede also beim Vortrag, die dann für den Druck weitgehend übernommen wurde. Dieses System der Vorbereitung war andererseits aber auch so flexibel, daß einzelne Sätze eingefügt werden konnten.

Auch hatte das Vorgehen von Heuss den Vorteil, daß seine Reden nie abgelesen wirkten, da für die Zuhörer kein Manuskript sichtbar war und die spontan zu füllenden Formulierungslücken den Eindruck einer freien, ja improvisierten Rede erweckten. Pausen, Modulationen der Stimme usw. waren so keine einstudierten Effekte, sondern Ergebnis der in der Situation zu leistenden endgültigen Formulierung. Andererseits markierten Unterstreichungen in der Disposition die geplanten Betonungen beim Vortrag. Diese waren in der maschinenschriftlichen Fassung schon enthalten, aber oft noch handschriftlich ergänzt, was darauf hindeutet, daß Heuss vor der Rede den Text noch einmal durchging und ihn für den Vortrag präparierte, um eine möglichst wirkungsvolle *pronuntiatio* zu erreichen. Bei der Betrachtung des Entstehungsprozesses seiner Reden wird deutlich, daß der Eindruck der improvisierten freien Rede[120] auf einer intensiven Vorbereitung beruhte. So bekannte Heuss auch gegenüber Toni Stolper: »Seit ich BuPrä bin, mach ich es nicht mehr mit der Improvisation.«[121]

4. Die Antrittsrede (1949) als programmatischer Auftakt

Das erste Auftreten des Bundespräsidenten Theodor Heuss als Redner war die Antrittsrede, die er am Abend des 12. September 1949 im Bundestag hielt. Zwar vermied er konkrete Ankündigungen, doch gewannen seine Äußerungen als erste Kundgebung des neuen Staatsoberhaupts programmatische Bedeutung: »Es ist nicht meine Aufgabe und kann nicht meine Vermessenheit sein, in dieser Stunde so etwas wie ein Regierungsprogramm Ihnen vorzutragen. Das ist nicht meines Amtes. Aber Sie haben einen Anspruch darauf, Auffassungen von mir kennenzulernen.«[122] Im Rückblick auf die »*Mittleraufgabe*«, die ihm im Parlamentarischen Rat zugewachsen sei, in seiner Abgrenzung von der »Ellbogenpolitik« und unter Hinweis darauf, »daß ich [...] auf der Rechten wie auf der Linken persönliche Freundschaften und Vertrauensverhältnisse besaß und heute besitze«, bestimmt Heuss seine Aufgabe als Bundespräsident, »nun als ausgleichende Kraft vorhanden zu sein.« Damit verzichtet er explizit auf gegen den Bundeskanzler gerichtete Machtansprüche; vielmehr sieht er seine Stellung als überparteilicher »Hüter der Politik«.

Neben aktuellen Problemen der Nachkriegszeit und des Staatsaufbaus, neben der Frage des Föderalismus, dem notwendigen Ausgleich zwischen den legitimen Ansprüchen der Zentralgewalt und den Interessen der einzelnen Länder, neben der Hypothek der deutschen Teilung und neben der Wiedererlangung der Souveränität im europäischen Rahmen geht Heuss auch auf die Notwendigkeit der Auseinandersetzung mit der nationalsozialistischen Vergangenheit ein:

»Es ist eine Gnade des Schicksals beim Einzelmenschen, daß er vergessen kann. Wie könnten wir als einzelne leben, wenn all das, was uns an Leid, Enttäuschungen und Trauer im Leben begegnet ist, uns immer gegenwärtig sein würde! Und auch für die Völker ist es eine Gnade, vergessen zu können. Aber meine Sorge ist, daß manche Leute in Deutschland mit dieser Gnade Mißbrauch treiben und zu rasch vergessen wollen. Wir müssen das im Spürgefühl behalten, was uns dorthin geführt hat, wo wir heute sind. Das soll kein Wort der Rachegefühle, des Hasses sein. Ich hoffe nur, daß wir dazu kommen werden, nun aus dieser Verwirrung der Seelen im Volk eine Einheit zu schaffen. Aber wir dürfen es uns nicht so leicht machen, nun das vergessen zu haben, was die Hitlerzeit uns gebracht hat.«[123]

Heuss erkennt das Vergessen als natürlichen Lebensvorgang an, warnt aber vor einer zu schnellen Abwendung von der Vergangenheit und mahnt eine kontinuierliche Auseinandersetzung mit dem Erbe des Nationalsozialismus an. Angesichts des Selbstverständnisses der neugegründeten Bundesrepublik als Nachfolgerin des Staates Hitlers und angesichts der Verpflichtung, das Erbe des Nationalsozialismus zu »internalisieren«, stellt das Erinnerungs-Postulat ein Legitimitätspotential dar.

Dabei deutet die Wortwahl – »Spürgefühl«, »Verwirrung der Seelen« – weniger auf eine juristische oder politische Auseinandersetzung hin als vielmehr auf eine psychologisch-moralische. Wie diese Heuss sich konkret vorstellt, geht aus dieser Passage nicht hervor, da er die Auseinandersetzung dem einzelnen anheim stellt und seinen Appell auf das »Nicht-Vergessen« beschränkt. Auf einer anthropologischen Ebene erscheint ihm eine Vergewisserung über die Vergangenheit für die Orientierung in der Gegenwart und für die Zukunft unabdingbar. Deshalb bedarf nicht nur die Epoche des Nationalsozialismus, auch wenn dies eine besondere moralische Verpflichtung darstellt, der kontinuierlichen Erinnerung. Insofern ist dieser Appell wider das Vergessen kein ausschließlich aus der Erfahrung der Diktatur Hitlers sich ergebendes erinnerungspolitisches Vorhaben. In der Beschäftigung mit der Geschichte, insbesondere in ihrer Befragung auf Konsequenzen für die Gegenwart, bildet sich der einzelne und verwirklicht die darin liegende pädagogische Chance.[124] War diese Auseinandersetzung schon in seinen Reden unmittelbar nach Kriegsende ein wichtiges moralisches Anliegen von Heuss, so erhält sie für seine Bundespräsidentschaft noch eine zusätzliche politische Dimension.

Die Notwendigkeit eines solchen Bekenntnisses steht nämlich in enger Verbindung zum Gelingen der Wiederbegründung der Demokratie im Nachkriegsdeutschland. Unmittelbar vor der oben zitierten Passage erinnert Heuss an die zweimal gescheiterte Durchsetzung der Demokratie. Im Unterschied zu 1918 sei »heute das Problem [...], wieweit die nahe Vergangenheit, die hinter uns liegt, noch seelisch

zwischen uns vorhanden« sei.[125] Beim Bemühen um die »Wiederbegründung deutscher Staatlichkeit, der Wiederherstellung staatlicher Autorität, auch bei der Herstellung eines ›nicht auf Demagogie‹, sondern auf Vertrauen beruhenden Verhältnisses der obersten
Staatsorgane zum Volk und umgekehrt«[126] spielt das Bekenntnis zur
nationalsozialistischen Vergangenheit eine entscheidende Rolle. Sie
ist nicht nur außenpolitisch nötig, um eine internationale Rehabilitation Deutschlands zu erreichen, sondern seiner Meinung nach
innenpolitisch unverzichtbar, um der Demokratie in Deutschland
endlich zum Durchbruch zu verhelfen.

Denn Demokratie bedeutet für Heuss mehr als das Funktionieren einer parlamentarischen Gesetzgebungsprozedur, was er in dieser Rede immer wieder variierend zum Ausdruck bringt. Bereits beim
einleitenden Dank an den Vater hebt er hervor, daß dieser »uns einen
Begriff davon gab, daß die Worte Demokratie und Freiheit nicht
bloße Worte, sondern lebensgestaltende Werte sind«.[127] Im Zusammenhang mit der Erörterung des Föderalismus-Problems sieht er
die bundesstaatliche Verfassung als »die großen Schulungsmöglich-
keiten und als die Voraussetzungen zu dem, was ich eine lebendige
Demokratie nennen möchte«, um den emphatischen Ausruf »Eine
lebendige Demokratie!« anzuschließen.[128]

Diese Vorstellung einer über den politischen Prozeß hinausrei-
chenden und das gesamte Leben umgreifenden Demokratie war für
Heuss also nicht nur ein persönliches Anliegen, sondern unabdingbare Voraussetzung für das Gelingen der Demokratie in Deutschland. Auf diese Weise gewann das von ihm nur ex negativo bestimmte Programm der »Entkrampfung« eine positive Bedeutung in
der Ausbildung der Mitverantwortung des einzelnen für den Staat.
Das ehrenamtliche Engagement stellte für ihn den sichtbaren Ausdruck dar: »Die Demokratie aber als Gesinnungskraft und Lebensform lebt aus dem Ehrenamt«, postulierte Heuss in seiner Grundsatzrede »Formkräfte einer politischen Stilbildung« von 1952 und
führte dies historisch auf den Freiherrn von Stein und dessen
Gedanken der Selbstverwaltung zurück.[129] Insofern wies er, als er
nach der »offiziellen« Rede vor der Bundesversammlung auf dem
Bonner Marktplatz zur Bevölkerung sprach, darauf hin, daß dies
»nicht bloß ein Nachspiel« sei. »Denn wenn die Verfassung nicht im
Bewußtsein und in der Freude des Volkes selber lebendig ist, dann
bleibt sie eine Machtgeschichte von Parteikämpfen, die wohl notwendig sind, aber nicht den inneren Sinn miterfüllen.«[130]

Die Etablierung der Demokratie im dritten Anlauf kann aber auch erst dann glücken, wenn die Besinnung auf die eigene Nationalität und kulturelle Tradition gelingt. So erinnert Heuss am Ende seiner Antrittsrede vor der Bundesversammlung an den 200. Geburtstag Goethes und an Bonn als Geburtsstadt Beethovens. Er mahnt:

»Wir stehen vor der großen Aufgabe, ein neues Nationalgefühl zu bilden. Eine sehr schwere erzieherische und erlebnismäßige Aufgabe, daß wir nicht versinken und steckenbleiben in dem Ressentiment, in das das Unglück des Staats viele gestürzt hat, und daß wir nicht ausweichen in hochfahrende Hybris, wie es ja nun bei den Deutschen oft genug der Fall war.«[131]

Nationale Identität beruht hier nicht auf politischer oder gar militärischer Stärke, sondern bewährt sich im Ausgleich und im Abwägen: »Wir haben die Aufgabe im politischen Raum, uns zum Maß, zum Gemäßen zurückzufinden und in ihm unsere Würde neu zu bilden, die wir im Inneren der Seele nie verloren.«[132] Die Ausbildung eines neuen, gemäßigten Nationalbewußtseins war also das übergeordnete Ziel, dem die Besinnung auf die kulturellen Traditionen dienen soll.

In seiner Rede »Sichtbare Geschichte« zur 100-Jahr-Feier des Germanischen Nationalmuseums von 1952 erhoffte Theodor Heuss ein »Sich-selbst-Wiederfinden der Nation«, wobei er weniger die Restitution des Nationalstaates anmahnte als vielmehr die Anknüpfung an das Erbe der deutschen Kulturnation forderte:

»Ich möchte glauben, daß gerade unsere Generation, unsere Gegenwart dies begreifen wird, die wir auch das Zerschlagenwerden und das noch Getrenntsein von Staatsapparaten erlebt haben und erleben – woher anders als aus der ewigen Substanz des Geistigen, in welchen Formen und Farben und Graden es sich manifestiere, entnehmen wir selber die Kräfte des Glaubens und der Gewißheit, mit denen wir den Wandel des vaterländischen Schicksals erwarten, womit wir ihm dienen.«[133]

In der Auseinandersetzung mit der Vergangenheit kann sich das Individuum seiner selbst als Teil der Nation vergewissern und so die verlorene bzw. erschütterte nationale Identität wiederherstellen, auch wenn der Nationalsozialismus diesen Traditionszusammenhang erschüttert habe. Angesichts der negativen Belastung Nürnbergs im Zuge des Dritten Reiches durch die Parteitage der NSDAP und durch die »Nürnberger Gesetze« sah Heuss die »geschichtliche Aufgabe«, »den Begriff ›Nürnberg‹ wieder zu reinigen und seinen gei-

stigen und künstlerischen Glanz nicht bloß vor dem eigenen Bewußtsein, sondern vor dem einer Welt neu zur Darstellung zu bringen«.[134] Am Ende dieser Rede findet sich die programmatische Verknüpfung des ethischen Imperativs, den Nationalsozialismus nicht
zu vergessen, mit der Chance, eine nationale Identität wieder zu
erlangen:

> »Wir glauben nicht, das Gedächtnis des Geschehens der bösen
> Jahre mit Worten auslöschen zu können, wir gehören auch gar
> nicht zu denen, die meinen, die Gnade des Vergessen-Könnens
> zur Schnell-Technik des Vergessen-Sollens ausbilden zu dürfen.
> Aber indem wir die Größe alter Jahrhunderte beschwören und an
> den Geist der Männer denken, aus deren Gläubigkeit dies Werk
> der Deutschen für die Deutschen erwuchs, straffen wir das eigene
> Bewußtsein zur neuen Pflicht und dürfen ein Erbe, das wir in
> Trümmern empfingen, in erneuter Gestalt als Erbe weitergeben
> denen, die uns folgen.«[135]

Das Nürnberger Museum erscheint damit als Symbol eines die Generationen übergreifenden nationalen Zusammengehörigkeitsgefühls, das in den kulturellen Leistungen begründet war und in seinem Fortwirken den Fortbestand der Nation verbürgte. Forderte
Heuss auch, die Erinnerung an den Nationalsozialismus wachzuhalten, so wurde die im Museum »sichtbare Geschichte« als positives Erbe angenommen. Damit setzte er dem kollektiven Gedächtnis,
das die negative Erfahrung an die Zeit des Nationalsozialismus normativ festschrieb, das kulturelle Gedächtnis entgegen, das, weit in
die Vergangenheit ausgreifend, Anknüfungsmöglichkeiten für eine
positive Selbstdefinition als Deutscher anbot. Die »einfache und
schwere Aufgabe, die Deutschen aus der Verkrampfung der Hitlerzeit und der furchtbaren Verkrampfung der Nachkriegszeit etwas
herauszulösen«,[136] bedeutete für Theodor Heuss vor allem die Besinnung auf die kulturellen Traditionen Deutschlands als Grundlage
einer nationalen Identität[137] und die Ausbildung einer als Lebensform akzeptierten demokratischen Kultur. Das war aber ohne eine
Auseinandersetzung mit der nationalsozialistischen Vergangenheit
nicht möglich.

Dieser Zusammenhang findet sich aber auch schon in der Antrittsrede, wenn er einerseits die moralische Katastrophe des Nationalsozialismus ins öffentliche Bewußtsein ruft und mit der Warnung
vor dem Vergessen das konstitutive Motiv jeder rhetorischen Auseinandersetzung mit dem Nationalsozialismus aufgreift. Anderer-

seits bringt er aber gerade am Ende der Rede, also an exponierter und rhetorisch sehr wirksamer Stelle mit den Namen Goethe und Beethoven die kulturelle Tradition der Deutschen, mithin ihre Identität als Kulturnation ins Spiel. Dies eröffnet nicht nur den politischen Zugang zur europäischen Welt, sondern auch die Chance mentaler Selbstvergewisserung. Daß nur eine neue Einstellung der Deutschen die Überwindung der moralischen Katastrophe ermöglicht, bringt das der Bibel entlehnte Schlußmotto »*Gerechtigkeit erhöhet ein Volk*«[138] zum Ausdruck. Nur innerhalb dieser umfassenden Vorstellungen von Theodor Heuss können die einzelnen Gedenkreden angemessen verstanden werden.

IV.
»Die Rede ... war ja natürlich von mir auch als eine politische Handlung gesehen und zugesagt und in ihrem Duktus vorbereitet.«[1]

Die rhetorische Auseinandersetzung des Bundespräsidenten Theodor Heuss mit dem Nationalsozialismus

1. Zum Hintergrund der präsidialen Reden von Theodor Heuss zum Nationalsozialismus

Als die Philosophin Hannah Arendt die neu gegründete Bundesrepublik Deutschland bereiste, verhehlte sie in ihrem Bericht »Besuch in Deutschland 1950« nicht die Bestürzung über die »Nachwirkungen des Naziregimes«:

> »Dieser allgemeine Gefühlsmangel, auf jeden Fall aber die offensichtliche Herzlosigkeit, die manchmal mit billiger Rührseligkeit kaschiert wird, ist jedoch nur das auffälligste äußerliche Symptom einer tief verwurzelten, hartnäckigen und gelegentlich brutalen Weigerung, sich dem tatsächlich Geschehenen zu stellen und sich damit abzufinden.«[2]

Dieser persönliche Eindruck einer rigorosen Abwehr jeglicher Auseinandersetzung mit der nationalsozialistischen Vergangenheit scheint die »Verdrängungsthese« zu bestätigen. Die metaphorische Klage über das »Schweigen« bzw. die »Stille«, die die 1950er Jahre gekennzeichnet habe, verdichtet die normative Verurteilung einer als unzureichend bzw. ungenügend empfundenen Auseinandersetzung mit der nationalsozialistischen Vergangenheit.[3] Doch ergibt sich, wenn man den Hintergrund der Reden von Theodor Heuss schlaglichtartig zu beleuchten versucht, eine facettenreicheres Bild.

Einerseits wirkten die Auseinandersetzungen, die 1945 mit Kriegsende eingesetzt hatten, nach und prägten auch die Diskussion in den 1950er Jahren. Andererseits hatten sich die Bedingungen insofern geändert, als die neu gegründete Bundesrepublik nun trotz ihrer eingeschränkten Souveränität »vergangenheitspolitische«[4] Entscheidungen treffen konnte – und mußte. Allein die politische Situation und das Selbstverständnis der Bundesrepublik als Rechtsnachfolgerin des Staates Hitlers machten es in den folgenden Jahren für den Bundestag unmöglich, die NS-Vergangenheit zu mißachten.[5] Auf diese Weise existierte nun ein eigenes öffentliches Forum für die rhetorische Auseinandersetzung mit dem Nationalsozialismus, auf dem allerdings im Unterschied zu den Reden von Theodor Heuss nicht die epideiktische, sondern die deliberative Redegattung dominierte. Die Eröffnungsrede des Alterspräsidenten Paul Löbe, die erste Regierungserklärung Adenauers, die Straffreiheitsgesetze von 1949 und 1954, das sog. 131er-Gesetz, das die Wiedereinstellung von nach 1945 entlassenen Beamten ermöglichte, das Wiedergutmachungsabkommen vom September 1952, das Bundesentschädigungsgesetz – all das waren Anlässe, die nationalsozialistischen Vergangenheit im Parlament zur Sprache zu bringen. Umgekehrt wirkten politische Streitfragen, die die öffentliche Diskussion in der frühen Bundesrepublik bestimmten wie die Frage einer Amnestie für Kriegsverbrecher, über die die Hohe Kommission zu entscheiden hatte, der Fall John 1954 oder das Problem, wie mit den während der Jahre 1933 bis 1945 erworbenen militärischen Auszeichnungen zu verfahren sei, bis in die parlamentarischen Beratungen hinein.[6]

Daneben war die Furcht vor einem Wiederaufleben nationalsozialistischer Gesinnungen immer wieder ein Thema der öffentlichen Erörterung und fand sowohl in den Erfolgen der Sozialistischen Reichspartei (SRP) als auch in bestimmten Strömungen innerhalb der FDP einen konkreten Anhaltspunkt. Dies wurde aber durch das Verbot der SRP durch das Bundesverfassungsgericht 1952 und durch die Verhaftung des sog. Naumann-Kreises durch die Hohe Kommission unterbunden. Wurden also rechtsradikale bzw. nationalistische Tendenzen auf diese Weise unwirksam gemacht, blieben die Befürchtungen, nationalsozialistische Gesinnungen lebten fort.[7] In diesem Zusammenhang brachten publikumswirksame Prozesse wie z. B. der Fall Veit Harlan der Öffentlichkeit die nationalsozialistische Vergangenheit wieder zu Bewußtsein. Nachdem der Regisseur des Propaganda-Films »Jud Süß« versuchte, eine Unbedenklichkeitsbescheinigung zu bekommen, wurde aufgrund von entsprechenden Presseberichten ein Verfahren gegen ihn eingeleitet, was jedoch mit einem Freispruch endete. Nicht nur die erhebliche Resonanz in der Presse, sondern auch der von Erich Lüth initiierte Boykott-Aufruf belegen die Präsenz des Themas »Vergangenheitsbewältigung« in der bundesrepublikanischen Öffentlichkeit der 1950er Jahre.[8] Dies zeigt, daß das Erbe der NS-Diktatur noch lange nachwirkte und daß der Umgang mit diesem Erbe selbst immer wieder kritisch beleuchtet wurde.[9]

Dabei konnten öffentliche Reden mit problematischen Aussagen wie im Fall Hedler[10] oder im Fall Remer[11] der Anlaß für Kritik sein. Doch blieb diese Debatte nicht auf Einzelpersonen beschränkt, sondern nahm auch die personelle Kontinuität in ganzen Institutionen in den Blick. Insbesondere die Rekrutierungspraxis bei der Errichtung des Auswärtigen Amtes wurde von der Presse kritisch begutachtet und führte zur Einsetzung eines Untersuchungsausschusses und zu einer Debatte im Bundestag.[12]

Zeigen diese wenigen Beispiele, daß die nationalsozialistische Vergangenheit die öffentliche Diskussion in der frühen Bundesrepublik im Kontext politischer und juristischer Auseinandersetzungen immer wieder beschäftigte, so brach die »theoretisch-geistige« Auseinandersetzung auch nach 1949 nicht ab. Zwar verschwanden mit den Zeitschriften der Nachkriegszeit die wesentlichen Medien der »Debatte um die Schuldfrage«, aber die Selbstverständigung über die nationalsozialistische Vergangenheit wurde nicht nur in den wenigen fortbestehenden Publikationen wie den »Frankfurter Heften« oder »Die Sammlung« fortgeführt.[13] Dabei ermöglichten Akademien, Seminare, Gesprächskreise und Tagungen eine öffentlichkeitswirksame Form der Auseinandersetzung. So kam es etwa bei den Darmstädter Gesprächen 1950 zu einem Eklat, als der konservative Kunsthistoriker Hans Sedlmayr und der Maler Willi Buchmeister in ihrer gegensätzlichen Einschätzung der modernen Kunst aufeinander trafen; dabei wurde auch Sedlmayrs Verhalten während des Nationalsozialismus kritisch beleuchtet.[14]

Große Bedeutung für die öffentliche Diskussion hatte das 1950 veröffentlichte »Tagebuch der Anne Frank«. Die Aufzeichnungen des jüdischen Mädchens, das – zunächst in Amsterdam versteckt – kurz vor Kriegsende in Bergen-Belsen umgebracht wurde, wirkten wie ein »moralisch-politisches Urereignis«.[15] Als 1956 eine dramatisierte Fassung auf die Bühnen kam, verstärkte sich die Wirkung noch und führte u. a. zu einem Zug Jugendlicher nach Bergen-Belsen. Auch Heuss wohnte 1956 einer Aufführung bei und empfand sie als »Etwas sehr Bewegendes«.[16] Die beeindruckende Stimmung im Theater und die hohe Auflage des Tagebuchs waren für ihn bei seinen »Feldzügen gegen das ›Vergessen‹ ein tröstlicher Vorgang«.

Die deutsche Geschichtswissenschaft[17] knüpfte inhaltlich und methodisch an die Zeit der Weimarer Republik an und verhielt sich

gegenüber der Zeitgeschichte zunächst distanziert. Gleichwohl bedeutete die Gründung des seit 1952 so genannten »Instituts für Zeitgeschichte«,[18] das von Bayern und vom Bund gemeinsam finanziert
wurde und an dessen Gründung Theodor Heuss regen Anteil nahm,
ein klares politisches Bekenntnis zur wissenschaftlichen Erforschung des Nationalsozialismus. Mit der Rückkehr von Hans Rothfels aus dem Exil, der schon 1948 in einer amerikanischen Fassung
»Die deutsche Opposition gegen Hitler« gewürdigt hatte,[19] und der
Gründung der von ihm und Theodor Eschenburg herausgegebenen
»Vierteljahrshefte für Zeitgeschichte« gewann das Institut nach den
Querelen der Anfangsjahre zusehends an wissenschaftlicher Bedeutung und öffentlichem Renommee.

Die Beschäftigung mit dem deutschen Widerstand hatte bereits
nach dem Ende des Krieges eingesetzt,[20] wobei zunächst persönliche Betroffenheit die entscheidende Motivation darstellte. Diese
»mit starkem moralischem Impuls und politischem Engagement«
geschriebenen Studien gruppierten sich um den 20. Juli 1944, auf
den sich in den 1950er Jahren im Zuge des Ost-West-Gegensatzes
und unter Einfluß der Totalitarismus-Theorie die Betrachtung immer
mehr konzentrierte. Hatte Hans Rothfels mit seiner Würdigung »Die
deutsche Opposition gegen Hitler« die auf Quellen gestützte und differenzierende Widerstandsforschung wesentlich befördert, so wurde
der militärisch-bürgerliche Widerstand vor allem in seinen ethischen Motiven wahrgenommen und erschien als Vorläufer der Bundesrepublik.

Am Ende der zweiten Amtszeit von Heuss erschien mit Hellmuth
Plessners Schrift »Die verspätete Nation« ein weithin beachtetes
Werk der Auseinandersetzung mit dem Nationalsozialismus, das in
seiner Bedeutung mit Meineckes »Die deutsche Katastrophe« zu vergleichen ist.[21] Das ursprünglich 1935 im holländischen Exil unter
dem Titel »Das Schicksal des deutschen Geistes am Ausgang seiner
bürgerlichen Epoche« erschienene Werk »will die Wurzeln der Ideologie des Dritten Reiches aufdecken und die Gründe, aus denen sie
ihre demagogische Wirkung entfalten konnte«. Plessner verstand
sein Werk als »Beitrag zur Geistesgeschichte des deutschen Nationalismus«:[22] Durch die geschichtliche Entwicklung sei Deutschland
daran gehindert worden, eine England und Frankreich vergleichbare
Entwicklung zu nehmen. Diese im Buch detailliert abgehandelte
»Verspätung« habe in Deutschland ein Sonderbewußtsein verursacht und so die Anfälligkeit für den Nationalsozialismus erhöht.

Das Fehlen einer »gesamtdeutschen Wirkung«[23] in der frühen Neu-
zeit bis hin zur verzögerten nationalen Einigung seien dafür genauso
verantwortlich gewesen wie das »zur unpolitischen Haltung in ob-
rigkeitsstaatlichen Verhältnissen erzogene Bürgertum«.[24] In den
»Zeiten der Desorientierung« nach dem Ersten Weltkrieg habe deshalb eine große Anfälligkeit für autoritäre Ordnungsvorstellungen
bestanden.[25] Damit begriff Plessner den Nationalsozialismus als Ausdruck eines negativ akzentuierten deutschen »Sonderwegs«, der nur
durch eine am westeuropäischen Vorbild orientierte Modernisierung
verlassen werden könne. Im Gegensatz zum abendländischen Humanismus, wie er für Meinecke noch kennzeichnend gewesen war,
bevorzugte Plessner die Ideale westlicher Demokratie und Zivilisation.[26]

Diese Schlaglichter auf die Auseinandersetzung mit dem Nationalsozialismus in den 1950er Jahren zeigen, daß Heuss bei seinen Reden nicht gegen ein »Schweigen« anreden mußte, da dieses Thema
in der öffentlichen Diskussion durchaus präsent war. Andererseits
wurde u. a. an den Bundestagsdebatten deutlich, daß es hinsichtlich
der Beurteilung des Nationalsozialismus keinen gesellschaftlichen
Konsens, sondern einen »Kampf und die Deutung«[27] gab. Bei seinen
Reden mußte Heuss also immer damit rechnen, bei seinen Zuhörern
auf verschiedene Meinungen und Erwartungen zu treffen. Gleichzeitig war er in seiner Rolle als Bundespräsident dem direkten Mei-
nungsstreit entzogen und daher gehalten, einen gesellschaftlichen
Konsens zu formulieren. Mit dieser Aporie der präsidialen Rede war
Heuss insbesondere bei seinen großen Gedenkreden zum National-
sozialismus konfrontiert, die er im wesentlichen in seiner ersten
Amtszeit zwischen 1949 und 1954 hielt.

2. Gedenktage und Gedenkanlässe in der frühen Bundesrepublik

»Dieser Tag, diese Stunde soll den Deutschen eine neue Tradition
schaffen.« – Dieser Satz, mit dem Theodor Heuss 1945 seine Gedenkrede »In memoriam« begonnen hatte,[28] bewahrheitete sich nicht.
Der in der unmittelbaren Nachkriegszeit verschiedentlich begangene »Tag der Opfer des Faschismus«, der sich als einheitlicher Gedenktag schon vor der Gründung der Bundesrepublik nicht durchsetzen konnte, verlor nach 1949 erst recht an Bedeutung, zumal er
in der DDR groß begangen wurde und so im Westen zusehends
suspekt erschien.[29] So wurde schon auf der großen Kundgebung in

Berlin am 9. September 1948 während der Berlin-Blockade vor der
Teilnahme am drei Tage später stattfindenden Tag der Opfer des
Faschismus gewarnt.[30] Demgegenüber hielt die DDR bis zu ihrem
Ende an diesem Gedenktag fest, der zuerst am 12. September, dann
am 10. September begangen wurde.

Daß diese Gedenktradition in der Bundesrepublik nicht weiter
verfolgt wurde, zeigt, daß sich die Ausbildung einer eigenen Erinnerungskultur kompliziert gestaltete. Zum einen konnte es offizielle
Gedenktage als Teil der Staatssymbolik nach dem Ende des Zweiten
Weltkriegs schon deshalb nicht geben, weil nach der bedingungslosen Kapitulation keine deutsche Staatlichkeit mehr existierte, die solche Anlässe hätte dekretieren können. Als dann nach der Gründung
der Bundesrepublik die Möglichkeit bestand, waren sie entweder
nicht fest etabliert oder politisch vereinnahmt und damit nicht konsensfähig. Hatte sich der Parlamentarische Rat wegen des Provisoriumsvorbehalts in diesen Fragen Zurückhaltung auferlegt, so stand
nach 1949 die eingeschränkte Souveränität der Ausbildung einer
eigenständigen Staatssymbolik entgegen. Zwar wurde die Frage der
Fahne im Grundgesetz geregelt,[31] die Entscheidung über die Nationalhymne war aber zwischen Adenauer und Heuss umstritten und
wurde erst 1952 zugunsten des Deutschlandliedes entschieden.[32]
Was die Regelung von Feier- und Gedenktagen anbetrifft, war eine
Fortsetzung des Feierkults des Nationalsozialismus undenkbar, aber
auch eine Anknüpfung an Traditionen der Weimarer Republik nicht
unproblematisch. So hatte die Bundesrepublik bei ihrer Gründung
außer den kirchlich geregelten keine festgelegten Feiertage.[33]

Andererseits war auf Dauer der Verzicht auf eine symbolische
Repräsentation des neuen Staates in Form von Gedenktagen kaum
vorstellbar, denn sie »dienen auch der Herstellung und Demonstra-
tion von brauchbaren Traditionen, sollen Identifikation und Loyalität gegenüber dem politischen System und ein möglichst einheitliches Geschichtsbewußtsein herstellen«.[34] Im Hinblick auf die
kollektive Erfahrung von Zerstörung und Tod vor allem während des
Zweiten Weltkriegs gab es in der Gesellschaft der Nachkriegszeit ein
ausgeprägtes Bedürfnis nach Formen gemeinsamen Gedenkens, das
sich nicht in privaten Trauerritualen erschöpfte. Dabei konnte etwa
an kirchliche Traditionen wie den Totensonntag oder Allerheiligen
angeknüpft werden, die politisch unverdächtig, ja vom Nationalsozialismus sogar als regimefeindlich angesehen worden waren. Wie
der Fall des Stuttgarter Gedenktages zeigt, an dem Heuss seine Rede

»In memoriam« hielt, wurde der ›neue‹ Tag der Opfer des Faschismus auf den ›alten‹ Totensonntag gelegt. Zur Institutionalisierung eines eigenen Gedenktages, der die kollektive Erfahrung des Krieges vereint hätte, kam es zunächst nicht. Frühe Versuche von seiten der Wirtschaftlichen Aufbauvereinigung (WAV), einen Nationaltrauertag einzuführen, kamen zu keinem Ergebnis.[35] Gleichwohl boten verschiedene einmalige Anlässe wie Einweihungen von Soldatenfriedhöfen oder Mahnmalen die Gelegenheit gemeinsamen Gedenkens. Solchen symbolischen Handlungen maß Theodor Heuss im Rahmen seines politischen Programms der mentalen Verankerung eines demokratischen Bewußtseins große Bedeutung bei.

Angesichts dieser nicht unkomplizierten Situation behalf man sich in der Frühphase der Bundesrepublik damit, die Gründung des Staates selbst feierlich zu begehen, weshalb am 7. September 1950 erstmals ein Nationaler Gedenktag stattfand. Am 11. August beriet das Kabinett über eine Besprechung der Innenminister der Länder am Vortag, deren Ergebnis in einem Schreiben des Bundesinnenministers zusammengefaßt war.[36] Man befürchtete, daß »die aus Anlaß des Gedenktages für die Opfer des Faschismus für den 10. September geplanten Veranstaltungen zu agitatorischen Demonstrationen gegen die Regierung und ihre Politik benutzt werden sollen«. Insbesondere vermutete man, daß im Umfeld der Vereinigung der Verfolgten des Naziregimes (VVN) die Absicht bestehe, »starke kommunistische Delegationen aus Ost- und Westeuropa an dem Gedenktage für die Opfer des Faschismus in der Bundesrepublik teilnehmen zu lassen mit dem Ziele, hierdurch die ›revolutionäre Situation in Westdeutschland vorzubereiten‹«. Die Feier eines eigenen bundesrepublikanischen Gedenktages war als demonstrative Gegenveranstaltung gedacht: »Die Herren Innenminister haben mir darin zugestimmt, daß diesen Versuchen nicht zuletzt durch eine Stärkung und Aktivierung der geistigen Abwehrbereitschaft zur Erhaltung des inneren Friedens begegnet werden müsse.«[37]

Wollte das Kabinett auf der einen Seite mit einer solchen Aktion den befürchteten Unterwanderungsversuchen Paroli bieten, gab es auf der anderen Seite verschiedene Initiativen, einen eigenen Trauertag offiziell einzuführen, »da allgemein der Gedanke einer Ehrung aller derjenigen, die ihr Leben für die höheren Güter der Menschheit gelassen haben, im Bewußtsein des Volkes tief verankert ist«. Gedacht war dementsprechend an eine Verbindung von Totengedenken und Verfassungsfeier, die am 3. September, dem Sonntag vor

dem »Tag des ersten Zusammentretens einer neuen deutschen Volksvertretung« am 7. 9. 1949 stattfinden sollte:

> »Die Verbindung der Erinnerung an diese Toten mit den Gedan-
> ken des Wiedererstehens des neuen politischen Lebens durch die
> Verfassung unterstreicht die symbolische Bedeutung einer sol-
> chen Veranstaltung und bringt dem Volke die Notwendigkeit
> der Erhaltung der durch die Verfassung gesicherten Ordnung
> nahe.«[38]

Der Vorschlag, dem »Herren Bundespräsidenten den Wunsch der
Bundesregierung vorzutragen, an diesem Tage in einer Gedenkstunde im Plenarsaal des Bundestages die Gedenkrede zu übernehmen«,
stieß allerdings bei Heuss, wie aus seiner verklausulierten Stellungnahme zu entnehmen ist, auf keine große Gegenliebe:

> »Wenn das Kabinett der Meinung ist, daß am Sonntag, den
> 3. September, eine Kundgebung als Totengedenktag und als eine
> Art von Verfassungsfeier gehalten werden soll, werde ich mich
> [...] nicht entziehen, aber ich widerrate, den Totengedenktag und
> eine Art von Verfassungsfeier zusammenzulegen.«[39]

Einerseits verwies Heuss auf »eine gewisse Tradition«, einen Sonntag im März als »Totengedächtnisfeier für die verschiedenen Kriegsopfer zu wählen«, sowie auf die entsprechenden kirchlichen Anlässe;
andererseits wollte er einen möglichen Verfassungstag, »wofür natürlich sehr viel spricht«, durch einen festen Termin und durch eine
Erklärung zum Feiertag aufwerten:

> »Will man den Staat ins Bewußtsein der Jugend als Integrations-
> kraft geben, so muß man einen Werktag nehmen und entweder
> ganz oder halb schulfrei machen. Die Älteren von uns wissen
> noch«, fuhr Heuss in einer überraschenden argumentativen Wen-
> dung fort, »was Kaisers- [!] oder Königs Geburtstag als Anreiche-
> rung monarchischer Gefühle bedeutet hat, da schulfrei war.«[40]

Diese Position bekräftigte Heuss nochmals in einer Unterredung am
16. 8. 1950, wobei er immerhin eine Verschiebung auf den 7. September erreichen konnte.[41]

Auf die Form der Veranstaltung, gleichsam die ästhetische Seite,
wurde wenig Wert gelegt. Die auf »etwa $1^1/_4$–$1^1/_2$ Stunden« be-
rechnete Feier bestand lediglich aus den beiden Ansprachen des
Bundeskanzlers und des Bundespräsidenten, die von zwei wenig be-
ziehungsreich aus dem herkömmlichen Kanon ausgewählten Musik-
stücken (Johann Sebastian Bachs D-Dur-Sonate und Wolfgang Ama-
deus Mozarts Serenade Nr. 9) umrahmt wurden.[42] Gleichwohl gab

die Anwesenheit der politischen Klasse der jungen Bundesrepublik sowie der Hohen Kommissare bzw. ihrer Stellvertreter der Feierstunde »ihr besonderes Gepräge«.[43]

Konrad Adenauer, der von vornherein die Absicht hatte, »nur ganz wenige einleitende Sätze zu sagen und keine Übersicht zu geben über das, was in diesem Jahre vor sich gegangen ist«, erwartete aber eben dies vom Bundespräsidenten »als höchste über den Parteien stehende Instanz«; sein Ziel formulierte er deutlich: »Sie werden wissen, welch defätistische Stimmung in weiten Kreisen unserer Bevölkerung plötzlich Platz gegriffen hat. Ich hoffe, daß es gelingen wird, sie auch morgen etwas zu zerstreuen«.[44] Gleichwohl war der Nationale Gedenktag ein Anlaß, nicht nur um auf das erste Jahr des neuen deutschen Staates zurückzublicken, sondern auch um sich der eigenen Stellung gegenüber der nationalsozialistischen Vergangenheit zu vergewissern.

Im *exordium* seiner Rede thematisiert Heuss das Datum und den Anlaß des Gedenkens:

»Der 7. September mag als Termin zufällig gegriffen erscheinen. Vor einem Jahr ist der Bundestag zusammengetreten. Aber immerhin, indem er zusammentrat, war es die erste sinnenhafte Selbstbegegnung des deutschen Volkes in seinen frei gewählten Vertretern, jenes Teiles der Deutschen wenigstens, die die Freiheit der Wahl besaßen. Wir wollen das Problem dieses Datums nicht mühsam pathetisieren.«[45]

Wissend um seine intern geäußerten Vorbehalte gegen die Terminierung und inhaltliche Ausrichtung des Nationalen Gedenktages, ist die Unzufriedenheit von Heuss, auch wenn er dem Datum einen, zumal gesamtdeutsch ausgerichteten, Symbolgehalt abzugewinnen vermag, unverkennbar. Demgegenüber rückt er den 8. Mai ins Bewußtsein, der nicht nur als Datum der Schlußabstimmung im Parlamentarischen Rat 1949, sondern auch des Kriegsendes 1945 »etwas mehr Geschichtswucht in sich trage«.[46] Gerade diese Zwiespältigkeit des 8. Mai, der für Theodor Heuss seit 1945 ein in hohem Maße symbolträchtiges Datum war,[47] ist für ihn eine Gelegenheit zu grundsätzlichen Reflexionen:

»Das Ineinander der Ereignisse in diesem Termin wollte wohl damals, als wir zu dem 8. Mai hindrängten, eine Marke der Erinnerung sein; denn niemand mochte vier Jahre zuvor die Phantasie besitzen, *so* die Entwicklung zu sehen. Und mir scheint, es ist notwendig, die Verwobenheit der Mühen, zu einem System der Ordnung zu kommen, mit jener totalen Katastrophe im Bewußtsein zu halten: denn die Gnade des Vergessenkönnens, ohne die der Einzelne, ohne die ein Volk nicht leben könnten, wird mißbraucht vom Vergessen*wollen*, das so bequem ist und die Maßstäbe des Urteils verschiebt.«[48]

In dieser Passage, in der er fast wörtlich auf Formulierungen aus der Abschlußrede im Parlamentarischen Rat sowie aus seiner Antrittsrede als Bundespräsident zurückgreift, verdeutlicht er sein grundlegendes Anliegen, nämlich eine Verdrängung und Verleugnung der Vergangenheit zu verhindern.

Die Vermutung, Heuss wollte damit einen eigenen Feiertagstermin ventilieren,[49] ist allerdings weder durch die oben skizzierte Vorgeschichte dieses Nationalen Gedenktages gedeckt noch durch seine Einschätzung des 8. Mai. In diesem Datum zeigt sich seiner Meinung nach die »Tragik der deutschen Geschichte«, die auch »die inneren Kämpfe um Volksrechte und bürgerliche Freiheiten« kenne; »aber deren Geschichte ist eine Geschichte der Niederlagen«. Gerade weil die Demokratie aber »immer im Schatten des politisch-militärischen Besiegtseins« in Deutschland wirksam geworden sei, sei es nicht möglich gewesen, »aus sich heraus eine tragende und bindende, irgendeinem Tag, irgendeinem Ereignis zugehörende symbolhafte Legende zu schaffen«.[50] Aber nur eine solche positive »Legende« wäre als Nationalfeiertag, als Tag selbstbewußter Staatsrepräsentation, geeignet, weshalb der 8. Mai dafür nicht in Frage kam, wohl aber, gerade um das befürchtete Vergessenwollen zu vermeiden, als symbolhaftes Datum der gesellschaftliche Erinnerung.

Auch zum 10. Jahrestag des Kriegsendes unternahm Heuss keinerlei Anstalten, dieses Datum als besonderen Tag zu würdigen, worüber er sich zuvor in einem Gespräch mit Adenauer verständigt hatte:

> »Er – Bundespräsident – glaube aber, daß man von offizieller Seite keinen Anlaß habe, diesen Tag in besonderen Feiern (Trauer- oder Freudenfeiern?) herauszustellen. Bundeskanzler ist völlig der Auffassung des Bundespräsidenten und will sich dafür einsetzen, daß dieser Tag möglichst geräuschlos vorbeigehe.«[51]

Konrad Adenauer wies im Zusammenhang mit der Wiedererlangung der Souveränität darauf hin, daß das Kriegsende als »dunkelste Stunde unseres Vaterlandes« nun 10 Jahre zurückliege, um vor dieser Negativfolie die inzwischen erreichten politischen Erfolge zu betonen.[52] Theodor Heuss ging in einer Rede am 8. Mai 1955, dem Vorabend von Friedrich Schillers 150. Todestag, auf die Koinzidenz der Daten ein und umriß die Bedeutung des 8. Mai 1945 in der deutschen Geschichte:

> »Der Tag, den wir völlig illusionslos, aber mit heftigem Wunsch erwarteten, da das von Anbeginn sinnlos gewesene, aber seit Jahr und Monat in der Sinnlosigkeit gesteigerte Gewalt-Sterben und Sterben von Menschen ein Ende nehme; der Tag mit seiner schmerzhaft tragischen Paradoxie, da unser Staaten- und Volksschicksal vernichtet, unsere Seele aber befreit war, freilich mit dem Auftrag, nun auch mit der Last der Scham fertig zu werden.«[53]

Ebenso wie dieses Deutungsmuster bei Heuss seit 1945 begegnet und in seiner Schlußrede vor dem Parlamentarischen Rat seine rhetorische Zuspitzung fand, ist es eng verknüpft mit den Schiller-Versen über Deutschlands Größe (»Stürzte auch in Kriegesflammen / ...«), die Heuss auch 1955 in seiner Rede zitierte:

> »Es bleibt alles Fragment, und man ist davon betroffen: Hat es Symbolgewalt der Entsprechung, daß das ewig Fragmentarische des deutschen Volks- und Staatenschicksals sich in diesem Fragmentarischen spiegelt, das dem großartigen Versuch seiner geistig-universalen Deutung zum Schicksal wurde?«[54]

Daran wird zum einen die Konstanz der politisch-historischen Deutungen von Heuss deutlich, zum anderen der Rückgriff auf bestimmte Topoi und bewährte Argumente bei der Redeproduktion. Die Zurückhaltung von Heuss, dieses Datum zu einem Gedenktag oder gar Feiertag zu machen, fügt sich durchaus in den allgemeinen Umgang mit diesem Datum in den 1950er Jahren ein. Während regionale Feiern »das kollektive Gedächtnis der Mehrheitsgesellschaft« nicht erreichten, gab es, bis auf einzelne Ausnahmen, kein offizielles Gedenken: »Bundesdeutsche Staatsakte oder Regierungserklärungen fanden in dieser Zeit nicht statt.«[55]

Hat Heuss gleich zu Beginn seiner Rede zum Nationalen Gedenktag 1950 dezidiert auf die Geburt der Bundesrepublik aus der Situation des verlorenen Krieges hingewiesen und deutlich das Nicht-Vergessen als staatsbürgerliche Tugend, ja Notwendigkeit postuliert, so prägt dieser Vergangenheitsbezug auch die aktuelle Situationsbeschreibung der bundesrepublikanischen Verhältnisse:

> »Die innere sachliche und seelische Lage bleibt in das weltpolitische Kräftefeld eingespannt. Wir stehen in einer doppelten Thematik. Zum einen die *Ausweitung des politischen Bewußtseins* in den größeren Raum, der Europa heißt, und daneben das Bedrängtsein

unserer Empfindung, daß *die Geschichtsmelodie Deutschland zerbrochen* ist, das sorgende, bei manchen ängstliche Gefühl, das heute die Deutschen heimsucht.«[56]

Neben dem sorgsamen Bemühen, wieder den Zugang, ja die Anerkennung der internationalen Staatenwelt zu gewinnen (»Wir wollen, wir brauchen die Gleichberechtigung«[57]), kommt der historischen Selbstvergewisserung entscheidende Bedeutung zu. Die Auseinandersetzung mit der eigenen nationalstaatlichen Tradition und die Einbindung in den europäischen Wertekontext des christlichen Abendlandes verbürgt für Heuss im Zeichen fortschreitender »Vermassung« die Bewahrung der persönlichen Freiheit als Grundlage der Demokratie:

> »Es handelt sich darum, in dieser Periode den *freien Menschen* oder doch seine Chance zu retten«, denn dies sei es, »was allein die Demokratie fruchtbar hält, damit sie nicht bloß Herrschaftsform der Zahl wird. Die Zahl bedarf der *inneren* Lebendigkeit der Entscheidungen.«[58]

Dieses Plädoyer für eine lebendige Demokratie war der Rahmen für seine weiteren Ausführungen, in denen er einen Überblick über das vergangene Jahr gab, ohne allerdings »den praeceptor Germaniae spielen zu wollen«.[59] Ebenso wie er auf die erreichten Leistungen hinwies (»Aber dieses Jahr hat uns doch vorangebracht«[60]) ging er sehr vorsichtig auf aktuelle Fragen wie die Remilitarisierung ein[61] und übte klare Kritik an den Zuständen in der DDR (»Die innere Lüge wird drüben natürlich von Millionen empfunden«[62]).

War die Durchführung des Gedenktages 1950 zunächst politisch motiviert, um ein Gegengewicht gegen den zusehends von der DDR für ihre Zwecke benutzten Tag der Opfer des Faschismus zu setzen, blieb die Situation in den nächsten Jahren offen. Staatssekretär Ritter von Lex wies 1951 in Vertretung des Innenministers in einer Kabinettsvorlage darauf hin,

> »daß ich aus grundsätzlichen und allgemeinen staatspolitischen Erwägungen den Gedanken eines Verfassungstages durchaus bejahe. Ich habe aber betont, daß ein solcher Verfassungstag nach dem Vorbild anderer großer Demokratien den Charakter eines eigentlichen Volksfeiertages gewinnen müsse«.

Er schlug, »ohne einer endgültigen Regelung vorzugreifen«, dafür wiederum den 7. September vor, um »auch in diesem Jahre an einem bestimmten Tage der Bedeutung unseres Verfassungswerkes zu gedenken«.[63] Zwischenzeitlich war auch der 23. Mai als möglicher Gedenktag in Betracht genommen worden,[64] während die Arbeitsgemeinschaft der Innenminister folgenden Vorschlag beschloß: Sie »empfiehlt eine Beflaggung öffentlicher Gebäude am *1. Mai,* am *23. Mai,* am jeweiligen *Wahltage des Bundespräsidenten* und am *Volkstrauertag* und hält eine würdige Ausgestaltung dieser Tage durch öffentliche Veranstaltungen und in den Schulen für wünschenswert.«[65] Daran, daß eine Verschiebung der Veranstaltung auf den 12. September notwendig wurde, weil am 7. September zahlreiche Abgeordnete sich auf einer internationalen Parlamentariertagung befanden,[66] wird erkennbar, daß das Fehlen einer verbindlichen Regelung und die unentschiedene Handhabung dieser Frage einer Traditionsbildung wenig förderlich war. Entgegen den ursprünglichen Plänen, wiederum den Bundespräsidenten für eine Ansprache zu gewinnen, hielt nach einer Verständigung zwischen Adenauer und Heuss der Philosoph und Pädagoge Eduard Spranger 1951 die Rede.[67]

Gleichwohl nahm Heuss anläßlich des nationalen Gedenktages öffentlich Stellung. In einem unter der Überschrift »›Dieser Staatsfeiertag ist nur ein Provisorium‹« publizierten Interview äußerte er sich neben anderen politischen Fragen zu diesem Thema.[68] Beklagte er die Schwierigkeit, »ein *Bundesstaatsgefühl* zu entwickeln«, so stand er dem nationalen Gedenktag sehr skeptisch gegenüber: »Aus dem Gespräch ergibt sich, daß Theodor Heuß [!] die Form des Feiertags keineswegs zur Vervollkommnung gereift sieht. Vielmehr erscheinen ihm sowohl der Termin wie der Leitgedanke, wie auch die Manifestationen dieses Gedankens zumindest neuen Nachdenkens wert.« Insbesondere die fehlende deutsche Einheit stellte für ihn ein Hindernis dar: »Es kann jeder Feiertag der Bundesrepublik schon mit Rücksicht auf Mittel- und Ostdeutschland nur provisorisch sein.«

Auch im folgenden Jahr blieb die Situation unentschieden. Einerseits zog Innenminister Lehr aus den Vorbehalten, »das Bewußtsein für den Gedenktag sei garnicht [!] vorhanden«, die Konsequenz und sprach sich gegen eine gesetzliche Festlegung aus. Andererseits erschien es ihm aber »unvertretbar, in diesem Jahre und künftig von der Gepflogenheit abzuweichen und auf jede Feierlichkeit zu verzichten«, weshalb er für eine Fortschreibung der bisherigen Praxis plädierte.[69] Die weit ausgreifende Rede, die Bundestagspräsident Hermann Ehlers aus diesem Anlaß hielt, beschäftigte sich intensiv mit der »Frage nach der Rechtfertigung eines nationalen Gedenktages«, die er im »Werden eines echten Staatsgefühls« erblickte.[70]

Auch Heuss, der sich diesmal im Bulletin des Presse- und Informationsamtes der Bundesregierung äußerte,[71] meldete wiederum seine Zweifel an: »Wir wissen heute noch nicht, ob der siebte September mit dem Bewußtsein des deutschen Volkes sich vermählt, daß es zu einer Selbstverständlichkeit wird, ihn mit Dankbarkeit zu begehen. Es fehlt ihm der dramatische Geschichtsakzent.« Seine Absage an jegliches »Übermaß an Dramatik und Theatralik« spiegelte die Skepsis des Staatsoberhaupts gegenüber dem »nach außen hin kaum wahrnehmbaren nationalen Gedenktag« wider,[72] die einer Traditionsbildung nicht förderlich war.

1953 wurde zunächst in bewährter Manier verfahren und im Kabinett die Feier des Gedenktages in der üblichen Form beschlossen, wobei wiederum Heuss als Redner vorgesehen war.[73] Zwischenzeitlich hatte der Volksaufstand am 17. Juni in der DDR die Lage grundsätzlich verändert, da der Bundestag gut zwei Wochen nach diesem Ereignis auf Initiative der SPD den »Tag der deutschen Einheit« als Feiertag beschloß.[74] Während das Kabinett trotz der veränderten Situation weiterhin an einer Feier im September festhielt,[75] zog Heuss in einem ausführlichen Brief andere Konsequenzen:

> »Meine persönliche Sorge ist die, daß, nachdem der 17. Juni mit einer so großen Bundestagsmehrheit deklariert wurde, eine unterstrichene Feier des 7. September als entweder unfrohe Mißachtung des Parlamentsbeschlusses durch das praktisch nur noch ›amtierende‹ Kabinett erscheint oder als eine persönliche Pointierung von mir gegen diesen Beschluss [!], schier als ein Bedürfnis nach persönlicher Wichtigtuerei, während es praktisch doch nur ein mit allerhand Beschwerden gebrachtes Opfer wäre.«[76]

Überdies erschien es Heuss angesichts der unmittelbar vorher stattfindenden Bundestagswahl

> »rein sachlich höchst fragwürdig, ob ein intellektuelles Arrangement von historischen und anderen Argumenten in dieser Situation, da das ganze Volk und das Ausland noch im Errechnen der Wahlergebnisse drinsitzt, das Gemässe [!] sein könnte und nicht eigentlich dem Integrationssinn des Tages abträglich sein würde«.[77]

Der Wunsch von Theodor Heuss, daß der 7. September »gewiss [!] nicht untergehen« solle, erfüllte sich allerdings nicht, da mit dem Verzicht auf die Durchführung im Jahr 1953, die Ende Juli den Ministerpräsidenten mitgeteilt wurde,[78] die kurze und eher improvisierte Tradition dieses Gedenktages auch beendet war. In diesem Fall zeigt sich, daß sich Heuss mit seiner Argumentation schließlich gegen das Kabinett durchsetzte.

Heuss selbst stand diesem Gedenktag nicht nur wegen der Vermischung von Totengedenken und Verfassungsfeier von Anfang an skeptisch gegenüber; er empfand ihn vielmehr als

»Krampf-Lösung, weil der Zusammentritt der Bundesversammlung eine unpathetische und zunächst geschäftstechnische Angelegenheit gewesen ist. Aber aus dem Handgelenk konnte ich mich nicht gegen den Termin als Nationalfeiertag wehren, weil irgendwie der Versuch gemacht werden musste und muss [!], das Einheitsbewusstsein [!] sich darstellen zu lassen.«[79]

Die Frage eines Nationalfeiertags insgesamt erschien ihm als »eine Crux«: »Ich glaube, diese Dinge werden geschichtlich erst dann gesichert sein, wenn sie einen Vorgang umfassen können, der die geschichtliche Phantasie bewegt.«[80] Schied seiner Meinung nach der 20. Juli aus, da man »ein missglücktes [!] Attentat nicht zum historischen Feiertag machen« könne, hatte er gegenüber der »aus der spontanen Haltung des Bundestages heraus« erfolgten Einführung des 17. Juni die »stärksten Bedenken«, da »die beiden Tage in ihrem eingeborenen Pathos sich stören müssten [!]«. Als Nationalfeiertag konnte er sich nur den künftigen Tag der Wiedervereinigung vorstellen:

»Mir ist ja ganz deutlich, daß der kommende Nationalfeiertag der sein wird, an dem – Gott gebe es – in nicht zu ferner Zeit die deutsche Einheit wiederhergestellt sein wird. Dieser Tag wird, auch wenn an ihm vielleicht nur ein paar Unterschriften geleistet werden, aus sich selber heraus ein Geschichtspathos erzeugen.«[81]

Einstweilen wuchs aber der 17. Juni in diese Rolle hinein und begleitete die Bundesrepublik bis zur Einigung 1990.[82] Noch bevor er zum Feiertag erklärt wurde, hielt Heuss anläßlich einer Gedenkstunde für die Opfer des Aufstands am 21. Juni 1953 im Plenarsaal des Bundeshauses eine Rede.[83] Den Hintergrund bildete eine lebhafte öffentliche Diskussion: Bereits unmittelbar nach den Ereignissen 1953 entwickelten sich nämlich in der Bundesrepublik verschiedene Deutungsmuster, die im Aufstand entweder eine »antikommunistische Revolution« oder – in Analogie zum 20. Juli 1944 – eine »antitotalitäre Volkserhebung« oder eine »Ehrenrettung der gesamtdeutschen Nation« sahen.[84] Dabei fällt auf, daß Heuss in seiner Ansprache lediglich an die Berlin-Blockade erinnert und ansonsten auf historische Bezüge weitgehend verzichtet. Im Sinne der Interpretation des

Aufstands als »antitotalitäre Volkserhebung« erklärt er den Widerstand gegen Unterdrückung zur anthropologischen Konstante: »Wir
haben einen sehr deutlich gedruckten Traktat lesen können über die
Grenzen der Vermachtung des Menschen durch den Staat. Das gilt
in einem großen umfassenden Sinn«.[85] Entsprechend stellt für ihn
die Freiheit das zentrale Ziel und Motiv des Aufstands dar, wie in der
wiederholten Nennung des Begriffes deutlich wird:

> »Und um die Freiheit geht es! Um die Freiheit des Menschen, um
> die Freiheit der Menschen. Freiheit des Menschen in seinem poli-
> tischen, in seinem religiös-kirchlichen Bekenntnis, daß er von
> Angst und Bedrängnis befreit den Sinn seines Lebens selber
> suchen und zu erfüllen trachten könne. Freiheit der Menschen
> zu ihrer gemäßen, zu der ihnen gemäßen Gestaltung der öffent-
> lichen Regelung ihres Gemeinschaftslebens.«[86]

Andererseits rückt er die Frage der Einheit in den Mittelpunkt seiner
Rede: »Aber es geht ja um die große Frage der Ordnung der deutschen
Dinge, damit Deutschland, das heute nicht bloß und nicht mehr ein
›geographischer Begriff‹, sondern eine volkshafte Not ist, eine geistig
kulturelle Verpflichtung wieder werde.«[87] Die verklausuliert angemahnte Wiedervereinigung war für Heuss mehr als ein politisches
Ziel unter anderen, sondern, wie es im pathetischen Schlußappell
zum Ausdruck kam, eine geschichtliche Notwendigkeit: »Gebt dem
deutschen Menschen, gebt ihm zurück das eingeborene Recht zu seiner staatlichen Selbstgestaltung, zu seiner Freiheit, damit die Ver-
krampfungen sich lösen, damit Angst und Furcht, Mißtrauen und
Technik des Hasses den Boden des Vaterlandes verlassen.« Wenn
Heuss in diesem Passus sein bundespräsidiales Programm der Entkrampfung zitiert, so gewinnt es eine andere Dimension. Nicht mehr
das Erbe des Nationalsozialismus steht hier im Mittelpunkt, sondern
die deutsch-deutsche Teilung, die der immanenten Entwicklung zu
einem liberalen Nationalstaat entgegensteht. War beim nationalen
Gedenktag im September als Quasi-Nationalfeiertag der ersten Jahre
die nationalsozialistische Vergangenheit noch präsent, so stand der
neue Gedenktag in einem anderen Zusammenhang und griff auf
andere historische Bezüge zurück.[88] War also die Frage eines Nationalfeiertags unter dem Eindruck der Ereignisse vom Bundestag
zugunsten des 17. Juni entschieden worden, bedeutete dies gleichermaßen eine Distanzierung von der nationalsozialistischen Vergangenheit wie einen Verzicht auf die Artikulation eines spezifisch
westdeutschen Selbstverständnisses.

Gleichwohl blieb die Epoche des Nationalsozialismus in verschiedenen Formen erinnerungswürdig. Dementsprechend bildeten sich in den frühen 1950er Jahren verschiedene Gedenkanlässe heraus, die eine rhetorische Würdigung erforderten. So wurde 1952 die Woche der Brüderlichkeit eingeführt, in deren Mittelpunkt das friedliche Zusammenleben von Christen und Juden stehen sollte. Im gleichen Jahr kam es zur ersten bundeseinheitlichen Feier des Volkstrauertags, der dem Gedenken an die Kriegsopfer gewidmet war. Schließlich entwickelte sich eine eigene auf den 20. Juli 1944 bezogene Gedenktradition, die der Erinnerung an den Widerstand gegen Hitler diente. Zu diesen wiederkehrenden Anlässen kamen singuläre Ereignisse wie die Einweihung eines Soldatenfriedhofs oder die Übergabe einer KZ-Gedenkstätte. Die Trias »Juden als Opfer – Deutsche als Opfer – gute Deutsche« bildete so das Koordinatensystem der öffentlichen Erinnerung an den Nationalsozialismus. Parallel zur »Geburt der Souveränität«[89] und zur innenpolitischen Festigung des neuen Staatswesens und parallel zur Politik der »Wiedergutmachung« und zur »Vergangenheitspolitik« entstand eine spezifische, sich um bestimmte Gedenktage gruppierende rhetorische Erinnerungskultur als Teil der kulturellen Staatsgründung der jungen Bundesrepublik Deutschland. Dieses bis Mitte der 1950er Jahre sich entwickelnde Gedenktagsgefüge ist nicht nur im Hinblick auf seine fortdauernde Wirkung von Bedeutung, sondern auch deshalb, weil damit wichtige Redeanlässe geschaffen wurden, die eine Ansprache des Staatsoberhaupts nahelegten.

Dies bedeutet nicht, daß Heuss damit die rhetorische Auseinandersetzung mit dem Nationalsozialismus monopolisiert hätte, da zum einen natürlich auch unterhalb der Bundesebene vielfältige Gedenkfeiern mit Ansprachen stattfanden und zum anderen der Bezug auf den Nationalsozialismus in den verschiedensten Zusammenhängen als Argument eine wichtige Rolle spielte.[90] Umgekehrt konnte er mit dem Gewicht des Amtes im Rahmen dieser sich ausbildenden Gedenkkultur deutliche Akzente setzen, indem er bestimmte Anlässe durch seine Reden aufwertete und durch seine Aussagen in bestimmter Weise deutete.

Dabei lassen sich seine Reden jener oben beschriebenen Trias an Gedenkanlässen zuordnen. So hielt Theodor Heuss im Dezember 1949 in Wiesbaden vor der dortigen Gesellschaft für christlich-jüdische Zusammenarbeit seine wegen des Neologismus »Kollektivscham« berühmte Rede »Mut zur Liebe«, eröffnete 1952 und 1956 die Woche der Brüderlichkeit und sprach 1952 bei der Übergabe der Gedenkstätte Bergen-Belsen als Erinnerungsort für die KZ-Opfer. Er weihte 1950 den Soldatenfriedhof in Weeze und im August 1952 den Soldatenfriedhof Hürtgenwald ein und trat als Redner beim ersten bundesweit und einheitlich gefeierten Volkstrauertag im November desselben Jahres auf. Schließlich würdigte er zum 10. Jahrestag des 20. Juli 1944 den deutschen Widerstand gegen Hitler. Dementsprechend werden im folgenden seine wichtigsten »Reden nach Hitler« im einzelnen untersucht, in denen er im Hinblick auf das deutsch-jüdische Verhältnis über Konsequenzen aus der »Kollektivscham« reflektierte, sich vor dem Hintergrund der aktuellen Debatte um die Wiederbewaffnung mit der militärischen Tradition auseinandersetzte und schließlich versuchte, die Erinnerung an den Widerstand als positive Gedenktradition zu etablieren.

3. Konsequenzen der »Kollektivscham«

In seiner Rede am 8. Mai 1995 anläßlich des Staatsaktes zum 50. Jahrestag des Endes des Zweiten Weltkrieges charakterisierte der damalige Bundespräsident Roman Herzog die Einstellung der Deutschen gegenüber den nationalsozialistischen Verbrechen und zitierte dabei ein Diktum seines Vorgängers:

> »Gewiß: Als sich das Ausmaß der Verbrechen Hitler-Deutschlands herausstellte, da fehlte es auch nicht an Versuchen der Aufrechnung, nicht an Kollektivausreden und nicht an Versuchen zu kollektiver Beschönigung. Aber das Grundgefühl war doch, je länger desto klarer, die Kollektivscham, wie es Theodor Heuss so treffend genannt hat.«[91]

Diese griffige Formulierung verwendete Theodor Heuss in einer seiner frühesten Ansprachen als Bundespräsident, nämlich in seiner Rede »Mut zur Liebe«, die er am 7. Dezember 1949 – er war noch nicht einmal drei Monate im Amt – in Wiesbaden hielt. Bis in die Gegenwart wurde der Begriff immer wieder zustimmend wie ablehnend diskutiert und zählt insofern zu seinen folgenreichsten Wortprägungen.[92] Dieses »Grundgefühl« war auch der Ausgangspunkt seiner bundespräsidialen Reden zum deutsch-jüdischen Verhältnis, die eine der drei Säulen seiner rhetorischen Auseinandersetzung mit der nationalsozialistischen Vergangenheit darstellten. Die entsprechenden Gedenkanlässe wie die Woche der Brüderlichkeit oder die Einweihung von KZ-Gedenkstätten boten ihm die Gelegenheit, über die Konsequenzen, die sich aus diesem Grundgefühl ergaben bzw. ergeben sollten, öffentlich zu reflektieren.

Solche Reden waren ebenso notwendig wie schwierig, da einerseits die Abkehr von der Ideologie des Nationalsozialismus deutlich formuliert und andererseits mit dem Fortwirken antisemitischer Einstellungen gerechnet werden mußte, auch wenn sie wegen der Tabuisierung öffentlich nicht geäußert werden konnten. Die Problematik solcher Reden lag aber auch in der aporetischen Redesituation, daß die von seiten der jüdischen Opfer legitim erwarteten offiziellen Stellungnahmen von deutscher Seite Gefahr liefen, das treffende Wort zu verfehlen, da das Grauen, das doch verbalisiert werden mußte, sich dem sprachlichen Ausdruck verweigerte. Dabei waren zudem die mitunter divergierenden Erwartungen der jüdischen und der deutschen Zuhörer zu berücksichtigen. Angesichts der großen Herausforderung an den Redner, das Postulat des inneren, an der Sache orientierten *aptum* und des äußeren, am Publikum orientierten *aptum* zu erfüllen, genügte es für das Staatsoberhaupt des demokratischen Nachfolgestaates des Staates Hitlers nicht, in seinen Ansprachen gegenüber den jüdischen Opfern stellvertretend die »Kollektivscham« der Deutschen zu bekunden; er mußte sich vielmehr auch mit den Konsequenzen der »Kollektivscham« auseinanderzusetzen.

a) Die Rede »Mut zur Liebe« (1949)

Der Begriff der »Kollektivscham«, den Heuss in der Ansprache von 1949 verwendete, ist untrennbar mit dem der »Kollektivschuld« verknüpft. Als ihm in Zuschriften vorgeworfen wurde, in seiner Rede »Das Mahnmal« von 1952 der Kollektivschuld der Deutschen das Wort geredet zu haben, schrieb sein persönlicher Referent Hans Bott:
> »Die Behauptung, daß dem Ausland gegenüber die Rede des Herrn Bundespräsidenten eine Stärkung der sogenannten Kollektivschuld-Anklage bringen könne, kann nur von jemandem erhoben werden, der nicht weiss [!], daß der Bundespräsident selber vor über drei Jahren mit eindeutiger Schroffheit sich gegen die Kollektivschuld-These gerade im Zusammenhang mit einer Rede über die christlich-jüdischen Dinge geäussert [!] hat.«[93]

Die Bekundung der Kollektivscham war zugleich als Absage an die Kollektivschuld gedacht. Horst Möller sieht darin Heuss' »feines Gespür für die deutsche Problematik nach Hitler«, denn die Kritik an der Kollektivschuld-These »war aber nur die eine Seite, die andere lag in der Feststellung, die Deutschen hätten allen Anlaß zur Kollektiv*scham*«.[94] Demgegenüber kritisiert der Publizist Ralph Giordano das »schlimme, tief unwahrhaftige Wort von der ›Kollektiv*scham*‹«.[95] Er erblickt darin ein weiteres Indiz für die sich in der Verdrängung der nationalsozialistischen Vergangenheit manifestierenden »zweiten Schuld« der Deutschen. Wie ist angesichts der kontroversen Wirkungsgeschichte diese Äußerung nun einzuschätzen? Dazu ist es notwendig, sowohl die Redesituation als auch die Textstruktur näher zu betrachten.

Theodor Heuss hielt diese Ansprache am 7. Dezember 1949 in Wiesbaden bei einer Feierstunde der Gesellschaft für christlich-jüdische Zusammenarbeit, an der er im Rahmen seines Antrittsbesuches in Hessen teilnahm. Die Gründung der Gesellschaften für christlich-jüdische Zusammenarbeit (und des ihnen dann übergeordneten Deutschen Koordinierungsrates im Jahr 1950) war ein amerikanischer Export.[96] Diese Bewegung hatte ihre Ursprünge in den 1920er Jahren in den USA, als sich Widerstand gegen Tendenzen formierte, das interkulturelle und interreligiöse Leben in den Vereinigten Staaten in Frage zu stellen. Nach der 1924 entstandenen Vorläuferorganisation »Committee of Goodwill between Jews and Christians« kam es im Zusammenhang mit dem heftig geführten Präsidentenwahlkampf von 1928, als mit Alfred E. Smith zum ersten Mal ein Katholik und zudem ein entschiedener Modernisierer kandidierte, zur Gründung der »National Conference of Christians and Jews« (NCCJ). Die Zielsetzung, an der »Gestaltung einer neuen politischen Kultur, an der Schaffung und Entwicklung eines demokratischen nationalen Konsenses« mitzuwirken,[97] beinhaltete nicht die religiöse Vermischung, sondern die Stärkung der Religiosität und der religiösen Toleranz als Grundlage der amerikanischen Demokratie.[98] In Erinnerung an den Geburtstag von George Washington am 22. Februar 1735 wurden seit 1934 sog. »Brotherhood Weeks« veranstaltet. Angesichts der Bedrohung der Juden durch die nationalsozialistische Vernichtungspolitik gab es auch in Großbritannien noch während des Krieges sowie in Frankreich und der Schweiz nach Kriegsende Ansätze zur christlich-jüdischen Annäherung. Bei verschiedenen Tagungen (Oxford 1946, Seelisberg 1947, Fribourg 1948) wurde nach dem Zweiten Weltkrieg die Gründung eines »International Council for Christians and Jews« (ICCJ) ins Auge gefaßt.

Diese Idee wurde auch in Deutschland von amerikanischer Seite verbreitet und war »ein wichtiger Bestandteil der amerikanischen

Umerziehungspolitik, der es nicht nur um die Beseitigung national-sozialistischer Einrichtungen und die personelle Säuberung ging, sondern auch und vor allem um die Schaffung einer neuen demo-kratischen Kultur«.[99] Ausgehend von der Initiative der NCCJ kam der Gründung christlich-jüdischer Gesellschaften neben Austausch-programmen u. a. Initiativen vor allem ab Mitte 1947 besondere Bedeutung zu, als im Zeichen der aufkommenden Ost-West-Kon-frontation und der zunehmenden Kritik an der Politik der »Reedu-cation« mehr Wert auf die Orientierung der Deutschen an der west-lich-amerikanischen Zivilisation gelegt wurde.

»Nicht durch Einsicht in die Fehler der eigenen Vergangenheit, sondern durch Begegnung mit einer neuen Welt, nicht als Be-siegte, sondern als Partner, nicht durch den schmerzhaften Pro-zeß der Selbsterkenntnis und Aufarbeitung der Vergangenheit, sondern durch den konsequenten Blick nach Westen sollten sie an der Seite der Amerikaner auf den Weg in Richtung Demokra-tie gebracht werden.«[100]

Insofern ging die Gründung der Gesellschaften für christlich-jüdi-sche Zusammenarbeit nicht nur auf die Privatinitiative der NCCJ zurück, sondern war nach einer Vereinbarung vom Herbst 1947 Be-standteil der offiziellen Besatzungspolitik unter General Clay. Der vom NCCJ bestellte Verbindungsmann, der methodistische Pfarrer Carl F. Zietlow, war zugleich in die amerikanische Besatzungsbüro-kratie eingebunden und verfügte, da er maßgeblichen Einfluß auf die Verteilung der finanziellen Mittel hatte, über weitreichende Möglichkeiten.[101]

Unter seiner Ägide und mit seiner tatkräftigen Mithilfe wurden nach und nach in verschiedenen westdeutschen Städten christlich-jüdische Gesellschaften ins Leben gerufen. Die Methode war »stets die gleiche«:[102] Nach einer repräsentativen Veranstaltung mit Ver-tretern des NCCJ bzw. ICCJ wurde eine Gesellschaft mit dreiköp-figem Vorstand (katholisch – evangelisch – jüdisch) gegründet, des-sen Mitglieder zuvor ausgesucht und zur Mitarbeit gewonnen worden waren. Die eigentliche Arbeit wurde in Ausschüssen organi-siert, die sich verschiedenen Themen wie Bildungsfragen, religiösen Angelegenheiten usw. widmen sollten. Sowohl in der Arbeitsinten-sität wie in der politischen Ausrichtung unterschieden sich die einzelnen Gesellschaften wesentlich. Während die Frankfurter Ge-sellschaft bei der Bekämpfung des Antisemitismus eine aktive gesell-schaftspolitische Rolle zu spielen versuchte, setzte man in München eher auf die religiöse Neubesinnung des einzelnen. Dementsprechend boten die einzelnen Gesellschaften in ihrer Gesamtheit ein disparates Bild, was mitunter auch zu inneren Konflikten führte. Übte der Frankfurter Zusammenschluß heftige Kritik an antisemitischen Schulbuchdarstellungen, mußte der Münchner Vorsitzende Scharnagl zurücktreten, weil man ihm antisemitische Äußerungen ankreidete.[103] Offen trat der Streit zutage, als die Münchner Gesellschaft in einem Brief heftige Kritik an Äußerungen des amerikanischen Hochkommissars McCloy übte, der vor dem neu aufflammenden Antisemitismus in Deutschland warnte; dies löste bei anderen Gesellschaften und vielen jüdischen Mitgliedern heftige Empörung aus.[104] Diese Konflikte lassen deutlich werden, daß sich in den Gesellschaften keine neue einheitliche Bewegung formierte, sondern daß sich unter dem Dach des amerikanischen Modells divergente ideologische und gesellschaftliche Strömungen sammelten. Auch die Gründung eines Koordinierungsrats am 26. Februar 1950 als Dachorganisation konnte die Eigenständigkeit der einzelnen Gesellschaften nicht dauerhaft überwinden.

Die Initiative für einen Besuch von Heuss ging von der Wiesbadener Gesellschaft für christlich-jüdische Zusammenarbeit aus.[105] Diese lokale Organisation war am 17. November 1948 ins Leben gerufen worden und stellte nach München die zweite Gründung dar. Die Arbeit ging vor allem »in Richtung eines allgemeinen humanistisch begründeten sozialen Engagements«, wobei die »Beschäftigung mit dem Judentum eine untergeordnete Rolle« spielte.[106] Anfang November wurde Heuss eingeladen:

> »In dieser Feierstunde will die Gesellschaft in würdiger und feierlicher Weise die Grundsätze dartun, die sie leiten. Umrahmt von klassischer Musik sollen hier Worte deutscher Dichter, die dem gemeinsamen Menschentum und der Herrschaft des Geistes über die Gewalt gelten, gesprochen werden«.[107]

Die Ansprache von Heuss sollte dabei im Zentrum stehen. Knapp eine Woche später sagte der im Bundespräsidialamt für Protokollangelegenheiten zuständige Regierungsdirektor Dr. Werz im Namen von Heuss zu und brachte noch einige organisatorische Fragen zur Sprache.[108] Sein Auftritt vor der Wiesbadener Gesellschaft für christlich-jüdische Zusammenarbeit war also kein gezielt vorbereiteter politischer Akt, sondern ergab sich aufgrund der Einladung im Zuge der Vorbereitungen des Antrittsbesuchs des Bundespräsidenten in Hessen.[109]

*Vorstellung von Mitgliedern der Gesellschaft für christlich-jüdische
Zusammenarbeit auf der Abendveranstaltung am 7. Dezember 1949
im Kurhaus in Wiesbaden: (v. l. n. r.) der Münchner Stadtschulrat
Dr. Fingerle, München; Dr. Knudsen; der amerikanische Mentor der
Gesellschaften für christlich-jüdische Zusammenarbeit Zietlow; das
Vorstandsmitglied der Wiesbadener Gesellschaft Dr. Mayer; Regierungspräsident Noelle; Dr. Dittmar; Theodor Heuss; eine unbekannte Person;
das Vorstandsmitglied der Wiesbadener Gesellschaft Dr. Kauffmann,
der Geschäftsführer der Wiesbadener Gesellschaft Dr. Reich*

Der Zeitplan der Visite am 7. und 8. Dezember 1949 sah am Vormittag einen Besuch im hessischen Landtag vor; nach einem von 13 bis 15 Uhr terminierten Essen (»Frühstück«) war um 16 Uhr die Fahrt zum Kurhaus, dem Ort der Veranstaltung, geplant, wo um 16.15 Uhr die Feierstunde beginnen sollte. Bereits um 17.30 Uhr sollte Heuss weiterfahren, da für den Abend der Besuch von Verdis »Falstaff« vorgesehen war.[110] Gegenüber dem politisch bedeutenderen Besuch des Landtags und gegenüber dem repräsentativ glänzenderen Opernbesuch, die den Zeitplan bestimmten, war die protokollarische Bedeutung dieses Termins, für den auch nur ein ziviles Outfit vorgesehen war,[111] geringer. Andererseits gewann der Auftritt von Heuss nicht nur allein dadurch, daß es ein Auftritt des Bundespräsidenten im Rahmen der offiziellen Visite war, an Bedeutung, sondern auch dadurch, daß die Feierstunde von führenden Persönlichkeiten, an der Spitze der amerikanische Hohe Kommissar John McCloy, besucht wurde.[112] Für die Wiesbadener Gesellschaft stellte der Besuch also einen »besonders großen Erfolg« dar.[113]

Es gab für diese Rede also weder einen konkreten Gedenkanlaß, noch wurde dieser Termin von Heuss im Rahmen seines Antrittsbesuchs bewußt geplant. Andererseits stellte die Annahme der Einladung insofern eine symbolische Geste dar, als Heuss kurz nach der Aufnahme der regulären Staatspraxis das deutsch-jüdische Verhältnis öffentlich thematisierte. Zuvor hatte er in einen Glückwunsch zum jüdischen Neujahrsfest am 24. September bereits sein »starkes Gefühl« bekundet, »daß noch viel Bitterkeit in den Seelen haftet« und an die Stationen der jüdischen Leidensgeschichte erinnert.[114] Dabei verband er die Warnung vor dem Vergessen mit der Hoffnung auf ein besseres Zusammenleben in der Zukunft: »Die Juden werden das, die ehrlichen Deutschen dürfen das nicht vergessen. Aber sie müssen zusammen über das schlimme Erbe hinwegkommen.« Die Achtung des anderen und das »Wissen um die Würde des Menschen« erschien ihm entscheidend dafür, daß »ein in der Menschenliebe gefestigtes Gemeingefühl unser Sein und Schicksal überwölbt.« Hier wird sein Bemühen deutlich, das deutsch-jüdische Verhältnis ins Licht der Öffentlichkeit zu stellen und so der Gefahr des Vergessens entgegenzuwirken, mithin im Sinne seines politischen Programms als Präsident einen Beitrag zur »Entkrampfung« zu leisten. Auch gegenüber dem Ausland bekundete er in einem Interview mit der Nachrichtenagentur United Press seinen Wunsch, »daß die Deutschen wieder ein gutes Verhältnis zu den Juden gewinnen möchten«.[115]

Hintergrund dieser Äußerungen war die Einstellung der bundesdeutschen Bevölkerung gegenüber den Juden, die das Institut für Demoskopie in einer Umfrage ergründete.[116] 75 % der Befragten gaben an, mit Juden nähere Bekanntschaft gemacht zu haben. Von diesen verbanden 37 % dies mit guten Erinnerungen, während nur 9 % von ausgesprochen schlechten Erfahrungen sprachen. Auf die Frage »Wie ist überhaupt Ihre Einstellung gegenüber Juden?« ergab die Zuordnung zu einzelnen Gruppen folgendes Bild: Philosemitische Äußerungen kamen von 6 % der Befragten, tolerante Äußerungen von 41 %, zurückhaltende Äußerungen von 15 % und antisemitische Äußerungen von 23 %; 15 % gaben kein Urteil ab.[117] Im Vergleich mit anderen Umfragen ergibt sich für Werner Bergmann folgendes Bild: »Man hätte also mit 20–25 % klaren Antisemiten, einer Gruppe von ca. 30 % leicht-antisemitischen bis indifferenten Personen und knappen 50 % nicht-antisemitischen Personen zu rechnen.«[118] Öffentliche Äußerungen führender Politiker mußten also mit einer doch erheblichen Minderheit rechnen, die einer Aussöhnung mit den Juden skeptisch bis ablehnend gegenüberstand. Dabei ist allerdings nicht geklärt, welcher Art die so ermittelte Einstellung gegenüber Juden war. Zum einen ist davon auszugehen, daß nach dem Holocaust als »Epochenscheide der Antisemitismusgeschichte«[119] die antijüdische Einstellung auch eine »Ent-Schuldigungs-Strategie nach Auschwitz« beinhaltete, die sich vor allem in der Verharmlosung, Verdrängung und Verleugnung der NS-Verbrechen äußerte.[120] Zum anderen muß in diesem Zusammenhang offen bleiben, inwieweit nicht die Tabuisierung des Antisemitismus zu einem unvollständigen, ja falschen Bild führte, da Umfragen nicht unbedingt die tatsächlich vorhandenen Einstellungen erfassen, die angesichts der öffentlichen Ächtung oft im Stadium der »Kommunikationslatenz« bleiben.[121] Zum dritten wurden nach dem Zweiten Weltkrieg im Zuge eines »verordneten Philosemitismus« die früheren negativen Vorurteile gegenüber Juden positiv umgewertet. Diese »*opportune* Anpassung des Bildes vom Juden« diente der »*moralischen Legitimierung* des demokratischen Charakters der zweiten deutschen Republik in der Phase ihrer Gründung und der Erringung ihrer Souveränität«.[122] Aber nicht nur diese Einstellung von Deutschen, sondern auch verschiedene Vorkommnisse, die von den Betroffenen sehr sensibel registriert wurden, erschwerten die Bemühungen um eine Aussöhnung: »Friedhofsschändungen, Gewaltakte gegen jüdische Einrichtungen und Häuser sowie gewaltsame Auseinandersetzungen zwischen Juden und Nichtjuden waren keineswegs nur Einzelfälle.«[123]

Auf diese Situation reagierte Konrad Adenauer auf seine Weise. Er verurteilte in seiner ersten Regierungserklärung als Bundeskanzler am 20. September 1949 »diese Bestrebungen auf das schärfste«: »Wir hielten es für unwürdig und für an sich unglaublich, daß nach all dem, was sich in nationalsozialistischer Zeit begeben hat, in Deutschland noch Leute sein sollten, die Juden deswegen verfolgen und verachten, weil sie Juden sind.« Ansonsten ging er auf die Situation der Juden in Deutschland und das deutsch-jüdische Verhältnis nicht näher ein, was ihm heftige Kritik von seiten Kurt Schumachers eintrug.[124] Mit einem weithin beachteten Interview, das er im November der Allgemeinen Wochenzeitung der Juden gab, versuchte er diesen negativen Eindruck zu korrigieren.[125] Das große Mißtrauen der Opfer des Nationalsozialismus gegenüber dem neuen deutschen Staat kam zum Ausdruck, wenn der Herausgeber Karl Marx darauf hinwies, »daß wir seit viereinhalb Jahren vergeblich auf eine klare Stellungnahme einer der verantwortlichen Politiker – auch von ihm – gewartet haben« und daß die Äußerung in der Regierungserklärung, Antisemitismus in Deutschland sei unvorstellbar, »in den jüdischen Kreisen in Deutschland und im Ausland tiefe Enttäuschung ausgelöst habe«. In seinen Antworten wies Adenauer Bestrebungen, die NS-Verbrechen gegen die Vertreibung Deutscher aufzurechnen, zurück und bekannte sich zur Wiedergutmachung als »unsere Pflicht«: »Für diese Wiedergutmachung ist seit 1945 viel zu wenig geschehen. Die Bundesregierung ist entschlossen, die entsprechenden Maßnahmen zu treffen.« Dabei beschränkte er sich nicht nur auf die materiellen Aspekte. Er verwies vielmehr auch auf den Schutz der Juden vor Diskriminierung durch die Grundrechtsgarantie des Grundgesetzes und durch einen funktionierenden Rechtsstaat; er verurteilte Friedhofsschändungen und mahnte den Schutz und die Hilfe beim Wiederaufbau von »jüdischen Kultstätten« an; er versprach eine Bekämpfung des Antisemitismus und stellte eine finanzielle Unterstützung des neugegründeten Staates Israel in Aussicht; weiterhin sollte sich nach dem Willen Adenauers im Innenministerium ein eigenes unter der Leitung eines deutschen Juden stehendes Referat mit diesen Fragen beschäftigen; und schließlich sagte er die Verfolgung von NS-Verbrechern zu: »Verbrecher, die sich der Vernichtung von Menschenleben schuldig gemacht haben, sind einer Amnestierung nicht würdig und werden auch in Zukunft der ihnen zukommenden Strafverfolgung ausgesetzt sein.« Dieses Interview war keine beiläufige Meinungsäußerung, sondern wurde als gleichsam offizielle Stellungnahme der Regierung betrachtet.[126] Das deutsch-jüdische Verhältnis stand somit auf der politischen Tagesordnung, als Theodor Heuss am 7. Dezember öffentlichkeitswirksam dazu Stellung nahm.

Während der ursprüngliche Plan einer Lesung verschiedener Texte anscheinend fallengelassen wurde, hielt man an der musikalische Umrahmung fest. Ihr kam symbolische Bedeutung zu, denn in der Auswahl und Darbietung von Werken des Katholiken Händel, des Protestanten Brahms und des Juden Mahler spiegelte sich die Verpflichtung auf den christlich-jüdischen Zusammenhalt wider. Vor Heuss sprachen die beiden Vorsitzenden der Wiesbadener Gesellschaft, Professor E. S. Morgen und Rechtsanwalt Dr. Alfred Mayer. Während dieser »Worte der Besinnung mit dem Motto ›Durch Mitleid wissend‹« sprach,[127] widmete sich jener einem »Abriß der Philosophie der neuen Menschheitsidee«[128] mit der Intention, durch »Überwindung von Vorurteil und Intoleranz aus dem kulturellen Erbe heraus das Miteinanderleben der Menschen freundlicher zu gestalten«.[129] Der dritte Vorsitzende Dr. Kurt Kauffmann sprach das Schlußwort.

Theodor Heuss hatte für diesen Besuch offensichtlich keine große Rede vorbereitet, sondern war, wie er im nachhinein bekannte, von einer »kurzen im wesentlichen improvisierten Ansprache« ausgegangen und hatte wohl allenfalls auf einige Stichwortzettel zurückgegriffen.[130] Der verbreitete Redetext beruht vermutlich weitgehend auf dem gesprochenen Wort, wobei Heuss auf Argumente und Formulierungen zurückgriff, die er anderweitig schon verwendet hatte. In einem Interview mit der amerikanischen Presseagentur United Press hatte er z. B. schon betont, »daß er zwar eine deutsche Kollektivschuld an den vom Nationalsozialismus an Juden begangenen Verbrechen zurückweise, daß aber das deutsche Volk ›sich kollektiv schämen‹ müsse«.[131]

Heuss beginnt seine Rede, indem er an die Ausführungen seines Vorredners Prof. Morgen anknüpft, dessen »geschichtsphilosophische Darstellung« er, ohne dies allerdings näher auszuführen, teilweise in Frage stellt.[132] Nach diesem kunstlosen situationsbezogenen Beginn, der darauf hindeutet, daß Heuss tatsächlich kein fertiges Redemanuskript vorliegen hatte, leitet Heuss zu seinem Thema, der christlich-jüdischen Auseinandersetzung, über. Historischer Anknüpfungspunkt ist für ihn das »vielgeschmähte« Zeitalter der Aufklärung, das zu einem »Spottwort der Gebildeten« verkommen sei. In bewußter Abgrenzung zur Geringschätzung dieser Epoche versucht Heuss eine Ehrenrettung, indem er durch die Nennung von Voltaire, Franklin und Lessing den übernationalen Charakter dieser Bewegung betont und Lessing als Schirmherrn der aktuellen Diskussion anruft:

> »Gerade wenn ein Mann wie Lessing genannt wird – Sie mögen es vielleicht banal finden, aber er muß heute genannt werden –, dann fällt von dem Gespräch alles weg, was nach sentimentaler Wehleidigkeit aussehen müßte. Lessing war ein Mann von herrlicher Tapferkeit, und diese gehört zu unserem Gespräch«.[133]

An dieser Redeeinleitung ist bemerkenswert, daß Heuss einerseits die epideiktische Redesituation umdeutet, indem er seine monologische Ansprache als dialogische Kommunikationssituation (»Gespräch«) definiert. Darin hat einerseits die direkte Bezugnahme auf seinen Vorredner ihren Platz; andererseits versucht er, die Trennung zwischen Deutschen und Juden modellhaft aufzuheben (»unser Gespräch«). Durch den Rückbezug auf das 18. Jahrhundert weitet er zudem nicht nur den Gesprächszusammenhang historisch aus, sondern deutet auch eine positive Traditionslinie im christlich-jüdischen Verhältnis an, das er allerdings in seiner Problematik durchaus wahrnimmt.

Die Ansprache seines Vorredners liefert Heuss einen zweiten Ansatzpunkt für seine Betrachtungen. Der von Morgen zitierten Aussage Werner Sombarts, »daß ›Humanität und Nationalität zusammengehören‹«, stellt er Grillparzers Aphorismus »Von der Humanität über die Nationalität zur Bestialität« entgegen, den er als ein »Wort der Warnung«, ja als »Wort der furchtbarsten Prophezeiung« bezeichnet.[134] Damit verweist er auf das Auseinanderreißen von nationalem Gedanken und humanen Werten im Nationalsozialismus und thematisiert die grundlegende Fragwürdigkeit des Bekenntnisses zum nationalen Prinzip. Die von Heuss Lessing zugeschriebene Haltung »herrlicher Tapferkeit« nimmt er im folgenden als rhetorische *licentia*, als Recht zur freimütigen Rede, selbst für sich in Anspruch, wenn er über die Schuld der Deutschen spricht:

> »Es hat keinen Sinn, um die Dinge herumzureden. Das scheußliche Unrecht, das sich am jüdischen Volk vollzogen hat, muß zur Sprache gebracht werden in dem Sinne: Sind wir, bin ich, bist du schuld, weil wir in Deutschland lebten, sind wir mitschuldig

an diesem teuflischen Verbrechen? Das hat vor vier Jahren die Menschen im Inland und Ausland bewegt. Man hat von einer ›Kollektivschuld‹ des deutschen Volkes gesprochen. Das Wort Kollektivschuld und was dahintersteht ist aber eine simple Vereinfachung, es ist eine Umdrehung, nämlich der Art, wie die Nazis es gewohnt waren, die Juden anzusehen: daß die Tatsache, Jude zu sein, bereits das Schuldphänomen in sich eingeschlossen habe. Aber etwas wie eine Kollektivscham ist aus dieser Zeit gewachsen und geblieben. Das Schlimmste, was Hitler uns angetan hat – und er hat uns viel angetan –, ist doch dies gewesen, daß er uns in die Scham gezwungen hat, mit ihm und seinen Gesellen gemeinsam den Namen Deutscher zu tragen.«[135]

Bei dieser zentralen Stelle ist ein Vergleich mit dem gesprochenen Text vor allem im Hinblick auf die situative Realisierung der Rede aufschlußreich:

»Es hat keinen Sinn, um die Dinge herumzureden. Das *teuflische* Unrecht, das sich am jüdischen Volk*e* vollzogen hat, muß zur Sprache gebracht werden – *zur Sprache gebracht werden* in dem Sinne: Sind wir, bin ich, bist du schuld, weil wir in Deutschland lebten, *mit schuld* an diesem teuflischen Unrecht? Das hat vor vier Jahren die Menschen, *die Seelen, vor allem die Zeitungen* bewegt *und die Besatzungsmächte, als sie* von *der* Kollektivschuld des deutschen Volkes gesprochen *haben, an dem was geschah*. Das Wort Kollektivschuld und was dahinter steht ist eine *zu* simple Vereinfachung, eine Umdrehung nämlich der Art, wie die Nazi [!] gewohnt waren, die Juden anzusehen: daß die Tatsache, Jude zu sein, *[]* ein Schuldphänomen in sich geschlossen *hat*. Aber etwas wie Kollektivscham ist aus dieser Zeit gewachsen und geblieben. <*Denken Sie [?]*>, was uns der Hitler angetan hat – und er hat uns viel angetan –, ist doch dies gewesen, daß er uns in die Scham gezwungen hat, mit ihm und seinen Gesellen gemeinsam den Namen Deutsche zu tragen.«[136]

Redetechnisch wird in dieser Passage besonders deutlich, wie Heuss im aktuellen Vortrag *(actio)* unter Verwendung von rhetorischen Figuren (wie z. B. Anadiplose, Synonymie, Akkumulation und Parenthese) syntaktische Ketten bildet, die den Gedanken immer neu variieren und weiterführen. Damit bezieht er die Zuhörer direkt in seine Argumentation mit ein, was er durch die direkte Anrede und ihre Einbindung in das redeinterne Frage-Antwort-Spiel *(subiectio)* noch intensiviert.

Inhaltlich greift er wie schon in seinen frühen Reden »In memoriam« (1945) oder »Um Deutschlands Zukunft« (1946) die »Debatte
um die Schuldfrage« auf, die insbesondere in der Zeitschriftenszene
der Jahre 1945–1949 ausgetragen wurde.[137] Zwar war diese Diskussion zum Zeitpunkt der Rede von Heuss nicht mehr zentral, blieb
aber unter den veränderten Vorzeichen der inzwischen erfolgten
Staatsgründung virulent. Ihre Brisanz zeigt diese Diskussion auch in
der Streitschrift des Publizisten Ralph Giordano »Die zweite Schuld
oder Von der Last Deutscher zu sein« aus dem Jahr 1987,[138] in der
dieser heftige Kritik an Heuss und insbesondere an dieser Rede übt:
»Das ist, in mehrfacher Hinsicht, ungeheuerlich«, kommentiert er
die oben zitierte Passage über Kollektivschuld und Kollektivscham.

»Da werden also, erstens, jene, die sich um die Kollektivschuld
Gedanken machen, sei es gar im Sinne ihrer Bejahung, in eine
Reihe gestellt mit dem mörderischen Antisemitismus und seinen
Anhängern, die sich in Auschwitz ausgetobt haben. Die Verlo-
genheit dieser Gleichsetzung ist unüberbietbar. Und dann wird,
zweitens, noch so getan, als würde im Zusammenhang mit der
Kollektivschuldthese angeklagt, weil es sich um Deutsche handle
– nicht aber um reale Geschichte. Das wird, drittens, fortgesetzt
durch den Satz: ›Das Schlimmste, was Hitler uns angetan hat ...‹
Uns? Hitler und wir? Welche Rechtfertigung läßt die Geschichte
des Dritten Reiches für eine solche Spaltung zwischen Volk und
›Führer‹, mit dem zur selben Nation zu gehören und in einer Epoche zu leben der Stolz der Millionen war? Hier wird eine Trennung konstruiert, die es nie gab, die angesichts der historischen
Tatsachen völlig unglaubwürdig ist und mich an den bereits zitierten angeekelten Ausspruch des Strafrechtlers Jürgen Baumann erinnert: ›Ein Täter – und sechzig Millionen Gehilfen. Das
deutsche Volk – ein Volk von Gehilfen.‹ Diese Nation stand, bis
auf Ausnahmen, kollektiv hinter Hitler«.[139]

Wurde mitunter behauptet, der Vorwurf der Kollektivschuld sei eine
deutsche Erfindung, der so nie erhoben worden sei und lediglich
dazu gedient habe, in der Zurückweisung der pauschalen Verurteilung sich zu exkulpieren, bestand doch die Notwendigkeit, sich mit
der »moralischen Katastrophe« auseinanderzusetzen und die Frage
individueller wie gesellschaftlicher Verantwortung zu erörtern.
Mochte das Schlagwort »Kollektivschuld« manches verzerren und
billige Rechtfertigungen erleichtern, umschrieb es doch die nach
Klärung drängende Situation der Deutschen nach 1945.[140] Vor die-

sem Hintergrund ist die Auseinandersetzung von Heuss zu sehen. In der fraglichen Passage setzt er die Vertreter einer Kollektivschuld nicht mit den Nationalsozialisten gleich, sondern parallelisiert die Gedankenbewegung der kollektiven Zuschreibung und stellt diese in Frage; so wendet er sich im Fortgang der Rede auch explizit gegen die »globalen Wertungen des Menschen«.[141] Der begründende Nebensatz »weil wir in Deutschland lebten« impliziert allerdings eine Relativierung der persönlichen Verantwortung, denn die zufällige Anwesenheit an einem Wohnort kann per se nicht als Verfehlung ausgelegt werden. Dementsprechend weist Heuss den Vorwurf der Kollektivschuld sogar unter Hinweis auf das nationalsozialistische Judenbild zurück: »Das Wort Kollektivschuld und was dahintersteht ist aber eine simple Vereinfachung, es ist eine Umdrehung, nämlich der Art, wie die Nazis es gewohnt waren, die Juden anzusehen: daß die Tatsache, Jude zu sein, bereits das Schuldphänomen in sich eingeschlossen habe.« Allein die Tatsache, Deutscher zu sein, so der Kern der Behauptung, mache niemanden schuldig. Allerdings müßte in einem weiteren Schritt über das Ausmaß der Verstrickung sowie über die Schwere der Schuld diskutiert werden.

Ein solcher Ansatz findet sich aber in der Rede von Heuss nicht, was mit seiner Sichtweise des Nationalsozialismus zusammenhängt. Ausgehend von den Reflexionen über das Verhältnis von Humanität und Nationalität anhand der Zitate von Sombart und Grillparzer personifiziert er mit der Frage »Was wird sein, wenn diese nationalen Dämonien die Herrschaft bekommen?« das nationalistische Denken und läßt es so als Subjekt der Geschichte erscheinen. Durch diese stilistische Konstruktion werden die möglicherweise schuldig gewordenen Menschen im wahrsten Sinne des Wortes ausgespart. Wenn Heuss behauptet, »daß bei der Verwirklichung dieser Prophezeiung [Grillparzers] die Geschichte unsere Heimat als Exerzierfeld ausgesucht hat«, erringt die Geschichte aufgrund der militärischen Metapher den Status eines Feldherren, der sich Deutschland nur zufällig als Ort seiner (Un-)Taten gewählt hat. Schließlich hätten dann nicht konkrete Menschen das »scheußliche Unrecht« begangen, sondern es war ein Unrecht, »das sich am jüdischen Volk vollzogen hat.« Diese unpersönliche Passivformulierung läßt die Deutschen nicht als Handelnde erscheinen, sondern, bildlich formuliert, lediglich als Bewohner des zufällig vom geschichtlichen Weltgeist ausgewählten Wirkungsfeldes. Als konkret Handelnder bleibt in dieser Passage, wie Giordano richtig bemerkt, lediglich Hitler übrig, der durch sein verbrecherisches Tun die nationale Zugehörigkeit moralisch diskreditiert habe:»Das Schlimmste, was Hitler uns angetan hat – und er hat uns viel angetan –, ist doch dies gewesen, daß er uns in die Scham gezwungen hat, mit ihm und seinen Gesellen gemeinsam den Namen Deutscher zu tragen.« Damit spiegelt sich in den Ausführungen von Heuss, auch wenn er sich an anderer Stelle gegen eine Dämonisierung Hitlers wendete,[142] der spezifische Blickwinkel der späten 1940er und frühen 1950er Jahre wider, der im Nationalsozialismus eine monolithische, auf Hitler ausgerichtete Führerdiktatur erblickte.[143]

Umgekehrt begründet nicht das Handeln oder die Mitwisserschaft, sondern die Zugehörigkeit zu einer Nation für Heuss aber die »Kollektivscham«. Scham empfindet man dann, wenn man, auch ohne direkt beteiligt zu sein, sich zu etwas, was man nicht billigen kann, bekennt bzw. bekennen muß; Scham ist mithin ein emotionaler Begriff und nicht unbedingt wie Schuld an konkrete begangene bzw. unterlassene Handlungen gebunden.[144] Darauf wies Heuss in den Anfragen nach der Rede immer wieder hin: »Es ist mir auch zwar schon passiert, daß mir mit logizistischen Gründen klargemacht werden wollte, daß es eine Kollektivscham nicht geben könne, aber es gibt Dinge, wo nicht die Logik, sondern die Empfindung spricht.«[145] Angesichts der nationalsozialistischen Verbrechen fordert er aber von allen Deutschen die Bereitschaft zum Mit-Leiden, also auch von jenen, die sich konkret nicht schuldig gemacht haben. Daß er sich damit nicht beliebt macht, ist Heuss bewußt: »Ich weiß: das, was ich hier sagen werde, wird manche Leute ärgern.«[146] Kommensurabel für die Zuhörer sind die Aussagen von Heuss trotz ihrer provozierenden Elemente, weil die Forderung nach einer Haltung moralischer Sensibilität gepaart ist mit dem Verzicht auf die explizite Nennung der (deutschen) Täter.[147]

Im weiteren Fortgang der Rede setzt er sich ganz bewußt von der herrschenden Sehnsucht nach einem umfassenden Vergessen ab und plädiert mit erheblichem rhetorischen Aufwand für das Wachhalten der Erinnerung an die einzelnen Phasen der Verfolgung der Juden bis hin zu ihrer systematischen Ermordung:

> »Wir dürfen nicht vergessen die Nürnberger Gesetze, den Judenstern, die Synagogenbrände, den Abtransport von jüdischen Menschen in die Fremde, in das Unglück, in den Tod. Das sind Tatbestände, die wir nicht vergessen sollen, die wir nicht vergessen dürfen, weil wir es uns nicht bequem machen dürfen.«[148]

Im Rahmen der näheren Charakterisierung und Analyse der nationalsozialistischen Verbrechen verweist er auf ein in der deutschen
Mentalität verankertes Spezifikum:

> »Das Schauerliche an diesen Vorgängen, von denen wir offen
> sprechen, ist dies: Es handelte sich nicht um den aufgestörten
> Fanatismus der Pogrome, von denen wir ehedem in den Zeitun-
> gen lasen, daß in Rußland, in Rumänien dieses oder jenes gesche-
> hen sei, sondern es handelte sich um die kalte Grausamkeit der
> rationalen Pedanterie. Das war der sonderlich deutsche Beitrag
> zu diesem Geschehen.«[149]

Die Formulierung »deutscher Beitrag« impliziert, ohne dies im einzelnen auszuführen, daß die Verfolgung und Ermordung der Juden
gegenüber den historisch überlieferten Pogromen während der nationalsozialistischen Diktatur eine besondere, mithin einzigartige
Qualität gewonnen habe. Diese außerordentlich prononcierte Position fügt dem sich in der Namen-Metapher (»im deutschen Namen«)
verdichtenden und auch bei Heuss immer wieder begegnenden Deutungsmuster eine Variante hinzu, da die Deutschen qua nationaler
Zugehörigkeit als Mitglieder einer Schicksalsgemeinschaft erscheinen, die nun zumindest die Folgen der von Hitler verantworteten
Taten mitzutragen hätten, nämlich »mit ihm und seinen Gesellen
gemeinsam den Namen Deutscher zu tragen.«

Die im folgenden vorgetragene Erklärung der nationalsozialistischen Herrschaft lenkt den Blick auf ideologische Ursachen und
führt von den nationalen Spezifika wieder weg:

> »Und das Schreckliche ist, daß dieser Vorgang sich nicht sozusa-
> gen emotional vollzog, was auch schlimm genug ist, sondern sich
> der Paragraphen bediente und eine Weltanschauung für lange
> Zeit sein sollte. Was war denn das für eine ›Weltanschauung‹? Das
> war der biologische Materialismus, der keine moralischen Kate-
> gorien anerkannte, aber sie vertreten wollte, und der nichts wuß-
> te davon, daß es individuelle Wertsetzungen zwischen Mensch
> und Mensch gibt.«[150]

In der sprachlichen Formulierung werden wiederum die konkreten
Menschen als Täter und Zuschauer (und damit als potentielle Mitwisser) zugunsten eines sich anonym vollziehenden Prozesses ausgespart. Das ideologische Element des »biologischen Materialismus«,
womit Heuss eine Formulierung aus seiner Schrift »Hitlers Weg« von
1932 aufgreift,[151] wird als Ursache der NS-Verbrechen namhaft gemacht, ohne die Verbreitung dieser Gesinnung zu klären.

In der rhetorischen Struktur zeigt sich also in der gleichzeitigen Zurückweisung einer Kollektivschuld und Bekundung einer Kollektivscham ein Oszillieren zwischen dem Verzicht auf eine konkrete personalisierbare Schulddiskussion einerseits und der Artikulation einer allgemeinen, die individuelle Sensibilität ansprechenden moralischen Betroffenheit. Unabhängig von der letztlich nicht entscheidbaren Frage, ob dies Ausdruck der eigenen Einstellung von Heuss oder den Erfordernissen der Redesituation geschuldet ist, läßt sich vermuten, daß Heuss an die Grenzen der Zumutbarkeit stößt, die sich der oberste Repräsentant des Staates erlauben konnte. Das Bekenntnis zum Nicht-Vergessen, der Appell zur Erinnerung war nur dann kommensurabel, wenn er die Schulddebatte im Bekenntnis zur emotional getönten Kollektivscham aufgriff und sie damit gleichzeitig im Hinblick auf konkrete Schuldzuweisungen abmilderte. Da Scham durch die Entdeckung verborgener Schuld entsteht und ein im Wortsinn peinliches Gefühl hinterläßt, deutet die Verwendung des Begriffs »Kollektivscham« auf eine höchst ambivalente Seelenlage der deutschen Bevölkerung in den 1950er Jahren hin. Zwar kann man mit Giordano eben jene Aussparung einer personenbezogenen Schulddiskussion kritisieren, verstellt sich aber durch den normativen Anspruch einer richtigen »Vergangenheitsbewältigung« den Blick auf die durch die historische Lage und die konkrete Redesituation bedingte Form der Auseinandersetzung mit der nationalsozialistischen Vergangenheit. Nur in dieser allgemeinen Version konnte das Erinnerungs-Postulat im Hinblick auf die politische Ordnung der Bundesrepublik seine legitimitätsstiftende Wirkung entfalten.

Im weiteren Fortgang der Rede wechselt Heuss von der Ebene des kollektiven Verhaltens auf die Ebene der persönlichen Erfahrung, wenn er an die zu Beginn der Rede entworfene Kommunikationssituation anknüpft und von seinen Freundschaften zu Juden berichtet. Diese existierten nicht deshalb, »weil sie oder trotzdem sie Juden waren«, sondern »weil der Funke der menschlichen Liebe zwischen uns sprang«.[152] Die Lehre, die er daraus ableitet, ist, »daß wir aus den globalen Wertungen des Menschen herauskommen müssen«.[153] Gegen das pauschale Urteil setzt er die individuelle Erfahrung, weshalb er auch die Kollektivschuld-These verwirft. Die Wertschätzung der Individualität ist für Heuss der Bezugspunkt seiner ethisch-politischen Anschauungen, der ihm eine über das Individuelle hinausgehende Schuldzuweisung verbot und die Schulddiskussion dem einzelnen antrug – und damit auch überließ.

Indem er im folgenden auf die verschiedenen sozialen Gruppen und Milieus im deutschen Judentum hinweist und von verschiedenen Lebensformen und ideologischen Positionen in seinem jüdischen Freundes- und Bekanntenkreis berichtet, zeichnet Heuss ein differenziertes Bild des jüdischen Lebens in Deutschland vor 1933. An dieser vergleichsweise langen Passage wird die Neigung von Heuss zur persönlichen Mitteilung deutlich, die bis ins Anekdotische reicht, und aus der seine Reden einen Gutteil ihrer Wirkung beziehen. Die in diesen Erzählungen enthaltene und an einer Stelle auch explizierte Botschaft, sich vor pauschalen Wertungen zu hüten, gewinnt gerade dadurch an Überzeugungskraft, weil sie nicht nur als rhetorischer Appell, sondern auch und vor allem als Resultat persönlicher Lebenserfahrung erscheint. Nur vor diesem Hintergrund sind solche politisch nicht korrekt wirkenden Sätze »gedenkredefähig«: »Es hat auch Juden gegeben, denen ich in einem schlichten Bogen ausgewichen bin«.[154]

Heuss wechselt nun noch einmal die Perspektive und zwar in doppelter Hinsicht: Zum einen lenkt er anhand von Beispielen die Aufmerksamkeit seiner Zuhörer auf den Verlust für die deutsche Kultur durch die Zerstörung des jüdischen Elements. Dabei nimmt er die jüdische Kultur aus einer dezidiert deutschen Perspektive wahr: »Deutschland hat durch diesen Wahn unendlich viel verloren«.[155] Die Rolle des deutschen Volkes bei der weitgehenden Auslöschung dieser geistigen Tradition bleibt dabei wiederum in der Schwebe, denn die Deutschen hätten sich, »wenn nicht selber belogen, so doch belügen lassen«. Zum anderen wendet er sich, zunächst andeutend, dann immer drängender, wiederum der Gegenwart zu, wenn er die Briefe deutscher Juden aus aller Welt erwähnt, die Deutschland nach wie vor als ihre Heimat ansähen, und wenn er von den Friedhofsschändungen berichtet, deren Bedeutung er allerdings ähnlich wie Adenauer zu relativieren versucht:

> »Jede solche Friedhofsschändung ist für Deutschland in seinem Kampfe um seine Stellung unter den Nationen eine verlorene Schlacht; aber sie hat nichts zu tun mit Antisemitismus, sondern das ist die bewußte politische Lausbüberei von Menschen, die diesen Staat, in dem es Juden als Mitwirkende erst wenige gibt, die die Stellung dieses Staates zwischen den Völkern gefährden will.«[156]

Der Begriff »Lausbüberei« erinnert an eine ähnliche Formulierung von Bundeskanzler Konrad Adenauer zehn Jahre später, als dieser angesichts der folgenschweren Kölner Synagogenschmierereien die deutsche Bevölkerung aufforderte, den in flagranti ertappten Tätern den Hosenboden strammzuziehen.[157] Heuss stellt die antisemitische Motivation solcher Taten in Abrede, um einerseits die außenpolitische Reputation des neuen Staates nicht in Frage zu stellen und um die Juden indirekt zur politischen Mitwirkung aufzufordern. Vielmehr gibt er unter Berufung auf den Religionsphilosophen Martin Buber der Hoffnung Ausdruck, das christlich-jüdische und das heißt eben auch das deutsch-jüdische Gespräch zu aktivieren bzw. zu reaktivieren.

Ein Grundmotiv dieser Rede im besonderen und seiner Rhetorik im allgemeinen wird hier deutlich: die Verpflichtung auf den Dialog, den er nicht nur expressis verbis wiederholt »ins Gespräch bringt«, sondern der die Struktur seiner Rede selbst konstituiert. So versucht er, die durch die Redesituation gegebene monologische Struktur dadurch aufzulösen, daß er zum einen explizit den Wunsch nach Unterhaltung und Gespräch äußert, zum anderen die eigene Rede in einen übergreifenden, historisch ausgreifenden fiktiven Diskussionszusammenhang einbettet und zum dritten über persönliche Erlebnisse und Erfahrungen berichtet. Die Rhetorik von Theodor Heuss läßt sich insofern als demokratisch verstehen, als er in der Diskussion das Lebenselixier der Demokratie sieht. Dies thematisiert er nicht nur in seinen Aussagen, sondern dies kommt auch in der Struktur seiner Rede zum Ausdruck. Um es in einem Begriff zuzuspitzen, läßt sich der ihn kennzeichnende Redestil als »räsonnierende Gesprächsrhetorik« bezeichnen, die entsprechende rhetorische Figuren wie z. B. *sermocinatio* oder *subiectio* verwendet, um einen möglichst direkten Publikumsbezug herzustellen und die Erörterung kontroverser Standpunkte zu ermöglichen.[158]

Gleichwohl wohnt dem Wunsch nach einer Fortsetzung des deutsch-jüdischen Dialogs ein anachronistisches Moment inne, da er unterstellt, die Zeit des Nationalsozialismus könne gleichsam übersprungen werden. Dies gelingt aber nur dadurch, daß der Antisemitismus als etwas den Deutschen Wesensfremdes gesehen wird, der sich auf Hitler und seine »Gesellen« beschränkt habe. Die systematische Ermordung der Juden als »Epochenscheide der Antisemitismusgeschichte«[159] wird von Heuss zwar erahnt, aber nicht bewußt thematisiert. Vielmehr versucht er die Fragen, die für Deutschland »besonders gestellt« sind,[160] zu internationalisieren. »Aber sie gehen die ganze Welt an«, formuliert Heuss, wodurch

Deutschland zumindest rhetorisch den Weg zurück in die Völkerge-
meinschaft findet. Auf diese Weise entsteht in der Rede ein schillerndes Bild der in die Normalität zurückstrebenden Deutschen. In
die nationalsozialistischen Verbrechen nicht haftbar involviert und
von der NS-Propaganda belogen, bleibt die Scham über die Vergangenheit. Dem Appell, nicht zu vergessen, steht die Möglichkeit eines
erneuerten deutsch-jüdischen Dialogs gegenüber, wodurch Deutschland und die Deutschen aus ihrer Isolation herausfinden können.

Dazu gehört seiner Meinung nach neben der Kraft der Erinnerung auch der »Mut zur Liebe«. In einem engagierten Appell fordert
er unter Verweis auf den jüdisch-britischen Schriftsteller Victor
Gollancz im Schlußteil der Rede *(peroratio)*: »Mut zur Liebe? Bedarf
es dessen? Ja! Der Haß folgt der Trägheit des Herzens; er ist billig und
bequem. Die Liebe ist immer ein Wagnis. Aber nur im Wagen wird
gewonnen.«[161] Der Erkenntnis, dem Individuum in seiner Einzigartigkeit gerecht werden zu müssen, die sich aus dem Schamgefühl
über die nationalsozialistischen Verbrechen ergibt, entspricht der
Wille zu einer seelischen Klärung und emotionalen Annäherung, die
Resultat der Verpflichtung zur Erinnerung ist. Mut zur Liebe wird für
Heuss zum Pendant der Erkenntnis der individuellen Mitmenschlichkeit. Weniger konkrete Taten als vielmehr eine sich der Vergangenheit stellende und die Gegenwart durch Mitmenschlichkeit gestaltende Haltung ist es, was Heuss fordert und fördern will. Der
historische Anknüpfungspunkt in der übernationalen Bewegung der
Aufklärung, der mit dem aktuellen Bemühen um Verständigung in
den Worten des amerikanischen Präsidenten Truman verbunden
wird, ermöglicht ein Aushalten des Unerträglichen, ohne es zu verleugnen, ohne es aber auch individuell zurechnen zu müssen.

Mit den Begriffsbildungen »Kollektivscham« und »Mut zur Liebe« gelingt es Heuss in dieser Rede, die historische Orientierung
schlagwortartig zuzuspitzen. Im Hinblick auf die Erfahrung des
Nationalsozialismus dominiert die Opfer-Perspektive, wenngleich in
der Trennung von Schuld und Scham der Wechsel in die Zuschauer-
Perspektive eröffnet wird. Auf diese Weise kann einerseits eine konkrete öffentliche Schulddiskussion vermieden, andererseits das Erbe
des Nationalsozialismus akzeptiert werden, wobei die ethische Haltung des »Mutes zur Liebe« die Chance eröffnet, diese Belastung der
Vergangenheit zu »bewältigen«. Die in den Reden aus der unmittelbaren Nachkriegszeit begegnenden Sinnbildungsfiguren wirken
auch nach Gründung der Bundesrepublik bei Heuss fort, werden

aber umgruppiert. Das Vakuum der historischen Orientierung füllt sich zusehends, indem die Elemente kritischer und exemplarischer Sinnbildung nun in den Reden von Heuss legitimitätsstiftend wirken. Sie verbinden sich mit prägenden Strömungen der deutschen und europäischen Geistesgeschichte und erlangen auf diese Weise insofern den Status traditionaler Sinnbildung, als sie für die neu gegründete Bundesrepublik selbst traditionsbildend wirken sollen. Die Verpflichtung, die Erinnerung an den Nationalsozialismus wachzuhalten, wird zum Bestandteil des Selbstverständnisses des neuen Staates: Das Erinnerungs-Postulat wird zum Legitimitäts-Potential.

Bezieht man seine Position auf die Schulddebatte seit 1945 zurück, wie sie in der vielgestaltigen Zeitschriftenszene der unmittelbaren Nachkriegszeit ausgetragen wurde und auf die er in seinem gesprochenen Text explizit Bezug genommen hat,[162] fällt eine eindeutige Zuordnung von Heuss schwer. Auch wenn die einzelnen Positionen nicht klar abgrenzbar waren, sondern sich vielfältig überschnitten, kann man sechs Richtungen unterscheiden: »*Dogmatisches Christentum* – katholisches und evangelisches –, ›*Weimardeutsch*‹ für eine von der Goethe-Verehrung bestimmte schöngeistige Haltung, *Psychoanalyse, Existentialismus, ›Potsdamdeutsch*‹ für ein selbstkritisches Preußentum, sowie *Marxismus*«.[163] Stand Heuss der katholischen Position aufgrund seiner Herkunft aus dem protestantischen Südwesten Deutschland fern, so galt dies wegen der Beschränkung auf eine theologische Argumentation auch für die sich im Stuttgarter Schuldbekenntnis niederschlagende evangelische Position. Wenn er auch nicht als exemplarischer Vertreter des selbstkritischen Preußentums anzusprechen ist, so wies seine Sichtweise mit der der ›Potsdamdeutschen‹ doch die meisten Berührungspunkte auf: »So ignorierten sie weitgehend die Kollektivschuldanklage, bekannten sich aber grundsätzlich zu einer Mitverantwortung des deutschen Volkes und schlossen sich dabei persönlich ein«.[164] Heuss erkannte die Mitverantwortung wohl an, war aber in der Zurückweisung der Kollektivschuld-These entschiedener. Dabei berief er sich u. a. auf die positiven Traditionen Deutschlands. Wenngleich die Berufung auf das kulturelle Erbe ihn mit der ›weimardeutschen‹ Position verband, dienten ihm nicht nur Goethe und die Klassik zur Orientierung, sondern es fehlte ihm auch deren eskapistischer Zug, da er das demokratische Erbe von 1848 besonders betonte. Dieses Traditionsverständnis unterschied ihn allerdings wiederum von der

›potsdamdeutschen‹ Position, wenngleich er deren ambivalente Haltung teilte –

> »zwischen Liebe zum Vaterland und Angst vor einem national-
> sozialistischen Sieg, zwischen dem Gefühl der Gebundenheit
> durch einen geleisteten Eid und dem Wissen, daß man ihn auf
> eine falsche Sache geschworen habe, zwischen der Liebe zur gei-
> stigen Tradition Deutschlands und der Einsicht, daß sie fragwür-
> dig geworden sei, zwischen Liebe zum Preußentum und Abscheu
> vor dessen Entartung.«[165]

Der »fatalistische Zug«, die »pessimistische Bitterkeit«,[166] die dieser Position innewohnte, war Heuss wohl nicht nur aufgrund seiner persönlichen Mentalität, sondern auch und vor allem aufgrund seiner politischen Überzeugungen fremd, kam es ihm doch auf die Erneuerung des Nationalbewußtseins durch eine seelische Reinigung an. Im Bemühen um eine öffentliche Auseinandersetzung und in der Thematisierung der emotionalen und moralischen Dimension der Schuldfrage kann man Verbindungen zur existentialistischen Sichtweise etwa von Karl Jaspers (und Hannah Arendt) sowie zu psychoanalytisch inspirierten Überlegungen sehen, ohne daß Heuss die Prämissen dieser Positionen geteilt hätte.

Gerade weil die Rede von Heuss in ihrer oszillierenden Gedankenbewegung Elemente verschiedener Positionen miteinander verbindet, stellt sie zum einen ein vorläufiges Resümee der von Eberan analysierten »Schulddebatte« dar, die er mit der Formulierung »vor vier Jahren« schon in eine historische Distanz rückt. Zum anderen formuliert er gleichsam offiziell eine für verschiedene Richtungen konsensfähige Position, in der sich die neuen Staatsbürger wiedererkennen können. Die Bekundung der »Kollektivscham« gegenüber den Juden, die der Bundespräsident stellvertretend für die Deutschen leistet, enthält die Mahnung an die Deutschen, eine Haltung moralischer Sensibilität zu entwickeln, und im Aufruf zum Mut der Liebe die Aufforderung an Juden und Deutsche, sich um eine Aussöhnung im Sinne eines deutsch-jüdischen Dialogs zu bemühen. Die dabei von Heuss gewählte deutsche Perspektive und innenpolitische Ausrichtung war für die Juden, die in Deutschland blieben und sich in den Gesellschaften für christlich-jüdischen Zusammenarbeit engagierten, akzeptabel, denn sie »definierten sich vor allem als deutsche Juden«.[167] Bei anderen jüdischen Gruppen stieß die Rede auf Vorbehalte. So forderte der Vertreter des jüdischen Weltkongresses bei den Vereinten Nationen Maurice Perlzweig in einer Reaktion auf die Rede »etwas viel Tiefer- und Weitergehendes«: »Diese Reden beseitigen die Befürchtungen nicht, die die Juden über das Wiedererwachen des Antisemitismus in Deutschland hegen«.[168]

In der Presseberichterstattung über den Antrittsbesuch des Bundespräsidenten in Hessen erschien die Rede in der Regel als ein Programmpunkt unter anderen. Die Süddeutsche Zeitung stellte die hessischen Forderungen, die bei der Neugründung der Länder verlorenen Gebiete wiederzuerlangen, in den Mittelpunkt ihres Berichts »Heuß [!] und die ›hessische Irredenta‹« und gab lediglich am Ende des Artikels die wesentlichen Aussagen seiner Rede kurz wieder.[169] Auch im Bericht der Frankfurter Allgemeinen Zeitung stand der Besuch im Landtag im Mittelpunkt; die Feierstunde fand nur kurz am Ende Erwähnung, wobei die anwesenden Prominenten genannt und der Inhalt der Rede kurz zusammengefaßt wurden.[170] Demgegenüber widmete die Neue Zeitung der Rede von Heuss deutlich mehr Raum. Nachdem am 8. Dezember 1949 unter der Überschrift »Wiesbaden bereitete Heuss herzlichen Empfang« ähnlich wie in den anderen Zeitungen der Inhalt der Ansprache wiedergegeben wurde, lautete am Tag darauf die Überschrift: »Heuss bekennt sich zu Kollektivscham, nicht Kollektivschuld gegenüber Juden«.[171] Der abgedruckte Wortlaut der Rede wurde noch durch einen positiven Kommentar mit dem Titel »Mut zur Liebe« ergänzt. Dort heißt es, Heuss' »außerordentlich bedeutsame Worte« sollten als »erste Erklärung des repräsentativsten Vertreters der jungen deutschen Bundesrepublik die Beachtung finden, die ihnen gebührt«. Dabei wurde nicht nur die innenpolitische, sondern vor allem die außenpolitische Wirkung gewürdigt: »In diesem Kampf um Deutschlands Weltgeltung bedeutet die eindrucksvolle Rede des Bundespräsidenten eine gewonnene Schlacht, so wie nach seinen Worten jede lausbüberische Friedhofsschändung eine verlorene ist.«[172]

Bereits in seiner Rede hatte Heuss auf die »passive Berufsfunktion meines Amtes« hingewiesen, »Briefe zu empfangen«,[173] und die Befürchtung geäußert, durch seine unbequemen Äußerungen werde er die Zahl der Briefe erhöhen. Im Vergleich zu späteren Reden ist die Anzahl der überlieferten Zuschriften relativ gering,[174] was damit zusammenhängen mag, daß nicht einmal drei Monate nach Amtsantritt der postalische Verkehr zwischen Staatsoberhaupt und Staatsbürger noch nicht so geläufig war wie später; zudem hielt Heuss seine Rede ja im Rahmen seines Antrittsbesuchs in Hessen, wobei dieser Termin nur einer unter mehreren war. Andererseits findet sich in einem Antwortschreiben der Hinweis, daß Heuss

> »aus Anlass [!] seiner Wiesbadener Rede neben der laufenden Post, die Tag um Tag wächst (in die Hunderte), so viel Zuschriften zugegangen [sind], daß wir ihm nur die kürzeren vorlegen können und diejenigen, in denen eine unmittelbare Entscheidungseinwirkung von ihm beansprucht wird.«[175]

Die Zuschriften, aus denen man, ohne den Anspruch auf Repräsentativität erheben zu können, Hinweise auf typische Reaktionsweisen entnehmen kann, bestehen zu einem Teil aus der Bitte um die Zusendung des Manuskripts. Die weitgehend improvisierte Ansprache wurde, wie oben gezeigt, aufgrund der stenographischen Mitschrift überarbeitet und lag wohl in einer nicht mehr erhaltenen hektographierten Fassung vor, die dann versendet wurde. Zum anderen war pauschale Zustimmung ein wiederkehrendes Reaktionsmuster: »Als Christ muß man Ihren Äußerungen zustimmen«, hieß es etwa in einer Zuschrift.[176] Daneben wurde die Zustimmung mit Hinweisen auf andere Komplexe, die nur entfernt mit der Rede zu tun hatten, kombiniert, etwa das Schicksal der Heimatvertriebenen, aktuelle Ungerechtigkeiten usw.

Gingen die Briefschreiber näher auf den Inhalt der Ansprache ein, so stand neben Hinweisen auf Einzelaspekte[177] die Frage der Kollektivscham im Mittelpunkt. Zum einen wurde die Begriffsbildung mit dem in verschiedenen Varianten vorgetragenen Argument in Frage gestellt, es könne sich nur der einzelne schämen, und nicht ein ganzes Volk, und der einzelne nur dann, wenn er auch schuldig geworden sei, was nicht für jeden zutreffe. In einem exemplarischen Antwortbrief begegnete Heuss diesen Einwänden so: »Freundlichen Dank für Ihren Versuch mich zu belehren, daß es eine Kollektivscham nicht geben könne, zu schämen brauche sich nur der, der selber schuldig geworden ist«, resümierte er die Zuschrift, um dann zu antworten: »Der Versuch mag logizistisch durchgeführt sein, er geht aber irgendwie an den psychischen Tatbeständen vorbei. Ich habe mich in der Nazi-Zeit geschämt, wenn ich einen Juden mit dem Judenstern bemerkte oder auf einer Bank die Aufschrift fand ›für Juden verboten‹.«[178]

Es ging Heuss also weniger um einen analytischen Begriff als vielmehr um eine Charakterisierung der seiner Meinung nach angesichts der nationalsozialistischen Verbrechen angemessenen Seelenlage. Entscheidend war für ihn, daß es Dinge gebe, »wo nicht die

Logik, sondern die Empfindung spricht«.[179] Das persönliche Beispiel zeigt deutlich, daß Heuss einerseits empfundene Scham klar von begangener Schuld trennte und andererseits die Fähigkeit zur Scham als Ausdruck der emotionalen Fähigkeit zum Mit-Leiden und der moralischen Sensibilität für Unrecht ansah und insofern als ethischen Imperativ implizit postulierte. Dementsprechend kommentierte das Präsidialamt in einem Antwortschreiben die Intentionen von Heuss so: »Ihm lag daran, die moralische Situation klarzustellen.«[180]

Bemerkenswert ist die zeitliche Fernwirkung der Rede, denn es finden sich noch in den 1950er Jahren Reaktionen. Ende 1952 meldete sich z. B. ein Deutsch-Argentinier zu Wort, der die Rede von Heuss im Argentinischen Tagblatt gelesen hatte und sich ebenfalls mit dem Begriff Kollektivscham auseinandersetzte. Umgekehrt nahm auch Heuss in den folgenden Jahren auf diese Rede Bezug, wenn er etwa, wie bereits erwähnt, Kritikern seiner in Bergen-Belsen gehaltenen Rede »Das Mahnmal« entgegenhielt, er habe sich schon 1949 gegen die Kollektivschuld ausgesprochen.[181]

Daneben gab es aber auch die negativen Briefe, die Heuss in seiner Rede schon befürchtet hatte. »Wenn Sie sich damals geschämt haben, den ›Namen‹ – Deutscher – getragen zu haben«, so eine Zuschrift, »so sollten Sie sich heute noch mehr schämen Herr Bundespräsident, Sie sind es gar nicht wert, diese Stelle einzunehmen«.[182] In der kurzen Antwort wurde dem Briefschreiber mitgeteilt, daß der Bundespräsident »mit derlei Briefen gerechnet hat, aber nicht weiter von ihnen beeindruckt ist«.[183] Mit Skepsis und Ablehnung reagierte auch ein Deutsch-Argentinier, der sich im März 1950 brieflich zu Wort meldete: Er bekannte, daß »mir Ihre in Wiesbaden gehaltene Rede durchaus nicht in den Sinn« wolle und offenbarte seine antisemitische Einstellung in der Aussage: »Wo der Jude in grossen [!] Mengen auftritt [,] wird er den übrigen Einwohnern zum Problem.«[184]

Demgegenüber fand die Rede von Heuss bei John McCloy, dem amerikanischen Hohen Kommissar, der der Feierstunde beigewohnt hatte, eine außerordentlich positive Aufnahme. Als der Chef des Bundespräsidialamtes Manfred Klaiber dem Leiter der politischen Abteilung im Kanzleramt Herbert Blankenhorn einige Redeexemplare zuschickte, schilderte er im Begleitbrief die Reaktion des Amerikaners und gab dessen Äußerungen so wieder:

>»Die Rede sei ausgezeichnet gewesen. Er halte die Ausführungen
>des Herrn Bundespräsidenten im jetzigen Augenblick für beson-

ders bedeutungsvoll. In der amerikanischen Presse seien in der letzten Zeit eine Reihe von Meldungen über neue nationalistische und antisemitische Strömungen in Deutschland erschienen. Die Rede des Herrn Bundespräsidenten sei geeignet, diesen übertriebenen Meldungen entgegenzuwirken.«[185]

Die Übersetzung der Ansprache erhielten u. a. John McCloy,[186] der in der Rede erwähnte Victor Gollancz, von dem allerdings keine Reaktion überliefert ist, und Carl F. Zietlow, die Schlüsselfigur bei der Gründung von Gesellschaften für christlich-jüdische Zusammenarbeit. Das Anliegen seines ausführlichen Briefes,[187] Heuss für sein Kommen zu danken und »to compliment you on the splendid speech you made«, verband er mit einer außerordentlich positiven Würdigung des Bundespräsidenten. Dessen »informal way, you chatted with many different German groups« und dessen »truly democratic spirit« hebe sich von der vermeintlichen »›stiffness‹ of German leaders« ab. Weiterhin berichtete er von der »great satisfaction with the acconts of your address«, die er in Berlin erlebt habe, und von der Anregung, die Rede zu drucken, »to be used as a part of our educational material«. So erschien ein vom Deutschen Koordinierungsrat herausgegebener Sonderdruck der Rede,[188] und die Wiesbadener Veranstaltung stand im Mittelpunkt der ersten Nummer der Zeitschrift »Zusammenarbeit«. Demgegenüber blieben kritische Einwände wie die schon erwähnten aus den Reihen des jüdischen Weltkongresses, dessen Vertreter bei den Vereinten Nationen »etwas viel Tiefer- und Weitergehendes« erwartet hatte, selten. Die Resonanz der Rede, so läßt sich zusammenfassend feststellen, war überwiegend positiv, was Heuss auch in einem Schreiben an den Rabbiner Geis in Amsterdam zum Ausdruck brachte: »Das Echo meiner Wiesbadener Ansprache war, wenn ich die vielerlei Briefe mir gegenwärtig halte, mit verschwindenden Ausnahmen gut und tröstlich.«[189]

b) Die Rede zur Woche der Brüderlichkeit (1952)

Wenn Heuss am Ende seiner Rede in Wiesbaden auf die Ankündigung von US-Präsident Truman hinwies, »daß im kommenden Februar die Probleme Judentum – Christentum, Volkszusammengehörigkeit bei religiöser Sonderhaltung im großen Lande der Vereinigten Staaten zur Aussprache kommen werden«,[190] so spielte er auf die Tradition der sog. »Brotherhood Week« an, die in den USA

1934 erstmals begangen worden war. In Erinnerung an den Geburtstag George Washingtons am 22. Februar 1735 fand sie jeweils Ende Februar/Anfang März statt und sollte dem Anliegen der »National Conference of Christians and Jews« (NCCJ) dienen, den Gedanken religiöser Toleranz zu verbreiten. Diese Idee wurde in Deutschland nach dem Zweiten Weltkrieg aufgegriffen, nachdem die Gründungsversammlung der internationalen »World Brotherhood« im Juni 1950 beschlossen hatte, sich dem amerikanischen Vorbild anzuschließen. Trotz der Gründung des Deutschen Koordinierungsrats entwickelte sich die Gedenktradition der Woche der Brüderlichkeit jedoch aus den einzelnen örtlichen Gesellschaften heraus. Zunächst 1950 in Stuttgart durchgeführt, breitete sich die Idee 1951 in weitere Städte aus, wobei München konzeptionell eine Vorreiterrolle übernahm. Nach der positiven Resonanz kam es 1952 zur ersten bundesweiten Woche der Brüderlichkeit.[191]

In der Gestaltung am amerikanischen Vorbild orientiert, war die Durchführung vor Ort durch die jeweilige Ausrichtung der einzelnen Gesellschaft geprägt, so daß sich insgesamt ein sehr facettenreiches Bild bot. Die Veranstaltung solcher Wochen war allerdings nicht unumstritten. Während die einen eine »Amerikanisierung, die sie mit einer allgemeinen Verflachung der inhaltlichen Arbeit gleichsetzten«, befürchteten, begrüßten die anderen die Woche der Brüderlichkeit als ein Mittel, »um einmal im Jahr öffentlichkeitswirksam auf die Ziele des Koordinierungsrats und der ihm angeschlossenen Gesellschaften für Christlich-Jüdische Zusammenarbeit hinzuweisen«.[192] Dieser Dissens spiegelte die Orientierungskrise wider, die die Bewegung Anfang der 1950er Jahre erfaßte.[193] Carl Zietlow, die entscheidende Figur dieser frühen Phase, war 1951 in die USA zurückgekehrt. Zudem lief die Finanzierung durch die Amerikaner, die diese Form der christlich-jüdischen Verständigung als Teil der offiziellen Besatzungspolitik gefördert hatten, in dieser Zeit aus. Hinzu kam, daß die Form der internationalen Zusammenarbeit umstritten war. Bevor der Plan eines Zusammenschlusses zu einem »International Council for Christians and Jews« (ICCJ) realisiert werden konnte, der die religiöse Dimension mehr betont hätte, war es 1950 bereits zur Konkurrenzgründung »World Brotherhood« gekommen, die stärker zentralistisch ausgerichtet war und die pädagogische Dimension besonders betonte.[194] Dies löste bei den deutschen Gesellschaften sowohl hinsichtlich der Organisationsform als auch der inhaltlichen Ausrichtung der Arbeit große Verunsicherung aus. Insofern kann die bundesweite Veranstaltung einer Woche der Brüderlichkeit in dieser Phase als Element einer gelingenden Neuorientierung verstanden werden.

Diese Neuorientierung gelang aber auch deswegen, weil die anstehende Regelung der Wiedergutmachung von politischer Seite die Förderung christlich-jüdischer Zusammenarbeit besonders opportun erscheinen ließ.[195] Nachdem Adenauer bereits 1949 die Verpflichtung zur Wiedergutmachung prinzipiell erklärt hatte, wurde diese Frage für die Bundesregierung innen- wie außenpolitisch bestimmend.[196] In jahrelangen komplizierten politischen, gesetzgeberischen, bürokratischen wie diplomatischen Verhandlungen und Entscheidungen waren nicht nur die aus der Besatzungszeit stammenden Einzelmaßnahmen in den Ländern zu vereinheitlichen, sondern es mußte auch eine umfassende gesetzliche Regelung für die Entschädigung der NS-Opfer gefunden werden. Außenpolitisch war eine Abstimmung mit den Alliierten, die diese Bemühungen sorgfältig beobachteten, ebenso notwendig wie ein Ausgleich mit Israel und jüdischen Organisationen.

Bildete innenpolitisch das Bundesentschädigungsgesetz von 1953 die umfassendste Regelung, war außenpolitisch das Luxemburger Abkommen von 1952 von entscheidender Bedeutung.[197] In diesem Zusammenhang ist auch die grundsätzliche Regierungserklärung zur »Haltung der Bundesrepublik gegenüber den Juden« vom 27. September 1951 zu sehen,[198] an deren Vorbereitung Heuss in Besprechungen mit Adenauer und durch konkrete Vorschläge zur Formulierung und zur parlamentarischen Behandlung maßgeblichen Anteil hatte. So überarbeitete er nicht nur den Entwurf der Erklärung, wobei seine Vorschläge weitgehend übernommen wurden, sondern schlug auch die zeitliche Terminierung im Umfeld des jüdischen Neujahrsfestes und den Verzicht auf eine Aussprache im Bundestag vor.[199]

Durch das zeitliche Zusammentreffen der am 1. März beginnenden Verhandlungen mit Vertretern Israels und der Jewish Claims Conference mit der ersten bundesweiten Woche der Brüderlichkeit vom 9.–16. März erhielt die Veranstaltung eine politische Dimension, wie sie umgekehrt der Bundesregierung die Möglichkeit bot, ihren Willen zur Versöhnung mit den Juden jenseits des politischen Tagesgeschäfts zu demonstrieren. Adenauer und Heuss besprachen am 3. März dieses Thema im allgemeinen und seine Rede im besonderen:

»Bundespräsident spricht den Bundeskanzler auf das *Verhältnis zu Israel und die moralische Wiedergutmachung gegenüber dem Judentum* an. Er teilt mit, daß er aus Anlaß der von den christlich-jüdischen Organisationen vorbereiteten ›Woche der Brüderlichkeit‹ eine Rundfunkansprache halten werde und berichtet über den wesentlichen Inhalt seiner Ausführungen«.[200]

Das Gesprächsprotokoll verzeichnet weiter, Adenauer sehe den Verhandlungen insbesondere angesichts der finanziellen Forderungen »mit Besorgnis entgegen« und bitte, zunächst keine Sachverständigenkommission einzurichten, was Heuss in einem Adenauer übermittelten Memorandum vorgeschlagen hatte.[201] Dies zeigt zum einen, daß Heuss sich mit konkreten Fragen der Wiedergutmachung intensiv beschäftigte und sogar gegenüber Adenauer initiativ wurde. Zum anderen begriff er seine Ansprache nicht als eine unverbindliche Gedenkrede, sondern als eine bewußte politische Handlung. Diesbezüglich scheint Adenauer ausweislich des Protokolls Heuss keine Anregungen gegeben zu haben.

Wie belastet das deutsch-jüdische Verhältnis war, kann man einem Brief von Karl Marx, dem Herausgeber der Allgemeinen Wochenzeitung der Juden in Deutschland, entnehmen, in dem er Heuss über ein Treffen mit dem Präsidenten des Jüdischen Weltkongresses Nahum Goldmann berichtete, der einer der Verhandlungsführer war und den Heuss noch aus der Zeit vor dem Ersten Weltkrieg kannte. »Zu seinem übergrossen [!] Bedauern« sehe Goldmann »im Augenblick noch keine Möglichkeit, Sie darum zu bitten, ihn zu empfangen, weil die Atmosphäre besonders in Israel, leider aber auch in jüdischen Kreisen Amerikas, noch nicht genügend bereinigt ist«.[202]

Das gespannte Verhältnis zwischen Deutschen und Juden in diesen Jahren spiegelt sich auch in Umfrageergebnissen wider: Der »drastische Anstieg antisemitischer Einstellungen« 1952 verwundert,[203] denn nach der übereinstimmenden Tendenz verschiedener Erhebungen hat »die Stärke antisemitischer Einstellungen kontinuierlich und in größerem Umfang abgenommen. Die in den ersten Jahren nach dem Krieg noch überraschend offen geäußerten antisemitischen Ressentiments verstummen bald.«[204] Gleichwohl schien dies keine »gradlinige, kontinuierliche Abnahme« gewesen zu sein, zumal die erfragten Einstellungen »ereignisbezogen stark variieren« konnten,[205] was die Abweichung im Dezember 1952 erklären könnte. Auf die Frage »Wie ist überhaupt Ihre Einstellung gegenüber den

Juden?«, die schon 1949 gestellt worden war, fielen die Antworten nun deutlich anders aus: Philosemitische Äußerungen kamen von 7 % der Befragten (1949: 6 %), tolerante Äußerungen von 23 % (1949: 41 %), zurückhaltende Äußerungen von 18 % (1949: 15 %) und antisemitische Äußerungen von immerhin 34 % (1949 23 %); 18 % gaben kein Urteil ab.[206] Inwieweit dies die aktuelle Situation im März 1952 widerspiegelt, als Heuss seine Rundfunkansprache hielt, muß allerdings offen bleiben. Denn wenn es zutrifft, daß der Antisemitismus kurzfristigen Schwankungen unterliegt, so ist damit nicht gesagt, daß diese Momentaufnahme vom Jahresende auch für das Frühjahr 1952 galt. Der negative Ausschlag im Herbst stand »möglicherweise im Zusammenhang mit der Wiedergutmachungs-diskussion, in der große Teile der Bevölkerung eine ablehnende Hal-tung eingenommen haben«,[207] die aber im März erst an ihrem Anfang stand. Man wird also davon auszugehen haben, daß sich ge-genüber 1949 an der Einstellung der Bundesbürger gegenüber den Juden grundsätzlich nichts geändert hatte, daß jedoch die Vorbe-halte eher noch zugenommen hatten.

Von offizieller Seite wurde die erste bundesweite Woche der Brü-derlichkeit nachdrücklich unterstützt: Das Bulletin des Presse- und Informationsamtes der Bundesregierung z. B. würdigte im Zusam-menhang mit der Veröffentlichung der Rede von Heuss ausführlich die Geschichte dieser Initiative und wies auf Veranstaltungen in den einzelnen Bundesländern hin.[208] Darüber hinaus wurde die Woche der Brüderlichkeit angesichts propagandistischer Aktivitäten in der DDR wie dem kommunistischen Weltjugendtreffen 1951 in Berlin als vielversprechende Gegenaktion angesehen, mithin im Rahmen des West-Ost-Gegensatzes funktionalisiert:

> »Dieser rein äußerlich und unter starker Verwendung revolu-tionärer Phrasen betriebenen Agitation läßt sich die Sozial-Gos-pel-Theologie Amerikas in der globalen Bedeutung, die ihr Tru-man jetzt gibt, mit gutem Erfolg entgegenhalten. Der Begriff der ›responsible society‹, angewandt auf alle Mitglieder der freien Na-tionen hat für die Erziehung der westdeutschen Jugend sicher-lich eine große Bedeutung«.[209]

Die Woche der Brüderlichkeit eignete sich also zum einen als öffent-lichkeitswirksame Begleitung der Politik der Wiedergutmachung, ins-besondere der laufenden Verhandlungen mit Israel und der Jewish Claims Conference, zum anderen als Versuch, dem kommunistischen Internationalismus ein westliches Pendant gegenüberzustellen.

Nach der positiven Resonanz im Vorjahr wurde die Woche der Brüderlichkeit 1952 bundesweit geplant und unter Einbeziehung verschiedener gesellschaftlicher Gruppierungen sorgfältig vorbereitet:

>»Die deutsche Postreklame erhielt den Auftrag, einen Sonderstempel herzustellen. Die Kultusminister wurden gebeten, den Schulbehörden zu empfehlen, in der Zeit vom 7. bis 16. März das Thema Brüderlichkeit im Unterricht bevorzugt behandeln zu lassen. Der Deutsche Städtetag, das Börsenblatt der Buchhändler und die Intendanten der Rundfunkanstalten wurden um Unterstützung gebeten. Politiker, Wissenschaftler, Publizisten und Autoren wurden angeschrieben mit der Bitte, ein Grußwort oder einen kurzen Artikel in überregionalen Zeitung zu verfassen bzw. einen Vortrag zu halten. Hohe Würdenträger der Katholischen und Evangelischen Kirche wie der jüdischen Gemeinden wurden um Mitarbeit gebeten, ebenso die Gewerkschaften, die Industrie- und Handelskammern sowie die großen politischen Parteien der Bundesrepublik.«[210]

Entsprechend umfangreich und vielgestaltig war das Programm, zumal aufgrund der relativen Eigenständigkeit der einzelnen Gesellschaften die Durchführung der Woche in den einzelnen Städten ein je eigenes Gepräge annahm.[211] Damit begann eine bis in die Gegenwart reichende Tradition, der kein auf die nationalsozialistische Vergangenheit bezogener Gedenkanlaß zugrunde lag, die aber wegen ihrer Zielsetzung der christlich-jüdischen Zusammenarbeit nicht umhin konnte, sich mit dem Erbe des Nationalsozialismus auseinanderzusetzen.[212]

Gegenüber der Rede »Mut zur Liebe« handelte es sich bei der bundesweit übertragenen Rundfunkansprache von Theodor Heuss nicht um einen Redeauftritt zwischen protokollarisch wichtigeren Terminen im Rahmen des Antrittsbesuches eines Staatsoberhauptes in einem Bundesland, sondern um die symbolträchtige und außerordentlich publikumswirksame Eröffnung einer einem bestimmten politischen Zweck dienenden Veranstaltungswoche. Entsprechend sorgfältig verlief die Vorbereitung der Ansprache.[213] Bereits am 30. November 1951 hatte Hermann Ebeling, der Organisator der Woche, der nach der Rückkehr Zietlows in die USA dessen Rolle übernommen hatte, bei Heuss wegen eines Beitrags zu einer Broschüre und wegen einer Rundfunkrede angefragt. Am 7. Dezember 1951 sagte Heuss zu, eine Ansprache zu halten, aber keinen Beitrag für eine Broschüre anzufertigen; am 20. Dezember fand ein vorbereitendes Gespräch zwischen dem im Präsidialamt für Protokollfragen und jüdische Angelegenheiten zuständigen Regierungsdirektor Dr. Werz und Ebeling statt. Dieser kümmerte sich im folgenden um die Organisation der Rundfunkübertragung, die von den Rundfunkanstalten Anfang Februar zugesagt wurde; weiterhin versorgte er Heuss wiederholt mit Materialien für dessen Rede und hielt das Präsidialamt über den Stand der Vorbereitung auf dem Laufenden. Die intensive Pressearbeit schlug sich in z. T. ausführlichen Vorberichten in der Presse nieder,[214] wobei die Allgemeine Wochenzeitung der Juden in Deutschland in ihrer Ausgabe vom 7. März besonders nachdrücklich auf das Ereignis hinwies und neben Grußworten u. a. von Konrad Adenauer auch Auszüge der Rede »Mut zur Liebe« von Heuss aus dem Jahr 1949 brachte.[215] Auch die Neue Zeitung rückte am Donnerstag unter der Überschrift »Deutsche und jüdische Botschaften zur Woche der Brüderlichkeit« auf Seite 1 einen Vorbericht ein und wies im Innenteil unter dem Titel »Alle Menschen sind Brüder« auf die geplanten Veranstaltungen hin.[216]

Angesichts der großen Publizität und angesichts der festgelegten Sendedauer, die eine unkalkulierbare Improvisation verbot, mußte Heuss seine Rede ausformulieren und konnte sich nicht auf mehr oder weniger ausführliche Stichwortzettel beschränken. Zunächst erstellte er einen handschriftlichen Entwurf, der dann abgetippt und wiederholt von verschiedenen Personen korrigiert bzw. mit Anmerkungen versehen wurde, bevor schließlich der fertige Redetext in hektographierter Fassung mit Sperrfristvermerk vorlag. Dies zeigt, daß Heuss von seinem Prinzip, seine Reden selbst zu verfassen, nicht abwich, daß er aber andererseits bei solch wichtigen Anlässen seine Mitarbeiter, wohl insbesondere seinen persönlichen Referenten Hans Bott, auch bei konzeptionellen Fragen mit einbezog. Zuerst veröffentlicht wurde die Rede im Bulletin des Presse- und Informationsamtes der Bundesregierung sowie in einer eigenen vom Deutschen Koordinierungsrat herausgegeben Broschüre.

Gegenüber der Rede von 1949 war die Redesituation nun eine andere: damals eine Feierstunde in einem geschlossenen Raum mit Publikum, jetzt eine Rundfunkansprache mit einem anonymen Massenpublikum; damals die vergleichsweise homogene Zuhörerschaft der Wiesbadener Gesellschaft, jetzt die diffusen und divergierenden Erwartungen der Hörer; damals die persönliche Begegnung mit dem Publikum und die Möglichkeit zum direkten Eingehen auf das Auditorium, jetzt die Übermittlung der Botschaft durch ein technisches Medium ohne Gelegenheit zur unmittelbaren Rückmeldung; damals eine einmalige Feierstunde im Rahmen des Antrittsbesuches in einem Bundesland, jetzt die Eröffnung einer von langer Hand geplanten und öffentlichkeitswirksam inszenierten Gedenkwoche. Wie ging Theodor Heuss nun mit dieser Redesituation um?

Er beginnt ganz unspektakulär mit einem sachlichen Bericht über den Anlaß der Rede, verwendet mithin eine einfache, direkte Einleitung *(principium)*:

> »Als ich gebeten wurde, die ›Woche der Brüderlichkeit‹ mit einigen Ausführungen einzuleiten, ähnlich, wie das der Präsident Truman für die USA getan hat, habe ich mir die Zusage mit nüchternem Realismus überlegt. Diese Woche wurde angeregt und wird bei uns durchgeführt von dem deutschen Koordinierungsrat der Gesellschaften für Christlich-Jüdische Zusammenarbeit. Dem Wirken und der Zielsetzung dieser Vereinigungen gehört seit ihrem Beginn meine sachliche und persönliche Sympathie.«[217]

Er weist auf den amerikanischen Ursprung der Woche der Brüderlichkeit hin, nennt die deutschen Organisatoren, bekennt sich zu deren Zielen und Aktivitäten und beansprucht dadurch, daß er sich auf Anregung seines persönlichen Referenten Bott in eine Reihe mit dem Präsidenten der ehemaligen Besatzungsmacht stellt,[218] für sich und die Bundesrepublik indirekt einen gleichberechtigten Status.

Wenn Heuss danach die Sinngebung der anstehenden Gedenkwoche reflektiert, läßt er seine Zuhörer nicht nur an seinen eigenen Erwägungen teilhaben, sondern bezieht sein Auditorium in seine Argumentation mit ein. Auch unter den veränderten Bedingungen massenmedialer Kommunikation behält er seine »räsonnierende Gesprächsrhetorik« bei, indem er unter Verwendung der alltagssprachlichen Stilebene *(genus humile)* einen fiktiven Skeptiker zitiert und die Redesituation damit szenisch erweitert:

> »Aber die Überlegung schaltete sich ein: kann man, soll man, auch in der sozusagen technischen Regelung, eine Gesinnung, die ihren Gehalt durch die *Dauer* gewinnt, auf eine Woche zusammenraffen, daß einer keck die Zwischenbemerkung machen könnte: eine Woche? Na, eine Woche, das geht – aber nachher, da ist es wieder wie es war ...«.[219]

Dadurch gelingt Heuss die direkte Einbeziehung des Publikums, indem er potentiellen Gedanken seiner Zuhörer Ausdruck verleiht.

Auch wenn er das Dilemma wahrnimmt, einen dauerhaft angestrebten Mentalitätenwandel durch eine kurze Gedenkwoche zu befördern, distanziert er sich durch das hier kritisch gemeinte »keck« doch von dieser antizipierten Ablehnung.

Auch im weiteren Fortgang der Rede entwickelt Theodor Heuss seine Position aus der Auseinandersetzung mit den Einwänden, mithin geht die rhetorische Beweisführung *(probatio)* aus der Widerlegung des gegnerischen Standpunktes *(refutatio)* hervor. Eine einmalige Gedenkwoche verhindere eine dauerhafte Gesinnung, ist der erste Einwand, die Brüderlichkeit beschränke sich nicht auf das christlich-jüdische Verhältnis, ist der zweite, den er in einer Reihe von rhetorischen Fragen formuliert. Der in dieser Verallgemeinerung steckenden Gefahr möglicher Nivellierung des christlich-jüdischen – und das heißt immer auch deutsch-jüdischen – Verhältnisses begegnet er mit dem historischen Argument, daß die Beziehungen aufgrund der Erfahrungen des Nationalsozialismus besondere seien:

> »Jedes Nachdenken belehrt also, daß die Frage der ›Brüderlichkeit‹ nicht in dem christlich-jüdischen Komplex sich erschöpft, aber jeder weiß auch, daß sie hier ihre in den letzten Jahrzehnten geschichtlich folgenreichsten Reiz- und Reibungsflächen besessen hat. So ist es sinnvoll, daß die Mahnung zur Selbstprüfung und Selbstbesinnung von *den* Menschen ausgeht, die die Verzerrung des christlich-jüdischen Verhältnisses in der furchtbaren und widergöttlichen Vernichtungspraxis einer deutschen Zwischenstaatlichkeit als ärgste Last der Seele empfinden.«[220]

Heuss stellt die historisch bedingte Besonderheit des Verhältnisses zwischen Deutschen und Juden klar heraus, nähert sich seiner zentralen Aussage jedoch sprachlich sehr vorsichtig, indem er zunächst den Euphemismus »Reiz- und Reibungsflächen« verwendet, bevor er auf die »furchtbare und widergöttliche Vernichtungspraxis« zu sprechen kommt. Diese unpersönliche Formulierung umschreibt einerseits nur ganz allgemein und christlich inspiriert die Verbrechen der NS-Zeit, von denen er allerdings behauptet, daß sie eine außerordentliche emotionale Belastung (»ärgste Last der Seele«) der Deutschen darstellen. Andererseits erhalten diese Taten, dadurch daß er sie einer »deutschen Zwischenstaatlichkeit« zuschreibt, den Status des Außergewöhnlichen und sind als Ausnahmeerscheinung der deutschen Staatstradition und der deutschen Geschichte nicht mehr zuzurechnen. Hier begegnet wieder das auch in anderen Reden nachweisbare Oszillieren zwischen dem Bekenntnis zu den Verbrechen und der impliziten sprachlicher Distanzierung von ihnen.

Den dritten Einwand, die öffentliche Proklamierung von Gesinnungen erinnere an Propaganda und für Liebe könne man keine Propaganda machen, pariert Heuss mit dem Hinweis auf die katholische »Congregatio de propaganda fide«, um die positive Konnotation des Begriffs zu betonen und sich von der negativen abzusetzen, die er als »Propaganda des Hasses« bezeichnet:

»Keiner glaubte dem anderen etwas schuldig bleiben zu dürfen. Manche haben sich des Verfahrens innerlich geschämt. Die meisten begnügten sich damit – und viele begnügen sich noch heute damit – wie die nach einer wüsten Rauferei ermatteten Lausbuben zu beteuern: der andere hat angefangen!«[221]

Auf den besonderen Charakter der Woche der Brüderlichkeit als Forum christlich-jüdischen Austausches nimmt Heuss durch die verschiedenen christlichen Anspielungen wie »widergöttlich« oder den Verweis auf die Glaubenskongregation Bezug.

Der letzte Einwand lautet, Brüderlichkeit als Parole der Französischen Revolution sei durch die nachfolgende »Terreur« diskreditiert. Im Bewußtsein, es sei angesichts der Zielsetzung der aktuellen Woche der Brüderlichkeit »vielleicht unpassend, daran zu erinnern«, verbindet Heuss mit diesem historischen Bezug einen bestimmten Zweck.

»Aber es geschieht mit Bewußtheit, um den Skeptikern unter den Hörern nicht die Meinung zu gestatten: ich rede frisch-fröhlich darüber weg, was diese berühmte Brüderlichkeit, die als Tugend der sich verantwortlich fühlenden (und zugleich die Macht besitzenden) Kameraderie in Anspruch genommen wurde, an Unrecht und Blutgeruch hinterließ.«[222]

Teils wiedergebend, teils zustimmend, teils relativierend, teils sich distanzierend, teils ablehnend trägt Heuss diese Einwände im ersten Teil vor und widmet immerhin etwa ein Drittel der gesamten Ansprache der Entkräftung von Vorbehalten. Erblickt man darin nicht nur ein kunstvolles rhetorisches Verfahren, spiegelt sich darin das Mißtrauen von Heuss gegenüber der Bereitschaft seiner Zuhörer, die Woche der Brüderlichkeit als ernsthaften Versuch einer Versöhnung zwischen Deutschen und Juden zu begreifen und sich daran zu beteiligen. Diese von ihm als bedenklich erachtete Gesinnung versucht er im nun folgenden zweiten Teil seiner Ausführungen positiv zu überwinden.

Als Antwort auf die Frage nach dem »Gegenspieler dessen, was man so schlechthin als brüderliche Gesinnung benennen darf«, entwickelt Heuss seine eigene Position:

> »Es ist die *Selbstgerechtigkeit,* die dich als einzelnen so gut gefährdet wie mich als einzelnen, die Glaubensgemeinschaften, die gelegentlich ein [!] Teil ihrer Kraft aus unbekümmerter Gewißheit beziehen, die Deutschen so gut gefährdet (oder so schlecht) wie die Franzosen, wie die Engländer und auch die Amerikaner. Wird man mit *ihr* fertig, als einzelner, als religiöse Gruppe, als staatlich formierte Nation, *dann* ist die Schwelle in das große Haus einer brüderlichen Gesinnung, in dem viele, viele Menschen mit vielen, vielen Sprachen und vielen, vielen Sitten wohnen mögen, überschritten.«[223]

Mit dieser zentralen Antithese Selbstgerechtigkeit vs. Brüderlichkeit behauptet Heuss, ein universales Prinzip menschlicher Einstellungen erfaßt zu haben, das für den einzelnen wie für Gemeinschaften Gültigkeit besitze und zudem nicht national gebunden sei.

Welche Wichtigkeit er diesem Gedanken zuspricht, wird auch an der stilistisch-rhetorischen Gestaltung dieser Passage erkennbar: Heuss betont seine Aussagen mit apodiktischen (»Es ist die Selbstgerechtigkeit ...«) bzw. gesetzmäßigen Wenn-Dann-Formulierungen (»Wird man ..., dann ...«); er benützt die rhetorische Technik der *subiectio* und bezieht die Zuhörer so in ein redeinternes Frage-und-Antwort-Spiel mit ein; er spricht die Zuhörern individualisierend mit dem vertraulichen »Du« an und setzt sich durch ein persönliches Bekenntnis mit ihnen gleich (»die dich als einzelnen so gut gefährdet wie mich als einzelnen«); er verwendet Akkumulationen (»als einzelner, als religiöse Gruppe, als staatlich formierte Nation«), um den Universalitätsanspruch seiner Aussage (»es gilt für alle«) zu betonen; er evoziert mit dem allegorisierenden Bild des »Hauses einer brüderlichen Gesinnung«, das von außen Zusammengehörigkeit symbolisiere und im Inneren Vielgestaltigkeit bedeute, die durch die wiederholten Epanalepsen »viele, viele« zum Ausdruck kommt, ein chiliastisch anmutendes Zukunfts- und Traumbild einer Weltbrüderschaft; und er verleiht seiner Aussage dadurch Nachdruck, daß er den Gedanken noch einmal variierend wiederholt und unter dem Schlagwort »Pharisäismus« »dieses Sich-Besser-Dünken oder gar Sich-Besser-Wissen« geißelt, um die Verwerflichkeit dieser Einstellung im abschließenden Ausruf herauszustellen: »*das* ist die Krankheit der Menschen *und* der Völker«.

Heuss führt die hier eingeführte Krankheits-Metapher, die die akute Gefährdung signalisiert, weiter, indem er den anstehenden »Heilprozeß« als eine »Sache der *Selbstheilung*« bezeichnet und damit den »Willen zur Selbstheilung«, d. h. zur persönlichen Auseinandersetzung betont: »Und der fordert einen gewissen Mut.« Nicht die Aufstellung hehrer Grundsätze, nicht der Appell zu bestimmten Verhaltensweisen und nicht die Reflexion über vorformulierte Weisheiten, sondern die mitunter schmerzhafte Auseinandersetzung mit der eigenen Einstellung der Selbstgerechtigkeit, also ein tiefgreifender Mentalitätenwandel ist das Anliegen von Theodor Heuss. Im Unterschied zu anderen Reden ist seine Mahnung in diesem Fall allerdings weitgehend enthistorisiert, d. h. ohne Bezug auf die konkreten Erfahrungen der Vergangenheit, und moralisch universalisiert, d. h. mit einem allgemeinmenschlichen Geltungsanspruch ausgestattet.

In Abgrenzung vom Toleranz-Begriff, dem sich »die Vorstellung vom läßlichen Gewährenlassen, von duldender Unverbindlichkeit angehängt« habe, führt Heuss unter Berufung auf Lessing und dessen »kämpferische, tapfere Seele« den Begriff der Tapferkeit ein:

> »Der Weg zur Brüderlichkeit wird also oft genug eine Sache der Tapferkeit sein, und zwar der Tapferkeit gegen sich selbst, gegenüber überkommener Denkgewöhnung, die zur Denkfaulheit geworden, gegenüber der Trägheit des Herzens, auch gegenüber einer eingängigen Formelwelt von gefrorenen oder gefrierenden Begriffen.«[224]

Der von Heuss angemahnte Mentalitätenwandel erfordert seiner Meinung nach Selbstreflexion und Selbstkritik ebenso wie intellektuelle Redlichkeit und emotionale Sensibilität. An dieser Stelle nimmt er allerdings auf die nationalsozialistische »Rassenlehre« Bezug, die »die sittliche Selbstverantwortung und die menschliche Bewertung des anderen in einem wissenschaftlich verkleideten Naturalismus auflöste«, und konkretisiert seine zuvor allgemeingültig formulierten Aussagen historisch, ohne allerdings auf eine nähere Charakterisierung des Nationalsozialismus bzw. eine Erklärung der Hitlerdiktatur aus ideologischen Motiven einzugehen, wie er sie zuerst in seiner frühen Schrift »Hitlers Weg« ausgebildet hatte.[225]

Das Verfahren pauschalisierender Wertungen kritisierend, zieht er eine Parallele zu den Verhältnissen in der damaligen DDR und setzt damit Nationalsozialismus und DDR-Sozialismus gleich: »statt ›Jude‹ sagt man dann ›bourgeois‹ oder ›Burschui‹, und schon ist ein

›volkseigener‹ Betrieb aus seiner oder seiner Väter Arbeit geworden; er selber aber wandert in ein K. Z. oder muß über die grüne Grenze.«[226] Das *tertium comparationis* ist dabei die pauschalisierende, vom Einzelschicksal absehende Wertung und berücksichtigt nicht die Spezifik des jeweiligen Herrschaftssystems, wodurch der Eindruck einer Gleichsetzung im Sinne eines simplen Totalitarismus-Theorems entsteht.[227] Die Enteignungen in der DDR mit der Judenverfolgung im Dritten Reich, die Internierungen und Verfolgungen in der DDR mit dem System der Konzentrationslager gleichzusetzen, zeigt, wie wenig die Einzigartigkeit der nationalsozialistischen Verbrechen im Bewußtsein der 1950er Jahre präsent war.

Auch wenn er im Hinblick auf die alliierte Entnazifizierung kritisiert, »wieviel Ungeschick, Härte, Ungerechtigkeit mit dem ›automatischen Arrest‹ in ihren Lagern, auch mit der törichten Pedanterie der sog. Entnazifizierung verbunden waren«, konzediert er, »daß auf diesem Gebiete an sich einiges geschehen mußte«.[228] Heuss beharrt überdies auf der Verpflichtung, die Erinnerung wachzuhalten und wendet sich gegen die Bequemlichkeit des Vergessens. Er warnt gleichsam leitmotivisch »*so* bequem dürfen wir es uns nicht machen«, wenn es um Aufforderungen an ihn ging, nicht mehr über den Nationalsozialismus zu sprechen, und wenn es um die Härten der Entnazifizierung und um die Einstellung gegenüber den Juden geht.[229] Das Prinzip der Erinnerungswürdigkeit jedes individuellen Leids bedingt die Anerkennung jeder Unrechtserfahrung, wie sie gleichzeitig die historisch-politische Spezifik des erlittenen Unrechts nivelliert.

Diese drei Perspektiven, die in dieser Passage der Rede zunächst ohne eindeutige Gewichtung nebeneinander stehen, machen für die Zuhörer die Auseinandersetzung mit dem Erbe des Nationalsozialismus kommensurabel: Während sie der ethische Imperativ zur Erinnerung zum einen mit der Frage von Schuld und Verantwortung konfrontiert, relativiert zum anderen die Gleichsetzung des Nationalsozialismus mit dem DDR-Sozialismus diese besondere moralische Herausforderung; die Kritik an der von den Alliierten durchgeführten Entnazifizierung bekräftigt zum dritten die von Deutschen empfundene Opferrolle. Diese Uneindeutigkeit der Argumentation und der sprachlichen Formulierung ermöglicht es Heuss, unangenehme Wahrheiten so auszusprechen, daß sie für seine Zuhörer annehmbar werden, da die in der rhetorischen Struktur angelegten Perspektiven auf je individuelle Weise aktualisiert werden können.

Trotzdem betont er noch einmal die mit der Besonderheit des deutsch-jüdischen Verhältnisses verbundene ethische Pflicht und politische Verantwortung:

»Und wer möchte die Unverfrorenheit besitzen, jüdischen Menschen zu sagen: ›Vergeßt das doch!‹ So billig das Wort im moralischen wie im materiellen Sinn, wird Hitlers Hinterlassenschaft nicht beglichen – es ist eine unerhört schwierige Aufgabe, durch das Erbe dieser Geschichte sich hindurchzuarbeiten.«[230]

Damit knüpft Heuss einerseits an die zentralen Aussagen seiner Rede an und erinnert an den notwendigen Mentalitätenwandel. Andererseits spielt er auf die Verhandlungen mit Israel und der Jewish Claims Conference an, die gerade begonnen hatten und dann im Luxemburger Abkommen ihren Abschluß fanden. Wichtig war ihm allerdings, diesen materiellen Aspekt in die übergreifende moralische Verpflichtung einzuordnen. Zwar gesteht er ein, »daß das Wort Brüderlichkeit sich etwas frierend und eingeschüchtert in der Nähe eines Ortes aufhält, an dem von Millionen, von Milliarden der Entschädigung, der Wiedergutmachung verhandelt werden wird und verhandelt werden muß«, weist aber an einer anderen Stelle der Rede darauf hin, daß die Aussöhnung nicht durch eine einmalige, gar endgültige gesetzliche oder administrative Regelung entschieden werden kann: »Das ganze schwierige Problem von Restitution und Wiedergutmachung steckt voll von ›brüderlichen‹ Einzelhandlungen«.[231] Heuss erscheint es notwendig, ein mitmenschliches Verhältnis zwischen den Individuen neu zu begründen.

Diesem Gedanken ist auch die abschließende *peroratio* gewidmet, die, dem Anlaß angemessen, im biblischen Gebot der Nächstenliebe gipfelt. Er verteidigt angesichts der internationalen Spannungen, angesichts der materiellen Not und angesichts innenpolitischer Konflikte noch einmal das Vorhaben einer Woche der Brüderlichkeit.

»Aber wenn dieser Versuch einen Sinn haben und einen Erfolg gewinnen kann, dann doch nur, wenn er da und da, dort und dort eine Menschenseele anrührt, das *Leid des anderen, auch die Freude des anderen, als eigenes Leid, als eigene Freude zu empfinden,* zu tragen oder zu genießen. Dann werden die Dinge, die mit einem gewissen pathetischen und programmatischen Anspruch gemeldet werden, ganz einfach. Alles Geschraubte und alles Verdeckte sinkt hinweg. Am Schluß aber bleibt das Wort, das weder um Recherche noch um Fragebogen bemüht war: ›Liebe Deinen Nächsten als Dich selbst.‹«[232]

Der Haltung der Brüderlichkeit, die nur durch einen Prozeß der schmerzhaften Veränderung der eigenen Person zu erlangen ist, steht die Selbstgerechtigkeit gegenüber, die in dumpfer Selbstgenügsamkeit verharrt. Hinsichtlich der in dieser Rede geleisteten historischen Orientierung ist festzustellen, daß Heuss besonders auf die Zeitebenen Gegenwart und Zukunft abhebt und nur sparsam auf die Vergangenheitsdeutung zurückgreift, die gleichwohl implizit als Basis der ethischen Haltung der »Brüderlichkeit« gegenwärtig ist. Gegenüber der Rede 1949 ist also eine tendenzielle Enthistorisierung der Sinnbildung zu verzeichnen, die nun auf überzeitliche ethische Postulate rekurriert.

Um allerdings den für erforderlich gehaltenen Mentalitätenwandel zu erreichen, darf Heuss sich allenfalls teilweise der eingeschliffenen Formen einer »Sonntagsrede« bedienen. Die ausführliche Beschäftigung mit den Einwänden gegen die Woche der Brüderlichkeit, die rhetorisch aufwendige Propagierung seiner zentralen Aussagen, das Bemühen um eine direkte Ansprache der Adressaten gehören ebenso dazu wie die wiederholte Infragestellung der eigenen Position des Eröffnungsredners. Es geht ihm wie in der Rede von 1949 nicht um konkrete Handlungsanweisungen, sondern er mahnt eine christlich geprägte humanistische Einstellung an, die er drei Jahre zuvor mit dem Motte »Mut zur Liebe« umschrieb. Was sich allerdings geändert hat, ist die historische Situation. Zwar ist 1952, worauf Heuss in der Schlußpassage seiner Rede anspielt, die schwierige wirtschaftliche und soziale Situation noch immer gegenwärtig. Jedoch fordert die DDR als zweiter deutscher Staat zur Abgrenzung heraus; Heuss wirft der Führung in Ostberlin vor, die Verfolgung der »Juden« als Verfolgung der »bourgeois« fortzusetzen. Und schließlich ist die Diskussion um eine »Wiedergutmachung« und die finanziellen Ausgleichszahlungen an Israel aktuell, deren Aushandlung eine große außen- und innenpolitische Rolle spielt. Gleichwohl bezieht Heuss zu diesen politischen Fragen nicht direkt Stellung, sondern streift sie nur beiläufig. Sein Rollenverständnis als moralisch Mahnender, nicht als politisch Ratender, verleiht seinen Worten aber gerade dadurch politische Qualität, daß er die anstehenden Entscheidungen von einer scheinbar unpolitischen Seite aus beleuchtet und damit indirekt legitimiert.

Über die Woche der Brüderlichkeit und über die Ansprache von Heuss wurde in den Zeitungen am folgenden Tag berichtet. Am Samstag war die Rede von Heuss neben einem Bericht über die Wahl

Pinays zum französischen Ministerpräsidenten der Aufmacher der Neuen Zeitung; der Leser fand auf Seite 1 unter der Überschrift »Bundespräsident Heuss eröffnet ›Woche der Brüderlichkeit‹« eine Zusammenfassung seiner Rede, deren Wortlaut er im Innenteil nachlesen konnte.[233] Die Süddeutsche Zeitung, die Frankfurter Rundschau und die Frankfurter Allgemeine Zeitung brachten jeweils auf Seite 1 einen Bericht über die Ansprache, wobei sie Agenturmeldungen übernahmen, während die »Welt« die Eröffnung der Woche der Brüderlichkeit auf Seite 14 erwähnte.[234] In der überregionalen Presse fand die Rede von Heuss also große Beachtung. Da der Text zuvor schon schriftlich mit Sperrfristvermerk vorlag, konnte die abendliche Ansprache bereits am Samstagvormittag in den Zeitungen erscheinen.

Darüber hinaus brachten einzelne Blätter kommentierende Texte. Bereits am Samstag stellte Erich Lissner unter dem Titel »Der Mut zur Liebe« in der Frankfurter Rundschau Betrachtungen zu Sinn und Zweck der Woche der Brüderlichkeit an.[235] »Diesen Vorurteilen gegen das Anderssein soll nun die *Ueberzeugung* [!] entgegengestellt werden, daß jeder Mensch, gleich welche Nase oder Hautfarbe er hat, gleich welcher Nation er angehört, gleich welchen Glauben er bekennt – zunächst einmal unser Bruder ist.« Nach Überlegungen zum Begriff des Bruders konzentrierte sich der Kommentator auf Zeitkritik: »Daß man in unseren Tagen überhaupt darauf verfallen konnte, eine solche ›Woche‹ einzuführen – ›Brüderlichkeit‹ sozusagen zu propagieren –, das ist ein Symptom dafür, wie bedenklich es heute steht«, lautete seine These, die er anhand einer Reihe konkreter Beispiele zu erhärten suchte. Vor diesem Hintergrund relativierte er die mit der Woche der Brüderlichkeit verbundenen Erwartungen und hob gleichzeitig deren Wichtigkeit hervor: »Sie will – nach einem Wort des Bundespräsidenten – den ›Mut zur Liebe‹ wecken«. Er zitiert nicht die aktuelle Ansprache, die diese Formulierung nicht enthielt, sondern dessen Rede von 1949 und schließt mit dem Ausruf: »Machen wir damit den Anfang!« Das Diktum »Mut zur Liebe« von Theodor Heuss hatte sich also zu diesem Zeitpunkt bereits zu einem feststehenden Ausdruck verselbständigt, der dem Kommentar den Titel gab. Nicht die konkrete Ansprache, die dem Autor bei der Abfassung des Artikels möglicherweise noch nicht vorgelegen hatte, wurde so in den Text miteinbezogen, sondern die in der Formulierung verdichtete Einstellung des Bundespräsidenten; seine Position, die er natürlich auch in der Rundfunkansprache vom Vortag vertreten hatte, konnte so unabhängig von der aktuellen Äußerung charakterisiert werden.

Ähnliche Hoffnungen in die Woche der Brüderlichkeit setzte Ilse Eisner, deren Reflexionen »Der Liebe ihren Platz« die »Welt« am 12. März veröffentlichte, ohne allerdings auf die Rede von Heuss konkret einzugehen.[236] Weniger auf die politische Situation abhebend wie Lissner in der Frankfurter Rundschau, beleuchtete sie anhand eines persönlichen Erlebnisses die zwischenmenschliche Dimension und ging der Frage nach, ob und wie Versöhnung möglich sei. Ihr Fazit lautete: »Was in dieser einen Woche geschieht, ist wenig mehr als ein Anfang, kann wenig mehr sein. Daß es auf die ausgestreckte Bruderhand trifft, ist ein erfreuliches Zeichen.«

Am ausführlichsten setzte sich Paul Sethe in einem Leitartikel der Frankfurter Allgemeinen Zeitung mit der Frage »Ist Brüderlichkeit möglich?« auseinander.[237] »Der Aufruf zur Bekundung brüderlicher Gesinnung gegenüber unseren jüdischen Mitbürgern, der vom Bundespräsidenten an uns alle ergangen ist und in dieser Woche weiter verkündet wird, trifft in Deutschland kein unbefangenes Volk.« Dieser Einleitungssatz war für ihn Auftakt zu grundsätzlichen Überlegungen zum Umgang der Deutschen mit der nationalsozialistischen Vergangenheit. Die weitverbreitete Neigung, zu vergessen und zu verdrängen, parallelisierte Sethe mit der Situation nach dem Ersten Weltkrieg.

»Daß wir uns nach 1918 weigerten, die Wahrheit anzuerkennen, hat die Möglichkeiten des politischen Wiederaufstieges zerschlagen. Wenn wir diesmal wieder die Kraft nicht haben, der unbarmherzigen Wahrheit ins Gesicht zu blicken, so zertrümmern wir die Möglichkeit, unser moralisches Selbstbewußtsein wiederzugewinnen.«[238]
Bemüht darum, jeden Anklang an eine pauschale Schuldzuweisung an den einzelnen Deutschen zu vermeiden, beharrte er auf der Notwendigkeit einer Auseinandersetzung, um »Deutschlands Ehre« wiederzuerlangen, die »nicht im Ruhm der flatternden Fahnen, nicht im Stolz auf die wachsenden Zahlen der Stahlerzeugung und nicht in den Goldenen Medaillen von Oslo« liege, sondern »sie kann nur darin liegen, daß wir zu unserer größten Tradition zurückzufinden vermögen, die darin lag, daß wir unser Teil dazu beitrugen, in der Welt die Empfindung für Menschlichkeit, Duldsamkeit, Edelmut, Ritterlichkeit zu wecken und zu stärken«. In diesem Zusammenhang berief er sich auf den Appell von Heuss: »dazu bedürfte es der allge-

meinen Erhebung der Herzen, die der Bundespräsident am Freitag als die Tapferkeit des Gemütes umschrieben hat«. Rückblickend auf die unmittelbare Nachkriegszeit, als es noch eine »große Unruhe in unseren Herzen« gegeben habe, zweifelte Sethe am bisherigen Erfolg der Auseinandersetzung mit der nationalsozialistischen Vergangenheit. »Manches ist auch wieder stumpf und dumpf geworden seitdem«. Gerade deshalb forderte er politische Handlungen, die dem oftmals engherzigen und bürokratischen Umgang mit Juden Paroli böten und diesen die Rückkehr nach Deutschland erleichterten, denn: »Deklamationen werden wir genug zu hören bekommen. Könnten wir nicht endlich einmal anfangen, mit einem Stück Tat, die uns helfen würde, den Glauben daran wiederzugewinnen, daß das wahre Deutschland immer noch lebendig ist?«

Die kommentierende Resonanz in der überregionalen Presse dokumentiert zum einen die Skepsis gegenüber zu hoch gespannten Erwartungen, da eine Woche der Brüderlichkeit die Vergangenheit nicht ungeschehen machen könne. Zum anderen wurde die Hoffnung artikuliert, daß auf diese Weise einer Versöhnung der Weg bereitet werden könne. Im kritischen Blick auf die zwischenmenschlichen Probleme wie bei Ilse Eisner in der »Welt«, auf die aktuelle politische Situation wie bei Erich Lissner in der Frankfurter Rundschau bzw. auf den Umgang mit der nationalsozialistischen Vergangenheit wie bei Paul Sethe in der Frankfurter Allgemeinen Zeitung äußert sich eine Zeitdiagnose, die knapp drei Jahre nach Gründung der Bundesrepublik die Belastungen durch den Nationalsozialismus registrierte und die Versäumnisse anprangerte, aber auch auf die Chance einer produktiven Auseinandersetzung und einer gelingenden Versöhnung mit den Juden hinwies.

Die Problematik von scheinbar unpolitischen Gedenkreden im politischen Prozeß läßt sich im Vergleich mit diesen Kommentaren noch einmal verdeutlichen. Heuss konnte wegen seiner politischen Rolle und wegen seines Selbstverständnisses zu konkreten Ereignissen, wie es die Kommentatoren taten, nicht Stellung nehmen, sondern mußte, wenn er die Einwände gegen eine Woche der Brüderlichkeit entkräften und die Haltung des Vergessenwollens in Frage stellen wollte, seine kritischen Anmerkungen im allgemein Menschlichen belassen. Die von Sethe konstatierte Diskrepanz von »Deklamationen« und »einem Stück Tat«, von Rede und Handlung, offenbart das Dilemma von Gedenkreden zum Nationalsozialismus. Sie konnten in den frühen 1950er Jahren unabhängig von den politischen, administrativen und juristischen Entscheidungsprozessen wahrgenommen werden, standen also als »Deklamationen« immer in Spannung zur politischen Entscheidung. Da der Umgang mit dem Nationalsozialismus sich keineswegs auf einen gesellschaftlichen Konsens stützen konnte, sondern im Gegenteil hoch kontrovers gesehen wurde, mußte jede Rede, die einem epideiktischen Redeziel verpflichtet war, dem Rechnung tragen. Das bedeutet nicht, daß Heuss Sethes Position hätte vertreten sollen, sondern daß er die rhetorische Ebene der deliberativen Auseinandersetzung mit dem Austausch kontroverser Argumente aufgrund der Redesituation nicht wählen konnte.

Neben der Resonanz in der Presseberichterstattung und der Wiedergabe des Wortlauts z. B. in der Neuen Zeitung und im Bulletin sorgte auch der Deutsche Koordinierungsrat durch einen Sonderdruck mit einer Auflage von 10 000 Stück für die Verbreitung der Rede.[239] Auszüge aus der Ansprache wurden auch für die Berliner Woche der Brüderlichkeit verwendet, die zeitversetzt erst im Mai 1952 begangen wurde.[240]

Was die direkte Resonanz betrifft, die sich in Zuschriften an Heuss niederschlug, so hob Anfang April Hermann Ebeling in einem Brief an Dr. Werz hervor, »daß der Herr Bundespräsident auf seine Rede eine Fülle von zustimmenden und beglückenden Briefen erhalten hat«.[241] Heuss selbst empfand die Resonanz als gemischt: »Auch die Ansprache über die Frage der Brüderlichkeit hat, wenn freilich zumeist anonym, Unbrüderliches gezeigt. Doch im ganzen konnte ich feststellen – die Zuschriften sind ja für uns eine Art Barometer – daß die Aufnahme im Bewußtsein gut gewesen ist.«[242] Auf solche »unbrüderlichen« Briefe erfolgte dann mitunter auch eine heftige Reaktion. So teilte Bott einer Briefschreiberin mit, daß der Bundespräsident »nicht recht begreift, warum Sie das Bedürfnis hatten, ihm zu schreiben und ihm so zu schreiben, als ob Sie ihn teils anklagen und teils wegen seiner Mahnung zur brüderlichen Gesinnung verhöhnen wollen«.[243] Aus Anlaß der Woche der Brüderlichkeit wandte sich auch der Schriftsteller Alfred Döblin an Heuss, ohne allerdings auf seine Rede Bezug zu nehmen, wobei er diese Veranstaltung trotz ihrer Notwendigkeit mit Skepsis betrachtete:

»Die Hemmungen sah ich wieder einmal liegen auf beiden Seiten. Die Arier [!] bewegen sich in diesem Gewand der Brüderlichkeit noch sehr gezwungen und finden sich nicht gut zurecht, und jüdischer Seite [!], da zweifelt man noch sehr stark, und die

Erinnerung an das Vorgefallene, der Schmerz und der Protest sind noch übermächtig.«[244]

Diese Beobachtung bestätigt die weitverbreiteten Schwierigkeiten, nach der Erfahrung der systematischen Ermordung der Juden zu einer Aussöhnung zwischen Juden und Deutschen zu kommen. Das Engagement von Heuss, das sich nicht nur in politischen Initiativen, sondern auch verschiedenen öffentlichen Äußerungen niederschlug,[245] erklärt sich zum einen aus seiner Biographie, die durch den lebenslangen Austausch mit Juden begleitet wurde, und zum anderen aus seinem präsidialen Programm, das die Wiederbegründung der Demokratie mit der Auseinandersetzung mit dem Nationalsozialismus untrennbar verband und in dem die Klärung und Neubestimmung des deutsch-jüdischen Verhältnisses eine wichtige Rolle spielte. Daß er die Chancen zurückhaltend einschätzte, läßt die Rundfunkansprache zur Woche der Brüderlichkeit erkennen, in der er ausführlich gegen die Vorbehalte argumentierte.

Die Woche der Brüderlichkeit war fortan wichtiger Bestandteil der offiziellen Gedenkkultur der Bundesrepublik Deutschland und wurde dementsprechend von hohen Repräsentanten des Staates rhetorisch gewürdigt. 1956 hielt Theodor Heuss noch einmal eine Ansprache,[246] und fast alle Bundespräsidenten nahmen zumindest einmal in ihrer Amtszeit die Gelegenheit wahr, anläßlich der Woche der Brüderlichkeit zu sprechen.[247] Vergleicht man einschlägige Reden von Heinrich Lübke (1961),[248] Gustav Heinemann (1970),[249] Walter Scheel (1978),[250] Richard von Weizsäcker (1986)[251] und Roman Herzog (1997)[252] miteinander, fallen Gemeinsamkeiten und Unterschiede auf, die nicht nur die individuelle Sichtweise des Amtsinhabers widerspiegeln, sondern auch auf einen markanten Mentalitätenwandel im Verlauf der 50jährigen Geschichte der Bundesrepublik hindeuten. Sowohl die individuelle Ausdeutung des Begriffs »Brüderlichkeit« als auch die je spezifische Betrachtung des christlich-jüdischen Verhältnisses in Geschichte und Gegenwart sowie aktuelle politische Bezüge und Folgerungen kennzeichnen die Ansprachen. Sie geben darüber Aufschluß, inwieweit die Ansprachen von Heuss als rhetorische Vorbilder prägend geworden sind.

Hatte Heuss den Begriff »Brüderlichkeit« nicht nur aus seinen biblischen Wurzeln abgeleitet und auf die durch Lessing verkörperte Form der Aufklärung und die Französische Revolution bezogen, beschränkte sich Lübke darauf, den Zusammenhang mit dem Gebot der Nächstenliebe herauszustellen:

»Christen und Juden haben die Brüderlichkeit trotz der hohen Ansprüche, die dieses Wort an sie stellt, besonders in das Bewußtsein der Menschen gehoben. Man sollte sich daran erinnern, daß der Satz ›Liebe deinen Nächsten wie dich selbst‹ ein Gebot des Alten Bundes, also gemeinsamer Besitz von Christen und Juden ist.«[253]

Gustav Heinemann griff die bereits von Heuss hergestellten historischen Bezüge zu Lessing und zur Französischen Revolution auf, ohne allerdings die Skepsis von Heuss gegenüber der Revolution von 1789 zu teilen. Richard von Weizsäcker zitierte zusätzlich Friedrich Schillers Ode »An die Freude«,[254] und Walter Scheel führte Martin Buber als Zeugen an: »Brüderlichkeit und dialogisches Denken charakterisieren das Werk Martin Bubers.«[255] Weitete die Einbeziehung der muslimischen Religion die ursprünglich auf das christlich-jüdische Verhältnis bezogene Woche der Brüderlichkeit inhaltlich aus, so hatten schon seit Gustav Heinemann alle Amtsinhaber eine Einstellung der Brüderlichkeit postuliert, die in allen Lebensbereichen wirksam werden müsse: »Umso dringlicher ist die Aufgabe, das Klima eines besseren Verstehens und das Bewußtsein der Verantwortung für den Mitbürger und Mitmenschen, vor allem für die Minderheiten der Andersdenkenden und Andersgearteten, zu fördern.«[256] Treten die historischen Assoziationen also im Laufe der Zeit zurück, so wird als Reaktion auf die Einwanderung von Ausländern mit muslimischem (oder anderem) Glauben der Gedanke der Toleranz über das christlich-jüdische Verhältnis hinaus universalisiert und durch den Bezug auf den alltäglichen Lebensbereich säkularisiert.

Was das Verhältnis zwischen Juden und Christen betrifft, hatte Heuss sowohl den Austausch zwischen beiden Kulturen betont und durch eigene Erfahrungen beglaubigt als auch Diskriminierung und Verfolgung zur Sprache gebracht. Dabei vermied er eine pauschale Verurteilung der Deutschen ebenso wie eine Glorifizierung der Juden. Dieses differenzierte, aus persönlichem Erleben gespeiste Bild verlor sich bei seinen Nachfolgern. Zwar waren sich alle einig, daß der Nationalsozialismus »in der Geschichte einer mehrtausendjährigen Verfolgung den grauenvollsten, kaum mehr überbietbaren Gipfel darstellt«[257] bzw. der Holocaust »der unvorstellbare und grauenhafte Tiefpunkt im Leiden der Juden war«,[258] aber die sich aus der Wiedergabe persönlicher Erlebnisse ergebenden Differenzierungen verschwanden zusehends zugunsten allgemeiner philosemitischer Bekundungen. Der Rückgriff auf persönliche Erfahrungen fiel seinen Nachfolgern schwerer, weil sie vorher wenig Kontakt zu jüdischen Kreisen hatten bzw. weil die Zerstörung der jüdischen Kultur solche Erfahrungen nach dem Zweiten Weltkrieg erschwerte. Gleichwohl wurde immer wieder, besonders von Walter Scheel und von Roman Herzog, die christlich-jüdische Symbiose beschworen, während insbesondere Gustav Heinemann, aber auch Heinrich Lübke und Richard von Weizsäcker mehr Gewicht auf die Diskriminierung und Verfolgung der Juden durch die Jahrtausende legten.[259]

Die Bekundung der »Kollektivscham« angesichts der NS-Verbrechen, die Aufforderung, die Erinnerung daran wachzuhalten, und das Werben um eine nicht nur politische, sondern auch moralische und zwischenmenschliche Wiedergutmachung, wodurch die Reden von Heuss gekennzeichnet sind, treten zurück, wenn Heinrich Lübke die verschiedenen Leistungen der Deutschen wie die finanziellen Zahlungen, die juristische Verfolgung der Täter und den kulturellen Austausch herausstellte und darauf hinwies, daß die Wiedergutmachung »des guten Willens der anderen Seite bedarf«.[260] Auch wenn er von einer Schuld der Deutschen ausging, sind bei Heinrich Lübke die stärksten Bemühungen um eine Relativierung erkennbar. Die systematische Ermordung der Juden sei »zwar nur von wenigen Tausend Rädelsführern bewußt gewollt und organisiert, aber doch unter Mißbrauch des Namens des ganzen deutschen Volkes betrieben worden«. Deshalb wurde das deutsche Volk lediglich »als schuldig-unschuldiges Werkzeug der totalitären Herrschaft zusammen mit deren Opfern in ein gemeinsames, grausames Schicksal verstrickt«.[261] Besonders nachdrücklich gegen Tendenzen, die Erinnerung an den Nationalsozialismus auszusetzen und die Auseinandersetzung zu beenden, wendeten sich Walter Scheel und Richard von Weizsäcker.[262] Daß das christlich-jüdische Verhältnis sich schon verbessert habe, aber immer noch belastet sei, behaupteten alle Bundespräsidenten und forderten weitere Anstrengungen. 1997 zog Roman Herzog allerdings eine weitgehend positive Bilanz: »Für mich bleibt allerdings erstaunlich, daß gerade in Deutschland für das Verhältnis zwischen Christen und Juden der Begriff ›Brüderlichkeit‹ so selbstverständlich geworden ist; so selbstverständlich, daß man sich fragen muß, ob man für dieses spezielle Verhältnis eine Woche der Brüderlichkeit überhaupt noch braucht.«[263]

Welche Folgerungen die jeweiligen Amtsinhaber aus ihrem Verständnis von Brüderlichkeit und ihrer jeweiligen Sichtweise des christlich-jüdischen Verhältnisses zogen, war auch abhängig von der jeweiligen historischen Situation. Heuss warb in seinen Reden für die »Wiedergutmachung«, verzichtete aber auf eine explizite politische Stellungnahme zu Einzelfragen. Er unterstützte die Grundsatzentscheidung, indem er die moralische Bedeutung beleuchtete und einen individuellen, durch eine persönliche Auseinandersetzung bewirkten Mentalitätenwandel anmahnte, weshalb in seinen Reden konkrete Aufforderungen zu bestimmten Handlungsweisen selten sind.

In allen Reden der Bundespräsidenten findet sich ein solcher Appell, sich persönlich um einen »brüderlichen« Umgang nicht nur mit den jüdischen Mitbürgern zu bemühen, wobei die konkreten Folgerungen im einzelnen unterschiedliche Schwerpunkte setzen. So plädierte Heinrich Lübke, ausgehend von seiner ausschließlich biblischen Ausdeutung des Begriffs »Brüderlichkeit«, für eine Erneuerung eines christlichen Weltbildes als Widerpart gegen die Gefahren totalitärer Herrschaft.[264] Gustav Heinemann erwartete demgegenüber von jedem einzelnen Zivilcourage im Alltag, insbesondere Verständnis und Engagement für gesellschaftliche Minderheiten.[265] Spiegelt sich in jener Position das durch den kalten Krieg geprägte Zeitklima der späten 1950er und frühen 1960er Jahre, läßt sich an dieser die Aufbruchsstimmung der späten 1960er Jahre ablesen. Walter Scheel, der die bundesrepublikanische »Identität zu bestimmen« versuchte,[266] und Richard von Weizsäcker wendeten sich vor allem an die Jugend und forderten eine Auseinandersetzung mit der deutschen Geschichte in ihren negativen und, worauf Scheel besonders abhebt, in ihren positiven Aspekten, um den Gefahren von Rechtsextremismus, Antisemitismus und Ausländerfeindlichkeit zu begegnen. Verwahrte sich Scheel gegen eine »völlig maß- und perspektivlose Diffamierung unseres Staates« und versuchte er so die Loyalität zur Bundesrepublik zu festigen,[267] so betonte Weizsäcker – und nach ihm Roman Herzog noch ausgeprägter – vor allem die Verpflichtung zum Schutz der Minderheiten.[268] Sprach Scheel 1978 zu einer Zeit, als der Terrorismus und die damit verbundene heftige öffentliche Auseinandersetzung gerade ihren Höhepunkt im Herbst 1977 überschritten hatten, reagierten Weizsäcker 1986 und Herzog 1997 zum Teil direkt auf ausländerfeindliche Gewalttaten.

Theodor Heuss formulierte als Bundespräsident in seinen Reden einen Grundkonsens, der auch für seine Nachfolger verbindlich blieb. Er beinhaltete die historische Betrachtung des deutsch-jüdi-

schen Verhältnisses zwischen Symbiose und Vernichtung, die Forderung, die Erinnerung wachzuhalten, und den Aufruf zu »brüder-
lichem« Verhalten. Gleichwohl waren die einzelnen Ansprachen
nicht nur durch den jeweiligen zeithistorischen Hintergrund und
die aktuellen Ereignisse wie den Kalten Krieg, den Reformwillen, die
Auseinandersetzung mit dem Terrorismus und ausländerfeindliche
Gewalttaten geprägt, sondern spiegelten auch den Wandel der
Woche der Brüderlichkeit als wiederkehrenden Gedenkanlaß wider.
Wurden einerseits andere Glaubensrichtungen miteinbezogen, so
trat andererseits die religiöse Dimension insgesamt zurück; verlor die
nationalsozialistische Vergangenheit einerseits als alleiniger Bezugspunkt der rhetorischen Auseinandersetzung an Bedeutung, so wurden andererseits verstärkt gegenwärtige Probleme des gesellschaftlichen Zusammenlebens thematisiert. Die Reden dienten, bedingt
durch den stärker gegenwarts- und zukunftsorientierten Anlaß, immer weniger der Auseinandersetzung mit der nationalsozialistischen
Vergangenheit und zusehends der Reflexion der bundesrepublikanischen Erinnerung.

c) Die Rede »Das Mahnmal« (1952)

»Beginnen will ich mit den Worten, die der erste Bundespräsident,
Theodor Heuss, im November 1952 an dieser Stelle gesagt hat.« So
leitete Bundespräsident Roman Herzog am 27. April 1995, dem jüdischen Holocaust-Gedenktag Yom Hashoa, seine Gedenkrede zum 50.
Jahrestag der Befreiung des Konzentrationslagers Bergen-Belsen ein.
Er zitierte im folgenden die Anfangspassage der damaligen Ansprache und bekannte: »Auch für mich ist es nicht leicht, an diesem Ort,
an diesem Tag und gerade vor Ihnen zu sprechen.«[269] Eine solch ausführliche Reverenz nach 43 Jahren ist bemerkenswert, denn sie läßt
sich nicht nur aus dem pragmatischen Motiv erklären, daß man bei
der Vorbereitung einer Rede sich von dem inspirieren läßt, was
andere bei einem ähnlichen Anlaß zum gleichen Thema gesagt
haben; sie ist vielmehr Hochachtung vor den rhetorischen Qualitäten des Vorgängers. Zum anderen zeigt sich darin die Aktualität der
damaligen Worte von Heuss, wenn sich nach fast einem halben Jahrhundert der Redner mit der Situation seines »Vor-Redners« identifi-
ziert. Heuss selbst rechnete schon damals die Rede »Das Mahnmal«
zu seinen bedeutendsten: »Die Hamburger Rede, vor den Fähnri-
chen, Leutnants und der führenden Generalität ist wohl neben der

zum jüdischen ›Mahnmal‹ und zum 20. Juli meine wichtigste ›Kundgebung‹«, notierte Heuss in einem »Tagebuchbrief« an Toni Stolper.[270] Wie kam es zu dieser Rede?

Das Konzentrationslager Bergen-Belsen wurde, nachdem englische Soldaten das Lager am 15. April 1945 befreit hatten, schnell
zum »Symbol für die Greuel des nationalsozialistischen Konzentra-
tionslagersystems, für den Terror und die deutschen Verbrechen der
NS-Zeit«.[271] War bereits zum ersten Jahrestag der Befreiung ein
Mahnmal zur Erinnerung an die 30 000 ermordeten Juden errichtet
worden, ordnete die britische Militärregierung 1946 die »›würde-
volle Gestaltung‹ der Grabstätten und die Errichtung einer Gedenkstätte« an,[272] bei der ab 1947 ein 24 m hoher Obelisk und eine 50 m
lange Inschriftenmauer entstand. Die Übergabe der Gedenkstätte in
die Verantwortung des Landes Niedersachsen und die offizielle Einweihung mit der Rede von Theodor Heuss 1952 erfolgte im Vergleich
zu anderen KZ-Gedenkstätten relativ früh – sieben Jahre nach der
Befreiung, drei Jahre nach der Gründung der Bundesrepublik. Zwischenzeitlich war durch die Veröffentlichung des »Tagebuchs der
Anne Frank« 1950 das ehemalige Konzentrationslager erneut auf
öffentliches Interesse gestoßen. Die Leidensgeschichte des jüdischen
Mädchens, auf engem Raum in den Niederlanden versteckt und
nach der Entdeckung in Bergen-Belsen ermordet, war nicht nur ein
großer Bucherfolg, sondern wurde für die bundesrepublikanische
Öffentlichkeit zu einem »moralisch-historischen Urereignis«.[273]

Die Initiative für die Gedenkfeier, »which has been organized by
the Land Government of Lower Saxony«, wie es in einem Schreiben
des persönlichen Büros von Land Commissioner Henderson an
Heuss hieß, lag bei den britischen Behörden.[274] Zunächst war allerdings unklar, ob Heuss tatsächlich nach Bergen-Belsen kommen
würde. Noch am 11. November bat die niedersächsische Landesregierung um eine schnelle Entscheidung des Bundespräsidenten.[275]
Demgegenüber äußerte Heuss in einem Brief an den ehemaligen Berliner Rabbiner Leo Baeck, er habe Nahum Goldmann, dem Präsidenten des Jüdischen Weltkongresses, »vor einigen Monaten zugesagt, mit ihm persönlich das Mahnmal in dem Konzentrationslager
Bergen-Belsen einzuweihen«.[276]

Am 22. 11. gab es konkrete Vorstellungen vom Ablauf der Visite,
denn an diesem Tag wurden Heuss von Ministerialrat Dr. Werz eine
Reihe von Materialien »ergebenst vorgelegt«.[277] Diese bestanden aus
den Redeentwürfen Nahum Goldmanns, der kurz zuvor noch das

Luxemburger Wiedergutmachungsabkommen ausgehandelt hatte, und des britischen Land Commissioner Henderson. Weiterhin lagen Heuss Notizen von Karl Marx vor, dem Redakteur der Allgemeinen Wochenzeitung der Juden in Deutschland, sowie Aufzeichnungen von Josef Rosensaft, eines Überlebenden von Bergen-Belsen. Hinzu kamen Derrick Singtons Erlebnisbericht »Die Tore öffnen sich«,[278] Dokumentationen über Gerichtsverfahren gegen das Lagerpersonal,[279] Informationen zur Entstehungsgeschichte der Gedenkstätte, der Lageplan, die Gästeliste, der geplante Verlauf der Feier sowie ein Zeitungsbericht über die Einweihung eines Mahnmals in Mönchengladbach. Am aufschlußreichsten ist allerdings ein Schreiben aus dem Auswärtigen Amt, das Heuss vorgelegt wurde. Am 15.11. schrieb der Leiter der politischen Abteilung, Trützschler, er wolle »noch einmal darauf hinweisen, daß das Ausland, insbesondere Frankreich und die Beneluxstaaten, nach wie vor sehr stark an dem Schicksal der Opfer Anteil nimmt, die in deutschen Konzentrationslagern ums Leben gekommen sind.« Nach der Aufzählung verschiedener Beispiele resümierte er, »daß das Interesse des Auslandes in dieser Frage unvermindert anhält und wie sehr alle deutsche Maßnahmen auf diesem Gebiet der Beobachtung und Kritik des Auslandes unterliegen«.[280] Bemerkenswert ist, daß Trützschler schon im Dritten Reich im Auswärtigen Amt tätig gewesen war und deswegen sich einer Überprüfung unterziehen mußte.[281]

Heuss mußte bei der Vorbereitung seiner Rede bewußt sein, daß der Rahmen der Feier mit der Anwesenheit politischer Prominenz, der Übertragung der Rede im Rundfunk und der Anwesenheit von Journalisten für Publizität sorgte; zwar war die Bundesregierung »nur« durch Ministerialdirektor Blankenhorn vertreten,[282] aber Ministerpräsident Kopf stand an der Spitze der Landespolitiker. Ort und Anlaß rückten die systematische Ermordung der Juden in den Mittelpunkt der Aufmerksamkeit. Laut Gästeliste besuchten vor allem jüdische Teilnehmer, die schon zuvor zusammengekommen waren, die Gedenkstunde und erwarteten ein offizielles Wort zu den NS-Verbrechen an den Juden. Die Vorredner Henderson und Goldmann sowie die anwesenden Diplomaten aus verschiedenen Ländern verkörperten die Erwartungen des Auslands, auf die im Schreiben des Auswärtigen Amtes hingewiesen worden war. Daß sich Heuss bewußt war, wie schwierig seine Situation als Redner sein würde, wird aus der brieflichen Mitteilung deutlich, er sei »von einer notwendigen, wenn auch schweren Wanderung zurück«.[283]

Aber auch angesichts der allgemeinen politischen Situation war es eine schwierige Aufgabe. Im Mittelpunkt des aktuellen Interesses stand zwar die am gleichen Tag stattfindende Wahl an der Saar und die sich seit langem hinziehende Auseinandersetzung um den EVG-Vertrag, in die Heuss aufgrund der Anforderung eines Gutachtens beim Bundesverfassungsgericht involviert war. Die parlamentarische und juristische Auseinandersetzung erreichte Ende November/Anfang Dezember ihren Höhepunkt und mündete in die Rücknahme des Gutachtengesuchs durch Heuss am 9. Dezember.[284] Daß die Ansprache in eine sensible Phase der Auseinandersetzung mit dem Nationalsozialismus fiel, wird daran deutlich, daß am 10. September das Wiedergutmachungsabkommen mit Israel in Luxemburg unterzeichnet worden war. Am 23. Oktober des gleichen Jahres hatte das Bundesverfassungsgericht die rechtsradikale Sozialistische Reichspartei (SRP) verboten, und im sog. Remer-Prozeß, in dem am 15. März das Urteil gesprochen worden war, hatte die Auseinandersetzung um die Legitimität des Attentats auf Hitler im Mittelpunkt gestanden.

Angesichts der diffizilen Redesituation verwendete Heuss sehr viel Sorgfalt auf die Erstellung der Rede.[285] Zuerst fertigte er ein handschriftliches Manuskript an, das abgetippt und wohl mehrfach überarbeitet wurde. Dabei muß offen bleiben, ob er sich dabei auf vorher angefertigte Notizen stützte. Diese Blätter, die ihm als Grundlage für seine Rede dienten, enthielten, wenn auch bisweilen in elliptischer Form, alle wesentlichen Formulierungen. Wie schon im Programm des Besuchs vorgesehen, lief an Ort und Stelle ein Tonband mit, und ein Landtagsstenograph protokollierte die Ansprache. Auf der Rückfahrt von Celle nach Hannover wurde der tatsächliche Redetext abgetippt, und Heuss erstellte mit seinen Mitarbeitern auf der Weiterfahrt nach Bonn unter Heranziehung der Mitschrift und der Entwürfe eine druckfähige Fassung, die bei der Ankunft in Bonn bereits vorlag; der so entstandene Text wurde vervielfältigt und schließlich im Bulletin veröffentlicht.

Das Programm sah am Samstag zunächst einen Besuch in Celle mit abendlicher Theateraufführung vor, dann am Sonntagnachmittag, nach morgendlichem Kirchgang und Mittagessen im Rathaus, den Besuch der Gedenkstätte.[286] Nach der Ankunft um 14.30 Uhr und den Kranzniederlegungen sollten zunächst Henderson, Goldmann und Heuss ihre Ansprachen halten, dann der Oberrabbiner von London Dr. Levy sowie der Generalvikar Dr. Offenstein Gebete sprechen. »Totenstille herrschte über der tief verschneiten Heide«, heißt es in der atmosphärisch dichten Schilderung der Allgemeinen Wochenzeitung, »als Theodor Heuss als erster einen Kranz an diesem internationalen Mal niederlegte.« Nach weiteren Kranzniederlegungen »verharrten die Anwesenden in tiefem Schweigen. Der Musikzug der 1st Battaillon Rifle Brigade intonierte einen Trauermarsch, dem Gebetworte von geistlichen Würdenträgern der drei Konfessionen folgten. Schweigende Andacht bemächtigte sich der Gäste.« Wurden mit Kranzniederlegung, Musik und Gebeten übliche Elemente solcher Gedenkfeiern eingesetzt, wich der tatsächliche Ablauf in mancher Hinsicht vom Programm ab: Oberrabbiner Dr. Levy etwa betete und sprach vor dem Eintreffen des Bundespräsidenten. Der »Staatsakt wurde im Rundhaus der Hohne-Kaserne fortgesetzt«, wo die Reden gehalten wurden.[287] Damit fiel der direkte Bezug zum Ort des Geschehens weg, der für den Aufbau der Rede eine große Rolle spielte.

Land Commissioner Henderson erinnerte in seiner Ansprache an die Befreiung des Lagers durch britische Truppen und stellte angesichts des dort vorgefunden Grauens den Fortschrittsgedanken Rousseaus grundlegend in Frage:

> »Anstatt an einen unbegrenzten Fortschritt zu glauben, kommt man zu der Schlußfolgerung, daß der menschlichen Natur ein beschränkter Raum zur Verfügung steht, in der [?] sowohl Fortschritt als auch Rückschritt möglich ist, und daß es anscheinend eine Art Höchstgrenze gibt, über die hinaus wir anscheinend nicht vordringen können.«[288]

Die Lehre, die Henderson trotz dieser Fortschrittsskepsis aus Belsen zog, war »die überwältigende Bedeutung der Gesetzesherrschaft« als Garantie gegen willkürlichen Machtmißbrauch. Er schloß dementsprechend mit der Hoffnung, daß »die Gesetzesherrschaft bestehen bleibt und es nie wieder ein neues Bergen geben kann!«

Nahum Goldmann, der zweite Redner, war eine der profiliertesten jüdischen Persönlichkeiten jener Zeit. 1894 in Polen geboren, lebte er bis 1933 über dreißig Jahre in Deutschland und fühlte sich somit als »deutscher Jude«.[289] Sowohl er als auch Heuss erzählen in ihren Erinnerungen – mit kleinen Abweichungen im Detail – die Anekdote ihres Kennenlernens. Heuss war als Redakteur der Heilbronner Neckarzeitung anläßlich einer Vortragsreihe der »rednerisch höchst begabte Jüngling« aufgefallen. Nachdem Goldmann zu einem der nachfolgenden Vorträge nicht erschien, sprang Heuss für ihn ein.

»Ich hatte diese Geschichte längst vergessen, aber Goldmann
erzählte mir beim Wiedersehen nach Jahrzehnten, wie und
warum er den Zug verfehlt habe, daß er aber in meiner Schuld
sei, da er damals ruhig das Honorar für *meinen* Vortrag kassiert
habe. Dieser kleine Vorgang ist natürlich geschichtlich ohne
jedes Gewicht, aber die unwägbaren Dinge, wie solche Begegnung zweier junger Männer, die nichts waren, aber mit der Zeit
in starke Verantwortungen getragen wurden, können eine blei-
bende Atmosphäre bestimmen.«[290]
Goldmann war 1932 Mitbegründer des Jüdischen Weltkongresses
und somit schon vor dem Zweiten Weltkrieg einer der Exponenten
der zionistischen Bewegung. Nach 1945 agierte er als Präsident des
Jüdischen Weltkongresses und war maßgeblich an den Verhandlungen über die Wiedergutmachung beteiligt, die zum Abschluß des
Luxemburger Abkommens 1952 führten. Bei dieser Gelegenheit
erneuerte sich der abgebrochene Kontakt zu Heuss, der zum Bundespräsidenten des neuen deutschen Staates aufgestiegen war.[291] Die
beiden Hauptredner der Veranstaltung waren also einander nicht
nur bekannt, sondern auch in persönlicher Sympathie verbunden;
zudem hatten sie sich im Vorfeld bereits miteinander verständigt. So
berichtete Heuss in einem Brief an Leo Baeck: »Ich hatte Nachum
Goldman [!], den ich seit 40 Jahren persönlich kenne, vor einigen
Monaten zugesagt, mit ihm gemeinsam das Mahnmal in dem Konzentrationslager Bergen-Belsen einzuweihen.«[292] Dabei ging es wohl
weniger um eine Terminabsprache als um die grundsätzliche Entscheidung zur gemeinsamen Handlung. Es ist anzunehmen, daß in
diesem Zusammenhang auch die Bedeutung des Ereignisses und ihre
Ausrichtung zumindest kurz zur Sprache kamen.

Goldmann betont in seiner Ansprache[293] die außerordentliche
Wichtigkeit des Ereignisses und sieht in der Feier einen »Akt von
historischem Ausmaß und tiefer symbolischer Bedeutung«. Sie stelle
»in einem gewissen Sinne den Abschluß einer der tragischsten und
heroischsten Epochen sicherlich in der Geschichte des jüdischen
Volkes dar, aber auch in der Geschichte der Menschheit«. Bedeute
die Enthüllung des Mahnmals »einen endgültigen Schlußstrich
unter die Periode der Konzentrationsläger [!]«, so habe die Gedenkstunde »einen vierfachen Sinn: der *Trauer*, des *Mutes*, der *Warnung*
und des *Glaubens*.« Goldmann setzt also bei der Gegenwart ein, um
im trauernden Gedenken die Perspektive auf die Vergangenheit zu
eröffnen. Dabei hebt er den spezifischen Charakter und die histori-

sche Einzigartigkeit dieses Völkermords hervor: »Was die Vernichtung der europäischen Juden durch das Hitlerregime kennzeichnet
und sie zu einem einzigartigen, grauenhaften Geschehnis macht, ist
die kalte Berechnung, die systematische Gründlichkeit, die organisierte Planung dieses Ausrottungsprozesses.« Die Erinnerung an die
Toten werde »mit dem unauslöschlichen Gedächtnis, welches das
Kennzeichen unseres Volkes ist«, wachgehalten.[294]

Doch Goldmann setzt gegen das Bild der passiven Opfer in doppelter Hinsicht das Bild der aktiven Helden. Einerseits betont er den
Widerstandswillen der Juden, der sich im Warschauer Ghetto-Auf-
stand ebenso gezeigt habe wie in der würdigen Haltung angesichts
des Todes in der Gaskammer. Andererseits seien sich die Juden ihrer
Herkunft und ihrer Religion in dieser Situation besonders bewußt
geworden und »fanden den Weg zu ihrem Glauben und zu ihrem
Volke zurück«. Insofern halfen sie in Goldmanns Sicht mit, die
Gründung des Staates Israel im Jahre 1948 zu ermöglichen.

»Auch ohne mystisch zu sein, mag einer davon überzeugt sein,
daß die Hoffnungen und die Gebete dieser Märtyrer die Schaffung des Staates mit ermöglicht haben. Vielleicht mußte die Welt
die Tragik der jüdischen Heimatlosigkeit an diesem grauenhaften Beispiel der Naziverfolgung erleben, um ihre Sympathie und
ihre Zustimmung zu der Forderung nach einem jüdischen Staate
zu geben. In diesem Sinne war das Leiden und Sterben dieser
sechs Millionen nicht vergebens, auch sie haben gekämpft für
die Schaffung des Judenstaates. Sie gehören posthum zu der jüdischen Armee, zusammen mit jenen, die in Israel den Kampf um
den jüdischen Staat gekämpft haben.«[295]

An dieser Passage wird deutlich, wie Goldmann die zunächst passiv
erscheinenden Opfer in aktive Helden uminterpretiert. Da aus den
der nationalsozialistischen Gewalt Ausgelieferten virtuelle Freiheits-
kämpfer werden, tritt für Goldmann neben »Trauer und Schmerz«
nun auch »Bewunderung und Verehrung«. Auf diese Weise verknüpft er im trauernden Gedenken die Vergangenheit mit der Gegenwart und eröffnet die Perspektive auf die Zukunft, da die Toten,
auch wenn sie »in der Gegenwart unserer Generation verloren«
seien, »für uns Sicherer und Bauer der jüdischen Zukunft« blieben.

Diese Perspektive weitet er im dritten Teil aus, indem er aus der
systematischen Ermordung der Juden Lehren für die Zukunft ableitet. Wenn er davor warnt, »den Irrlehren und Leidenschaften, dem
Dünkel und der Arroganz eines schrankenlosen Nationalismus und

einer sinnlosen Rasseverherrlichung zu verfallen«, wird deutlich, daß er die ideologischen Motive des Nationalsozialismus als dominant ansieht. In diesem Zusammenhang nimmt er auch konkret auf die deutsche Situation Bezug. Einerseits erwähnt er namentlich Adenauer und Heuss als Beispiele für jene Deutschen, »die diese Warnung voll verstehen und alles tun wollen, um ihrem Volke eine zweite Erfahrung [,] wie es die Hitlerperiode war, zu ersparen«. Andererseits zeigt er sich angesichts der Neigung zum Vergessen sehr besorgt: »Aber es gibt leider auch Anzeichen dafür, daß es noch immer Teile des deutschen Volkes gibt, die diese Warnung nicht hören wollen, die die Augen verschließen wollen vor der grauenhaften Tatsache der Ausrottung der Juden.«

Den letzten Teil der Rede widmet Goldmann ausschließlich der Zukunft, wobei der »Glaube an Völkerverbundenheit und menschliche Solidarität« in den Mittelpunkt seiner Betrachtung rückt. Er schließt mit dem pathetischen Appell,

> »den Sünden und Leidenschaften des Rassedünkels zu entsagen, Frieden zu wollen und Frieden zu schaffen und über alle legitimen Ansprüche eines sittlichen Volksbewußtseins den Glauben an die eine Menschheit zu stellen, und als die einzige und wahre Sühne für die Verbrechen der vergangenen Epoche, an der letzten Endes unsere ganze Generation schuld ist, alles zu tun, um diese Epoche endgültig innerlich zu überwinden und gemeinsam an einer besseren Zukunft für alle zu wirken.«[296]

Jüdische Selbstverständigung und Schaffung des Weltfriedens sind die argumentativen Ankerpunkte von Goldmanns Rede, indem er einerseits die jüdischen Opfer in den Mittelpunkt seiner Betrachtungen stellt und diese mit der Gründung Israels verbindet. Dies ermöglicht es ihm auch, der systematischen Ermordung der Juden einen historischen Sinn abzugewinnen und diesen auf eine Zukunftsperspektive hin zu orientieren. Andererseits formuliert er das Ziel einer auf Völkerverständigung beruhenden friedlichen Weltordnung, die durch die Überwindung von Nationalismus und Rassismus zu erreichen sei. In diesem Rahmen finden sich nur wenige Passagen, die sich mit der aktuellen deutschen Situation beschäftigten. Lob und Kritik werden miteinander verbunden und in das übergeordnete Ziel des Weltfriedens eingeordnet. Dieser Verzicht, sich mit der deutschen Gegenwart ausführlich zu beschäftigen, war vielleicht auch der Grund für die Wahrnehmung »einer bemerkenswert versöhnlichen Ansprache«.[297]

Heuss beginnt seine Rede *medias in res*: »Verehrte Anwesende! Als ich gefragt wurde, ob ich heute hier aus diesem Anlaß ein Wort zu sagen bereit sei, habe ich ohne lange Überlegung mit ja geantwortet.«[298] Die Bekundung der Bereitschaft, zu diesem Anlaß zu sprechen, führt ins Zentrum seiner Aussage:

> »Denn ein Nein der Ablehnung, der Ausrede, wäre mir als eine Feigheit erschienen, und wir Deutsche wollen, sollen und müssen, will mir scheinen, tapfer zu sein lernen gegenüber der Wahrheit, zumal auf einem Boden, der von den Exzessen menschlicher Feigheit gedüngt und verwüstet wurde.«[299]

Auseinandersetzung mit der nationalsozialistischen Vergangenheit bedeutet zunächst und vor allem Wahrnehmung der Tatsachen. Daß dies nicht einfach war, signalisiert der Begriff »Tapferkeit« ebenso wie das eine Entwicklung voraussetzende Verbum »lernen«. Die antithetische Gegenüberstellung von »Tapferkeit der Wahrheit« und »Feigheit der Gewalt« soll den Zuhörern, indem sie sich von der gängigen Identifikation von Tapferkeit mit militärisch-gewaltsamem Vorgehen absetzt, die unerhörte Herausforderung zu Bewußtsein bringen, die allein in einer unverstellten Wahrnehmung liegt. Heuss bekräftigt diese Verpflichtung noch einmal und beansprucht gleichzeitig für sich das Recht zur freimütigen Rede *(licentia)*:

> »Wer hier als Deutscher spricht, muß sich die innere Freiheit zutrauen, die volle Grausamkeit der Verbrechen, die hier von Deutschen begangen wurden, zu erkennen. Wer sie beschönigen oder gar bagatellisieren wollte oder gar mit der Berufung auf den irregegangenen Gebrauch der sogenannten ›Staatsraison‹ begründen wollte, der würde nur frech sein.«[300]

Dieser eindringliche rhetorische Beginn war aufgrund der Situation notwendig, da nicht nur den Zuhörern der Ort des Geschehens, auch wenn die Gedenkstunde in die Hohne-Kaserne verlegt wurde, noch gegenwärtig war, sondern weil auch viele der Zuhörer Überlebende des Konzentrationslagers waren und vom Bundespräsidenten der Bundesrepublik eine klare Stellungnahme erwarteten.

Im Unterschied zu Nahum Goldmann nimmt Theodor Heuss dezidiert die deutsche Perspektive ein und setzt sich im folgenden mit der Frage des Wissens von den NS-Verbrechen auseinander. In einer ersten Annäherung geht er von seinen persönlichen Erfahrungen aus, wobei er die Zuhörer, wie er durch seine um Verständnis bittende Einleitung *(licentia)* zum Ausdruck bringt, durch ein Eingeständnis überrascht:

»Aber nun will ich etwas sagen«, bereitet Heuss seine Aussage vor, »das manchen von Ihnen hier erstaunen wird, das Sie mir aber, wie ich denke, glauben werden, und das mancher, der es am Rundfunk hört, nicht glauben wird: Ich habe das Wort Belsen zum ersten Mal im Frühjahr 1945 aus der BBC gehört, und ich weiß, daß es vielen in diesem Land ähnlich gegangen ist.«[301] Diese Passage offenbart den intensiven Publikumsbezug, den Heuss immer wieder sucht, indem er die Gedanken und Gefühle der Zuhörer vorwegnimmt und sie in seine Gedankenbewegung mit einbezieht. Möglichen Mißdeutungen seines Eingeständnisses, nichts von Belsen und nichts von Auschwitz gewußt zu haben – hier verzeichnet die Rededisposition eine Zäsur –, begegnet Heuss sofort mit einer Klarstellung: »Diese Bemerkung soll keine Krücke sein für diejenigen, die gern erzählen: Wir haben von alledem nichts gewußt.« Die anschließende Nennung der ihm bekannten Konzentrationslager Dachau, Buchenwald, Oranienburg und Theresienstadt und die Mitteilung persönlicher Erfahrungen, die sich mit diesen Namen verbinden – (»wo sie meinen alten Freund Otto Hirsch ›liquidiert‹ hatten, den edlen und bedeutenden Leiter der Reichsvertretung deutscher Juden«) –, entkräften allerdings sogleich mögliche Mißverständnisse. Die Fähigkeit zur persönlichen Aussage, die hier Bekenntnis zum eigenen Wissen ist (»oder doch *ich* wußte«), ist ein Signum der Rhetorik von Theodor Heuss. Sie erhöht die Glaubwürdigkeit des Redners und verstärkt die Authentizität der Aussage.

In einer zweiten Annäherung verallgemeinert Heuss seine Erfahrungen und stellt nun in der Wir-Form, also stellvertretend für die Deutschen, fest: »Wir *haben* von den Dingen gewußt.« Diese Aussage steht am Anfang einer Redesequenz und ist so besonders hervorgehoben. Dadurch, daß die beiden Sätze »Wir haben von alledem nichts gewußt« und »Wir *haben* von den Dingen gewußt« unmittelbar aufeinanderfolgen, und dadurch, daß Heuss sich, auf jede Erläuterung verzichtend, auf einen einfachen Aussagesatz beschränkt, gewinnt diese Aussage unumstößliches Gewicht. Dieser in der Presseberichterstattung wiederholt zitierte Satz trug ihm allerdings heftige Kritik in Zuschriften ein. Zu fragen ist also, was mit »etwas« gemeint ist. Der Textzusammenhang legt nahe, daß »mit diesen Dingen« die Existenz von Konzentrationslagern und die dort verübten Verbrechen gemeint ist. Ob mit der Formulierung »volle Grausamkeit der Verbrechen, die hier von Deutschen begangen wurden« die systematische Ermordung der Juden gemeint war, ist allerdings nicht eindeutig, denn im folgenden nennt Heuss die sog. »Euthanasie«: »Wir wußten auch aus den Schreiben evangelischer und katholischer Bischöfe, die ihren geheimnisreichen Weg zu den Menschen fanden, von der systematischen Ermordung der Insassen deutscher Heilanstalten.« Andererseits gesteht er ein, was die Denotation wiederum verschwimmen läßt, daß das Ausmaß der Vernichtung ihm und den Deutschen unvorstellbar geblieben sei: »Unsere Phantasie, die sich aus der bürgerlichen und christlichen Tradition nährte, umfaßte nicht die Quantität dieser kalten und leidvollen Vernichtung.« Gleichwohl versucht Heuss in dieser Passage seine zu Beginn der Rede erhobene Forderung einzulösen, »tapfer zu sein lernen gegenüber der Wahrheit«.

Die Formulierung »Wir haben von den Dingen gewußt« offenbart ein weiteres Signum des rhetorischen Stils von Theodor Heuss: die Neigung zur metaphorischen Redeweise, hier zum metonymischen Sprechen. Dies eröffnet den Zuhörern einen Assoziationsspielraum und ermöglicht eine nicht unbedingt beabsichtigte persönliche Ausdeutung. Dabei stößt er immer wieder an die Grenzen der Sagbarkeit, wenn er sich auf metonymische Wendungen wie »von den Dingen« zurückzieht, wenn er im Zusammenhang mit der Ermordung seines Freundes Otto Hirsch den von den Nationalsozialisten gebrauchten Euphemismus »liquidieren« benutzt und wenn er allegorisierende Umschreibungen verwendet, indem er die »bare Gewalttätigkeit« gleichsam als lebendige Figur auftreten läßt, die »mit Karabiner, Pistole und Rute verziert [...] gut gesättigt, drohend und mitleidlos, zwischen schutzloser Armut, Krankheit und Hunger herumstolziert«. Die Aporie jeder Gedenkrede zum Nationalsozialismus wird hier deutlich, nämlich etwas zu benennen, was nicht benennbar ist, über etwas zu sprechen, was sich der Versprachlichung entzieht. Der Mut zur persönlichen Aussage sowie seine Sprachmächtigkeit einerseits und das Fehlen eingeschliffener Gedenkformeln im öffentlichen Sprachgebrauch Anfang der 1950er Jahre andererseits ermöglichen es ihm, den Abgrund des Unaussprechlichen gleichsam metaphorisch zu überspringen.

In diesen ersten beiden Abschnitten der Rede, die auch im Konzept so gegliedert ist, bestimmt Heuss als oberster Repräsentant des jungen bundesdeutschen Staates und stellvertretend für die deutschen Bevölkerung seine Position gegenüber den Verbrechen der NS-Zeit, wobei er im Gegensatz zu Goldmann, der die Opferperspektive eingenommen hat, die Zuschauerrolle reflektiert.[302] Heuss bekennt sich hier weder als Opfer noch als Täter, weder als passiv Leidender noch als aktiv Handelnder, sondern als persönlich betroffener Beobachter, der von Verbrechen wußte, ohne das ganze Ausmaß erahnen zu können. Damit vollzieht Heuss gegenüber den frühen Reden einen markanten Perspektivenwechsel, indem er die vormals für die Deutschen beanspruchte Opferrolle aufgibt.[303] Allerdings problematisiert er die Zuschauerrolle nicht, wie es durch die Frage nach einer Mitschuld durch Unterlassen oder nach dem Ausmaß des Widerstands denkbar wäre. Andererseits nähert er sich der beunruhigenden Frage nach den Tätern sehr viel mehr als in anderen Reden, wo er sich auf die metaphorische Formulierung, die Verbrechen seien im deutschen Namen geschehen, zurückzog. Zwar läßt die allegorisierende Umschreibung »bare Gewalttätigkeit« konkrete Täter zu Beginn der Rede zunächst nicht erkennen; der Verweis auf die »volle Grausamkeit der Verbrechen, die hier von Deutschen begangen wurden«,[304] nennt explizit Deutsche als Täter, auch wenn offen bleibt, welche und wieviel Deutsche es waren.[305]

Nach diesem ersten Teil, in dem sich Heuss mit der Frage des Wissens um die NS-Verbrechen beschäftigt hat, widmet er sich im zweiten Teil der Frage des angemessenen Umgangs mit dem Erbe des Nationalsozialimus. Auch hier stellt Heuss die feststellende These vor die *refutatio*, indem er behauptet, das Mahnmal von Bergen-Belsen sei »stellvertretend für ein Geschichtsschicksal«,[306] bevor er die Vorbehalte zu widerlegen versucht. Wenn er ausdrücklich darauf hinweist, daß dieses Mahnmal nicht nur allen Opfern gewidmet sei, sondern »auch dem deutschen Volke und nicht bloß den Deutschen, die auch in diesem Boden verscharrt wurden«, beschränkt er seine Ausführungen nicht nur auf das in die Vergangenheit zielende Gedenken und nicht nur auf das in der Gegenwart zu leistende Bekenntnis zu den NS-Verbrechen, sondern bezieht sie auch auf die in die Zukunft weisenden Verpflichtungen.

Bei der Auseinandersetzung mit den Einwänden gegen dieses Mahnmal läßt er die Widersacher (in Form einer *sermocinatio*) direkt zu Wort kommen und deutet ein fiktives Zwiegespräch an. Durch den Einbau dialogischer Elemente, die dem direkten Einbezug der Hörererwartungen und -gefühle dient, wird die Rede zum monologisch vorgetragenen Disput. Die Aporie der epideiktischen Rede, eine *res incerta* als *res certa* behandeln und einen Konsens in einer umstrittenen Frage unterstellen zu müssen, kann Heuss so umgehen, indem er die Kontroversen auf diese Weise thematisiert. Gegen den

Einwand, das Mahnmal sei überhaupt überflüssig, behauptet Heuss die Unmöglichkeit der anderen Völker, das ihnen angetane Leid zu vergessen, und die Verpflichtung der Deutschen, sich an das von ihnen verursachte Leid zu erinnern. Die Einbeziehung der Gegenposition erfolgt jedoch nicht in der Form einer bloßen Widerlegung (*prolepsis / permissio*), sondern in Form einer Gegenüberstellung, bei der die Einwände in ihrer Berechtigung explizit nicht in Frage gestellt werden, wenngleich die Argumentation von Heuss im Fortgang der Rede obsiegt: »Gut, darüber mag man meditieren«, räumt er ein, »und Argumente fehlen nicht, Argumente der Sorge, daß dieser Obelisk ein Stachel sein könne, der Wunden, die der Zeiten Lauf heilen solle, das Ziel der Genesung zu erreichen nicht gestatte«, um seine Position scheinbar gleichberechtigt dagegen zu setzen (»Wir wollen davon in allem Freimut sprechen«). Wiederum sich auf die *licentia* berufend, greift Heuss zu einer eindringlichen Formulierung, die in der Steigerung der Verben von »werden« über »können« zu »dürfen« die moralische Verpflichtung aus der faktischen Feststellung ableitet: »Sie *werden* nie, sie *können* nie vergessen, was ihnen angetan wurde; die Deutschen *dürfen* nie vergessen, was von Menschen ihrer Volkszugehörigkeit in diesen schamreichen Jahren geschah.« Nicht die sachliche Widerlegung, sondern die rhetorische Akzentuierung läßt die als zweifelnde Fragen formulierte Gegenposition gegenüber der wirkungsvoll als selbstgewisse Antwort artikulierte Aussage von Heuss verblassen.[307]

Gegen den Einwand, auch »die anderen« hätten Unrecht begangen, weist Heuss darauf hin, daß Gewalt und Unrecht kategorisch zu verurteilen seien, und wendet sich gegen eine ethische Relativierung. Hier beläßt er es allerdings nicht bei einer Gegenüberstellung der Positionen, sondern setzt zur heftigen Kritik an einem falsch verstandenen Nationalgefühl an, das sich aus der abwertenden Abgrenzung von anderen Nationalitäten konstituiere und das friedliche Zusammenleben der Völker gefährde. Die Berufung auf »Unrecht und Brutalität der *anderen*« nennt er das »Verfahren der moralisch Anspruchslosen« und den »Tugendtarif«, mit dem sich die Nationen positiv profilierten, eine »verderbliche und banale Angelegenheit«. Dabei sieht er die »böse Gefahr«, daß sich solche Aufrechnungen »zur schlimmsten Last im Einzelschicksal, ärger noch, im Volks- und Völkerschicksal« entwickeln könnten.[308]

Die Intensität der Argumentation in diesem Punkt spiegelt deren Wichtigkeit für Heuss wider, ist doch damit das Nationalgefühl als ein zentraler Aspekt seines politischen Denkens berührt. Da sich für Heuss die historische geprägte Identität des einzelnen wesentlich aus dem Bekenntnis zur nationalen Zugehörigkeit ergibt, beschwört er das »klare, anständige Vaterlandsgefühl, das jeden, der bewußt in seiner Geschichte steht, tragen wird, das dem, der die großen Dinge sieht, Stolz und Sicherheit geben mag«.[309] Das Geschichtsbewußtsein ist damit wesentlich national bestimmt und beschränkt sich nicht auf periphere Ansichten zur Geschichte, sondern trägt grundlegend zur Selbstvergewisserung bei. Insofern entsteht für die Deutschen aufgrund ihrer nationalen Zugehörigkeit ein Gefühl der Scham, auch wenn sie individuell nicht schuldig sind.[310]

Im Zuge einer Reverenz vor seinem Vorredner Nahum Goldmann, den er wiederholt zustimmend zitiert, konzentriert sich Heuss in einem dritten Teil auf das Schicksal der jüdischen Opfer und versucht in Abgrenzung von religiösen und sozioökonomischen Motiven eine Erklärung der NS-Verbrechen aus ideologischen Motiven:

»Der Durchbruch des biologischen Naturalismus der Halbbildung führte zur Pedanterie des Mordens als schier automatischer Vorgang ohne das bescheidene Bedürfnis nach einem quasi moralischen Maß. Dies gerade ist die tiefste Verderbnis dieser Zeit. Und dies ist *unsere* Scham, daß sich ein solches im Raum *der* Volksgeschichte vollzog, aus der Lessing und Kant, Goethe und Schiller in das Weltbewußtsein traten. Diese Scham nimmt uns niemand, niemand ab.«[311]

Dabei zitiert er zum wiederholten Mal seine eigene Formulierung »biologischer Naturalismus« aus der Schrift »Hitlers Weg« von 1932. Er kritisiert, worauf sich der Terminus »Halbbildung« bezieht, den vermeintlich wissenschaftlichen Anspruch der nationalsozialistischen Rassenlehre.[312] Dieses Erklärungsmuster erweckt in der Rede den Eindruck, die geschichtliche Bewegung sei der Machbarkeit durch den Menschen entzogen, da abstrakte geistige Strömungen als personifizierte Subjekte der Geschichte erscheinen. Geschichte wird so eher Schauplatz der Auseinandersetzung verschiedener überindividueller geistiger Strömungen (»Geschichtsschicksal«) als ein durch (bewußte und unbewußte) menschliche Handlungen erzeugter Prozeß.

Daß die »Pedanterie des Mordens« unter Suspendierung moralischer Maßstäbe erfolgte, wird von Heuss behauptet, ohne es als individuelle Verantwortlichkeit zu bestimmen. Zwar hat er im Verlauf der Rede eingeräumt, daß die Verbrechen von Deutschen begangen wurden, er verwendet an dieser Stelle jedoch die inhaltlich vage unpersönliche Passivkonstruktion »daß sich solches im Raum der Volksgeschichte vollzog«. Das dadurch bei den nicht schuldigen Zuschauern ausgelöste Gefühl der Scham bezieht sich auf die »Schuldfrage«, entschärft sie allerdings gleichzeitig, indem eine konkrete Zuschreibung von Verantwortung nicht erfolgt. In brieflichen Reaktionen wurde diese Differenzierung, wie sich noch zeigen wird, nicht wahrgenommen und seine Botschaft als Bekenntnis zur »Kollektivschuld« aufgefaßt und heftig abgelehnt.

Die damit verbundene emotionale Belastung, die in der Epanalepse »Diese Scham nimmt uns niemand, niemand ab« zum Ausdruck kommt, gründet nicht nur in der Ungeheuerlichkeit der Verbrechen selbst, sondern auch und vor allem in der grundlegenden Infragestellung des nationalen Gedankens. Daß sich der Nationalsozialismus im deutschen Kulturraum entwickelte, der sich durch überaus positive kulturelle Leistungen auszeichne, ist für Heuss eine existentielle Verunsicherung, ja die »tiefste Verderbnis dieser Zeit«.[313] Ihr versucht er mit der Berufung auf die positive Tradition der »Volksgeschichte« zu begegnen, die er hier nur kurz andeutet. Dem Bewußtsein, »daß die Geschichtsmelodie zerbrochen ist«,[314] steht die Aufgabe gegenüber »dem vaterländischen Gedanken eine neue, reine, reinigende Kraft zurückzuschenken«.[315] Durch die Selbstdefinition als Zuschauer der nationalsozialistischen Verbrechen sind die von direkter Schuld freien Deutschen aufgrund ihrer nationalen Zugehörigkeit mit der Scham über die von ihren Landsleuten verübten Untaten konfrontiert, können sich aber im Rückgriff auf die positiven Traditionen der eigenen Geschichte ihrer nationalen Identität versichern und historische Orientierung gewinnen.[316]

Den letzten Teil der Rede leitet Heuss damit ein, daß er Albert Schweitzers Motto »Ehrfurcht vor dem Leben« durch den Satz »Ehrfurcht vor dem Sterben« ergänzt. Das im folgenden erzählte persönliche Erlebnis, wie die Namen der jüdischen Gefallenen des Ersten Weltkriegs aus dem Kriegerdenkmal seiner Heimatstadt entfernt wurden, illustriert nicht nur das von Heuss vorangestellte Motto, sondern versucht im Massentod des Krieges die menschliche Würde zu behaupten: »Es waren Menschen wie du und ich, sie hatten ihre Eltern, ihre Kinder, ihre Männer, ihre Frauen!«[317] Der Individualisierung des Leids und des Todes steht die individuelle Hilfeleistung unmittelbar nach der Befreiung des Lagers gegenüber. Die Beteiligung Deutscher an dieser Hilfe erwähnt Heuss nur unter dem Vorbehalt, daß er gebeten worden sei, davon zu sprechen, womit er den Anschein einer billigen Aufrechnung vermeidet. In Abgrenzung zu Rousseaus Wort »Der Mensch ist gut«, das Land Commissioner Henderson in seiner Rede zitiert hatte, postuliert er das Prinzip der gegenseitigen Hilfe als ethische Maxime:

> »Der Mensch, die Menschheit ist eine abstrakte Annahme, eine statistische Feststellung, oft nur eine unverbindliche Phrase; aber die Menschlichkeit ist ein individuelles Sich-Verhalten, ein ganz einfaches Sich-Bewähren gegenüber dem anderen, welcher Religion, welcher Rasse, welchen Standes, welchen Berufs er auch sei.«[318]

Die Spannung zwischen dem hier implizierten Glauben an die Beeinflußbarkeit von Geschichte und der oben erwähnten Wirksamkeit eines Geschichtsschicksals ist hier, zumindest was den Nationalsozialismus anbetrifft, nicht zu übersehen.

Die poetische Überhöhung dieser Maxime erfolgt im Schlußteil *(peroratio)*, indem Heuss unter Rückgriff auf den Topos des Ortes und das Motiv der sprechenden steinernen Zeugnisse (»Saxa loquuntur. Steine können sprechen.«) die individuelle Empfänglichkeit für die Botschaft der Geschichte in einer fast vertraulichen Anrede des einzelnen Zuhörers eindringlich anmahnt: »Es kommt auf den einzelnen an, es kommt auf Dich an, daß Du ihre Sprache, daß Du diese ihre besondere Sprache verstehst, um Deinetwillen, um unserer aller willen.« Auch hier beendet Heuss seine Rede nicht mit einer Aufforderung zu bestimmten Handlungsweisen, sondern mit einem Appell zur individuellen Introspektion. Sein Ziel ist einmal mehr eine Haltung moralischer Sensibilität als Grundlage des demokratischen Neubeginns, die auf der Tapferkeit der Wahrnehmung beruht, sich dem Vergessen verweigert und sich am Prinzip der Mitmenschlichkeit orientiert. Die in der Rede »Mut zur Liebe« beobachtbare Verschiebung der historischen Sinnbildung wird hier insofern manifest, als Heuss die Opferrolle der Deutschen zugunsten der Zuschauerrolle und z. T. auch Täterrolle aufgibt. Dadurch wird im Geschichtsbewußtsein eine Distanzierung vom damaligen Geschehen ermöglicht, das zwar die Scham als belastendes Erbe hinterläßt, die positiv gesehene nationale Tradition aber als Grundlage historischer Orientierung wieder zugänglich macht. Insofern gelingt eine Wiederbelebung traditionaler Sinnbildung durch den Rekurs auf die Tradition der deutschen Kulturnation. Daß sich die NS-Verbrechen

im »Raum der Volksgeschichte vollzogen«, signalisiert die Trennung
der nationalsozialistischen Herrschaft in Deutschland von der deutschen Nationalgeschichte. »So ist es auch weniger die Negation der
NS-Zeit, als ihre Überbrückung, aus der heraus Heuss eine Verpflichtung für Gegenwart und Zukunft sieht.«[319]

Über die Gedenkfeier wurde in den deutschen Zeitungen am
Montag berichtet; die Überschriften in den wichtigsten überregionalen Zeitungen lauteten: »Mahnmal in Bergen-Belsen eingeweiht«,[320]
»Sandstein-Obelisk mahnt in Belsen / Bundespräsident weihte Gedenkstätte für KZ-Opfer – ›Wir dürfen nie vergessen‹«,[321] »Ein Mahnmal in Bergen-Belsen / Der Bundespräsident: ›Diese Scham nimmt
uns niemand ab‹«,[322] »KZ-Mahnmal in Belsen eingeweiht / Heuss:
Wir müssen lernen, tapfer zu sein gegenüber der Wahrheit«.[323] Daran wird erkennbar, daß die Berichte zum einen über die Einweihung
selbst informierten und zum anderen die Aussagen von Heuss refe-
rierten.

Am ausführlichsten zitierte die Frankfurter Allgemeine Zeitung,
die eine Agenturmeldung übernahm, die Rede und berichtete von
der Gedenkstunde selbst kaum. Andere Zeitungen wie die Süddeutsche Zeitung und die Welt, die eigene Berichte veröffentlichten,
schilderten den Ablauf der Feier ausführlicher. Diese Berichte, die
sich auf etwa 60 bis 80 Zeilen beschränkten, waren nicht auf Seite 1
plaziert und wurden nicht kommentiert, so daß die sachliche Information im Mittelpunkt stand. In den Leserbriefspalten, die damals
in den Tageszeitungen nur einen sehr kleinen Rum einnahmen, finden sich keine diesbezüglichen Zuschriften. Eine Ausnahme bildete
die Neue Zeitung, die ihren Bericht, der sich auf eine Associated-
Press-Meldung stützte, auf Seite 1 brachte.[324] Eine Sonderstellung
nahm die Allgemeine Wochenzeitung der Juden in Deutschland ein,
die als Wochenzeitung nicht dem Zwang der Aktualität unterlag und
aufgrund ihres Selbstverständnisses dem Ereignis eine entsprechend
große Bedeutung zumaß. Hier findet sich nicht nur eine kommentierende Vorankündigung der Feier und eine ausführliche Reportage
über die Gedenkstunde, sondern auch der Abdruck der gehaltenen
Reden.[325]

Die hier exemplarisch an den überregionalen Zeitungen geschil-
derte Resonanz stellte nicht nur Heuss nicht zufrieden. Wilhelm Kaisen, der Bremer Senatspräsident, der die Rede am Rundfunk verfolgt
hatte und von ihr außerordentlich beeindruckt war, kritisierte in
einem Brief an Heuss die Berichterstattung:

»Ich bedaure, daß die heutige Montag-Presse nur einen kleinen Auszug aus dieser wichtigen Rede bringt. Schlecht organisiert! Wenn die Menschen von heute den Gedenktag für Bergen-Belsen als eine über den Tag hinausreichende Mahnung verstehen und künftig danach handeln sollen, so hat die Presse mit ihrem kümmerlichem Bericht diese Chance verpaßt. Ich schlage daher vor, Ihre Rede nachträglich im Wortlaut verbreiten zu lassen.«[326]

»Mit der Presse ist es ja natürlich immer so«, beklagte Heuss in seiner ausführlichen Antwort:

»Sonntage sind für Kundgebungen pressetechnisch die dümmsten Termine, aus dem ganz einfachen Grunde, weil am Montag sich die Bevölkerung dafür interessieren soll, muss [!] oder vielleicht auch interessiert, ob der Fussballclub [!] in Köln an der Spitze bleibt oder ob sich in einer anderen Liga Frankfurt an die Spitze arbeitet und Stuttgart absinkt. Das ist eine alte, nicht gerade sehr begeisternde Erfahrung von uns.«[327]

Hinlänglich über die Spielergebnisse des letzten Spieltags informiert,[328] kam Heuss auf den Kern seiner Aussage und erwog das weitere Vorgehen:

»Dazu ist bei dieser Gelegenheit ja auch noch die Wahl im Saargebiet hinzugekommen. Es wäre – da stimme ich mit Ihnen völlig überein – in manchen Stücken sinnvoll gewesen, die Veranstaltung in Belsen, auch in dem, was Nachum Goldman [!] gesagt hat, deutlicher ins Bewusstsein der Menschen zu bringen. Aber meine Resignation in diesen Dingen ist ziemlich stark.«[329]

Nicht mehr die ungeschickte Öffentlichkeitsarbeit, sondern die mentalen Blockaden in der Öffentlichkeit selbst gegenüber der Auseinandersetzung mit der Vergangenheit rückten hier in den Vordergrund.

»Wir wollen noch den Versuch machen«, setzte Heuss nochmals bei der »pressetechnischen« Seite ein,

»daß die Neue Zeitung, die die einzige ist, die meine Reden nun wirklich anständig zu reproduzieren pflegt, für die Sache noch einmal gewonnen werden kann. Sonst ist man der Presse gegenüber verhältnismässig [!] machtlos, so angenehm meine persönlichen Beziehungen, da ich selber alter Journalist bin, zu manchen ihrer Vertreter sind. Ob sie Sorge haben«, lenkte Heuss wieder auf die grundsätzliche Frage zurück, »die Judenfrage stärker im Bewusstsein [!] ihrer ›Abonnenten‹ zu halten, vermag ich nicht zu beurteilen.«

Dementsprechend wies der für die Pressearbeit im Bundespräsidialamt zuständige Mitarbeiter Raederscheidt in einem Brief an die Chefredaktion der Neuen Zeitung darauf hin, daß die Zeitung »wiederholt Reden des Herrn Bundespräsidenten [...] in extenso zum Abdruck gebracht« habe. Deshalb erlaube er sich, »auf Anregung des Herrn Bundespräsidenten Ihnen eine stenographische Aufnahme seiner Rede zuzusenden«.[330] Dabei berief er sich auf »eine Reihe von Zuschriften« von Hörern, denen »die Presseberichterstattung über die von ihnen für wichtig gehaltene Rede ungenügend gewesen sei«. In der darauf folgenden Wochenendausgabe wurde dann die Rede von Heuss zusammen mit einem Leserbrief von Ernst Feder aus Rio de Janeiro veröffentlicht. Dieser bezog sich aber nicht auf die Mahnmal-Rede, sondern würdigte den Bundespräsidenten nicht nur als Politiker und Mensch, sondern auch als Redner: »Eine jede seiner Reden läßt aufhorchen, draußen wie drinnen. Im Ausland hat man ein feines Gefühl für diese Verbindung demokratischer Festigkeit, realpolitischer Einsicht und humanistischer Gesinnung, eine Mischung, der niemals das Körnchen attisches Salz fehlt.« Weiterhin lobte er den Stil seiner Ansprachen und insbesondere seine Zivilcourage: »Es ist etwas Mutiges in diesem Manne, in jeder Rede, die er hält, in jedem Satz, den er formuliert.«[331] Man versuchte von seiten des Bundespräsidialamtes nicht nur die Verbreitung der Rede zu fördern, sondern reagierte auch auf die inhaltliche Ausrichtung der Berichterstattung. So erfolgte am 15. 12. 1952 wegen der falschen Wiedergabe der Rede eine Beschwerde bei der Celleschen Zeitung, die Heuss ein Bekenntnis zur deutschen Kollektivschuld und die Aussage, die Deutschen hätten von den Verbrechen gewußt, unterstellt habe.[332]

Die Verbreitung der Rede erfolgte allerdings noch auf andere Weise. Neben der üblichen Veröffentlichung im Bulletin am Dienstag forderten Privatleute sowie verschiedene Organisationen den Text an, um ihn nachlesen zu können, ihn im Unterricht zu verwenden oder auch, um ihn nachzudrucken.[333] Die »Deutsche Universitätszeitung«, die Zeitschrift »Berufsbildende Schule«, die gewerkschaftliche »Welt der Arbeit«, die amerikanische Emigrantenzeitschrift »Aufbau« oder die der deutsch-jüdischen Aussöhnung verpflichtete Organisation World Brotherhood kamen um Nachdruckgenehmigungen ein, die allesamt positiv beschieden wurden.[334] Darüber hinaus wurde Herbert Blankenhorn, der an der Feier teilgenommen hatte, initiativ. Da er die »politische Bedeutung der

Rede sofort und in vollem Umfang begriff« habe er »veranlasst [!],
dass [!] die Rede als Sonderdruck noch erscheinen soll und auch in
französischer und englischer Sprache, um an die Missionen draus-
sen [!] gegeben zu werden«.[335]

Über die Resonanz im Ausland geben die Berichte aus den Botschaften und Gesandtschaften Aufschluß, die vom Auswärtigen Amt
angefordert wurden.[336] In einigen Ländern fand Heuss' Rede gar
keine oder nur wenig Aufmerksamkeit. So wurde darüber in Italien
»*nicht* berichtet«, erst im März erschienen Auszüge in der christde-
mokratischen »Libertas«; auch in den USA konnte »keine Reaktion
festgestellt« werden; in Belgien gab es zunächst nur kurze unkom-
mentierte Meldungen und erst vor Weihnachten ein verspätetes
Echo; in der Schweiz fand die Feier »keine grössere [!] Beachtung«.
Demgegenüber war die Resonanz auf die Rede in anderen Ländern,
folgt man den Berichten, sehr viel intensiver. In den Niederlanden
wurde sie »gut beachtet«; in Luxemburg war eine »sehr positive Wiedergabe und Würdigung der Rede« zu verzeichnen; in Dänemark galt
Heuss in der Presse als »edler Staatsmann und grosser Humanist« und
seine »freimütigen und klugen Worte« wurden gelobt; in Schweden
wurde der Ansprache »eine nicht geringe Bedeutung beigelegt« und
die Wiedergabe der Rede in der dortigen Presse sei »ein willkomme-
nes Gegengewicht gegen die unwillkommene übrige, im Einzelfall
mehr oder weniger berechtigte oder unberechtigte Berichterstattung«. In Norwegen beherrschte hingegen die Kritik am Fehlen nor-
wegischer und dänischer Inschriften am Mahnmal die Diskussion.
Aus Frankreich teilte der mit Heuss befreundete Botschafter Wilhelm
Hausenstein das Lob eines französischen Generals für die Rede persönlich mit: »il est courageaux et digne«.

Dies zeigt zum einen, daß die Rede von Heuss über Deutschland
hinaus rezipiert wurde und daß die Reaktionen, glaubt man den
Berichten der Botschaften und Gesandtschaften, durchweg positiv
waren. Zum anderen wird deutlich, daß seine Ansprache unter außenpolitischen Aspekten vom Auswärtigen Amt nicht nur im Vorfeld, sondern auch in ihrer Wirkung beobachtet wurde. Sie wurde sogar zu einem Instrument der Außenpolitik: »In Anbetracht der
grundsätzlichen Bedeutung der Rede [...] und der Beachtung, die diese Rede im In- und Ausland gefunden hat«, hieß es in einem Anfang
Januar 1953 verfaßten Rundschreiben des AA an die Botschaften und
Gesandtschaften im Ausland, »wird angeregt, eine Überreichung des
Redetextes an das jeweilige Außenministerium zu prüfen«.[337]

Dies erfolgte in vielen Ländern bis hin nach Mexiko und Brasilien; lediglich in Frankreich übte man sich angesichts des gerade laufenden »Oradour-Prozesses«, in dem die dort begangenen NS-Verbrechen verhandelt wurden, in Zurückhaltung. Im Februar und im Mai fragte das Auswärtige Amt zumindest wegen noch verfügbarer Exemplare bzw. wegen einer möglichen Neuauflage im Bundespräsidialamt nach, was auf eine größere Nachfrage schließen läßt.[338] Aus der Beobachtung der Außenwirkung der Mahnmal-Rede von Theodor Heuss wurde die bewußte Funktionalisierung zum Zweck einer besseren Selbstdarstellung im Ausland.

Eine dritte Ebene der Rezeption neben der Resonanz in der inländischen Presse und neben der Wirkung im Ausland war die Reaktion derer, die sich direkt an Heuss wendeten. Diese Briefe stellen zweifelsohne keinen repräsentativen Querschnitt der Reaktionen der gesamten Bundesbevölkerung dar; gezielte demoskopische Untersuchungen zu diesem Einzelereignis, die diesem Mangel abhelfen könnten, liegen zudem nicht vor. Andererseits lassen sich in den überlieferten Briefen bestimmte Argumentationsmuster erkennen, die vermutlich nicht nur für jene galten, die direkt an Heuss schrieben. Dabei ist allerdings zu berücksichtigen, daß es einer bestimmten Motivation bedurfte, um einen Brief an den Bundespräsidenten zu verfassen. Bekundete man nicht nur das Interesse am Redetext oder verwendete man die Rede nicht nur als Anlaß, um ein anderes Anliegen vorzubringen, so wollte man entweder seine Zustimmung oder seinen Widerspruch zum Ausdruck bringen. Neutrale Reaktionen fehlen denn auch weitgehend.

»Eben hörte ich Ihre Rede, die Sie in Belsen gehalten haben«, so beginnt eine zustimmende Äußerung, die als Beispiel für eine ganze Reihe ähnlicher Reaktionen aus dem In- und Ausland gelten mag:

»Ich erlaube mir, Sie deshalb aus der Ferne zu grüssen. Ich habe selten etwas gehört, was so reif war angesichts der menschlichen Raserei, über die zu sprechen Sie gezwungen waren. Nehmen Sie es bitte nicht als Schmeichelei, wenn ich hinzufüge, daß ich auch aus kirchlichem Munde über diese Materie nie so versöhnt und nie so im Abstand habe reden hören. Gott segne Sie und segne Sie gerade in den kommenden schweren Wochen. Ihr getreuer und ganz ergebener D. Asmussen«.[339]

Dieser Brief ist insofern typisch, als er einer ganz spontanen Regung Ausdruck verlieh und die Zustimmung ganz pauschal formulierte. Viele Zuschriften wurden denn auch am oder unmittelbar nach dem

30. November verfaßt und standen noch unter dem emotionalen Eindruck der gehörten Rede. Ein Schreiber bekannte:»die Rede des Bundespräsidenten ging mir wieder so nahe! Sie war herrlich!«[340] In einigen Zuschriften wurde die zustimmende Reaktion auch näher erläutert. »Ihre Reden sind für mich inmitten der Flut entgegengesetzter Meinungsäußerungen [...] wahre Oasen des Trostes«, begründete ein Hörer seine Zustimmung und hob die von Heuss gewählte Form der Auseinandersetzung mit dem Nationalsozialismus von gegenläufigen Stellungnahmen ab.[341]

Am pointiertesten äußerte sich Wilhelm Kaisen:»Es drängt mich, Ihnen mitzuteilen, daß Ungewöhnliches von dieser Rede ausging; die fesselte mich nicht nur vom Anfang bis zum Schluß, sondern sie überzeugte auch in ihren mutigen Definitionen über die Möglichkeiten, es besser zu machen«. Der Tag der Feier stand für ihn unter dem »Gebot eines Tages der Besinnung [...]; um dem inneren Aufstieg, der inneren Befreiung zu dienen und um zum menschlichen Staat zu kommen. Ihre Rede bietet dazu eine prächtige Gelegenheit. Sie kann Geschichte gestalten helfen, weil sie den Eindruck hinterließ, daß das unvollendet Menschliche von heute jedenfalls tausendmal besser ist als das vollkommen Unmenschliche von damals. Heute ist die Möglichkeit, es besser zu machen, nicht totalitär versperrt, heute ist diese Möglichkeit uns gegeben, und es kommt darauf an, daß wir die Möglichkeit nutzen und für Aufklärung sorgen.«[342] In der Rezeption von Kaisen spielte der Aspekt der seelischen Selbstreinigung, der in der Rede von Heuss zentral war, durchaus noch eine Rolle, wurde aber dem Zukunftsaspekt der Etablierung eines humanitären Werten verpflichteten Gemeinwesens untergeordnet.

Demgegenüber mußte Heuss für seine Rede auch herbe Kritik, ja beleidigende Anwürfe einstecken. Manche machten ihrer Empörung spontan Luft: »Ihre in Belsen bei der Einweihung gemachten Behauptungen [...] empfinde ich als ehrverletzend und daher ungeheuerlich beleidigend«, hieß es in einem Brief,[343] der sich in seinen Beschuldigungen zusehends steigerte: »Belasten Sie unser Volk nicht in solch hinterhältiger Weise. [...]. Als erster Diener sollten Sie nicht Totengräber sein!« Ernster zu nehmen waren andere Äußerungen, die ihre Kritik inhaltlich zu begründen versuchten und dabei an zwei Punkten ansetzten: die Frage der Schuld der Deutschen, die unter dem Aspekt des Vorwurfs der Kollektivschuld gesehen wurde, und die Frage des Wissens von den NS-Verbrechen.

Als typisches Beispiel für eine ganze Reihe solcher Briefe mag die Zuschrift eines Frankfurter Ingenieurs gelten, dessen Informationen auf dem Bericht der Frankfurter Allgemeinen Zeitung beruhten. Ausgehend von der dort wiedergegebenen Aussage »Wir haben von diesen Dingen gewusst [!]«, argumentierte er wie folgt:

> »Wenn das richtig sein sollte, so muss [!] ich Sie fragen: Glauben Sie, Herr Bundespräsident, daß alle Bauern in Tigerfeld auf der Rauhen Alb, in Blaubeuren, in Grossholzleute oder sonst wo im Vaterland von diesen Dingen gewusst [!] haben? Oder sind Sie nicht auch der Ansicht, dass [!] [der] weitaus grösste [!] Teil unsere[r] Bevölkerung beim Bekanntwerden der begangenen Scheusslichkeit [!] nicht genau so entsetzt waren [!] wie das Ausland, und dass [!] sie diese Grausamkeit gar nicht für möglich gehalten haben?«[344]

Nicht die Leugnung der NS-Verbrechen bestimmte diese Argumentation, sondern die Berufung auf das Nichtwissen bzw. Nichtwissen-Können, was im folgenden durch eigene Erfahrungen zu belegen versucht wurde. »Ich kann Sie versichern, Herr Dr. Heuss, ich war während des Krieges zu Sitzungen mehrmals in Weimar, ich habe wohl gesehen, in dieser Stadt waren ein Haufen Parteistellen, aber von Buchenwald hatte ich keine Ahnung.« Daraus leitete der Briefschreiber auf den Vorwurf der Kollektivschuld über, den er in der Person des evangelischen Geistlichen Martin Niemöller personifiziert sah.

> »Hat denn Niemöller mit seiner Kollektivschuld noch nicht genug Unheil angerichtet, worauf bereits prominente Amerikaner hingewiesen und gesagt haben, Niemöller habe dem deutschen Volk einen schlechten Dienst erwiesen. Ich fürchte, im Ausland würde dieser Ausspruch, wenn er der Wahrheit entspricht, für uns sich verheerend auswirken, denken Sie an die Landsleute im Ausland. Die Wahrheit ist m. E., daß der grösste [!] Teil unserer [Bevölkerung?] von diesen Dingen nicht gewusst [!] hat.«[345]

Hier wie in ähnlichen Briefen wird die moralische Dimension der Frage des Wissens von den NS-Verbrechen deutlich. Mußte man die Scheußlichkeit dieser Taten verurteilen, was hier auch geschah, blieb als mögliche Rettung der eigenen Integrität die Abweisung der Mitwisserschaft, die durch eigene Erfahrungen zusätzlich beglaubigt und somit beweiskräftig gemacht wurde. War die individuelle Schuldzuschreibung damit abgewehrt, bot der Rückgriff auf den Kollektivschuld-Topos die Möglichkeit der Verlagerung. Nicht mehr der einzelne mußte sich mit seiner immer nur individuell zu bestimmenden Verantwortung auseinandersetzen, sondern die vermeintlich pauschale Zurechnung von Verbrechen an ein ganzes Volk ließ die moralische Provokation der Schuldfrage verblassen. Die Auseinandersetzung mit dem tatsächlichen Verhalten in seiner moralischen Dimension wurde durch die staatspolitische Sorge um das Ansehen Deutschlands in der Welt ersetzt.

Heuss reagierte entsprechend heftig auf diesen Brief; seine Antwort enthielt die Grundlinien der Gegenargumentation, die er bzw. sein persönlicher Referent Bott zum Teil wortgleich immer wieder verwendeten:

>Mit der Offenheit, mit der Sie mir geschrieben haben, darf ich Ihnen erwidern und Ihnen mitteilen, daß ich Ihre Frage, ob alle Bauern in Tigerfeld auf der Rauhen Alb, in Blaubeuren, Grossholzleute usf. von den bösen Dingen gewusst haben, etwas albern finde. Es würde sich empfohlen haben, daß Sie, wenn Sie Ihre Belehrungen an mich richteten, den Wortlaut meiner Rede durchgelesen hätten, denn dort steht selber drin, daß ich den Namen Belsen und den Namen Auschwitz erst nach Kriegsende erfahren habe, und daß unsere Phantasie nicht ausgereicht hätte, vorher uns ein Bild von dem zu machen, was sich nachher ergeben hat.« Er fuhr fort: »Mit einigem Nachdruck weise ich Ihren Vorwurf, die sogenannte Kollektivschuld im Ausland wieder lebendig gemacht zu haben, zurück. Ich habe selber, als ich kurz nach meinem Amtsantritt von den Dingen zum ersten Mal zu sprechen hatte, mit allem Nachdruck die sogenannte Kollektivschuld abgelehnt, und das weiss man, wie ich glaube spüren zu dürfen, draussen besser als bei den Leuten, die jetzt zum Teil sich in Deutschland hinter ihr Nichtwissen etwas pharisäerhaft verstecken. Entschuldigen Sie«, schloß Heuss seinen Brief, »die Deutlichkeit dieser Worte, aber Sie werden sie zu würdigen wissen«.[346]

Heuss war nicht nur darüber ungehalten, daß seine Rede unvollständig und damit seiner Meinung nach falsch aufgenommen wurde. Auch daß man ihm ein Bekenntnis zur Kollektivschuld unterstellte, empfand er als Provokation. Ungehalten war er zudem über die Unehrlichkeit und Heuchelei des Verfassers. Wie die Analyse der Rede gezeigt hat, war der Bezug des einschlägigen Satzes »Wir haben von diesen Dingen gewußt« nicht eindeutig. Der Zusammenhang der Rede macht den Bezug auf die Existenz von Konzentrationslagern, die dort begangenen Morde und auf die sog. »Euthanasie« deutlich; Heuss betonte auch den allgemeinen Unrechtscharakter des Regimes und dessen Gewaltherrschaft. Bei vielen Briefschreibern hingegen wurde seine Äußerung auf die systematische Ermordung der Juden bezogen. In einem Antwortschreiben wies Bott diesen Bezug, der aufgrund des Ortes der Feier natürlich nahelag, zurück, indem er sie allgemein auf das »Unrecht, das hier geschehen ist«, bezog.[347] Daß man vom Unrecht und insbesondere von der sog. »Euthanasie« wissen mußte, war eine immer wieder vorgebrachte Entgegnung auf derartige Briefe: »Der Herr Bundespräsident meint, wenn Sie von den Vorgängen in dieser Zeit nichts gewusst haben, dann müssen Sie ein Leben zurückgezogener Idylle geführt haben«, lautete ein Standardsatz in den Antworten.[348]

Insgesamt war die Reaktion also zwiespältig. Einerseits wurde die Rede weithin beachtet, so daß sich das Auswärtige Amt ihrer bediente, um das Ansehen der Bundesrepublik zu fördern; andererseits wurde eher beiläufig und kurz unter Verzicht auf eine entsprechende Kommentierung berichtet. In den brieflichen Reaktionen fand sie große Zustimmung, stieß aber auch auf heftige Ablehnung. So schrieb Heuss in einem Brief von den »mannigfachen Zuschriften, die ich im Anschluss an meine Rede in Bergen-Belsen erhielt (freundlichen Dank und erschreckte Proteste, weil die Leute meinen, ich hätte die Kollektivschuld vertreten)«.[349] In einem anderen Brief überwog die positive Einschätzung: »Im ganzen darf ich sagen, dass [!] die Aufnahme dieser Rede gut gewesen ist«, stellte Heuss fest, um jedoch gleich hinzuzufügen: »Natürlich hat es auch nicht an Widerspruch gefehlt wegen des Wortes ›Wir haben davon gewusst‹ [!].«[350] Für diese eher optimistische Sichtweise mochten die zustimmenden Bekundungen ausschlaggebend gewesen sein. Wie sehr sich Heuss darüber freute, ist seinen Antworten noch anzumerken: »Für den freundlichen Zuruf, den Sie an mich gerichtet haben, darf ich Ihnen herzlich danken. Ich habe erfahren dürfen, daß die Deutlichkeit, mit der ich gesprochen habe, doch zu manchen Herzen durchgedrungen ist.«[351]

13 Jahre später und noch einmal 43 Jahre später waren deutsche Bundespräsidenten in Bergen-Belsen. Am 25. April 1965 sprach Bundespräsident Heinrich Lübke zum 20. Jahrestag,[352] am 27. April 1995 Bundespräsident Roman Herzog zum 50. Jahrestag der Befreiung von Bergen-Belsen.[353] Beim Vergleich der Reden fällt auf, daß bestimmte Elemente über Jahrzehnte ihren festen Platz in Gedenkreden zum

Nationalsozialismus haben. Die Warnung vor dem Vergessen und die Mahnung zur Erinnerung finden sich in allen drei Ansprachen ebenso wie die Bekundung des Entsetzens über die Greuel des Nationalsozialismus. So warnte Lübke in markanter Metaphorik:

»Wer heute die geschichtliche und politische Auseinandersetzung mit dem Nationalsozialismus und seinen Untaten abbrechen will, breitet lediglich eine Decke über den Schmutz, die es aber nicht verhindern wird, daß der Fäulnisprozeß unter ihr weitergeht und nach und nach die ganze Atmosphäre vergiftet«;[354]

Roman Herzog erklärte bündig: »Nichts darf verdrängt werden, nichts darf vergessen werden.«[355]

Die Schwierigkeit, an diesem Ort zu sprechen, empfanden ebenfalls alle drei Redner. Auch Lübke sah sich mit Einwänden gegen das Mahnmal konfrontiert, »es müsse endlich einmal Schluß gemacht werden mit dieser Schattenbeschwörung aus den Tagen einer furchtbaren Vergangenheit«,[356] während dies in Herzogs Rede keine Rolle spielte. Ausführlich verwies Lübke in diesem Zusammenhang auf die inzwischen wieder erlangte internationale Reputation der Bundesrepublik: »Nur weil wir mit unserer Politik bewiesen haben, daß es uns ernst war mit der Bereitschaft, in deutschem Namen verübtes Unrecht nach Kräften wiedergutzumachen [!], fanden wir wieder Vertrauen in der Welt«.[357] Gegenüber Heuss verlagerte sich bei Lübke die Ausrichtung der Argumentation insofern, als die außenpolitischen Erfolge wie die Wiedergutmachungsleistungen vor allem gegenüber Israel, die Integration in Europa und die deutsch-französische Freundschaft neben den Aufruf zur Selbstreinigung traten.

Sehr viel deutlicher als Heuss betonte Lübke, »daß sich das Phänomen ›Nationalsozialismus‹ nicht aus dem deutschen Volkscharakter erklären läßt«,[358] sondern sah ihn im Anschluß an den französischen Philosophen Gabriel Marcel als Folge der Desorientierungen, die eine technisch-industrielle Massengesellschaft mit sich bringe. Diese eher sozial- und mentalitätsgeschichtliche Erklärung unterschied sich deutlich von der Sichtweise seines Vorgängers, die stärker auf ideologische Motive abhob, und läßt nichts von der existentiellen Verunsicherung ahnen, in die das nationale Denken von Heuss durch den Nationalsozialismus gestürzt wurde. Herzog wiederum deutete in dieser Rede eine politisch-genetische Erklärung des Nationalsozialismus an, ohne sie allerdings näher auszuführen, indem er auf die Vorgeschichte der Machtergreifung hinwies: »Die Geschichte des Versagens begann ja nicht erst nach der Machtergreifung von

1933. Sie begann schon lange vorher«.[359] Dabei erschien ihm der Nationalsozialismus als eine Variante des Totalitarismus, die in ihrer spezifischen Form historisch geprägt sei, aber mit anderen Diktaturen die antidemokratische Ausrichtung gemeinsam habe.[360]

Ausgeprägter als Heuss akzentuierte Lübke zudem die Zuschauerperspektive und ließ die Frage der konkreten Täterschaft offen, indem er auf die geläufige Namen-Metapher zurückgriff: »Was geschah, geschah nicht im Auftrag und nicht mit dem Willen des deutschen Volkes – wohl aber in unserem Namen«.[361] Was der Nationalsozialismus allerdings hinterlassen habe, sei nach Lübkes Meinung »ein Gefühl abgrundtiefer Scham«.[362] Wenn Herzog »das Versagen vor allem im Wegschauen« erblickte,[363] problematisierte er die Zuschauerperspektive in Richtung auf eine mögliche Mitverantwortung auch der nicht Schuldigen. Demgegenüber würdigte Lübke das Verhalten der Deutschen ausführlich, die Widerstand geleistet bzw. ihre Mitmenschlichkeit vor allem gegenüber Juden unter Beweis gestellt hätten: »Die ungezählten Lichtpunkte jedoch, die damals gegen die Finsternis anzukämpfen versuchten, bezeugen, daß das Feuer der Menschenliebe nie ganz erloschen war.«[364] Dadurch gewann der Blick auf die Deutschen zur Zeit des Nationalsozialismus eine je spezifische Optik. Räumte Heuss eine deutsche Täterschaft explizit ein, sah Lübke vor allem unbeteiligte Zuschauer und Widerstand Leistende, während Herzog gerade diese Zuschauerrolle moralisch in Frage stellte.

Daraus leitete dieser den konkreten Auftrag ab, gegenüber jeder Form von Totalitarismus wachsam zu sein: »Wenn wir aus der Geschichte lernen wollen, müssen wir erkennen, daß die Gefahr des Totalitarismus immer noch im Präsens steht und nicht nur in Deutschland – sondern in der ganzen Welt – und daß sie auch im Futur begegnen kann.«[365] Lübke appellierte wie Heuss, die Erinnerung wachzuhalten, und erhob die Forderung, politische Konsequenzen zu ziehen.[366] Beim Vergleich fallen neben den Gemeinsamkeiten auch die unterschiedlichen Akzentuierungen auf, die bei Lübke durch die größere zeitliche Distanz zum Nationalsozialismus und die inzwischen erreichte internationale Reputation der Bundesrepublik charakterisiert sind. Bei Herzog haben sich manche defensiven Argumentationen aus den 1950er und 1960er Jahren überholt, und im noch größeren Abstand von den damaligen Ereignissen versuchte er die aus dem Nationalsozialismus zu ziehenden Lehren möglichst gegenwartsbezogen zu formulieren.

So regte er auch an, die bundesrepublikanische Gedenkkultur 50 Jahre nach Kriegsende zu erneuern: »Was wir jetzt brauchen, ist eine Form des Gedenkens, die zuverlässig in die Zukunft wirkt«.[367] Wie diese »lebendige Form der Erinnerung« aussehen könnte, sagte er allerdings nicht, was jedoch deutlich macht, daß die mit Heuss begonnene Form der Auseinandersetzung mit der nationalsozialistischen Vergangenheit der Gefahr der Erstarrung erliegt. Das Erinnerungspostulat, das im politischen Denken und im präsidialen Selbstverständnis von Theodor Heuss seinen fest umrissenen Platz hatte und an die Wiederherstellung einer nationalen Identität gebunden war, verblaßte im Zuge des zunehmenden zeitlichen Abstands und der regelmäßigen Wiederholung in Gedenkreden zu einer ritualisierten Formel. Dabei muß sich mit dem Generationenwechsel die Form der Erinnerung wandeln, da sie im kommunikativen Gedächtnis nicht mehr lebensgeschichtlich verbürgt, sondern im kulturellen Gedächtnis nur noch rituell herstellbar ist.

4. Auseinandersetzung mit der militärischen Tradition

Die systematische Ermordung der Juden bewirkte, daß das deutschjüdische Verhältnis für das Selbstverständnis der Bundesrepublik konstitutiv wurde und sich in neuen Formen der Erinnerungskultur manifestierte. Demgegenüber existierte bereits eine Tradition, wenn es darum ging, der Toten des Zweiten Weltkriegs zu gedenken, wobei »Deutsche als Opfer« im Mittelpunkt standen. Den Rahmen für diese zweite Säule der rhetorischen Auseinandersetzung von Theodor Heuss mit dem Nationalsozialismus bildeten die Aktivitäten des Volksbundes Deutsche Kriegsgräberfürsorge. Dieser widmete sich seit seiner Gründung nach dem Ersten Weltkrieg der Pflege von Soldatenfriedhöfen und veranstaltete traditionell den Volkstrauertag. Theodor Heuss weihte als Bundespräsident 1950 und 1952 die Soldatenfriedhöfe in Weeze und in Hürtgenwald ein und sprach 1952 zum wieder eingeführten Volkstrauertag. Angesichts der öffentlichen Auseinandersetzung um eine Wiederbewaffnung der Bundesrepublik gewann die Auseinandersetzung mit der militärischen Tradition, die in diesem Zusammenhang zur Sprache kam, besondere Bedeutung.

Theodor Heuss während seiner Ansprache auf dem Soldatenfriedhof in Hürtgenwald am 17. August 1952

a) Die Rede zur Einweihung des Soldatenfriedhofs in Hürtgenwald (1952)

Die Errichtung von Soldatenfriedhöfen in Weeze war eine Initiative des Volksbundes Deutsche Kriegsgräberfürsorge. Dieser hatte sich nach dem Ersten Weltkrieg am 16. Dezember 1919 aus verschiedenen Gruppen zusammengeschlossen und zählte neben der Pflege der Gräber Hilfen für die Hinterbliebenen sowie das Bemühen um zwischenstaatliche und internationale Zusammenarbeit zu seinen Zielen.[368] Die Organisation, die bis 1926 80 000 Mitglieder zählte, konnte sich seit Mitte der 1920er Jahre auch der Pflege deutscher Kriegsgräber im Ausland widmen und veranstaltete am 5. März 1922 erstmals den Volkstrauertag, bei dem Reichstagspräsident Paul Löbe als Redner auftrat. Während der nationalsozialistischen Diktatur wurde dieser Gedenktag zum Heldengedenktag umfunktioniert, der Verband selbst gleichgeschaltet und mit Kriegsbeginn dem Oberkommando der Wehrmacht unterstellt. Nach dem Zweiten Weltkrieg entwickelte sich der Volksbund, dessen Geschäftsstelle mehrfach ausgebombt und dessen Archiv weitgehend zerstört wurde, aus lokalen Initiativen und zonalen Zusammenschlüssen neu. Das »Gesetz über die Sorge für die Kriegsgräber« von 1952 verzichtete auf einen amtlichen Gräberdienst und bewirkte so, daß der Volksbund zum offiziellen Träger der Kriegsgräberpflege wurde.

War die Feier in Weeze 1950, bei der Heuss auch gesprochen hatte,[369] die erste Einweihung einer entsprechend gestalteten Kriegsgräberstätte, so war Hürtgenwald der bis 1952 größte Soldatenfriedhof, der nach den Intentionen des Volksbundes wiederum als Gedenkstätte angelegt wurde.[370] Die Vorbereitungen wurden überschattet durch den Tod von Elly Heuss-Knapp am 19. Juli, weshalb das ursprünglich sehr viel größer geplante Programm für den Besuch im Regierungsbezirk Aachen auf die Teilnahme an der Weihe des Soldatenfriedhofs reduziert wurde.[371] Da »eine zusammenhängende Schilderung der Schlacht bisher noch nicht erschienen« sei, erhielt Heuss Mitte Juli vom Aachener Regierungspräsidenten Brand zur Vorbereitung einen dreiseitigen maschinenschriftlichen Text »Hürtgen-Wald« von Bernt v. Meiseler und die Abschriften von zwei Zeitungsartikeln (»Bei den Toten im Hürtgenwald« und »Hürtgenwald – Gottes gemordete Schöpfung«).[372] Weiterhin lagen Heuss der Zeitplan, ein Lageplan sowie Fotos der Anlage vor, wozu Regierungspräsident Brand anmerkte: »Vor der Schlacht war dort überall Wald, der aber verbrannt und verdorrt ist«.[373] Der Volksbund übersandte seinerseits Informationen zum Soldatenfriedhof.[374] Im Vorfeld der Einweihung erinnerte der Leiter der Minensuchtrupps Hans Hardt an deren aufopferungsvolle Tätigkeit im Hürtgenwald. Zunächst aus deutschen Kriegsgefangenen gebildet, hätten diese nach ihrer offiziellen Entlassung 1947 z. T. in Freiwilligenverbänden weitergesucht. Die Erinnerung an die Verleihung des Bundesverdienstkreuzes am Beginn des Jahres 1952 verband er mit dem Hinweis auf die Gräber der Minensucher im neuen Soldatenfriedhof und mit der Bitte um materielle Hilfe für diesen Personenkreis.[375]

Der organisatorische Ablauf sah am zweiten Tag des Besuches um 11 Uhr vor: »Einweihung der Kriegsgräberstätte; Weiheansprache des Herrn Bundespräsidenten«; um 12.30 Uhr war die Weiterfahrt zur Burg Nideggen geplant.[376] In der Rede lassen sich die Einflüsse dieser Vorbereitungsphase an zwei Stellen nachweisen: Zum einen in der Erinnerung an die Minensuchtrupps, die wohl eine unmittelbare Reaktion auf den Brief Hardts darstellte, und zum anderen im Bezug auf den vom Krieg zerstörten Wald, der in Zeitungsartikeln wie im Brief des Regierungspräsidenten erwähnt und schließlich zum Leitmotiv der Rede wurde. Wie üblich erstellte Heuss eine handschriftliche Disposition, die abgetippt als Redegrundlage diente; der vermutlich mitstenographierte und abgeschriebene Redetext bildete dann korrigiert die Grundlage für die Veröffentlichung im Bulletin.

Der Ablauf der Feierstunde orientierte sich am üblichen Ritual: Der »Trauermarsch« von Chopin und das »Sanctus« von Schubert rahmten die Weiheansprache von Heuss ein, bevor die Einsegnung durch den Aachener Bischof van der Velden und den Düsseldorfer Oberkirchenrat Schlingensiepen erfolgte; nach der offiziellen Übergabe durch den Vertreter des Volksbundes Koch an den Landrat von Düren wurden schließlich unter den Klängen des »Liedes vom guten Kameraden« Kränze niedergelegt.[377] Die religiösen Elemente verliehen dabei der Feier den Charakter eines Trauergottesdienstes: »Verehrte Trauergemeinde!« lautete denn auch die Anrede der Zuhörer.[378]

Die Rede beginnt mit einer Erinnerung an die Kriegssituation Ende 1944:

»Im Spätherbst 1944 taucht in den Wehrmachtsberichten das Wort auf – ›Hürtgenwald‹. Auf den Karten ist schwer zu finden, wo er denn liegt. Schließlich gelingt es; man weiß: Hier also! Und immer wieder durch Wochen, durch Monate dieser Name ›Hürtgenwald‹. Der Krieg hatte sich in dieser großen und herben Berg-

landschaft festgebissen. In einer ungeheuern Anstrengung soll an der Grenze dem Gegner der Eintritt verwehrt werden. Aber während dies versucht wird, sinken die Städte, die Wohnungen, die Werkstätten des Hinterlandes in Asche.«[379]
Heuss setzt bei einer Alltagserfahrung der Kriegszeit an, um den Bezug zum Ort der Feier herzustellen: Aufgrund der Wehrmachtsberichte versuchte man sich durch das Suchen auf der Landkarte ein Bild von der aktuellen militärischen Lage zu machen. Auf diese Weise sucht er den am Redeanfang so wichtigen Kontakt mit den Zuhörern (attentum parare), denn diese können sich 7 Jahre nach Kriegsende diese Erfahrung vergegenwärtigen, zumal sie zum großen Teil Angehörige der dort kämpfenden Soldaten waren.

Wenn Heuss im folgenden die militärische Lage mit dem allegorischen Bild des sich festbeißenden Krieges und das katastrophale Ausmaß der Zerstörungen mit der personifizierenden Akkumulation »die Städte, die Wohnungen, die Werkstätten des Hinterlandes sinken in Asche« umschreibt, evoziert er die Brutalität des Krieges und die Aussichtslosigkeit der Situation, um sie in der poetischen Formulierung gleichsam zu bannen. Dies setzt er fort in der Wendung »Der kartographische Markungsname ist zur Überschrift geworden für eine düstere Ballade, in der die Natur und die Menschen gemeinsam starben«. Die Verbindung von neutraler geographischer Bezeichnung und der damit verbundenen schrecklichen Erfahrung läßt das Bemühen erkennen, die emotionale Dimension der Kriegserfahrung zur Sprache zu bringen, und offenbart im Euphemismus »düstere Ballade« gleichzeitig die Problematik einer angemessenen Benennung.

Der Verlust der ursprünglich gegebenen strategischen Bedeutung eines Waldes (»Sicherung dem Verteidiger, Bedrohung dem Angreifer«) spiegelt in den Augen von Heuss die epochale Veränderung des Krieges wider:

»Aber die Maßlosigkeit des technischen Krieges mit Geschützen und Flugzeugbomben zermalmt den strategischen Sinn, wenn er noch vorhanden, und zerschlägt das taktische Ringen, das bis in die bitteren Wochen, Monate währenden Nachkämpfe sicher [richtig: sich] verkrampft.«[380]

Deutet die Wortwahl hier schon die Bedrohlichkeit an, so wird sie den Zuhörern durch das Natur und Menschen parallelisierende Isokolon und die damit verbundene Klimax gleichsam vor Ohren geführt: »Tausende, Zehntausende, viele Zehntausende von Bäumen starben. [Tausende, Zehntausende, viele Zehntausende von Menschen starben.][381] Die Gemarkung Hürtgenwald wurde mit ihrem Namen zum stellvertretenden Symbol.«

Diese in seinen Reden immer wieder begegnende Formulierung vom »stellvertretenden Symbol« ist nicht nur eine rhetorische Technik von Theodor Heuss, die die dargelegten Zusammenhänge in einer Synekdoche verdichtet und in diesem Fall Hürtgenwald als Beispiel für die »Maßlosigkeit des technischen Krieges« begreift, sondern verweist auch auf seine Vorstellung eines Geschichtsschicksals. Der Gang der Geschichte, den Heuss in der Spannung von immanenter Entwicklungslogik und Beeinflußbarkeit durch den Menschen sieht, wird in seinen Emanationen, die nicht zufälliges Produkt, sondern Wesensausdruck sind, faßbar. Die Erinnerung an »noch eine Anzahl von Friedhöfen« beschließt diesen ersten Teil und macht deutlich, daß Heuss entgegen der religiös geprägten Redesituation und entgegen der entsprechenden Anrede keine predigtartige Trauerrede, sondern eine rhetorisch und poetisch strukturierte historische Betrachtung unternimmt. Auch wenn er die »grundsätzliche Annahme eines Indeterminismus« sich zu eigen macht,[382] bleibt der Bezugspunkt seines historischen Denkens ein harmonischer Zustand, der durch Revolutionen und Kriege erschüttert wird, sich aber durch menschliches Zutun wieder ausgleichen kann. Entwicklung vollzieht sich im Rahmen einer solchen Vorstellung in Kontinuitäten und nicht in Brüchen.[383] Aus dieser Perspektive gewinnt die Gleichsetzung des menschlichen Sterbens und des Sterbens in der Natur über die rhetorische Wirkung hinaus eine geschichtsphilosophische Dimension, denn durch den Krieg sind nicht nur die sozialen Verhältnisse aus dem Gleichgewicht gebracht, sondern auch die im Gang der Geschichte angelegte Harmonie. Mit der Beschwörung, daß die »Geschichtsmelodie Deutschland zerbrochen« sei,[384] ist weniger die aktuelle Krisenerfahrung gemeint als vielmehr die dadurch ausgelöste existentielle Infragestellung einer in der nationalen Zugehörigkeit definierten und historisch fundierten Identität. Die Erfahrung des Nationalsozialismus und der Nachkriegssituation wirkte auf Heuss einerseits grundlegend verunsichernd, weil das unterstellte Gleichgewicht der geschichtlichen Kräfte nachhaltig gestört war. Gerade weil er aber an dieser Vorstellung festhielt, hatte er andererseits Anlaß zur Hoffnung, daß die gestörte Harmonie durch das Handeln der Menschen wieder hergestellt, die »Geschichtsmelodie« wieder zusammengefügt werden könnte.[385]

Wenn Heuss den folgenden Teil mit der konjunktivischen Formulierung einleitet: »Wollten wir hier und jetzt politisch reden,
müßte das eine bittere Rede sein«, anerkennt er die vorgegebenen
Grenzen der konsensorientierten Gedenkrede, um sie mit dem folgenden begründenden Nebensatz gleichzeitig zu überschreiten:

> »denn die sich hier für das Vaterland opferten, zum Schutz des
> vaterländischen Bodens – jener noch gläubig, dieser schon mit
> verbissener Resignation – wurden geopfert, um die Herrschaft
> einer Gruppe um ein paar Wochen, vielleicht ein paar Monate
> zu verlängern, einer Gruppe, die hellsichtig genug war, selber ihr
> Ende deutlich zu sehen, aber auch zynisch genug, um ihr eige-
> nes Ende und das vaterländische Schicksal bewußt mit hinein-
> zureißen.«[386]

Die hier erfolgte Umdeutung des aktiven Sich-Opferns in ein passi-
ves Geopfert-Werden – das die Passivkonstruktion anzeigende »wurden« ist im Redekonzept unterstrichen![387] – stellt die Rolle der Wehrmacht zur politischen Diskussion, indem er die Fortsetzung der
Kriegführung mit der Stabilisierung der NS-Diktatur in Zusammenhang bringt, und läßt die Gedenkrede insofern zur politischen Parteirede werden.

Sprachlich zum Indikativ und damit scheinbar zum *genus demonstrativum* zurückkehrend, variiert Heuss diesen Gedanken im folgenden Vergleich zwischen Hürtgenwald und Langemarck. Herrschte zu
Beginn des Ersten Weltkriegs, auch wenn es »kriegstechnisch ein
sehr falscher Einsatz war«, eine Begeisterung, die die Grundlage für
die später entstehende »Legende« gewesen sei, bleibe davon im Zuge
des Zweiten Weltkriegs nichts mehr übrig: »Hier in *diesen* Gräbern
vor uns ruht viel verzweifelte Müdigkeit, Heimatsehnsucht, Ruhe-
sehnsucht, bürgerliche Arbeitssehnsucht, denen die Erfüllung versagt blieb, da die Männer und Knaben in der Pflicht sich gebunden
fühlten.«[388] Wie schon in der Rede in Weeze zwei Jahre zuvor vermeidet Heuss den Rückgriff auf das Motiv des soldatischen Heldentodes, sondern betont vielmehr die Resignation und sehr viel
distanzierter die Pflichterfüllung. Die Relativierung des Heldenmythos setzt er noch in der Erweiterung des Begriffes »Front« fort. »Front
war in diesem technifizierten Krieg überall«. Auf diese Weise stellt er,
an die gleichzeitig stattfindende Einweihung eines Mahnmals für die
Bombenopfer in Hamburg durch Hermann Ehlers erinnernd, die soldatischen Opfer den zivilen gleich und wendet sich expressis verbis
gegen eine mögliche Glorifizierung der »Frontgeneration«.

Daß Heuss diese politische Argumentation weiterführt, zeigt sich, als er nun, die Passage mit einer Ankündigung einer provozierenden Aussage (*praeparatio*) beginnend, die Rolle der Wehrmacht kritisiert:

> »Das schien mir immer als das schier Grausamste des deutschen Schicksals, daß in dem Schlußakt jener Epoche die frühere deutsche Wehrmacht mit der Zerstörung von Brücken und Bahnen, mit dem Mißbrauch halber Kinder zum Kampf nicht mehr so sehr gegen die eindringenden Armeen als *gegen die deutsche* Zukunft schlechthin verwendet wurde.«[389]

Gleichwohl bleibt die Kritik in dieser Rede moderat, da sie sich zum einen nur auf die Endphase des Krieges bezieht und die im Zuge des Rückzugs erfolgten Zerstörungen sowie die Heranziehung von Jugendlichen verurteilt. In diesem Zusammenhang bleibt offen, wie Heuss die Kollaboration mit dem Regime seit dem sog. Röhm-Putsch 1934 einschätzt, zumal er sprachlich (»verwendet wurde«) die Wehrmacht als Instrument einer verbrecherischen Führung ohne eigene Entscheidungskompetenz darstellt.

Bereits 1945 hatte Heuss einen Leitartikel der Rhein-Neckar-Zeitung diesem Thema gewidmet. Unter der Überschrift »Das Ende der deutschen Wehrmacht« stellte er damals fest, daß mit den heimkehrenden Soldaten »ein großes Stück deutscher Geschichte in die Vergangenheit wandert«.[390] Im Vergleich mit der aktuellen Situation erschien ihm Ludendorff »als Mann von staatsmännisch-soldatischer Haltung, da er im August 1918 sich Rechenschaft gab: der Krieg ist verloren, wir wollen ihn beenden, bevor die Heimat das Opfer seiner Nöte wird«.[391] Daß die Wehrmacht demgegenüber den Krieg sogar mit Zerstörungen im eigenen Land fortsetzte, »daß die wesentlichen Kriegshandlungen der letzten Wochen weniger der – unmöglich gewordenen – Abwehr des feindlichen Vormarsches als der besinnungslosen Zerstörung deutscher ziviler Zukunftsmöglichkeiten galten«,[392] war der Kritikpunkt, den er schon damals formulierte und dann in der vorliegenden Rede wieder aufgriff.

Die Auseinandersetzung von Theodor Heuss war 1945 aber grundsätzlicher, da er die »Unterwerfung der Armee nicht bloß unter Hitler, sondern unter den Parteiapparat und Parteigeist« anprangerte, die sich für ihn in der Person Keitels »verkörperte«.[393] Dadurch, daß dem Militär, zusehends durch einen aus der NSDAP kommenden »üblen pseudomilitärischen Typus« geprägt, das eigenständige soldatische Ethos verloren gegangen sei, habe die Wehrmacht ihre eigenen Traditionen desavouiert: »Die Erweichung eines überkommenen Ehr- und Würdegefühls durch das Eindringen nationalsozialistischer Denkgewöhnung gelang in der Schlußetappe fast vollkommen«.[394] Das Urteil über die Wehrmacht am Ende dieses Leitartikels war denn auch vernichtend:

> »Die Linie Gneisenau-Moltke-Schlieffen, in der wirkende Größe staatlichen Willens und nationalen Sinnes gezeichnet ist, endet und verschwindet, zerfasert und geknickt, im vollen intellektuellen und moralischen Ungenügen, ein Körper, der wie wenige geschichtsmächtig war, stirbt, ohne daß der Ausgang auch nur ein geringes Symbol seiner historischen Würde schafft. Für die Geschichtsschau des Deutschen eine Erkenntnis, deren Unbarmherzigkeit mit all ihren harten und unausweichlichen Folgerungen er nun in sich verarbeiten muß.«[395]

Mögen die Formulierungen der Hürtgenwald-Rede im Vergleich zurückhaltend klingen, so hält Heuss an seiner Kritik der Wehrmacht zum Teil bis in die Wortwahl hinein fest. Daß er diese nicht weiter ausführt und auf eine thesenhafte Zuspitzung verzichtet, ist dem Redeanlaß geschuldet, der eine in eine religiös getönte Feier eingebettete Trauer- und Weiheansprache erfordert und nicht den politischen Kommentar eines Journalisten. Gleichwohl verzichtet Heuss keineswegs auf diese kritische Anmerkung, bringt sie aber zum einen kürzer und zum anderen in veränderter Diktion vor. Auch wenn seine grundsätzliche Einschätzung der Wehrmacht seit 1945 gleich geblieben ist, begrenzen die Unbestimmtheiten in seinen Ausführungen das Kontroverspotential seiner Einschätzung und überlassen es den Zuhörern, seine Kritik weiterzuführen oder zu relativieren. Daß er gleichwohl einen wunden Punkt getroffen hatte, zeigten die brieflichen Reaktionen.

In seiner »Entglorifizierung« des Militärischen geht Heuss in seiner Rede noch einen Schritt weiter. Er bedankt sich nämlich bei den Minensuchgruppen, auf deren Leistung er im Vorfeld ja eigens hingewiesen wurde, und stilisiert diese durch die Würdigung »ihrer Tapferkeit, ihres Mutes« zu den eigentlichen »Helden«. Die rhetorische Figur der *distinctio* benutzend, deutet er den Begriff »Front« um: »Hier aber in diesem Landstrich entstand eine *neue* Front *für* die deutsche Zukunft«.[396] Im Gegensatz zur verhängnisvollen Rolle der Wehrmacht leisteten diese Soldaten nicht nur einen Beitrag zur Beseitigung von gefährlichen Kriegswaffen, sondern verkörperten die für den Neubeginn nötige moralische Einstellung. Im Gegensatz zum »zynischen« Verhalten der führenden Nationalsozialisten, »ihr eigenes Ende und das vaterländische Schicksal bewußt mit hineinzureißen«, scheint für Heuss hier die positive Tradition der deutschen Geschichte auf, die den Werten Frieden und Mitmenschlichkeit verpflichtet ist. Das erklärt den besonders herzlichen Ton dieser Passage, die weit über eine bloße Pflichtübung hinausgeht. Die Relativierung des Heldenmythos, wie er schon die Weiheansprache in Weeze gekennzeichnet hat, ergänzt er hier durch die explizite politische Kritik am Verhalten der Wehrmacht in der letzten Kriegsphase. Demgegenüber entwirft Heuss, ohne die zugrundeliegende Entgegensetzung zu explizieren, in den Minensuchgruppen ein neues Heldenbild, das den Werten Demokratie und Frieden verpflichtet ist, an die positiv empfundenen Traditionen der deutschen Geschichte erinnert und als moralische Grundlage des neuen Staates geeignet ist.

Wenn Heuss im nun folgenden Teil wie in der Anfangspassage der Rede in Weeze über Impressionen beim Gang durch einen Friedhof und über die Unterschiede von herkömmlichen und Soldatenfriedhöfen reflektiert, lenkt er einerseits die Rede ins Allgemein-Menschliche: »Jeder besinnliche Gang durch einen Friedhof ist ein Gespräch mit dem eigenen Schicksal: Die Erde wartet auch auf dich und auf mich.« Andererseits vergegenwärtigt er dann in einem Abschnitt, der sich zusehends einem inneren Monolog annäherte, die Empfindungen der Angehörigen der Gefallenen. Der Soldatenfriedhof wecke auch

»Schmerzen: Die Erinnerung an das unbekannte, letzte Lager irgendwo im Osten. Da kam einmal eine Photographie, ein Holzkreuz, mit einem Stahlhelm darauf, ein Freund, ein Verwandter, ein geliebter Neffe ist dort von Kameraden eingebettet worden. Was ist aus dieser Stelle deiner Trauer geworden? [...]«.[397]

In diesem Teil gewinnt seine Ansprache, nach der historischen Betrachtung am Beginn und nach den politisch angelegten Erwägungen über die Rolle der Soldaten und den Heldenbegriff, den Charakter einer dem Anlaß angemessenen Traueransprache, die dem Trost der Hinterbliebenen und dem Gedenken der Gefallenen gewidmet ist. In diesem Zusammenhang unternimmt er keine politische Würdigung des gefallenen Soldaten, sondern betont nur die persönliche Trauer um einen Angehörigen und die kameradschaftliche Verbundenheit, die »in so wunderbarer Weise die Verschränkung des kameradschaftlichen Doppelkreuzes zeigt, ›als wär's ein Stück von mir‹«.[398]

Gleichwohl ist auch dieser Passage eine kulturpolitische Bedeutung unterlegt. In einer Rede vor den Deutschen Heimat-, Wander- und Naturschutzbünden im März 1954 bekennt Heuss nämlich, gerne auf Friedhöfe zu gehen: »In ihrer Erde ruht, für die meisten Menschen, die Heimat«.[399] Da Heimatgefühl für Heuss aber auch Eingebundensein in das »vaterländische Schicksal« bedeutet, leistet auch die Anlage eines Soldatenfriedhofes einen Beitrag zur Wiedererlangung des Heimatgefühls und damit auch des Gefühls nationaler Verbundenheit, wodurch das beschädigte Gleichgewicht der geschichtlichen Kräfte wieder hergestellt werden kann. In diesem Zusammenhang ist auch der Bezug auf die deutsche Teilung zu sehen, wenn er an die »Eltern, Geschwister, Gattinnen, aus Dresden, aus Rostock, aus Eisenach« erinnert, »die wissen, daß hier ihre Trauer eine Stätte der Liebe fände, und fernbleiben müssen. Und mit diesem Gedanken rückt die Not unseres Vaterlandes in unser Bewußtsein.«[400]

Während der Anlaß eher ein Heldengedenken und der Rahmen der Feierstunde eher eine Trauerpredigt nahelegt, nutzt Heuss diese Weiheansprache, den Charakter einer Trauer- und Gedenkrede durchaus wahrend, zu einer in verschiedenen Variationen vorgetragenen Relativierung, ja Destruktion des Helden-Mythos und einem Bekenntnis zum Frieden, wie es in der *peroratio* noch einmal zum Ausdruck kommt. Dieser rhetorisch durch verschiedene Wiederholungsfiguren besonders eindringlich gestaltete Teil gipfelt im fiktiven Friedensappell der Gefallenen *(sermocinatio)*, der gerade aus der paradoxen Kommunikationssituation seine Überzeugungskraft zieht:

»Die in den Gräbern vor uns ruhen, warten auf uns, auf uns alle. Sie wollen gar nicht, daß wir mit lauten Worten sie ›Helden‹ nennen. Sie haben für uns gekämpft, gezagt, gelitten, sie sind für uns gestorben. Sie waren Menschen wie wir. Aber wenn wir in der Stille an den Kreuzen stehen, vernehmen wir ihre gefaßt [ge]wordenen[401] Stimmen: Sorgt ihr, die ihr noch im Leben steht, daß Frieden bleibe. Friede zwischen den Menschen, Friede zwischen den Völkern!«[402]

Heuss führt also die Ansätze einer kritischen Sinnbildung weiter und lehnt Teile der überkommenen Tradition ab. Dagegen setzt er mit dem Beispiel der Minensuchtrupps exemplarisch ein ebenfalls aus dem militärischen Bereich hergeleitetes Heldenbild. Dieses vorsichtige und doch entschiedene argumentative Vorgehen war angesichts der Redesituation nicht nur rhetorisch geboten, sondern zeigt auch die spezifische Struktur der Zeitebenenverknüpfung bei seiner Auseinandersetzung mit der militärischen Tradition. Standen in den Reden zum deutsch-jüdischen Verhältnis die Ausrichtung an der Vergangenheit und das Erinnerungs-Postulat als ethische Voraussetzung und als Legitimitätspotential eines demokratischen Neubeginns im Mittelpunkt, so erfolgt hier eine kritische Revision im Hinblick auf die Erfordernisse der Zukunft.

Damit ging Heuss auf Distanz zur Ehrenerklärung, die Konrad Adenauer 1951 im Bundestag abgegeben hatte. Die Beratung des sog. 131er-Gesetzes nutzte der Bundeskanzler zu einem »Wort an die *Angehörigen der früheren Wehrmacht*«, in dem er sie vor »Diskriminierung« in Schutz nahm und ihnen versicherte, daß sie »ganz zu Unrecht in ihrer Gesamtheit für den verlorenen Krieg verantwortlich gemacht wurden, obgleich sie zumeist nur ihre Pflicht erfüllt haben«. Unter lebhaftem Beifall betonte er, daß das »Kapitel der Kollektivschuld der Militaristen [...] ein für allemal beendet sein« müsse.[403] Zwar lag es Heuss fern, die Soldaten wegen ihrer Pflichterfüllung zu kritisieren oder ihnen gar deswegen Schuld zuzuweisen, aber er fand sich auch nicht zu einer pauschalen Ehrenerklärung bereit, wie sie der Bundeskanzler öffentlich abgab. Vielmehr würdigte er die menschliche und problematisierte die politische Dimension der Kriegsbeteiligung.

War die Auseinandersetzung mit dem soldatischen Helden-Mythos für sich schon ein Politikum, so gewann die Rede durch die aktuelle Diskussion über die Europäische Verteidigungsgemeinschaft (EVG) zusätzlich an Brisanz.[404] Der am 27. Mai zwischen Frankreich, Italien, den Beneluxstaaten und der Bundesrepublik geschlossene Vertrag sah die Integration der nationalen Streitkräfte unter einem gemeinsamen Oberbefehl vor, um neben der Förderung der europäischen Einigung einen westdeutschen Verteidigungsbeitrag zu ermöglichen und den französischen Bedenken gegen eine eigenständige deutsche Armee Rechnung zu tragen. Die heftige innenpolitische Auseinandersetzung erhielt dadurch, daß der Bundespräsident am 10. Juni 1952 das Bundesverfassungsgericht um ein Gutachten bat, ob der EVG-Vertrag im Widerspruch zum Grundgesetz stehe, insofern eine neue Qualität, als fortan die Kontroverse auch mit juristischen Mitteln ausgetragen wurde und Anfang Dezember durch die Rücknahme der Anforderung eines Gutachtens durch Heuss einen Höhepunkt erreichte.[405]

Die kritische Stellungnahme von Heuss zum Helden-Mythos hatte vor diesem Hintergrund mit Pazifismus nichts zu tun, stand er doch militärischen Fragen sehr aufgeschlossen gegenüber.[406] Der frühere Generalleutnant und spätere Oberbefehlshaber der NATO-Streitkräfte in Mitteleuropa Hans Speidel beobachtete bei ihm ein »universelles Interesse für das Soldatische«: »es galt dem Ethos des Soldaten, dem Soldaten als Diener des Staates, der Institution eines Heeres überhaupt, der Entwicklung von Söldner- und Berufsarmee zum Volksheer, nicht zuletzt dem Kriege als Geschichtsphänomen.«[407] Heuss hatte nach dem Zweiten Weltkrieg in seinen Artikeln für die Rhein-Neckar-Zeitung zwar »Das Ende der Wehrmacht« konstatiert,[408] die Frage »Pensionen für Offiziere?« aber positiv beantwortet.[409] Zudem plädierte er im Parlamentarischen Rat gegen das Grundrecht auf Wehrdienstverweigerung und für die allgemeine Wehrpflicht;[410] er stand in Kontakt zum Stuttgarter Büro für Friedensfragen, das früh mit Memoranden zu sicherheitspolitischen Fragen hervortrat,[411] und setzte sich als Bundespräsident intensiv und wohlwollend mit der Wiederbewaffnung auseinander.[412]

Nach der Kontroverse mit Adenauer wegen seines Interviews im Dezember 1949, in dem er sich »absolut gegen eine Wehrmacht« ausgesprochen hatte,[413] hegte Heuss wegen falscher Töne in dieser Diskussion große Sorge. Als Adenauer am 17. November 1950 angesichts innenpolitischer Widerstände gegen die Wiederbewaffnung in einer Unterredung darauf hinwies, es müsse »ein systematischer Aufklärungsfeldzug zu dieser Frage im Volke eingeleitet werden, und er werde den Regierungsparteien vorschlagen, für 14 Tage die Arbeiten des Bundestages auszusetzen und die Abgeordneten in ihre Wahlkreise zu entsenden«, riet Heuss »dringend« dazu, »den Abgeordneten zu diesem Zweck eine klare ›Sprachregelung‹ mitzugeben«.[414]

Gleichwohl bestand in sicherheitspolitischen Grundsatzfragen kein Dissens.[415] So lobte Heuss anläßlich der Zweiten Lesung des EVG- und Deutschland-Vertrags im Bundestag die »eindrucksvolle Frische« von Adenauers Rede und empfand die Aussicht auf Zustimmung als »befriedigend«.[416] Anläßlich der abschließenden Verhandlungen über einen NATO-Beitritt im Oktober 1954 in Paris dankte Heuss dem Bundeskanzler »für die zähe und zugleich elastische Unverdrossenheit, in der Sie halfen, das deutsche Schicksal ein großes Stück weiter aus dem Elend von 1945 hinauszuführen«.[417] Im Dezember 1954 äußerte Heuss sich sehr entrüstet über die öffentliche

Forderung aus den Reihen des Bundesgrenzschutzes nach einer Erhöhung der Personalstärke. »Diese Herren haben keine öffentlichen Erklärungen von politischer Relevanz abzugeben«, was »schlechterdings eine *Unmöglichkeit*« sei, da »Strömungen antisoldatischer Natur zurückgedrängt bleiben müssen« und außenpolitische Irritationen zu vermeiden seien.[418] 1956 berichtete Heuss Adenauer in einem Gespräch, »daß er bei der letzten Kriegsbeschädigten-Tagung in München sich ausdrücklich gegen die Belästigung von Uniformierten der Bundeswehr durch die Zivilbevölkerung schärfstens verwahrt habe« und daß er sich überlege, »in seiner Neujahrsansprache gegen die Kriegsdienstverweigerer-Organisationen ein Wort zu sagen, die in ihren Geschäftsstellen den Wehrpflichtigen gegenüber Gewissensaufklärung betreiben wollten«.[419]

Stand Heuss also Adenauers Politik der Wiederbewaffnung nach anfänglicher Skepsis positiv gegenüber, so kam es bei der Frage des Oberbefehls über die Streitkräfte zu einem Konflikt mit dem Kanzler. Obwohl die FDP im Zusammenhang mit der Beratung der EVG-Verträge versuchte, den Oberbefehl dem Bundespräsidenten zuzusprechen, und obwohl Heuss 1955 ein Memorandum zu diesem Problem formulierte, konnte er sich nicht durchsetzen.[420] Die Beanspruchung des Oberbefehls war für ihn nicht nur ein Instrument der institutionellen Machtsteigerung, sondern auch Ausdruck des Bemühens um eine inhaltliche Neuorientierung. Nach Erwägung verschiedener publizistischer, parteipolitischer, historischer und staatsrechtlicher Aspekte folgerte Heuss für die »deutsche Situation«, es sei »mit der Militärsache das Notwendige rasch und ordentlich zu tun, aber ohne ›Angabe‹«. Insbesondere wandte er sich gegen eine an der Vergangenheit orientierte Traditionspflege: »Natürlich ist das Drum und Dran der soldatischen ›Tradition‹-Verbände eine politisch-psychologische Realität, aber man soll sie nicht in den Fragen des militärischen Stiles ernst nehmen.« Vielmehr ging es ihm um ein neues Soldatentum, das auch personell abgesichert werden sollte.[421] »Außerordentlich wichtig«, vermerkt die Aufzeichnung des entsprechenden Gesprächs mit Adenauer, »sei auch die gute und richtige Auswahl der führenden Offiziere der neuen Wehrmacht, um von Anfang an einen politischen Einfluß des neuen Militärs auszuschalten und der neuen deutschen Wehrmacht die richtige staatspolitische Gesinnung einzupflanzen.«[422]

Auch wenn entgegen den Intentionen von Heuss nicht der Bundespräsident den Oberbefehl erhielt, sondern in Friedenszeiten der

Verteidigungsminister bzw. im Verteidigungsfall der Bundeskanzler,[423] verfolgte Heuss sein politisches Ziel weiter. Zu diesem Zweck hielt er allerdings bewußt keine tagespolitischen Reden, fühlte sich aber angesichts seines präsidialen Programms dazu veranlaßt, die Stabilisierung des neuen Staates »metapolitisch« zu unterstützen und in seinem Sinne zu beeinflussen. Insofern gewann in der Hürtgenwald-Rede die Absage an den soldatischen Heldenmythos und die Stilisierung der Minensuchgruppen zu Friedenshelden eine politische Bedeutung, stellte sie doch eine Absage an die Wehrmachtstradition und die Glorifizierung der Frontgeneration[424] sowie ein Plädoyer für ein demokratisches Selbstverständnis einer zu schaffenden deutschen Armee dar.

Besonders deutlich wurde dies dann in seiner Rede »Soldatentum in unserer Zeit«, die Theodor Heuss 1959 in Hamburg hielt[425] und die er neben der Mahnmal-Rede in Bergen-Belsen und neben der Gedenkrede zum 20. Juli zu seinen wichtigsten präsidialen Reden zählte.[426] Nachdem er auf manche Ereignisse wie den Verzicht auf ein Musikkorps beim Neujahrsempfang 1957 oder die flapsige Bemerkung »Nun siegt mal schön!« eingegangen ist,[427] die »ein ungewisses Raunen über meine Beziehungen zur Bundeswehr« verursacht hätten,[428] verdeutlicht er im Fortgang der Rede seine politische Position. Angesichts der Integration der Bundeswehr in die NATO stellt er apodiktisch fest: »eine eigenständige, eine autonome preußisch-deutsche Militärgeschichte ist zu Ende; sie gibt es nicht mehr«.[429] Und er wendet sich gegen eine falsch verstandene Traditionspflege:

> »Jetzt habe ich ein gefährliches Wort ausgesprochen: Tradition! Natürlich muß ich oder sollte ich jetzt vielleicht vorsichtig sein, aber ich bin ein Freund des offenen Wortes und sage Ihnen ganz einfach, daß ich sofort kühl werde, wenn jemand zu mir, pathetisch oder sentimental, von der Tradition zu sprechen beginnt.«[430]

Anekdotisch mit Uniformfragen beginnend, warnt er vor der Wiedereinführung von Traditionsregimentern und decouvriert in ungewöhnlicher Schärfe eine militaristische Haltung, die dem soldatischen Heldenmythos blind ergeben ist: »Aber ich kenne auch den miles gloriosus, ein zweiter Ahasverus, der durch die Jahrhunderte wandert, nein, er wandert natürlich nicht, er *marschiert*, um zuverlässig in einer Durchbruchsschlacht beim Stammtisch anzukommen«.[431]

Wenn er also all diese Formen der Traditionspflege ablehnt, stellt sich die entscheidende Frage: »Wo soll denn diese vielberedete Tradition anknüpfen?« Trotz anerkennenswerter militärischer Leistungen im Zweiten Weltkrieg erscheint ihm die Wehrmacht, »das Verbluten einer einfach überforderten Armee«, dazu nicht geeignet, zumal »ihre Märtyrer«, die Opfer des 20. Juli, auch in ihrer Ehre erniedrigt worden seien. Vielmehr fordert er angesichts der militärischen Niederlage zu einer selbstkritischen seelisch-moralischen Auseinandersetzung auf und verweist auf »eine Anzahl hervorragender Männer, die mit diesem Schicksal der Pflichterfüllung, des Opfers, der Entwürdigung, *innerlich fertig* geworden und *damit frei geworden sind*«. Ohne die 1945 in dem Leitartikel »Das Ende der Wehrmacht« formulierte und in der Hürtgenwald-Rede teilweise wieder aufgegriffene Kritik zu wiederholen, spricht sich Heuss für einen grundlegenden Neubeginn aus: »Eine Tradition selber zu schaffen, ist viel schwieriger, aber auch großartiger, als sie in den Resten und Formen verjährter Gesinnungen zu suchen und zu pflegen.« Dieser Neubeginn müsse die »geänderte Technik« und die »gewandelte soziologische Struktur« ebenso berücksichtigen, wie sie die Verengung auf militärisches Spezialistentum durch eine umfassende (vor allem historische) Bildung zu vermeiden und »freies Menschentum« zu respektieren habe.[432] Gegenüber der Situation 1952, als die Wiederbewaffnung heiß umstritten war, hatte sich 1959 die Bundeswehr inzwischen etabliert. Gemäß dem Titel »Soldatentum in unserer Zeit« standen die zukunftsweisenden Aspekte im Vordergrund und die kritische Revision der Vergangenheit nahm im Unterschied zu den Anfang der 1950er Jahre gehaltenen Reden eine untergeordnete Rolle ein. Gleichwohl zeigt die Kritik an einer falsch verstandenen Traditionspflege, daß Heuss an seinen Positionen festhielt und seine Warnungen erneuerte.

Daß die Betrachtungsweise, die Heuss in der Rede im Hürtgenwald vortrug, durchaus nicht allgemein akzeptiert war und daß bei ähnlichen Anlässen ungebrochen dem soldatischen Heldenmythos gehuldigt wurde, belegt zum Beispiel die Ansprache, die der Vizepräsident des Deutschen Bundestages Ludwig Schneider am 20. November 1955 bei der Einweihung des Ehrenmals für die Gefallenen von Tobruk hielt:

> »Wir Lebenden vermögen heute noch nicht zu begreifen, welches blinde Verhängnis unseren toten Söhnen und Brüdern vor zwölf Jahren das Geschick aufzwang, über die Meere hinweg viele

Tausende Kilometer von ihrer Heimat entfernt, an der libyschen Küste die Waffen für ihr Vaterland zu führen.«[433]
Der Rückzug auf die Unbegreiflichkeit des Ereignisses schloß von vornherein eine Auseinandersetzung mit den Zielen der nationalsozialistischen Kriegführung und dem Charakter des Zweiten Weltkrieges aus, wie sie Heuss zumindest implizit thematisierte, und führte zu einem unreflektierten Loblied auf die Pflichterfüllung der deutschen Soldaten: »Sie erfüllten als tapfere, gehorsame Soldaten gegenüber ihrem Volk die Pflicht, die ihnen den zaudernden Zweifel verbietet und von ihnen die Opfertat verlangt. Sie besiegelten ihre Treue zum Volk mit dem Opfer ihres Lebens.« Der Mythos des sich für das Vaterland aufopfernden heldenmütigen Soldaten, den Heuss zugunsten der individuellen Trauer und Erinnerung in Frage gestellt hatte, wurde hier wieder in sein Recht gesetzt und pathetisch gefeiert, wenn Schneider lyrisch anmerkte: »Über ihren Soldatengräbern summt der Wüstensand ein unvergängliches Ruhmeslied.«

Daß 1952 die politische Botschaft der damaligen Weiheansprache wahrgenommen wurde, zeigt die Resonanz auf die Rede. Die überregionale Presse berichtete am Montag, also einen Tag nach der Ansprache, zumeist an prominenter Stelle von der Feierstunde. Obwohl andere Ereignisse, wie ein schwerer Raubüberfall in Frankfurt oder der Freitod Philipp Auerbachs, des ehemaligen Präsidenten des bayerischen Landesentschädigungsamtes, die öffentliche Aufmerksamkeit auf sich zogen, wurden die meistens auf Agenturmeldungen beruhenden Berichte in der Regel auf Seite 1 plaziert.[434] Ein Abdruck des Wortlauts ist, soweit ich sehe, nur im Bulletin und auf Anregung des Präsidialamtes in der Wochenzeitung Das Parlament erfolgt.[435] Schon wegen ihrer Kürze galt diese Ansprache nicht als »große Rede« des Bundespräsidenten, die gleichwohl aufmerksam registriert wurde.

Ein Kommentar der Frankfurter Rundschau würdigte unter dem Titel »Gottseidank keine ›Sonntagsreden‹«[436] die Ansprachen von Heuss in Hürtgenwald und von Ehlers in Hamburg, der am gleichen Tag ein Ehrenmal für die Opfer des Bombenkriegs eingeweiht hatte.[437] Dieser hatte in seiner Rede betont, daß der Angriff ziviler Ziele »ein falscher Weg« war, verwahrte sich aber unter Anspielung auf die Aktivitäten der Sozialistischen Reichspartei (SRP) gegen eine politische Instrumentalisierung dieser Leidenserfahrungen. Die Sicherung des Friedens, die Wiedererlangung der Souveränität, die europäische Einigung und die Bewahrung der Freiheit waren die politischen Folgerungen, die Ehlers aus der historischen Erfahrung ableitete. War der Anlaß seiner Rede nicht dazu geeignet, die militärische Tradition zu beleuchten, so zeigt das rhetorische Verfahren von Ehlers eine klare Trennung zwischen historischer Erinnerung und politischer Zielbestimmung, während Heuss es verstand, ohne den epideiktischen Rahmen explizit zu verlassen, politisch zu argumentieren.

Ausgehend von einer Klage über das »Aergernis« [!] der »gleichförmige[n] Monologe«, lobte der Kommentator Ludwig Steinkohl die beiden Reden, »die in ihrer Bedeutung und in ihrem Gehalt weit über das hinaus gehen, was wir von den landläufigen Sonntagsreden gewohnt sind«.[438] Dabei hob er nicht nur hervor, daß »sich der Bundespräsident auch diesmal wieder als hervorragender Stilist und profunder Denker zugleich bestätigte«, sondern auch und insbesondere den Mut, »historische Wahrheiten offen auszusprechen«. Heuss habe nicht die »nämliche Leier« gespielt, »wie sehr man mit einem falschen und gefährlichen Pathos den Boden bereiten half, auf dem erst die bösen Verirrungen unserer Geschichte gedeihen konnten«, sondern habe klargestellt, »daß die jungen Menschen im Hürtgenwald von Machthabern geopfert wurden, die damit ihre Lebensfrist verlängern wollten« und »daß der totale Krieg und das Ausradieren ganzer Städte Erfindungen des Hitler-Regimes waren«. Der Autor würdigte also an der Rede von Heuss (wie auch an der von Ehlers) die Nennung von Schuldigen und Verantwortlichkeiten entgegen einer diffusen Beschwörung schicksalhafter Entwicklungen.

Die Süddeutsche Zeitung widmete diesem Ereignis der doppelten Gedenkrede das »Streiflicht«, die Glosse auf der Titelseite.[439] Zum einen zitierte der anonyme Autor Ehlers' Erinnerung an die durch Bombeneinschläge zum Klingen gebrachten Kirchenglocken und hob die sich aus der Kriegserfahrung ergebende Verpflichtung der Deutschen hervor: »Und so ist wohl schwerlich jemand mehr berufen, zum Frieden zu mahnen als die Repräsentanten des heutigen Deutschlands: der Zivilist Heuß [!] am Soldatenfriedhof und der einstige Flakoffizier Ehlers am Ehrenmal der toten Zivilisten.« Zum anderen stellte er einen aktuellen Bezug her, indem er auf die Vereinbarkeit von »Friedensliebe *und* Selbstbehauptungswillen« im Zeichen der Ost-West-Konfrontation hinwies und daraus ableitete: Die durch Bomben ausgelösten Glockenklänge »zum endgültigen Schweigen bringen, das ist uns aufgegeben. Uns. Nicht allein unseren Politikern ...«. Hier wurde der Friedensappell der Reden auf die Situation der Blockkonfrontation bezogen und als Aufforderung an jeden einzelnen weitergegeben. Einmal stand also die Kritik an herkömmlichen Sonntagsreden und das Lob einer ehrlichen Auseinandersetzung mit der Vergangenheit im Mittelpunkt, das andere Mal die Probleme der Friedenserhaltung im Zeichen des Kalten Krieges.

Neben den Schreiben, die um die Zusendung des Redetextes baten, und neben den zustimmenden Reaktionen gab es bei den persönlichen Zuschriften auch Kritik. »Diese Rede hat, wie ich spüren durfte, auf die Anwesenden Eindruck gemacht«, resümierte Heuss zwei Wochen nach der Feierstunde,

> »aber einige Zuschriften zeigten mir dann doch auch, dass [!] manche Menschen ›böse‹ auf die Rede waren, weil ich offen den Unterschied zwischen der inneren Situation der Soldaten in Langemarck und beim Hürtgenwald aussprach und sagte, dass [!] diese Toten nicht ›Helden‹ genannt werden wollen. Es gibt offenbar in Deutschland halt doch noch viele Menschen, die nicht für die Tragik dieser Zeit den Wortverschleiss [!] der Vergangenheit in nüchterne Wahrhaftigkeit verwandelt wissen wollen.«[440]

Bestätigt diese Äußerung den bewußten Willen von Heuss, den soldatischen Heldenmythos in Frage zu stellen, offenbarte die Heftigkeit der Proteste umgekehrt die nachhaltige Wirksamkeit solcher Vorstellungen. In den Antwortbriefen von Heuss bzw. seines persönlichen Referenten Bott findet sich neben der Aufforderung, mögliche Mißverständnisse anhand des mitgeschickten Redetextes zu klären, die verdeutlichende Erläuterung der Intentionen. So wies etwa Heuss in einem typischen Schreiben darauf hin,

> »dass [!] ich die Soldaten, die sichopferten [!], ehre, und ihnen nicht, wie Sie meinen, ›politische Dummheit‹ unterschiebe. Aber ich bin unbefangen genug, was, soweit ich sehe, kein Verständiger bestreitet, zu sagen, dass [!] die sich opferten, bewusst [!] geopfert wurden in einem Zeitpunkt, da das Verloren-Gehen des Krieges längst deutlich war, und am deutlichsten jener ›Herrschaftsgruppe‹, auf deren Zynismus hinzuweisen mir niemand verwehren wird«.[441]

In diesem Zusammenhang konnte dann auch der Vorwurf zurückgewiesen werden, Heuss habe die Gefühle der Angehörigen verletzt.[442]

Ein anderer Kritikpunkt war die vermeintliche Kompetenzüberschreitung des Bundespräsidenten. Demgegenüber wies Heuss bzw. in seinem Auftrag Bott auf seine Kompetenzen hin: »Aber dass [!] der Bundespräsident politisch spricht, ist doch eine einfache Selbstverständlichkeit«, beschied Bott einen Briefeschreiber lapidar.[443] Und gegenüber einem anderen Briefeschreiber, der sogar unter Einschaltung des Bundeskanzleramtes den Bundespräsidenten auf seine Grenzen hinweisen wollte, wurde Heuss grundsätzlich: »Sie wollen mich erziehen, indem Sie den Bundeskanzler auf seine Pflicht aufmerksam machen, zu kontrollieren, wo ich rede und was ich rede, weil er die Richtlinien der Politik bestimmt«, wiederholte Heuss die Kritik des Schreibers und erwiderte: »Es ist eine geradezu groteske Vorstellung, dass [!] Reden von mir sozusagen vorher Kabinettsangelegenheiten sein müssten [!].«[444]

Das Ziel von Heuss, eine neue historische Bedeutungszuweisung in der Öffentlichkeit zu etablieren, speziell die traditionale Sinnbildung des soldatischen Heldentodes durch die kritische einer Entglorifizierung zu ersetzen, um der sich abzeichnenden Wiederaufrüstung eine demokratische Grundlage zu geben, war ein politisches Anliegen, das er vor allem mit dem Mittel der Rede zu erreichen suchte. Daß dieser für den Neuaufbau der Demokratie in Deutschland als notwendig erachtete Mentalitätenwandel in dieser Hinsicht auf Widerstände stieß, ist aus den brieflichen Reaktionen ersichtlich, ohne daraus allerdings auf das Ausmaß und die Intensität in der Gesamtbevölkerung schließen zu können.

b) Die Rede zum Volkstrauertag (1952)

Im Rahmen der rhetorischen Auseinandersetzung von Theodor Heuss mit dem Nationalsozialismus nimmt das Jahr 1952 eine Schlüsselstellung ein, da er die Woche der Brüderlichkeit mit einer Rundfunkansprache eröffnete, in Bergen-Belsen zur Einweihung der KZ-Gedenkstätte sprach, die Weiheansprache in Hürtgenwald hielt und schließlich beim ersten bundesweit begangenen Volkstrauertag das Wort ergriff. Innerhalb der Trias der Gedenkanlässe »Juden als Opfer« – »Deutsche als Opfer« – »Gute Deutsche« wurde zwar der Widerstand von Heuss in diesem Jahr nicht eigens gewürdigt, auch wenn in seinen anderen Reden diesbezügliche Hinweise nicht fehlen. Diese Konzentration erklärt sich nicht nur aus terminlichen Zufällen, sondern auch aus der politischen Situation des Jahres 1952, das im Hinblick auf die Auseinandersetzung mit dem Nationalsozialismus eine besondere Bedeutung besaß. Zum einen bestimmten die Wiedergutmachung, die 1953 im Bundesentschädigungsgesetz ihren vorläufigen Abschluß fand, und das Luxemburger Abkommen mit Israel und der Jewish Claims Conference die öffentliche Diskussion. Zum anderen war die Heftigkeit der Auseinandersetzung über den EVG-Vertrag und die Frage der Wiederbewaffnung nur vor dem Hintergrund der Weltkriegserfahrung verständlich. Zum dritten zeigten der Remer-Prozeß und das Verbot der Sozialistischen Reichspartei (SRP), wie präsent die nationalsozialistische Vergangenheit gerade in diesem Jahr war. Daß Heuss, der an diesen Fragen lebhaften Anteil nahm, seine eigenen politischen bzw.»metapolitischen« Intentionen mit Hilfe des ihm zur Verfügung stehenden Mittels der präsidialen Rede zu verwirklichen suchte, ist nicht verwunderlich. Seine Ansprachen sind dabei weniger als strategisch geplante Auftritte zu verstehen, da er zumeist auf Einladung der Veranstalter sprach. Gleichwohl nutzte er, da er in seiner Redegestaltung frei war, gerade 1952 die sich ihm bietenden Gelegenheiten, um die Öffentlichkeit von seiner Sichtweise zu überzeugen.

Die Konzentration auf dieses Jahr erklärt sich aber auch daraus, daß mit der offiziellen Anerkennung der Woche der Brüderlichkeit und der Einigung über den Volkstrauertag zwei Gedenkanlässe institutionalisiert wurden. Da diese Ereignisse durch eine bundespräsidiale Rede gewürdigt wurden, sprach Heuss bei diesen Gelegenheiten in den folgenden Jahren nicht noch einmal. Daran wird aber auch erkennbar, daß dieses Jahr für die Orientierung des öffentlichen Gedenkens in der Bundesrepublik eine besondere Bedeutung erhielt. Nimmt man die Entscheidung über die Nationalhymne 1952 und die Stiftung des Verdienstordens 1951 hinzu, so zeigt sich, daß diese Jahre für die Ausbildung der Staatssymbolik entscheidend waren. Vergegenwärtigt man sich schließlich die politischen Diskussionen und Entscheidungen dieser Zeit, die nicht nur umstrittene Gesetzesvorhaben betrafen, sondern das Selbstverständnis des westdeutschen Staates berührten, deutet dies darauf hin, daß parallel zur»Geburt der Souveränität« und parallel zur innenpolitischen Festigung des neuen Staatswesens eine kulturelle Staatsgründung erfolgte, die, was die Gedenkkultur anbetrifft, mit der Einführung des»Tages der deutschen Einheit« 1953 und mit der Aufwertung des 20. Juli 1944 im folgenden Jahr weitgehend abgeschlossen war.[445] Innerhalb des so entstandenen Gefüges aus wiederkehrenden Gedenkanlässen, die durch besondere Jahrestage ergänzt wurden, bewegte sich fortan die historisch orientierte öffentliche Selbstverständigung, die sich wesentlich aus der Auseinandersetzung mit der nationalsozialistischen Vergangenheit speiste. Dabei kam dem Volkstrauertag, dessen Bezugspunkt in den 1950er Jahren die Erfahrung des Zweiten Weltkriegs war, große Bedeutung zu.

Unter der Überschrift »Volkstrauertag einheitlich im ganzen Bundesgebiet« wurde am 28. 2. 1952 im Bulletin des Presse- und Informationsamtes der Bundesregierung folgende Mitteilung des Bundesinnenministeriums veröffentlicht:

»Aus Anlaß der am 9. März 1952 stattfindenden Wahlen in Baden, Württemberg-Baden und Württemberg-Hohenzollern kann der Volkstrauertag nicht an diesem Tage begangen werden. In der Frage der Bestimmung eines einheitlichen Termins für den Volkstrauertag ist nunmehr eine weitgehende Übereinstimmung der Auffassungen der Beteiligten erzielt worden. Der Bundesminister des Inneren hat daher den Innenministern der Länder empfohlen, den zweiten Sonntag vor dem 1. Advent als Volkstrauertag zu bestimmen, der der Erinnerung an alle diejenigen, die ihr Leben für höhere Güter der Menschheit hingegeben haben, dienen soll. Im Interesse eines einheitlichen, konfessionell und politisch nicht gebundenen Gedenktages hat sich nunmehr der Volksbund deutsche Kriegsgräberfürsorge als Träger der Veranstaltungen am Volkstrauertag mit diesen Regelungen einverstanden erklärt, gegen die auch die christlichen Kirchen keine Einwendungen erhoben haben.«[446]

Diese dürre Bekanntgabe verweist bei genauem Hinsehen auf eine in vielfacher Hinsicht komplexe Situation.

Die Kompetenz für die Regelung gesetzlicher Feiertage blieb zwischen Bund und Ländern unklar, da mit Art. 140 GG der Feiertagsartikel der Weimarer Verfassung (Art. 139 WRV) unverändert übernommen wurde.[447] Im Fall des Volkstrauertags kam eine bundeseinheitliche Regelung durch die Vermittlung des Bundesinnenministeriums zustande.[448] Bereits Ende September 1949 hatten die Wirtschaftliche Aufbau-Vereinigung (WAV) und die Deutsche Reichspartei (DRP) beantragt, einen Nationaltrauertag als gesetzlichen Feiertag einzuführen. Die Beratungen zunächst im Innenausschuß (Ausschuß für Angelegenheiten der inneren Verwaltung), dann, weil die Kompetenzfrage unklar war, im Rechts- und Verfassungsausschuß (Ausschuß für Rechtswesen und Verfassungsrecht) führten aber zu keinem Ergebnis, da aufgrund verschiedener sich widersprechender Gutachten die Zuständigkeitsfrage ungeklärt blieb. Während Ludwig Schneider (FDP) die Zuständigkeit des Bundes bejahte, und Innenminister Heinemann sich diesem Votum anschloß, kam Richard Jaeger (CSU) zum gegenteiligen Ergebnis.

Der zweite Anlauf erfolgte nicht von seiten der Legislative, sondern von seiten der Exekutive, denn nun sollte auf Initiative der Arbeitsgemeinschaft der Innenminister der Länder das Bundesinnenministerium eine einheitliche Regelung herbeiführen. In einer Besprechung am 30. 4. 1951 zwischen den Ministerien des Bundes und der Länder Bayern, Nordrhein-Westfalen und Rheinland-Pfalz sowie dem Volksbund Deutsche Kriegsgräberfürsorge, den beiden christlichen Kirchen und der Arbeitsgemeinschaft verfolgter Sozialdemokraten wurde vereinbart, den Buß- und Bettag als Volkstrauertag festzulegen. Der Volksbund stellte seine Vorbehalte, den im Frühjahr angesiedelten Termin in den sowieso schon durch Totengedenken geprägten Herbst zu verlegen, zurück. »Immerhin konnte erstmals ein gesetzlicher Schutz des Volkstrauertags in dem Sinn erreicht werden, den der Volksbund bereits in der Weimarer Republik erstrebt hatte.«[449] Eine erneute Besprechung am 18./19. 2. 1952 zwischen dem Bundesinnenministerium und dem Volksbund führte allerdings zur Festlegung auf den zweiten Sonntag vor dem 1. Advent, die schließlich allgemeine Zustimmung fand und im Bulletin öffentlich bekannt gemacht wurde. Der Volkstrauertag war damit kein gesetzlicher Feiertag, wurde aber durch das Verbot öffentlicher Vergnügungen in den einzelnen Ländern geschützt und durch Vorschriften zur Beflaggung besonders hervorgehoben, so daß in den folgenden Jahren de facto eine bundeseinheitliche Regelung erreicht wurde.[450]

Unabhängig von dieser administrativen Ebene erfolgte die Wiederbelebung des Volkstrauertags durch den Volksbund Deutsche Kriegsgräberfürsorge selbst. 1947 von der britischen und der amerikanischen Besatzungsmacht wieder zugelassen, organisierte er 1948 die erste Feier in Bremen und am 5. 3. 1950 die erste Zentralveranstaltung im Plenarsaal des Bundestags. 1952 fand dann unter großer öffentlicher Beachtung die erste Zentralfeier auf der Grundlage der neuen Regelung statt, bei der Theodor Heuss die Gedenkrede hielt.

Die Wiederbelebung knüpfte an die Tradition des Volkstrauertags in der Weimarer Republik an, der im Nationalsozialismus zum Heldengedenktag umfunktioniert worden war. Nicht nur an der Diskussion über den Volkstrauertag läßt sich ablesen, wie schwer sich die Weimarer Republik mit ihren Feiertagen tat. In der »emotionsgeladenen Diskussion, die sich durch die gesamte Zeit der Weimarer

Republik erstrecken sollte«,[451] war nicht nur die rechtliche Zuständigkeit zwischen Reich und Ländern, die im Kaiserreich noch bei den Ländern gelegen hatte, umstritten. Hinzu kamen die mit einer Feiertagsregelung immer verbundenen Fragen des Arbeitsrechts sowie die kontroverse politische Diskussion über symbolträchtige Termine einerseits und die Gestaltung der Feierlichkeiten andererseits. Hinsichtlich des Volkstrauertags entwickelte sich auch ohne gesetzliche Regelung eine Feiertradition, die im wesentlichen auf die Initiative des 1919 gegründeten Volksbunds Deutsche Kriegsgräberfürsorge e. V. zurückging, der 1921 eine Gedenkstunde in Bayreuth und am 5. März 1922 die erste Feierstunde im Reichstag veranstaltete.[452] Dabei wurde das vom Reichskunstwart erarbeitete Konzept für eine offizielle Feier der Reichsregierung, das »darauf zielte, den staatlichen Neuanfang und das Kriegserlebnis zu verbinden und in einer besonderen Feierform zum Ausdruck zu bringen«,[453] allerdings nicht in die Praxis umgesetzt. Vielmehr wurden traditionelle Formen des Gedenkens wiederbelebt: »Die ersten Feiern des Volkstrauertags durch den ›Volksbund‹ boten den Nährboden für die Entwicklung eines Gefallenenkultes, in dem die Toten des Weltkrieges als Helden in einem großen Kampf stilisiert wurden.«[454] Bürgerte sich also einerseits eine Gedenktradition in der Weimarer Republik ein, kam es andererseits bis zuletzt zu keiner gesetzlichen Regelung, denn als man sich im Januar 1932 endlich auf einen Kompromiß geeinigt hatte, wurde dessen Um- und Durchsetzung durch die Machtergreifung der Nationalsozialisten und ihre Umgestaltung des Volkstrauertags zum Heldengedenktag verhindert.

Nach internen Diskussionen wurde der ehemalige Volkstrauertag als Heldengedenktag im Feiertagsgesetz von 1934 festgeschrieben, jedoch in seiner Durchführung dem Volksbund zusehends entzogen und in seiner Zielsetzung eindeutig besetzt: »Der offiziellen Sanktionierung der revanchistischen Sinngebung des Gedenktages und ihrer propagandistischen Vermittlung folgte die politische Praxis, mit der konsequent die Revision des Versailler Vertrages verfolgt wurde.«[455] In der Folgezeit bot dieser Gedenktag Gelegenheit für propagandistische Aktionen wie die Verkündung der Wehrhoheit nach dem Einmarsch ins Rheinland oder die Bekanntgabe des »Anschlusses« Österreichs. Im Feiertagsgesetz 1937 wurde der Heldengedenktag als Jahrestag der Wiedereinführung der allgemeinen Wehrpflicht definiert[456] und in einer Anordnung Hitlers als »Tag der Wehrfreiheit« bestimmt.[457] Zu Kriegszeiten trat das Gedenken an die

Opfer gegenüber der Militärpropaganda wieder mehr hervor, auch die kirchliche Sinngebung verstärkte sich, bis schließlich der pompös begangene Feiertag zu einem wenig beachteten Termin für Kranzniederlegungen bzw. mitunter für eine örtliche »Durchhaltefeier« genutzt wurde.[458]

War die Ablehnung des Heldengedenktags unbestritten, fiel die Anknüpfung an die Weimarer Tradition doch schwer, denn es war fraglich, ob nach der andersartigen Erfahrung des Zweiten Weltkriegs an den Gefallenenkult der Weimarer Republik bruchlos angeknüpft werden konnte. Neben den gefallenen Soldaten, denen traditionell das öffentliche Gedenken galt, waren nun aber auch die Opfer in der Zivilbevölkerung, die Opfer der rassischen und politischen Verfolgung und die Opfer von Flucht und Vertreibung mit einzubeziehen. Konnte sich der Nationale Gedenktag dauerhaft nicht durchsetzen,[459] so trat der Volkstrauertag an dessen Stelle. Wie schwierig es war, diesem traditionellen Gedenktag einen neuen Sinn zu geben, läßt sich schon an der offiziellen Mitteilung des Bundesinnenministeriums erkennen, nach der der Volkstrauertag »der Erinnerung an alle diejenigen, die ihr Leben für höhere Güter der Menschheit hingegeben haben, dienen soll«. Diese vage Formulierung, die im Aufruf für den Volkstrauertag wieder begegnet, konnte nur schwer die verschiedenartigen Opfergruppen und deren Erfahrungen auf den Begriff bringen.

Auch in der Öffentlichkeit wurden die Feiern am Volkstrauertag kontrovers diskutiert. Bereits 1950, als zum ersten Mal der Volkstrauertag im Bundeshaus in Bonn stattfand, wurde die Rede von Staatsrat Ahlhorn »in Bonn teilweise kritisch bewertet«, da der Opfer der Konzentrationslager nicht gedacht worden sei.[460] Die Mitteilung von Theodor Heuss, daß ihm die Rede vorher nicht bekannt gewesen sei und er seine Teilnahme als Ausdruck der Sympathie für die Ziele des Volksbunds verstanden wissen wolle, konnte als Distanzierung aufgefaßt werden.[461] In einem Schreiben wandte sich der Volksbund an den Bundespräsidenten, um sich gegen in der Öffentlichkeit erhobene Vorwürfe zu wehren.[462] Nach einer Presseschelte verwahrte man sich dagegen, personell und gedanklich in die Nähe des Nationalsozialismus gerückt zu werden, und betonte, der Volkstrauertag sei »ein Tag des Gedenkens der Opfer des *Krieges*, d. h. also ein Gedenken an diejenigen, die durch Feindeinwirkung direkt oder indirekt ums Leben gekommen sind«. Damit waren, wie sich im weiteren Verlauf des Briefes herausstellte, lediglich die »toten Soldaten«

gemeint. Die beigefügte Rede Ahlhorns sollte Heuss davon überzeugen, »daß einige Zeitungen in ihrer Kritik wohl weit über das Ziel hinausgeschossen sind«.

Auch 1952 war der Aufruf zur Feier politisch umstritten. So monierten sowohl der Landesausschuß der niedersächsischen Sozialdemokraten wie auch der Zentralrat der Juden, daß die Verfolgten des NS-Regimes nicht erwähnt worden seien; der Hamburger »Arbeitsausschuß der Organisationen ehemals Verfolgter«, in dem sich verschiedene Gruppierungen von der Jüdischen Gemeinde bis zur Notgemeinschaft durch die Nürnberger Gesetze Betroffenen zusammengefunden hatten, übte an der Formulierung Kritik, die Opfer hätten ihr »Leben für Güter der Menschheit« hingegeben. Auch wenn diese dem Bundespräsidialamt erst nach der Feierstunde in einem Brief vom 22. 11. 1952 zugeleiteten Stellungnahmen[463] Heuss bei der Vorbereitung der Rede im einzelnen nicht kannte, war ihm die hier angesprochene Problematik bewußt. Er selbst war nämlich mit dem Text des Aufrufs nicht einverstanden und vermerkte auf dem Entwurf »Ist an sich zu ›geschwollen‹ – aber mir fehlt die Zeit zu eigenem Entwurf«; die weiteren Vermerke »Neu=Formulierung Diktat Bott« sowie »? Opfer des Nationalsozialismus ?« deuten darauf hin, daß der ursprüngliche Entwurf noch korrigiert und insbesondere die in den Protesten zum Ausdruck gekommene Kritik antizipiert wurde. Maßgeblich war die Einflußnahme wohl nicht, da Bott in einem Schreiben mitteilte, Heuss sei »an dieser Entschliessung [!] gar nicht beteiligt gewesen, bejaht sie aber sachlich«.[464] Auch das schließlich für 1952 gewählte, durchaus konsensfähige Motto »Das Vermächtnis der Toten verpflichtet uns zur friedlichen Versöhnung im Geiste wahrer Menschenwürde und Nächstenliebe« konnte nicht verdecken, daß die Sinngebung dieses erneuerten Gedenktages nicht unumstritten war.

Hatte Heuss für den Volkstrauertag 1951 seine Teilnahme zwar zugesagt, aber Abstand davon genommen, die Gedenkrede zu halten, »weil er erst kürzlich in seiner viel beachteten Rede in Weeze zu den Problemen ausführlich Stellung genommen hat«,[465] stand im folgenden Jahr spätestens Anfang Oktober fest, daß der Bundespräsident auf der Feier als Redner auftreten würde.[466] Während die meisten Veranstaltungen zum Volkstrauertag aus einer mit Musik, Gedenkreden und Gebeten umrahmten Kranzniederlegung bestanden, fand die zentrale Feierstunde als Höhepunkt des bundesweit begangenen Gedenktages getrennt von der Kranzniederlegung auf dem Bonner Ehrenfriedhof[467] im Plenarsaal des Bundestags statt. Dadurch wurde der staatlich-politische gegenüber dem religiösen Charakter betont. Gleichwohl trat der Volksbund als Veranstalter in den Vordergrund, da dessen Symbol (eine Gruppe von fünf Kreuzen unterschiedlicher Höhe) als Flagge neben der auf halbmast wehenden Bundesflagge auf dem Bundeshaus gehißt und auch an der Stirnseite des Plenarsaals angebracht war. In Anwesenheit westdeutscher Spitzenpolitiker wie Bundestagspräsident Ehlers und Vizekanzler Blücher, der Adenauer vertrat, sowie des Diplomatischen Korps, der Vertreter der Hohen Kommission und anderer ausländischer Gäste begann die Feier, wie der Rundfunkreporter bemerkte, in einer Atmosphäre »schlichter Feierlichkeit« mit der Ouvertüre aus Glucks »Alceste«. Nach der Ansprache von Heuss erklang »Das Lied vom guten Kameraden«, das »die Anwesenden stehend anhörten«, bevor der Kanon »Dona nobis pacem« sowie der 2. Satz aus der A-Dur-Symphonie von Beethoven die Gedenkstunde beendeten.[468]

Überprüft man die Überlieferung, ergibt sich im Hinblick auf die Entstehung der Rede das inzwischen gewohnte Bild von der handschriftlichen und maschinenschriftlichen Disposition über die dann korrigierte Redemitschrift bis hin zur gedruckten Endfassung. Da die einzelnen Fassungen undatiert sind, geben sie keinen Aufschluß über den zeitlichen Ablauf der Redeproduktion.

Angesichts der öffentlichen Diskussion um diesen Gedenktag wuchs Theodor Heuss als Bundespräsident insofern eine entscheidende Rolle zu, als er als höchster Repräsentant des neuen deutschen Staates dem erstmals bundesweit begangenen Volkstrauertag eine offizielle Sinngebung verlieh. Dies thematisiert er am Anfang seiner Rede, indem er ausgehend von der kalendarischen Verortung zwischen kirchlichen Totengedenktagen nach dem Stellenwert dieses neuen Gedenktages fragt:

»Verehrte Anwesende! Zwischen Allerseelen und Totensonntag eingebettet, zwei kirchlichen Festen von ehrwürdiger Tradition und Geschichte – hat sich denn der ›Volkstrauertag‹ dazwischengedrängt mit dem Sonderanspruch der eigenen, schier politischen Sinngebung? Ist es ein Vorgang von dem, was man mit einem modischen Wort ›Säkularisation‹ genannt hat, der Verweltlichung von Werten und Kräften, die im Kultischen und Religiösen gegründet sind?«[469]

Durch diese Fragen am Anfang genügt Heuss nicht nur der Anforderung des Redebeginns, die Aufmerksamkeit der Zuhörer zu wecken

*Theodor Heuss während seiner Ansprache zum Volkstrauertag 1952
im Plenarsaal des Bundestags am 16. November 1952*

(attentum parare), sondern er wählt auch eine bestimmte Perspektive. Hatte er den religiös getönten Rahmen der Friedhofsweihe in Hürtgenwald durch seine historischen Betrachtungen und seine implizite politische Argumentation gleichsam »unterlaufen«, relativiert er nun, wenn er »das ragende Kreuz« als Gestaltungselement von Soldatenfriedhöfen rechtfertigt und dessen Symbolgehalt erläutert, den politischen Redeanlaß zugunsten einer religiösen Sinngebung: »Es ist das ewige Symbol des dargebrachten und des erlittenen Opfers in dem Raume, da ein Sich-Opfern, ein Geopfert-worden-Sein im hundert-, im tausendfachen Sterben seine letzte Stätte fand.« Dabei verzichtet Heuss allerdings, auch wenn in der variierenden Verwendung des Wortes »Opfer« dies anklingt, auf eine eindeutige christliche, oder gar theologische Interpretation des Kreuzes im Sinne eines Verweises auf den Kreuzestod Christi.

Auf der anderen Seite zeigt der Vergleich mit einer ähnlichen Formulierung in der Hürtgenwald-Rede ein Vierteljahr vorher, daß Heuss diese Passage nun entschärft. Heuss hatte damals ausgeführt:

> »[...] denn die sich hier für das Vaterland opferten, zum Schutz des vaterländischen Bodens – jener noch gläubig, dieser schon mit verbissener Resignation – wurden geopfert, um die Herrschaft einer Gruppe um ein paar Wochen, vielleicht ein paar Monate zu verlängern, einer Gruppe, die hellsichtig genug war, selber ihr Ende deutlich zu sehen, aber auch zynisch genug, um ihr eigenes Ende und das vaterländische Schicksal bewußt mit hineinzureißen.«[470]

Erfolgte in Hürtgenwald eine explizite, auf die Situation des Zweiten Weltkriegs bezogene Umdeutung des Opferbegriff im Sinne einer kritischen Sinnbildung gegenüber dem traditionellen Helden-Mythos, enthistorisiert am Volkstrauertag der verallgemeinernde Bezug dieses Gedankens auf das religiöse Kreuz-Symbol die historisch faßbare Situation und löst die politische Argumentation somit in ein schillerndes Wortspiel mit dem Begriff »Opfer« auf: »das ewige Symbol des dargebrachten und des erlittenen Opfers«, »ein Sich-Opfern«, »ein Geopfert-worden-Sein«.

Auch wenn das Kreuz einen normalen Dorffriedhof und einen Soldatenfriedhof miteinander verbinde und auch wenn die kirchlichen Feste Allerseelen und Totensonntag und der politische Volkstrauertag in seiner Sicht gemeinsame kultisch-religiöse Wurzeln hätten, so unterscheide die Entindividualisierung das soldatische Massengrab vom zivilen Einzelgrab: »In dem geordneten Soldatenfriedhof ist das Private weggewischt.«[471] Die Wiederherstellung des Individuellen, das für die Hinterbliebenen durch ihre Erinnerung an den Verstorbenen gegeben sei, werde so zur Aufgabe des Friedhofs-besuchers, der aus den spärlichen Angaben auf ein einzelnes Leben und Streben schließen könne. Diese Individualisierung vollzieht Heuss, indem er ähnlich wie in der Hürtgenwald-Rede den Zuhörern einen Gang durch einen Friedhof, in diesem Fall allerdings einen Soldatenfriedhof, vergegenwärtigt:

> »Man wandert durch die Zeilen der Totengärten, die fremden Namen gehen dich irgendwie an. Sie sagen Jahreszahlen aus, ein Knabe, ein Jüngling, ein reifer Mann – ist er auch für dich gestor-ben? Dann ein Kreuz und wieder eines und wieder eines *ohne* Namen. Irgendwo sitzen Eltern, Geschwister, Gattinnen. Sie wis-sen nicht, daß hier das Ziel ihres liebenden Gedenkens ruht. Und unsere eigenen Gedanken suchen die Stätten, wo irgendwo im Osten, im Kaukasus, im Danziger Gebiet, im polnischen Raum die Neffen, der geliebte Sohn des Freundes ruht.«[472]

Diese von der Perspektive des nicht betroffenen Besuchers ausge-hende und die persönliche Betroffenheit der Hinterbliebenen in einem inneren Monolog zusehends aufnehmende Passage inten-diert im Sinne seiner »räsonnierenden Gesprächsrhetorik« die Über-einstimmung von Redner und Auditorium in der Verschmelzung von real erlebter und stellvertretend nachempfundener Trauer. Ge-rade in dieser Rückbindung des staatlich verordneten Gedenkens an die lebensweltlich erfahrene Trauer sieht Heuss den Sinn des Volks-trauertags. Auf diese Weise kann das kommunikative Gedächtnis, das zum Zweck der individuellen Orientierung in der Lebenswelt flüchtige und ungeformte Erinnerungsleistungen erbringt, mit dem kulturellen Gedächtnis, das zum Zweck der gesellschaftlichen Identitätsstiftung feste zeitüberdauernde Formen der Erinnerung ausbildet, verbunden und in dieses überführt werden.[473] Durch die Errichtung von Soldatenfriedhöfen und die Veranstaltung des Volks-trauertags institutionalisiert der Volksbund gerade die gesellschaft-liche Erinnerung, die dadurch das Gedächtnis der Betroffenen über-dauert.

Wenn Heuss die Arbeit des Volksbundes ausdrücklich lobt, tut er dies nicht nur als Reverenz vor dem Veranstalter der Feierstunde, sondern auch, weil dessen Arbeit sich von der Haltung eines »zy-nischen Materialismus« abhebe und nicht der zweifelhaften Tradi-tion des Heldengedenkens im Kaiserreich folge, das »sehr fragwürdige und manchmal peinliche Kriegsmonumente« hervorgebracht habe.[474] Die Abkehr vom Helden-Mythos betreibt Heuss also auch in dieser Rede, wenngleich er diesmal einen weniger verfänglichen historischen Bezugspunkt wählt und auf ausgeprägt metaphorische Formulierungen zurückgreift: »Jenes Holzkreuz aus Birkenstämmchen ist wie die Vignette zu der wehmütigen Melodie eines dahingegangenen Einzellebens. Der mit den Menschen getötete, in Totenbäumen starrende Wald von Hürtgen ist die tragische Ballade eines Volksschicksals.« Als Isokolon formuliert, wird der zum Massenschicksal werdende Tod des Einzelnen mit der Situation der Nation parallelisiert und metaphorisch verdichtet: hier das Einzelschicksal – dort das Volksschicksal; hier die Vignette – dort die Ballade; hier das Holzkreuz – dort der abgestorbene Wald. Hatte Heuss in der Hürtgenwald-Rede gegen die Fortführung des traditionellen Heldengedenkens argumentiert, so greift er diesen Gedanken am Volkstrauertag auf, indem er gegen eine mögliche Heroisierung die Erfahrung der Trauer setzt. Diese beschränkt sich allerdings nicht auf die Menschen, sondern umfaßt auch die Nation, die hier als eigenes Subjekt und nicht nur als Zusammenfassung von Individuen erscheint. Der geschichtsphilosophische Gedanke, daß das dem Gang der Geschichte immanente Gleichgewicht durch den Krieg verloren gegangen sei, scheint in dieser rhetorisch zugespitzten Passage auf, indem die sich im Isokolon widerspiegelnde Analogiebildung die Abhängigkeit der Identitätsbildung des Individuums von der nationalen Zugehörigkeit und der historischen Entwicklung verdeutlicht.

Wenn Heuss im nun anschließenden Teil in Form einer *digressio* auf die »Poesie des Soldatengrabes« eingeht, greift er dieses Wechselspiel von individueller Lebenswelt und gesellschaftlicher Formung wieder auf. Denn in den beiden zitierten Gedichten von Walt Whitman und Detlev von Liliencron wird gerade der Übergang vom subjektiven Erlebnis zur intersubjektiven Mitteilung thematisch, die sich im nachlesbaren und weiter tradierbaren Text objektiviert. Wird das lyrische Ich bei Whitman mit einem ihm unbekannten Soldatenschicksal konfrontiert, das ihn künftig als Erinnerung begleitet, betrauert das lyrische Ich bei Liliencron den vermißten Sohn und wird sich der eigenen Vergänglichkeit bewußt. Mit der Frage »Will ich mich in dieser Stunde in die Lyrik flüchten?« (*subiectio*) beendet Heuss die scheinbare *digressio* und »führt in die Mitte des Problems«. Die personifizierende Feststellung, daß das »Soldatenlied als eine menschliche Aussage [...] am Krieg gestorben« sei, verweise auf die

Veränderung des Krieges selbst: »Der ›totale Krieg‹ der vernichtenden Rechenhaftigkeit zermalmt das schöpferische Bewußtsein. Er gefährdet zugleich die sittlichen Maßstäbe, indem er aus der Maßlosigkeit der Vernichtung, der Selbstvernichtung eine Art von Rechtfertigung schaffen will.« Damit leitet Heuss zu einer historischen Argumentation über. Die sich im scheinbar nebensächlichen literarischen Wandel widerspiegelnde epochale Kriegserfahrung verändert für Heuss auch die Bedeutung des Volkstrauertags: »Solche Betrachtung – vielleicht unbewußt – führt wohl zu dem tieferen Sinn, daß der Begriff des ›Heldengedenktages‹, bei dem Fanfaren und die Marschmusik nicht fehlen mochten, sich in dies breitere Begreifen einer Volkstrauer gewandelt hat.« Heuss umschreibt an dieser Stelle die Sinnlosigkeit des Sterbens im modernen Krieg, dem auch poetisch kein Sinn mehr abgewonnen werden könne, und verkündet damit, auch wenn er euphemistisch von einem »breiteren Begreifen« spricht, das Ende der am Militärischen orientierten und auf Heroisierung abzielenden Gedenktradition. Anders als in Hürtgenwald argumentierend und formulierend, die damalige *dispositio* und *elocutio* der Rede variierend, redet Heuss aber auch am Volkstrauertag einer Abkehr vom Helden-Mythos das Wort.

Im Bewußtsein, trotz aller Vorsicht einen empfindlichen Punkt berührt zu haben, entkräftet er sogleich mögliche Einwände *(prolepsis)*: »Das mindert nicht im mindesten die Würde des soldatischen Sterbens«. Wenn er gleichzeitig die zivilen Kriegsopfer und die Opfer der Konzentrationslager mit einbezieht, wird daran das Oszillieren zwischen der Tradition des Heldengedenkens und der Würdigung des soldatischen Sterbens einerseits und der Neubegründung einer Tradition der persönlichen, mitmenschlichen Trauer um alle Kriegsopfer andererseits besonders deutlich: »Ach, da ist es vorbei mit dem Heroisieren; da ist einfach grenzenloses Leid. Hier die Folge der wüsten technischen Gewalt, dort die Folge der wüsten sittlichen Zerrüttung. Und wir stehen betreten, bedrückt vor *beiden* steinernen Zeugen.« Diese prononcierte Äußerung verteidigt Heuss zum einen durch die Vorwegnahme der Einwände *(prolepsis)* (»mancher wird murren«). Zum anderen läßt er an dieser Stelle die fiktive Gestalt des »ernsten Soldaten« auftreten *(sermocinatio)*, den er einerseits als Kronzeugen gegen die Mißbilligung der Einbeziehung der anderen Opfergruppen *und* für die Rettung der soldatische Ehre benutzt. Ebenso patriotisch gesinnt wie dem totalen Krieg der Nationalsozialisten abgeneigt, habe dieser sich in seinem militärischen Tun übergeordneten nationalen Werten verpflichtet gefühlt und sei sich des vom Krieg verursachten menschlichen Leids bewußt gewesen, was ihn sogar zur Revolte befähigen konnte. Dieses fiktiv entworfene Idealbild ermöglicht Heuss die Ehrenrettung des deutschen Soldaten und eröffnet den Zuhörern die Identifikation mit einer positiven Gestalt. Auf diese Weise redet Heuss nicht nur einer Ehrenrettung des 20. Juli das Wort, sondern läßt den ernsten Soldaten als Verkörperung eines soldatischen Ethos erscheinen, das das Militärische nicht als Selbstzweck betrachtet, sondern die Verantwortung für die Nation als oberstes Prinzip sieht: »Jener ernste Soldat weiß, daß sein Beruf, auch in aller Technifizierung und Spezialisierung, nie, nie Selbstzweck ist, sondern aus der Verantwortung für Volksschicksal und Volksgeschichte seine Werte, auch seine Weihe empfängt.«[475] Die Verpflichtung auf das Wohl des eigenen Volkes, dessen sich insbesondere die Verschwörer des 20. Juli verpflichtet gefühlt hätten, läßt wiederum die Dominanz des nationalen Gedankens bei Heuss erkennen. Gerade angesichts dieses Anspruchs wird aber eine Rechtfertigung des deutschen Soldaten im Zweiten Weltkrieg problematisch, da die Verantwortung für die Nation gegenüber einer weiteren Beteiligung an einem verbrecherischen Zielen dienenden Krieg überwiegen müßte.[476] Die szenische Erweiterung der Redesituation durch die Anrufung des »ernsten Soldaten« ist redetechnisch ein geschicktes Vorgehen, da so die Diskrepanz zwischen dem im Krieg erfahrenen menschlichen Leid und sinnlosen Sterben und der traditionellen Ehrung der Opfer durch diese fiktive Gestalt überbrückbar ist. Sie verdeutlicht jedoch auch die Inkonsistenzen in der Argumentation von Heuss. Die Bewahrung der Würde des Soldatentodes, den er schon aller Heroisierung entkleidet und aufs Menschliche beschränkt, und die Erfahrung einer verbrecherischen Kriegführung, die zum »Ende der Wehrmacht« geführt hat, sind nur schwer miteinander vereinbar. Da diese Spannung diskursiv nicht auflösbar ist, kann beides nur im uneigentlichen Sprechen miteinander verbunden werden.

Schon in der Hürtgenwald-Rede hat Heuss außergewöhnlich kritische Worte über die Wehrmacht gefunden, sich gegen eine nachträgliche Aufwertung des Fronterlebnisses gewendet sowie am Beispiel der Minensuchtrupps ein positives Bild des Soldaten gezeichnet und die anderen Opfer miteinbezogen. Auch in seiner Rede am Volkstrauertag verleugnet Heuss diese grundsätzlichen Positionen nicht, wobei an die Stelle der Minensuchtrupps die Verschwörung des 20 Juli tritt; er argumentiert allerdings zurückhaltender und formuliert moderater. Dies mag damit zusammenhängen, daß der »Konsens-Druck«, der von der Redesituation im November ausging, deutlich höher war als der im August. Damals die Einweihung eines Soldatenfriedhofs – jetzt die erste zentrale Feier des Volkstrauertags; damals das beschränkte Interesse – jetzt die gebündelte Aufmerksamkeit der Öffentlichkeit; damals die Rede vor einem relativ kleinen Publikum – jetzt ein Zuhörerkreis von bundesweiter, ja internationaler Bedeutung.

Aber auch der Sinn der Feier war ein anderer. Am Volkstrauertag ging es um die Begründung einer Gedenktradition, in der sich die westdeutsche Gesellschaft wiedererkennen sollte. Wie wichtig Heuss eine würdige Form des Gedenkens war, kann man daran erkennen, daß er sich nach der Veranstaltung über das Verhalten einzelner Presseleute beschwerte, die die »sakrale Würde« der Veranstaltung nicht geachtet hätten.[477] War in Hürtgenwald der religiöse Rahmen vorgegeben, kam es Heuss hier darauf an, die politische Feierstunde besonders würdig zu gestalten. Ihm ging es um die Etablierung eines Rituals, das der politischen Ordnung Legitimität verleihen und für die Staatsbürger identitätsstiftend wirken sollte.[478] Angesichts dessen, daß Heuss in seinem Amtsverständnis als Bundespräsident zum einen die Stabilisierung des neuen demokratischen Staates als ein zentrales Anliegen ansah und daß er zum anderen gerade deshalb die Ausbildung eines durch würdige symbolische Formen vermittelten Staatsbewußtseins als notwendig erachtete, mußte er Frontstellungen, wie sie nach der Hürtgenwald-Rede sichtbar geworden waren, vermeiden, ohne jedoch von seinem Anspruch einer neu zu gründenden Tradition abzuweichen. Dies würde erklären, daß sich die wesentlichen Gedanken der damaligen Weiheansprache, die bei ihm ja schon seit Kriegsende verschiedentlich vorgebildet waren, in allerdings entschärfter Form in der Rede am Volkstrauertag wiederfinden. Weniger Opportunismus oder Konfliktscheu als vielmehr Bemühen um Konsens angesichts eines nationalen Gedenktages würden so die Modifikationen plausibel machen.

Gleichwohl spricht Heuss einen anderen kritischen Punkt an, indem er den deutschen Opfern die aus anderen Ländern an die Seite stellt und damit die Hoffnung auf internationale Aussöhnung verbindet: »Sollte das Kriegsleid, das der eine dem anderen zufügte, über Haß und Rache hinaus eine im letzten verbindende Kraft werden können? Man wagt es kaum auszusprechen. Aber dem toten, auch dem fremden, soll die Ehrfurcht begegnen.« Damit erweitert er den vorgegebenen Gedenkanlaß »Deutsche als Opfer« und relativiert so die deutsche Perspektive. Dies war, wie an der Beanspruchung der *licentia* deutlich wird (»Man wagt es kaum auszusprechen«), nicht ohne weiteres öffentlich formulierbar.

Die im *exordium* artikulierte Hoffnung auf Frieden, die auch die Hürtgenwald-Rede beschloß, verbindet er nach der obligatorischen Würdigung der Arbeit des Volksbundes mit der Forderung, die Erinnerung wachzuhalten, indem man historische Spuren wie die Franzosengräber im Stuttgarter Friedhof erhält: »Ich habe die Empfindung, sie sollen lange dort noch bleiben. Denn wenn man den Friedhof besucht, kommt aus diesen paar architektonisch gar nicht regulierten Gräbern immer der Anruf der Geschichte zu uns, wir können, wir wollen ihn nicht überhören«. Diese Schlußpassage ruft also zu einer offenen Auseinandersetzung mit der Vergangenheit ebenso auf, wie sie einen verpflichtenden Auftrag für die Zukunft formuliert. Die Verknüpfung der Zeitebenen Vergangenheit, Gegenwart und Zukunft spiegelt sich im abschließenden Zitat, das das Motiv des Kreuzes noch einmal aufgreift und wiederum in einer paradoxen Kommunikationssituation die Kriegsopfer selbst zu Wort kommen läßt: »Unter dem hohen Kreuz sind die einfach starken Worte eingemeißelt: ›Unser Opfer ist Eure Verpflichtung: Frieden!‹«

Die Sinngebung des Gedenktages entwickelt Heuss also aus der Reflexion über Eindrücke, Vorstellungen und auch Gedichte, die sich um das »Soldatengrab« gruppieren. Diese Anknüpfung an das Grab als den konkreten Ort des Totengedenkens begründet sich nicht nur aus den persönlichen Erfahrungen mit Soldatenfriedhöfen – »ich habe einige mit eingeweiht, manche besucht«, äußert er beiläufig in der Rede –, sondern auch aus der konkreten Tätigkeit der Gräberpflege des die Gedenkveranstaltung ausrichtenden Volksbundes.[479] Wenn Heuss daran anschließend behauptet, daß der Volksbund »gerade in dieser Aufgabe getragen wird nicht bloß von amtlicher Stütze und Wohlwollen, sondern von dem inneren Empfinden der deutschen Menschen«,[480] so spiegelt dies gut sieben Jahre nach Kriegsende die Stimmung weiter Bevölkerungskreise wider. Die Trauer um die Kriegsopfer war keine abstrakte Gedenkveranstaltung, sondern noch konkret empfundenes persönliches Leid. Schließlich ergibt sich der Bezug auf das Soldatengrab durch den konkreten Ablauf des Gedenktages, an dem zuvor eine Kranzniederlegung stattfand. Die Veranstaltung mit dem Bundespräsidenten war zwar die zentrale, aber nicht die einzige: Bundeskanzler Adenauer wohnte z. B. der Enthüllung eines Mahnmals bei, und der bayerische Ministerpräsident sprach im Rahmen einer Feierstunde am Grabmal des unbekannten Soldaten.[481] Diesen durch den Anlaß vorgegebenen Bezug deutet Heuss in seiner Rede auf spezifische Weise, indem er einerseits das traditionell naheliegende Heldengedenken zugunsten einer menschlichen Trauer verweigert und andererseits andere Kriegsopfer, insbesondere Zivilisten und Verfolgte, in die öffentliche Erinnerung mit einbezieht.

In seiner Rede zum Volkstrauertag 1950, die auf öffentliche Kritik gestoßen war, hatte Gustav Ahlhorn die Soldaten in den Mittelpunkt gestellt und darauf verzichtet, die Opfer der nationalsozialistischen Vernichtungspolitik zu erwähnen:

>»Denkt an unsere Gefallenen! Wir gedenken in dieser Stunde nicht nur ihrer, unserer Kriegsgefallenen, sondern all der zahllosen Männer, Frauen und Kinder, die in den Todesnächten des Bombenkrieges ihr Leben verloren, die auf der Flucht zugrunde gingen, und die ein Opfer ihres Kampfes um Kultur und Freiheit unseres Volkes wurden.«[482]

Dabei verklärte er, indem er den Soldaten zusprach, »in höchster Ehre gefallen« zu sein, ihren Tod als Ausdruck patriotischer Pflichterfüllung und forderte seine Zuhörer auf, »ihnen nachzueifern in Pflichttreue und Opferbereitschaft für unser geliebtes, schwere Not leidendes deutsches Volk«.

Bundestagspräsident Hermann Ehlers setzte sich 1951 in seiner Gedenkrede[483] schon deutlich von der Heroisierung des Soldatentods ab, wenn er einerseits den Nationalsozialisten ankreidete, »daß es ein teuflisches Spiel gewesen ist, einem Volk, das bereit war, seiner Toten in Ehrfurcht zu gedenken, einen ›Heldengedenktag‹ unterzuschieben«, und andererseits warnte, »in einer falschen Heroisierung unserer Toten an der Front und in der Heimat den sehr nüchternen Folgerungen auszuweichen, die wir zu ziehen haben, wenn unser Volk, und nicht nur unser Volk, sondern Europa und wahrscheinlich die ganze Welt am Leben bleiben sollen«.[484] Beim Totengedenken hob Ehlers allerdings vor allem die Soldaten hervor, bezog aber auch die zivilen Opfer und die Vertriebenen mit ein wie diejenigen, »die Widerstand leisteten und dafür in Konzentrationslagern und am Galgen endeten«,[485] ließ aber die Opfer der nationalsozialistischen Massenvernichtung unerwähnt. In seinen politischen Folgerungen rief er dazu auf, »durch ein wirkliches Neuwerden der Menschen selbst« eine Welt zu schaffen, »in der Frieden und Freiheit und Gerechtigkeit herrschen«.[486]

Vor dem Hintergrund dieser Reden wird deutlich, wie Heuss in seiner Ansprache den Aussagen Ahlhorns z. T. widersprach und über Ehlers' Argumentation noch hinausging. Dem Volkstrauertag wies er eine neue Bedeutung als zivil-religiöser Gedenktag für die Opfer von Krieg und Vernichtung zu, indem er in seiner Argumentation zwischen dem soldatischen Bezug des Anlasses und der Kritik des militärischen Helden-Mythos oszillierte und den rhetorischen Gestus der pathetischen Ehrung bei Ahlhorn und der politischen Appelle bei Ehlers zugunsten eines zweifelnden Räsonnierens auflöste. Versuchte er auf diese Weise, eine ihm angemessen erscheinende Form der kulturellen Erinnerung zu etablieren, so plädierte er damit politisch für eine veränderte Einstellung gegenüber dem Militärischen. Angesichts der aktuellen Diskussion über die Wiederbewaffnung der Bundesrepublik verzichtete er auf jegliches aktuelle Statement, bezog aber auf indirekte Weise Position zum Selbstverständnis und zur gesellschaftlichen Stellung einer neuen deutschen Armee.

Über die Gedenkveranstaltungen und über die Rede von Heuss wurde in den überregionalen Zeitungen meist auf der Grundlage von Agenturmeldungen an herausgehobener Stelle ausführlich berichtet.[487] Der Dank an den Volksbund, die Veränderung des Krieges mit seinen Folgen, das Dilemma der zugleich die Heimat verteidigenden und einem verbrecherischen Regime dienenden Soldaten und die Würdigung des soldatischen Widerstands, die Wandlung des Gedenktages in einen Volkstrauertag sowie der Aufruf zum Frieden wurden dabei besonders betont. Konzentrierte sich die Berichterstattung also weitgehend auf den Ablauf der Veranstaltungen und den Inhalt der Ansprachen, waren Meinungsartikel selten. Lediglich im »Streiflicht« der Süddeutschen Zeitung wurde der Volkstrauertag kommentiert. Der Kontrast zwischen Totengedenken und Friedensaufrufen einerseits und fortdauernden Kriegen und weltweiter Aufrüstung andererseits bildete das Thema dieser Glosse, die mit der metaphorisch zugespitzten Frage begann: »Wenn die Staatsmänner unserer Zeit auf einem See, der nur aus den im letzten Krieg vergossenen Tränen bestünde, die Verhandlungen über die Erhaltung des Friedens führen müßten, würden sie ihre Sache dann besser machen?«[488] Die Erinnerung an die Zahl der Kriegstoten und an die Feiern vom Vortag veranlaßten den anonymen Schreiber zu einer klaren Absage an jedes Heldengedenken:

»Echte Volkstrauer läßt sich nicht von Parademärschen, Militärkapellen und markigen Generalsworten umrahmen. Wo die bleichen Kriegerstirnen in nationalistischer Überheblichkeit mit dem Lorbeer des Heldentums umwunden werden, auf daß die Jugend der Vergangenheit nacheifere, werden neue Gräber entstehen, wird die Reihe der Holzkreuze sich endlos fortsetzen.«[489] Nach der Wiedergabe zentraler Aussagen aus den Reden von Heuss, Adenauer und Ehard äußerte sich allerdings die grundlegende Skepsis an der Wirksamkeit des rhetorischen Appells: »Soviel Einsicht, soviel Erkenntnis, soviel Wahrheit – an einem einzigen Tag! Wird es das Drohende, das sich am Himmel abzeichnet, von der schwergeprüften Menschheit abzuhalten vermögen? Wird es die Produktion der Mordwaffen und Vernichtungsmaschinen stoppen?« Die Antwort auf diese selbstgestellten rhetorischen Fragen gab der Autor selbst: »Die Worte verhallten so schnell im Äther, wie die Tränen der Trauernden in der Erde vertrocknen, ehe sie jenen See bilden können, auf dem über die Erhaltung des Friedens verhandelt werden sollte.« Sowohl die Skepsis gegenüber dem erstarrten Ritual von Sonntagsreden kennzeichnet diese Reaktion als auch der Pessimismus, daß sich gutgemeinte Appelle gegen handfeste ökonomische Interessen und machtpolitische Auseinandersetzungen nicht durchsetzen könnten.

Die briefliche Resonanz auf die Rede war überwiegend positiv. So konnte Heuss gegenüber General Speidel resümieren: »Proteste wie nach meiner Hürtgenwald-Rede sind bis jetzt noch nicht gekommen«.[490] Neben den üblichen Anforderungen des Redetextes beschränkten sich viele Briefe zumeist auf eine pauschale Zustimmung zu seinen Aussagen. Daneben wurde in einzelnen Zuschriften besonders die Würdigung des 20. Juli hervorgehoben, wobei es in diesem Zusammenhang allerdings auch Gegenstimmen gab, die sich gegen die Verherrlichung des Widerstands richteten. Insgesamt konnte Bott in einem Schreiben an den Volksbund feststellen, daß die Briefe »zum Teil rührend« seien und den Druck einer Broschüre anregen, weil die Rede »ein stärkeres unmittelbares Echo gefunden hat als manche seiner früheren Reden«.[491]

So gab die Bundeszentrale für Heimatdienst Anfang 1953 den Druck einer Broschüre mit einer Auflagenzahl von 10 000 in Auftrag,[492] deren graphische Gestaltung Heuss allerdings nicht zusagte. Er monierte die, »milde gesprochen, Sorglosigkeit, mit der die amtliche Grafik arbeitet bezw. nicht arbeitet«, und bemängelte, daß nur sein Name und kein thematischer Titel vorgesehen sei: »Wichtig ist doch nicht, daß gerade ich das gesprochen habe, da ich so viel zu reden habe, sondern daß auf den Inhalt hingewiesen wird«. Gerade weil die Broschüre für junge Menschen gedacht sei, müsse sie einen »Blickfang« haben. Der Leiter der Bundeszentrale veranlaßte daraufhin einen »sofortigen Neudruck«.[493] Hierin wird nicht nur das Bemühen von Heuss um ästhetische Qualität deutlich, sondern auch das Bemühen, die in der Rede formulierten Gedanken zu verbreiten und insbesondere in der jungen Generation wirksam werden zu lassen. Diese Aktivitäten spiegeln das bewußte Bemühen des Bundespräsidenten wider, seinen Reden eine möglichst breite öffentliche Wirkung zu verschaffen.

Daß es Heuss nicht auf bloße Publizität ankam, zeigte auch die sofortige und im Ton ungehaltene Beschwerde beim Vorstand des Journalistenverbandes, in der er das Verhalten einzelner Presseleute heftig kritisierte, die sich »geradezu skandalös benommen« hätten. Dies habe ihn zu dem »Akt der Notwehr gezwungen, zwischendurch die Herren zu ersuchen, mit dieser Störaktion aufzuhören«.[494] Neben dem Ärger über das persönliche Verhalten (»ebenso ungebildet wie taktlos«) sorgte er sich um den Ablauf solcher Veranstaltungen (»Hier haben die Techniker der Publizität ihr möglichstes getan, um die Würde der Veranstaltung zu ruinieren«) und erwog in künftigen Fällen die Nichtzulassung solcher Pressevertreter, damit Gedenkstunden »nicht völlig der sakralen Würde beraubt würden durch schnurrende Apparaturen«. Neben dem Unbehagen an der aufkommenden modernen Mediengesellschaft mit Bildjournalismus und Wochenschauberichten kam auch hier sein Bemühen um eine neue auch in ihrer Form würdige Gedenktradition zum Ausdruck.

Mit der Etablierung des Volkstrauertags als Gedenktag und der Rede des Bundespräsidenten war ein markanter Anlaß der öffentlichen Erinnerung geschaffen, wobei seine Amtsnachfolger sich zusehends darauf beschränkten, lediglich die Totenehrung zu sprechen und auf eine große Gedenkansprache zu verzichten. Nur Heinrich Lübke folgte 1960 als Bundespräsident noch dem Beispiel von Heuss. In seiner Rede nutzte er den Anlaß zu einer grundsätzlichen Auseinandersetzung mit der nationalsozialistischen Vergangenheit und ihrem Umgang in der Bundesrepublik. Nach einem Plädoyer dafür, »die Erinnerung wachzuhalten und uns immer wieder die Frage zu stellen nach dem Sinn des grausigen Geschehens«,[495] setzt er sich intensiv mit der Frage nach Schuld und Verantwortung auseinander.

Dabei räumt er ein, daß zwar »eine kleine Minderheit« »den Geist des Systems bestimmte oder aus klarem Mitwissen und schuldhaftem Tun um ihn wußte«, sieht das deutsche Volk jedoch »als Werkzeug eines Besessenen«. Dieser weitgehenden Freisprechung von Schuld stellt Lübke allerdings den Hinweis auf den »tragischen Konflikt« gegenüber, »in den der deutsche Soldat – wie jeder deutsche Mensch überhaupt – durch die Hitlerdiktatur getrieben wurde«, nämlich gezwungen durch die »Grausamkeit der Schergen Hitlers« und verführt durch »Lug und Trug« trotz innerer Zweifel einem verbrecherischen Regime dienen zu müssen.[496]

Die daraus abgeleitete differenzierende Sichtweise spart allerdings die moralische Erörterung einer schuldhaften Tatbeteiligung von vornherein aus, nimmt also die Deutschen nicht als »Täter«, sondern als »Zuschauer«, schlimmstenfalls als »Mitwisser« wahr:

»Nur wer sich dieses unentwirrbare Geflecht von schuldhafter Mitwisserschaft, schuldlosem Nichtwissen, redlichem Willen, Unsicherheit des Gewissens, der Furcht- und Ratlosigkeit vor Tod und Marter klargemacht hat, kann den Millionen von Opfern gerecht werden. Denn erst dann wird er frei, sowohl von dem Hang zu einer alles verstehenden Laxheit des sittlichen Urteils, wie auch von der Überstrenge eines Sittenrichtertums, das keine Milderungsgründe gelten läßt.«[497]

Diese kritische Reflexion lediglich der Zuschauerrolle ermöglicht es Lübke, den Tod der Soldaten als patriotisches Opfer zu begreifen: »Auch der schlimmste Mißbrauch vermag die Frucht sittlicher Bewährung nicht zu verderben. Deshalb sollen wir heute alle in herzlicher Verbundenheit der Gefallenen gedenken, weil ihr Opfer der deutschen Heimat galt.« Die in dieser Würdigung nachklingende Tradition des Heldengedenkens wird zwar durch die kritische Reflexion der Zuschauerrolle und durch die Einbeziehung anderer Opfergruppen, auch jener, »die der Rassenhaß ermordete«,[498] relativiert, verdeckt aber sowohl inhaltlich wie rhetorisch jene Diskrepanzen zwischen Soldatentod und Heldenmythos, die Heuss in seiner Rede zumindest zur Sprache und zu Bewußtsein gebracht hatte.

Gustav Heinemann gab 1969 als Bundespräsident zwar einen Empfang für den Volksbund Deutsche Kriegsgräberfürsorge,[499] sprach aber selbst nicht am Volkstrauertag. Während die Totenehrung oft der Bundeskanzler sprach, übernahm Walter Scheel diesen Part, was seine Nachfolger beibehielten. Karl Carstens sprach 1977 als Bundestagspräsident,[500] beschränkte sich als Bundespräsident ebenfalls wie seine Nachfolger Richard v. Weizsäcker und Roman Herzog auf die Totenehrung.

Ähnlich wie bei der Woche der Brüderlichkeit ist mit der zeitlichen Entfernung eine zunehmende Enthistorisierung des Gedenktages zu konstatieren, die einer eigenen Untersuchung wert wäre. Karl Carstens etwa bezog als Bundestagspräsident in seine Rede 1977 sowohl die Behinderten als auch die Opfer des Terrorismus mit ein.[501] Dies ließe sich auch an der Veränderung der Totenehrungsformel belegen, die neben den gefallenen Soldaten nicht nur andere Opfer des Nationalsozialismus würdigte, sondern auch auf gegenwärtige Ereignisse wie Gewalt gegen Asylsuchende Bezug nahm.[502]

5. Begründung einer positiven Gedenktradition: Die Rede »Dank und Bekenntnis« (1954)

»Plus courageusement encore, le Président Heuss a voulu donner à la célébration du 10ème anniversaire du complot du 20 juillet 1944, contre Hitler, un éclat démonstratif«, stellte der französische Hohe Kommissar André François-Poncet 1954 nach der Gedenkrede von Heuss aus Anlaß des 10. Jahrestages des 20. Juli 1944 in seinem monatlichen Bericht fest.[503] Noch mutiger als der Verzicht auf nationalistische Töne bei der Würdigung der deutschen Weltmeisterelf, als Heuss vor einer Vermischung von Sport und Politik gewarnt habe, sei die Ehrenrettung der Verschwörer gewesen: »Il les lavés des critique auxquelles ils sont en butte. Il a dénoncé la nouvelle légende du ›coup de poignard dans les dos‹.« Angesichts dessen, daß der Staatsstreichversuch in Deutschland leidenschaftlich umstritten sei und oft verdammt werde, habe Heuss dadurch, daß er die Attentäter geehrt habe, sich selbst geehrt. Die außerordentliche Bedeutung der Gedenkrede »Dank und Bekenntnis« von Theodor Heuss ist nicht nur in dieser Reaktion des französischen Hochkommissars erkennbar, sondern stimmt auch mit der Selbsteinschätzung des Bundespräsidenten überein, der diese »Kundgebung« neben seinen Reden »Das Mahnmal« (1952) und »Soldatentum in unserer Zeit« (1959) zu seinen »wichtigste[n]« rechnete.[504]

Die damalige Gedenkveranstaltung markiert den Beginn einer bis in die Gegenwart reichenden Reihe von runden Jahrestagen, die sich auf Ereignisse aus der Zeit des Nationalsozialismus beziehen. Auch wenn sich aufgrund der zeitlichen Nähe die Möglichkeit für diese Form öffentlichen Gedenkens erst allmählich ergab, gab es etwa zum 20. Jahrestag der »Machtergreifung« im Januar 1953 keine offizielle Veranstaltung.[505] Im Hinblick auf den 10. Jahrestag des Kriegsendes im Mai 1955 verständigten sich Heuss und Adenauer darauf, »daß dieser Tag möglichst geräuschlos vorübergehe«.[506] Wenn lediglich das Attentat auf Hitler als »positives« Datum gemäß des Imperativs der runden Zahl als gedenkwürdig erachtet wurde, deutet dies auf das Anliegen hin, die Auseinandersetzung mit dem Nationalsozialismus mit der Würdigung des Widerstands zu verbinden. Dadurch wurde die für die 1950er Jahre maßgebliche Erinnerungstrias »Juden als Opfer – Deutsche als Opfer – gute Deutsche« vervollständigt.

Gleichwohl war der 20. Juli ein umstrittenes Datum. Angesichts des Bewußtseins der Vielfalt des Widerstandes war insbesondere in linken Kreisen die besondere Bedeutung der damaligen Verschwörung »als Synonym für den deutschen Widerstand«[507] keineswegs allgemein akzeptiert. Ähnlich wie bei den Besatzungsmächten[508] bestanden wegen des späten Zeitpunkts des Attentats, wegen der vorangegangenen Kooperation der Attentäter mit dem Regime und wegen einzelner politischer Vorstellungen Vorbehalte. War die Bereitschaft zur Zusammenarbeit in Kreisen des Widerstands unmittelbar nach 1945 noch sehr groß, trat in der Folgezeit das Trennende immer stärker hervor. Dies schlug sich auch in konkurrierenden Verbandsgründungen nieder: »Die Zunahme der politischen Spannungen im Gefolge des aufkommenden Kalten Krieges machte solchen Gemeinsamkeiten ein Ende.«[509] So wurde 1946 die Vereinigung der Verfolgten des Naziregimes (VVN) ins Leben gerufen, von der sich die SPD, die die Widerstandskämpfer aus den eigenen Reihen in der Arbeitsgemeinschaft ehemals politisch verfolgter Sozialdemokraten (AvS) zu organisieren versuchte, 1948 durch einen Unvereinbarkeitsbeschluß abgrenzte. Daneben entstand 1950 der Bund der Verfolgten des Naziregimes (unter z. T. eigenen Namen in den verschiedenen Ländern), der seit 1954 als Zentralverband demokratischer Widerstandskämpfer und Verfolgtenorganisationen (ZDWV) firmierte und neben dem sich die Union Deutscher Widerstandskämpfer und Verfolgtenverbände (UDWV) konstituierte. Die Hinterbliebenen der Attentäter des 20. Juli organisierten sich im »Hilfswerk 20. Juli 1944«.[510]

Zum anderen entwickelte sich eine eigene auf den 20. Juli bezogene Gedenktradition, die sich auf die historischen Orte in Berlin konzentrierte.[511] Kam es 1951 zu einer Gedenkveranstaltung im

Auditorium Maximum der Freien Universität u. a. mit Herbert Wehner, Ernst Reuter und Inge Scholl als Rednern, verlagerte sich das Gedenken mit der Grundsteinlegung 1952 und der Einweihung des Ehrenhofs 1953 in den Bendler-Block, zu dem als zweiter Gedächtnisort die Haftanstalt Plötzensee hinzutrat (1953 Gottesdienst mit einer Predigt von Pater Odilo Braun).[512] Angestoßen durch die Initiative ehemaliger Widerstandskämpfer, gefördert durch die Aufgeschlossenheit von Politikern verschiedener Couleur, die sich als Redner zur Verfügung stellten, und gebunden an einen Gedächtnisort, der schrittweise zu einer umfassenden Gedenkstätte ausgebaut wurde, entwickelte sich der 20. Juli nach und nach zum Tag des Widerstandes, der dann seit 1963 auch durch öffentliche Beflaggung gewürdigt wurde.

Bereits 1950 nutzte der Regierende Bürgermeister von Berlin Ernst Reuter eine Gedenkfeier in der Hinrichtungsstätte Plötzensee, um das »Heldentum« der Widerstandskämpfer hervorzuheben und die schreckliche Erfahrung der Konzentrationslager als moralische Verpflichtung zu begreifen: »Bis zum Ende unseres Lebens, so lange in uns ein Atemzug lebendig ist, wollen wir dafür kämpfen, daß solcher Schrecken nicht mehr möglich ist.«[513] Die Warnung vor der »Gefahr der Herrschsucht« bezog er nicht nur auf den Nationalsozialismus, sondern sah sie in jedem diktatorischen Regime gegeben, »wie auch die Banner und wie auch die Fahnen aussehen mögen«.[514] Auch wenn er es bei dieser Andeutung beließ, war deutlich, daß er diese Warnung im Sinne der Totalitarismuskritik auf die Verhältnisse in der DDR bezog und somit das Gedenken an den 20. Juli auch zu einer politischen Kritik im Rahmen des deutsch-deutschen Systemkonflikts nutzte.

Bei der Einweihung des Ehrenhofes würdigte Ernst Reuter 1953 den Staatsstreichversuch als »das erste sichtbare, weithin wirkende Fanal, das der Welt zeigte, daß in Deutschland der Wille zur Freiheit und der Wille zum eigenen Leben nicht untergegangen war«,[515] und verlieh der Hoffnung Ausdruck, daß »diese Stätte ein nationales Heiligtum werden« möge.[516] Im Bewußtsein, daß »neue Generationen aus neuen Erlebnissen heraus ein neues Bild [...] auch der Ereignisse gewinnen, die wir an diesem Tag in die Erinnerung der Deutschen zurückrufen wollen«,[517] betonte der Regierende Bürgermeister das unter Einsatz ihres Lebens erfüllte Pflichtbewußtsein der Verschwörer, die »aus allen Lagern unseres Volkes zusammenfanden und ihre Leben einsetzten, »um das Volk zu retten« und um »ein neues

Deutschland auf neuen Fundamenten« zu errichten.[518] Auf die Ereignisse des 17. Juni 1953 verweisend, leitete er aus der Widerstandsaktion die Verpflichtung auf das Ziel der nationalen Einheit und Freiheit ab:

> »Das Verbindende dieser Ereignisse ist der feste Wille, nicht
> unterzugehen als Volk, ist der feste Wille, frei zu werden, so wie
> Gott uns geschaffen hat, ist der feste Wille, unser Volk über
> alle Nöte und Hindernisse hinweg zu dem Tag zu führen, an dem
> über unseren Häuptern die schwarz-rot-goldene Fahne der Frei-
> heit werden wird und an dem wir einmal werden sagen können:
> wir haben vollendet, was diese Männer uns aufgetragen ha-
> ben.«[519]

Der 20. Juli war für Ernst Reuter der Beweis für den Freiheitswillen
im deutschen Volk während des Nationalsozialismus in der Vergangenheit und für das antitotalitäre Bewußtsein in der Gegenwart
sowie Verpflichtung auf das Ziel der Einheit Deutschlands für die
Zukunft.

Im gleichen Jahr thematisierte Reuter bei der alljährlichen Gedenkfeier in Plötzensee das Verhältnis von persönlicher Erinnerung
und öffentlichem Gedenken. Sei nur ein »kleiner Kreis« von den damaligen Ereignissen heute noch direkt betroffen, so müsse aber der
Widerstand als Erbe gesellschaftlich akzeptiert werden:

> »Wir müssen das eine erreichen, daß unsere eigene persönliche
> Erinnerung, unser eigenes Erlebnis, die wir dem Tode ins Ange-
> sicht schauten, zu einem Erlebnis und zu einer Erinnerung unse-
> res ganzen Volkes werden muß. Unser ganzes Volk muß beken-
> nen und erkennen, daß in dem Schicksal dieser Männer sich das
> tragische Schicksal des ganzen Volkes manifestierte und verkör-
> perte.«[520]

In diesen Aussagen zeigt sich das Bemühen, das bei einer Minderheit
lebendige kommunikative Gedächtnis im kollektiven Gedächtnis der
Mehrheit zu verankern und ins kulturelle Gedächtnis zu überführen.

Daß Reuter dies so nachdrücklich forderte, läßt erkennen, daß es
mit der Akzeptanz des 20. Juli in der Bevölkerung nicht zum Besten
stand. Der Widerstand gegen Hitler wurde, wie sich etwa aus den
einschlägigen Umfragen des Allensbacher Instituts für Demoskopie
ergibt, »noch lange kritisch beurteilt«.[521] Auf die kontrafaktische
Frage »Glauben Sie, Deutschland hätte den letzten Krieg gewonnen, wenn es keine Widerstandsbewegung gegen Hitler gegeben
hätte?« hielten im November 1952 insgesamt 36 % einen Sieg für

möglich (»Ja, gewonnen«: 21 %; »Vielleicht gewonnen«: 15 %), während 45 % trotzdem nicht an einen Sieg glaubten (davon »Weiß nicht«: 19 %). Bei der Beantwortung der im Oktober 1954 gestellten Frage »Und wie ist es nun mit den Widerstandskämpfern, die in Deutschland selbst gegen Hitler gearbeitet haben, wie zum Beispiel die Männer vom 20. Juli: sollten die hohe Ämter in der Regierung haben?« waren 24 % der Befragten der Meinung, daß die Widerstandskämpfer kein hohes Regierungsamt haben sollten, während 25 %, also unwesentlich mehr, ein Regierungsamt für möglich hielten, 29 % es vom Einzelfall abhängig machen wollten und 22 % unentschieden waren. Für immerhin knapp ein Viertel der Befragten war die Beteiligung am Widerstand ein prinzipieller Ausschließungsgrund für politische Betätigung.

Eine Umfrage zwei Jahre später ergab ein noch kritischeres Bild. Gefragt wurde:

»Neulich sollte eine neue Schule eingeweiht werden. Aber vorher gab es Streit zwischen den Eltern der Schüler und der Stadtverwaltung. Die Stadt wollte die Schule ›Stauffenbergschule‹ nennen, und zwar zur Erinnerung an den Widerstandskämpfer vom 20. Juli. Die Eltern waren dagegen und schlugen einen anderen Namen vor. Was ist Ihre Meinung: Sind Sie dafür oder dagegen, daß man eine Schule nach einem Widerstandskämpfer nennt?« Dafür waren lediglich 18 %, unentschieden 33 %, während 49 % sich dagegen aussprachen. Der 20. Juli war angesichts dieser Einstellungen in der Bevölkerung als Gedenktag nicht konsensfähig und wurde von der politischen Klasse der Bundesrepublik von oben durchgesetzt.[522]

Zwei Jahre vorher, im Jahr 1952, ließ der sog. Remer-Prozeß den Widerstand zu einem Thema der öffentlichen Diskussion werden.[523] Der 1912 geborene Otto Ernst Remer war 1944 als Kommandeur des sog. Wachbataillons »Großdeutschland« an der Niederschlagung des Aufstandsversuches maßgeblich beteiligt. Als zweiter Vorsitzender und begehrter Versammlungsredner der Sozialistischen Reichspartei (SRP), die im Oktober 1952 vom Bundesverfassungsgericht verboten wurde, bekannte er sich im Mai 1951 während des niedersächsischen Landtagswahlkampfes in einer öffentlichen Kundgebung in Braunschweig ausdrücklich zu seinem damaligen Handeln und schmähte die Verschwörer als Landesverräter. Nachdem sich das Kabinett nicht zu konkreten Maßnahmen durchringen konnte, erstattete Innenminister Robert Lehr als Privatmann Anzeige gegen Remer, da er sich

als Angehöriger des Widerstands persönlich verunglimpft sah. Der
Leiter der Braunschweiger Staatsanwaltschaft und zurückgekehrte
Emigrant Fritz Bauer leitete, nachdem sich weitere Widerstands-
kämpfer bzw. deren Angehörige der Klage angeschlossen hatten, ein
Verfahren ein, das er durch seine persönliche Beteiligung wesentlich
prägte. »Mit der Anklage gegen Remer wegen übler Nachrede und
Beschimpfung des Andenkens Verstorbener im Sinne §§ 186 und 189
StGB verfolgte er das Ziel, die Widerstandskämpfer des 20. Juli ›ohne
Vorbehalt und ohne Einschränkung‹ zu rehabilitieren.«[524]

Im Vergleich zum Urteil (3 Monate Gefängnis wegen übler Nachrede in Tateinheit mit der Verunglimpfung Verstorbener) war die Ur-
teilsbegründung bedeutsamer. Zwar wies das Gericht den Anklage-
punkt des Hochverrats zurück, da sich Remer des »ehrenkränkenden
Charakters seiner Äußerungen nicht bewußt gewesen« sei,[525] setzte
sich jedoch ausführlich mit der Frage des Landesverrats auseinander.
Es folgte dabei der Argumentation der Ankläger vom »inhaltlichen
Unrechtscharakter der NS-Herrschaft« und stellte fest,»daß den in
Rede stehenden Widerstandskämpfern der Vorwurf des Landesverrats nicht gemacht werden durfte«.[526] Da es Bauer vor allem auf eine
grundsätzliche Verurteilung des NS-Regimes selbst ankam,[527] war
das Verfahren »der bedeutendste Prozeß mit politischem Hintergrund seit den Nürnberger Kriegsverbrecherprozessen und vor dem
Frankfurter Auschwitzprozeß«.[528] Gleichwohl blieb das Erbe des
20. Juli zunächst weiterhin umstritten.[529]

Dies bestätigt z. B. auch die rückblickende Einschätzung des FDP-
Politikers Erich Mende, der einen engen Zusammenhang zwischen
der Diskussion über die Wiederbewaffnung und der Auseinandersetzung um den 20. Juli sieht: »War der 20. Juli 1944 in den
ersten Nachkriegsjahren verdrängt, so lebte die Auseinandersetzung
darüber wieder auf, als die Aufstellung neuer deutscher Streitkräfte
unmittelbar bevorstand.«[530] Dabei reichte die Front der Ablehnung
bis weit in die Reihen der FDP, der Partei von Theodor Heuss. Auch
im nordrhein-westfälischen Landtagswahlkampf war die »Wertung
des 20. Juli Gegenstand heftiger Dispute, nicht nur mit den Rechts-
radikalen, sondern auch mit eigenen Parteifreunden gewesen«.[531]
Um einen »Riß innerhalb der Liberalen zu vermeiden«, sei eine »all-
gemeinverbindliche Formel für die Partei« gefunden worden, die mit
»salomonischen Worte[n]« sowohl den Widerstand als auch die
Pflichterfüllung der weiterkämpfenden Soldaten würdigte.[532] Es
bleibt also festzuhalten, daß trotz der Rehabilitierung des Wider-

stands im Remer-Prozeß, trotz des offiziellen Bekenntnisses zum Widerstand und trotz der beginnenden Gedenkkultur an den Berliner Gedächtnisorten der 20. Juli heftig umstritten blieb. Dies mußte Heuss bei seiner Rede mit einbeziehen.

Galt Theodor Heuss als innerer Emigrant, dessen Zustimmung zum Ermächtigungsgesetz ihm einerseits als politischer Makel anhing, der aber andererseits durch die Nationalsozialisten aus der beruflichen und politischen Bahn geworfen worden war, deuten verschiedene Indizien auf eine engere persönliche Beziehung zum Widerstand und einen »eigenen Anteil an der Konspiration gegen Hitler« hin.[533] Unangepaßte publizistische Tätigkeit im Rahmen des damals Möglichen, ein »Beziehungsnetz« verwandtschaftlicher und freundschaftlicher Bindungen, Kontakte zu Julius Leber und die zeitweilige Bereitschaft, einer neuen Regierung als Pressechef zur Verfügung zu stehen, lassen Heuss in der Rolle »des Gesprächspartners, des Mitwissers, des Mitträgers« und »des vertrauenswürdigen Kandidat für ein Regierungsamt« erscheinen.[534]

Vor diesem Hintergrund gewann ein Brief besondere Bedeutung, den Theodor Heuss 1952 im Bulletin veröffentlichte, der, obgleich anonymisiert, die Witwe des hingerichteten Widerstandskämpfers Julius Leber aus dem Kreisauer Kreis, Annedore Leber, als Adressatin erahnen ließ.[535] Wie Heuss später einräumte, war es »ein fingierter Brief, nur für die Öffentlichkeit bestimmt, nachdem man mir von Schwierigkeiten an einigen Stellen erzählt hatte, in denen sich Kinder befanden«.[536] Die Schreiberin habe sich, so Heuss in seinem vermeintlichen Antwortbrief, an ihn gewandt, »um das Gedächtnis jener Männer vor der Versudelung zu bewahren, der sie einmal in der frechen Rede des Demagogen, das andere Mal im weitergetragenen Geschwätz der Bierbank ausgesetzt sind«.[537] Heuss riet von einem juristischen Vorgehen ab, denn »der Ort zum Austrag des geschichtlichen und des sittlichen Urteils ist falsch gewählt.« Er hob die »sehr ernsthafte und gute Höhenlage« der Gutachten im sog. Remer-Prozeß hervor, allerdings nicht ohne Zweifel an der Wirkung zu artikulieren: »Aber dringen sie durch? Man muß es wünschen.« Sowohl die Veröffentlichung im Bulletin als auch die Tatsache, daß er Adenauer diesen Brief schickte, zeigen, welche Wichtigkeit Heuss dieser Angelegenheit beimaß. Im Begleitschreiben an den Bundeskanzler wies er darauf hin, er sei »im Laufe der letzten Monate von sehr verschiedenen Seiten gebeten worden, zu der Sache der Diffamierung von Angehörigen der aktiven Widerstandsgruppen etwas zu sagen«.[538] Geht man von engeren Beziehungen von Heuss zum deutschen Widerstand aus, war dieser Brief nicht nur ein Zeichen der politischen Rehabilitation des deutschen Widerstands durch das Staatsoberhaupt der sich vom Nationalsozialismus abgrenzenden und das Erbe des Widerstands sich zögernd aneignenden Bundesrepublik, sondern auch Ausdruck persönlicher Betroffenheit.

Gleichwohl ging Heuss in dieser Frage sehr sorgsam vor. Bereits 1950 hatte Walter Bauer, Mitglied der deutschen Delegation für den Schuman-Plan, im Namen des »Hilfswerks 20. Juli« vom Bundespräsidenten gefordert, »daß Sie am 20. Juli über alle westdeutschen und Berliner Sender Worte des Gedenkens und der Würdigung sprechen«. Heuss lehnte unter Hinweis auf andere einschlägige Reden das Ansinnen ab, stimmte aber mit Bauer darin überein, »daß die Ereignisse des 20. Juli zum Teil vergessen sind, zum Teil nicht mehr verstanden werden«.[539] Auch 1952 fühlte sich Heuss »mit dieser Frage einer Stellungnahme zum 20. Juli konzentrisch beschossen«.[540] So kam z. B. vom Chefredakteur der Deutschen Presse-Agentur Fritz Sänger die Anregung,

> »daß in irgendeiner Form und bei irgendeiner Gelegenheit aus diesem Anlass oder doch mit deutlichem Blick auf diesen Tag von der höchsten deutschen Persönlichkeit, also von Ihnen, eine Erklärung abgegeben oder eine Forderung etwa in der Art erhoben wird, daß niemand von denen, die damals zu allem bereit waren, die Legitimation habe, mit den Schreihälsen des Rechtsradikalismus in Deutschland zu prozessieren«.[541]

Heuss versicherte in seinem Antwortschreiben, daß man mit dieser Frage »schon mannigfach hier beschäftigt« gewesen sei, er sich aber die Form »noch einmal durch den Kopf« gehen lassen« müsse, »um die politische Wirkung in dem gedachten Sinne zum Ausdruck zu bringen«.[542] Nach der Veröffentlichung des Briefes an die Witwe eines Widerstandskämpfers erhielt Heuss sowohl zustimmende Zuschriften wie z. B. von Intendanten des NWDR Adolf Grimme als auch kritische Stellungnahmen, die ihm vorwarfen, den Eidbruch verteidigt und die fatalen Folgen für die Soldaten an der Front nicht erwähnt zu haben.[543]

Wie wichtig Heuss allerdings die Würdigung des 20. Juli war, zeigen nicht nur die verschiedenen Hinweise in seinen einschlägigen Ansprachen, wie z. B. 1945 in »In memoriam« oder 1952 in der Rede zum Volkstrauertag, und nicht nur seine ausgedehnte Korrespondenz zu diesen Fragen,[544] sondern auch sein frühzeitiges Bemühen um eine angemessene Gedenkveranstaltung zum 10. Jahrestag. Wurde in den ersten Jahren der Bundesrepublik der 7. September als Tag des ersten Zusammentritts des Bundestags (und Bundesrats) als »Nationaler Gedenktag des Deutschen Volkes« begangen, an dem Heuss auch 1950 gesprochen hatte, brachte das Jahr 1953 eine veränderte Situation. Nachdem Bundesinnenminister Lehr Heuss in einem Schreiben vom Kabinettsbeschluß vom 23. Juni in Kenntnis gesetzt hatte, am 7. September einen Festakt zu veranstalten, wies der Bundespräsident bereits im Juli 1953 darauf hin, daß zwischenzeitlich der 17. Juni als »Tag der deutschen Einheit« arbeitsfreier Feiertag geworden sei und

> »daß ich, zumindest für das Jahr 1954, den Termin nicht für sehr günstig halte, da es mir für dieses kommende Jahr politisch-moralisch notwendig erscheint, das innere Ethos des Unternehmens vom 20. Juli mit voller Eindeutigkeit von der Führung der Bundesrepublik aus deutlich zu vertreten. Nicht allein deshalb, weil hier eine Ehrenpflicht vorliegt, sondern weil in dieser Frage eine Klärung des politischen Ethos erfolgen muss«.[545]

Hier wird deutlich, daß Heuss den 20. Juli nicht nur als opportunen Gedenkanlaß betrachtete, sondern darin einen Ansatzpunkt zur Klärung des politischen Selbstverständnisses der neuen Republik sah. Er war auch bereit, die sich anbahnende positive Gedenktradition, die Staatsgründung am 7. September jeden Jahres zu feiern, gegenüber der Würdigung des Widerstands hintanzustellen. Zwar betonte er im gleichen Schreiben, daß der 7. September »gewiss nicht untergehen« solle, wies jedoch gleichzeitig auf die Konkurrenz zum 17. Juni hin und erinnerte daran, daß zu diesem Zeitpunkt die Regierung wegen der Neuwahlen nur noch geschäftsführend im Amt sei. Die Würdigung des 20. Juli war ein lang gehegter Plan des Bundespräsidenten: »Theodor Heuss denkt nämlich schon seit Jahren an den 10. Jahrestag des 20. Juli«, schrieb Bott in einem Brief und wies darauf hin, daß jener schon im September 1953 mit dem Regierenden Bürgermeister von Berlin Ernst Reuter die »Feierstunde bis in die Details abgesprochen« habe.[546] Heuss hatte also seine Rede schon »fest verabredet« und war entschlossen, »unter allen Umständen zu diesem Termin nach Berlin zu kommen«, bevor sich ergab, daß die Gedenkveranstaltung mit seiner Wiederwahl zusammenfiel.[547]

War 1949 die Wahl von Heuss als Teil umfassender personalpolitischer Absprachen innerhalb der Koalitionsparteien, besonders der Union, lange umstritten, zeichnete sich fünf Jahre später eine einmütige Wahl ab.[548] Nachdem Adenauer im April die Wiederwahl von Heuss in einer CDU-Vorstandssitzung angesprochen hatte und sich die SPD-Bundestagsfraktion im Mai mit dieser Frage befaßt hatte, informierte der Bundeskanzler den Bundespräsidenten in einer Unterredung am 12. 5. 1954, »daß die CDU bereit sei, für seine Wiederwahl sich einzusetzen.« Darüber hinaus verlieh Adenauer seiner Überzeugung Ausdruck, »daß sich auch die SPD für die Wiederwahl des Bundespräsidenten aussprechen wird«.[549] Die sich abzeichnende problemlose und einmütige Wiederwahl von Heuss wurde allerdings durch die Diskussion erschwert, wo die Wahl stattfinden solle. Ein Antrag der FDP, die Bundesversammlung nach Berlin einzuberufen, »erachtet der Bundeskanzler«, so das Protokoll der Unterredung vom 12. 5. 1954, »für technisch schlecht durchführbar und für außenpolitisch bedenklich«.[550] Bundestagspräsident Ehlers, dem die Entscheidung oblag, bestimmte gegen die Meinung des Kabinetts Berlin zum Wahlort.[551] Wurde die Rede von Heuss einerseits durch die räumliche und zeitliche Verbindung mit dem publizitätsträchtigen Wahlakt deutlich aufgewertet, verlor sie andererseits gerade dadurch an Bedeutung, daß sie lediglich ein wichtiger Programmpunkt des mehrtägigen Berlinbesuchs war. So war das Präsidialamt bei der Vorbereitung mit vielerlei Problemen konfrontiert, die von dem von verschiedensten Seiten vorgetragenen Wunsch nach einer Zusammenkunft mit dem Bundespräsidenten[552] bis hin zu der zwischen Adenauer und Heuss erörterten Frage reichten, ob bzw. wann Heuss vor der Bundesversammlung erscheinen solle.[553]

Gleichwohl war sein lange gehegter Plan einer Gedenkfeier für den deutschen Widerstand schon Anfang Juni, noch bevor der Ort der Bundesversammlung feststand, ein fester, unverzichtbarer Programmpunkt seines Aufenthalts in Berlin.[554] Im einem Brief an Adenauer berichtete Heuss, daß »wir hier selber mit Zeitdispositionen für meinen Berliner Aufenthalt schon ziemlich beschäftigt sind«. An feststehenden Terminen nannte er: »am 19. Juli abends werde ich die Gedenkrede zur 10-Jahres-Gedächtnisfeier der Erhebung gegen Hitler halten, am 20. Juli sollen vormittags an den Hinrichtungsstätten kurze kirchliche Feiern stattfinden«.[555] Die Überlegung, die Wahl »mit der Feier des 20. Juli zusammenzulegen«, stieß im Kabinett zunächst »auf schwerwiegende Bedenken«, die dann zurückgestellt wurden.[556] Als am 23. Juni das Kabinett die »Einzelheiten des Programms in Berlin« noch einmal besprach, bat Vizekanzler Blücher Adenauer, »seinen Besuch in Berlin nicht zu sehr zeitlich zu beschränken, da sich dies politisch nachteilig auswirken würde«. Der Minister für gesamtdeutsche Fragen Jakob Kaiser »regt an, daß der Bundeskanzler möglichst auch bei der Rede des Bundespräsidenten zur Feier des 20. Juli anwesend sein möge. Der Bundeskanzler sagt dies zu.«[557] Spielte bei Blücher das Motiv, die Bindungen zwischen der Bundesrepublik und Berlin durch die Präsenz des Bundeskanzlers zu symbolisieren, eine wichtige Rolle, lag bei Jakob Kaiser als Beteiligtem des Aufstandsversuchs das Interesse zugrunde, den Widerstand politisch aufzuwerten. Daß Adenauer diese Zusage nicht nur aus politischer Opportunität traf, sondern daß er dem Widerstand des 20. Juli auch seinen Respekt bekunden wollte, legt die Bemerkung in einem Gespräch mit Heuss nahe, er »begrüße es aber, wenn der Bundespräsident [...] am 20. Juli Berlin aus Anlaß der zehnjährigen Wiederkehr des Attentats auf Hitler einen Besuch abstatten würde«.[558] Im Unterschied zu den anderen Anlässen wurde also diesmal seine Rede durch die Verbindung mit der Wiederwahl zu einer im Kabinett verhandelten Frage der aktuellen Politik.

Die entsprechenden Unterlagen des Präsidialamtes sowie die ausführliche Presseberichterstattung vermitteln ein anschauliches Bild vom Ablauf des Berliner Aufenthalts. So berichtete etwa die Süddeutsche Zeitung vom 20. 7. 1954 unter der Überschrift »Politische Hochflut in Berlin« von den vielfältigen Ereignissen in Berlin.[559] Nach der Wiederwahl von Heuss, zu der sich die Bundesversammlung und damit auch die politische Prominenz in Berlin versammelt hatte, bot sich die Gelegenheit zu vielfältigen repräsentativen Aktivitäten. Adenauer sprach bei der Verleihung der Ehrendoktorwürde der Technischen Universität Berlin zu »mehr als tausend Studenten«; Bundeswirtschaftsminister Erhard besuchte die Borsig-Werke; Mitglieder der Bundesversammlung unternahmen Besichtigungsfahrten in West-Berlin; »am späten Nachmittag bildete die Gedenkstunde zum zehnten Jahrestag des 20. Juli noch einmal einen Höhepunkt, insbesondere durch die bedeutsame Ansprache des Bundespräsidenten«. Zwar stand die Gedenkveranstaltung nicht im Mittelpunkt, wie dies bei späteren Ereignissen der Fall war, andererseits wurde sie durch die Anwesenheit des Bundeskanzlers und anderer Spitzenpolitiker aufgewertet. Der konkrete Ablauf der Feierstunde war so geplant:

»19. 7. 17.00 Uhr Feier zur Erinnerung an die 10. Wiederkehr des 20. Juli. Es spricht nur der Bundespräsident (Mikrofon, Pult) Satz aus der Eroica

Theodor Heuss während seiner Ansprache zum 10. Jahrestag des 20. Juli 1944 im Auditorium Maximum der FU Berlin am 19. Juli 1954

Lied vom ›Guten Kameraden‹ gespielt vom Orchester
Die Zuhörer erheben sich. Es wird nicht gesungen.
18.15 Uhr Rückkehr ins Gästehaus«.[560]
Die Kombination von Ansprache und musikalischer Umrahmung
kennzeichnete auch die Gestaltung dieser Gedenkstunde, wobei
Beethovens »Eroica« das Heldenmotiv und das »Lied vom guten Kameraden«, das ja in anderen Zusammenhängen schon Verwendung
fand, das Motiv soldatischer Treue aufgriff.

Die Vorbereitung von Heuss auf diese Rede war, wie die Überlieferung belegt, besonders sorgfältig. Bereits Anfang April hatte Bott
seinem »Meister« »eine Fülle von Literatur und Material für die Vorbereitung seiner Rede, die sicher sehr aufsehenerregend sein wird, in
seine Erholungskur mitgegeben«.[561] An der in der Rede erwähnten
Marwitz-Anekdote läßt sich nachvollziehen, daß Heuss hier einer
Anregung von Kurt Hahn folgte, die er allerdings, »da ich historisch
präzise zu arbeiten gewohnt bin«, anhand einer Biographie selbst
überprüfte.[562] Auch der Frankfurter Philosoph Max Horkheimer
beriet den Bundespräsidenten vor der Abfassung der Rede.[563] Jedoch
war er bis Anfang Juni »an die Vorbereitung seiner Berliner Rede
noch nicht gekommen«.[564] Eine handschriftliche Disposition trägt
den Datumsvermerk »10. 7.«, und am 14. Juli 1954 unterrichtete
Heuss den Bundeskanzler »über den voraussichtlichen Inhalt seiner
Ansprachen vor der Bundesversammlung am 17. Juli und vor der
Berliner Veranstaltung zum Gedächtnis des 10-Jahrestages des
20. Juli«.[565] Zu diesem Zeitpunkt war die Rede weitgehend fertig, da
am 12. Juli Bott dem Verleger Lothar Blanvalet versicherte, daß Heuss
Albrecht Haushofer und dessen »Moabiter Sonette« erwähnen werde.[566] Beeinflussungsversuche, die ihn vor einer Stellungnahme
zugunsten der Verschwörer warnten, mißachtete Heuss.[567] Das
aus dem handschriftlichen Konzept hervorgegangene maschinenschriftliche Konzept, das sonst die Grundlage für die Rede selbst
bildete, war hier die Basis für eine mehrfach überarbeitete maschinenschriftliche Fassung, die schließlich als endgültiger Text mit
Sperrfristvermerk vorlag. Diese Abweichung vom sonst üblichen
Vorgehen belegt die Wichtigkeit der Rede für Heuss: »Die beiden Berliner Reden waren seit langem die ersten Reden, die ich wörtlich aufgeschrieben und an die Presse gegeben hatte, damit bei der schwierigen wichtigen Materie kein Unsinn in der Zeitung steht.«[568]

Heuss beginnt seine Rede mit einer erklärten Auslassung *(occu-
patio)*: »Der Sinn dieser Stunde kann nicht sein, ein Geschichtsbild

jener Vorgänge zu entwerfen, die zu dem 20. Juli 1944 führen, und dabei den Beitrag, die Haltung der einzelnen Männer zu charakterisieren.«[569] Er setzt sich also von einer historiographisch inspirierten Darstellung ebenso deutlich ab wie von einer moralisch urteilenden Erörterung: »Es geht auch nicht um Klage und Anklage«. Er wählt explizit eine an zeitgenössischen Bedürfnissen orientierte Perspektive:

> »Dies beides aber bewegt unsere Seele: *bekennen zu dürfen und danken zu können.* Das *Bekenntnis* gilt nicht nur den inneren Motiven, sondern es umfaßt auch das geschichtliche Recht zu ihrem Denken und Handeln. Der *Dank* aber weiß darum, daß die Erfolglosigkeit ihres Unternehmens dem Symbolcharakter des Opferganges nichts von seiner Würde raubt: hier wurde in einer Zeit, da die Ehrlosigkeit und der kleine, feige und brutale Machtsinn den deutschen Namen besudelt und verschmiert hatten, der eine Wille sichtbar, im Wissen um die Gefährdung des eigenen Lebens den Staat der mörderischen Bosheit zu entreißen und, wenn es erreichbar, das Vaterland vor der Vernichtung zu retten.«[570]

Heuss verwendet im Unterschied zu mancher bisher betrachteten Rede in diesen einleitenden Formulierungen den hohen Stil *(genus sublime)* und verzichtet auf die dialogische Zwiesprache mit dem Publikum, sondern supponiert ein kollektives »Wir«. Der Verzicht auf eine »räsonnierende Gesprächsrhetorik« gibt seinen Ausführungen den Charakter einer offiziellen Erklärung, die er im Namen aller Deutschen abgibt und die keinen Zweifel an der Dignität der Widerstandsbewegung duldet. Die Auseinandersetzung erlangt durch die personifizierenden Formulierungen und die antithetische Gestaltung eine geschichtsphilosophische Dimension, wenn der »brutale Machtsinn« (nicht: Machthaber) und die »mörderische Bosheit« (nicht: Mörder) einerseits und der »reine Wille«, der zum nationalen Opfergang bereit ist (nicht: Attentäter) gegenüber gestellt werden.

Entsprechend deutlich formuliert Heuss die inhaltliche Linie seiner Argumentation. Wenn er »das geschichtliche Recht« zum Widerstand in den Mittelpunkt rückt und den »Symbolcharakter des Opferganges« betont, »das Vaterland vor der Vernichtung zu retten«, geht es ihm nicht nur um eine Rehabilitation der Verschwörer, um eine Wiederherstellung ihrer »Würde«, sondern vor allem um eine politisch-moralische Rechtfertigung des Attentats als eine legitime Aktion gegen das verbrecherische Regime des Nationalsozialismus. Der Rückgriff auf die Metapher des »deutschen Namens«, der, »besudelt und verschmiert«, wieder »rein zu waschen« sei, zeigt einmal mehr den »demokratischen Nationalismus« von Theodor Heuss. Er unternimmt inhaltlich eine Ehrenrettung der Verschwörer als Patrioten und immunisiert sich kommunikativ dadurch gegen jegliche Infragestellung, daß sie als pathetisches Bekenntnis vorgetragen wird. Versuchte er in anderen Reden die spezifische monologische Struktur der Bundespräsidentenrede dialogisch aufzulösen, nutzt er hier die Möglichkeit der »weltlichen Predigt«, um den Widerstand gegen Hitler »heilig zu sprechen«.

Im nun folgenden Teil lenkt Heuss den Blick zurück auf die letzte Kriegsphase und verteidigt die Verschwörer durch den Hinweis auf den sowieso verlorenen Krieg – (»Es wird heute wohl nur noch wenige Klardenkende geben, die das bestreiten wollen.«)[571] – gegen den Vorwurf, lediglich einem rein taktischen Kalkül gefolgt zu sein. Dadurch, daß Heuss Hitler und Himmler jegliches Gewissen abspricht, stilisiert er den 20. Juli ex negativo zu einem »Aufstand des Gewissens«. Bezog das Attentat »von dieser Haltung selber das innere Recht«, war auch die »Sorge um die unmittelbaren Folgen« in seinen Augen von nationaler Verantwortung getragen, da es galt, eine neue Dolchstoßlegende zu verhindern.[572] Um den Ernst dieser Befürchtung zu illustrieren, schildert er nicht nur seine Begegnung mit Carl Goerdeler 1943 in Stuttgart,[573] sondern kleidet das Dilemma in die insistierende Frage, die den Zuhörern den Konflikt nachvollziehbar machen soll: »Wird es nach dem geplanten Attentat zu einer neuen ›Dolchstoß-Legende‹ kommen?«[574] Die Erinnerung an die Auseinandersetzungen in der Weimarer Republik verschmilzt bei Heuss einerseits mit den auf die Zukunft bezogenen Überlegungen der Attentäter sowie andererseits mit den Erwartungen und den aktuellen Reflexionen des Redners:

> »Ich meinte damals: damit wird man fertig werden, wenn erst die Ruchlosigkeiten und Rechtlosigkeiten dieser Zeit in ihren Dokumenten vorliegen – ach, ich muß heute sagen, ich kannte sie in ihrem Ausmaß gar nicht. Habe ich recht behalten in diesem Glauben? Ich möchte es hoffen dürfen, wenn freilich wir gelegentlich die Fingerübungen einer schmähenden Tonfolge zu hören bekommen.«[575]

Gerade dadurch, daß er sich die damaligen Befürchtungen zu eigen macht, rechtfertigt er sie rückblickend und wendet sie kritisch auf die aktuelle Situation an. Die euphemistische Umschreibung der öffentlichen Auseinandersetzungen um den Widerstand gegen Hitler

als »Fingerübungen einer schmähenden Tonfolge« relativiert die
Gefahr hinsichtlich des Fortlebens nationalsozialistischer Gesinnungen; andererseits ist der warnende Ton in der zweifelnden Frage
»Habe ich recht behalten in diesem Glauben?« und der verklausulierten Antwort »Ich möchte es hoffen dürfen« unüberhörbar.

Widmete sich Heuss bislang der Rehabilitation der Verschwörer,
betont er nun die Besonderheit der Widerstandsbewegung selbst,
indem er ihr Opfer zum einen von der passiven Rolle der Verfolgten,
die in Formulierungen wie »hilflose Menschen« oder »Freiwild« zum
Ausdruck kommt, und zum anderen von den anders motivierten
Taten der Weißen Rose abgrenzt, denen moralische Empörung zugrunde lag. Die einigende religiöse »Bindung«, das Gefühl staatspo-
litischer Verantwortung, die Fähigkeit zu strategischer Planung und
die Zusammenarbeit über ideologische Grenzen, soziale Unterschiede und biographisch divergente Erfahrungen hinweg erachtet Heuss
als Spezifikum des 20. Juli. »Ich habe einmal, eine Formel Luthers
gebrauchend, gesagt: Der ›christliche Adel deutscher Nation‹ verband sich mit Führern der Sozialisten, der Gewerkschaftler und sie
erkannten sich in dieser Begegnung.« Die Elite der Nation verkör-
pernd, erscheint in der nun folgenden Nennung der verschiedenen
Gruppen die Widerstandsbewegung auch als Spiegelbild der deutschen Gesellschaft:

> »Männer der Kirchen, Männer des Staates, deren Leben treue
> Amtserfüllung in den verschiedenen Stufen des behördlichen
> Seins gewesen war, in der Verwaltung, im Außendienst und – Sol-
> daten, Berufssoldaten, darunter Obersten, Generale, Heerfüh-
> rer –. Das ist hier die eigentümliche Sonderlage, von vielen als
> das zentrale Problem erachtet.«[576]

Die, zudem durch einen Gedankenstrich und eine Sprechpause abge-
setzt, am Ende erwähnten Militärs führen Heuss ins Zentrum seiner
Argumentation. Er erörtert zum einen die Vereinbarkeit von soldatischer Gehorsamspflicht und Recht zum Widerstand und bezieht
sich zum anderen auf die damals aktuelle Auseinandersetzung um
die Wiederbewaffnung der Bundesrepublik. Diese war mit der Unter-
zeichnung des Deutschland- und EVG-Vertrags sowie der Verabschiedung der ersten Gesetzes zur Wehrergänzung im März 1954 in
eine entscheidende Phase getreten. Eine grundsätzliche Rechtfertigung der Gehorsamsverweigerung wäre in dieser Situation undenkbar gewesen. Auch im Prozeß gegen Remer wurde in einem Gutachten auf die »gefährlichen Wirkungen« hingewiesen,

»die eine Erhebung des Komplexes des 20. Juli zum Vorbild auf ein künftiges deutsches Soldatentum haben könne. Denn es wird sehr schwer sein, in der künftigen soldatischen Erziehung den notwendigen unbedingten Gehorsam zu fordern und daneben die soldatischen Träger zu achten.«[577] Daran wird erkennbar, daß Heuss sich mit der Rehabilitation des militärischen Widerstands auf ein schwieriges Unterfangen einließ.

Daß er sofort mögliche Einwände antizipiert *(praeparatio)*, zeigt, daß er einen sensiblen Punkt der öffentlichen Diskussion berührt: »Manche halten es für eine heikle Frage, als daß sie heute, gerade heute erörtert werden dürfe. Es wäre vielleicht bequemer, gerade davon heute nicht zu reden.«[578] Diese Sätze, die sich auf einen möglichen Verstoß gegen das rhetorische *aptum* beziehen, thematisieren im Blick auf das fragwürdige Erbe der Wehrmacht die Frage der Tradition einer neuen deutschen Armee und im Blick auf das Selbstverständnis der Soldaten das Recht zur Gehorsamsverweigerung. Heuss plädiert für eine offene Diskussion in der Öffentlichkeit: Er halte es »für einen *Gewinn*, wenn jetzt in ernsten Auseinandersetzungen Historiker, Theologen, Juristen, Soldaten sich darum bemühen, die Fragen in ihrer *geistigen* Tiefe auszuschöpfen«. Allerdings will er sich daran nicht beteiligen: »Mein Ehrgeiz kann es nicht sein, jetzt dazu einen theologischen oder rechtsphilosophischen Beitrag leisten zu wollen, aber das Bekenntnis zur Tat und zu ihrem Recht, von dem ich vorhin sprach, fordert ein Wort.« Nicht die wissenschaftliche Erörterung der mit dem Attentat verbundenen Fragen wie in den Gutachten des Remer-Prozesses ist die Absicht von Heuss, sondern die politische Rechtfertigung der Widerstandsaktion. Gleichwohl greift er in seiner Argumentation immer wieder auf die damals erstatteten Expertisen zurück.

Die darin implizierte Kritik an jenen, die sich der Befehlsausführung nicht verweigerten, entkräftet Heuss, indem er eine persönliche Begegnung mit einem Soldaten wiedergibt, der ihn aufforderte, »ich möge aber in der Gedenkrede nicht die anklagen, die nach dem 20. Juli, die bis zur Schlußkatastrophe weiterkämpften«. Die Ehrenerklärung erfolgt allerdings nur deklamatorisch: »Ich konnte ihn nur bitten, mich nicht für so töricht und ungerecht zu halten.« An die Stelle einer inhaltlichen Rechtfertigung tritt der Hinweis auf persönliche Loyalitäten: »Ich müßte dann ja Freunde und Verwandte anklagen [...]«. An dieser Passage ist das Dilemma, das die Auseinandersetzung mit der militärischen Tradition schon gekennzeichnet hatte, noch deutlicher sichtbar. War die Pflichterfüllung der Soldaten angesichts einer verbrecherischen Kriegführung nur schwer zu legitimieren, lief eine Rechtfertigung der Verschwörer Gefahr, all jene, d. h. einen Großteil der Bevölkerung, zu kritisieren, die keinen Widerstand geleistet haben, und überdies die für das Funktionieren des Militärs konstitutive Gehorsamspflicht in Frage zu stellen.

Damit kommt Heuss im dritten Teil der Rede – nach dem pathetischen Eingangsappell und nach der Charakterisierung des 20. Juli als die die Eliten der Gesellschaft vereinigende Widerstandsbewegung – zu seiner zentralen Argumentation: Mit den Begriffen »Widerstandsrecht«, »Gehorsam«, »Kriegsverrat«, »Hochverrat«, »Landesverrat«, »Treu-Eid« und »Offiziersehre«, die er wie *dramatis personae* einführt, umschreibt er das moralische Dilemma der Verschwörer, nämlich die nicht auf Soldaten allein bezogene, sondern allgemeinmenschliche »*Grenzsituation* der sittlichen Entscheidungen«. Die Autorität des Staates, die »auf Befehlsgewalt und Gehorsamsanspruch beruht«, war nach der Meinung von Heuss nicht in der ideellen Legitimation des jeweiligen Staatsgebildes begründet, sondern in der normierenden Regelung des Zusammenlebens, der »*Rechtsordnung*«. Der so gegebene Vorrang des Staates vor den Einzelinteressen der Bürger konstituiert einen »demokratischen Obrigkeitsstaat«,[579] dem sich der einzelne unterzuordnen habe und den Gehorsam nicht verweigern dürfe. Diese grundsätzliche Argumentation führt Heuss zunächst nicht weiter, sondern kehrt zurück zur historischen Betrachtung.

Im Hinblick auf das Verhalten der Reichswehr beim Röhm-Putsch 1934 sind »deutsche Rechtsauffassung und deutscher Soldatensinn« für Heuss Kriterien der Beurteilung.[580] Mehr noch als die Pervertierung des Staatszwecks durch die NS-Diktatur, in dem »Unrecht und Brutalität« in das »Gewand der Exekutive gekleidet« gewesen seien, kritisiert er die willfährige Absegnung des verbrecherischen Regimes durch Justiz und Wehrmacht im Zuge der gewaltsamen Ausschaltung Röhms und seiner tatsächlichen bzw. vermeintlichen Gefolgsleute. Die von ihm mit der *praeparatio* »Und nun kommen ein paar harte Sätze« angekündigten Aussagen gipfeln nach der Geißelung des damaligen Verhaltens insbesondere des Justiz- und des Wehrministers in dem apodiktischen Verdikt: »Und die Wehrmacht, die damals *noch Macht war, schwieg.*«[581] Diese Schuldzuweisung für die »geschichtlich und staatsmoralisch entscheidende

Peripetie des deutschen Schicksals« war in der Tat provokant und blieb nicht ohne Widerspruch. So erinnerte sich Hans Speidel:

»Nur einmal, bei der Vorbesprechung zu seiner Rede zum zehnten Jahrestag des 20. Juli 1944, haben sich unsere Auffassungen getrennt, als er in drastischer Form allein ›den Generalen‹ die Schuld an den Ereignissen des Dritten Reiches geben wollte. Da erinnerte ich ihn an seine Zustimmung zum Ermächtigungsgesetz im März 1933.«[582]

Trotz der von Speidel festgestellten Betroffenheit von Heuss, der das Thema wechselte und eine Flasche Wein holte, hielt dieser in der gehaltenen Rede an dem Schuldvorwurf fest.

Die redeimmanente Argumentationslogik, die die zentrale Frage der (soldatischen) Gehorsamspflicht umkreist, legt eine Konzentration auf die Rolle der Wehrmacht nahe und rückt den Begriff des Eids, den Heuss nun im Anschluß an die 1934 erfolgte Vereidigung der Wehrmacht auf Hitler explizit thematisiert, in den Mittelpunkt. Es gilt für Heuss nun, den Eidbruch, der für viele Verschwörer ein moralisches Problem darstellte,[583] zu legitimieren. In einem ersten Schritt weist er darauf hin, daß durch den gleichzeitigen Bezug auf Hitler und Gott dem Eid »eine zerbrechende Kraft einmontiert« gewesen sei, nämlich »das Wort – Du sollst Gott mehr gehorchen als den Menschen«.[584] Damit greift er einen Gedanken aus den Gutachten im Prozeß gegen Remer auf,[585] der in seinen Augen um so schwerer wiegt, da Hitler »moralisch-geschichtlich einen mehrfachen Eidbruch schon hinter sich hatte«.[586] In einem zweiten Schritt weist er, indem er Gerichtseid und Treueid voneinander abgrenzt und die germanische Rechtstradition wie Bismarcks Abrechnung mit Wilhelm II. gleichermaßen einbezieht, auf das Prinzip der Gegenseitigkeit hin, das er für Hitler nicht gelten läßt: »Dieser Hitler, durch seine brutal-subalterne Ichbezogenheit eingeschränkt, hat das Wesen einer ›Gegenseitigkeit‹, von der Bismarck spricht, gar nicht gekannt und gar nicht erfahren können.«[587] In einem dritten Schritt setzt er sich nun nicht mehr mit der Frage der Verbindlichkeit des Eides auseinander, sondern mit der Frage der Gehorsamsverweigerung und des Eidbruches. »Aber gilt es nun nicht, von diesem Sonderfall Hitler abgesehen«, antizipiert Heuss die Gegenposition, »die objektive Norm der eidlichen Kraft, den ›unbedingten Gehorsam‹, zumal im Kriege, darzutun?«[588] Eine theoretische Erörterung dieser Frage würde Heuss in jene wissenschaftliche Diskussion des Widerstandsproblems führen, die er gerade vermeiden will; eine daraus resultierende Infragestellung der Gehorsamspflicht würde für politische Irritationen sorgen und Heuss als Kritiker der aktuellen Wiederbewaffnung erscheinen lassen.

Demgegenüber zieht sich Heuss in seiner Argumentation auf *exempla* zurück und erläutert, auf die von ihm bevorzugte anekdotenhafte Darstellung zurückgreifend, anhand von vier Einzelfällen die Problematik. In diesem kasuistischen Verfahren greift er die grundsätzliche ethische Problematik auf, ohne sie allerdings im einzelnen zu explizieren. Der erste Fall, den er anführt, ist der einer aufgrund der aktuellen militärischen Situation vor Ort notwendigen Entscheidung, die aber im Widerspruch zu den zuvor gegebenen Befehlen steht. Der zweite Fall ist die Weigerung des preußischen Regimentskommandeurs Marwitz im Siebenjährigen Krieg, an einer Plünderung teilzunehmen.[589] Zum dritten erzählt er von einem Frontsoldaten, der seine Angehörigen vor seinem Tod anwies, auf die »zum Slogan gewordene Formel«,[590] für den Führer gefallen zu sein, in seiner Todesanzeige zu verzichten. Schließlich erwähnt Heuss noch die briefliche Mitteilung seines politischen Freundes Wildermuth, auf die Ermordung Heydrichs eine Flasche Rotwein geöffnet zu haben.

Mit Hilfe dieser Beispiele illustriert Heuss einerseits den inneren Konflikt der Betroffenen und legitimiert andererseits die individuelle Entscheidung zur Gehorsamsverweigerung als moralisch richtig. Bezieht sich das erste Beispiel auf den militärischen Alltag, rekurriert das zweite auf die für die Wehrmacht so wichtige preußische Tradition. Diese stellt er dem Versagen der Wehrmacht 1934 gegenüber: »So mag das Preußische, Preußens ›Gloria‹, als moralische Substanz begriffen werden.« Im Begriff der Ehre sieht er das vom militärischen Rang unabhängige ethisch richtige Verhalten aufgehoben:

> »In den Betrachtungen und Polemiken der letzten Jahre kommt öfters ein Begriff vor: ›Offiziersehre‹. Man erlaube mir, zu sagen: es gibt, vom Ethischen her, keinen Tarif der ›Ehre‹, der etwa die Verantwortung für sittliches Handeln und deren Beurteilung von den Sternen auf den Achselstücken abhängig sein läßt.«[591]

Das dritte Beispiel zeigt einerseits ein sittlich verantwortliches Handeln eines einfachen Soldaten. Andererseits wirbt es für die aus Pflichterfüllung Weiterkämpfenden um Verständnis:»Halten Sie das bitte nicht für ein weichmütige Anekdote«, wendet sich Heuss an sein Publikum, »sie trägt in sich, einem geschichtlich namenlos Gebliebenen zugeordnet, die Tragik Ungezählter.« Die Evokation der »shakespearehaft« anmutende Feier der Ermordung Heydrichs durch Wildermuth (»das Geschichtlich-Düstere und Paradoxe springt uns an«) im vierten und letzten Beispiel als Höhepunkt der nach dem Prinzip der Steigerung aufgebauten Exempelreihe läßt nicht nur die Grenze zwischen Gehorsam und Gehorsamsverweigerung als fließend und diese als ultima ratio erscheinen, sondern stellt die pure Pflichterfüllung als Kriterium richtigen Handelns zugunsten der Orientierung an eigenen humanen Werten in Frage.

Gegenüber der »Befehlsgewalt und dem Gehorsamsanspruch« des Staates entwickelt Heuss hier eine den Staatszweck bindende moralische Ebene, die allerdings nur im Extremfall den Widerstand gegen eine als verbrecherisch erkannte Staatspraxis legitimiert. »Hitler selber war es, der den Widerstand provoziert hat«, konstatiert Heuss und macht damit die einmalige Ausnahmesituation deutlich, in der die Verschwörer standen. Insofern kann ihr Verhalten auch nicht als allgemeine Norm gelten, sondern nur als moralisch legitime Entscheidung in einer außergewöhnlichen Situation.[592] Diese Argumentation beruht auf der Grundlage einer in einen evolutionären Gang der Geschichte eingebetteten grundsätzlichen Übereinstimmung der Interessen des einzelnen mit dem Handeln des Staates. Deshalb ist dieser mit Befehlsgewalt ausgestattet und darf einen Gehorsamsanspruch erheben, von dem nur in einer einmaligen Ausnahmesituation abgewichen darf. Besaß trotz aller Kritik auch das Kaiserreich wie jede andere historische Ordnung seine eigene Legitimität,[593] entfällt dies für den Staat Hitlers, wodurch die auf Hegel zurückgehende Annahme einer grundsätzlichen Sinnhaftigkeit staatlicher Ordnung nachhaltig in Frage gestellt wird.[594] Der Rechtfertigung des Attentats liegt bei Heuss nicht die Annahme angeborener Naturrechte des Individuums zugrunde, die dem Staat vorgeordnet wären, sondern lediglich ein dem Staatszugriff entzogenes Recht auf moralische Integrität, wofür Heuss den Begriff »Ehre« verwendet. Der Rückgriff auf Beispiele ist also nicht nur ein rhetorisches Verfahren, sondern argumentativ unabdingbar, da er angesichts seines Staatsverständnisses den Eidbruch und die Gehorsamsverweigerung nicht grundsätzlich, sondern nur im Einzelfall legitimieren kann.

Aber auch im Hinblick auf die öffentliche Resonanz bedarf der 20. Juli einer möglichst wirkungsvollen Rechtfertigung, weshalb Heuss auf die individuellen Beispiele zurückgreift. Will er den öffentlich heftig umstrittenen Widerstand gegen Hitler rehabilitieren, kann er ihn schon deshalb nicht prinzipiell legitimieren, weil er sonst all jene, die keinen Widerstand geleistet haben, diskreditieren und den Wiederaufbau einer deutschen Armee, die auf dem Prinzip von Befehl und Gehorsam beruht, in Frage stellen würde. Das in einer solchen Lage gegebene Ausnahmerecht zum Tyrannenmord rechtfertigt er mit Hilfe zweier Zitate aus Friedrich Schillers »Wilhelm Tell« (»Nein, eine Grenze hat Tyrannenmacht«) und aus Hitlers »Mein Kampf« (»Menschenrecht bricht Staatsrecht!«).[595] Das heikle Verfahren, in diesem Kontext Hitler als Gewährsmann anzuführen, dient ihm dazu, »um jenen Gefolgsleuten des Mannes, die in der Verfemung des 20. Juli ein Stück der inneren Selbsterhaltung gefunden zu haben glauben, mit den Argumenten ihres Heros entgegenzutreten«.[596]

Dieses rhetorisch gewagte Zitat stellt den Höhepunkt und Abschluß seiner Rechtfertigung des Widerstands gegen Hitler dar. Seine Einstellung gegenüber dem 20. Juli in einem pathetischen Eingangsappell betonend, bereitet Heuss dessen Rechtfertigung sorgfältig vor, indem er sie, die vorhandenen Vorbehalte direkt oder indirekt aufgreifend, schrittweise entwickelt. Daß er die Berechtigung anhand von konkreten Beispielen illustriert, zeigt jenseits der sachlichen Argumentation, daß Heuss sich hier auf seine Zuhörer einstellt. Er entfaltet seinen Gedankengang nicht linear-stringent, sondern kreisend-annähernd – aufgelockert durch persönliche Erfahrungen, diese zu Sentenzen zuspitzend, einen Exkurs einbauend, die Argumentation variierend wieder aufnehmend.

Die reflexive Frage *(subiectio)* »War ich in dem, was ich sagte, etwas zu weit von diesem 20. Juli, seinen Tätern, seinen Opfern weggerückt?« stellt den Bezug zur konkreten Situation wieder her[597] und ermöglicht es Heuss, nochmals seine Intention zu formulieren:
> »Es schien mir angemessen, ja notwendig, den Vorgang in die breitere Situation, wie ich sie begreife, einzubetten, auch den Grundsatzfragen nicht auszuweichen, die sich aus dieser einmaligen Sonderlage erheben, ohne von ihr die gewisse Norm erwarten zu dürfen. Ich will auch nicht von dem gestuften Anteil der einzelnen Männer sprechen, von den Planungen, von den Aktionen in ihrem wechselnden Gewicht – das würde mir in *dieser* Stunde wenig angebracht erscheinen.«[598]

Nicht die Rekapitulation der konkreten Ereignisse des 20. Juli, nicht die individuelle Würdigung einzelner Verschwörer, wie es vom Redeanlaß nahegelegen hätte, war das Thema, sondern die politische Rehabilitation und moralische Rechtfertigung des Widerstands gegen Hitler als unverzichtbares Element der politischen Kultur der jungen Bundesrepublik. Wenn Heuss dies gleichwohl nicht normativ verbindlich postulieren konnte und wollte, bekräftigte er,»daß der Dank ihr Opfer als ein Geschenk an die deutsche Zukunft würdigt«. Er unternimmt gerade keinen Rückblick auf einen abgeschlossenen Vorgang, keine historische Würdigung, sondern eine aktualisierende Inanspruchnahme im Sinne seines präsidialen Programms der Entwicklung eines demokratischen Nationalgefühls. Dabei wendet er sich gegen die in Teilen der Bevölkerung vorherrschende Gleichgültigkeit und Skepsis gegenüber dem Widerstand.

Im nun folgenden vierten Teil der Rede geht Heuss auf die Ereignisse nach dem 20. Juli 1944 ein. Er ruft den Zuhörern die nochmalige Eskalation des nationalsozialistischen Terrors in der Endphase des Krieges, insbesondere das »scheußliche Verfahren« der Sippenhaft, ins Gedächtnis. Wenn er diese »Grausamkeiten« nicht auf die Aussichtslosigkeit der Kriegssituation zurückführt, sondern behauptet, sie seien »in jenem Menschentyp angelegt« gewesen, erklärt er den NS-Terror aus der charakterlichen Deformation der Nationalsozialisten. Zwar wendet er sich gegen die damals übliche Dämonisierung Hitlers, bleibt aber einer personalisierenden Erklärung des Nationalsozialismus verhaftet:

>»In der Literatur, zumal auch der theologischen, wird das Phänomen Hitler und seiner Wirkung mit den Begriffen des Satanischen, des Diabolischen, zumal auch des Dämonischen behandelt. Ich will nichts dagegen sagen, aber es wird vom Pathos eines Volksleides auch dessen Vollzieher einiges geliehen – ich möchte glauben, daß wir mit den Worten niedrig und gemein auskommen«.[599]

Offensichtlich besorgt, Reste von Faszination könnten dadurch an der historischen Figur Hitlers haften bleiben und sie in der Gegenwart noch attraktiv erscheinen lassen, läßt diese menschliche Abwertung der Person Hitlers den Tyrannenmord umso verständlicher erscheinen. Sie verstellt jedoch den analytischen Blick auf die Funktionsweise des Staates Hitlers. Im Unterschied zu anderen Reden, in denen er den Nationalsozialismus zumeist aus ideologischen Gründen erklärt, fällt hier eine stark personalisierende Geschichtsbetrachtung auf, wodurch die historische Entwicklung zum Kampf zwischen Hitler und den Verschwörern wird.[600]

Zur Nachgeschichte gehört für Heuss auch, daß die Alliierten »dem tragischen Vorgang mit kläglichem Versagen vor seiner Würdigung« begegnet seien.[601] Dagegen verwahrt er sich heftig:

> »Aber sie schwätzten Goebbels nach. Es hat lange gebraucht, bis zie [richtig: sie] begriffen, hier war ein Unternehmen, das ein Volk retten sollte, indem es ihm die innere Freiheit zurückgewann, um den Weg zu einem gerechten Frieden zu finden, einem Frieden, in dem nicht Übermut oder tobender Haß wirken sollten, sondern die realistische Einsicht in die Lebensnotwendigkeiten einer Nachbarschaft, zugleich das nüchterne Wissen, daß Schuld auch Sühne fordere.«[602]

Dies waren angesichts der sich abzeichnenden Souveränität – die französische Ablehnung des EVG-Vertrags war zu diesem Zeitpunkt noch nicht erfolgt – sehr viel selbstbewußtere Töne als etwa bei der Würdigung des 20. Juli knapp neun Jahre zuvor in seiner Gedenkrede »In memoriam«.

Schließlich setzt Heuss am Ende der Rede die menschliche Qualität der Verschwörer gegen die zuvor behauptete menschliche »Gemeinheit« Hitlers und anderer NS-Größen wie der »wüsten Figur« Freislers. Er betreibt mithin die bewußte Heroisierung der Verschwörer, indem er deren Verhalten vor Gericht, im Gefängnis und angesichts des Todes ins Übermenschliche anwachsen läßt: »Der Untergang aber wurde zu einem Zeugnis innerer Gewißheit, ja Größe«, heißt es an einer Stelle, und an einer anderen: »Keiner hat, denke ich, vor dem Sterben versagt«. Die Abschiedsbriefe sind für ihn »tief erregende Dokumente« und die »Moabiter Sonette« Albrecht Haushofers »Aussage einer menschlichen Haltung, die in der sehr persönlichen Formung, Gültigkeit für den Nächsten besitzt, den Nächsten, der, in der anderen Zelle, das Gespräch mit dem Tode führt, mit jenen, denen seine Liebe galt und gilt, deren Sorge und Liebe ihn selber aufsucht oder doch immer umhegt«. Diese Bausteine eines Helden-Mythos setzt Heuss neu zusammen und verklärt die Verschwörer zur Inkarnation des Guten im geschichtlichen Wirken, dem die Gestalt Hitlers als das Böse entgegentritt; die Aktivierung der Antithese menschlich verkommener Tyrann vs. edler Tyrannenmörder als traditionelles Deutungsmuster zeigt den Zuhörern ein eindeutiges Feindbild und offeriert ihnen gemäß dem Redezweck der Leidenschaftserregung *(movere)* ein wahrhaft leuchtendes Vorbild: »Ich glaube«, führt Heuss nämlich die Heroisierung der Verschwörer zur rhetorischen Klimax, »das Pathos des Geschichtsvorganges, in den sie sich selber gestellt hatten, hat sie über das individuelle Schicksal hinausgehoben, mit all den Demütigungen und Erbärmlichkeiten, die der Tag, die die Tage oder Wochen oder Monate vor dem Sterben ihnen zutrugen.«

Die vorsichtige Rehabilitation der Verschwörer, die Hervorhebung des besonderen Charakters des konservativ-militärischen Widerstands, die Rechtfertigung des Eidbruchs und des Entschlusses zum Attentat sind die Stufen der rhetorischen Argumentation, die zur Heroisierung der Verschwörer aufsteigt. Gerade diese Entrückung ins Übermenschliche hat für die Zuhörer eine entlastende Wirkung, da nur ausgezeichnete Persönlichkeiten in der Lage waren, die moralische Ausnahmesituation zu erkennen und ihr gemäß zu handeln. Dies, so die implizite Logik, konnte nicht von jedem erwartet werden. Zwar muß Heuss nicht gegen eine feindliche Stimmung bei den Anwesenden anreden, da der 20. Juli sich als gedenkwürdiges Ereignis zumindest innerhalb der politischen Klasse schon zu etablieren begonnen hatte, gleichwohl gegen massive Vorbehalte in der Bevölkerung: »Wir werden nicht verhindern können, daß in Hinterstuben diese oder diese Schmährede das Gedächtnis der Männer aufsucht«. Um so wichtiger erscheint Heuss der 20. Juli als Modellfall einer politisch-moralischen Selbstvergewisserung: »wir wissen auch, daß die Problematik, die immer und überall in der Geschichte, bei allen Völkern vorhanden ist, Staatsräson und menschliche Freiheit – ich habe das vorhin die ›Grenzsituation‹ genannt – mit diesem Vorgang nicht in eine Norm eingegangen ist«. Weder ein Plädoyer für ein allgemeines Widerstandsrecht noch die Infragestellung der Autorität des Staate ist das Anliegen von Heuss, sondern die kritische Abwägung zweier Prinzipien im Einzelfall. Hier zeigt sich deutlich die konservative Tönung des von ihm vertretenen Liberalismus, der dem Individualwillen keinen Vorrang einräumt, sondern dem die Abweichung von den für den einzelnen verbindlichen Anforderungen des Staates zum Problem wurde: »Das öffentliche Leben sucht und bedarf der Normen, damit es im Recht geordnet werden könne, aber die Geschichte mag diese immer wieder in Frage stellen, ihre Überprüfung fordern, ja erzwingen.«

Die *peroratio* greift explizit, die Argumentation gleichsam einrahmend, auf die Formulierungen des *exordium* zurück:

»Aber wenn ich am Beginn meiner Worte sagte, die Stunde soll Bekenntnis und Dank sein, so will ich das noch einmal aussprechen: Bekenntnis zur Gesinnung wie zum Rechte jener Männer, deren Tun Eberhard Zeller in seinem großen Werke unter das Wort gestellt hat ›Geist der Freiheit‹, Dank für ein Vermächtnis, das durch das stolze Sterben dem Leben der Nation geschenkt wurde. Die Scham, in die Hitler uns gezwungen hatte, wurde durch ihr Blut vom besudelten deutschen Namen wieder weggewischt. Das Vermächtnis ist noch in Wirksamkeit, die Verpflichtung noch nicht eingelöst.«[603]

Die moralische Rechtfertigung des Attentats ist gleichzeitig die politische Rehabilitation der Attentäter, die so unter Anspielung auf Zellers Buchtitel[604] zu nationalen Heroen und zu Freiheitshelden avancieren, auf die sich die in der Bundesrepublik demokratisch organisierende Nation als Ahnherren berufen kann.

Ihr Vorbild bedeutet nicht nur eine Rehabilitation vor dem Ausland, sondern auch und vor allem eine stellvertretende Entlastung von Schuld, wenn Heuss auf die Metapher vom beschmutzten deutschen Namen zurückgreift, der durch die Verschwörer wieder reingewaschen werde. Verschwinden in dieser metaphorischen Formulierung die konkreten Taten, so evoziert das Bild des Reinwaschens die Möglichkeit einer vollständigen Reinigung. Die Logik der Metapher widerspricht dem von Heuss wiederholt aufgestellten Erinnerungs-Postulat. Der stellvertretenden Rehabilitation der Deutschen durch das Attentat gegen Hitler vor dem Ausland und vor sich selbst steht allerdings die Verpflichtung gegenüber, das geistige Erbe fortzuführen. Angesichts der oben skizzierten Zeitstimmung gegenüber der Verschwörung des 20. Juli, angesichts der Verstrickung vieler Deutscher in Schuld und Verantwortung und angesichts seiner politischen Intention, die Verschwörer des 20. Juli als Leitbilder der politischen Kultur der Bundesrepublik zu etablieren, bleibt nur der von Heuss mit hohem argumentativen und rhetorischen Aufwand beschrittene Weg der Heroisierung. Dieser übergeht jedoch die Widersprüche, die auch die Widerstandsbewegung des 20. Juli kennzeichnete. Um eine positive Gedenktradition zu etablieren, greift Heuss also auf Formen exemplarischer Sinnbildung zurück, indem er ein historisches Ereignis beispielhaft herausgreift und heroisiert. Da dieses Vorbild gesellschaftlich weithin nicht akzeptiert ist, ist er gehalten, Vorbehalte zu entkräften und die besondere Bedeutung zu begründen. Die darin angelegte kritische Sinnbildung gegenüber überlieferten Deutungsmustern muß aber gegenüber sich selbst unkritisch werden, könnte sie sonst nicht das Ziel der Heroisierung erreichen. Ausgangspunkt der Argumentation ist dabei dezidiert die

Gegenwart, von der aus die besondere Bedeutung der vergangenen Ereignisse betrachtet und auf die zukünftigen Erfordernisse bezogen wird. Damit bietet Heuss seinen Zuhörern eine neue Perspektive an: Waren sie immer mit dem Vorwurf der Schuld konfrontiert und definierten sie sich selbst oft als Opfer, müssen sie sich nun nicht mehr mit der ambivalenten Zuschauerrolle begnügen, sondern können am vorbildlichen Handeln der Verschwörer teilhaben. Das im kommunikativen Gedächtnis noch präsente Ereignis formt Heuss mit dieser Rede in ein Element des handlungsleitenden kulturellen Gedächtnisses um, indem er die Verschwörer zu Helden stilisiert und ihr Handeln zum Vorbild erklärt. Dabei tritt die Erinnerung an die konkreten Ereignisse und die beteiligten Personen zugunsten der Würdigung der inneren Bereitschaft zur Tat zurück. Die Verpflichtung auf das eigene Gewissen erscheint Heuss dabei als mentale Grundlage der Demokratie unabdingbar, das die Bereitschaft zur Selbstbesinnung und die Fähigkeit zur »Fairneß« ergänzt. Insofern ordnet sich diese Rede in sein präsidiales Programm ein, da es ihm nicht nur um ehrendes Gedenken geht, sondern auch um einen umfassenden Mentalitätenwandel, der die neu entstandene Demokratie nicht nur als Regierungssystem, sondern auch als »Lebensform« dauerhaft sichern soll.

Die Resonanz auf die Rede in der Öffentlichkeit war beträchtlich. Die Süddeutsche Zeitung z. B. nahm den Jahrestag zum Anlaß für eine umfassende Würdigung des 20. Juli: Der Redetext wurde an prominenter Stelle im Wortlaut abgedruckt; auf Seite 3 waren Abschiedsbriefe der Widerstandskämpfer sowie ein Beitrag mit dem Titel »Hoch- und Landesverräter?« eingerückt, der zu dem Ergebnis kam:

»Kein Offizier, Soldat oder Beamter, der selbst zu wenig Zivilcourage hatte, um außergewöhnliche Entscheidungen zu treffen, hat heute das Recht, aus seiner eigenen damaligen Schwäche heraus die wenigen Menschen, die den Mut zur stolzen Tat hatten, als Hoch- und Landesverräter zu bezeichnen.«[605]

Ähnlich ausführlich würdigte die Neue Zeitung die Widerstandsaktion sowie die Rede, die hier ebenfalls im Wortlaut abgedruckt war.[606] Andere Zeitungen brachten einen Bericht über die Feierstunde an prominenter Stelle, wobei sich die Berichterstattung der Tagespresse im wesentlichen auf eine zusammenfassende Wiedergabe des Inhalts der Rede beschränkte.[607]

Neben dieser ausführlichen Berichterstattung würdigte die Süddeutsche Zeitung in einem Streiflicht die Wiederwahl von Heuss,[608] während sich die Neue Zeitung unter der Überschrift »Noch nicht eingelöst« mit der Rede selbst auseinandersetzte. Der anonyme Kommentator wies auf »Ressentiments und Polemik« gegenüber dem 20. Juli hin und schloß sich in seinen Aussagen der Position von Heuss an, wenn er die positive Wirkung im Ausland ebenso betonte wie die Chance einer Neubesinnung:

> »Für das deutsche Volk bringt die Erinnerung an den 20. Juli 1944 die Gegenüberstellung von Männern, die um ihres Volkes willen alles aufs Spiel setzten und sich selbst opferten[,] und jenen Tyrannen, die um ihrer Götterdämmerungsträume willen bedenkenlos Leben und Gesundheit Millionen deutscher Kinder, Frauen und Männer vernichten ließ.«[609]

Dadurch bot sich in den Augen des Kommentators ein Weg zur Rehabilitierung der Deutschen. Der Wiederaufbau müsse auch eine geistige Dimension enthalten: »Gerade im geistigen Bezirk ist der deutsche Wiederaufbau nicht einfach die Wiederherstellung eines früheren Zustandes.«

Paul Sethe ging in seinem Kommentar »Für immer gescheitert?« in der Frankfurter Allgemeinen Zeitung auf die Rede von Heuss nicht ein, argumentierte doch ganz ähnlich und unterstützte damit die auf der gleichen Seite ausführlich wiedergegebenen Aussagen von Heuss nachdrücklich.[610] In Abgrenzung von Churchills anfänglicher Ablehnung des Attentats betonte er die grundsätzliche Gegnerschaft der Verschwörer zu Hitler, »weil sie in Hitler die Verkörperung des Bösen sahen«, und wertete die politisch-taktische Sorge um die Folgen des Staatsstreichs als Ausdruck einer patriotischen Gesinnung, die das »nationale Selbstgefühl« auch in der militärischen Niederlage zu bewahren versuchte. Deshalb sah Sethe in dieser Widerstandsaktion ein verpflichtendes Erbe:

> »Alles, was wir wissen, ist dies: daß der 20. Juli 1944 (mit allen seinen Unzulänglichkeiten, über die eine unbefangene Geschichtsforschung nicht hinwegzusehen braucht) doch der stolzeste Tag in jenen trüben zwölf Jahren war. Wenn Deutschland noch einer Erneuerung fähig ist, dann gewiß aus der Erinnerung an jenen Geist, der die Führer des Aufstandes beseelte.«[611]

Trotz dieser ausführlichen Berichterstattung wurde die Rede in der öffentlichen Wahrnehmung von den Berliner Ereignissen, vor allem der Wiederwahl von Heuss, überlagert. So formulierte die Süddeutsche Zeitung unter der Überschrift »Politische Hochflut in Berlin« fast lyrisch: »Die großen Tage von Berlin neigen sich ihrem Ende zu«, und berichtete über die vielfältigen Aktivitäten der Bonner Spitzen-politiker in diesen Tagen.[612] Der Spiegel etwa erwähnte die Rede selbst nicht, sondern wies nur auf die Wiederwahl von Heuss hin und hob hervor, daß Berlin zumindest zeitweise wieder im Zentrum des Geschehens stand.[613] Daran wird erkennbar, wie die Verbindung der Würdigung des 20. Juli mit der Wiederwahl des Bundespräsidenten in Berlin die Rede ins politische Rampenlicht rückte, das sie sich aber mit anderen Ereignissen teilen mußte. Zunächst war Heuss über das Presseecho enttäuscht, wie er im Zusammenhang mit einer Abdruckerlaubnis für die Deutsche Rundschau feststellte:

>Die deutsche Presse hat im ganzen nicht begriffen, um was es sich dabei handelte und sich damit begnügt, einen dpa-Auszug zu veröffentlichen, obwohl ich die beiden Reden (Bundesver-sammlung und 20. Juli) seit vielen Jahren zum ersten Mal vorher wörtlich aufgeschrieben und der Presse zugänglich gemacht hatte, um Missverständnisse zu vermeiden.«[614]

Neben der Verbreitung der Aussagen auf diesem Weg wurde der Text der Ansprache im Bulletin des Presse- und Informationsamts der Bundesregierung veröffentlicht, das auch eine eigenständige Publi-kation in deutscher, in englischer und in französischer Sprache besorgte; das Land Hessen verteilte sie mit einem Geleitwort von Ministerpräsident Zinn »an die Jugend des Landes Hessen«; der DGB-Bundesvorstand gab sie 1956 zusammen mit verschiedenen ande-ren Texten in seiner Schriftenreihe für Jugendarbeit heraus.[615] Während der Wunderlich-Verlag eine Buchhandelsausgabe be-sorgte, wurde der Redetext u. a. der Wochenzeitung Das Parlament sowie den von der Bundeszentrale für Heimatdienst herausgegebe-nen staatsbürgerlichen Informationen beigelegt. Auch der Berliner Senat verbreitete die Rede.[616]

Darüber hinaus kam es auf Initiative des Bundestags zu einer flächendeckenden Verteilung. Am 21. 10. 1954 wurde ein fraktions-übergreifender Antrag von CDU/CSU, SPD, FDP, GB/BHE und DP vom 23. September beschlossen, der die Bundesregierung auffor-derte, die Rede »als Broschüre zur kostenlosen Verteilung an die Jugend herauszugeben«.[617] Aus den umfangreichen Unterlagen der zwischen dem Wunderlich-Verlag, dem Bundesinnenministerium und der Bundeszentrale für Heimatdienst abgewickelten Publikation geht hervor, daß eine Auflage von 3,2 Mio. geplant war (mit der Option einer Aufstockung um eine weitere Million);[618] die Vertei-lung sollte bis Ende März in den Schulen erfolgt sein. Diese flächendeckende Verbreitung sicherte dieser Rede nicht nur eine bis dahin unerreichte Resonanz, sondern verlieh Heuss' Aussagen den Charakter einer offiziellen Stellungnahme.

Die umfangreiche Korrespondenz, die die Wiederwahl und die Rede nach sich zog,[619] bestand zum einen darin, daß sich manche Briefschreiber aufgerufen fühlten, auf einzelne Sachfragen wie z. B. die Authentizität der Marwitz-Anekdote einzugehen,[620] während andere den Wunsch äußerten, den Redetext zu erhalten. Dies war oft mit zum Teil überschwenglichen Bekundungen der Zustimmung und der persönlichen Betroffenheit verbunden. So war es dem ehemaligen Chefredakteur der Neuen Freien Presse »ein *zwingendes* Bedürfnis, Ihnen zu sagen, wie sehr mich Ihre wunderbare Rede über den 20. Juli ergriffen hat« und »daß diese Rede auch oratorisch ein Meisterstück war«.[621] Für Kurt Hahn, mit dem sich Heuss bei der Abfassung der Rede ausgetauscht hatte, hatte die Rede die »Bedeutung einer geschichtlichen Tat«.[622] Der Bundesbeauftragte für die Berliner Wirtschaft Erich Stückrath bekundete, »daß Sie mir selbst und vielen hunderten und tausenden [!] von Menschen in unserem Land [...] das ganz und gar ungewöhnliche und vielleicht unwiederholbare Erlebnis echter Rührung geschenkt haben. [...] Gestern gab es wirklich und wahrhaftig Tränen.«[623] Besonders wichtig war es für Heuss, daß die Angehörigen der Verschwörer »meine Worte so warm aufgenommen haben«,[624] daß »ich bereits von einigen früheren aktiven Offizieren, die ich nicht kenne, Worte der Zustimmung zu der Rede erhalten habe«[625] und daß »nicht nur der Kanzler, der es mir sagte, sondern auch die Leute des Auswärtigen Amts so stark beeindruckt waren«.[626] Der Zuspruch, den Heuss erhielt, reichte vom Spitzenpolitiker bis zum einfachen Bürger, vom Soldaten bis zum Widerstandskämpfer. Die zustimmenden Äußerungen aus dem Ausland, die etwa Generalleutnant a. D. Speidel aus Frankreich und Kurt Hahn aus Großbritannien an Heuss weiterleiteten, weisen, auch wenn diese Bekundungen sicher nicht als repräsentativ anzusehen sind, auf die internationale Resonanz der Rede hin, die sich schon unmittelbar nach der Gedenkfeier artikulierte.[627] Heuss selbst war bemüht, den Text bei den Westmächten zu verbreiten.[628]

Die Reaktion auf die Rede war natürlich nicht ungeteilt. »Es sind auch einige recht hanebüchene Briefe eingegangen, mit denen ich übrigens rechnete.«[629] So behauptete ein Dentist, daß »die deutsche Konkurrenz nur mit Krieg zerschlagen« werden konnte und erklärte: »Hitler war der größte Deutsche«.[630] Eine Schreiberin meinte, »daß ein reines Wollen sowohl bei den Nationalsozialisten wie bei den Widerstandskämpfern zu finden war« und warf Heuss vor, »daß Sie die innere Feindschaft zwischen den deutschen Menschen verewigt wünschen«.[631] Das hier besonders kraß zum Ausdruck gebrachte Gefühl, daß Heuss die Widerstandskämpfer gegen die weiterkämpfenden Soldaten ausspiele, begegnet auch in anderen Zuschriften und berührte, trotz oder gerade wegen der von anderer Seite gelobten Klarstellungen in der Rede von Heuss, einen empfindlichen Punkt des Geschichtsbewußtseins.[632] Der andere Ansatzpunkt der Kritik waren seine Ausführungen zur Frage des Eides und dem Recht auf Widerstand. »Die hohen Werte des Soldatentums haben die Verbrecher zerstört«, behauptete ein anonymer Briefschreiber und warf Heuss vor: »Sie benutzen die Gelegenheit und feiern mit den Verbrechern vom 20/7.44. [!] ein Wiedersehen.«[633] Erwähnenswert ist schließlich der Briefwechsel mit Luise Gürtner, in dem Heuss trotz aller Einwände auf seiner schon in der Rede geäußerten Kritik am damaligen Justizminister beharrte. Ihm sprach er im Zusammenhang mit der Ausschaltung Röhms und seiner Gefolgsleute die »geschichtliche Schuld« zu, »daß mit einem Gesetz ex post ein organisierter Massenmord, dem kein Rechtsakt voranging, als rechtens erklärt wurde«.[634]

Die Korrespondenz gab Heuss immer wieder Anlaß, sein Anliegen noch einmal zu verdeutlichen: »Ich habe natürlich nicht die Geschichte dargestellt und keine einzelnen Menschen herausgestellt, aber den Versuch gemacht, die Fragen auf die staatlich-sittlichen Fundamente zurückzuführen.«[635] Dieser Ansatz, der die individuelle Gewissensentscheidung der Verschwörer in den Mittelpunkt der Betrachtung rückte, ermöglichte es ihm einerseits, den Widerstand als moralisches Exempel zu statuieren, ohne eine Pauschalkritik daraus abzuleiten. Andererseits vermied er eine politische Würdigung des Widerstands im Hinblick auf die damaligen Zielvorstellungen, die Einstellung gegenüber dem NS-Staat oder im Hinblick auf die aktuelle Diskussion um die Wiederbewaffnung. Durch diese Beschränkung auf die ethische Dimension konnte der Widerstand für große Teile der Bevölkerung konsensfähig und gedenkwürdig werden, weshalb Heuss nicht ohne Stolz anmerkte: »Ich bin unbescheiden genug, diese Rede, die ich lange beabsichtigt hatte, für staatspolitisch und pädagogisch wichtig zu halten.«[636]

War mit dem Jahr 1954 ein erhebliches Anwachsen der Würdigungen des 20. Juli 1944 zu verzeichnen, so ist neben dem Anlaß des ersten runden Jahrestages insbesondere die Tatsache der präsidialen Würdigung für das sich in der Öffentlichkeit wandelnde Bild des deutschen Widerstands von Bedeutung. Signalisierte das Bekenntnis zum Widerstand insbesondere gegenüber den Siegermächten die »politische Umkehr und demokratische Nachkriegsentwicklung«, blieb dieses Datum in den 1950er Jahren Anfeindungen ausgesetzt. Erst in den 1960er Jahren dominierte die »deutschlandpolitische Zuspitzung«, wobei der 20. Juli und der 17. Juni verbunden wurden.[637] Die Gedenkrede von Theodor Heuss kann als Wendepunkt in der öffentlichen Wahrnehmung des Widerstands angesehen werden. Gerade aufgrund der Kombination mit der Wiederwahl und der damit verbundenen faktischen Aufwertung der Feierstunde zu einem Staatsakt erlangte der 20. Juli die Dignität eines offiziellen Gedenkanlasses. Mit dem 10. Jahrestag, dem Auftritt des Bundespräsidenten und der vielbeachteten Rede hatte der 20. Juli die Würde eines wiederkehrenden nationalen Gedenktages erreicht und vervollständigte so die Trias der auf die nationalsozialistische Vergangenheit bezogenen Gedenkanlässe. Neben den Volkstrauertag, der der Erinnerung an die Kriegsopfer gewidmet war und neben die »Woche der Brüderlichkeit«, die der Aussöhnung zwischen Deutschen und Juden dienen sollte, trat die Würdigung der »guten« Deutschen, die dem Nationalsozialismus Widerstand geleistet hatten.

In der Ansprache von Heuss spiegelte sich auch der Stand der Widerstandsforschung der 1950er Jahre wider. Zwar ging es ihm explizit nicht um eine Darstellung der Ereignisse, wie sie in verschiedenen Werken wie Hans Rothfels' »Die deutsche Opposition gegen Hitler« (1948), Eberhard Zellers »Geist der Freiheit« (1952) oder Gerhard Ritters »Carl Goerdeler und die deutsche Widerstandsbewegung« (1954) geleistet wurde, aber er teilte mit der Widerstandshistoriographie die Orientierung am 20. Juli, die Tendenz zur Heroisierung der Akteure und die Konzentration auf die inneren Motive dieses »Aufstands des Gewissens«.[638] Bereits Rothfels verwies auf »unzählige andere Beispiele« und wandte sich so gegen die »weit verbreitete These, daß es niemals eine irgendwie nennenswerte Opposition gegen Hitler gegeben habe«.[639] Andererseits erinnerte er an »objektive Schwierigkeiten«, die den Entschluß zur Opposition in einer Diktatur erschwerten. Neben der »teuflischen Mischung aus Terror und Propaganda« machte er auch »grundsätzliche Schwächen des deutschen Charakters« dafür verantwortlich.[640] In der deutschen Bevölkerung unterschied er, »grob gesprochen«, vier Gruppen: »tatsächliche und nominelle Nazis, Nicht-Nazis und Anti-Nazis«.[641] Heuss konzentrierte sich in seiner Rede von vornherein auf die Gruppe der Anti-Nazis und nutzte ihr Beispiel für eine exemplarische Sinnbildung, die sich von der geschichtswissenschaftlichen Betrachtungsweise deutlich abhob. Das moralische Grundproblem »Gehorsam gegenüber dem Staat vs. Recht zum Widerstand« löste er zudem aus dem historischen Kontext und versuchte damit das historisch orientierende kollektive Gedächtnis in seinem Sinn zu beeinflussen.[642]

Diese Gelegenheit nahmen, bis auf Walter Scheel, auch die Amtsnachfolger von Heuss wahr und würdigten den Widerstand des 20. Juli 1944 mit einer Gedenkrede.[643] Konzentrierte sich bei Heuss die Würdigung weitgehend auf den 20. Juli, bezogen seine Nachfolger andere Strömungen des Widerstands in ihre Betrachtungen mit ein, so daß der Staatsstreichversuch 1944 nur als eine Aktion unter vielen erschien. »Zahlreiche Einzel- und Gruppenaktionen gegen das totalitäre Regime während der gesamten zwölf Jahre sind der Beweis, daß das ›andere Deutschland‹ lebte und eigene Wege ging«, stellte Heinrich Lübke fest und vergaß nicht, »auch viele undoktrinäre Kommunisten sowie Vertreter obrigkeitsstaatlicher Auffassungen« zu erwähnen.[644] Diese auf die deutschen Gegner Hitlers bezogene Würdigung weitete Heinemann demonstrativ aus und schloß »alle Widerstandskämpfer ein, die in den Jahren der Diktatur von 1933 bis 1945 in Deutschland und außerhalb Deutschlands, aus welcher Nation und an welchen Orten auch immer, das Opfer des Lebens für Recht und Menschenwürde brachten«.[645] Karl Carstens sah im 20. Juli das *Zeichen des deutschen Widerstandes* gegen Hitler und den Nationalsozialismus«, betonte also einerseits die nationale Perspektive wieder stärker und verstand andererseits die Tat selbst als Teil einer umfassenden Widerstandsbewegung: »Dieser Widerstand fand hier einen Höhepunkt, aber *er fand nicht nur hier statt. Es gab ihn an vielen anderen Tagen und an vielen Orten*.«[646] Darüber hinaus gedachte er der Opfer des Nationalsozialismus insgesamt.[647] Von dem in solchen Formulierungen anklingenden Eindruck einer breiten Widerstandsbewegung gegen Hitler distanzierte sich Richard von Weizsäcker anläßlich des 40. Jahrestags, indem er die individuelle Entscheidung betonte: »Es gab, wie wir alle wissen, keine staatliche oder gesellschaftliche Institution, keinen Berufsstand und keine Schicht als ganzes, die den Widerstand gegen Hitler getragen hätte.

Vielmehr waren es Gedanken und Entscheidungen einzelner Menschen«.[648] In Abgrenzung zu einem sehr weit gefaßten Widerstands-
begriff,»unter den man fast jede aktive Stellungnahme gegen den
Nationalsozialismus subsumieren kann«, machte Roman Herzog für
Widerstandskämpfer eine »eigene Gefährdung« namhaft.[649]

Reflektierten diese unterschiedlichen Auffassungen über das Ausmaß und die Formen des Widerstands mitunter den jeweiligen Stand
der geschichtswissenschaftlichen Forschung, die zunehmend verschiedene Strömungen mit berücksichtigte und neue Perspektiven
eröffnete, die den Widerstand nicht auf den gewaltsamen Umsturz-
versuch verengten,[650] läßt sich an den Reden auch der Wandel in
der öffentlichen Wahrnehmung des Widerstands ablesen. Mußte
Heuss sich noch mit massiven Vorbehalten gegen den 20. Juli auseinandersetzen und verwahrte sich auch Lübke 1964 gegen die »in
geringerem Maße auch noch heute« anzutreffende Tendenz, »den
Widerstandskämpfern unedle Motive zu unterschieben«, warnte
Heinemann schon 1969: »Solches Gedenken ist, zumal an dieser
Stelle, schon oft geschehen. Aber es darf nicht leere Form werden.«
Daran wird erkennbar, daß der 20. Juli als Gedenktag zwischenzeit-
lich nicht nur allgemein akzeptiert war, sondern sogar Gefahr lief,
rituell zu erstarren.

Dementsprechend wandelte sich in den Reden die Vorstellung
über oft gegenwartsbezogen ausgedeutete Motive und Ziele. Die
außenpolitische Bedeutung trat zunehmend zurück, die bei Heuss
und Lübke noch eine wichtige Rolle gespielt hatte, um dadurch internationale Akzeptanz wiederzuerlangen, daß es auch in Deutschland Widerstand gegeben habe. Lübke konnte 1964 befriedigt feststellen: »Der Aufstand vom 20. Juli ist zum Symbol der Selbstachtung
unseres Volkes und zum Beginn seiner Rehabilitierung in der Völ-
kerfamilie geworden.«[651]

Innenpolitisch spielte bei Heuss im Zusammenhang mit der Eidproblematik die Rechtfertigung des Widerstands selbst die zentrale
Rolle, wobei er den Verschwörern patriotische Motive zusprach.
Lübke zog eine Parallele zum 17. Juni und verstand beide Ereignisse
als Ausdruck einer antitotalitären Gesinnung und erwartete im Hinblick auf die Gegenwart die »aktive Mitarbeit jedes einzelnen zur
Förderung des Gemeinwohls«.[652] Demgegenüber sah Gustav Heinemann, der stärker als Lübke nochmals die Eidproblematik reflektierte, in den Attentätern Vorkämpfer für den »demokratischen
Rechtsstaat« und leitete aus ihrem Tun eine »eindringliche Warnung

vor neuem Nationalismus« ab.[653] Auch Karl Carstens sah das »Vermächtnis des demokratischen Widerstands« im Bekenntnis »zur Freiheit, zur Menschenwürde, zur Demokratie«, wobei er einerseits die nationalen Motive der Verschwörer besonders betonte und andererseits ihren Widerstand von der damals aktuellen Diskussion um ein Widerstandsrecht gegen die Nutzung der Atomkraft und gegen die sog. »Nachrüstung« abgrenzte: »Manche von ihnen leiten das Recht zum Kampf gegen unseren Staat aus dem *Widerstandsrecht des Bürgers* ab. *Dieser Anspruch kommt einer Verunglimpfung der Männer und Frauen des 20. Juli gleich*«.[654]

Thematisierte Weizsäcker durchaus in der Tradition von Heuss den individuellen Gewissenskonflikt und sah er in ihrem Tun nach wie vor gültige »Anforderungen an ein verantwortliches Leben« formuliert,[655] warnte Roman Herzog vor den Gefahren des Totalitarismus, den er nicht mehr auf den Ost-West-Konflikt des Kalten Krieges bezog, sondern als umfassende Gefährdung der Demokratie begriff.[656] Vor seiner Amtszeit hatte Roman Herzog als Präsident des Bundesverfassungsgerichts bereits 1990 eine Gedenkrede gehalten, zu der er sich als Bundespräsident explizit bekannte.[657] Ein Vergleich zeigt, daß er damals schärfer formulierte. Die Warnung vor den Gefahren des Totalitarismus zielte 1990 vor allem auf den »ganz normalen Durchschnittsmenschen in einem totalitären Staat«, dessen Entschuldigungen für seine Passivität er nachdrücklich zurückwies, womit er die Zuschauerrolle vieler Deutscher kritisierte.[658]

Traditionsbildend hat Heuss bei der Etablierung des 20. Juli als Gedenktag gewirkt, während sich die dabei von ihm vorgegebene Form der rhetorische Auseinandersetzung mit der nationalsozialistischen Vergangenheit in der Folgezeit veränderte. Das Attentat wurde nicht nur als gedenkwürdig akzeptiert und mußte nicht mehr als Argument für die internationale Akzeptanz der Bundesrepublik angeführt werden. Die Vorstellung des Widerstands und seiner aktuellen Bedeutung wandelte sich grundlegend. Dabei ist insofern eine Enthistorisierung feststellbar, als der Bezug auf überzeitliche Probleme und die Verbindung mit aktuellen Fragen immer stärker hervortraten, die den 20. Juli zu einem verschieden ausdeutbaren und gezielt funktionalisierbaren historischen Ereignis werden ließ.[659]

Schluß

Die Rede zum 10. Jahrestag des 20. Juli 1944 war die letzte der großen Gedenkreden, die Theodor Heuss als Bundespräsident zum Nationalsozialismus hielt. Nachdem er sich bereits in der Weimarer Republik mit der nationalsozialistischen Bewegung eingehend beschäftigt und seine Kritik in der 1932 erschienene Schrift »Hitlers Weg« zusammengefaßt hatte, stellte seine Reichstagsrede am 11. Mai 1932 in der Endphase der Ära Brüning einen ersten Höhepunkt seiner rhetorischen Auseinandersetzung mit dem Nationalsozialismus dar. Den Regeln einer sachorientierten Parlamentsdebatte folgend, versuchte Heuss damals das Programm der NSDAP kritisch zu analysieren.

Nach Kriegende war die NS-Ideologie so diskreditiert, daß eine sachliche Auseinandersetzung hinfällig war. An die Stelle der deliberativen Erörterung in einer politischen Streitrede trat nun die epideiktische Reflexion über die Erfahrung der nationalsozialistischen Diktatur. Aus der Fülle der Reden, die Heuss unmittelbar nach Kriegsende gehalten hat, wurden zwei herausgegriffen: zum einen seine Ende 1945 in Stuttgart gehaltene Ansprache »In memoriam«, weil in ihr ein frühes Beispiel für den sich entwickelnden Typ einer auf die nationalsozialistische Vergangenheit bezogenen Gedenkrede vorliegt; zum anderen seine programmatische Zeitdiagnose »Um Deutschlands Zukunft«, die er 1946 in Berlin vortrug. Beide Male wurde die Verknüpfung von Vergangenheitsdeutung, Gegenwartsverständnis und Zukunftserwartung selbst thematisch; orientierten sich die Berliner Ausführungen vor allem an möglichen Zukunftsperspektiven, unternahm die Stuttgarter Ansprache vorrangig den Versuch einer rückblickenden Selbstvergewisserung.

Mit der Wahl zum Bundespräsidenten hatten sich die Bedingungen der rhetorischen Auseinandersetzung wiederum geändert, denn Heuss sprach nun nicht mehr als Parteipolitiker, Parlamentarier oder Minister, sondern als Staatsoberhaupt der neu gegründeten Bundesrepublik Deutschland. Aufgrund der Stellung des Bundespräsidenten im Grundgesetz war Heuss mit dem politischen Tagesgeschäft nicht befaßt, weshalb er sich gezielt seinen »metapolitischen« Aufgaben widmen konnte. Im Rahmen seines Bemühens, die Demokratie nicht nur als Regierungssystem, sondern auch als Lebensform in

Deutschland dauerhaft zu etablieren, maß er seinen rednerischen Auftritten große Bedeutung zu. In seiner ersten Amtszeit beschäftigte er sich bei verschiedenen Anlässen in mehreren großen Reden mit der nationalsozialistischen Vergangenheit. Dabei sind drei inhaltliche Schwerpunkte seiner rhetorischen Auseinandersetzung zu unterscheiden, die in enger Verbindung mit dem Gefüge von Gedenktagen stehen, die sich zu Beginn der 1950er Jahre entwickelten. Die Reden zum deutsch-jüdischen Verhältnis von der frühen Ansprache »Mut zur Liebe (1949) über die Reden zur Woche der Brüderlichkeit (1952/56) bis hin zur Ansprache »Das Mahnmal« in Bergen-Belsen (1952) beschäftigten sich mit den Konsequenzen der »Kollektivscham«, die sich aus der systematischen Ermordung der Juden ergab. Mit der militärischen Tradition und dem soldatischen Helden-Mythos setzte sich Heuss bei der Einweihung der Soldatenfriedhöfe in Weeze (1950) und Hürtgenwald (1952) sowie am ersten offiziellen Volkstrauertag (1952) auseinander. Schließlich unternahm er den Versuch, eine positive Gedenktradition zu begründen, indem er am 10. Jahrestag des 20. Juli 1944 den Widerstand gegen Hitler würdigte.

Dies war zwar der Höhepunkt, aber nicht das Ende der rhetorischen Auseinandersetzung mit dem Nationalsozialismus. Hatte er seit seinem Amtsantritt verschiedene Gelegenheiten genützt, um immer wieder Bemerkungen zum Komplex der später so genannten »Vergangenheitsbewältigung« zu machen, so setzte er dies auch in seiner zweiten Amtsperiode fort. So nahm er z. B. in der Silvesteransprache 1955 auf den Nationalsozialismus Bezug, wenn er in kritischer Wendung gegen die Staatsideologie der DDR »von den erstarrten, wissenschaftlich drapierten Propagandafloskeln« sprach, »an die man uns schon 1933 gewöhnen wollte – damals der ›biologische Naturalismus‹ der Rassenlehre, heute der ›historische Materialismus‹ in der vergröberten Auflage«.[1] Angesichts der inzwischen erreichten Souveränität der Bundesrepublik begründete er den Vorrang einer freiheitlichen Ordnung vor der nationalen Einheit unter Rückgriff auf das historische Erbe der NS-Diktatur so: »Wir können die deutsche Einheit morgen, übermorgen haben, wenn wir sie mit dem Verzicht auf die bürgerliche, die geistige Freiheit bezahlen wollen. Diese aber zurückzugewinnen, war ja schließlich, nach der Hitlerzeit, um Deutschlands willen, unsere entscheidende Aufgabe.«[2]

Findet man immer wieder solche Belege für beiläufige Anspielungen auf den Nationalsozialismus, fällt gleichwohl auf, daß Heuss, sieht man von der Rede zur Woche der Brüderlichkeit 1956 ab, nach 1954 keine große Gedenkrede zur nationalsozialistischen Vergangenheit mehr hielt. Dies läßt sich zum einen daraus erklären, daß Heuss in seiner zweiten Amtszeit es in der Regel vermied, noch einmal zum selben Anlaß zu sprechen. Wenn er mitunter Ausnahmen machte, kommentierte er dies ironisch. Als er das zweite Mal an der Bremer Schaffermahlzeit teilnahm, begründete er dies damit, »daß ich gar nicht der Bundespräsident sei und der Heuss, der vor drei Jahren hier war, sondern ein ganz, ganz anderer, weil neu gewählter«.[3] Entscheidender war seine gegenüber Toni Stolper bekundete »offenbar doch vorhandene Eitelkeit: ich habe so oft über das deutsch-französische Verhältnis getönt und will mich nicht wiederholen«, auch wenn er bei diesem Anlaß einer deutsch-französischen Begegnung – »ein paar Motive« z. T. wörtlich wiederverwendete.[4] Nachdem er insbesondere die Rede anläßlich der Einweihung der KZ-Gedenkstätte Bergen-Belsen 1952 und anläßlich des 10. Jahrestages des 20. Juli 1944 in Berlin 1954 zu seinen »wichtigsten Kundgebungen« rechnete, die mehrfach veröffentlicht wurden, verwies Heuss wiederholt auf das damals Gesagte und sah keinen Anlaß zu einer nochmaligen grundsätzlichen Stellungnahme, da er das seiner Meinung nach Notwendige auch in anderen Zusammenhängen formulieren konnte.

Die Auseinandersetzung mit der nationalsozialistischen Vergangenheit beschäftigte ihn aber weiterhin und war nicht allein eine Pflicht des Amtes. In den »Tagebuchbriefen« an Toni Stolper finden sich immer wieder entsprechende Hinweise. So betonte er, daß er etwa bei der Eröffnung des Juristentages im September 1955 »gegen einige der Nazi-Juristen Einiges« gesagt habe, und »jeder wußte, daß Carl Schmitt und Huber gemeint waren«.[5] Ein anderes Mal empfand er eine auf dem »Tagebuch der Anne Frank« beruhende Szenenfolge als »Etwas sehr Bewegendes«.[6] Heuss artikulierte also auch in seiner zweiten Amtszeit sein erinnerungspolitisches Anliegen, wobei er allerdings auf die Form großer Gedenkreden verzichtete.

Zwischenzeitlich hatten sich mit der weitgehenden Souveränität der Bundesrepublik auch die außenpolitischen Rahmenbedingungen geändert. Denn neben dem moralischen Anspruch seiner »Feldzüge gegen das ›Vergessen‹«[7] waren seine Reden durch das politische Ziel geprägt, die Demokratie in Deutschland dauerhaft zu verankern und das Nationalgefühl zu erneuern. Seine Reden signalisierten, wie verschiedentlich deutlich wurde, dem Ausland die gelungene Bekehrung der Deutschen, was ihnen atmosphärisch das Zugeständnis der

Souveränität erleichterte. So erfreute sich Heuss der persönlichen Wertschätzung der Hohen Kommissare McCloy und François-Poncet.[8] War Mitte der 1950er Jahre dieses außenpolitische Ziel erreicht, so zeichnete sich auch innenpolitisch der Erfolg der westdeutschen Demokratiegründung ab. Neben dem Wachhalten der Erinnerung, was Heuss als unabdingbare Voraussetzung für einen die neue Ordnung tragenden Mentalitätenwandel erachtete, war ihm ein gewandeltes Traditionsbewußtsein und Selbstverständnis der neu entstandenen Bundeswehr ein besonderes Anliegen. Dies brachte er in verschiedenen Ansprachen wiederholt zum Ausdruck und faßte es am Ende seiner Amtszeit in seiner 1959 gehaltenen Rede »Soldatentum in unserer Zeit« noch einmal zusammen.

Nach 1955 waren die nun möglichen Staatsbesuche des Bundespräsidenten, die auch innenpolitisch wahrgenommen wurden, Anlässe für eine Auseinandersetzung mit der nationalsozialistischen Vergangenheit. Bei den insgesamt fünf Auslandsvisiten, die ihn 1956 nach Griechenland, 1957 in die Türkei und nach Italien und schließlich 1958 nach Nordamerika (Kanada/USA) und nach Großbritannien führten, spielte die Erinnerung an die Epoche des Nationalsozialismus eine besondere Rolle. In Griechenland besuchte Heuss neben einem deutschen Soldatenfriedhof die »Erinnerungsstätte der von den Hitlerdeutschen erschossenen Geiseln«,[9] was er auf »Klaibers Vorschlag, weil das in Athen Eindruck gemacht« habe, in Italien bei den Ardeatinischen Höhlen wiederholte.[10] In den USA verwies er z. B. in seiner Rede vor beiden Häusern des Kongresses darauf, daß »durch Hitlers Maßlosigkeit auch die USA in seinen Krieg hereingezwungen waren«;[11] in Großbritannien, wo der Staatsbesuch z. T. auf heftige Kritik stieß, bekannte er sich zu den durch die nationalsozialistische Kriegführung verursachten Belastungen und konnte so bestehende Vorbehalte mildern.[12]

Nach seiner Amtszeit spielte die nationalsozialistische Vergangenheit bei seinem Israel-Besuch 1960 noch einmal eine bedeutsame Rolle. Von Martin Buber zu einer Vorlesung in der Universität von Jerusalem eingeladen, wurde er als derjenige begrüßt, der das andere Deutschland »vor der Völkerwelt repräsentiert« habe.[13] Theodor Heuss erinnerte bei dieser Gelegenheit an seine Rede »Mut zur Liebe« und bekräftigte, daß die »Kollektivscham« »uns, den Zeitgenossen wüster Verbrechen, niemand, niemand abnehmen kann, und wir selber dürfen sie am wenigsten von uns zu werfen suchen, als eine lästige Bürde«.[14] Insbesondere in einem Fernsehinterview mit Thilo

Koch erzählte er eindringlich von den Begegnungen mit Verfolgten des NS-Regimes.[15]

Als Theodor Heuss sich am Ende seiner Amtszeit 1959 von Bundestag und Bundesrat verabschiedete, bekannte er, er habe auf seinem Lebensweg »keinen Augenblick vergessen, daß neben diesem Weg die Millionen von Kriegstoten lagen, Toten aus vielen Nationen, nahe Verwandte und Fremde darunter, deren Gewaltsterben ich noch heute betrauere, daß der deutsche Name geschändet wurde«.[16] Auch in seiner Rundfunkansprache aus dem gleichen Anlaß, in der er die Leistungen der vergangenen zehn Jahre hervorhob und eine ganz persönliche Lebensbilanz zog, führte er die deutsche Teilung auf die Politik Hitlers zurück und würdigte neben anderen gesetzlichen Regelungen »die Wiedergutmachung an dem schmachvollen Widerrecht, das so viele, zumal auch jüdische Menschen im ganzen hitlerischen Machtbereich erdulden mußten«.[17]

Sind erinnerungspolitische Motive auch in den Reden seiner zweiten Amtszeit unverkennbar und gingen die entsprechenden Stellungnahmen im Ausland über das diplomatisch Gebotene hinaus, so läßt sich festhalten, daß der Schwerpunkt der rhetorischen Auseinandersetzung mit dem Nationalsozialismus in seine erste Amtszeit fiel. Nicht nur aus diesem sachlichen Grund war die Konzentration der vorliegenden Arbeit auf die Gedenkreden der Jahre 1949–1954 gerechtfertigt, sondern auch wegen der geschichtsdidaktischen Fragestellung der Untersuchung. Sie will einen Beitrag zur Erschließung des bundesrepublikanischen Geschichtsbewußtseins und der in politischen Reden auffindbaren Sinnbildungsprozesse leisten. Dabei geht es nicht um eine normative Bewertung der sog. »Vergangenheitsbewältigung« nach 1945, sondern um die deskriptive Erschließung des Zusammenhangs von Vergangenheitsdeutung, Gegenwartsverständnis und Zukunftserwartung angesichts der Krisenerfahrung des Nationalsozialismus. Die Untersuchung einschlägiger Reden von Theodor Heuss bot sich aus biographischen Gründen an, weil er sich zu verschiedenen Zeiten mit dem Nationalsozialismus auseinandersetzte. Dadurch konnten sein politisches Denken und seine Geschichtsvorstellungen auch im diachronen Vergleich betrachtet werden. Da er als Bundespräsident gehalten war, bei aller individuellen Schwerpunktsetzung einen gesellschaftlichen Konsens zu formulieren, ist seinen Reden ein gewisses Maß an Repräsentativität zuzubilligen. Sie können als Teil des bundesrepublikanischen »Diskurses« über das Erbe des Nationalsozialismus betrachtet werden und deuten mentalitätsgeschichtlich auf Einstellungen der Bundesbürger hin. In geschichtspolitischer Hinsicht waren seine Ansprachen Teil seines präsidialen Programms, das wesentlich auf die Konsolidierung des neugegründeten demokratischen Staatswesens abzielte. In politikgeschichtlicher Betrachtung ergaben sich Aufschlüsse über die Amtsführung des Bundespräsidenten in einem wichtigen Teilbereich, nämlich der Wirkung durch Reden. Die Konzentration auf Einzelreden begründete sich daraus, daß nicht nur das politische Denken von Theodor Heuss und seine Sichtweise des Nationalsozialismus rekonstruiert, was auch aus Briefen, Interviews u. ä. Quellen möglich wäre, sondern daß insbesondere die historische Sinnbildung im Vollzug der öffentlichen Rede untersucht werden sollte.

Dabei stellte sich heraus, daß Theodor Heuss eine spezifische Form der rhetorischen Auseinandersetzung mit dem Nationalsozialismus entwickelte, die im folgenden thesenhaft zusammengefaßt wird:

1. In der Frühphase der Bundesrepublik entstand bis Mitte der 1950er Jahre Schritt für Schritt eine eigene symbolische Repräsentation des neuen Staatswesens, wozu ein Gefüge an Gedenktagen und Gedenkanlässen gehörte, das sich auf die nationalsozialistische Vergangenheit bezog. Theodor Heuss gestaltete dies ganz wesentlich mit, indem er darauf Einfluß nahm, bestimmte Gedenkanlässe wie den 20. Juli zu etablieren, indem er andere Anlässe mit einer bundespräsidialen Rede bewußt aufwertete wie die Woche der Brüderlichkeit oder den Volkstrauertag und indem er ihnen eine dezidierte Bedeutung verlieh wie bei den Einweihungen der Soldatenfriedhöfe. War die Zeit des Nationalsozialismus in den 1950er Jahren im kommunikativen Gedächtnis präsent, so unternahm Heuss den Versuch, das normative kollektive Gedächtnis in seinem Sinne zu beeinflussen und die Erinnerung an die nationalsozialistische Vergangenheit als Teil des kulturellen Gedächtnisses der Bundesrepublik dauerhaft zu sichern. Auf diese Weise bildete sich eine spezifische Form der öffentlichen Erinnerung an die Epoche des Nationalsozialismus heraus, die Heuss nicht »erfand«, aber nachhaltig beeinflußte. Sie verkörperte sich in weitgehend traditionell bestimmten Ritualen, bei denen die von Musik umrahmte Gedenkrede bzw. die in religiös getönte Formen eingebettete Weiheansprache im Mittelpunkt stand, die der politischen Ordnung Legitimität verliehen und für die Bundesbürger identitätsstiftend wirkten. Diese Gedenkkultur war wich-

tiger Bestandteil der symbolischen Repräsentation des neuen Staatswesens und leistet einen wesentlichen Beitrag zur kulturellen Staatsgründung der Bundesrepublik, die sich zeitlich parallel zur »Geburt
der Souveränität« vollzog. Dadurch bekannte sich die westdeutsche
Demokratie in ihrem Selbstverständnis bewußt zum Erbe des Nationalsozialismus und »internalisierte« es im Sinne von M. Rainer Lepsius.

2. Als Bundespräsident prägte Theodor Heuss das mit dem »Paragraphengespinst« des Grundgesetzes vorgegebene Amt durch sein
»Menschentum« und durch das »politische Kräftespiel« mit dem
Bundeskanzler. Dabei sah er seine Aufgabe in bewußter Distanz zum
politischen Tagesgeschäft im »Metapolitischen«. Daran, daß sein
selbst formuliertes präsidiales Programm der »Entkrampfung« nicht
nur auf eine Verarbeitung der Erfahrungen des Nationalsozialismus,
sondern auch der Nachkriegszeit abzielte, wird seine umfassende
Zielsetzung deutlich: Er wollte die Demokratie in Deutschland nicht
nur als Regierungssystem, sondern auch als »Lebensform« etablieren. Angesichts der fehlenden Freiheitstradition in Deutschland kam
es ihm darauf an, bei den Bürgern eine demokratische Einstellung
zu befördern, die sich in der Tugend der »Fairneß« ebenso äußerte
wie in der Bereitschaft zum ehrenamtlichen staatsbürgerlichen Engagement. Im Rahmen eines umfassenden Mentalitätenwandels war
für Heuss die Auseinandersetzung mit dem Nationalsozialismus ein
wichtiger Aspekt. Wenn er in diesem Zusammenhang immer wieder
vor dem Vergessen warnte, ging es ihm nicht um eine »Bewältigung«
der Vergangenheit um ihrer selbst willen als vielmehr um einen Beitrag zur Konsolidierung der jungen Demokratie in der Bundesrepublik: Das Erinnerungs-Postulat wurde zum Legitimitäts-Potential.
Dies war mit der Aufforderung zur individuellen Selbstbesinnung
verbunden, wodurch allein jener Mentalitätenwandel erreicht werden konnte. Die Vergegenwärtigung der nationalsozialistischen Vergangenheit war für Heuss der westdeutschen Demokratiegründung
funktional zugeordnet und stellte keinen Eigenwert dar. Ebensowe-
nig verengte sich die Erfahrung der Diktatur Hitlers auf den »Holocaust«. Seine Reden, in denen das Erinnerungs-Postulat im Mittelpunkt stand, waren die entscheidende Waffe bei seinen »Feldzügen
gegen das ›Vergessen‹«.[18]

3. Die dadurch aufgeworfene »Schuldfrage« beantwortete Heuss
mit der Behauptung einer »Kollektivscham« der Deutschen. Dieses
Gefühl war für ihn als natürliche Reaktion auf die grauenhaften NS-

Verbrechen Ausdruck der moralischen Sensibilität und insofern für die zu entwickelnde demokratische Einstellung unabdingbar. Gleichzeitig wird in diesem Begriff das für Heuss typische Oszillieren zwischen Schuldbekenntnis und Schuldabwehr deutlich. Auch wenn Heuss nachdrücklich jeglichen Vorwurf einer Kollektivschuld zurückwies, ging er in seinen Reden grundsätzlich von einer individuellen Schuld aus, die er aber nicht auf dem *forum externum* öffentlich verhandeln wollte. In den entsprechenden Passagen seiner Reden finden sich gehäuft Passivkonstruktionen und metaphorischen Wendungen. Diese deuten, wenn Heuss behauptet, die nationalsozialistischen Verbrechen seien lediglich »im deutschen Namen« begangen worden, auf eine weitgehende Ent-Schuldigung und, wenn er bekennt, alle seien »schmutzig« geworden, auf eine kollektive Verstrickung hin. Aufgrund der Unbestimmtheit seiner Äußerungen fand in seinen Reden keine Erörterung des Ausmaßes und der Intensität dieser Schuldverstrickung statt, weshalb die Klärung der Schuldfrage bei Heuss offen blieb. Die Aporie, grundsätzlich Schuld zu bekennen, ohne sie individuell zuzurechnen, war ein Signum seiner »Reden nach Hitler«. Gerade angesichts der dem Bundespräsidenten auferlegten »konsensorientierten Gedenktagsrhetorik« erschien eine öffentliche Erörterung individueller Verhaltensweisen zur Zeit des Nationalsozialismus schwer vorstellbar, wäre dadurch das Selbstverständnis der Nachkriegsdeutschen nachhaltig in Frage gestellt worden. Sah der subjektiv wahrgenommene Vorwurf einer Kollektivschuld die Deutschen in der Rolle der Täter, so ging Heuss in seinen frühen Nachkriegsreden von einer selbstverschuldeten Opferrolle aus, da das Volk die Etablierung eines verbrecherischen Regimes zugelassen habe. Im Begriff der »Kollektivscham« verband sich diese Selbstsicht als Opfer mit der als Zuschauer, die zwar von den Verbrechen wußten, aber tatenlos zusehen mußten. Ohne selbst als Täter schuldig geworden zu sein, blieb das Gefühl der Scham über die Untaten anderer Deutscher. Auch wenn den Reden von Theodor Heuss das Wissen zugrunde lag, daß die NS-Verbrechen von Deutschen begangen und in Deutschland wahrgenommen wurden, da sonst das Gefühl der Scham nicht hätte entstehen können, erörterte er weder Ausmaß und Intensität der Schuld, noch problematisierte er die Zuschauerrolle im Hinblick auf eine mögliche Verfehlung durch Unterlassen. Mit dieser Unbestimmtheit trug er der damaligen mentalen Situation in Deutschland Rechnung, in der eine öffentliche Erörterung der Schuldfrage

zu heftigen Kontroversen führte. Umgekehrt eröffnete dieses Oszillieren den Zuhörern einen Interpretationsspielraum, den sie für ihre
individuelle Selbstdefinition nutzen konnten.

4. Der verstörenden Erfahrung des Nationalsozialismus setzte
Heuss eine positive geschichtliche Tradition entgegen, die an die
Vorstellung der deutschen Kulturnation und an das Erbe der Revolution 1848 anknüpfte. War angesichts der zerstörten Staatlichkeit
in Deutschland zunächst das Ausweichen in die vermeintlich unpolitische Auseinandersetzung naheliegend, bot sich im Rückgriff auf
die positive kulturgeschichtliche Tradition Deutschlands die Chance
einer erneuerten nationalen Identität, die sich aus dem christlichen
Abendland herleitete. War Heuss aufgrund seiner Familientradition
und seiner Herkunft aus dem deutschen Südwesten besonders mit
der Revolution 1848 verbunden, so bot sich hier die Möglichkeit,
unter politischen Vorzeichen die Freiheitstradition in der deutschen
Geschichte ins Bewußtsein zu heben. In seinem entschiedenen
Bekenntnis zu den liberalen Ziele der Paulskirche fügte er sich in eine
breite Strömung historisch-politischer Neuorientierung ein, die in
der 100-Jahr-Feier der Revolution 1948 ihren Höhepunkt erreichte
und bereits die Spaltung des deutsch-deutschen Geschichtsbewußtseins erkennen ließ. Gleichwohl sah Heuss, daß die Geschichte der
deutschen Freiheitsbewegungen durch »Niederlagen« gekennzeichnet war, weshalb sich seiner Meinung nach die Demokratie bislang
weder als Regierungsform noch als Lebensform dauerhaft etablieren
konnte.

5. Vor diesem Hintergrund betrachtete Heuss den Staat Hitlers
als Folge eines negativ akzentuierten deutschen »Sonderwegs«, der
gerade wegen der fehlenden Freiheitstradition dem Aufkommen des
Nationalsozialismus den Boden bereitet habe. Andererseits ging
Heuss von der Vorstellung einer auf dem Gleichgewicht historischer
Kräfte beruhenden evolutionären Entwicklung aus, in der die Nation
als Subjekt der Geschichte sich staatlich organisierte. Waren auch
staatliche Formationen im einzelnen kritikwürdig wie etwa das Kaiserreich, wohnte ihnen doch eine eigene Legitimität inne, da sich
in ihnen Kräfte der Nation manifestierten. Aus diesem Grund konnte
der Staat Hitlers von Heuss nur schwer als Teil der Nationalgeschichte und als deutscher Staat begriffen werden. Die Reduktion des Nationalsozialismus auf eine bloße »Zwischenstaatlichkeit« spiegelt die
Inkonsistenz seiner Argumentation, die den negativ akzentuierten
deutschen »Sonderweg« und das positive Erbe der Kulturnation

unverbunden nebeneinandergestellt. Den Widerstand gegen Hitler rechnete er dabei zur liberalen Tradition in der deutschen Geschichte, wodurch er eine durchgängige demokratische Strömung behaupten konnte, die durch den Nationalsozialismus lediglich verdeckt wurde. Bei der Erklärung der NS-Diktatur griff Heuss immer wieder seine vor 1933 ausgebildeten Deutungsmuster wie den »biologischen Materialismus« auf und trennte die die Macht usurpierenden Nationalsozialisten vom deutschen Volk. Auch wenn die Erfahrung des Nationalsozialismus das politische Denken und die Geschichtsvorstellungen von Heuss nachhaltig in Frage stellte, rekurrierte er auf seine vor 1933 ausgebildeten Anschauungen. Sein »demokratischer Nationalismus« wandelte sich dabei zugunsten einer stärkeren Betonung der liberalen Elemente, ohne allerdings die konstitutive Orientierung an der großdeutschen Kulturnation aufzugeben.

6. Da nach 1945 eine neue historische Orientierung erforderlich war, in der die Krisenerfahrung des Nationalsozialismus mit den bisherigen Anschauungen vereinbart werden mußte, stellen die »Reden nach Hitler« von Theodor Heuss einen Modellfall historischer Sinnbildung dar. Erfolgte die Selbstverständigung zum einen in der Auseinandersetzung mit der Schuldfrage, wobei Heuss mit dem Begriff der »Kollektivscham« seinen Zuhörern eine Zuschauerperspektive im Staat Hitlers nahelegte, so bestand sie zum anderen in der Neubestimmung der eigenen nationalen Identität. Im Versuch von Heuss, einerseits an die Tradition der deutschen Kulturnation und andererseits an das Erbe der Revolution von 1848 anzuknüpfen, vermischen sich vor allem Formen traditionaler und kritischer Sinnbildung. Das nationale Selbstverständnis stützte sich in den Augen von Heuss zum einen auf die überkommenen Traditionsbestände der deutschen Geschichte, wobei er gegen die Prägung durch den Obrigkeitsstaat die Freiheitsbewegungen besonders betonte. Im Hinblick auf die militärische Tradition würdigte er das preußische Erbe, erteilte aber dem soldatischen Helden-Mythos und der seiner Meinung nach mißbrauchten Wehrmachtstradition eine klare Absage. In der Rechtfertigung des 20. Juli wiederum griff er insofern auf das Muster exemplarischer Sinnbildung zurück, als er am Beispiel eines einzelnen historischen Ereignisses das ethische Problem der Gehorsamsverweigerung erörterte. Im Zusammenspiel unterschiedlicher Formen historischer Sinnbildung versuchte Heuss eine Erneuerung der historische Orientierung: alte Traditionen kritisch oder zustimmend prüfend, neue Leitbilder entwerfend und so neue Traditionen be-

gründend. Da er diese erneuerte historische Orientierung ab 1949 in seinen Reden als Staatsoberhaupt formulierte, wurde sie Teil des offiziellen Selbstverständnisses der Bundesrepublik Deutschland.

7. Die große Wirkung seiner Reden beruhte aber nicht allein auf der Autorität des Amtes, sondern auch auf seinem spezifischen Redestil. Der mitunter kolportierte Eindruck, Heuss habe weithin frei gesprochen, entspricht nicht den Tatsachen, sondern war das Ergebnis langjähriger rhetorischer Erfahrung, sorgfältiger Vorbereitung und geschickter Selbstinszenierung. Heuss schrieb, auch wenn er sich mitunter beraten ließ, seine Reden selbst, wobei er sich in dieser Hinsicht einen individuellen Arbeitsstil zulegte, der auch die Wirkung der rednerischen Selbstdarstellung in der *actio* mitbedachte. Seine »räsonnierende Gesprächsrhetorik« zielte darauf ab, die monologische Redesituation, die insbesondere für die präsidialen Reden kennzeichnend ist, dialogisch aufzubrechen. Die genaue Berücksichtigung der Erwartungen des Auditoriums, der spontan anmutende eher zögernde Rededuktus, die Einbindung fiktiver Kontrahenten in den Argumentationsgang, die Neigung zur anekdotischen Erzählung, die Fähigkeit zum anschaulichen metaphorischen Ausdruck und zur einprägsamen Formulierung, die Bereitschaft zur persönlichen Mitteilung und die Berufung auf das exemplarische Beispiel – all dies erfüllte die Ansprüche des inneren und äußeren rhetorischen *aptum* und ermöglichte Heuss eine wirkungsvolle Formulierung seiner Aussagen. Reichte die Ausbildung dieses Redestils bis in die Zeit vor dem Ersten Weltkrieg zurück, so änderten sich die Redesituationen, in denen er sich mit dem Nationalsozialismus auseinandersetzte. Orientierte er sich 1932 noch an den Regeln einer sachorientierten Parlamentsdebatte, indem er eine deliberative politische Parteirede im klassischen Sinne hielt, so entfiel nach 1945 die argumentative Auseinandersetzung mit den Nationalsozialisten. Statt dessen wurde der Nationalsozialismus als vergangene Epoche zum Objekt von epideiktischen Gedenkreden. Nach der Wahl zum Bundespräsidenten war Heuss in seinen Reden politisch der aktuellen Diskussion ebenso enthoben wie verfassungsrechtlich von einer Gegenzeichnungspflicht befreit. Dabei gelang es ihm in seiner Amtszeit, einerseits die Möglichkeiten der »weltlichen Predigt«, die insbesondere der Bundespräsidentenrede innewohnt, zu nutzen, und andererseits die »konsensorientierte Gedenktagsrhetorik« kommunikativ aufzulösen, indem er kontroverse Ansichten in seine Reden argumentativ und stilistisch integrierte. Seine »räsonnierende Ge-

sprächsrhetorik« bezog auf diese Weise die Zuhörer in seine Argumentation mit ein, ermöglichte ihnen aber durch die sprachlichen Unbestimmtheiten an kontroversen Punkten die individuelle Ausdeutung des Gesagten, die nicht immer mit den Absichten des Redners Heuss übereinstimmte. Insofern setzte er sich in seinen »Reden nach Hitler« nicht nur mit der nationalsozialistischen Vergangenheit auseinander, sondern repräsentierte nach den aufpeitschenden Massenappellen von Goebbels und Hitler einen demokratischen Redestil.

8. Gleichwohl markieren die Aporie, über das Unaussprechliche sprechen zu müssen, und das Oszillieren zwischen Schuldbekenntnis und Schuldabwehr die Grenzen der rhetorischen Auseinandersetzung mit dem Nationalsozialismus, die Heuss, da er sie diskursiv nicht auflösen konnte, im uneigentlichen Sprechen »bewältigte«. Die noch fehlende Ritualisierung von Gedenkformeln und die Sprachmächtigkeit von Theodor Heuss, die ihn originelle Wendungen etwa in Form der Allegorie oder Metonymie finden ließen, ermöglichten es ihm, gleichsam den Abgrund des Unaussprechlichen metaphorisch zu überspringen und das Tabu der Schuldfrage beredt zu wahren. Heuss konnte in seiner spezifischen Form der rhetorischen Auseinandersetzung das explizite Bekenntnis zur nationalsozialistischen Vergangenheit mit der impliziten Distanzierung von ihr vereinbaren. Damit spiegelte sich in seinen »Reden nach Hitler« vermutlich ein Aspekt des Geschichtsbewußtseins vieler Bundesbürger, wodurch die bundesrepublikanische Gesellschaft das Erbe des Nationalsozialismus »internalisieren« konnte, ohne daran zu zerbrechen.

9. In der Betrachtung der rhetorischen Auseinandersetzung von Theodor Heuss mit dem Nationalsozialismus waren drei Perspektiven von Bedeutung: die Geschichte der »Vergangenheitsbewältigung«, die Rolle von Reden im historischen Prozeß und die Bedeutung von Theodor Heuss als Bundespräsident.

Die den aktuellen politischen Kontroversen entzogenen Kundgebungen des Staatsoberhaupts stellten nur scheinbar unbedeutende Gedenkreden dar. Konnte und wollte Heuss aufgrund des Zuschnitts des Amtes und der politischen Übereinstimmung mit Adenauer keine politischen Entscheidungen treffen, beanspruchte er mit seinen Reden kulturelle Deutungsmacht. Dadurch beeinflußte er die politische Kultur und das Geschichtsbewußtsein der Bundesrepublik. Dies reichte von der Etablierung entsprechender Gedenktage bis hin zur Formulierung konsensträchtiger historischer Orientierungen. In dieser Perspektive erscheint Theodor Heuss als Bundespräsident nicht als repräsentative Randfigur, sondern als eigenständig politisch Handelnder.

Gedenkreden erwiesen sich dabei als Medium, um das normativ gültige kollektive Gedächtnis zu artikulieren und zu beeinflussen und die Erinnerung an die nationalsozialistische Vergangenheit im kulturellen Gedächtnis dauerhaft zu sichern. Nicht nur rhetorisches Geschick, sondern auch die besondere Qualität präsidialer Ansprachen als »weltliche Predigten« lassen Gedenkreden als wichtiges Medium historischer Sinnbildung erscheinen, die jedoch in ihrer konkreten Ausformung kontextabhängig sind. Insofern bedarf es einer Medialisierung, um die je spezifische Form des Geschichtsbewußtseins zu erfassen. Nur im Zuge einer solchen Kontextualisierung, bei der die historisch-politischen Vorstellungen von Heuss, sein präsidiales Programm, die institutionellen Bedingungen des Amtes und die zeitgeschichtliche Situation einbezogen werden, erschließt sich der Sinn der Reden.

Im Hinblick auf die Geschichte der »Vergangenheitsbewältigung« lag der Schwerpunkt der rhetorischen Auseinandersetzung von Theodor Heuss mit dem Nationalsozialismus zum einen in der unmittelbaren Nachkriegszeit und zum anderen in den Gründerjahren der Bundesrepublik bis zur Mitte der 1950er Jahre. Seine erinnerungspolitische Leistung als Bundespräsident läßt sich anhand seiner Reden bestätigen, wobei nicht die normative Bewertung, sondern die deskriptive Erschließung eine angemessene Beurteilung ermöglicht. Dies würde zum einen bedeuten, daß die frühen 1950er eine Phase intensiver öffentlicher Selbstverständigung über das Erbe des Nationalsozialismus waren. Gerade daß sich Ansichten artikulierten, die für einen »Schlußstrich« plädierten, verweist auf eine kontroverse öffentliche Diskussion. Angesichts der außenpolitischen Situation und angesichts der innenpolitischen Probleme und Entscheidungen, mit denen sich der westdeutsche Nachfolgestaat des Staates Hitlers auseinanderzusetzen hatte, war eine Beschäftigung mit der Vergangenheit unabdingbar. Zum anderen war die spezifische Form des Umgangs mit dem Erbe des Nationalsozialismus historisch bedingt und kann erst im Zuge einer genauen Analyse angemessen beurteilt werden. So war die rhetorische Auseinandersetzung von Theodor Heuss mit dem Nationalsozialismus seinen politischen Zielen funktional zugeordnet. Das Erinnerungs-Postulat

war kein abstrakter politischer Imperativ, sondern Element des angestrebten Mentalitätenwandels und Legitimitäts-Potential für die neu
gegründete westdeutsche Demokratie. Die Untersuchung der »Reden nach Hitler« von Theodor Heuss versteht sich insofern als Beitrag zu einer Historisierung der »Vergangenheitsbewältigung«.

Durch die Ausbildung eines Gefüges an Gedenktagen wurde die öffentliche Erinnerung an die Epoche des Nationalsozialismus und die
rhetorische Auseinandersetzung mit ihr bis in die 1980er Jahre hinein geprägt, als eine Reihe von runden Jahrestagen und die bei diesen
Gelegenheiten gehaltenen Reden die öffentliche Diskussion an-
fachten. Erst 1996 trat mit der Einführung eines Holocaust-Gedenk-
tages am 27. Januar ein weiterer wiederkehrender Gedenkanlaß hinzu.[19] Alle Nachfolger von Theodor Heuss blieben gleichwohl an das
in den 1950er Jahren ausgebildete Gefüge wiederkehrender Gedenkanlässe gebunden und nutzten ihre Amtszeit, um in der Regel einmal eine Rede zur Woche der Brüderlichkeit und zum 20. Juli zu halten sowie zumindest die Totenehrung am Volkstrauertag zu sprechen. Die stichprobenartige Untersuchung einschlägiger Reden
anderer Bundespräsidenten zeigte neben der prägenden Kraft der
Gedenkkultur die traditionsbildende Kraft der rhetorischen Auseinandersetzung von Theodor Heuss mit dem Nationalsozialismus. Versuchte er aus dem noch lebendigen kommunikativen Gedächtnis an
diese Epoche heraus das kollektive Gedächtnis in seinem Sinne mit-
zugestalten, so schuf er damit den Rahmen für die entsprechenden
Reden seiner Nachfolger. Jeder Amtsinhaber versuchte auf seine
Weise, durch die Orientierung an aktuellen Ereignissen und durch
die zeitgeschichtliche Situation beeinflußt, dem Gedenken an den
Nationalsozialismus einen eigenen Sinn abzugewinnen. Die wiederkehrende rhetorische Erinnerung lief allerdings mit der Zeit
Gefahr, rituell zu erstarren und zum leblosen Bestandteil der kulturellen Erinnerung zu werden, weshalb Roman Herzog bei solchen
Anlässen die Form des Gedenkens selbst, die sich in den 1950er Jahren unter Theodor Heuss entwickelt hatte, in Frage stellte. Gleichwohl läßt sich vom ersten Bundespräsidenten und seinen »Reden
nach Hitler« behaupten: Im Anfang der rhetorischen Auseinandersetzung mit dem Nationalsozialismus war Theodor Heuss.

Dank

Die vorliegende Untersuchung wurde im Sommersemester 2000 von der Philosophischen Fakultät für Geschichts- und Kunstwissenschaften der Ludwig-Maximilians-Universität München als Dissertation angenommen. Das Manuskript wurde im Frühjahr 2000 abgeschlossen und für die Drucklegung überarbeitet und gekürzt; später erschienene Literatur konnte nicht mehr systematisch eingearbeitet werden.

Prof. Dr. Hans-Michael Körner betreute die Arbeit und ließ mir die nötige geistige und zeitliche Freiheit, um eigene Gedanken zu entwickeln und diese relativ zügig niederzuschreiben. Prof. Dr. Horst Möller und Prof. Dr. Walter Ziegler waren im Promotionsverfahren als Gutachter beteiligt.

Einen großen Anteil am Gelingen der Arbeit hat die Stiftung Bundespräsident-Theodor-Heuss-Haus in Stuttgart. Durch die Aufnahme in ihre Wissenschaftliche Reihe und durch großzügige finanzielle Unterstützung bei der Drucklegung trug sie wesentlich zur Veröffentlichung der Studie bei. Dr. Thomas Hertfelder und Dr. Gudrun Kruip begleiteten die Arbeit mit großem Interesse und halfen mir nicht nur fachlich, sondern waren und sind auch menschlich anregende Gesprächspartner.

Frau Ursula Heuss-Wolff gab wichtige Informationen aus dem Familienarchiv und genehmigte den Abdruck unveröffentlichter Texte.

Prof. Dr. Waltraud Schreiber, Prof. Dr. Jürgen C. Heß, Dr. Hans-Peter Mensing, Privatdozent Dr. Helmut Zedelmaier lasen Teile des Manuskripts und gaben fachliche Ratschläge.

Allen Genannten – und allen Ungenannten in der Münchner Universität, in Bibliotheken, Archiven, Gedenkstätten und anderen Institutionen – gilt mein herzlicher Dank.

Anmerkungen

Einleitung

1 KURT SONTHEIMER: Die Adenauer-Ära. Grundlegung der Bundesrepublik, München [2]1996, S. 15.

2 MANFRED KITTEL: Die Legende von der »Zweiten Schuld«. Vergangenheitsbewältigung in der Ära Adenauer, Berlin / Frankfurt (M) 1993, S. 387.

3 PETER DUDEK: »Vergangenheitsbewältigung«. Zur Problematik eines umstrittenen Begriffs, in: Aus Politik und Zeitgeschichte (APUZ), B 1–2/92 (3.1.1992), S. 44–53, hier S. 45.

4 Ebd., S. 44. Vgl. ANDREAS MAISLINGER: ›Vergangenheitsbewältigung‹ in der Bundesrepublik Deutschland, der DDR und Österreich. Psychologisch-pädagogische Maßnahmen im Vergleich, in: UWE BACKES / ECKHARD JESSE / RAINER ZITELMANN (Hg.): Die Schatten der Vergangenheit. Impulse zur Historisierung des Nationalsozialismus, Frankfurt (M) / Berlin 1990, S. 479–496; er stellt fest, »daß sich der deutschsprachige Journalismus, aber auch die wissenschaftliche Forschung bis jetzt nicht um eine Definition bemüht hat« (S. 479). Vgl. a. HELMUT KÖNIG: Von der Diktatur zur Demokratie oder Was ist Vergangenheitsbewältigung, in: DERS. / ANDREAS WÖLL (Hg.): Vergangenheitsbewältigung am Ende des zwanzigsten Jahrhunderts, Opladen 1998 (= Leviathan, Sonderheft 18), S. 371–392, hier S. 378–380.

5 Vgl. GRETE KLINGENSTEIN: Über Herkunft und Verwendung des Wortes »Vergangenheitsbewältigung«, in: Geschichte und Gegenwart 7 (1988), S. 301–312; M. KITTEL: Legende, S. 14–28; DER SPRACHDIENST 34 (1990), S. 126f mit Belegen für eine mögliche Urheberschaft von Heuss.

6 M. KITTEL: Legende, S. 18.

7 BULLETIN DES PRESSE- UND INFORMATIONSAMTES DER BUNDESREGIERUNG (BULLETIN), Nr. 41 (3. 3. 1959), S. 385f, hier S. 385 (Herv. i. Orig.).

8 Ebd. (Herv. i. Orig.).

9 BULLETIN, Nr. 118 (4.7.1959), S. 1197–1200, hier S. 1200 (Herv. i. Orig.).

10 So der Titel der einflußreichen Darstellung von MARTIN BROSZAT: Der Staat Hitlers. Grundlegung und Entwicklung seiner inneren Verfassung, München [9]1981.

11 Vgl. M. RAINER LEPSIUS: Das Erbe des Nationalsozialismus und die politische Kultur der Nachfolgestaaten des »Großdeutschen Reiches«, in: MAX HALLER / HANS-JOACHIM HOFFMANN-NOWOTNY / WOLFGANG ZAPF (Hg.): Kultur und Gesellschaft. Verhandlungen d. 24. Soziologentages, d. 11. Österreichischen Soziologentages u. d. 3. Kongresses d. Schweizerischen Gesellschaft für Soziologie in Zürich

1988, Frankfurt (M) / New York 1989, S. 247–264, hier S. 252, 253 (Herv. i. Orig.).

12 THEODOR W. ADORNO: Was bedeutet: Aufarbeitung der Vergangenheit?, in: DERS.: Eingriffe. Neun kritische Modelle, Frankfurt (M) ⁷1971, S. 125–146, hier S. 128.

13 Ebd., S. 142. Vgl. a. mit direktem Bezug auf Adornos Aufsatz: JÜRGEN HABERMAS: Was bedeutet ›Aufarbeitung der Vergangenheit‹ heute? Bemerkungen zur doppelten Vergangenheit, in: DERS.: Die Moderne – ein unvollendetes Projekt. Philosophisch-politische Aufsätze 1977–1992, Leipzig ²1992, S. 242–267; JOACHIM PERELS: Die Zerstörung von Erinnerung als Herrschaftstechnik. Adornos Analysen zur Blockierung der Aufarbeitung der NS-Vergangenheit, in: H. KÖNIG / A. WÖLL: Vergangenheitsbewältigung, S. 53–68.

14 P. DUDEK: Vergangenheitsbewältigung, S. 44 verwendet im Hinblick auf die politische Bildung den Begriff »pädagogische Verarbeitung«. Vgl. BERT PAMPEL: Was bedeutet »Aufarbeitung der Vergangenheit«? Kann man aus der »Vergangenheitsbewältigung« nach 1945 für die Aufarbeitung nach 1989 Lehren ziehen?, in: APUZ B 1–2/95 (6. 1. 1995), S. 27–38.

15 Vgl. ALFRED GROSSER: Vergangenheitsbewältigung. Rede an der Friedrich-Schiller-Universität Jena, gehalten am 18. 5. 1994, Jena 1994 (= Schriften des Collegium Europaeum Jenense, 11). Er verteidigt den Begriff gerade »*wegen* der Vieldeutigkeit des Begriffs« und versucht ihm eine positive Bedeutung zu geben: »Bewältigen heißt weder abschütteln, noch verneinen, wohl aber *Herr werden über.* Bewältigen heißt somit frei werden *von* durch Nutzbarmachen *für*« (S. 7, Herv. i. Orig.).

16 NORBERT FREI: Das Problem der NS-Vergangenheit in der Ära Adenauer, in: HEINRICH OBERREUTER / JÜRGEN WEBER (Hg.): Freundliche Feinde? Die Alliierten und die Demokratiegründung in Deutschland, München / Landsberg (Lech) 1996, S. 181–194, hier S. 181.

17 Vgl. z. B. MICHAEL SCHORNSTHEIMER: Bombenstimmung und Katzenjammer. Vergangenheitsbewältigung, Quick und Stern in den 50er Jahren, Köln 1989 [neu bearb. u. d. T.: Die leuchtenden Augen der Frontsoldaten. Nationalsozialismus und Krieg in den Illustriertenromanen der fünfziger Jahre, Köln 1995], S. 9: »Noch eine Veröffentlichung zum Thema Nationalsozialismus und dessen Verarbeitung. Schon wieder ›Vergangenheitsbewältigung‹?«; ULRICH BROCHHAGEN: Nach Nürnberg. Vergangenheitsbewältigung und Westintegration in der Ära Adenauer, Hamburg 1994, S. 9: »Schon wieder Vergangenheitsbewältigung?«

18 P. DUDEK: Vergangenheitsbewältigung, S. 46. Vgl. NORBERT FREI: Vergangenheitspolitik. Die Anfänge der Bundesrepublik und die NS-Vergangenheit, München 1996. Es stellt fest, »daß die Geschichte der *Vergangenheitsbewältigung* – soweit darunter mehr verstanden wird als die politische Säuberung während der Besatzungszeit – bis vor kurzem kaum Gegenstand historischer Forschung war« (S. 7, Herv. i. Orig.).

19 Vgl. ECKHARD JESSE: Doppelte Vergangenheitsbewältigung in Deutschland. Ein Problem der Vergangenheit, Gegenwart und Zukunft, in: DERS. / KONRAD LÖW: Vergangenheitsbewältigung, Berlin 1997, S. 11–26, hier S. 23f.

20 RALPH GIORDANO: Die zweite Schuld oder Von der Last Deutscher zu sein, Hamburg / Zürich 1987, S. 11; vgl. a. DERS. (Hg.): »Wie kann diese Generation eigentlich noch atmen?« Briefe zu dem Buch »Die zweite Schuld oder Von der Last Deutscher zu sein«, Hamburg 1990 mit einer Sammlung von Reaktionen auf das Buch.

21 Alexander und Margarete Mitscherlich: Die Unfähigkeit zu trauern. Grundlagen kollektiven Verhaltens, München 1967, S. 37f.

22 Vgl. ebd., S. 27–85, hier S. 40. Auf »psychoanalytische Denkfehler« in dieser Untersuchung weist hin: Tilmann Moser: Die Unfähigkeit zu trauern: Hält die Diagnose einer Überprüfung stand? Zur psychischen Verarbeitung des Holocaust in der Bundesrepublik, in: Psyche 46 (1992), S. 389–402.

23 Hermann Lübbe: Der Nationalsozialismus im deutschen Nachkriegsbewußtsein, in: Historische Zeitschrift (HZ) 236 (1983), S. 579–599, hier S. 585; Lübbe hebt ebd., S. 587–589 seine Position dezidiert von der »Verdrängungsthese« ab. Vgl. a. Ralf Dahrendorf: Eine Vergangenheit – viele Zukünfte. Theodor Heuss und das historische Selbstverständnis der Deutschen, in: Thomas Hertfelder (Hg.): Heuss im Profil. Vorträge und Diskussionen zum Eröffnungsfestakt der Stiftung Bundespräsident-Theodor-Heuss-Haus am 29./30. November 1996, Stuttgart 1997, S. 18–23, hier S. 20: »Könnte es nicht sein, daß eine der Stärken der Bundesrepublik darin bestand, daß sie die Zukunft angepackt hat, ohne sich allzu ausgiebig in die Vergangenheit zu versenken? Die Frage bricht schon fast ein Tabu.«

24 Vgl. M. Kittel: Legende, S. 9–14 u. pass.

25 Vgl. Daniel Jonah Goldhagen: Hitlers willige Vollstrecker. Ganz gewöhnliche Deutsche und der Holocaust, Berlin 1996.

26 Daniel Jonah Goldhagen: Modell Bundesrepublik. Nationalgeschichte, Demokratie und Internationalisierung in Deutschland – eine Preisrede, in: Süddeutsche Zeitung (SZ) am Wochenende, 15./16. 3. 1997, S. If, hier S. I.

27 Vgl. Hartmut Berghoff: Zwischen Verdrängung und Aufarbeitung. Die bundesdeutsche Gesellschaft und ihre nationalsozialistische Vergangenheit in den fünfziger Jahren, in: Geschichte in Wissenschaft und Unterricht (GWU) 49 (1998), S. 96–114, hier S. 97–100.

28 Vgl. z. B. Ulrich von Hehl: Kampf um die Deutung. Der Nationalsozialismus zwischen »Vergangenheitsbewältigung«, Historisierungspostulat und »Neuer Unbefangenheit«, in: Historisches Jahrbuch (HJb) 117 (1997), S. 406–436, hier S. 407: »Jede Beschäftigung mit dieser Vergangenheit, die dann zu der Vergangenheit schlechthin wurde, hatte somit von Anfang an eine eminent politisch-praktische Dimension, weshalb ihre mannigfachen (wissenschaftlichen, publizistischen, gesetzgeberischen) Formen zumindest im Westen Deutschlands stets breite öffentliche Aufmerksamkeit fanden.«

29 Im folgenden kann angesichts der schier uferlosen Literatur nur ein grober Überblick über die Forschungslage gegeben werden; vgl. H. Berghoff: Verdrängung, S. 97–100; U. v. Hehl: Deutung; Christa Hoffmann: Deutsche Vergangenheitsbewältigung, in: Jahrbuch Extremismus & Demokratie 5 (1993), S. 193–218; Axel Schildt: Der Umgang mit der NS-Vergangenheit in der Öffentlichkeit der Nachkriegszeit, in: Wilfried Loth / Bernd-A. Rusinek (Hg.): Verwandlungspolitik. NS-Eliten in der westdeutschen Nachkriegsgesellschaft, Frankfurt (M) / New York 1998, S. 19–54.

30 Vgl. z. B. Gabriele von Arnim: Das große Schweigen. Von der Schwierigkeit, mit dem Schatten der Vergangenheit zu leben, München 1989.

31 Vgl. z. B. zur politischen Bildung: Matthias Heyl: Erziehung nach Auschwitz. Eine Bestandsaufnahme. Deutschland, Niederlande, Israel, USA, Hamburg 1997; zur Geschichte der Pädagogik: Peter Dudek: »Der Rückblick auf die Vergangenheit wird sich nicht vermeiden lassen«. Zur pädagogischen Verarbeitung des Natio-

nalsozialismus in Deutschland (1945–1990), Opladen 1995; Ders.: Die Thematisierung der NS-Vergangenheit in der Pädagogik der BRD und der DDR. Eine vergleichende Studie auf der Basis einer systematischen Zeitschriftenanalyse, in: Tel Aviver Jahrbuch für deutsche Geschichte 23 (1994), S. 371–400; politologisch: Thomas Herz / Michael Schwab-Trapp: Umkämpfte Vergangenheit. Diskurse über den Nationalsozialismus, Opladen 1997; mit Anleihen aus der Ethnologie: Micha Brumlik: Trauerrituale und politische Kultur nach der Shoah in der Bundesrepublik, in: Hanno Loewy (Hg.): Holocaust. Die Grenzen des Verstehens. Eine Debatte über die Besetzung der Geschichte, Reinbek 1992, S. 191–212; interdisziplinär: Nicolas Berg / Jess Jochimsen / Bernd Stiegler (Hg.): Shoah. Formen der Erinnerung. Geschichte, Philosophie, Literatur, Kunst, München 1996; Helmut Schreyer / Matthias Heyl (Hg.): Das Echo des Holocaust. Pädagogische Aspekte des Erinnerns, Hamburg 1992.

32 Vgl. z. B. Peter Graf Kielmannsegg: Lange Schatten. Vom Umgang der Deutschen mit der nationalsozialistischen Vergangenheit, Berlin 1989; Christian Meier: 40 Jahre nach Auschwitz. Deutsche Geschichtserinnerung heute, München 1987; Y. Michal Bodemann: Gedächtnistheater. Die jüdische Gemeinschaft und ihre deutsche Erfindung, Hamburg 1996; Christoph Butterwegge (Hg.): NS-Vergangenheit, Antisemitismus und Nationalismus in Deutschland. Beiträge zur politischen Kultur der Bundesrepublik und zur politischen Bildung, Baden-Baden 1997; Richard M. Müller: Normal-Null und die Zukunft der deutschen Vergangenheitsbewältigung, Schernfeld 1994; Armin Mohler: Der Nasenring. Die Vergangenheitsbewältigung vor und nach dem Fall der Mauer, München 1991.

33 Vgl. z. B. Ian Buruma: Erbschaft der Schuld. Vergangenheitsbewältigung in Deutschland und Japan, München 1994.

34 Vgl. z. B. A. Schildt: Umgang; U. Backes u. a.: Schatten; E. Jesse / K. Löw, Vergangenheitsbewältigung; H. König / A. Wöll: Vergangenheitsbewältigung; Helmut König: Die deutsche Einheit im Schatten der NS-Vergangenheit, in: Leviathan 20 (1992), S. 359–379; Ders.: Das Erbe der Diktatur. Der Nationalsozialismus im politischen Bewußtsein der Bundesrepublik, in: Leviathan 24 (1996), S. 163–180; J. Habermas, Aufarbeitung; U. v. Hehl, Kampf; Wolfgang Benz: Nachkriegsgesellschaft und Nationalsozialismus. Erinnerung, Amnesie, Abwehr, in: Dachauer Hefte 6 (1990), S. 12–24; Ders.: Zum Umgang mit der nationalsozialistischen Vergangenheit in der Bundesrepublik, in: Jürgen Danyel (Hg.): Die geteilte Vergangenheit. Zum Umgang mit Nationalsozialismus und Widerstand in beiden deutschen Staaten, Berlin 1995, S. 47–60; Dan Diner: Zwischen Aporie und Apologie. Über Grenzen der Historisierbarkeit des Nationalsozialismus, in: Ders. (Hg.): Ist der Nationalsozialismus Geschichte? Zu Historisierung und Historikerstreit, Frankfurt (M) 1987, S. 62–73; Bernd Faulenbach: NS-Interpretationen und Zeitklima. Zum Wandel in der Aufarbeitung der jüngsten Vergangenheit, in: APUZ B 22/1987 (30. 5. 1987), S. 19–30; Adolf M. Birke: Die Bundesrepublik Deutschland im Schatten der NS-Diktatur, in: Karl Otmar Freiherr v. Aretin / Jaques Bariéty / Horst Möller (Hg.): Das deutsche Problem in der neueren Geschichte, München 1997, S. 91–102; Hermann Graml: Die verdrängte Auseinandersetzung mit dem Nationalsozialismus, in: Martin Broszat (Hg.): Zäsuren nach 1945. Essays zur Periodisierung der deutschen Nachkriegsgeschichte, München 1990, S. 169–183; Hans Mommsen: Aufarbeitung und Verdrängung. Das Dritte Reich im westdeutschen Geschichtsbewußtsein, in:

D. DINER, Nationalsozialismus, S. 74–88; DERS.: Die Last der Vergangenheit, in:
JÜRGEN HABERMAS (Hg.): Stichworte zur »Geistigen Situation der Zeit«, 2 Bde.,
Frankfurt (M) 1979, Bd. 1, S. 164–184; DERS.: Erfahrung, Aufarbeitung und
Erinnerung des Holocaust in Deutschland, in: H. LOEWY: Holocaust, S. 93–100;
LUTZ NIETHAMMER: Erinnerungsgebot und Erfahrungsgeschichte. Institutionalisie-
rungen mit kollektivem Gedächtnis, in: H. LOEWY: Holocaust, S. 21–34; ULRICH
HERBERT / OLAF GROEHLER: Zweierlei Bewältigung. Vier Beiträge über den Umgang
mit der NS-Vergangenheit in den beiden deutschen Staaten, Hamburg 1992;
MICHAEL WOLFFSOHN: Keine Angst vor Deutschland!, Erlangen u. a. 1990,
S. 96–148; international vergleichend: ALFRED GROSSER: Ermordung der Mensch-
heit. Der Genozid im Gedächtnis der Völker, München / Wien 1990; A. MAISLIN-
GER, Vergangenheitsbewältigung; WERNER BERGMANN / RAINER ERB / ALBERT LICHTBLAU
(Hg.): Schwieriges Erbe. Der Umgang mit Nationalsozialismus und Antisemitis-
mus in Österreich, der DDR und der Bundesrepublik Deutschland, Frank-
furt (M) / New York 1995; AGNES BLÄNSDORF: Die Einordnung der NS-Zeit in das
Bild der eigenen Geschichte: Österreich, die DDR und die Bundesrepublik
Deutschland im Vergleich, in: W. BERGMANN / R. ERB / A. LICHTBLAU, Erbe,
S. 18–48; DIES.: Zur Konfrontation mit der NS-Vergangenheit in der Bundesrepublik Deutschland, der DDR und Österreich. Entnazifizierung und Wiedergutmachungsleistungen, in: APUZ B 16/17 (1987), S. 3–18.

35 Vgl. zur Schulddiskussion z. B.: BARBRO EBERAN: Luther? Friedrich »der Große«?
Wagner? Nietzsche? ...? ...? Wer war an Hitler schuld? Die Debatte um die
Schuldfrage 1945–1949, München ²1985; zur Wahrnehmung des Holocaust in
der Öffentlichkeit z. B.: WERNER BERGMANN: Die Reaktion auf den Holocaust in
Westdeutschland 1945 bis 1989, in: GWU 43 (1992), S. 327–350; NORBERT FREI:
Auschwitz und Holocaust. Begriff und Historiographie, in: H. LOEWY: Holocaust,
S. 101–109; zu den 1950er Jahren: DETLEF GARBE: Äußerliche Abkehr, Erinne-
rungsverweigerung und »Vergangenheitsbewältigung«: Der Umgang mit dem
Nationalsozialismus in der frühen Bundesrepublik, in: AXEL SCHILDT / ARNOLD
SYWOTTEK (Hg.): Modernisierung im Wiederaufbau. Die westdeutsche Gesell-
schaft der 50er Jahre, Bonn 1993, S. 693–716; H. BERGHOFF: Verdrängung; zu
aktuellen Kontroversen z. B.: WERNER BERGMANN: Antisemitismus in öffentlichen
Konflikten. Kollektives Lernen in der politischen Kultur der Bundesrepublik
1949–1989, Frankfurt (M) / New York 1997; MICHA BRUMLIK: Das Öffnen der
Schleusen. Bitburg und die Rehabilitation des Nationalismus in der Bundes-
republik, in: GEORG HAFNER / EDMUND JACOBY (Hg.): Die Skandale der Republik,
Darmstadt 1991, S. 261–274; WOLFGANG BENZ: Trauern oder Feiern. Der schwie-
rige 9. November, in: Journal für Geschichte 1990/5, S. 38–45; DERS.: Die
Abwehr der Vergangenheit. Ein Problem nur für Historiker und Moralisten?,
in: D. DINER: Nationalsozialismus, S. 17–33; zum Antisemitismus z. B.: WERNER
BERGMANN / RAINER ERB (Hg.): Antisemitismus in der Bundesrepublik Deutschland.
Ergebnisse der empirischen Forschung von 1946–1989, Opladen 1991; DIES.
(Hg.): Antisemitismus in der politischen Kultur nach 1945, Opladen 1990;
ECKHARD JESSE: Philosemitismus, Antisemitismus und Anti-Antisemitismus. Ver-
gangenheitsbewältigung und Tabus, in: U. BACKES U. A.: Schatten, S. 543–567;
FRANK STERN: Im Anfang war Auschwitz. Antisemitismus und Philosemitismus im
deutschen Nachkrieg, Gerlingen 1991; zum 20. Juli z. B.: REGINA HOLLER: 20. Juli
1944. Vermächtnis oder Alibi? Wie Historiker, Politiker und Journalisten mit
dem deutschen Widerstand gegen den Nationalsozialismus umgehen. Eine

Untersuchung der wissenschaftlichen Literatur, der offiziellen Reden und der Zeitungsberichterstattung in Nordrhein-Westfalen von 1945 bis 1986, München u. a. 1994; GERD R. UEBERSCHÄR (Hg.): Der 20. Juli 1944. Bewertung und Rezeption des deutschen Widerstands gegen das NS-Regime, Köln 1994; NORBERT FREI: Erinnerungskampf. Zur Legitimationsproblematik des 20. Juli 1944 im Nachkriegsdeutschland, in: Gewerkschaftliche Monatshefte 46 (1995), S. 664–676; ANDREAS WÖLL: »Wegweisend für das deutsche Volk« – Der 20. Juli 1944: Öffentliche Erinnerung und Vergangenheitsbewältigung in der Bundesrepublik, in: H. KÖNIG / A. WÖLL: Vergangenheitsbewältigung, S. 17–37; zu Denkmälern und Gedenkstätten z. B.: ULRIKE PUVOGEL / MARTIN STANKOWSKI: Gedenkstätten für die Opfer des Nationalsozialismus. Eine Dokumentation, Bd. 1, Bonn ²1996; JAMES E. YOUNG: Formen des Erinnerns. Gedenkstätten des Holocaust, Wien 1997; HANS-MICHAEL KÖRNER: Vergangenheitsbewältigung im Denkmal?, in: DERS. / KATHARINA WEIGAND: Denkmäler in Bayern, Augsburg 1997, S. 34–40.

36 CONSTANTIN GOSCHLER: Wiedergutmachung. Westdeutschland und die Verfolgten des Nationalsozialismus 1945–1954, München 1992.

37 CHRISTA HOFFMANN: Stunden Null? Vergangenheitsbewältigung in Deutschland 1945 und 1989, Bonn / Berlin 1992; vgl. DIES.: Vergangenheitsbewältigung.

38 U. BROCHHAGEN: Nürnberg; vgl. a. W. LOTH / B. RUSINEK: Verwandlungspolitik.

39 M. KITTEL: Legende.

40 N. FREI: Vergangenheitspolitik; unter »Vergangenheitspolitik« versteht Frei »ein Stück Politikgeschichte aus den Anfangsjahren der Bundesrepublik, das hohe Bedeutung hinsichtlich der kurzfristigen Stabilisierung einer für ihre innere Verfassung nun zunehmend wieder selbst verantwortlichen Gesellschaft hatte, nicht weniger aber hinsichtlich der längerfristigen Entwicklung der politischen, justitiellen und intellektuellen Maßstäbe im Umgang mit der NS-Vergangenheit« (S. 13).

41 Vgl. JEFFREY HERF: Zweierlei Erinnerung. Die NS-Vergangenheit im geteilten Deutschland, Berlin 1998, S. 9: »Thema dieser Studie ist die Frage, wie antifaschistische deutsche Politiker den Nationalsozialismus als Zeitgenossen interpretierten und wie sie sich später daran erinnerten, wenn sie in der Politik der Besatzungszeit, in den beiden deutschen Staaten und im vereinten Deutschland federführend in Erscheinung traten. Im Mittelpunkt steht die Mischung aus Überzeugungen und Interessen, Ideologie und Machtstreben, welche die politische Erinnerung und die öffentliche Darstellung der NS-Zeit sowie die aus der Vergangenheit gezogenen Lehren bestimmte.«

42 CLEMENS ALBRECHT U. A.: Die intellektuelle Gründung der Bundesrepublik. Eine Wirkungsgeschichte der Frankfurter Schule, Frankfurt (M) / New York 1999.

43 Vgl. MARTIN BROSZAT / SAUL FRIEDLÄNDER: Um die Historisierung des Nationalsozialismus. Ein Briefwechsel, in: Vierteljahrshefte für Zeitgeschichte (VZG) 36 (1988), S. 339–372.

44 Vgl. zum Historikerstreit: »HISTORIKERSTREIT«. Die Dokumentation der Kontroverse um die Einzigartigkeit der Judenvernichtung, München / Zürich 1987; zur Goldhagen-Kontroverse: J. D. GOLDHAGEN: Vollstrecker; GOLDHAGEN-KONTROVERSE, Hamburg 1996 [= ZEITdokument 1996/1]; RUTH BETTINA BIRN / VOLKER RIEß: Das Goldhagen-Phänomen oder 50 Jahre danach, in: GWU 49 (1998), S. 80–95; zur »doppelten Vergangenheitsbewältigung«: JÜRGEN DANYEL (Hg.): Die geteilte Vergangenheit. Zum Umgang mit Nationalsozialismus und Widerstand in beiden deutschen Staaten, Berlin 1995; CHRISTOPH KLEßMANN: (Hg.): Deutsche Ver-

gangenheiten – eine gemeinsame Herausforderung. Der schwierige Umgang mit der doppelten Nachkriegsgeschichte, Berlin 1999; KLAUS SÜHL (Hg.): Vergangenheitsbewältigung 1945 und 1989. Ein unmöglicher Vergleich?, Berlin 1994.

45 PETER REICHEL: Politik mit der Erinnerung. Gedächtnisorte im Streit um die nationalsozialistische Vergangenheit, München 1995, S. 41.

46 Vgl. GOTTHARD JASPER: Wiedergutmachung und Westintegration. Die halbherzige justizielle Aufarbeitung der NS-Vergangenheit in der frühen Bundesrepublik, in: LUDOLF HERBST (Hg.): Westdeutschland 1945–1955. Unterwerfung, Kontrolle, Integration, München 1986, S. 183–202; er betont (gegen Peter Steinbach): »Die eigentliche Wendemarke sehe ich in den frühen 60er Jahren« (S. 200); D. GARBE, Abkehr gliedert in eine Phase »Aufbruch einzelner (1945 bis 1947/48)«, die durch eine »kollektive Erinnerungsverweigerung und Schuldabwehr (ab 1947/48)« abgelöst worden sei, bevor ein »Generationswandel und erste Anzeichen eines beginnenden Einstellungswandels (Ende der 50er/Anfang der 60er Jahre)« erfolgt sei. B. FAULENBACH: NS-Interpretationen, S. 30 bemerkt: »Sieht man von der Publizistik der frühen Nachkriegszeit ab, so läßt sich vielmehr die These wagen, daß erst in den sechziger Jahren die NS-Zeit und ihre Verbrechen sowie die daraus resultierenden Folgen das deutsche geschichtliche Bewußtsein erreicht haben.«

47 Vgl. C. ALBRECHT U. A.: Gründung, S. 568: »Wenn man für den Anfang dieses Prozesses der wachsenden Internalisierung der Vergangenheitsbewältigung als Legitimitätspotential einen Anfang, ein Zäsur sucht, so war dies nicht das Jahr 1968, sondern 1959, als die Diskussion um die unbewältigte Vergangenheit losbrach und die politische Pädagogik sich des Themas annahm.«

48 Vgl. PETER STEINBACH: Nationalsozialistische Gewaltverbrechen. Die Diskussion in der deutschen Öffentlichkeit nach 1945, Berlin 1981, S. 45–47; DERS.: Nationalsozialistische Gewaltverbrechen in der deutschen Öffentlichkeit nach 1945. Einige Bemerkungen, Fragen, Akzente, in: JÜRGEN WEBER / PETER STEINBACH (Hg.): Vergangenheitsbewältigung durch Strafverfahren? NS-Prozesse in der Bundesrepublik Deutschland, München 1984, S. 13–39.

49 Vgl. C. GOSCHLER: Wiedergutmachung.

50 J. HABERMAS: Aufarbeitung, S. 247.

51 Vgl. GOTTHARD JASPER: »Vergangenheitsbewältigung«. Historische Erfahrungen und politische Voraussetzungen, in: Beiträge zur Hochschulforschung, hg. v. Bayerischen Institut für Hochschulforschung und Hochschulplanung, 1991/4, S. 353–369; vgl. a. HELMUT KÖNIG: Die deutsche Einheit im Schatten der NS-Vergangenheit, in: Leviathan 20 (1992), S. 359–379, hier S. 362–367.

52 Vgl. M. KITTEL: Legende, S. 363–379.

53 Die Rede von Heuss zum 10. Jahrestag des 20. Juli 1944 paßt allerdings nicht in Kittels Phaseneinteilung.

54 A. MAISLINGER: Vergangenheitsbewältigung, S. 481.

55 Vgl. C. ALBRECHT U. A.: Gründung, S. 530–534.

56 Vgl. P. REICHEL: Politik, S. 19–34, hier S. 26–28 sowie das zusammenfassende Schema S. 359.

57 Michael Haspel: Gedenkrede, in: Gert Ueding (Hg.): Historisches Wörterbuch der
   Rhetorik, Bd. 1ff, Tübingen 1992ff, Bd. 3, Sp. 639–644, hier Sp. 643.

58 Vgl. z. B. Gert Ueding / Bernd Steinbrink: Grundkurs der Rhetorik. Geschichte –
   Technik – Methode, Stuttgart / Weimar [3]1994, S. 254–257; Clemens Ottmers:
   Rhetorik, Stuttgart 1996, S. 17–24; Heinrich Lausberg: Elemente der literarischen
   Rhetorik, Eine Einführung für Studierende der klassischen, romanischen, engli-
   schen und deutschen Philologie, München [7]1982, S. 18f.

59 M. Haspel: Gedenkrede, in: G. Ueding: Wörterbuch, Bd. 3, Sp. 639; vgl. a.
   Stefan Matuschek: Beredsamkeit, in: Gert Ueding (Hg.): Historisches Wörterbuch
   der Rhetorik, Bd. 1ff, Tübingen 1992ff, Bd. 2, Sp. 1258–1267.

60 Vgl. C. Ottmers: Rhetorik, S. 23f ; G. Ueding / B. Steinbrink: Grundriß,
   S. 254–257; Heinrich Lausberg: Handbuch der literarischen Rhetorik. Eine
   Grundlegung der Literaturwissenschaft, Stuttgart [3]1990, S. 129–138; Ders.:
   Elemente, S. 18f.

61 M. Haspel: Gedenkrede, in: G. Ueding: Wörterbuch, Bd. 3, Sp. 639.

62 Katharina Oehler: Glanz und Elend der öffentlichen Erinnerung. Die Rhetorik
   des Historischen in Richard v. Weizsäckers Rede zum 8. Mai und Philipp Jenningers Rede zum 9. November, in: Klaus Fröhlich / Heinrich Theodor Grütter / Jörn
   Rüsen (Hg.): Geschichtskultur, Pfaffenweiler 1992, S. 121–135, hier S. 123.

63 Karl-Ernst Jeismann: »Geschichtsbewußtsein«. Überlegungen zur zentralen
   Kategorie eines neuen Ansatzes der Geschichtsdidaktik, in: Hans Süssmuth
   (Hg.): Geschichtsdidaktische Positionen. Bestandsaufnahme und Neuorientierung, Paderborn u. a. 1980, S. 179–222, hier S. 198f; zum Ansatz Jeismanns
   vgl. a.: Ders.: Didaktik der Geschichte. Die Wissenschaft von Zustand, Funktion
   und Veränderung geschichtlicher Vorstellungen im Selbstverständnis der
   Gegenwart, in: Erich Kosthorst (Hg.): Geschichtswissenschaft. Didaktik – Forschung – Theorie, Göttingen 1977, S. 9–33; Ders.: Geschichtsbewußtsein als
   zentrale Kategorie der Geschichtsdidaktik, in: Gerhard Schneider (Hg.):
   Geschichtsbewußtsein und historisch-politisches Lernen, Pfaffenweiler 1988
   (= Jahrbuch für Geschichtsdidaktik, Bd. 1), S. 8–24; als Einführung in die Diskussion seines Ansatzes: Waltraud Schreiber: Neuere geschichtsdidaktische Positionen und ihr Lebensweltbegriff. Versuch einer Präzisierung im Anschluß an
   die Phänomenologie Edmund Husserls, Bochum 1995, S. 68–89.

64 K.-E. Jeismann: Geschichtsbewußtsein als zentrale Kategorie, S. 9.

65 Vgl. K.-E. Jeismann: Didaktik, S. 12–15.

66 Vgl. Jörn Rüsen: Historische Vernunft. Grundzüge einer Historik I: Die Grundlagen der Geschichtswissenschaft, Göttingen 1983, S. 48–58, hier S. 51; er versteht Geschichtsbewußtsein als den »Inbegriff der mentalen Operationen«,
   »mit denen Menschen ihre Erfahrungen vom zeitlichen Wandel ihrer Welt und
   ihrer selbst so deuten, daß sie ihre Lebenspraxis in der Zeit absichtsvoll orientieren können« (S. 48f); vgl. a. W. Schreiber: Positionen, S. 25–67.

67 Vgl. Jörn Rüsen: Lebendige Geschichte. Grundzüge einer Historik III: Formen
   und Funktionen des historischen Wissens, Göttingen 1989, S. 39–56, hier
   S. 43, 46, 49f, 52.

68 Diese Aspekte der Feiertagsregelung und der Entstehung und Entwicklung von
   Gedenktagen in der Nachkriegszeit sind, soweit ich sehe, noch nicht systematisch untersucht, auch wenn sie im Rahmen der wissenschaftlichen Bemühungen um Fragen des kulturellen Gedächtnisses auf besonderes Interesse stoßen.
   Vgl. z. B. Thomas Schmidt: Kalender und Gedächtnis. Erinnern im Rhythmus der

Zeit, Göttingen 2000; Emil Brix / Hannes Stekl (Hg.): Der Kampf um das Gedächtnis. Öffentliche Gedenktage in Mitteleuropa, Wien u. a. 1997; Karl
Pellens (Hg.): Historische Gedenkjahre im politischen Bewußtsein. Identitätskritik und Identitätsbildung in Öffentlichkeit und Unterricht, Stuttgart 1992; für
die deutsche Situation z. B. Edgar Wolfrum: Geschichtspolitik und deutsche
Frage. Der 17. Juni im nationalen Gedächtnis der Bundesrepublik (1953–89),
in: Geschichte und Gesellschaft (GG) 24 (1998), S. 382–411; Ders.: Geschichtspolitik in der Bundesrepublik Deutschland. Der Weg zur bundes-
republikanischen Erinnerung 1948–1990, Darmstadt 1999; Fritz Schellack:
Nationalfeiertage in Deutschland von 1871 bis 1945, Frankfurt (M) u. a. 1990;
Peter Reichel: Politik, S. 265–323; Detlef Lehnert / Klaus Megerle (Hg.): Politische
Identität und nationale Gedenktage. Zur politischen Kultur in der Weimarer
Republik, Opladen 1989; Dietmar Schiller: Politische Gedenktage in Deutschland. Zum Verhältnis von öffentlicher Erinnerung und politischer Kultur, in:
APUZ B 25/93 (18. 6. 1993), S. 32–39; Ders.: Die inszenierte Erinnerung. Politische Gedenktage im öffentlich-rechtlichen Fernsehen der Bundesrepublik
Deutschland zwischen Medienereignis und Skandal, Frankfurt (M) 1993; weiterhin: Alois Friedel: Deutsche Staatssymbole. Herkunft und Bedeutung der
politischen Symbolik in Deutschland. Frankfurt (M) / Bonn 1968; Hans Hattenhauer: Deutsche Nationalsymbole. Zeichen und Bedeutung, München 1984
[3. Aufl. Köln 1998 u. d. T.: Geschichte der deutschen Nationalsymbole. Zeichen und Bedeutung]; grundsätzliche Überlegungen z. B. bei Wolfgang
Hardtwig: Die Sehnsucht nach Größe. Über das intensive Bedürfnis, historische
Jahrestage zu feiern, in: Ders.: Geschichtskultur und Wissenschaft, München
1990, S. 302–309; aus didaktischer Perspektive: Klaus Bergmann: Gedenktage,
Gedenkjahre, in: Ders. u. a. (Hg.): Handbuch der Geschichtsdidaktik, Seelze-Vel-
ber ⁵1997, S. 758–767; Ders.: Kalender-Geschichten, in: Udo Arnold / Peter
Meyers / Uta C. Schmidt (Hg.): Stationen eines Hochschullebens. Festschrift für
Annette Kuhn zum 65. Geburtstag am 22. Mai 1999, Dortmund 1999,
S. 131–147.

69 K. Oehler: Glanz, S. 123.

70 Vgl. Roland Bernecker: Intention, in: Gert Ueding (Hg.): Historisches Wörterbuch
der Rhetorik, Bd. 1ff, Tübingen 1992ff, Bd. 4, Sp. 451–459; G. Ueding /
B. Steinbrink: Grundriß, S. 277–282.

71 M. Haspel: Gedenkrede, in: G. Ueding: Wörterbuch, Bd. 3, Sp. 639.

72 Jörn Rüsen: Geschichtskultur, in: Klaus Bergmann u. A. (Hg.): Handbuch der
Geschichtsdidaktik, Seelze-Velber ⁵1997, S. 38–41, hier S. 38.

73 Jörn Rüsen: Geschichtskultur als Forschungsproblem, in: Klaus Fröhlich/Heinrich
Theodor Grütter/Jörn Rüsen (Hg.): Geschichtskultur, Pfaffenweiler 1992,
S. 39–50, hier S. 40.

74 Jörn Rüsen: Was ist Geschichtskultur? Überlegungen zu einer neuen Art, über
Geschichte nachzudenken, in: Klaus Füßmann/Jörn Rüsen (Hg.): Historische Fas-
zination. Geschichtskultur heute, Köln u. a. 1994, S. 3–26, hier S. 4, 3. Vgl. a.
Bernd Mütter / Bernd Schönemann / Uwe Uffelmann (Hg.): Geschichtskultur.
Theorie – Empirie – Pragmatik, Weinheim 2000.

75 J. Rüsen: Geschichtskultur als Forschungsproblem, S. 39.

76 Vgl. ebd.

77 Vgl. ebd., S. 40f.

78 Heide Wunder: Kultur-, Mentalitätengeschichte, Historische Anthropologie, in: Richard v. Dülmen (Hg.): Fischer Lexikon. Geschichte, Frankfurt (M) 1990, S. 68–86, hier S. 64.

79 Vgl. Carola Lipp: Politische Kultur oder das Politische und Gesellschaftliche in der Kultur, in: Wolfgang Hardtwig / Hans-Ulrich Wehler (Hg.): Kulturgeschichte heute, Göttingen 1996 [= GG, Sonderheft 16], S. 78–110; Karl Rohe: Politische Kultur und ihre Analyse. Probleme und Perspektiven der politischen Kulturforschung, in: HZ 250 (1990), S. 321–346.

80 Vgl. Andreas Dörner: Politischer Mythos und symbolische Politik, Reinbek 1996; Sabine R. Arnold / Christian Fuhrmeister / Dietmar Schiller: Hüllen und Masken der Politik. Ein Aufriß, in: Dies. (Hg.): Politische Inszenierung im 20. Jahrhundert: Zur Sinnlichkeit der Macht, Wien u. a. 1998, S. 7–24.

81 Vgl. K. Oehler: Glanz, S. 122.

82 Vgl. E. Wolfrum: Geschichtspolitik (1999), bes. S. 25–32, hier S. 25.

83 Vgl. H. Wunder: Kulturgeschichte, S. 72: Mentalitätsgeschichte versucht demnach, »kollektive Weltsichten, Vorstellungen und Einstellungen zu fundamentalen Lebenssituationen, zu gesellschaftlichen Institutionen und Machtverhältnissen, um Sinnstrukturen und Rationalitäten kollektiven Verhaltens sowohl bei Ereignissen wie bei der Bewältigung lebensweltlicher Situationen zu ergründen«. Vgl. grundlegend Volker Sellin: Mentalität und Mentalitätsgeschichte, in: HZ 241 (1985), S. 555–598; Hagen Schulze: Mentalitätsgeschichte – Chancen und Grenzen eines Paradigmas der französischen Geschichtswissenschaft, in: GWU 36 (1985), S. 247–270.

84 Vgl. Aleida Assmann: Gedächtnis, Erinnerung, in: K. Bergmann u. a.: Handbuch, S. 33–38, S. 34:»Wir können hier weniger von einer Technik (= ars) als von einer anthropologischen Grundkraft (= vis) sprechen, welche darin besteht, sich der eigenen Identität über eine Erzählung ihres Gewordenseins zu vergewissern.« Vgl. Dies.: Erinnerungsräume. Formen und Wandlungen des kulturellen Gedächtnisses, München 1999, S. 27–32.

85 Jan Assmann: Kollektives Gedächtnis und kulturelle Identität, in: Jan Assmann / Tonio Hölscher (Hg.): Kultur und Gedächtnis, Frankfurt (M) 1988, S. 9–19, S. 11f.

86 Ebd., S. 16; vgl. ebd., S. 13–16 die Aufgliederung der einzelnen Merkmale des kulturellen Gedächtnisses; A. Assmann: Erinnerungsräume.

87 Vgl. Aleida Assmann / Ute Frevert: Geschichtsvergessenheit – Geschichtsversessenheit. Vom Umgang mit deutschen Vergangenheiten nach 1945, Stuttgart 1999, S. 35–52, hier S. 42.

88 Ebd., S. 49.

89 Vgl. Eric Hobsbawm: Inventing Traditions, in: Eric Hobsbawm / Terence Ranger (Hg.): The Invention of Traditon, Cambridge 1994 [zuerst 1983], S. 1–14, hier S. 1: »›Invented tradition‹ is taken to mean a set of practices, normally governed by overtly or tacitly accepted rules and of a ritual or symbolic nature, which seek to inculcate certain values an norms of behaviour by repition, which automatically implies continuity with the past.« Demgegenüber kann die Erinnerungskultur gerade der Bewältigung von Kontingenzerfahrungen dienen.

90 Vgl. IV. 5.

91 Vgl. als historischen Überblick C. OTTMERS: Rhetorik, S. 17–52; G. UEDING /
    B. STEINBRINK: Grundriß, S. 11–204; HEINRICH F. PLETT (Hg.): Die Aktualität der
    Rhetorik, München 1996.

92 Vgl. z. B. JOSEF KOPPERSCHMIDT (Hg.): Politik und Rhetorik. Funktionswandel politi-
    scher Rede, Opladen 1995; DERS.: Politische Rhetorik statt rhetorischer Politik?,
    in: H. F. PLETT: Aktualität, S. 21–35.

93 Vgl. z. B. CHRISTIAN RASKOB: Grenzen und Möglichkeiten der Verständigung. Politi-
    sche Kommunikation zwischen Inszenierung und Aufklärung, Frankfurt (M) 1995.

94 Vgl. z. B. MANFRED OPP DE HIPT / ERICH LATNIAK (Hg.): Sprache statt Politik? Poli-
    tikwissenschaftliche Semantik- und Rhetorikforschung, Opladen 1991.

95 Vgl. z. B. PETER L. OESTERREICH: Fundamentalrhetorik. Untersuchung zu Person
    und Rede in der Öffentlichkeit, Hamburg 1990.

96 KARL-GEORG FABER: Zum Einsatz historischer Aussagen als politisches Argument,
    in: HZ 221 (1975), S. 265–303; vgl. a. DERS.: Zur Instrumentalisierung histori-
    schen Wissens in der politischen Diskussion, in: REINHARD KOSELLECK (Hg.): Theo-
    rie der Geschichte, Bd. 1, München 1977, S. 270–319.

97 Vgl. WOLFGANG BACH: Geschichte als politisches Argument. Eine Untersuchung an
    ausgewählten Debatten des Deutschen Bundestags, Stuttgart 1977, hier S. 20.

98 Vgl. KATHARINA OEHLER: Geschichte in der politischen Rhetorik. Historische Argu-
    mentationsmuster im Parlament der Bundesrepublik Deutschland, Hagen
    1989.

99 Vgl. HANS-PETER GOLDBERG: Bismarck und seine Gegner. Die politische Rhetorik
    im kaiserlichen Reichstag. Düsseldorf 1998, bes. S. 12–42, hier S. 30.

100 Vgl. DIETER LANGEWIESCHE: Geschichte als politisches Argument: Vergangenheits-
    bilder als Gegenwartskritik und Zukunftsprognose – die Reden der Bundespräsi-
    denten, in: Saeculum 43 (1992), S. 36–53.

101 MATTHIAS RENSING: Geschichte und Politik in den Reden der deutschen Bundes-
    präsidenten 1949–1984, Münster / New York 1996, S. X; fraglich bleibt aller-
    dings, ob der Anspruch, damit ein »Stück bundesrepublikanischer Mentalitäts-
    geschichte« vor der Vereinigung« (S. VIII) zu erfassen, nicht zu hoch gesteckt ist.
    Vgl. a. DERS.: Nationalsozialismus in den Reden der Bundespräsidenten Heuss
    bis Carstens, in: MICHAEL EPKENHANS / MARTIN KOTTKAMP / LOTHAR SNYDERS (Hg.):
    Liberalismus, Parlamentarismus und Demokratie, Göttingen 1994, S. 272–299
    [= FS Manfred Botzenhart].

102 Vgl. HELMUT DUBIEL: »Niemand ist frei von der Geschichte«. Die nationalsozialisti-
    sche Herrschaft in den Debatten des Deutschen Bundestages, München 1999.

103 WOLFGANG BENZ: Geschichte als prägendes Element, in: Normen. Stile. Institu-
    tionen. Zur Geschichte der Bundesrepublik, hg. v. d. BAYERISCHEN LANDESZENTRALE
    FÜR POLITISCHE BILDUNGSARBEIT, München 2000, S. 23–34, hier S. 29.

104 Vgl. zur Weizsäcker-Rede z. B. JÜRGEN BELGRAD U. A.: Von unschuldigen Deutschen
    und ihren Opfern. Über die Wirkungsformen einer »großen Rede«: Richard von
    Weizsäcker und der 8. Mai 1985, in: GUNZELIN SCHMID NOERR (Hg.): Metamor-
    phosen der Aufklärung. Vernunftkritik heute, Tübingen 1988, S. 174–188; zur
    Jenninger-Rede z. B. ARMIN LASCHET / HEINZ MALANGRÉ (Hg.): Philipp Jenninger.
    Rede und Reaktion, Aachen / Koblenz 1989; ASTRID LINN: »... noch heute ein Fas-
    zinosum ...«. Philipp Jenninger zum 9. November 1938 und die Folgen, Mün-
    ster 1991; ELISABETH DOMANSKY: »Kristallnacht«, the Holocaust and the German
    Unity: The Meaning of November 9 as an Anniversary in Germany, in: History
    & Memory 4 (1992), S. 60–94; HEIKO GIRNTH: Einstellung und Einstellungsbe-

kundung in der politischen Rede. Eine sprachwissenschaftliche Untersuchung der Rede Philipp Jenningers vom 10. November 1988, Frankfurt (M) 1993.

105 Vgl. P. REICHEL: Politik.

106 Vgl. D. SCHILLER: Erinnerung; DERS.: Gedenktage. Dem Argumentationsmuster Schillers folgt das Themenheft Gedenktage der Zeitschrift »Geschichte lernen«.

107 ULRIKE EMRICH / JÜRGEN NÖTZOLD: Der 20. Juli 1944 in den offiziellen Gedenkreden in der Bundesrepublik und in der Darstellung der DDR, in: APUZ B 26/84 (30. 6. 1984), S. 3–12.

108 Vgl. A. WÖLL: 20. Juli, hier S. 18.

109 R. HOLLER: 20. Juli, S. 16 nennt als Ziel ihrer Arbeit, »zu zeigen, wie mit geschichtlichen Erfahrungen Politik gemacht wird. Konkret heißt das: wie Personen, Ereignisse, geschichtliches Handeln zur Identifikation und Legitimation genutzt und benutzt werden, wie offiziell versucht wird, Geschichtsbewußtsein ›herzustellen‹ und wie der Gedenktag 20. Juli 1944 für aktuelle politische Probleme und Auseinandersetzungen umgedeutet wird und welche Rolle Journalisten dabei spielen«, konzentriert sich allerdings dabei auf »die Rolle der Medienberichterstatter« (S. 23).

110 Vgl. EKKEHARD FELDER: Kognitive Muster der politischen Sprache. Eine linguistische Untersuchung zur Korrelation zwischen sprachlich gefaßter Wirklichkeit und Denkmustern am Beispiel der Reden von Theodor Heuss und Konrad Adenauer, Frankfurt (M) u. a. 1995. Seine Textbasis ist allerdings sehr schmal (vgl. S. 1–17, 245), weshalb seine Ergebnisse (vgl. S. 217–243) nur bedingt aussagekräftig sind. Aufgrund von fünf Reden von Theodor Heuss kommt er z. B. zu dem Schluß: »Beispielsweise bewertete er *1919* das Ziel der staatlichen Einheit äußerst positiv und erstrebenswert, *1952* hingegen scheint er dieses Ideal – vielleicht inzwischen auch zur Utopie geworden – aufgegeben zu haben (weil nicht thematisiert)« (S. 219; Herv. i. Orig.). Nur weil in drei Nachkriegsreden der Begriff »Nation« selten begegnet, rechtfertigt dies keineswegs ein so weitreichendes Urteil. Wie sich zeigen wird, ist das Gegenteil der Fall.

111 Vgl. C. OTTMERS: Rhetorik, S. 53–60.

112 Vgl. ebd., S. 87–92; LOTHAR BORNSCHEUER: Topik. Zur Struktur der gesellschaftlichen Einbildungskraft, Frankfurt (M) 1976.

113 Vgl. C. OTTMERS: Rhetorik, S. 145–198.

114 Vgl. JÜRGEN NIERAAD: »Bildgesegnet und bildverflucht«. Forschungen zur sprachlichen Metaphorik, Darmstadt 1977, S. 1: »Unter einer Metapher / einem Bild soll dabei zunächst verstanden werden die Verwendung eines sprachlichen Ausdrucks in einer Bedeutung, die von der Sprachgemeinschaft nicht allgemein akzeptiert ist und die als Ergebnis der jeweiligen spezifischen Kontextualisierung dieses Ausdrucks aufzufassen ist.«

115 Vgl. G. UEDING / B. STEINBRINK: Grundriß, S. 11–45.

116 WALTER JENS: Rhetorik, in: Reallexikon der deutschen Literaturgeschichte, hg. v. WERNER KOHLSCHMIDT U. WOLFGANG MOHR, 4 Bde., Berlin / New York [2]1958–1979, Bd. 3, S. 432–456.

117 G. UEDING / B. STEINBRINK: Grundriß, S. 6; vgl.C. OTTMERS: Rhetorik, S. 7–9; ROLF BACHEM: Analyse, rhetorische, in: GERT UEDING (Hg.): Historisches Wörterbuch der Rhetorik, Bd. 1ff, Tübingen 1992ff, Bd. 1, Sp. 514–542; HEINRICH F. PLETT: Einführung in die rhetorische Textanalyse, Hamburg [8]1991.

118 Die rhetorischen Analysen werden im Präsens formuliert, während für die Darstellung des aus den Quellen erarbeiten Redekontextes das Imperfekt verwendet wird.

119 Reiner Keller: Diskursanalyse, in: Ronald Hitzler / Anne Honer (Hg.): Sozialwissenschaftliche Hermeneutik. Eine Einführung, Opladen 1997, S. 309–333, hier S. 313.

120 Vgl. zur Einführung in die Diskursanalyse: Stefan Titscher u. a.: Methoden der Textanalyse. Leitfaden und Überblick, Opladen 1998; Siegfried Jäger: Text- und Diskursanalyse. Eine Anleitung zur Analyse politischer Texte, Duisburg ⁴1993; Ders.: Kritische Diskursanalyse. Eine Einführung, Duisburg 1993. Beispielhafte Anwendung: Michael Schwab-Trapp: Konflikt, Kultur und Interpretation. Eine Diskursanalyse des öffentlichen Umgangs mit dem Nationalsozialismus, Opladen 1996. Bemerkenswerterweise wird die rhetorische Textanalyse im Rahmen der Methodik nicht berücksichtigt.

121 Schon allein zum 20. Juli liegen so viele Reden vor, daß R. Holler: 20. Juli, S. 29 (Anm. 16) resignierend bemerkt, es sei »unmöglich, alle Feier- und Gedenkstunden zu erfassen, die seit 1945 veranstaltet wurden«, weshalb sie sich auf die zentralen Gedenkveranstaltungen konzentriert.

122 Vgl. z. B. Hans Bott / Hermann Leins (Hg.): Begegnungen mit Theodor Heuss, Tübingen 1954, S. 73f, 99, 240f u. pass.; Roman Herzog: Reden und Interviews, hg. v. Presse- und Informationsamt der Bundesregierung, 5 Bde., Bonn / Berlin 1995–2000, Bd. IV/1, S. 38.

123 Vgl. J. Herf: Erinnerung, S. 356–369.

124 Vgl. Jürgen C. Heß: Erkundungsflug. Konzeptionelle Überlegungen zur Arbeit der Stiftung Bundespräsident-Theodor-Heuss-Haus, in: Th. Hertfelder: Heuss im Profil, S. 42–59, S. 47f.

125 Horst Möller: Theodor Heuss. Staatsmann und Schriftsteller. Homme d'Etat et Homme de Lettres, Bonn 1990, S. 52.

126 Vgl. z. B. Henning Köhler: Adenauer. Eine politische Biographie, Frankfurt (M) / Berlin 1994; Hans-Peter Schwarz: Adenauer, Bd. 1: Der Aufstieg. 1876–1953; Bd. 2: Der Staatsmann. 1953–1967, München 1994 [TB]; Udo Wengst: Thomas Dehler 1897–1967. Eine politische Biographie, München 1997; Petra Weber: Carlo Schmid 1896–1979. Eine Biographie, München 1996.

127 Vgl. z. B. H. Bott / H. Leins: Begegnungen – eine zum 75. Geburtstag von seinem persönlichen Referenten und seinem Verleger herausgegebene Festschrift.

128 Vgl. z. B. Hildegard Hamm-Brücher: Gerechtigkeit erhöht ein Volk. Theodor Heuss und die deutsche Demokratie, München 1984.

129 Vgl. z. B. Hans-Heinrich Welchert: Theodor Heuss, Hannover 1967.

130 Vgl. z. B. Hans Bott: Theodor Heuss in seiner Zeit, Göttingen 1966; Karl Dietrich Bracher: Theodor Heuss und die Wiederbegründung der Demokratie in Deutschland, Tübingen 1965; vgl. a. Kirsten Jüngling / Brigitte Roßbeck: Elly Heuss-Knapp (1881–1952). Die erste First Lady. Ein Portrait, Heilbronn 1994.

131 Vgl. Friedrich Henning: Heuss. Sein Leben vom Naumann-Schüler zum Bundespräsidenten, Gerlingen 1984; Hildegard Hamm-Brücher / Hermann Rudolph: Theodor Heuss. Eine Bildbiographie, Stuttgart 1983; zuvor schon: Hermann Proebst: Heuss. Eine Bildbiographie, München 1954.

132 Vgl. H. Möller: Heuss.

133 Vgl. Jürgen C. Heß: Theodor Heuss vor 1933. Ein Beitrag zur Geschichte des demokratischen Denkens in Deutschland, Stuttgart 1973; Ders.: »Machtlos

inmitten des Mächtespiels der anderen ...«. Theodor Heuss und die deutsche
Frage 1945–1949, in: VZG 33 (1985), S. 88–135; DERS.: »Die deutsche Lage ist
ungeheuer ernst geworden.« Theodor Heuss vor den Herausforderungen des
Jahres 1933, in: Jahrbuch zur Liberalismusforschung 6 (1994), S. 65–136; DERS.:
»Erste Wege durch das Ruinenfeld«. Theodor Heuss und der Neubeginn liberaler Rhetorik, in: DERS. / HARTMUT LEHMANN / VOLKER SELLIN (Hg.): Heidelberg 1945,
Stuttgart 1996, S. 348–386; DERS.: Fehlstart. Theodor Heuss und die Demokratische Partei Deutschlands 1947/1948, in: Jahrbuch zur Liberalismus-Forschung
9 (1997), S. 83–121; zur Forschungslage: DERS.: Erkundungsflug.

134 Vgl. MODRIS EKSTEINS: Theodor Heuss und die Weimarer Republik. Ein Beitrag zur
Geschichte des deutschen Liberalismus, Stuttgart 1969.

135 Vgl. WOLFGANG WIEDNER: Theodor Heuss. Das Demokratie- und Staatsverständnis
im Zeitablauf. Betrachtung der Jahre 1902 bis 1963, Ratingen u. a. 1973; INGRID
WURTZBACHER-RUNDHOLZ: Verfassungsgeschichte und Kulturpolitik bei Dr. Theodor Heuss. Bis zur Gründung der Bundesrepublik Deutschland durch den Parlamentarischen Rat 1948/49, Frankfurt (M) / Bern 1981.

136 Vgl. EBERHARD PIKART: Theodor Heuss und Konrad Adenauer. Ihre Einstellung zu
Demokratie und Parlamentarismus, in: RUDOLF MORSEY / KONRAD REPGEN (Hg.):
Adenauer-Studien I, Mainz 1971, S. 58–70; DERS.: Theodor Heuss und Konrad
Adenauer. Die Rolle des Bundespräsidenten in der Kanzlerdemokratie, Stuttgart
1976.

137 Vgl. REINER BURGER: Theodor Heuss als Journalist. Beobachter und Interpret von
vier Epochen deutscher Geschichte, Münster u. a. 1999.

138 Vgl. TH. HERTFELDER: Heuss im Profil.

139 Vgl. EBERHARD PIKART (Hg.): Theodor Heuss. Der Mann, das Werk, die Zeit. Eine
Ausstellung, Stuttgart 1967; MICHAEL KIENZLE / DIRK MENDE (Hg.): Theodor Heuss.
Politik durch Kultur 1949–1959. Ausstellung des Arbeitskreises selbständiger
Kulturinstitute, Stuttgart 1984.

140 Vgl. HANS-HEINRICH WELCHERT (Hg.): Theodor-Heuss-Lesebuch, Tübingen 1975;
RALF DAHRENDORF / MARTIN VOGT (Hg.): Theodor Heuss: Politiker und Publizist.
Aufsätze und Reden, Tübingen 1984.

141 Vgl. THEODOR HEUSS: Die großen Reden. Bd. 1: Der Staatsmann, Bd. 2: Der
Humanist, 2 Bde., Tübingen 1965.

142 Vgl. THEODOR HEUSS: Aufzeichnungen 1945–1947. Aus dem Nachlaß hg. u. m. e.
Einl. vers. v. EBERHARD PIKART, Tübingen 1966; DERS.: Tagebuchbriefe 1955/1963.
Eine Auswahl aus Briefen an Toni Stolper, hg. u. eingel. v. EBERHARD PIKART,
Tübingen / Stuttgart 1970; THEODOR HEUSS / KONRAD ADENAUER: Unserem Vater-
land zugute. Der Briefwechsel, hg. v. RUDOLF MORSEY und HANS-PETER SCHWARZ,
bearb. v. HANS-PETER MENSING, Berlin 1989; DIES.: Unter vier Augen. Gespräche
aus den Gründerjahren 1949–1959, hg. v. RUDOLF MORSEY und HANS-PETER
SCHWARZ, bearb. v. HANS-PETER MENSING, Berlin 1997; THOMAS HERTFELDER / JÜRGEN
C. HEß (Hg.): Streiten um das Staatsfragment. Theodor Heuss und Thomas
Dehler berichten von der Entstehung des Grundgesetzes, bearb. v. PATRICK
OSTERMANN u. MICHAEL F. FELDKAMP, Stuttgart 1999.

143 RUDOLF MORSEY: Der Bundespräsident in der Kanzlerdemokratie. Amtsverständnis, Amtsführung und Traditionsbildung von Theodor Heuss bis Walter Scheel,
in: Jahres- und Tagungsbericht der Görres-Gesellschaft 1988, Köln 1989,
S. 22–43, hier S. 22; ähnlich DERS.: Die Bundesrepublik Deutschland. Entstehung und Entwicklung bis 1969, München ³1995, S. 175: »Noch wenig

erforscht ist die Rolle der Bundespräsidenten in der Kanzlerdemokratie.« Vgl. a.
JOACHIM JENS HESSE / THOMAS ELLWEIN: Das Regierungssystem der Bundesrepublik
Deutschland, Bd. 1: Text, Opladen ⁷1992, S. 299.

144 Vgl. RUDOLF MORSEY: Heinrich Lübke. Eine politische Biographie, Paderborn u. a.
1996.

145 Vgl. GÜNTHER SCHOLZ: Die Bundespräsidenten. Biographien eines Amtes, Heidel-
berg ³1996; an älteren Arbeiten sind v. a. zu nennen: WERNER KALTEFLEITER: Die
Funktionen des Staatsoberhauptes in der parlamentarischen Demokratie, Köln /
Opladen 1970; ULRICH SCHEUNER: Das Amt des Bundespräsidenten als Aufgabe
verfassungsrechtlicher Gestaltung, Tübingen 1966; HANS-JOACHIM WINKLER: Der
Bundespräsident – Repräsentant oder Politiker?, Opladen 1967.

146 Vgl. z. B. R. MORSEY: Bundespräsident; FRIEDBERT PFLÜGER: Von Heuss bis Weizsäcker:
Hüter des Grundkonsenses. Das Amt des Bundespräsidenten in Theorie und
Praxis, in: MANFRED FUNKE U. A. (Hg.): Demokratie und Diktatur. Geist und Gestalt
politischer Herrschaft in Deutschland und Europa, Bonn 1987, S. 383–399.

147 Vgl. z. B. UDO WENGST: Staatsaufbau und Regierungspraxis 1948–1953. Zur
Geschichte der Verfassungsorgane der Bundesrepublik Deutschland, Düsseldorf
1984.

148 Vgl. THEODOR MAUNZ / GÜNTER DÜRIG / ROMAN HERZOG / RUPERT SCHOLZ: Grundgesetz. Kommentar, Bd. 3: Art. 38–87, München 1997 u. a. einschlägige Grund-
gesetzkommentare sowie zusammenfassende Handbuchdarstellungen wie z. B.
KLAUS SCHLAICH: Die Funktionen des Bundespräsidenten im Verfassungsgefüge,
in: JOSEF ISENSEE / PAUL KIRCHHOF (Hg.): Handbuch des Staatsrechts der Bundesrepublik Deutschland, Bd. III: Demokratische Willensbildung – Die Staatsorgane
des Bundes, Heidelberg 1987, § 49 [= S. 523ff]; wichtige historische Hinweise
bei HERMANN BUTZER: Der Bundespräsident und sein Bundespräsidialamt, in: Ver-
waltungs-Archiv (VerwArch) 82 (1991), S. 497–525.

149 Vgl. z. B. J. J. HESSE / T. ELLWEIN: Regierungssystem; WERNER J. PATZELT: Der Bundespräsident, in: OSCAR W. GABRIEL / EVERHARD HOLTMANN: Handbuch Politisches
System der Bundesrepublik Deutschland, München / Wien ²1999, S. 229–243.

150 Vgl. z. B. HEINZ RAUSCH: Der Bundespräsident – zugleich eine Darstellung des
Staatsoberhauptes seit 1919, München ²1984.

151 Vgl. z. B. DIE BUNDESPRÄSIDENTEN. Das Amt, die Staatsoberhäupter, die Bewerber
1994, Hamburg 1994 [= Zeit-Punkte 1994/2]; INGELORE W. WINTER: Unsere Bundespräsidenten. Von Theodor Heuss bis Johannes Rau, Düsseldorf ⁴1999.

152 Vgl. E. JÄCKEL U. A.: Heuss.

153 KLAUS SCHLAICH: Rez. Axel Schulz, Die Gegenzeichnung, in: Archiv für öffentli-
ches Recht (AöR) 105 (1980), S. 145–152, hier S. 146; vgl. a. HARTMUT MAURER:
Die Gegenzeichnung nach dem Grundgesetz, in: BODO BÖRNER / HERMANN
JAHRREIß / KLAUS STERN (Hg.): Einigkeit und Recht und Freiheit. Festschrift Karl
Carstens zum 70. Geburtstag am 14. 12. 1984, 2 Bde., Köln u. a. 1984, Bd. 2,
S. 701–719; er betrachtet Reden als »das wichtigste Mittel zur Wahrnehmung
der ihm zufallenden Aufgaben der Integration und staatlichen Repräsentation«
(S. 713).

154 Vgl. M. RENSING: Geschichte; D. LANGEWIESCHE: Geschichte; vgl. a. ULRICH BAUM-
GÄRTNER: Reden nach Hitler. Präsidiale Rhetorik angesichts der nationalsozialistischen Vergangenheit, in: E. JÄCKEL U. A.: Heuss, S. 151–167.

155 Vgl. z. B. J. J. HESSE / T. ELLWEIN: Regierungssystem, S. 340; F. PFLÜGER: Heuss,
S. 389f.

156 Vgl. z. B. DOLF STERNBERGER: Auch Reden sind Taten, in: DERS.: Sprache und Politik. Schriften XI, hg. v. PETER HAUNGS U. A., Frankfurt (M.) 1991, S. 52–68.

157 Vgl. z. B. HELLMUT GEIßNER: Kommunikationstheorie, in: GERT UEDING (Hg.): Historisches Wörterbuch der Rhetorik, Bd. 1ff, Tübingen 1992ff, Bd. 4, Sp. 1187–1209.

158 Vgl. G. UEDING / B. STEINBRINK: Grundriß, S. 216: »Die Angemessenheit ist das grundlegende regulative Prinzip der Rhetorik«; C. OTTMERS: Rhetorik, S. 152–155 u. pass.

159 Vgl. G. UEDING / B. STEINBRINK: Grundriß, S. 217: »In der modernen Rhetorik hat sich entsprechend der inneren (am Redegegenstand ausgerichteten) und äußeren (dem Publikum entsprechenden) Orientierung der Rede die Unterscheidung von äußerem und innerem aptum eingebürgert.«

160 Vgl. zu den einzelnen Verarbeitungsphasen: ebd., S. 209–232 sowie H. LAUSBERG: Elemente, S. 24–26.

161 Vgl. J. C. HEß: Erkundungsflug, S. 47f, der die historische Wirkung von Heuss im wesentlichen »in der Sphäre öffentlicher Anteilnahme an seinen Reden und der von den Meinungsforschern bestätigten Zustimmung zu seiner Person« sieht. »Selbstverständlich können die Redetexte analysiert werden, ihr konkreter Einfluß ist dagegen nur schwer zu bestimmen.«

162 Vgl. HELLMUT GEIßNER: Rhetorik und Hermeneutik. Die Rede der Abgeordneten Hamm-Brücher vor dem Deutschen Bundestag am 1. 10. 1982, in: Rhetorik 4 (1985), S. 85–100, der eine kurze Rede von Hildegard Hamm-Brücher als gesprochenen Text analysiert und auf die Grenzen des Verfahrens hinweist; zur Bedeutung der Stimme für den rhetorischen Vortrag: KARL-HEINZ GÖTTERT: Vox – Ein vernachlässigtes Kapitel der Rhetorik, in: H. F. PLETT: Aktualität, S. 57–66.

163 Vgl. J. C. HEß: Erkundungsflug, S. 50f, der den Nachlaß mit einem »Bergwerk« vergleicht, »in dem es immer wieder neue Schächte zu erschließen gilt«.

Auseinandersetzung mit dem Nationalsozialismus 1932

1 Heuss an Maier, 14. 5. 1932, abgedruckt bei M. EKSTEINS: Heuss, S. 173f, hier S. 174.

2 Wie in der Einleitung dargestellt, fehlt eine wissenschaftlichen Ansprüchen genügende Biographie von Theodor Heuss; vgl. zum Folgenden THEODOR HEUSS: Vorspiele des Lebens. Jugenderinnerungen, Tübingen 1953; DERS.: Erinnerungen 1905–1933, Tübingen 1963 sowie die biographischen Darstellungen und Hinweise bes. bei R. BURGER: Heuss; THOMAS HERTFELDER: Theodor Heuss (1884–1963), in: TORSTEN OPPELLAND (Hg.): Deutsche Politiker, Bd. 1: 17 biographische Skizzen aus Ost und West, Darmstadt 1999, S. 35–47; E. PIKART: Heuss; H. BOTT: Heuss; F. HENNING: Heuss; H. HAMM-BRÜCHER: Gerechtigkeit; H. HAMM-BRÜCHER / H. RUDOLPH: Heuss; J. C. HEß: Heuss vor 1933; M. EKSTEINS: Heuss.

3 Vgl. R. BURGER: Heuss, S. 12: »Immer, ob als Hauptberuf oder nebenher, war Theodor Heuss jedoch Journalist«; zur Abgrenzung der Bezeichnungen »Journalist« und »Publizist« vgl. ebd., S. 13–15.

4 Vgl. dazu jetzt grundlegend R. BURGER: Heuss sowie die 1954 veröffentlichte Bibliographie von Walter Prinzing, in: MARGRET BOVERI / WALTER PRINZING: Theodor Heuss. Die literarische Gestalt. Bibliographie der Schriften und Reden von Theodor Heuss und Elly Heuss-Knapp, Stuttgart 1954, S. 95ff, die insgesamt mehr als 1600 Titel nachweist, geordnet nach den Rubriken »Politik«, »Wirtschaft

und Soziologie«, »Geschichte der Wissenschaft«, »Literatur, Theater, Weltbe-
trachtung«, »Bildende Kunst« sowie »Arbeiten besonderer Art«. Theodor Heuss
bemerkt in seinen »Erinnerungen« rückblickend, »daß keines der vielen Bücher
aus meiner Feder, die jetzt vorliegen, aus eigenem Antrieb oder Bedürfnis entstanden ist. Außer der großen Lebensbeschreibung von Friedrich Naumann,
meinem Jugendbericht ›Vorspiele des Lebens‹ und diesen ›Erinnerungen‹ sind
alle übrigen von Herausgebern ›bestellt‹, von Verlegern aus literarischen Arbeiten oder Vorträgen komponiert« (TH. HEUSS: Erinnerungen, S. 261f).

5 Vgl. JOAN CAMPBELL: Der Deutsche Werkbund 1907–1934, München 1989; nach
   1921 war Heuss nicht mehr in die tägliche Arbeit eingebunden (vgl. ebd.,
   S. 176, Anm. 3).

6 R. BURGER: Heuss, S. 476.

7 M.BOVERI / W. PRINZING: Heuss, S. 219ff weisen 179 Reden nach, zurückgehend
   bis ins Jahr 1904 und endend im Jahr 1953. Dabei sind allerdings nur jene
   Ansprachen berücksichtigt, die veröffentlicht wurden bzw. öffentliche Erwähnung fanden.

8 Vgl. insbes. TH. HEUSS: Vorspiele; DERS.: Erinnerungen. Zur Besonderheit dieeser
   Textsorte vgl. MARTINA WAGNER-EGELHAAF: Autobiographie, Stuttgart / Weimar
   2000; PIERRE BOURDIEU: Die biographische Illusion, in: BIOS. Zeitschrift für Bio-
   graphieforschung und Oral History 3 (1990), S. 75–93.

9 TH. HEUSS: Vorspiele, S. 104 (Herv. i. Orig.); zur Entstehung und Intention des
   Buches vgl. ebd., S. 9–16.

10 Vgl. ebd., S. 196–201.

11 Ebd., S. 199, hier S. 199f auch die folgenden Zitate; die Rede sebst in: Stiftung
    Bundespräsident-Theodor-Heuss-Haus (hinfort SBTH), NL Heuss, A: Heuss 7/67
    (= Schiller Nationalmuseum / Deutsches Literatur Archiv Marbach a. N., hinfort
    SNM / DLA Marbach)

12 TH. HEUSS: Vorspiele, S. 200.

13 Ebd. (Herv. i. Orig.).

14 Ebd., S. 234.

15 Ebd., S. 235; die Rede in: SBTH, NL Heuss, A: Heuss 7/68 (= SNM / DLA Marbach).

16 TH. HEUSS: Vorspiele, S. 235. Heuss hat als Bundespräsident manche Rede sehr
    wohl »wörtlich niedergeschrieben« (vgl. z. B. IV. 5.).

17 TH. HEUSS: Vorspiele, S. 237; hier auch die folgenden Zitate.

18 Ebd., S. 242–244, hier S. 243; vgl. a. WALTER GOETZ, in: H. BOTT / H. LEINS:
    Begegnungen, S. 36: »er trat in einer sozialdemokratischen Versammlung in
    München-Schwabing dem vortragenden Georg von Vollmar entgegen,
    bescheiden und sachlich, und Vollmar antwortete ihm mit Achtung und glei-
    cher Sachlichkeit. In seinem studentischen und politischen Freundeskreis
    gelangte Heuss dadurch zu einer gewissen Berühmtheit, denn es war ein küh-
    nes Unternehmen, sich dem redestarken Führer der bayerischen Sozialdemo-
    kratie entgegenzustellen«; ähnlich: GEORG HOHMANN, in: ebd., S. 42.

19 TH. HEUSS: Vorspiele, S. 238.

20 Auf die dem Handwerkermilieu entlehnte Metaphorik griff Heuss z. B. auch in
    seinen Erinnerungen, S. 47f zurück, als er auf das Jahr 1906 zurückblickend
    »Erste Schritte in der Politik« beschrieb: »Das Jahr 1906 brachte mir zwei politi-
    sche ›Aufgaben‹, von denen ich die Lösung der einen als bestandene Lehrlings-
    prüfung, die andere als Gesellenstück betrachte.«

21 P. BOURDIEU: Illusion, S. 76. Vgl. M. WAGNER-EGELHAAF: Autobiographie, S. 39–62.

22 Th. Heuss: Erinnerungen, S. 51.

23 Vgl. ebd., S. 81.

24 Ebd., S. 187f; vgl. a. Wilhelm Vershofen, in: H. Bott / H. Leins: Begegnungen, S. 46.

25 Vgl. Th. Heuss: Erinnerungen, S. 238f.

26 Vgl. ebd. S. 286; zur Rede »Deutschlands Zukunft« vgl. II. 2. b).

27 Paul Löbe, in: H. Bott / H. Leins: Begegnungen, S. 73, hier S. 73f auch die folgenden Zitate; vgl. a. Ders.: Der Weg war lang. Lebenserinnerungen, Berlin ⁴1990, S. 85, wo das Lob nüchterner klingt:»Theodor Heuss war ein gern gehörter Redner; seine geradlinige und ungekünstelte Rhetorik fand immer Aufmerksamkeit und Beachtung«, wobei er ihn ebd., S. 146 zu den besten Rednern des Reichstags zählte.

28 Vgl. Max Schwarz: MdR. Biographisches Handbuch der Reichstage, Hannover 1965, S. 672; Martin Schumacher (Hg.): M. d. R. Die Reichstagsabgeordneten der Weimarer Republik in der Zeit des Nationalsozialismus. Politische Verfolgung, Emigration und Ausbürgerung 1933–1945. Eine biographische Dokumentation, Düsseldorf ³1994, S. 198.

29 Vgl. J. C. Heß: Heuss vor 1933, S. 18f sowie die Zusammenstellung der Parteifunktionäre bei Konstanze Wegner (Bearb.): Linksliberalismus in der Weimarer Republik. Die Führungsgremien der Deutschen Demokratischen Partei und der Deutschen Staatspartei 1918–1933, Düsseldorf 1980, S. 766ff.

30 Vgl. J. C. Heß: Heuss vor 1933, S. 19: »Als Reichstagsabgeordneter und als mehr oder minder ständiger Kommentator war Heuss während der Weimarer Republik nur eine verhältnismäßig unbedeutende Randfigur auf der politischen Bühne.«

31 Vgl. M. Eksteins: Heuss, S. 75: »Sein Hauptinteresse galt kulturellen Fragen, und als Kulturpolitiker gewann er Ansehen.« Zu den einzelnen Aktivitäten von Theodor Heuss als Reichstagsabgeordneter vgl. ebd., S. 60–79 u. pass. sowie Th. Heuss: Erinnerungen, S. 309–322, 332–347, 391–394 u. pass. M. Boveri / W. Prinzing: Heuss, S. 219ff verzeichnen 20 Reden; in: SBTH, NL Heuss, N 1221/534 (= BA) sind 22 Wortmeldungen aufgelistet. Einzelne Reden sind – zumeist auszugsweise – abgedruckt bei E. Pikart: Heuss; R. Dahrendorf / M. Vogt: Heuss; M. Kienzle / D. Mende: Politik; H. Welchert: Heuss-Lesebuch. Vgl. a. M. Eksteins: Heuss, S. 75: »Im Reichstag sprach Heuss nicht sehr oft [...], aber wenn er das Wort ergriff, tat er es mit Umsicht und Zielbewußtsein.«

32 Th. Heuss: Erinnerungen, S. 321; die Rede in: Verhandlungen des Reichstags, Bd. 381, S. 606–608. Bei der 10-Jahres-Feier des Verbandes der Kriegsbeschädigten, Kriegshinterbliebenen und Sozialrentner Deutschlands am 27. Oktober 1956 wies er darauf hin, »daß meine *Jungfernrede* im Reichstag, Juli 1924, was also für einen jungen Abgeordneten keine unwichtige Sache ist, der Kriegsopfer-Gesetzgebung galt«, und erinnerte an die Ausschußberatungen, um schließlich zu betonen, »daß man seelisch einer Materie nahebleibt, in der man sozusagen legislatorisch einmal sein Gesellenstück gemacht hat« (Bulletin, Nr. 206 (31. 10. 1956), S. 1969f, hier S. 1969; Herv. i. Orig.); vgl. a. Th. Heuss: Tagebuchbriefe, S. 205.

33 Th. Heuss: Erinnerungen, S. 344; seine wichtigsten parlamentarischen Äußerungen in: Verhandlungen des Reichstags, Bd. 391, S. 8233–8237, 8265–8267; zu seinen journalistischen Stellungnahmen in dieser Frage vgl. R. Burger: Heuss, S. 259–262.

34 Th. Heuss: Erinnerungen, S. 345; die Rede in: Verhandlungen des Reichstags,
   Bd. 389, S. 5656–5658.
35 Th. Heuss: Erinnerungen, S. 334; die Rede in: Verhandlungen des Reichstags,
   Bd. 385, S. 1828–1830.
36 Vgl. J. C. Heß: Heuss vor 1933, S. 177–200; R. Burger: Heuss, S. 265–275.
37 Vgl. Th. Heuss Heuss, Erinnerungen, S. 406–408, hier S. 407.
38 Vgl. J. C. Heß: Herausforderung, S. 68f; der Text in: SBTH, NL Heuss,
   N 1221/614, fol. 379–407 [lückenhafte Paginierung] (= BA).
39 Vgl. zur Entstehungsgeschichte die Vorbemerkung in: Theodor Heuss : Hitlers
   Weg. Eine Schrift aus dem Jahre 1932 neu hg. u. m. e. Einl. vers. v. Eberhard
   Jäckel, Tübingen 1968, o. S. [vor S. 1] sowie ebd., S. XI–XXII das Vorwort zum
   Neudruck; vgl. a. M. Kienzle / D. Mende: Politik, S. 42; weiterhin: Th. Heuss: Erinnerungen, S. 396–399, wo Heuss auch auf die Nachkriegsrezeption der Schrift
   eingeht. 1958 kam es zu einer Kontroverse, als in der Zeitschrift »Nation Europa« versucht wurde, sein Buch als »unabhängige historische Untersuchung«
   gegen die öffentliche Verurteilung des Nationalsozialismus auszuspielen (vgl.
   die entsprechenden Unterlagen in: SBTH, NL Heuss, N 1221/577 (= BA)).
40 Joseph Goebbels: Die Tagebücher von Joseph Goebbels. Sämtliche Fragmente,
   Teil I: Aufzeichnungen 1924–1941, Bd. 2: 1.1.1931–31.12.1936, hg. v. Elke
   Fröhlich, München u. a. 1987, S. 115.
41 Theodor Heuss: Politik. Ein Nachschlagebuch für Theorie und Geschichte, Halberstadt 1927, S. 57f: Stichwort »Faszismus« [!], hier S. 58, 57; vgl. a. ebd.,
   S. 134f: Stichwort »Mussolini«. J. C. Heß: Heuss vor 1933, S. 177 weist darauf
   hin, daß Heuss den italienischen Faschismus »vollkommen aus italienischen
   Voraussetzungen begriff und daher die Möglichkeit einer ähnlichen Entwicklung in Deutschland übersah«.
42 Th. Heuss: Politik, S. 83: Stichwort »Hitler=Putsch« [!]; vgl. ebd., S. 138: Stichwort »National=sozialistische [!] Arbeiterpartei«.
43 Th. Heuss: Hitlers Weg, S. LXIX [Hinzufügung in der 8. Aufl.].
44 Vgl. J. C. Heß: Heuss vor 1933, S. 178: »So erschien ihm Anfang 1932 der illegale und der legale Weg für die Nationalsozialisten nicht gangbar, die Verwirklichung der nationalsozialistischen Ziele nicht nur unwahrscheinlich, sondern
   unmöglich. Diese Sicherheit stützte sich einerseits auf das Wissen um die überstandenen Schwierigkeiten wie den Kapp-Putsch und die Krisen des Jahres
   1923 und der daraus erwachsenen Überschätzung der Festigkeit des Staates
   und seiner Organe und der gesellschaftlichen Verbände, andererseits auf eine
   Unterschätzung der Machtdynamik der NSDAP.« Vgl. a. R. Burger: Heuss,
   S. 267f, 270; M. Eksteins: Heuss, S. 97.
45 Erich Matthias / Rudolf Morsey: Die Deutsche Staatspartei, in: Dies. (Hg.): Das
   Ende der Parteien 1933. Darstellungen und Dokumente, Düsseldorf 1979
   [zuerst: Bonn 1960], S. 31–97, hier S. 31; vgl. Werner Stephan: Aufstieg und
   Verfall des Linksliberalismus 1918–1933. Geschichte der Deutschen Demokratischen Partei, Göttingen 1973, S. 482–490.
46 K. Wegner: Linksliberalismus, S. IL; vgl. E. Matthias / R. Morsey: Staatspartei,
   S. 31–39; W. Stephan: Aufstieg, S. 439–481; Lothar Albertin: Die Auflösung der
   bürgerlichen Mitte und die Krise des parlamentarischen Systems von Weimar,
   in: Eberhard Kolb / Walter Mühlhausen (Hg.): Demokratie in der Krise. Parteien
   im Verfassungssystem der Weimarer Republik, München 1997, S. 59–112, bes.
   S. 99–104.

47 Vgl. K. WEGNER: Linksliberalismus, S. 704–711.

48 E. MATTHIAS / R. MORSEY: Staatspartei , S. 51f.

49 Vgl. zum Folgenden einschlägige Überblicksdarstellungen zur Endphase der Ära Brüning, z. B. EBERHARD KOLB: Die Weimarer Republik, München ⁴1998, S. 124–146 (Forschungsbericht S. 211–231); weiterhin: HANS MOMMSEN: Die verspielte Freiheit. Der Weg der Republik von Weimar in den Untergang 1918 bis 1933, Berlin 1989, S. 404–442; HEINRICH AUGUST WINKLER: Weimar 1918–1933. Die Geschichte der ersten deutschen Demokratie, München ²1998, S. 444–476; HAGEN SCHULZE: Weimar. Deutschland 1918–1933, Berlin 1998 [TB], S. 346–372; DETLEF LEHNERT: Die Weimarer Republik. Parteienstaat und Massengesellschaft, Stuttgart 1999, S. 191–223; DETLEV J. K. PEUKERT: Die Weimarer Republik. Krisenjahre der klassischen Moderne, Frankfurt (M) 1987, S. 252–263 sowie die klassische Darstellung KARL DIETRICH BRACHER: Die Auflösung der Weimarer Republik. Eine Studie zum Problem des Machtverfalls in der Demokratie, Düsseldorf ⁵1971 [TB 1978], S. 295–464, zu Brüning: HERBERT HÖMIG: Brüning. Kanzler in der Krise der Republik. Eine Weimarer Biographie, Paderborn u. a. 2000; maßgebliche Quellen zur Ära Brüning bei: ILSE MAURER / UDO WENGST (Bearb.): Politik und Wirtschaft in der Krise 1930–1932. Quellen zur Ära Brüning, Zweiter Teil, Düsseldorf 1980.

50 E. KOLB: Weimarer Republik, S. 133.

51 Ebd., S. 134.

52 Vgl. H. A. WINKLER: Weimar, S. 461: »Anzeichen einer herannahenden Regierungskrise gab es seit Ende April, und sie verdichteten sich in der Folgezeit immer mehr.«

53 Vgl. ebd., S. 462; Schäffer schob seinen Rücktritt bis Mitte Mai hinaus, um Brüning eine »peinliche Parlamentsdebatte« zu ersparen.

54 Vgl. ebd., S. 463: Brüning wußte »nunmehr definitiv, daß seine Tage als Kanzler gezählt waren«.

55 K. D. BRACHER: Auflösung, S. 445.

56 E. KOLB: Weimarer Republik, S. 124, 130, hier auch die im folgenden zitierten Zahlen; vgl. a. H. MÖLLER: Weimar, S. 192f.

57 Allerdings weist R. BURGER: Heuss, S. 267 darauf hin, daß Heuss »nach seiner Wiederwahl nur noch sehr selten Zeitungs- und Zeitschriftenbeiträge zu tagesaktuellen Fragen« verfaßte.

58 Die Session dauerte von 9.–12. 5. 1932 und umfaßte die 61.–64. Sitzung. Vgl. VERHANDLUNGEN DES REICHSTAGS, Bd. 446, S. 2467ff; K. D. BRACHER: Auflösung, S. 445–448; H. HÖMIG: Brüning, S. 537–546; R. DAHRENDORF / M. VOGT: Heuss, S. 231–234.

59 Vgl. VERHANDLUNGEN DES REICHSTAGS, Bd. 446, S. 2468–2473.

60 Vgl. ebd., S. 2473–2482.

61 Vgl. ebd., S. 2490f und S. 2491–2495 die Beiträge von Frick und Reinhardt.

62 Vgl. ebd., S. 2510–2521; J. GOEBBELS: Tagebücher, S. 166 zu Strasssers Rede: »Etwas langatmig und ohne besonderen Effekt.«

63 H. A. WINKLER: Weimar, S. 463.

64 Vgl. VERHANDLUNGEN DES REICHSTAGS, Bd. 446, S. 2536–2545.

65 Vgl. ebd., S. 2545–2550; J. GOEBBELS: Tagebücher, S. 167 notierte: »Der Reichstag plätschert weiter« und kommentierte, ohne Heuss zu erwähnen, lediglich Brünings Rede.

66 Vgl. VERHANDLUNGEN DES REICHSTAGS, Bd. 446, S. 2593–2603.

67 Th. Heuss: Erinnerungen, S. 413 (Herv. i. Orig.); laut Sitzungsprotokoll und auch laut des in den »Erinnerungen« abgedruckten Redetextes liegt eine Verwechslung von (Paul) Frank und (Dr. Wilhelm) Frick vor; vgl. auch den im Folgenden zitierten Brief von Heuss an Maier.

68 Heuss an Maier, 14. 5. 1932, abgedruckt bei M. Eksteins: Heuss, S. 173f. Die im Brief erwähnten »Notizzettel« konnten im Nachlaß nicht gefunden werden. Auf die Bedeutung der freien Rede im Reichstag weisen hin: P. Löbe: Weg, S. 146 und Ernst Lemmer: Manches war doch anders. Erinnerungen eines deutschen Demokraten, München 1996 [zuerst: Frankfurt (M) 1968], S. 127.

69 Th. Heuss: Erinnerungen, S. 413.

70 Vgl. ebd., S. 414–437.

71 P. Bourdieu: Illusion, S. 76. Vgl. H. Bott: Heuss, S. 45, der den Debattenbeitrag als »mutige Rede« einstuft, sowie Hans Reutimann: Theodor Heuss. Humanismus in der Bewährung, Braunschweig 1964, S. 12f.

72 Vgl. Hans-Jochen Schild: Debatte, in: Gert Ueding (Hg.): Historisches Wörterbuch der Rhetorik, Bd. 1ff, Tübingen 1992ff, Bd. 2, Sp. 413–423.

73 Textgrundlage: Verhandlungen des Reichstags, Bd. 446, S. 2587–2593. Vgl. Thomas Hertfelder: Das symbolische Kapital der Bildung: Theodor Heuss, in: Gangolf Hübinger / Thomas Hertfelder (Hg.): Kritik und Mandat. Intellektuelle in der deutschen Politik, Stuttgart 2000, S. 93–113, hier S. 105–107.

74 Vgl. z. B. Vossische Zeitung, 10. 5. 1932 [Abendausgabe], S. 1: »Sensation im Reichstag: Es wird zur Sache gesprochen«.

75 Verhandlungen des Reichstags, Bd. 446, S. 2587.

76 Ebd.

77 Ebd.

78 Th. Heuss: Hitlers Weg, S. 72; vgl. entsprechende Äußerungen zur Legalitätstaktik Hitlers ebd., S. 136–151; zuvor schon ähnlich in dem für die Reichszentrale für Heimatdienst geschriebenen Artikel »N.S.D.A.P.«, in: SBTH, NL Heuss, N 1221/614, fol. 389f [lückenhafte Paginierung] (= BA). J. C. Heß: Heuss vor 1933, S. 186 kommt zu dem Schluß, daß »Heuss an ein echtes Einschwenken Hitlers auf demokratische Techniken zu glauben schien«.

79 Th. Heuss: Hitlers Weg, S. 145.

80 Vgl. Verhandlungen des Reichstags, Bd. 444, S. 846: Bereits in der Sitzung am 9. 2. 1931 hatte Heuss im Zusammenhang mit der Frage der Immunität von Abgeordneten ausgeführt: »Der Parlamentarismus und die Demokratie setzen zum Funktionieren eine gewisse Fairneß voraus, eine gewisse durchgehende menschliche Anständigkeit im Verhältnis derer, die miteinander und gegeneinander handeln. [Lachen bei den Nationalsozialisten.] – Sie lachen darüber, weil die Voraussetzung dieser aller politischen Arbeit von Ihnen nicht anerkannt wird.« Vgl. H.-J. Schild: Debatte, in: G. Ueding: Wörterbuch, Bd. 2, Sp. 421: »Es entwickelt sich die Notwendigkeit, eine Form der (mündlichen) Auseinandersetzung zu wählen und schützen zu lassen, die unmittelbar machtbestimmte Dogmatik neutralisiert, um einen Beratungsfreiraum zu gewinnen, der es erlaubt, zu politischen Kompromissen zu kommen.«

81 Vgl. Th. Hertfelder: Kapital, S. 105: »Bemerkenswert ist zunächst, wie sehr Heuss dem Sachargument vertraut« (Herv. i. Orig.); Philipp W. Fabry: Mutmaßungen über Hitler. Urteile von Zeitgenossen, Düsseldorf 1969, S. 52: »Es entsprach Heuss' Stil und seiner liberalen politischen Auffassung, die Auseinandersetzung mit Hitler auf sachliche, ›anständige‹ Weise zu führen. Das trug ihm

von einigen Rezensenten den Vorwurf ein, Hitler allzuviele Zugeständnisse gemacht zu haben.«

82 Verhandlungen des Reichstags, Bd. 446, S. 2587.

83 Vgl. J. C. Heß: Heuss vor 1933, S. 181: »die prinzipielle Andersartigkeit des Nationalsozialismus verglichen mit anderen Parteien [...] war Heuss offenkundig nicht deutlich bewußt«.

84 Th.Heuss: Hitlers Weg, S. 117–119, hier S. 118 (Herv. i. Orig.).

85 Vgl. ebd., S. 115–117.

86 Verhandlungen des Reichstags, Bd. 446, S. 2587.

87 Ebd., S. 2588; hier auch die folgenden Zitate.

88 Ebd.

89 Ebd.; hier auch die folgenden Zitate.

90 Ebd., S. 2588; hier auch die folgenden Zitate. Diese Passage findet sich fast gleichlautend in Th. Heuss: Hitlers Weg, S. 45.

91 Th. Heuss: Politik, S. 11f: Stichwort »Antisemitismus«, hier S. 12; Gerhard Schreiber: Hitler. Interpretationen 1923–1983. Ergebnisse, Methoden und Probleme der Forschung, Darmstadt 1984, S. 105, Anm. 184 weist auf diese »Fehleinschätzung« hin.

92 Verhandlungen des Reichstags, Bd. 446, S. 2588.

93 Ebd.

94 J. C. Heß: Deutschland, S. 13; vgl. Ders.: Heuss vor 1933, S. 141–176; R. Burger: Heuss, S. 215–218.

95 Th. Heuss: Politik, S. 135f: Stichwort »Nation«, hier S. 136.

96 Daß die Zuspitzung auf die nationale Argumentation nicht, wie man vermuten könnte, der spezifischen Redesituation geschuldet ist, zeigt ein Vergleich mit der entsprechenden Passage in »Hitlers Weg«, in der Heuss auf eine grundsätzliche Kritik verzichtet und seine auch in der Rede z. T. wortgleich geäußerten Befürchtungen so einleitet: »Es soll auch nicht erörtert werden, zu welchen unsinnigen Folgen rechtlicher Art die Auslegung ›deutsches Blut‹ führen müßte, sondern nur ein Gesichtspunkt herausgehoben werden, der diese Interpretation des Staatsbürgers für den deutschen ›Volksgenossen‹ fast gefährlicher macht [!] als für den Juden. [...]« (Th. Heuss: Hitlers Weg, S. 45). Ausführlicher äußert er sich in dem für die Reichszentrale für Heimatdienst gedachten Artikel »N.S.D.A.P.«, in: SBTH, NL Heuss, N 1221/614, fol. 393–401 [lückenhafte Paginierung] (= BA).

97 Verhandlungen des Reichstags, Bd. 446, S. 2588; hier auch das folgende Zitat.

98 Ebd., S. 2589.

99 Ebd.

100 Ebd.; vgl. die entsprechende Argumentation in Th. Heuss: Hitlers Weg, S. 103f; G. Schreiber: Hitler, S. 141f; zu den journalistischen Stellungnahmen von Heuss zum Young-Plan vgl. R. Burger: Heuss, S. 263–265.

101 Verhandlungen des Reichstags, Bd. 446, S. 2589.

102 Ebd.

103 Dirk Blasius: Von Bismarck zu Hitler. Kontinuität und Kontinuitätsbegehren in der deutschen Geschichte, in: APUZ B 51/98 (11. 12. 1998), S. 3–10, hier S. 6: »Die Nationalsozialisten wußten sehr genau die Wirkung Bismarcks einzuschätzen, der als ›Mythos‹ im Gedächtnis insbesondere der bürgerlichen Schichten weiterlebte. Mit seinem Namen verband sich die Erinnerung an eine der erfolgreichsten Wegstrecken preußisch-deutscher Geschichte.«

104 VERHANDLUNGEN DES REICHSTAGS, Bd. 446, S. 2590.

105 J. C. HEß: Heuss vor 1933, S. 205; vgl. a. ebd., S. 59–83 sowie TH. HEUSS: Politik, S. 40–42: Stichwort »Demokratie«.

106 VERHANDLUNGEN DES REICHSTAGS, Bd. 446, S. 2590.

107 Ebd.

108 Vgl. TH. HEUSS: Hitlers Weg, S. 74–96.

109 VERHANDLUNGEN DES REICHSTAGS, Bd. 446, S. 2590; vgl. TH. HEUSS: Hitlers Weg, S. 81–83.

110 VERHANDLUNGEN DES REICHSTAGS, Bd. 446, S. 2590; vgl. TH. HEUSS: Hitlers Weg, S. 79–81.

111 VERHANDLUNGEN DES REICHSTAGS, Bd. 446, S. 2591.

112 Ebd.; wortgleich in: TH. HEUSS: Hitlers Weg, S. 90.

113 VERHANDLUNGEN DES REICHSTAGS, Bd. 446, S. 2592; vgl. TH. HEUSS: Hitlers Weg, S. 91–95.

114 Vgl. TH. HERTFELDER: Kapital, S. 106 (Herv. i. Orig.): »Seine historische und staats-theoretische *Bildung* wird dabei zum einen als Stütze des Sacharguments wirk-sam, zum anderen aber auch als symbolisches Kapital mit abgrenzender Wir-kung. Während nämlich die Wertschätzung der Bildung das bürgerliche und das sozialdemokratische Lager miteinander verband, durften sich die National-sozialisten ihrerseits in ihrem Antiintellektualismus bestätigt fühlen.«

115 VERHANDLUNGEN DES REICHSTAGS, Bd. 446, S. 2591; vgl. TH. HEUSS: Hitlers Weg, S. 79f.

116 VERHANDLUNGEN DES REICHSTAGS, Bd. 446, S. 2511; in seiner Rede schreibt Heuss diese Formulierung Göring zu; vgl. TH. HEUSS: Hitlers Weg, S. 165: »Sucht man für die Grundhaltung der sozialen Gruppen oder Individuen, die zur NSDAP. [!] stoßen, einen Generalnenner, so wird man sagen können: es verbindet sie die *antikapitalistische Gesinnung*« (Herv. i. Orig.).

117 VERHANDLUNGEN DES REICHSTAGS, Bd. 446, S. 2592.

118 Ebd.

119 H. MOMMSEN: Freiheit, S. 435.

120 VERHANDLUNGEN DES REICHSTAGS, Bd. 446, S. 2592.

121 Ebd.; vgl. TH. HEUSS: Hitlers Weg, S. 124–129 zur Rolle der SA und ebd., S. 70f zum Elitegedanken.

122 VERHANDLUNGEN DES REICHSTAGS, Bd. 446, S. 2593.

123 Ebd.

124 Ebd., S. 2593. Heuss schrieb in der 8. Aufl. über Hitlers Wahlkampfstil vor der Reichspräsidentenwahl: »Die Propaganda der NSDAP. [!] erweiterte sich und fügte zu der heroischen Attitüde den süßen Kitsch für die Kleinbürgerseele, die man verachtet, deren Stimme man sich aber wünscht« (TH. HEUSS: Hitlers Weg, S. LXVIII).

125 Vgl. TH. HERTFELDER: Kapital, S. 106: »Zum neuhumanistischen Bildungskonzept gehörte *ästhetisches Empfinden,* und Heuss versäumt es nicht, gegen Ende sei-ner Rede auch die distinktive Funktion des ästhetischen Geschmacks gegen die Nationalsozialisten auszuspielen« (Herv. i. Orig.).

126 VERHANDLUNGEN DES REICHSTAGS, Bd. 446, S. 2593. Vgl. a. die bei E. PIKART: Heuss, S. 165 abgedruckte Glosse, in der sich Heuss 1927 über Mussolini mokierte, der in seinen Ankündigungen so spreche, wie ein »tausendfach vergrößerter Wilhelm II. nie gesprochen hätte«.

127 Vgl. TH. HEUSS: Hitlers Weg, S. 129–133.

128 L. ALBERTIN: Auflösung, S. 109f.

129 Vgl. ebd., S. 110: »Sie zeigten sich zwar durch fremdartige Züge der NSDAP verunsichert und konsterniert, erfaßten aber nicht ihre latente oder manifeste Kriminalität und Inhumanität. Als Terror vielerorts bereits zum erfahrbaren Ereignis geworden war, hielt sich unter ihnen noch die Neigung, diesen als punktuelle Abweichung von selbstverständlichen Normen zu deuten.«

130 Vgl. J. C. HEẞ: Heuss vor 1933, S. 178: »Dazu kam, daß er sich vor 1933 nicht vollauf über die Möglichkeiten im klaren war, die sich gerade in diesem Zeitraum aus der Entstehung und Anwendung der neuen technischen Mittel wie Film, Lautsprecher und Radio für die Manipulation großer Massen und die Schaffung einer pseudo-demokratischen Legitimation ergeben hatten.«

131 TH. HERTFELDER: Kapital, S. 106 (Herv. i. Orig.).

132 Vgl. ebd., S. 171–176.

133 Vgl. *Vossische Zeitung*, 11. 5. 1932 [Abendausgabe], S. 2.

134 Vgl. *Münchener Neueste Nachrichten*, 12. 5. 1932, S. 2.

135 TH. HEUSS: Erinnerungen, S. 437.

136 THEODOR HEUSS: Die Machtergreifung und das Ermächtigungsgesetz. Zwei nachgelassene Kapitel der »Erinnerungen 1905–1933«, hg. v. EBERHARD PIKART, Stuttgart / Tübingen 1967, S. 19.

137 Das Verhalten von Heuss im Zuge der Etablierung der NS-Herrschaft beleuchtet umfassend J. C. HEẞ: Herausforderungen, wobei er neben der »Zustimmung zum Ermächtigungsgesetz« auch »Heuss' Wirken als Reichstagsabgeordneter«, »die Reaktion auf die Brandmarkung durch die Bücherverbrennung« sowie die »publizistische Arbeit für die und in der ›Hilfe‹« behandelt. Zu seinem journalistischem Werdegang bis 1941 vgl. R. BURGER: Heuss, S. 284–351.

138 TH. HEUSS: Machtergreifung, S. 23; hier auch das folgende Zitat. Die Darstellung findet sich in zwei nachgelassenen Kapiteln seiner »Erinnerungen«, die erstmals posthum 1967 in den Vierteljahrsheften für Zeitgeschichte und dann im gleichen Jahr eigenständig publiziert wurden; zur Entstehung vgl. die einleitenden Bemerkungen ebd., S. 9–11.

139 Ebd., S. 24.

140 Vgl. SBTH, NL Heuss, N 1221/382 (= BA); der Schlußsatz der vorbereiteten Erklärung lautet: »Aus unserem Gewissen heraus können wir an der Verantwortung nicht teilnehmen. Um der Klarheit der kommenden Verantwortung willen bestreiten wir aber der Regierung nicht das Recht auf die Chance der Entscheidung. Wir werden uns darum der Stimme enthalten.« Eine ausführliche Darstellung der Überlieferung und eine genaue Analyse der einschlägigen Quellen bei J. C. HEẞ: Herausforderungen, S. 83–94.

141 TH. HEUSS: Machtergreifung, S. 25. Vgl. a. KLAUS-JÜRGEN MATZ: Reinhold Maier (1889–1971). Eine politische Biographie, Düsseldorf 1989, S. 144–155.

142 Vgl. VERHANDLUNGEN DES REICHSTAGS, Bd. 457, S. 38.

143 E. LEMMER: Erinnerungen, S. 175; ähnlich M. EKSTEINS: Heuss, S. 114, der sich auf eine Äußerung Maiers stützt; zusammenfassend J. C. HEẞ: Herausforderung, S. 94: »Im Kontext des rasenden, aber in seinen Auswirkungen für die Mitwirkenden noch längst nicht übersehbaren revolutionären Geschehens jener Märzwochen des Jahres 1933 erschien das Ermächtigungsgesetz Heuss und den anderen Reichstagsabgeordneten der kleinen Fünf-Mann-Fraktion der DStP als ein Element der Beruhigung, schien es doch den Boden der Legalität gegenüber den Kräften der Revolution zu sichern. Daß es die Weimarer Verfassung durchbrach und die auf seiner Grundlage angestrebten Maßnahmen auch des-

sen Sinngebung widersprechen würden, darüber war man sich im klaren. [...]
Unter den damaligen Umständen konnte und mußte die Bewahrung der Legalität als Gewinn erscheinen.«

144 Vgl. TH. HEUSS: Machtergreifung, S. 25f; J. C. HEß: Herausforderung, S. 94–99.

145 TH. HEUSS: Machtergreifung, S. 25f.

146 J. C. HEß: Herausforderung, S. 98, der sein Urteil damit begründet, daß das
Ermächtigungsgesetz »liberalen Grundvorstellungen einer politischen Ordnung
von vornherein widersprach«; demgegenüber hätte aus der Ablehnung »ein
Symbol des Widerstands- und Erneuerungswillen [!] erwachsen können, das
den Liberalen auf schmerzhafte Weise fehlte«.

147 Ebd., S. 65. Vgl. ebd., S. 99–112 sowie M. SCHUMACHER: MdR, S. 198–202;
M. KIENZLE / D. MENDE: Politik, S. 43; ERNST WOLFGANG BECKER: Ermächtigung zum
politischen Irrtum. Vergangenheitspolitik und Vergangenheitsdiskurs im
1. württembergisch-badischen Untersuchungsausschuß zum »Ermächtigungsgesetz«, Stuttgart 2001.

Der Beginn der Auseinandersetzung nach 1945

1 Notiz von Heuss am 9. Mai 1945, in: TH. HEUSS: Aufzeichnungen, S. 55.

2 Ebd., S. 152; hier S. 153 auch das Faksimile.

3 Vgl. zum Folgenden die in der Einleitung genannten biographischen Darstellungen, bes. M. SCHUMACHER: MdR, S. 198–202, hier S. 199 ein Faksimile des
Steckbriefs; M. KIENZLE / D. MENDE: Politik, S. 40–44; E. PIKART: Heuss,
S. 173–246; WERNER STEPHAN: Acht Jahrzehnte erlebtes Deutschland. Ein Liberaler in vier Epochen, Düsseldorf 1983, S. 239f u. pass.; zu den ersten Jahren
nach der Machtergreifung J. C. HEß: Herausforderungen; über seine journalistischen Aktivitäten in dieser Zeit R. BURGER: Heuss, S. 284–392.

4 Vgl. K. JÜNGLING / B. ROßBECK: Heuss-Knapp, bes. S. 196–241.

5 R. BURGER: Heuss, S. 284; er spricht von »Journalismus als Politikersatz«.

6 Vgl. ebd., S. 297–319, 540f, bes. S. 311.

7 Vgl. ebd., S. 320–333.

8 Vgl. ebd. S. 352–377, 542; zur Frage der Pseudonyme ebd., S. 367–370.

9 Vgl. M. BOVERI / W. PRINZING: Heuss, S. 103, 106.

10 Vgl. hierzu J. C. HEß: Widerstand.

11 Vgl. R. BURGER: Heuss, S. 379f.

12 Zu den Lebensumständen von Heuss in Heidelberg vgl. E. PIKART: Heuss,
S. 231f.

13 Vgl. hierzu die damals entstandenen »Notizen zu den Tagen vor der Besatzung
von Heidelberg – 30. März 1945« sowie »Das Ende (9./17. Mai 1945)«, in:
TH. HEUSS: Aufzeichnungen, S. 33–49 bzw. S. 50–76.

14 Vgl. als Auswahl TH. HEUSS: Aufzeichnungen.

15 SBTH, NL Heuss, N 1221/1, fol. 213f (= BA): Interview Scherret – Heuss,
11. 3. 1946, hier fol. 214. Vgl. SBTH, NL Heuss, N 1221/565 (= BA): Gelegent-
liche Notizen zur Geschichte 1933–1945; TH. HEUSS: Aufzeichnungen, S. 50,
Anm. 1 [S. 229] sowie J. C. HEß: Wege, S. 358.

16 Vgl. R. BURGER: Heuss, S. 396–417.

17 Vgl. ebd., S. 417–450, 542f; I. WURTZBACHER-RUNDHOLZ: Heuss, S. 222–225, wo
die damals entstandenen Schriften von Heuss chronologisch zusammengestellt
sind; M. BOVERI / W. PRINZING: Heuss, S. 103f, 111, 146–151, 165, 173, 191f,
210, 217 (mit thematischer Zuordnung der jeweiligen Schriften).

18 Vgl. zur Einsetzung und Arbeit der ersten Nachkriegsregierung in Württemberg-Baden Klaus-Jürgen Matz: Reinhold Maier (1889–1971). Eine politische Biographie, Düsseldorf 1989, S. 198–275 sowie autobiographisch Reinhold Maier: Ein Grundstein wird gelegt. Die Jahre 1945–1947, Tübingen 1964, S. 11–191, bes. S. 116f; die Ernennungsurkunde von Heuss bei M. Kienzle / D. Mende: Politik, S. 49. Über das Bemühen von Heuss, als »Behördenchef« »Atmosphäre zu schaffen«, vgl. seinen Brief an Theodor Bäuerle v. 18. 5. 1952, in: E. Pikart: Heuss, S. 254–256, hier S. 255.

19 R. Burger: Heuss, S. 393.

20 Vgl. zu den parteipolitischen Aktivitaten von Heuss in der unmittelbaren Nachkriegszeit J. C. Heß: Fehlstart; Ders.: Wege, S. 354–357; zur Entstehung der FDP Dieter Hein: Zwischen liberaler Milieupartei und nationaler Sammlungsbewegung. Gründung, Entwicklung und Struktur der Freien Demokratischen Partei 1945–1949, Düsseldorf 1985; Theo Rütten: Der deutsche Liberalismus 1945 bis 1955. Deutschland- und Gesellschaftspolitik der ost- und westdeutschen Liberalen in der Entstehungsphase der beiden deutschen Staaten, Baden-Baden 1984.

21 J. C. Heß: Wege, S. 350; vgl. ebd., S. 349, Anm. 6; M. Boveri / W. Prinzing: Heuss, S. 225f.

22 Vgl. zum historischen Hintergrund einschlägige Überblicksdarstellungen zur Besatzungszeit wie z. B. Hans-Peter-Schwarz: Vom Reich zur Bundesrepublik. Deutschland im Widerstreit der außenpolitsichen Konzeptionen in den Jahren der Besatzungsherrrschaft 1945–1949, Stuttgart [2]1980; Theodor Eschenburg: Jahre der Besatzung 1945–1949, Stuttgart 1983; Christoph Kleßmann: Die doppelte Staatsgründung. Deutsche Geschichte 1945–1955, Bonn [4]1986, S. 19–176; Adolf M. Birke: Nation ohne Haus. Deutschland 1945–1961, Berlin 1989 [TB], S. 9–255; Wolfgang Benz: Potsdam 1945. Besatzungsherrschaft und Neuaufbau im Vier-Zonen-Deutschland, München [3]1994; Manfred Görtemaker: Geschichte der Bundesrepublik Deutschland von der Gründung bis zur Gegenwart, München 1999, S. 15–44.

23 Vgl. C. Albrecht u. a.: Gründung, S. 536–539, wo die Deutungen »Agenten des Kapitals«, »Eine verbrecherische Clique«, »Die Deutschen, ein Volk von Unverbesserlichen« und »Deutschland, eine verspätete Nation« unterschieden werden.

24 Vgl. als Überblick Hermann Glaser: Deutsche Kultur. Ein historischer Überblick von 1945 bis zur Gegenwart, Bonn 1997, S. 19–180, bes. S. 91–180 das Kapitel »Rückkehr der Kultur«.

25 P. Kielmannsegg: Schatten, S. 7.

26 Ingrid Laurien: Politisch-kulturelle Zeitschriften den Westzonen 1945–1949. Ein Beitrag zur politischen Kultur der Nachkriegszeit, Frankfurt (M) u. a. 1991, bes. S. 112–147, hier S. 112, 122; vgl. a. Dies.: Die Verarbeitung von Nationalsozialismus und Krieg in politisch-kulturellen Zeitschriften der Westzonen, in: GWU 39 (1988), S. 220–237.

27 C. Albrecht u. a.: Gründung, S. 533.

28 Vgl. Thomas Koebner: Die Schuldfrage. Vergangenheitsverweigerung und Lebenslügen in der Diskussion 1945–1949, in: Thomas Koebner / Gert Sautermeister / Sigrid Schneider (Hg.): Deutschland nach Hitler. Zukunftspläne im Exil und aus der Besatzungszeit 1939–1949, Opladen 1987, S. 301–329; Koebner faßt unter diesen Stichworten verschiedene Positionen der öffentlichen Auseinandersetzung zusammen.

29 So die Formulierung bei: B. Eberan: Debatte; vgl. I. Laurien: Zeitschriften,
    S. 134–147; Dies.: Verarbeitung.

30 B. Eberan: Debatte, S. 7.

31 Ebd.

32 Vgl. ebd., S. 8: »Im Jahre 1946 erreichte die Beschäftigung mit der Schuldfrage
    ihren Höhepunkt und ebbte dann allmählich ab«.

33 Ebd., S. 205; vgl. ebd., S. 73–78 und S. 167–187 mit einer näheren Charakteri-
    sierung der einzelnen Positionen sowie einer Zuordnung der wichtigsten Zeit-
    schriften und Repräsentanten.

34 Vgl. ebd., S. 77f u. pass.

35 Vgl. ebd., S. 179 (Herv. i. Orig.): »Jaspers' 1946 erschienene Schrift *Die Schuld-
    frage* war die umfassendste systematische Analyse der Problematik in jenen Jah-
    ren und fand im In- als auch Ausland allgemeine Zustimmung, auch bei Dog-
    matikern christlicher und marxistischer Provenienz, die den Existentialismus
    sonst als ›Nihilismus‹ entschieden ablehnten.«

36 Karl Jaspers: Die Schuldfrage, in: Ders.: Erneuerung der Universität. Reden und
    Schriften 1945/46, Heidelberg 1985, S. 113–214, hier S. 136: »Kriminelle
    Schuld: Verbrechen bestehen in objektiv nachweisbaren Handlungen, die
    gegen eindeutige Gesetze verstoßen.«
    »Politische Schuld: Sie besteht in den Handlungen der Staatsmänner und in der
    Staatsbürgerschaft eines Staates, infolge derer ich die Folgen der Handlungen
    dieses Staates tragen muß, dessen Gewalt ich unterstellt bin, und durch dessen
    Ordnung ich mein Dasein habe.«
    »Moralische Schuld: Für Handlungen, die ich doch immer als dieser einzelne
    begehe, habe ich die moralische Verantwortung, und zwar für alle meine
    Handlungen, auch für politische und militärische Handlungen.«
    »Metaphysische Schuld: Es gibt eine Solidarität zwischen Menschen als Men-
    schen, welche einen jeden mitverantwortlich macht für alles Unrecht und alle
    Ungerechtigkeit in der Welt, insbesondere für Verbrechen, die in seiner Gegen-
    wart oder mit seinem Wissen geschehen.«

37 Vgl. Th. Koebner: Schuldfrage, S. 309–312. Aufschlußreich ist in diesem Zusam-
    menhang die Diskussion der »Schuldfrage« zwischen Hannah Arendt und Karl
    Jaspers in: Hannah Arendt / Karl Jaspers: Briefwechsel 1926–1969, hg. v. Lotte
    Köhler und Hans Saner, München / Zürich ²1987, bes. S. 89–91, 98f. Vgl. a.
    A. Assmann / U. Frevert: Geschichtsvergessenheit, S. 80–86.

38 K. Jaspers: Schuldfrage, S. 151.

39 Vgl. hierzu Winfried Schulze: Deutsche Geschichtswissenschaft nach 1945,
    München 1989; Udo Wengst: Geschichtswissenschaft und »Vergangenheitsbe-
    wältigung« in Deutschland nach 1945 und nach 1989/90, in: GWU 46 (1995),
    S. 189–205; Georg G. Iggers. Deutsche Geschichtswissenschaft. Eine Kritik der
    traditionellen Geschichtsauffassung von Herder bis zur Gegenwart, Wien u. a.
    1997, S. 295–364.

40 Vgl. W. Schulze: Geschichtswissenschaft, S. 46–50.

41 Auf die besondere Bedeutung dieser Schrift weist W. Schulze: Geschichtswis-
    senschaft, S. 46 u. pass. hin, weshalb er sie zusammen mit Gerhard Ritters
    »Geschichte als Bildungsmacht« in den Mittelpunkt seiner Betrachtung rückt;
    ähnlich C. Albrecht u. a.: Gründung, S. 507–510 und U. Wengst: Geschichtswis-
    senschaft, S. 190.

42 FRIEDRICH MEINECKE: Die deutsche Katastrophe. Betrachtungen und Erinnerungen, Wiesbaden 1946, S. 13, 9.

43 Vgl. ebd., S. 84f.

44 Ebd., S. 82f.

45 Ebd., S. 141, 140.

46 Vgl. ebd., S. 151–177.

47 Ebd., S. 164.

48 Ebd., S. 168: »Auf eine Verinnerlichung unseres Dasein kommt heute alles, alles an.«

49 FRIEDRICH MEINECKE: Ausgewählter Briefwechsel, hg. u. eingel. v. LUDWIG DEHIO u. PETER CLASSEN, Stuttgart 1962, S. 269, Anm. 2.

50 Vgl. I. LAURIEN: Zeitschriften, S. 195–229; zur Goethe-Verehrung S. 209–215.

51 GERHARD RITTER: Geschichte als Bildungsmacht. Ein Beitrag zur historisch-politischen Neubesinnung, Stuttgart ²1947, S. 31.

52 Vgl. ebd., S. 36–48.

53 Ebd., S. 57.

54 Vgl. ebd., S. 71–74, hier S. 74.

55 Vgl. W. SCHULZE: Geschichtswissenschaft, S. 58–65; U. WENGST: Vergangenheitsbewältigung, S. 191.

56 THEODOR HEUSS: Erziehung zur Demokratie, in: THEODOR HEUSS / REINHOLD MAIER: Schicksal und Aufgabe. Reden von Ministerpräsident für Nordwürttemberg und Nordbaden, Dr. Reinhold Maier, und Kultminister Dr. THEODOR HEUSS, Stuttgart o. J. [1945], S. 19–21, hier S. 19 die folgenden Zitate (Herv. i. Orig.).

57 Ebd., S. 20; hier die folgenden Zitate (Herv. i. Orig.).

58 Ebd., S. 21; hier die folgenden Zitate (Herv. i. Orig.).

59 Vgl. E. PIKART: Einleitung, in: TH. HEUSS: Aufzeichnungen, S. 11–29, hier S. 27: »Formulierungen seiner früheren Schriften waren ihm stets präsent, und er konnte sie in seinen Reden (aber auch späteren Schriften) immer in einem anderen Zusammenhang zu etwas Neuem zusammenfügen.«

60 Vgl. J. HERF: Erinnerung, S. 270–285; J. C. HEß: Wege »geht es um einen analytischen Überblick über seine [d. i. Heuss'] Ideen, wie sie in verschiedenen Manuskripten des Frühjahrs 1945 und in seinen öffentlichen Reden zwischen Oktober 1945 und März 1946 vorliegen. Zum Vergleich wurden auch seine Zeitungsartikel und seine Korrespondenz herangezogen« (S. 349); er kommt zu dem aphoristisch formulierten Ergebnis: »Die Welt mochte sich stets neu verändern, Theodor Heuss dagegen blieb sich im Kern treu.« (S. 386). – In der vorliegenden Arbeit geht es nur insoweit um seine politischen Ideen als sie in der aktuellen, situationsgebundenen rhetorischen Auseinandersetzung den Prozeß der Sinnbildung prägen.

61 TH. HEUSS: Reden, Bd. 1, S. 63–71, hier S. 63. Vgl. a. R. DAHRENDORF / M. VOGT: Heuss, S. 302–308; J. HERF: Erinnerung, S. 278f.

62 *Stuttgarter Zeitung*, 3. 11. 1945, S. 3; hier auch das folgende Zitat (Herv. i. Orig.).

63 TH. HEUSS: Reden, Bd. 1, S. 67.

64 Dies würde auch das Fehlen entsprechender Unterlagen erklären, die weder in den einschlägigen Beständen des HStAS noch im Nachlaß von Theodor Heuss aufzufinden waren.

65 *Stuttgarter Zeitung*, 17. 11. 1945, S. 5 (Herv. i. Orig.).

66 Zur Vereinigung der Verfolgten des Naziregimes (VVN) insbesondere im Hinblick auf die Sowjetische Besatzungszone und die DDR vgl. JAN FOITZIK: Vereinigung der Verfolgten des Nazi-Regimes (VVN), in: MARTIN BROSZAT / HERMANN WEBER (Hg.): SBZ-Handbuch. Staatliche Verwaltungen, Parteien, gesellschaftliche Organisationen und ihre Führungskräfte in der Sowjetischen Besatzungszone Deutschlands 1945–1949, München ²1993, S. 748–759; ELKE REUTER / DETLEF HANSEL: Das kurze Leben der VVN von 1947 bis 1953. Die Geschichte der Vereinigung der Verfolgten des Naziregimes in der Sowjetischen Besatzungszone und in der DDR, Berlin 1997; für Württemberg-Baden CHRISTIANE TOYKA-SEID: »Nicht in die Lage versetzt, Erbauer eines friedlichen Deutschland zu sein«. Die Vereinigung der Verfolgten des Naziregimes (VVN) in Württemberg-Baden, in: THOMAS SCHNABEL (Hg.): Formen des Widerstandes im Südwesten 1933–1945. Scheitern und Nachwirken, hg. v. d. LANDESZENTRALE FÜR POLITISCHE BILDUNG BADEN-WÜRTTEMBERG u. v. HAUS DER GESCHICHTE BADEN-WÜRTTEMBERGS, Ulm 1994, S. 270–283. Zum »Tag der Opfer des Faschismus« vgl. E. REUTER / D. HANSEL: Leben, S. 87–89, 198–201, 266f u. pass.; CH. TOYKA-SEID: Lage, S. 274–276, für Karlsruhe MANFRED KOCH: »Wir wollen sie gemeinsam ehren«. Vom Umgang mit dem Widerstand gegen den Nationalsozialismus in Karlsruhe, in: TH. SCHNABEL: Formen, S. 284–294, bes. S. 289–291. Vgl. a. MEINHOLD LURZ: Öffentliches Gedächtnis in den Jahren 1945 und 1946, in: JÜRGEN C. HEß U. A.: Heidelberg, S. 231–254, bes. S. 231–235, 248, der für Heidelberg die einzelnen Phasen der öffentlichen Auseinandersetzung mit dem Nationalsozialismus rekonstruiert; die Trauerfeiern wurden dort erst nach der Abwendung von der Vergangenheit im Zuge des Neubeginns des kulturellen Lebens veranstaltet.

67 Vgl. *Süddeutsche Zeitung*, 27. 11. 1945, S. 3, worin vom entsprechenden Plan berichtet wurde, einen »Tag der Opfer des Faschismus« als wiederkehrenden Gedenktag zu begründen. In den folgenden Jahren wurde regelmäßig, oft unter der Beteiligung maßgeblicher Politiker, eine Feier veranstaltet (vgl. *Süddeutsche Zeitung*, 16. 9. 1946, S. 7; 14. 9. 1947, S. 5; 11. 9. 1947, S. 3).

68 Hauptstaatsarchiv Stuttgart (hinfort HStAS), NA RG 260, 12/86–2/31, Rundschreiben 8. 11. 1945.

69 Ebd. (Herr. i. Orig.).

70 *Stuttgarter Zeitung*, 28. 11. 1945, S. 5.

71 Vgl. IV. 4. b).

72 *Stuttgarter Zeitung*, 28. 11. 1945, S. 5.

73 M. HASPEL: Gedenkrede, in: GERT UEDING (Hg.): Historisches Wörterbuch der Rhetorik, Bd. 1ff, Tübingen 1992ff, Bd. 3, Sp. 643.

74 Textgrundlage: TH. HEUSS: Reden, Bd. 1, S. 63–71, hier S. 63; hier auch das folgende Zitat. Der Text der Rede findet sich im Anhang.

75 Ebd., S. 63f

76 Vgl. die Bemerkungen zu Hitlers Versammlungsstil in TH. HEUSS: Hitlers Weg, S. 130f: »Hitler diskutiert nicht. Er hat für sich und für die Gruppe seiner Mitarbeiter [...] den Stil der Kundgebung zu stärkster Eindrucksfähigkeit entwickelt. Seine Reden sind inhaltlich seltsam vage [...]. Doch ist er in reicher Variation ein Meister der Gefühlsekstase – [...]«.

77 TH. HEUSS: Reden, Bd. 1, S. 64.

78 J. ASSMANN: Gedächtnis, hier, S. 12; vgl. a. ebd., S. 11: »Das kommunikative Gedächtnis kennt keine Fixpunkte, die es an eine sich mit fortschreitender

Gegenwart immer weiter ausdehnende Vergangenheit binden würde. So etwas ist nur durch kulturelle Formung zu erreichen und fällt daher aus dem informellen Alltagsgedächtnis heraus«; A. ASSMANN / U. FREVERT: Geschichtsvergessenheit, S. 41f.

79 TH. HEUSS: Reden, Bd. 1, S. 64; hier die folgenden Zitate.

80 Vgl. TH. KOEBNER: Schuldfrage, S. 321: »Die Unterworfenheit in der Diktatur schien [...] die meisten Schuldvorwürfe als fehladressiert zu entkräften. In oft kräftiger Bildersprache wurde die Ausweg- und Ratlosigkeit, die Handlungsunfähigkeit der Deutschen unter der Nazi-Herrschaft veranschaulicht«.

81 TH. HEUSS: Reden, Bd. 1, S. 64. Vgl. FRANK STERN: Im Anfang war Auschwitz. Antisemitismus und Philosemitismus im deutschen Nachkrieg, Gerlingen 1991, S. 249: »Wenngleich in vielen Aussagen widersprüchlich, ist diese Rede dennoch im grundlegenden eine Absage an folgenloses Vergessen«.

82 Vgl. A. ASSMANN / U. FREVERT: Geschichtsvergessenheit, S. 47: »Im Gegensatz zum Sieger- und Verlierergedächtnis kann sich ein Tätergedächtnis weder auf öffentliche Rituale und Symbole noch auf politische Sinngebung stützen. Es verfestigt sich von innen durch einen kollektiven Habitus des Beschweigens und Verdrängens, der auch noch die nachfolgenden Generationen in seinen Bann zieht, und von außen durch die Mahnung des betroffenen Opfergedächtnisses.«

83 K. JASPERS: Schuldfrage, S. 176.

84 Ebd.; vgl. a. A. ASSMANN / U. FREVERT: Geschichtsvergessenheit, S. 84f.

85 TH. HEUSS: Reden, Bd. 1, S. 65; hier auch das folgende Zitat.

86 Ebd.

87 Ebd., S. 66.

88 Ebd.

89 Ebd., S. 66f.

90 Vgl. *Stuttgarter Zeitung*, 28. 11. 1945, S. 1: »Wie die Verschwörer den Krieg suchten. Vierter Tag des Nürnberger Prozesses – Major Wallis legt Dokumente vor«; in dieser Ausgabe wurde auch über den Gedenktag und die Rede von Heuss berichtet.

91 Vgl. R. DAHRENDORF / M. VOGT: Heuss, S. 308f; F. STERN: Anfang, S. 249 sieht in der Würdigung einzelner Juden die Bestätigung antisemitischer Vorurteile: »Einzelne jüdische Persönlichkeiten wurden so [...] aus der Masse der verfolgten Juden herausgehoben. Aus der Häufung von Zuschreibungen konnte so auch, völlig unabhängig von der Absicht des Redners, Gegenteiliges über die nicht solcherart Prominenten herausgehört werden.« Da im Redekontext Heuss persönliche Bekannte und Freunde würdigt, steht aber gerade das private Verhältnis im Mittelpunkt.

92 TH. HEUSS: Reden, Bd. 1, S. 68.

93 Ebd., S. 69; zum persönlichen Hintergrund vgl. den bei E. PIKART: Heuss, S. 234f abgedruckten Brief seines Sohnes Ernst Ludwig Heuss aus Berlin v. 11. 6. 1945: »Leider konnte für einen Teil der Häftlinge in der Lehrterstraße nichts getan werden. So wurden schrecklicherweise am 21. April noch Klaus Bonhoeffer, Rüdiger Schleicher, Justus Perels, Graf Bernstorff, Freiherr v. Guttenberg durch ein Rollkommando der SS erschossen.«

94 M. RENSING: Nationalsozialismus, S. 281.

95 TH. HEUSS: Reden, Bd. 1, S. 71.

96 Vgl. *Stuttgarter Zeitung*, 17. 11. 1945, S. 5: »Wir wollen unsere Bereitschaft zur Wiedergutmachung der *im Namen des deutschen Volkes* begangenen Verbrechen bekunden« (Herv.: U.B.).

97 WILHELM PIECK: Reden und Aufsätze 1908–1950, Berlin (DDR) 1950, S. 423–426, hier S. 424.

98 TH. HEUSS: Reden, Bd. 1, S. 71.

99 Vgl. für weitere Belege E. PIKART: Einleitung, in: TH. HEUSS: Aufzeichnungen, S. 11f, 27f; GUDRUN KRUIP: Gescheiterter Versuch oder verpflichtendes Erbe? 1848 bei Theodor Heuss, in: PATRICK BAHNERS / GERD ROELLECKE (Hg.): 1848 – Die Erfahrung der Freiheit, Heidelberg 1999, S. 189–208, hier S. 204.

100 Vgl. zum Kulturbund MAGDALENA HEIDER: Kulturbund zur demokratischen Erneuerung Deutschlands, in: MARTIN BROSZAT / HERMANN WEBER (Hg.): SBZ-Handbuch. Staatliche Verwaltungen, Parteien, gesellschaftliche Organisationen und ihre Führungskräfte in der Sowjetischen Besatzungszone Deutschlands 1945–1949, München ²1993, S. 714–733; DIES.: Politik – Kultur – Kulturbund. Zur Gründungs- und Frühgeschichte des Kulturbundes zur demokratischen Erneuerung Deutschlands 1945–1954 in der SBZ/DDR, Köln 1993; JENS WEHNER: Kulturpolitik und Volksfront. Ein Beitrag zur Geschichte der Sowjetischen Besatzungszone Deutschlands 1945–1949, 2 Bde., Frankfurt (M) 1992; DAVID PIKE: The Politics of Culture in Soviet-Occuppied Germany, 1945–1949, Stanford 1992; ILSE SPITTMANN / GISELA HELWIG (Hg.): DDR-Lesebuch. Von der SBZ zur DDR 1945–1949, Köln 1989 S. 207–217 sowie aus der Perspektive der DDR KARL-HEINZ SCHULMEISTER: Auf dem Wege zu einer neuen Kultur. Der Kulturbund in den Jahren 1945–1949, Berlin (DDR) 1977.

101 Vgl. M. HEIDER: Politik, S. 11 u. pass.

102 Vgl. ebd., S. 37: »Geworben wurde vielmehr für einen politisch breiten Verband.«

103 Ebd., S. 40.

104 SBTH, NL Heuss, N 1221/27 (= BA), hier die folgenden Zitate (Herv. i. Orig.); vgl. a. E. PIKART: Heuss, S. 251.

105 Vgl. J. C. HEß: Wege, S. 375, Anm. 111.

106 SBTH, NL Heuss, A: Heuss 11 (= SNM / DLA Marbach): Becher an Heuss, 13. 11. 1945 (Herv. i. Orig.); auch in: M. KIENZLE / D. MENDE: Politik, S. 50.

107 Vgl. E. PIKART: Einleitung, in: TH. HEUSS: Aufzeichnungen, S. 28f.

108 Vgl. Stiftung Archiv der Parteien und Massenorganisationen der DDR im Bundesarchiv, Berlin (hinfort SAPMO), DY 27/52: Theodor Heuss hatte in einem Telegramm an seinen Sohn als Titel »Schicksal und Aufgabe« vorgeschlagen, was auf Anregung des Kulturbunds (Aktennotiz v. 26. 2. 1946) schließlich in »Deutschland – Schicksal und Aufgabe« geändert wurde (Aktennotiz v. 8. 3. 1946). Dies spiegelt sich auch in der Presseresonanz, die dokumentiert ist in: SBTH, NL Heuss, N 1221/520 (= BA); daraus auch die weiteren Belege. Am 29. 9. 1946 hielt Heuss im Südwestfunk eine Ansprache mit dem Titel »Schicksal und Aufgabe«, die deutliche inhaltliche Parallelen zum Berliner Vortrag erkennen läßt (vgl. SBTH, NL Heuss, N 1221/1 (= BA)).

109 Vgl. SBTH, NL Heuss, N 1221/1, fol. 213f (= BA): Interview Scherret – Heuss, 11. 3. 1946.

110 Vgl. *Tägliche Rundschau*, 16. 3. 1946; *Der Berliner*, 16. 3. 1946; *Berliner Zeitung*, 17. März 1946 (= SBTH, NL Heuss, N 1221/520 (= BA)); SAPMO DY 27/52: Einladungsschreiben, 13. 3. 1946.

111 SAPMO, DY 27/52: Einladungsschreiben, 13. 3. 1946.

112 Vgl. ebd.: Aktennotizen v. 6. 3. u. 8. 3. 1946.

113 Vgl. ebd.: Kulturbund an Dymschitz, 11. 3. 1946.

114 Ebd.

115 Ebd.; laut E. PIKART: Einleitung, in: TH. HEUSS, Aufzeichnungen, S. 29 entfiel die geplante Rundfunkübertragung ebenso wie die Veröffentlichung des Textes.

116 SAPMO, DY 27/52: Kulturbund an Dymschitz, 11. 3. 1946.

117 K.-H. SCHULMEISTER: Weg, S. 149f.

118 *Der Morgen*, 20. 3. 1946 (= SBTH, NL Heuss, N 1221/520 (= BA)).

119 Textgrundlage: TH. HEUSS: Aufzeichnungen, S. 184–208. Vgl. J. HERF: Erinnerung, S. 282f.

120 TH. HEUSS: Aufzeichnungen, S. 184.

121 Ebd., S. 50.

122 Ebd., S. 54.

123 TH. HEUSS: Aufzeichnungen, S. 54f.

124 Vgl. a. IV. 2.

125 Vgl. TH. HEUSS: Aufzeichnungen, S. 209: »Diesem achten Mai 1945 folgte der neunte Mai 1945 – das war Schillers 140. Todestag. Wie vielen mag vor einem Jahr die Nachbarschaft dieser Tage mit ihrem historischen Symbolgewicht ins Bewußtsein getreten sein?«

126 Ebd., S. 213, 214.

127 TH. HERTFELDER / J. C. HEß: Streiten, S. 196–198, hier S. 197.

128 Ebd., S. 198; hier auch die folgenden Zitate.

129 Ebd.

130 DER PARLAMENTARISCHE RAT 1948–1949. Akten und Protokolle, Bd. 1ff, Boppard 1975ff, Bd. 9, S. 531–543, hier S. 542 (Herv. i. Orig.).

131 Ebd., S. 543 (Herv. i. Orig.).

132 TH. HEUSS: Aufzeichnungen, S. 185.

133 Ebd., S. 186.

134 Ebd., S. 187.

135 Ebd., S. 186; hier auch das folgende Zitat.

136 Ebd., S. 187, hier S. 187f auch die folgenden Zitate.

137 Vgl. ebd., S. 143–151.

138 Ebd., S. 143.

139 Ebd., S. 150f.

140 Ebd., S. 188. Wie oben gezeigt, verschärfte Heuss diese Paradoxie in seiner Schlußansprache im Parlamentarischen Rat.

141 Ebd., S. 188f.

142 Ebd., S. 189; hier auch die folgenden Zitate.

143 Ebd., S. 189f.

144 TH. HEUSS: Aufzeichnungen, S. 190.

145 K. JASPERS: Schuldfrage, S. 136 zählt zur politischen Schuld »jedes Menschen Mitverantwortung, wie er regiert wird«; von moralischer Schuld könnte man insofern sprechen, als »jede Handlung auch der moralischen Beurteilung unterstellt [bleibt]«, d. h. auch jede Handlung des Unterlassens. Vgl. A. ASSMANN / U. FREVERT: Geschichtsvergessenheit, S. 85.

146 TH. HEUSS: Aufzeichnungen, S. 191.

147 Ebd., S. 192.

148 Vgl. grundlegend BERND FAULENBACH: Ideologie des deutschen Weges. Die deutsche Geschichte in der Historiographie zwischen Kaiserreich und Nationalsozia-

lismus, München 1980; zusammenfassend: DERS.: »Deutscher Sonderweg. Zur Geschichte und Problematik einer zentralen Kategorie des deutschen geschichtlichen Bewußtseins, in: APUZ B 33/81 (15. 8. 1981), S. 3–21; HELGA GREBING: Der »deutsche Sonderweg« in Europa 1806–1945. Eine Kritik. Stuttgart u. a. 1986.

149 TH. HEUSS: Aufzeichnungen, S. 193, hier S. 193f auch die folgenden Zitate.

150 Ebd., S. 194; hier S. 194f auch die folgenden Zitate.

151 Ebd., S. 197.

152 Ebd., S. 198.

153 Vgl. II. 1.

154 TH. HEUSS: Aufzeichnungen, S. 199. Der in der Rededisposition (b) an dieser Stelle folgende Teil wurde anscheinend von Heuss ausgelassen; hier heißt es: »Im Politischen: Fairness der Auseinandersetzung / sie erschien dem Nat.Soz. als Dummheit / heute z. T. wieder bedroht.« Diesen Gedanken bringt Heuss in veränderter Weise am Ende der Rede. Neben pragmatischen Gründen wie Kürzung der Rede aus Zeitgründen, spontanes Umstellen oder schlichtes Übersehen könnte es auch damit zusammenhängen, daß er die Kritik an den Zuständen in der Ostzone, die er im folgenden Teil äußerte, nicht zu sehr verschärfen wollte.

155 Vgl. W. SCHULZE: Geschichtswissenschaft, S. 207–227.

156 TH. HEUSS: Aufzeichnungen, S. 200.

157 Ebd., S. 199.

158 Ebd., S. 200.

159 Ebd., S. 203 (Herv. i. Orig.).

160 Ebd., S. 201; hier S. 201f auch die weiteren Zitate.

161 Ebd., S. 203.

162 Ebd., S. 203f.

163 Ebd., S. 204; hier auch das folgende Zitat.

164 Vgl. ebd., S. 205f; hier auch die folgenden Zitate.

165 Ebd., S. 206.

166 Ebd., S. 206f, hier auch die folgenden Zitate.

167 Ebd., S. 207; hier auch das folgende Zitat.

168 SBTH, NL Heuss, A: Heuss 11 (= SNM / DLA Marbach): Heuss an Becher, 25. 3. 1946; hier auch die folgenden Zitate; auch in: M. KIENZLE / D. MENDE: Politik, S. 56f.

169 Der Berliner, 20. 3. 1946; vgl. a. Der Morgen, 20. 3. 1946: »Bekenntnis zu Deutschland«; Nacht-Express, 20. 3. 1946: »Deutschlands geistige Einheit« (= SBTH, NL Heuss, N 1221/520 (= BA)).

170 Der Kurier, 20. 3. 1946 (= SBTH, NL Heuss, N 1221/520 (= BA)).

171 TH. HEUSS: Reden, Bd. 1, S. 17–44. Vgl. TH. HEUSS: Erinnerungen, S. 243: Heuss bemerkt, daß die Rede »ein zufällig anwesender Verleger sich anhörte und mit dem anspruchsvollen Titel ›Deutschland Zukunft‹ herausbrachte«.

172 Vgl. W. WIEDNER: Heuss, S. 118–129 mit einem Vergleich der beiden Reden. Aus linguistischer Perspektive vergleicht Felder Reden von Heuss und von Adenauer aus den Jahren 1919 und 1945–1952 sowohl synchron als auch diachron, wobei er aus unerfindlichen Gründen als Vergleichstext zur Rede »Deutschlands Zukunft« von 1919 den Vortrag »Um Deutschlands Zukunft« von 1946 nicht heranzieht (vgl. E. FELDER: Muster).

173 TH. HEUSS: Erinnerungen, S. 235.

174 TH. HEUSS: Reden, Bd. 1, S. 17; hier auch das folgende Zitat.
175 Ebd., S. 18.
176 Ebd.
177 Ebd., S. 19f u. pass.; die folgenden Zitate: S. 19.
178 Ebd., S. 31.
179 Ebd., S. 27–29, hier S. 28.
180 Ebd., S. 33–35, hier S. 34.
181 Ebd., S. 20.
182 Ebd., S. 44; hier auch das folgende Zitat.
183 TH. HEUSS: Aufzeichnungen , S. 54f.
184 Vgl. J. C. HEß: Wege, S. 357f, der in diesem Gefühl der Erleichterung einen
    grundlegenden Zug der damaligen Wirklichkeitswahrnehmung von Heuss sieht.
185 THEODOR HEUSS: Die deutsche Nationalidee im Wandel der Geschichte, Stuttgart
    o. J., S. 3, 4.
186 Ebd., S. 36.
187 Ebd., S. 39, 40.
188 Vgl. G. KRUIP: Versuch, S. 189f: »Er sah sich in der demokratischen Tradition
    Deutschlands und leitete sein politisches Selbstverständnis aus der freiheitlichen
    Überlieferung von 1848 ab«; Kruip untersucht »vier Hauptstränge« in der lite-
    rarischen und rhetorischen Auseinandersetzung mit der Revolution von 1848:
    »1. Der Bezug auf seine familiäre und regionale Herkunft, 2. die historische
    Darstellung, 3. die politischen Konsequenzen und 4. die ethischen Folgerun-
    gen« (S. 191).
189 TH. HEUSS: Reden, Bd. 1, S. 20–22, hier S. 21; hier auch das folgende Zitat.
190 Ebd., S. 22.
191 Vgl. grundlegend zum politischen Denken von Heuss vor 1933 J. C. HEß: Heuss
    vor 1933.
192 TH. HEUSS: Reden, Bd. 1, S. 22, 25, 27, 31, 32, 33, 35.
193 Vgl. TH. HEUSS: Erinnerungen, S. 243f. In der Rückschau erwähnte er nur seine
    Pläne zur staatlichen Gliederung Deutschlands, die nach 1945 neue Aktualität
    erhielten und angesichts der Diskussion um einen Südweststaat zu Mißver-
    ständnissen Anlaß gaben: »Bald merkte ich, daß ich ein völlig isolierter Solo-
    Sänger war«, resümierte er die damalige Resonanz und schilderte dann die
    »Notlage«, in die er als Bundespräsident kam: »Einem mir fremden Herren war
    diese Rede in Erinnerung geblieben, und er meinte, die ›Südwest-Prophetie‹
    würde auf den Abstimmungskampf großartig wirken. Ich mußte ihn beschwö-
    ren, seine Entdeckung still im Busen zu bewahren – denn welcher harmlose
    Zeitungsleser unterscheidet den Abstand von mehr als drei Jahrzehnten! Ein
    Bundespräsident soll in solcher Frage, die dazuhin eine sehr gereizte, mir sach-
    lich fremde Stimmung annahm, den Anspruch eines suggestiven Einflusses
    meiden. Es ist dann auch ganz gut gegangen.«
194 TH. HEUSS: Reden, Bd. 1, S. 43.
195 Ebd.
196 Ebd., S. 44.
197 Vgl. W. WIEDNER: Heuss, S. 118: »Der emotional aufgeladene Begriff und die Ära
    des Nationalsozialismus haben den Nationalbegriff in dieser Zeit für Heuss
    offensichtlich etwas suspekt werden lassen.«
198 Vgl. ERHARD H. M. LANGE: Theodor Heuss und die Entstehung des Grundgeset-
    zes, in: liberal 35 (1993)/4, S. 61–69, S. 63: »Als historischen Angelpunkt, aus

dem sich neue Kräfte gewinnen ließen, sah er vor allem den Geist der 1848er-Bewegung und ihr Werk, die Paulskirchen-Verfassung«, auch wenn er andere Akzente setzen wollte; so »erhielt nunmehr für ihn die Grundrechtsdiskussion der Paulskirche im Vergleich zur Weimarer Zeit eine erhöhte Bedeutung«.

199 Vgl. G. KRUIP: Versuch, S. 206: »Der Aspekt der positiven Tradition, an die es anzuknüpfen galt, gewann nach der nationalsozialistischen Diktatur weiter an Bedeutung. Sah Heuss nach 1919 in den Bemühungen von 1848 nur einen ersten Ansatz, der von der Enkelgeneration weiterentwickelt werden mußte, so war die Vollendung dieser revolutionären Vorarbeiten nach 1945 eine der vornehmsten Aufgaben der Deutschen.« Und: »1848 sah er nun als den Beginn einer ununterbrochenen, wenn auch zeitweise verborgenen und von den politischen Ereignissen behinderten demokratischen und freiheitlichen Entwicklung.«

200 Vgl. z. B. den Vortrag von Heuss für Radio Stuttgart (SBTH, NL Heuss, N 1221/1 (= BA)) oder seinen »Blick auf 1848« in: *Der Spiegel*, 13. 3. 1948 (= SBTH, NL Heuss, N 1221/520 (= BA)).

201 1954 erschien die Schrift unter dem Titel »Ein Vermächtnis. Werk und Erbe von 1848«; der Nachdruck 1998 trägt den Titel »1848 – die gescheiterte Revolution«.

202 THEODOR HEUSS: 1848 – Werk und Erbe, Stuttgart 1948, S. 17.

203 Ebd., S. 167.

204 TH. HEUSS: 1848 [= ND 1998], S. 231, 232, 235.

205 Vgl. E. WOLFRUM: Geschichtspolitik, S. 39–49, der in der Auseinandersetzung um das Erbe der Revolution von 1848 den »Beginn deutsch-deutscher Geschichtspolitik« erblickt: »Der alte Streit um 1848 setzte sich in bislang nicht gekannten Dimensionen fort« (S. 40).

206 Vgl. ebd., S. 44: »1848/1948 als Ereignis und Bekenntnis, so läßt sich bilanzieren, war die Geburtsstunde der geschichtspolitischen Selbstlegitimierung des SED-Regimes noch vor der Staatsgründung im Osten.« Vgl. a. A. ASSMANN / U. FREVERT: Geschichtsvergessenheit, S. 151–172.

207 Ebd., S. 45f.

208 J. HERF: Erinnerung, S. 253; vgl. J. C. HEß: Wege, S. 366; weiterhin: J. HERF: Erinnerung, S. 262f: »Seine Reden im Frühjahr und Sommer 1946 waren Variationen dessen, was er im März in der Kölner Universität gesagt hatte«; zu diesen späteren Reden vgl. ebd., S. 263–270.

209 Vgl. hierzu im einzelnen H.-P. SCHWARZ: Adenauer, Bd. 1, S. 341–424; H. KÖHLER: Adenauer, S. 273–322.

210 Vgl. a. KONRAD ADENAUER: Briefe 1945–1947, 1947–1949, 1949–1951, 1952–1953, 4 Bde., hg. v. RUDOLF MORSEY u. HANS-PETER SCHWARZ, bearb. v. HANS-PETER MENSING, Berlin 1983–1987, Bd. 1, S. 193f (Adenauer an Löns, 13. 3. 1946): »In meiner Rede sind die Blätter nicht richtig numeriert. Die Einzelheiten aus unserem Programm müssen vor Blatt 16 kommen. Von Blatt 16 an kommt die Auseinandersetzung mit der SPD.« Diese Bemerkung verdeutlicht den Charakter der Ansprache als politische Parteirede; hier auch der Hinweis auf eine anzufertigende stenografische Mitschrift: »Bitte, lassen Sie meine Rede durch Herrn Schlarb stenografisch aufnehmen. Ich kann keine Gewähr übernehmen, daß ich mich in meiner Rede an das Konzept halte.«

211 Textgrundlage: Konrad Adenauer: Reden 1917–1967. Eine Auswahl, hg. v. Hans-Peter Schwarz, Stuttgart 1975, S. 82–106, hier S. 103; vgl. J. Herf: Erinnerung, S. 253–263.

212 K. Adenauer: Reden, S. 83; hier auch die folgenden Zitate.

213 Ebd., S. 85; hier auch die folgenden Zitate.

214 Ebd.

215 Vgl. K. Adenauer: Briefe, Bd. 1, S. 68: In einem am 7. 8. 1945 im *Kölnischen Kurier* abgedruckten offenen Brief setzte er Nationalsozialismus und Militarismus gleich: »Vergeßt auch nie: Das Chaos, das wir durch gemeinsame harte Arbeit ordnen und neu gestalten müssen, ist die Schuld und das notwendige Erbe des Nationalsozialismus und des Militarismus.«

216 K. Adenauer: Reden, S. 99.

217 K. Adenauer: Briefe, Bd. 1, S. 399; hier auch die aufschlußreiche Bemerkung: »Ich möchte aus bestimmten Gründen nicht zu oft über diese Frage in der Öffentlichkeit das Wort ergreifen und daher einstweilen keinen Artikel schreiben.«

218 K. Adenauer: Reden, S. 85.

219 Ebd., S. 86; hier auch die folgenden Zitate.

220 Ebd.

221 Ebd., S. 89.

222 Ebd., S. 85; hier auch die folgende Zitate.

223 Ebd., S. 93.

224 Ebd., S. 80.

225 Vgl. J. Herf: Erinnerung, S. 268: »Adenauers frühe Nachkriegsreden enthielten ein Mischung aus Einsicht und Abwehr, Ehrlichkeit und Rechtfertigung«.

226 K. Adenauer: Briefe, Bd. 1, S. 172f; hier S. 172.

227 Ebd.; hier, S. 173 auch das folgende Zitat.

228 K. Adenauer: Reden, S. 84.

229 K. Adenauer: Briefe, Bd. 1, S. 92.

230 Ebd., S. 387.

231 K. Adenauer: Reden, S. 93.

232 Th. Heuss: Aufzeichnungen, S. 189.

233 K. Adenauer: Reden, S. 88.

234 Th. Heuss: Aufzeichnungen, S. 193.

235 Vgl. J. Herf: Erinnerung, S. 262: »Den Racheengel oder nationalen Moralapostel zu spielen, lag ihm nicht. Ihm ging es darum, Deutschland fest in eine Reihe westlicher übernationaler Institutionen einzubinden, denn seiner Überzeugung nach hatte das deutsche Schwanken zwischen Ost und West zweimal zum Krieg geführt. Deshalb mußte diese Unentschiedenheit beendet und Deutschland unauflöslich mit dem Westen verbunden werden. Dies war Adenauers wichtigste politische Schlußfolgerung aus der NS-Zeit.«

236 K. Adenauer: Briefe, Bd. 1, S. 410.

237 Vgl. J. Herf: Erinnerung, S. 268f: »Je tiefer er den Nationalsozialismus in der deutschen Geschichte und Gesellschaft verwurzelt fand, desto mehr fürchtete er, eine harte Besatzungspolitik könnte die alten Geister des Nationalismus oder sogar des Nationalsozialismus zu neuem Leben erwecken. Deshalb sah er den besten Weg, den Nationalsozialismus zu überwinden, darin, die direkte Auseinandersetzung mit ihm zu vermeiden, während gleichzeitig den deutschen Politikern immer mehr Verantwortung übertragen wurde. Wirtschaftlicher Wieder-

aufbau und politische Legitimität waren die richtige Medizin, nicht weitere Säuberungen. So ging die demokratische Erneuerung Hand in Hand mit dem Totschweigen und Vergessen der dunklen Vergangenheit. Zuviel Erinnerung hätte eine immer noch zerbrechliche öffentliche Psyche aus dem Gleichgewicht gebracht.« Die »Vermeidung einer direkten Auseinandersetzung« ist bei Adenauer für die unmittelbare Nachkriegszeit nicht nachweisbar. Daß er aus seiner Erfahrung politische Konsequenzen zog, wäre zuerst als spezifische Form der Auseinandersetzung mit der nationalsozialistischen Vergangenheit zu begreifen, bevor sie als »Totschweigen und Vergessen der dunklen Vergangenheit« gebrandmarkt wird.

238 Vgl. WILLY ALBRECHT: Einleitung, in: KURT SCHUMACHER: Reden, Schriften, Korrespondenzen 1945–1952, hg. v. WILLY ALBRECHT, Berlin / Bonn 1985, S. 31–201.

239 Ebd., S. 385f; die folgenden Zitate S. 386.

240 Vgl. ebd., S. 387–418.

241 Vgl. ebd., S. 203–236.

242 W. ALBRECHT: Einleitung, in: K. SCHUMACHER: Reden, S. 91; vgl. a. J. C. HEß: Wege, S. 366; J. HERF: Erinnerung, S. 288–296.

243 K. SCHUMACHER: Reden, S. 203.

244 Ebd., S. 204; hier S. 204f auch die folgenden Zitate.

245 Ebd., S. 206.

246 Ebd., S. 209.

247 Ebd., S. 208.

248 Ebd., S. 209.

249 Ebd., S. 210; hier in Anm. 7 auch der Nachweis des Zitats aus Schumachers Reichstagsrede.

250 Ebd.

251 Ebd., S. 212.

252 Ebd., S. 214.

253 Ebd., S. 214f.

254 Ebd., S. 216.

255 Ebd.; hier auch die folgenden Zitate.

256 Ebd., S. 216f.

257 Vgl. J. HERF: Erinnerung, S. 299–301 u. pass.

258 K. SCHUMACHER: Reden, S. 217.

259 J. HERF: Erinnerung, S. 291; vgl. ebd., S. 190: »Die Vorstellung einer Kollektivschuld des deutschen Volkes lehnte Schumacher ab.«

260 K. SCHUMACHER: Reden, S. 217.

261 Vgl. ebd., S. 226; hier auch die vorangegangen Zitate.

262 Ebd., S. 389.

Das Amt des Bundespräsidenten und der Redner Theodor Heuss

1 TH. HEUSS: Tagebuchbriefe, S. 104.

2 Vgl. R. BURGER: Heuss, S. 417–462, bes. die Übersichten S. 542f sowie die thematisch geordnete Bibliographie in: M. BOVERI / W. PRINZING: Heuss, bes. S. 103f, 111, 146–151, 165, 173, 191f, 210, 217.

3 Vgl. J. C. HEß: Fehlstart.

4 Vgl. für die Entwicklung im einzelnen einschlägige Überblicksdarstellungen wie z. B. WOLFGANG BENZ: Die Gründung der Bundesrepublik. Von der Bizone zum souveränen Staat, München [5]1999; A. M. BIRKE: Bundesrepublik, S. 1–16;

R. Morsey: Bundesrepublik, S. 1–23; Ch. Kleßmann: Staatsgründung; Birke, Nation, S. 207–255; M. Görtemaker: Geschichte, S. 15–84.

5 Hinzu kam ein beratender Berliner Abgeordneter; vgl. die Übersicht bei Erhard H. M. Lange: Die Würde des Menschen ist unantastbar. Der Parlamentarische Rat und das Grundgesetz, Heidelberg 1993, S. 186.

6 Vgl. die Quellenedition Parlamentarischer Rat, Akten; als neuere zusammenfassende Darstellungen E. H. M. Lange: Würde; Karlheinz Niclauß: Der Weg zum Grundgesetz. Demokratiegründung in Westdeutschland 1945–1949, Paderborn 1998; Ders.: Politische Kontroversen im Parlamentarischen Rat, in: APUZ B 32–33/98 (31. 7. 1998), S. 20–28; Michael F. Feldkamp: Der Parlamentarische Rat 1948–1949. Die Entstehung des Grundgesetzes, Göttingen 1998.
Zu Heuss im Parlamentarischen Rat vgl. E. H. M. Lange: Heuss; Jürgen C. Heß: Ihm war doch sehr klar: »Tatsächlich machen wir eine Verfassung«. Theodor Heuss und der Parlamentarische Rat, in: Das Parlament, 31. 7./7. 8. 1998, S. 7; I. Wurtzbacher-Rundholz: Verfassungsgeschichte, S. 149–168 mit einer detaillierten Zusammenstellung der einzelnen Beiträge von Heuss im Parlamentarischen Rat. Aufschlußreich ist die publizistische Kommentierung der Verfassungsberatungen durch Heuss und Dehler, dokumentiert in: Th. Hertfelder / J. C. Heß: Streiten; vgl. a. R. Burger: Heuss, S. 442–445.

7 E. H. M. Lange: Heuss, S. 61, 62.

8 Theodor Heuss / Carlo Schmid: Parlamentarische Poesie. Das ABC des Parlamentarischen Rates. Parlamentarische Elegie im Januar, hg. v. d. Stiftung Bundespräsident-Theodor-Heuss-Haus, Stuttgart 1999, S. 40; vgl. ebd., S. 14f: Heuss revanchierte sich in »Das ABC des Parlamentarischen Rates« mit den Versen; »Der Carlo celebriert wie ein Gedicht / die hohen Worte seines Staatsfragments, / auf jedem Comma wuchtet sein Gewicht – / jetzt die Cäsur, dann fühlsam die Cadenz.«

9 Parlamentarischer Rat, Akten, Bd. 9, S. 532 (Herv. i. Orig.).

10 E. H. M. Lange: Heuss, S. 63.

11 Parlamentarischer Rat, Akten, Bd. 9, S. 104.

12 Ebd.

13 E. H. M. Lange: Heuss, S. 62.

14 Parlamentarischer Rat, Akten, Bd. 9, S. 194.

15 Vgl. z. B. ebd., S. 104.

16 Ebd., S. 106.

17 Vgl. E. H. M. Lange: Heuss, S. 66; I. Wurtzbacher-Rundholz: Verfassungsverständnis, S. 158.

18 Vgl. Parlamentarischer Rat, Akten, Bd. 9, S. XVI, 107; E. H. M. Lange: Heuss, S. 62 zweifelt an Heuss' Urheberschaft der Staatsbezeichnung »Bundesrepublik Deutschland«.

19 Vgl. E. H. M. Lange: Heuss, S. 61f, 64f.

20 Parlamentarischer Rat, Akten, Bd. 9, S. 192–196, hier S. 193f (Herv. i. Orig.).

21 Ebd., S. 115.

22 Ebd., S. 111.

23 Ebd., S. 115.

24 Ebd., S. 103.

25 Ebd., S. 116.

26 Vgl. zu den Beratungen über ein Staatsoberhaupt im Parlamentarischen Rat Erhard H. M. Lange: Die Diskussion um die Stellung des Staatsoberhauptes

1945–1949 mit besonderer Berücksichtigung der Erörterungen im Parlamentarischen Rat, in: VZG 26 (1978), S. 601–651; Rudolf Morsey: Die Debatte um
das Staatsoberhaupt 1945–1949, in: E. Jäckel u. a.: Heuss, S. 45–58; weiterhin:
H.-J. Winkler: Bundespräsident, S. 10–19; W. Kaltefleiter: Bundespräsident,
S. 199–202 sowie U. Wengst: Staatsaufbau, S. 71–74.

27 H. Butzer: Bundespräsidialamt, S. 503 stellt fest:»nirgendwo im Grundgesetz
wird der Wille zur Abkehr von Weimar deutlicher als in der Neufassung der
Position des Staatsoberhauptes«; ähnlich U. Scheuner: Amt, S. 12; U. Wengst:
Staatsaufbau, S. 56.

28 E. H. M. Lange: Diskussion, S. 629; vgl. M. F. Feldkamp: Rat, S. 31.

29 Vgl. E. H. M. Lange: Diskussion, S. 644–647.

30 Dieser Ausschuß war aus der Zusammenlegung des Ausschusses für Organisation des Bundes und des Ausschusses für Verfassungsgerichtshof und Rechts-
pflege hervorgegangen; vgl. M. F. Feldkamp: Rat, S. 69–76.

31 E. H. M. Lange: Diskussion, S. 630–634, hier S. 634; M. F. Feldkamp: Rat, S. 72.

32 Parlamentarischer Rat, Akten, Bd. 9, S. 109 (Herv. i. Orig.).

33 Vgl. Thomas Dehlers Artikel»FDP fordert Präsidialregierung« (15. 1. 1949), in:
Th. Hertfelder / J. C. Heß: Streiten, S. 100–103, hier S. 100, 102; zu Dehlers
Rolle bei der»Verfassungsgebung in München und Berlin« vgl. U. Wengst:
Dehler, S. 114–130.

34 Parlamentarischer Rat, Akten, Bd. 9, S. 109; vgl. E. H. M. Lange: Heuss, S. 68.

35 Vgl. *Rhein-Neckar-Zeitung*, 15. 6. 1946, S. 1f; hier S. 1 die folgenden Zitate.

36 Ebd.

37 Ebd., S. 1f.

38 E. H. M. Lange: Diskussion, S. 649.

39 Verhandlungen des Deutschen Bundestages, Stenographische Berichte, Bd. 1ff ,
Bonn 1950ff, Bd. 1, S. 9f.

40 Die Stellung des Bundespräsidenten ergibt sich aus Art. 39, 54–61, 63, 64, 67,
68, 69, 81, 82 sowie 115 GG. Vgl. ausführlicher z. B. U. Scheuner: Amt,
S. 32–39; F. Pflüger: Heuss, S. 384–386; H. Rausch: Bundespräsident,
S. 77–128; die politologische Perspektive bes. bei W. Kaltefleiter: Bundespräsi-
dent, S. 208–278; J. J. Hesse / Th. Ellwein: Regierungssystem, S. 332–341;
W. Patzelt: Bundespräsident; die staats- und verfassungsrechtlich Aspekte
beleuchten v. a. Roman Herzog: Kommentar zu GG, Art. 54ff , in: Th. Maunz /
G. Dürig / R. Herzog / R. Scholz: Grundgesetz. Kommentar, Bd. III: Art. 38–87,
München 1997 und K. Schlaich: Funktionen; ein internationaler Vergleich bei
Gerhard Lehmbruch: Das Staatsoberhaupt in den parlamentarischen Demokra-
tien Europas. Der internationale Vergleich, in: E. Jäckel u. a.: Heuss, S. 108–128.

41 Vgl. insbesondere die Synopse der einschlägigen Verfassungsartikel der WRV
sowie des GG bei H. Rausch: Bundespräsident, S. 197–204.

42 Inwieweit sich dieses Recht nur auf die Überprüfung der Verfassungskonfor-
mität des Zustandekommens oder auch des Inhalts eines Gesetzes bezieht, war
lange umstritten; inzwischen bejaht die herrschende juristische Meinung laut
R. Herzog: Kommentar, Art. 54, Rn. 75ff sowie Art. 58, Rn. 16 das materielle
Gesetzesprüfungsrecht.

43 J. J. Hesse / Th. Ellwein: Regierungssystem, S.297 (Herv. i. Orig.).

44 Vgl. K. Schlaich: Funktionen, Rn. 52ff, hier Rn. 52; die folgenden Zitate: Rn. 58,
59. Dieser Einteilung folgt auch H. Butzer: Bundespräsidialamt, während
R. Herzog: Kommentar, Art. 54, Rn. 13ff andere Akzente setzt.

45 Vgl. zum Folgenden v. a. R. HERZOG: Kommentar, Art. 54, Rn. 88ff.

46 Vgl. ebd., Art. 54, Rn. 91; Herzog nimmt dezidiert gegen diese Interpretation Stellung und bezeichnet den Bundespräsidenten als »fonctionnaire neutre«.

47 THEODOR ESCHENBURG: Staat und Gesellschaft in Deutschland, München 1965, S. 632–652, hier S. 650; DERS.: Zur politischen Praxis in der Bundesrepublik Deutschland, 3 Bde., München 1964/1966/1972, Bd. 1, S. 130–135; Bd. 3, S. 132–145.

48 J. J. HESSE / TH. ELLWEIN: Regierungssystem, S. 301 (Herv. i. Orig.); vgl. ebd.: »Die Rechtfertigung liegt damit aber nicht in einer wenig sicht- und greifbaren Repräsentanz, nicht im ›Darstellen‹ des Staates, sondern in der Präsenz eines der Politik zugehörigen, ihr in allen ihren wesentlichen Ausprägungen eng verbundenen Amtsinhabers, der in dieser Präsenz das Privileg hat, nicht selbst entscheiden und für seine Entscheidung einstehen [...] zu müssen«.

49 VERHANDLUNGEN DES BUNDESTAGS, Bd. 1, S. 9f.

50 Vgl. als Überblick UDO WENGST: Die Prägung des präsidialen Selbstverständnisses durch Theodor Heuss 1949–1959, in: E. JÄCKEL U. A.: Heuss, S. 65–76; E. PIKART: Rolle; H. MÖLLER: Heuss sowie R. MORSEY: Bundespräsident.

51 Vgl. hierzu UDO WENGST (Bearb.): Auftakt zur Ära Adenauer. Koalitionsverhandlungen und Regierungsbildung 1949, Düsseldorf 1985 sowie H.-P. SCHWARZ: Adenauer, Bd. 1, S. 619–637; H. KÖHLER: Adenauer, S. 518–552.

52 Vgl. U. WENGST: Staatsaufbau, S. 99.

53 Vgl. ebd., S. 194–198, bes. S. 195f; H. BUTZER: Präsidialamt.

54 Vgl. die entsprechenden Hinweise bei H. BUTZER: Präsidialamt, S. 510–523.

55 Vgl. JOST KÜPPER: Die Kanzlerdemokratie. Voraussetzungen, Strukturen und Änderungen des Regierungsstils in der Ära Adenauer, Frankfurt (M) 1985, S. 51–64, 80–88. HANS V. HERWARTH: Von Adenauer zu Brandt. Erinnerungen, Berlin / Frankfurt (M) 1990, S. 79f gibt ein anschauliches Bild der damit verbundenen protokollarischen Probleme.

56 Vgl. E. PIKART: Rolle, S. 113f; BERNHARD W. KRACK: Staatsoberhaupt und Streitkräfte. Die Positionen der Bundespräsidenten zur Bundeswehr und zur Sicherheitspolitik, Würzburg ²1991, S. 85–96.

57 Vgl. den archivarischen Hinweis bei MECHTHILD BRANDES (Bearb.): Bundespräsidialamt. Amtszeit Prof. Dr. Theodor Heuss. Bestand B 122, Koblenz 1990, S. VI auf die »von Heuss praktizierte Vermischung von amtlichem, privat-dienstlichem und privatem Schriftgut« sowie die anschauliche Schilderung bei H. V. HERWARTH: Erinnerungen, S. 85f.

58 U. WENGST: Staatsaufbau, S. 196.

59 HANS-PETER MENSING: Einführung, in: TH. HEUSS / K. ADENAUER: Augen, S. 5; vgl. a. H. V. HERWARTH: Erinnerungen, S. 104f.

60 KONRAD ADENAUER: Erinnerungen 1945–1953, 1953–1955, 1955–1959, 1959–1963; Fragmente, 5 Bde., Stuttgart 1965–68, Bd. 3, S. 504; vgl. a. E. PIKART: Rolle, S. 147–151.

61 TH. HEUSS / K. ADENAUER: Vaterland, S. 40.

62 E. PIKART: Rolle, S. 77; dort S. 77–147 ein Abriß der entsprechenden Auseinandersetzungen, auf die hier nicht näher eingegangen wird.

63 Vgl. dazu ausführlicher M. KIENZLE / D. MENDE, Politik; E. PIKART: Rolle, S. 42–47; H. MÖLLER: Heuss, S. 65 u. pass.

64 TH. HEUSS: Reden, Bd. 1, S. 131–165, hier S. 137, 138.

65 Heuss an Hans Wright, 20. 9. 1950, in: E. PIKART: Heuss, S. 289; vgl. ebd., S. 290.

66 R. DAHRENDORF / M. VOGT: Heuss, S. 459.

67 HANS HATTENHAUER: Nationalsymbole, in: WERNER WEIDENFELD / KARL-RUDOLF KORTE
     (Hg.): Handwörterbuch zur deutschen Einheit, Frankfurt (M) / New York 1992,
     S. 500–508, S. 500; vgl. A. FRIEDEL: Staatssymbole, S. 9.

68 BULLETIN, Nr. 169 (15. 9. 1959), S. 1694, wo Heuss diese Begriffsprägung aus-
     drücklich für sich in Anspruch nimmt.

69 Vgl. HANS ROTHFELS: Theodor Heuss, die Frage der Kriegsorden und die Friedens-
     klasse des Pour le mérite, in: VZG 17 (1969); U. WENGST: Prägung, S. 73f;
     E. PIKART: Rolle, S. 46f; S. 414–422; R. MORSEY: Bundespräsident, S. 28;
     H. HATTENHAUER: Deutsche Nationalsymbole, S. 199–208, A. FRIEDEL: Staatssym-
     bole, S. 69–83.

70 Vgl. U. WENGST: Prägung, S. 69f; E. PIKART: Rolle, S. 95–98, hier S. 97 das Dik-
     tum Schumachers.

71 Der Briefwechsel wurde veröffentlicht in: BULLETIN, Nr. 51 (6. 5. 1952), S. 537;
     vgl. dazu die vorangegangene briefliche Erörterung in: TH. HEUSS / K. ADENAUER:
     Vaterland, bes. S. 99–102, 109–113.

72 So legte er nicht nur Wert darauf, daß die Feiern zur Angliederung des Saarlan-
     des nicht zu pompös ausfallen, sondern kümmerte sich z. B. auch um den Text
     von Ernennungsurkunden (vgl. TH. HEUSS / K. ADENAUER: Vaterland, S. 228f, 102).

73 So der Titel der zweibändigen Sammlung: TH. HEUSS: Reden.

74 R. HERZOG: Reden IV/1, S. 39.

75 ELISABETH NOELLE / ERICH PETER NEUMANN (Hg.): Jahrbuch der öffentlichen Meinung
     1958–1964, Allensbach / Bonn 1965, S. 282 Vergleichszahlen aus den Anfangs-
     jahren von Heuss' Präsidentschaft liegen nicht vor; vgl. z. B. DIES. (Hg.): Jahr-
     buch der öffentlichen Meinung 1947–1955, Allensbach [2]1956, S. 165.

76 TH. HEUSS / K. ADENAUER: Vaterland, S. 273–278, hier S. 274, 273; vgl. a. ebd.,
     S. 262–269 die »Bemerkungen zur Bundespräsidenten-Frage« von Heuss.

77 Ebd., S. 274.

78 So WILLY BRANDT: Erinnerungen, Frankfurt (M) [4]1990, S. 42, Heuss sei »manch-
     mal Wachs in Adenauers Händen« gewesen oder R. MORSEY: Bundespräsident,
     S. 24: »Theodor Heuss wußte um die Chancen, sein neues Amt prägen zu kön-
     nen. Er vermochte sie jedoch nicht – oder genauer: nur partiell – zu nutzen.«

79 R. HERZOG: Reden IV/1, S. 37.

80 Vgl. grundsätzlich R. HERZOG: Kommentar; H. MAURER: Gegenzeichnung;
     K. SCHLAICH: Gegenzeichnung; W. PATZELT: Bundespräsident, S. 240f; diese Dis-
     krepanz konstatiert deutlich W. KALTEFLEITER: Bundespräsident, S. 270f.

81 Das ursprünglich vorgesehene, schärfer formulierte Schreiben, das einen Hin-
     weis auf die Richtlinienkompetenz des Kanzlers enthielt, wurde nicht abge-
     schickt; Adenauer begnügte sich mit der bloßen Nachfrage, ob das Interview
     richtig wiedergegeben sei, woraufhin möglicherweise eine Klärung im persönli-
     chen Gespräch erfolgte; vgl. TH. HEUSS / K. ADENAUER: Vaterland, S. 35f sowie die
     diesbezüglichen Anmerkungen S. 355f.

82 Ebd., S. 248; vgl. a. das diesbezügliche Gespräch in: TH. HEUSS / K. ADENAUER:
     Augen, S. 259–261.

83 TH. HEUSS: Tagebuchbriefe, S. 461.

84 KARL CARSTENS: Erinnerungen und Erfahrungen, hg. v. KAI V. JENA u. REINHARD
     SCHMOECKEL, Boppard 1993, S. 533.

85 ARNULF BARING: Machtwechsel. Die Ära Brandt-Scheel, Stuttgart 1982, S. 28;
     GOLO MANN: Vorwort, in: TH. HEUSS: Reden, Bd. 1, S. 11. In der Selbstdarstel-

lung des Bundespräsidialamtes im Internet (http://www.bundespraesident.de/
reden_ang.htm, 6. 12. 1999) wird diese Funktion besonders betont: »Die
eigentliche Macht des Bundespräsidenten ist das Wort. [...] Der Bundespräsident hat auf diese Weise die Möglichkeit, die Meinungsbildung im demokratischen Prozeß zu fördern.« Daß er frei von Vorgaben sprechen kann, wird auf
den ersten Bundespräsidenten zurückgeführt: »Theodor Heuss hat seinerzeit
durchgesetzt, daß die Reden des Bundespräsidenten der Regierung nicht vorgelegt werden. Dabei ist es geblieben.«

86 D. STERNBERGER: Reden, S. 55.

87 K. OEHLER: Glanz, S. 123.

88 Vgl. SBTH, Bundespräsidialamt, Amtszeit Heuss, B 122/2886–2892 (= BA), wo 532
Reden gesammelt sind; dazu sind noch improvisierte Ansprachen zu rechnen,
zu denen es keine Unterlagen gibt und die auch nicht veröffentlicht wurden.

89 Vgl. z. B. G. UEDING / B. STEINBRINK: Grundriß, S. 209–232.

90 TH. HEUSS: Tagebuchbriefe, S. 104.

91 Ebd., S. 108; hier S. 108f auch die folgenden Zitate.

92 Ebd.

93 Ebd., S. 111.

94 Ebd., S. 112 [Auslassung im Original]; hier auch das folgende Zitat.

95 Ebd., S. 118.

96 Ebd.

97 Vgl. M. KIENZLE / D. MENDE: Politik, S. 145–158 sowie die entsprechenden Hinweise in: TH. HEUSS: Tagebuchbriefe, S. 108ff.

98 Gemeint sind eine Ansprache an die Deutschen im Ausland und eine zu Adenauers 80. Geburtstag.

99 TH. HEUSS: Tagebuchbriefe, S. 120; die Ansprache in: BULLETIN, Nr. 1 (3. 1. 1956),
S. 1f.

100 Vgl. SBTH, NL Heuss, N 1221/15 (= BA).

101 Vgl. SBTH, Bundespräsidialamt, Amtszeit Heuss, B 122/244, R 369 (= BA).

102 TH. HEUSS: Tagebuchbriefe, S. 224f (Herv. i. Orig.).

103 Ebd., S. 459.

104 Ebd., S. 476; vgl. a. TH. HEUSS / K. ADENAUER: Vaterland, S. 268: »Daß ich, von
den Trivialitäten bei den ›Beglaubigungen‹ abgesehen, nie eine Rede hielt, die
ein anderer gemacht hat, war technisch wohl überflüssige Mühe, aber einfache
Folge meiner Literaten-Vergangenheit.«

105 H. BOTT: Heuss, S. 76; vgl. a. H. V. HERWARTH: Erinnerungen, S. 102–104.

106 MANFRED KLAIBER, in: H. BOTT / H. LEINS: Begegnungen, S. 171.

107 TH. HEUSS: Tagebuchbriefe, S. 381 u. pass.

108 M. KLAIBER, in: H. BOTT / H. LEINS: Begegnungen, S. 171.

109 Vgl. zur Praxis bei einzelnen Bundespräsidenten M. RENSING: Geschichte,
S. 14–17; zu Lübke: R. MORSEY: Lübke, S. 247f, 386–391; zu Herzog: MICHAEL
JOCHUM: Funktion und Wirkung symbolischer Akte. Beobachtungen am Beispiel
der Präsidentschaft Roman Herzogs, in: E. JÄCKEL U. A.: Heuss, S. 177–190, hier
S. 182f u. pass.; allg.: PATRICK KAMMERER: Die veränderten Konstitutionsbedingungen politischer Rhetorik. Zur Rolle der Redenschreiber, der Medien und zum
vermeintlichen Ende öffentlicher Rede, in: Rhetorik 14 (1995), S. 14–29.

110 TH. HEUSS: Tagebuchbriefe, S. 139.

111 Ebd., S. 41: »die Rededispositionen gestern und heute gefertigt, so daß sie
noch abgetippt werden konnten«.

112 Ebd., S. 469.

113 SBTH, Bundespräsidialamt, Amtszeit Heuss, B 122/2082 (= BA): Programment-wurf, S. 2.

114 Ebd., S. 3.

115 SBTH, NL Heuss, N 1221/307 (= BA): Heuss an Kaisen, 3. 12. 1952.

116 Vgl. Theodor Heuss: Kräfte und Grenzen einer Kulturpolitik, Tübingen / Stuttgart 1951, S. 5: »Die Wiedergabe des Vortrags [...] beruht auf der stenographischen Aufnahme« .

117 SBTH, Bundespräsidialamt, Amtszeit Heuss, B 122/226 R 186.

118 Mitschrift nach der Tonaufnahme: DRA Band Nr. 88 U 4759/5.

119 Bulletin, Nr. 189 (2. 12. 1952), S. 1655.

120 Diese Fehleinschätzung, die als Zeugnis für die rhetorische Wirkung von Heuss gelesen werden kann, findet sich wiederholt in Würdigungen seiner Person. So spricht z. B. Carl J. Burckhardt, wozu er auch die Ansprache »Dank und Bekenntnis« anläßlich des 10. Jahrestages des 20. Juli 1944 rechnet, von »improvisierten Gelegenheitsreden« (Carl. J. Burckhardt, in: Heinrich Lübke u. a.: Abschied von Theodor Heuss, Tübingen 1964, S. 60).

121 Th. Heuss: Tagebuchbriefe, S. 79.

122 Verhandlungen des Bundestags, Bd. 1, S. 9–11, hier S. 9; hier auch die folgen-den Zitate (Herv. i. Orig.).

123 Ebd., S. 10.

124 Vgl. M. Rensing: Geschichte, S. 22–24: »Heuss' wohl zentralste [?] Grundan-nahme zur Geschichte ist die einer herausragenden Bedeutung des Wissens um das Gewesene um einer bewußten Gestaltung von Gegenwart und Zukunft willen« (S. 22); »Die erziehende oder ›Moral‹ bildende Wirkung von Geschichte ist für Heuss also keine automatische Folge, sondern zeitlos gültiges Ziel einer diesbezüglichen pädagogischen Bemühung« (S. 24).

125 Verhandlungen des Bundestags, Bd. 1, S. 9.

126 E. Pikart: Rolle, S. 42.

127 Verhandlungen des Bundestags, Bd. 1, S. 9.

128 Ebd., S. 10.

129 Th. Heuss: Reden, Bd. 1, S. 284–223, hier S. 222; R. Dahrendorf / M. Vogt: Heuss, S. 450–465. Diese Rede hielt Heuss am 2. Mai 1952 vor der »Vereini-gung für die Wissenschaft der Politik« und dann am 10. Juni 1952 in der Uni-versität Bonn. Vgl. a. Th. Heuss: Tagebuchbriefe, S. 371: »Das ›Ehrenamt‹ als Gerüst der Demokratie zu predigen, ist seit Jahrzehnten mein ›Hobby‹«.

130 Th. Heuss: Reden, Bd. 1, S. 96–98, hier S. 96, 97; M. Rensing: Geschichte, S. 64: »Demokratie ist für Heuss in diesem gedanklichen Zusammenhang weniger das Fordern des Einzelnen oder der Gruppen an den Staat, die Allgemeinheit, als vielmehr die freiwillige, durchaus selbstbewußte Annahme einer verbandsbezo-genen, wie allgemein-politischen Mitverantwortung. Im Heuss'schen Verständ-nis ist der Kern der Selbsttätigkeit des politischen Bürgers als individuelle Realisierung einer Aufklärung zu verstehen, die dann als selbstbewußte Mit-verantwortung das Element der Bindung nicht scheut, ja darin eine Form der Verwirklichung findet.«

131 Verhandlungen des Bundestags, Bd. 1, S. 11.

132 Ebd.

133 Th. Heuss: Reden, Bd. 1, S. 118–133, hier S. 124.

134 Ebd., S. 132.

135 Ebd., S. 132f.
136 R. DAHRENDORF / M. VOGT: Heuss, S. 459.
137 Vgl. M. RENSING: Geschichte, S. 30–33, der den »Volks- und Nationengedan-
     ken« bei Heuss als eine »zeitungebundene Größe eigener Würde und eigener
     transzendent verankerter Dynamik« sieht; »Heuss ist das Streben nach nationa-
     ler Existenz und Einheit selbstverständlicher Sinn der Geschichte« (S. 30).
138 VERHANDLUNGEN DES BUNDESTAGS, Bd. 1, S. 11 (Herv. i. Orig.).

Die Auseinandersetzung als Bundespräsident

  1 SBTH, NL Heuss, N 1221/307 (= BA): Heuss an Kaisen, 3.12.1952.
  2 HANNAH ARENDT: Besuch in Deutschland, Berlin 1993, S. 44.
  3 Vgl. TH. KOEBNER: Schuldfrage, S. 304, stellt im Hinblick auf die Besatzungszeit
     fest, »daß tatsächlich gar nicht so viel geschwiegen wurde; im Gegenteil, viele
     Teilnehmer an der Schuld-Diskussion beriefen sich zustimmend und ablehnend
     auf ›Volkesstimme‹, die recht vernehmlich war. Mit dem angeblichen Schwei-
     gen gemeint sind Abwehrmechanismen.«
  4 Vgl. N. FREI: Vergangenheitspolitik.
  5 Vgl. H. DUBIEL: Niemand, S. 77: »Es war nämlich paradoxerweise gerade die
     Kontinuität zwischen dem Dritten Reich und der Bonner Demokratie, die deren
     Eliten den Weg verbaute, die NS-Vergangenheit auf sich beruhen zu lassen und
     sich vergangenheitsvergessen der Zukunft zuzuwenden. Freilich war dies nicht
     die Kontinuität der politischen Mentalität, sondern die Kontinuität des staats-
     rechtlichen Selbstverständnisses der Bundesrepublik.«
  6 Vgl. ebd., S. 37–78 mit einem Überblick über die wichtigsten Debatten; J. HERF:
     Erinnerung, S. 321–324. Zum sachlichen Hintergrund der einzelnen gesetzge-
     berischen Maßnahmen und politischen Entscheidungen vgl. N. FREI: Vergan-
     genheitspolitik; C. GOSCHLER: Wiedergutmachung; M. KITTEL: Legende;
     U. BROCHHAGEN: Nürnberg.
  7 Vgl. ELISABETH NOELLE / ERICH PETER NEUMANN: Antworten. Politik im Konfliktfeld
     der öffentlichen Meinung, Allensbach 1954, S. 35f, die im August 1951 auf-
     grund ihrer Umfragen die »Kerngruppe« mit nationalsozialistischer Gesinnung
     als »zahlenmäßig klein« einschätzten, aber warnten, daß »deren agitatorische
     Kraft nicht unterschätzt werden darf«.
  8 Vgl. W. BERGMANN: Antisemitismus in öffentlichen Konflikten, S. 86–117.
  9 Vgl. U. BROCHHAGEN: Nürnberg, S. 191–239 u. pass.; M. KITTEL: Legende,
     S. 67–186.
 10 Vgl. M. KITTEL: Legende, S. 117–133.
 11 Vgl. IV. 5.
 12 Vgl. HANS JÜRGEN DÖSCHER: Verschworene Gesellschaft. Das Auswärtige Amt
     unter Adenauer zwischen Neubeginn und Kontinuität, Berlin 1995,
     S. 136–266; U. BROCHHAGEN: Nürnberg, S. 191–195; M. KITTEL: Legende,
     S. 124–138.
 13 Vgl. P. DUDEK: Rückblick, S. 116–124.
 14 H. GLASER: Kultur, S. 254.
 15 M. WOLFFSOHN: Angst, S. 136; vgl. M. KITTEL: Legende, S. 276–281.
 16 TH. HEUSS: Tagebuchbriefe, S. 206; hier S. 206f auch das folgende Zitat.
 17 Vgl. M. KITTEL: Legende, S. 282–297; W. SCHULZE: Geschichtswissenschaft,
     S. 159–265; U. WENGST: Geschichtswissenschaft.

18   Vgl. HORST MÖLLER / UDO WENGST (Hg.): 50 Jahre Institut für Zeitgeschichte. Eine Bilanz, München 1999.

19   Vgl. HANS ROTHFELS: Die deutsche Opposition gegen Hitler. Eine Würdigung, Krefeld ²1951 [zuerst: amerikan. 1948].

20   Vgl. KLAUS-JÜRGEN MÜLLER / HANS MOMMSEN: Der deutsche Widerstand gegen das NS-Regime. Zur Historiographie des Widerstands, in: KLAUS-JÜRGEN MÜLLER (Hg.): Der deutsche Widerstand 1933–1945, Paderborn u. a. ²1990, S. 13–21, hier S. 13–15; M. KITTEL: Legende, S. 187–191; IAN KERSHAW: Der NS-Staat. Geschichtsinterpretationen und Kontroversen im Überblick, Reinbek 1994, S. 112–147.

21   Vgl. C. ALBRECHT U. A.: Gründung, S. 507.

22   HELMUTH PLESSNER: Die verspätete Nation, Stuttgart 1959, S. 11.

23   Ebd., S. 13.

24   Ebd., S. 14.

25   Ebd., S. 16.

26   Vgl. C. ALBRECHT U. A.: Gründung, S. 510–512.

27   Vgl. U. V. HEHL: Kampf.

28   TH. HEUSS: Reden, Bd. 1, S. 63.

29   Vgl. THOMAS PETER PETERSEN: Der Volkstrauertag – seine Geschichte und Entwicklung. Eine wissenschaftliche Betrachtung, o. O. 1998, S. 30f; E. REUTER / D. HANSEL: Leben, S. 16, 231, 316 u. pass.

30   Vgl. E. REUTER / D. HANSEL: Leben, S. 218.

31   Vgl. Art. 22 GG: »Die Bundesflagge ist schwarz-rot-gold.«

32   Vgl. III. 2.

33   Vgl. Art. 140 GG, in den Art. 139 WRV integriert wurde: »Der Sonntag und die staatlich anerkannten Feiertage bleiben als Tage der Arbeitsruhe und der seelischen Erhebung gesetzlich geschützt.«; DIE KABINETTSPROTOKOLLE DER BUNDESREGIERUNG 1949ff, Bd. 1ff, Boppard 1982ff , Bd. 1 (1949), S. 284: Im Hinblick auf eine öffentliche Beflaggung sah das Kabinett vor, »den Neujahrstag, den 1. Mai, den 13. September und den Heldengedenktag als solche Tage zu bezeichnen, ferner den Tag, an dem die Parlamente nach ihrer Wahl zum ersten Mal zusammentreten«.

34   K. BERGMANN: Gedenktage, S. 761; vgl. PETER HÄBERLE: Feiertagsgarantien als kulturelle Identitätselemente des Verfassungsstaates, Berlin 1987.

35   Vgl. IV. 4. b).

36   Vgl. KABINETTSPROTOKOLLE, Bd. 2 (1950), S. 627.

37   SBTH, Bundespräsidialamt, Amtszeit Heuss, B 122/2238 (= BA): Kabinettsvorlage des Bundesministers des Innern, 14. 8. 1950. *Die Neue Zeitung* berichtete am 11. 9. 1950 auf S. 3: »In mehreren Städten kam es dabei zu heftigen Zusammenstößen zwischen der Polizei und Anhängern der kommunistisch beherrschten ›Vereinigung der Verfolgten des Naziregimes‹ (VVN), die trotz Verbot Demonstrationen abhalten wollten.«

38   SBTH, Bundespräsidialamt, Amtszeit Heuss, B 122/2238 (= BA): Kabinettsvorlage des Bundesministers des Innern, 14. 8. 1950.

39   SBTH, Bundespräsidialamt, Amtszeit Heuss, B 122/2238 (= BA): Bemerkungen zur Frage eines Gedenktages am 3. September, 14. 8. 1950; hier die folgenden Zitate.

40   Ebd.

41   Vgl. ebd.: Kabinettsvorlage des Bundesministers des Innern, 18. 8. 1950.

42 Ebd.: Programm der Feier, 6. 9. 1950.

43 *Süddeutsche Zeitung*, 8. 9. 1950, S. 1.

44 TH. HEUSS / K. ADENAUER: Vaterland, S. 45.

45 VERHANDLUNGEN DES BUNDESTAGS, Bd. 5, S. 3066–3069, hier S. 3066; vgl. zur Rede H. DUBIEL: Niemand, S. 51–53.

46 Ebd.

47 Vgl. II. 2. b).

48 VERHANDLUNGEN DES BUNDESTAGS, Bd. 5, S. 3066 (Herv. i. Orig.).

49 Vgl. H. DUBIEL: Niemand, S. 52, der den Sinn dieser Passage darin sieht, Heuss wolle »noch einmal die von ihm für richtig befundene Lösung rechtfertigen«.

50 VERHANDLUNGEN DES BUNDESTAGS, Bd. 5, S. 3066.

51 TH. HEUSS / K. ADENAUER: Augen, S. 159.

52 BULLETIN Nr. 84 (5. 5. 1955), S. 693; Nr. 85 (6. 5. 1955), S. 701f, hier S. 701.

53 TH. HEUSS: Reden, Bd. 1, S. 188–202, zur Bedeutung des Kriegsendes S. 199–201, hier S. 199.

54 Ebd., S. 201.

55 JAN-HOLGER KIRSCH: »Wir haben aus der Geschichte gelernt.« Der 8. Mai als politischer Gedenktag in Deutschland, Köln u. a. 1999, S. 47–50; hier S. 48, 49. Daraus unmittelbar zu schließen, daß der 8. Mai zu einem »Tag der Amnesie« geworden sei (ebd.), bedürfte genauerer Begründung, zumal Eugen Gerstenmaier als Bundestagspräsident an diesem Tag eine Rundfunkansprache hielt. Weiterhin: BERND WEISBROD: Der 8. Mai in der deutschen Erinnerung, in: WerkstattGeschichte 13 (1996), S. 72–81; SIGNE BARSCHDORFF: 8. Mai 1945: »Befreiung« oder »Niederlage«? Die öffentliche Diskussion und die Schulgeschichtsbücher 1949 bis 1995, Münster 1999; FRANZ NEUMANN: Reden der Söhne. Deutsche Politiker zum 8. Mai 1945, in: Frankfurter Hefte. Zeitschrift für Kultur und Politik 30 (1975), H. 8, S. 5–10; CHRISTOPH STEINBACH. Historische Argumentation in politischen Reden und Leitartikeln zum 30. Jahrestag der deutschen Kapitulation von 1945, in: WILHELM VAN KAMPEN / HANS GEORG KIRCHHOFF (Hg.): Geschichte in der Öffentlichkeit. Tagung der Konferenz für Geschichtsdidaktik vom 5. bis 8. Oktober 1977 in Osnabrück, Stuttgart 1979, S. 237–262.

56 VERHANDLUNGEN DES BUNDESTAGES, Bd. 5, S. 3067 (Herv. i. Orig.).

57 Ebd., S. 3069.

58 Ebd., S. 3068 (Herv. i. Orig.).

59 Ebd., S. 3066.

60 Ebd., S. 3066f, hier S. 3066.

61 Vgl. ebd., S. 3068f.

62 Ebd., S. 3068.

63 SBTH, Bundespräsidialamt, Amtszeit Heuss, B 122/2238 (= BA): Kabinettsvorlage des Bundesministers des Innern, 13. 7. 1951; vgl. KABINETTSPROTOKOLLE, Bd. 4 (1951), S. 560.

64 Vgl. SBTH, Bundespräsidialamt, Amtszeit Heuss, B 122/2238 (= BA): Schreiben des Bundesministers des Innern an das Bundeskanzleramt, 9. 5. 1951.

65 Ebd. (Herv. i. Orig.).

66 Vgl. SBTH, Bundespräsidialamt, Amtszeit Heuss, B 122/2238 (= BA): Heuss an Spranger, 30. 8. 1951; Spranger an Heuss, 4. 9. 1951.

67 Vgl. ebd.; TH. HEUSS / K. ADENAUER: Augen, S. 66: »Der Kanzler teilt mit, daß Prof. *Spranger* in Tübingen sich für die Gedenkrede bereit erklärt hat.« (Herv. i. Orig.); KABINETTSPROTOKOLLE, Bd. 4 (1951), S. 565, 604.

68 *Süddeutsche Zeitung*, 12. 9. 1951, S. 3; hier auch die folgenden Zitate (Herv. i. Orig.).

69 SBTH, Bundespräsidialamt, Amtszeit Heuss, B 122/2238 (= BA): Kabinettsvorlage, 10. 6. 1952; vgl. Kabinettsprotokolle, Bd. 2 (1950), S. 455f.

70 Bulletin, Nr. 130 (9. 9. 1952), S. 1209–1214, hier S. 1209, 1210.

71 Bulletin, Nr. 129 (6. 9. 1952), S. 1197, hier auch die folgenden Zitate.

72 *Süddeutsche Zeitung*, 8. 9. 1952, S. 1, wo die Stellungnahme von Heuss wegen »ihrer klugen und behutsamen Art« positiv gewürdigt wurde.

73 Vgl. Kabinettsprotokolle, Bd. 6 (1953), S. 352f; SBTH, Bundespräsidialamt, Amtszeit Heuss, B 122/2238 (= BA): Bundesinnenminister Lehr an Heuss, 2. 7. 1953.

74 Vgl. zusammenfassend E. Wolfrum: Geschichtspolitik, S. 82–85.

75 Vgl. Kabinettsprotokolle, Bd. 6 (1953), S. 387f, 403.

76 SBTH, Bundespräsidialamt, Amtszeit Heuss, B 122/2238 (= BA): Heuss an Lehr, 15. 7. 1953.

77 Ebd.; hier auch die folgenden Zitate.

78 Ebd.: Schreiben des Bundesministers des Innern, 30. 7. 1953.

79 Ebd.: Heuss an Gebhard Müller, 7. 8. 1954.

80 Ebd.: Heuss an Goldschmidt-Jentner, 19. 9. 1951.

81 Ebd.: Heuss an Gebhard Müller, 7. 8. 1954; vgl. ebd. Müller an Heuss, 3. 8. 1954.

82 Vgl. E. Wolfrum: Geschichtspolitik; Ders.: 17. Juni.

83 Vgl. Bulletin, Nr. 115 (23. 6. 1953), S. 977f; SBTH, Bundespräsidialamt, Amtszeit Heuss, B 122/2238 (= BA): Den vom Ministerium für gesamtdeutsche Fragen am 19. 6. 1953 übermittelten Redeentwurf mißachtete Heuss und notierte auf das Anschreiben: »Ich bin so frei u. lasse mir auch etwas einfallen«.

84 E. Wolfrum: Geschichtspolitik, S. 76–80, hier S. 76, 78, 79.

85 Bulletin, Nr. 115 (23. 6. 1953), S. 977.

86 Ebd.

87 Ebd., S. 978; hier die folgenden Zitate.

88 Vgl. E. Wolfrum: Geschichtspolitik, S. 85–107: Interpretierten SPD und Gewerkschaften den 17. Juni vor allem als »sozialdemokratische Doppelrevolution« (S. 92) gegen die kommunistische Diktatur in der DDR und gegen Adenauers Westpolitik, suchten die Liberalen Bezüge zur Revolution 1848, während Adenauer und seine Anhänger darin einen »Aufstand für die Westbindung« (S. 99) erblickten.

89 A. M. Birke: Nation, S. 295.

90 H. Dubiel: Niemand, S. 14 konstatiert, »daß in den 50er Jahren im Parlament die Neigung dominierte, die NS-Vergangenheit fast hermetisch zu beschweigen. Nur die legislativen Zwänge, die sich aus der Rechtsnachfolgerschaft gegenüber dem Dritten Reich ergaben, brachen gelegentlich Breschen in diese Mauer der Scham und der beschwiegenen Schuld.« Auch wenn man dem »liberaldemokratischen Selbstverständnis« folgt und das Parlament als die »Schnittstelle, an der die Interessen und Meinungen der Bürger mit den Verhandlungen der Politiker vermittelt werden sollen«, ansieht, sind es natürlich vor allem die anstehenden legislativen Entscheidungen, die die parlamentarische Arbeit bestimmen. In relativer zeitlicher Nähe zum Nationalsozialismus gab es zudem noch nicht die »runden« Gedenkanlässe, die etwa die Erinnerungskultur in den 1980er Jahren prägten.

91 R. Herzog: Reden I/2, S. 430f.

92 Vgl. z. B. *Süddeutsche Zeitung*, 19. 2. 1999, S. 13, in der Harry Pross in einer Betrachtung über Holocaust-Denkmäler das Diktum von Heuss aufgreift: »Durfte Bundespräsident Theodor Heuss ›Kollektivscham‹ erwarten, wo nicht Kollektivschuld? Schämen können sich einzelne. Das Kollektiv schämt sich nicht.«

93 SBTH, NL Heuss, N 1221/307 (= BA): Bott an Löwenstein, 9. 12. 1952.

94 H. Möller: Heuss, S. 17 (Herv. i. Orig.).

95 R. Giordano: Schuld, S. 269 (Herv. i. Orig.).

96 Vgl. zum Folgenden Josef Foschepoth: Im Schatten der Vergangenheit. Die Anfänge der Gesellschaften für Christlich-Jüdische Zusammenarbeit, Göttingen 1993; Ders.: Das Kreuz mit dem Davidstern: Christen und Juden nach dem Holocaust, in: Sigrid Weigel / Birgit Erdle (Hg.): Fünfzig Jahre danach. Zur Nachgeschichte des Nationalsozialismus, Zürich 1996, S. 379–402; F. Stern: Anfang, S. 280–298.

97 J. Foschepoth: Schatten, S. 45.

98 Vgl. ebd. die pointierte Formulierung: »Ohne Religion keine Demokratie, ohne Demokratie kein American Way of Life, ohne American Way of Life keine amerikanische Religion.«

99 Ebd., S. 61f.

100 Ebd., S. 69.

101 Vgl. ebd., S. 192: »Zietlow beherrschte die Szene.«

102 Ebd., S. 68–81, hier S. 70; J. Foschepoth: Kreuz, S. 391–396.

103 Vgl. J. Foschepoth: Schatten , S. 81f.

104 Vgl. ebd., S. 82f.

105 Vgl. Gesellschaft für Christlich-Jüdische Zusammenarbeit in Wiesbaden: 50 Jahre Gesellschaft für Christlich-Jüdische Zusammenarbeit in Wiesbaden, Wiesbaden o. J. [1998], [o. Paginierung]: »Der Bericht – 50 Jahre Zusammenarbeit – basiert fast ausschließlich auf persönlichen Erinnerungen, da das Archiv ebenso wie alle schriftliche Unterlagen, Bibliothek usw. bei totaler Verwüstung des Büros der Gesellschaft 1996 verloren wurden.«

106 Vgl. J. Foschepoth: Schatten, S. 94–99, hier S. 97, 96.

107 Vgl. SBTH, Bundespräsidialamt, Amtszeit Heuss, B 122/2080 (= BA): Wiesbadener Gesellschaft an Heuss, 2. 11. 1949.

108 Ebd.: Werz an Wiesbadener Gesellschaft, 8. 11. 1949.

109 Für die Behauptung im Bericht der *Neuen Zeitung*, 8. 12. 1949, S. 1, daß von der Gesellschaft für christlich-jüdische Zusammenarbeit »ursprünglich die Einladung des Bundespräsidenten Prof. Theodor Heuss zum Besuch der Landeshauptstadt ausging«, mithin der offizielle Antrittsbesuch sich an der privaten Einladung orientierte, gibt es in den Akten keinen Beleg; zudem spricht die für diesen Termin knapp bemessene Zeit dagegen.

110 Vgl. SBTH, Bundespräsidialamt, Amtszeit Heuss, B 122/614 (= BA): Zeitplan des Staatsbesuchs, 6. 12. 1949.

111 Vgl. ebd.: »Anzug: Dunkler Anzug, weicher schwarzer Hut« (Herv. i. Orig.).

112 Vgl. *Allgemeine Wochenzeitung der Juden in Deutschland*, 9. 12. 1949, S. 2. Es werden genannt: »der Hohe Kommissar für die amerikanische Besatzungszone [?], John J. McCloy, der amerikanische Landeskommissar für Hessen, Dr. James R. Newman, mit seinem Stab, die Mitglieder und viele führende Beamte der hessischen Landesregierung, hohe Repräsentanten der Religionsgemeinschaften, Hochschulrektoren und Professoren«; Erika J. Fischer / Heinz D. Fischer

(Hg.): John J. McCloy. An American Architect of Postwar Germany. Profiles of a Trans-Atlantic Leader and Communicator, Frankfurt (M) u. a. 1994, S. 149; vgl. a. die später erschienene Broschüre mit einem Sonderdruck der Rede in: STBH, Nachlaß Heuss, N 1221/2 (= BA).

113 J. FOSCHEPOTH: Schatten, S. 96f, hier S. 96.

114 THEODOR HEUSS: An und über Juden. Aus Schriften und Reden (1906–1963), zus.gest. u. hg. v. HANS LAMM, Düsseldorf / Wien 1964, S. 134; hier die folgenden Zitate.

115 *Neue Zeitung*, 30. 11. 1949 (= BPA); dieser unter dem Titel »Deutschland und Israel« erschienene Bericht über das Heuss-Interview läßt nicht immer klar erkennen, an welchen Stellen Heuss wörtlich bzw. sinngemäß zitiert wird und an welchen Stellen der Autor »Observer« kommentiert.

116 Vgl. E. NOELLE / E. P. NEUMANN: Jahrbuch 1947–55, S. 128–131. Ohne auf methodische Fragen eingehen zu können und ohne die Aussagekraft der Untersuchungen im Hinblick auf den existierenden Antisemitismus in der frühen Bundesrepublik diskutieren zu können, kann es nur um die Illustration der Einstellung der Bevölkerung anhand einiger wichtiger Ergebnisse gehen. Vgl. hierzu grundsätzlich WERNER BERGMANN: Sind die Deutschen antisemitisch? Meinungsumfragen von 1946–1987 in der Bundesrepublik Deutschland, in: WERNER BERGMANN / RAINER ERB (Hg.): Antisemitismus in der politischen Kultur nach 1945, Opladen 1990, S. 108–130; zusammenfassend: EDGAR PIEL: Spuren der NS-Ideologie im Nachkriegsdeutschland, in: HEINRICH OBERREUTER / JÜRGEN WEBER (Hg.): Freundliche Feinde? Die Alliierten und die Demokratiegründung in Deutschland, München / Landsberg (Lech) 1996, S. 145–168; international: FREDERICK D. WEIL: Umfragen zum Antisemitismus. Ein Vergleich zwischen vier Nationen, in: WERNER BERGMANN / RAINER ERB (Hg.): Antisemitismus in der politischen Kultur nach 1945, Opladen 1990, S. 131–179.

117 E. NOELLE / E. P. NEUMANN: Jahrbuch 1947–55, S. 128.

118 W. BERGMANN: Meinungsumfragen, S. 113f.

119 Vgl. HERBERT A. STRAUSS: Der Holocaust als Epochenscheide der Antisemitismusgeschichte: historische Diskontinuitäten, in: WERNER BERGMANN / RAINER ERB (Hg.): Antisemitismus in der politischen Kultur nach 1945, Opladen 1990, S. 38–56.

120 E. PIEL: Spuren, S. 151. »Wie gesagt, was die Nazis den Juden in Deutschland angetan hatten, wurde gewiß von der Mehrheit nicht gutgeheißen, sondern, um sich sein großartiges Bild von Hitler zu erhalten, einfach ausgeklammert« (ebd.). Inwieweit die Erhaltung des großartigen Hitlerbildes – darauf beruht auch die Argumentation von Alexander und Margarethe Mitscherlich – der ausschlaggebende Grund für diese Ausklammerung darstellt, bleibt allerdings fraglich. Vgl. WERNER BERGMANN / RAINER ERB: Neue Perspektiven der Antisemitismusforschung, in: DIES. (Hg.): Antisemitismus in der politischen Kultur nach 1945, Opladen 1990, S. 11–19.

121 Vgl. z. B. W. BERGMANN / R. ERB: Perspektiven, S. 13f: »Eine weitere wichtige Folge des Holocaust ist die Desavouierung des Antisemitismus als einer politischen Ideologie. Im Laufe der Nachkriegszeit ist der zunächst noch recht manifeste Antisemitismus der ersten Jahre nach dem Ende des Krieges (Konflikte mit Displaced Persons, Schwarzmarkt, Konflikte wegen der Restitution und der Wiedergutmachung) zunehmend tabuisiert worden, so daß er im Zustand der Kommunikationslatenz nur mehr als privates, persönliches Vorurteil fortexistieren kann.«

122 F. STERN: Entstehung, S. 193, 186, 192, (Herv. i. Orig.). Dieser Prozeß der
»Metamorphose« des Antisemitismus in den Philosemitismus wird umfassend
dargestellt bei F. STERN: Anfang. Vgl. DERS.: Entstehung, S. 192: »In diesen
ersten Monaten und Jahren des deutschen Nachkriegs vollzieht sich der Übergang von der antisemitischen Selbstverständlichkeit über das zerbröckelnde
und tabuisierte rassistische Weltbild hin zur Reaktionen abwartenden philose-
mitischen Meinungsäußerung, zu kollektiv bestätigten Einstellungen und Hal-
tungen, zu einem gesellschaftlich relevanten Habitus. Das anti-jüdische Stereo-
typ kippt sozusagen um in ein pro-jüdisches. Es entsteht das philosemitische
Syndrom.« (DERS.: Entstehung, S. 192)

123 J. FOSCHEPOTH: Kreuz, S. 388f, hier 389; SBTH, Bundespräsidialamt, Amtszeit
Heuss, B 122/2082 (= BA): Werz an Marx (*Allgemeine Wochenzeitung der Juden
in Deutschland*), 16. 2. 1951 [Entwurf]. Hier wird über die Ergebnisse der Unter-
suchungen des Bundesinnenministeriums berichtet, »die hinsichtlich der
Schändung jüdischer Friedhöfe seinerzeit aufgrund der Anregung des Herrn
Bundespräsidenten eingeleitet worden sind«.

124 K. ADENAUER: Reden, S. 153–169, hier S. 163f. Vgl. J. FOSCHEPOTH: Kreuz, S. 389;
J. HERF: Erinnerung S. 321–324; H. DUBIEL: Niemand, S. 42–49.

125 *Allgemeine Wochenzeitung der Juden in Deutchlan*, 25. 11. 1949, S. 1; hier auch
die folgenden Zitate.

126 Vgl. z. B. den in diese Richtung argumentierenden Kommentar in: *Allgemeine
Wochenzeitung der Juden in Deutschland*, 25. 11. 1949, S. 2.

127 *Allgemeine Wochenzeitung der Juden in Deutschland*, 9. 12. 1949, S. 3.

128 Ebd.

129 SBTH, NL Heuss, N 1221/2 (= BA): Sonderdruck der Rede, [S. 3].

130 SBTH, NL Heuss, N 1221/290 (= BA): Heuss an Pick, 14. 12. 1949. In den einschlägigen Beständen konnten keine entsprechenden Unterlagen gefunden
werden.

131 *Neue Zeitung*, 30. 11. 1949 (= BPA).

132 Textgrundlage: TH. HEUSS: Reden, Bd. 1, S. 99–107, hier S. 99; hier auch die folgenden Zitate. Vgl. J. HERF: Erinnerung, S. 369–371; F. STERN: Anfang, S. 297f.

133 Ebd., S. 99f.

134 Ebd., S. 100.

135 Ebd., S. 100f.

136 DEUTSCHES RUNDFUNKARCHIV, Frankfurt (hinfort DRA) 60-02397; die Veränderungen sind kursiv gesetzt.

137 Vgl. II. 1.

138 Vgl. R. GIORDANO: Schuld; DERS.: Generation.

139 R. GIORDANO: Schuld, S. 269f (Herv. i. Orig.).

140 Vgl. A. ASSMANN / U. FREVERT: Geschichtsvergessenheit, S. 112–117.

141 TH. HEUSS: Reden, Bd. 1, S. 102f.

142 Vgl. die Gedenkrede von Heuss zum 10. Jahrestag des 20. Juli 1944, in:
BULLETIN, Nr. 132 (20. 7. 1954), S. 1190: »In der Literatur, zumal auch der theologischen, wird das Phänomen Hitler und seiner Wirkung mit den Begriffen des
Satanischen, des Diabolischen , zumal auch des Diabolischen behandelt. Ich
will nichts dagegen sagen, aber es wird vom Pathos eines Volksleides auch dessen Vollzieher einiges geliehen – ich möchte glauben, daß wir mit den Worten
niedrig und gemein auskommen.«

143 Vgl. G. SCHREIBER: Hitler, S. 264–300; I. KERSHAW: NS-Staat, S. 112–147.

144 Vgl. GESINE SCHWAN: Die politische Relevanz nicht-verarbeiteter Schuld, in: PETER
BETTELHEIM / ROBERT STREIBEL (Hg.): Tabu und Geschichte. Zur Kultur des kollektiven Erinnerns, Wien 1994, S. 29–44. Sie geht von der Definition aus, daß
Scham die Furcht vor äußerer Verurteilung sei, und weist darauf hin, daß
Scham nicht nur die Schuldigen selbst betrifft, sondern daß »aus ihr eine Tendenz zum Verstecken bzw. zum Konformismus resultieren kann« (S. 36). Weiterhin: GESINE SCHWAN: Politik und Schuld. Die zerstörerische Macht des Schweigens, Frankfurt (M) 1997; A. ASSMANN / U. FREVERT: Geschichtsvergessenheit,
S. 88–96; M. RENSING: Geschichte, S. 41: Heuss proklamiere »eine Scham für
etwas, was nur aus einem stark bindenden Gemeinschaftsgefühl heraus zur
Scham gereichen kann, wenn der Einzelne sich unschuldig weiß«.

145 SBTH, Bundespräsidialamt, Amtszeit Heuss, B122/614 (= BA): Heuss an Oppenheim, 14.12.1949.

146 TH. HEUSS: Reden, Bd. 1, S. 101.

147 Vgl. M. RENSING: Geschichte, S. 41:»Die zwischen Kollektivschuld und Kollektivscham angesiedelte Argumentation bedient sich – einmal verneinend und einmal bejahend – des Elementes einer nationalen Bindung, die die Grenzen des
Individuellen übersteigt.« Die hier konstatierte »innere Widersprüchlichkeit«
besteht aber nicht in der »unterschiedliche[n] Bewertung der nationalen Bin-
dungskraft der Volkszugehörigkeit«, da gerade die Unterscheidung Schuld und
Scham diese Differenzierung nahelegt, sondern vielmehr darin, daß zwar der
Kollektivschuld-Vorwurf zurückgewiesen wird, ohne den individuellen Schuld-
anteil zu thematisieren. Insofern ist die Argumentation von Heuss auch nicht
zwischen Kollektivschuld und Kollektivscham angesiedelt, sondern spart die
konkrete Schulddiskussion aus.

148 TH. HEUSS: Reden, Bd. 1, S. 101. Hört man diese Passage in der Tonaufnahme
(DRA 60-02397), fällt auf, daß Heuss an dieser Stelle entgegen der ansonsten
eher zögerlichen und zurückhaltenden Intonation seine Stimme geradezu
beschwörend erhebt.

149 TH. HEUSS: Reden, Bd. 1, S. 102.

150 Ebd.

151 Vgl. I. 2.

152 TH. HEUSS: Reden, Bd. 1, S. 102.

153 Ebd., S. 102f.

154 Ebd., S. 102.

155 Ebd., S. 104; hier auch das folgende Zitat.

156 Ebd., S. 105.

157 Vgl. K. ADENAUER: Reden, S. 409f.

158 Im Unterschied zu rhetorischen Elementen in einer tatsächlichen Unterredung
ist hier eine spezifische Form der Redegestaltung gemeint, vgl. HELLMUT GEIßNER:
Gesprächsrhetorik, in: GERT UEDING (Hg.): Historisches Wörterbuch der Rhetorik,
Bd. 1ff, Tübingen 1992ff, Bd. 3, Sp. 953–964.

159 Vgl. H. STRAUSS: Epochenscheide.

160 TH. HEUSS: Reden, Bd. 1, S. 106; hier auch das folgende Zitat.

161 Ebd., S. 107. Vgl. VICTOR GOLLANCZ: Stimme aus dem Chaos, Bayreuth 1948,
S. 46:»Denn diejenigen, die in ihrem Herzen zu lesen verstehen und sich daher
ihrer schlechten Triebe durchaus bewußt sind, wissen am besten, wie notwendig es ist, dem Haß und der Angriffslust Widerstand zu leisten.«

162 Vgl. DRA 60-02397. Gegenüber der unspezifischen Formulierung der Druckfassung »im Inland und Ausland« hatte Heuss ad hoc formuliert: »Das hat vor vier Jahren die Menschen, die Seelen, vor allem die Zeitungen bewegt«.

163 B. EBERAN: Schulddebatte, S. 205; vgl. ebd., S. 73–78, 167–187; vgl. II. 1.

164 Ebd., S. 181.

165 Ebd., S. 182.

166 Ebd.

167 J. FOSCHEPOTH: Kreuz, S. 393.

168 *Neue Zeitung*, 10.12.1949 (= BPA).

169 Vgl. *Süddeutsche Zeitung*, 8.12.1949, S. 1.

170 Vgl. *Frankfurter Allgemeine Zeitung*, 8.12.1949, S. 1.

171 Vgl. *Neue Zeitung*, 8.12.1949, S. 1.

172 *Neue Zeitung*, 9.12.1949, S. 1, 5.

173 TH. HEUSS: Reden, Bd. 1, S. 101.

174 Vgl. SBTH, Bundespräsidialamt, Amtszeit Heuss, B 122/614 (= BA); SBTH, NL Heuss, N 1221/290 (= BA).

175 SBTH, NL Heuss, N 1221/290 (= BA): Bundespräsidialamt an Adelsberger, 20.12.1949.

176 SBTH, Bundespräsidialamt, Amtszeit Heuss, B 122/614 (= BA): Spranger an Heuss, 9.12.1949.

177 Vgl. z. B. SBTH, NL Heuss, N 121/290 (= BA): Heuss an Pick, 14.12.1949, worin sich Heuss rechtfertigt, daß er Moses Mendelssohn nicht erwähnt hat.

178 Ebd.: Heuss an Friess, 14.12.1949.

179 SBTH, Bundespräsidialamt, Amtszeit Heuss, B 122/614 (= BA): Heuss an Oppenheim, 10.12.1949.

180 Ebd.: König an Metzner, 29.12.1949.

181 Vgl. IV. 3. c).

182 SBTH, Bundespräsidialamt, Amtszeit Heuss, B 122/614 (= BA): Ortner an Heuss, 11.12.1949.

183 Ebd.: Bundespräsidialamt an Ortner, 15.12.1949.

184 SBTH, Bundespräsidialamt, Amtszeit Heuss, B 122/2084 (= BA): Schmidt an Heuss, 12.3.1950.

185 SBTH, Bundespräsidialamt, Amtszeit Heuss, B 122/2080 (= BA): Klaiber an Blankenhorn, 13.12.1949.

186 Vgl. SBTH, Bundespräsidialamt, Amtszeit Heuss, B 122/614 (= BA): Dort der Brief v. Herwarths an den Sprachendienst; die Übersendung erfolgte am 21.12.1949.

187 Ebd.: Zietlow an Heuss, 19.12.1949; hier auch die folgenden Zitate.

188 Vgl. SBTH, NL Heuss, N 1221/2 (= BA); SBTH, Bundespräsidialamt, Amtszeit Heuss, B 122/211 R 14 (= BA).

189 SBTH, Bundespräsidialamt, Amtszeit Heuss, B 122/614 (= BA): Heuss an Geis, 12.1.1950.

190 TH. HEUSS: Reden, Bd. 1, S. 106.

191 Vgl. hierzu J. FOSCHEPOTH: Schatten, S. 140–148; F. STERN: Anfang, S. 280–298 geht im Rahmen der Darstellung der Entwicklung der Gesellschaften für Christlich-jüdische Zusammenarbeit vereinzelt auf die Woche der Brüderlichkeit ein.

192 J. FOSCHEPOTH: Schatten, S. 117f; vgl. a. ebd., S. 147f.

193 Vgl. ebd., S. 155–187, bes. S. 155: »Der Deutsche Koordinierungsrat und die angeschlossenen Gesellschaften für Christlich-jüdische Zusammenarbeit zeigten sich zu Beginn der fünfziger Jahre in keiner guten Verfassung.«

194 Vgl. ebd., S. 57–60, 155–163.

195 Vgl. ebd. S. 202: »Die Wiedererrichtung und Förderung jüdischer Gemeinden einschließlich der Förderung christlich-jüdischer Zusammenarbeit lag künftig im Interesse der Bundesrepublik Deutschland.«

196 Vgl. dazu grundlegend C. GOSCHLER: Wiedergutmachung, bes. S. 185ff; F. STERN: Anfang, S. 300 weist auf die Rolle des Philosemitismus hin: »Denn mit der Wiedergutmachung wurde der Philosemitismus von einem ambivalenten sozialpsychologischen Element des deutschen Nachkriegs zu einem festen Bestandteil der ideologischen Legitimität der Bundesrepublik. Er wurde zum politisch instrumentalisierten Philosemitismus.«

197 Vgl. C. GOSCHLER: Wiedergutmachung, S. 286–306, 257–285.

198 VERHANDLUNGEN DES BUNDESTAGS, Bd. 9, S. 6697f.

199 Vgl. TH. HEUSS / K. ADENAUER: Augen, S. 65, 68f; SBTH, Bundespräsidialamt, Amtszeit Heuss, B 122/2080 (= BA), hier der Vorgang im einzelnen.

200 TH. HEUSS / K. ADENAUER: Augen, S. 81 (Herv. i. Orig.); hier auch das folgende Zitat.

201 Vgl. ebd.; SBTH, Bundespräsidialamt, Amtszeit Heuss, B 122/ 2080 (= BA): Aufzeichnung vom 24. 1. 1952. Hier entwickelte Heuss ein Programm zur »Moralischen Wiedergutmachung an den Juden« und regte die Einrichtung einer Kommission an, die die Grundlagen für die diesbezügliche Gesetzgebung bereitstellen sollte.

202 SBTH, Bundespräsidialamt, Amtszeit Heuss, B 122/2080 (= BA): Marx an Heuss, 10. 12. 1951.

203 Vgl. E. NOELLE / E. P. NEUMANN: Jahrbuch 1947–1955, bes. S. 128f.

204 W. BERGMANN: Meinungsumfragen, S. 112.

205 Ebd., S. 114.

206 E. NOELLE / E. P. NEUMANN: Jahrbuch 1947–1955, S. 128.

207 W. BERGMANN: Meinungsumfragen, S. 114.

208 Vgl. BULLETIN, Nr. 28 (8. 3. 1952), S. 274, 276; Nr. 22 (21. 2. 1952), S. 210.

209 BULLETIN, Nr. 22 (21. 2. 1952), S. 210. Zu Trumans Deutung der Woche der Brüderlichkeit vgl. J. FOSCHEPOTH: Schatten, S. 142.

210 J. FOSCHEPOTH: Schatten, S. 145f.

211 Vgl. die ausführliche Berichterstattung der *Allgemeinen Wochenzeitung der Juden in Deutschland*, 7. 3. 1952; 14. 3. 1952; 21. 3. 1952; J. FOSCHEPOTH: Schatten, 146f.

212 Vgl. F. STERN: Entstehung, S. 186: »Demgegenüber wurden seit 1950 mit der ›Woche der Brüderlichkeit‹ philosemitische Rituale institutionalisiert.«

213 Vgl. zum folgenden Vorgang SBTH BA B 122/2081.

214 Vgl. ebd.: Ebeling an Werz, 4. 2. 1952, wo auf den zu diesem Anlaß erstellten dpa-Sonderbrief hingewiesen wurde.

215 Vgl. *Allgemeine Wochenzeitung der Juden in Deutschland*, 7. 3. 1952, S. 1.

216 Vgl. *Neue Zeitung*, 6. 3. 1952, S. 1 u. 8.

217 Textgrundlage: BULLETIN, Nr. 28 (8. 3. 1952), S. 273f; hier S. 273; hier auch die folgenden Zitate (Herv. i. Orig.).

218 Vgl. SBTH, Bundespräsidialamt, Amtszeit Heuss, B 122/222 R 147 (= BA): Auf dem Beiblatt findet sich die Anregung: »Vielleicht erwähnen, dass auch Truman und andere gesprochen haben.«

219 BULLETIN, Nr. 28 (8. 3. 1952), S. 273.

220 Ebd.; hier auch die folgenden Zitate (Herv. i. Orig.).

221 Ebd.; hier auch die folgenden Zitate.

222 Ebd.

223 Ebd.; hier auch die folgenden Zitate (Herv. i. Orig.).

224 Ebd., S. 274; hier auch die folgenden Zitate.

225 Vgl. l. 2.; SBTH, Bundespräsidialamt, Amtszeit Heuss, B 122/222 R 147 (= BA): Die ursprünglich vorgesehene Formulierung »[...] in einem pseudowissenschaftlichen biologischen Naturalismus auflöste« wurde auf eine in einem Beiblatt festgehaltene Anregung Botts zu »[...] in einem wissenschaftlich verkleideten Naturalismus auflöste« vereinfacht, mithin »entheusst«.

226 Bulletin, Nr. 28 (8. 3. 1952), S. 274.

227 Vgl. SBTH, Bundespräsidialamt, Amtszeit Heuss, B 122/222 R 147 (= BA): Die vor den Ausführungen zu den DDR-Verhältnissen eingeschalteten Sätze »Jüdischen Geschäften in systematischer Grossaktion [!] die Fensterscheiben einzuschlagen und dabei das Nationalvermögen zu reduzieren, die Gelegenheit ist vorbei. Denn solche Geschäfte gibt es zur Zeit wenige« wurden auf Anregung Botts gestrichen; auch die Gleichsetzung der Internierungslager in der DDR mit den Konzentrationslagern wurde handschriftlich hinzugefügt , wodurch die Gleichsetzung der beiden Diktaturen sehr viel deutlicher in den Vordergrund tritt.

228 Bulletin, Nr. 28 (8. 3. 1952), S. 274; vgl. SBTH, Bundespräsidialamt, Amtszeit Heuss, B 122/222 R 147 (= BA): Der Anregung Botts, »eine leichte Abmilderung gegenüber den Amerikanern« vorzunehmen, ist Heuss nicht gefolgt.

229 Bulletin, Nr. 28 (8. 3. 1952), S. 274 (Herv. i. Orig.).

230 Ebd.; hier auch die folgenden Zitate.

231 Ebd.; vgl. SBTH, Bundespräsidialamt, Amtszeit Heuss, B 122/222 R 147 (= BA): Die zweite Bemerkung ging auch auf eine Anregung Botts zurück: »Bei der Wiedergutmachung bitte einen Hinweis darauf nicht vergessen, dass in den Jahren ab 1933 gerade den emigrierten Juden von deutschen Freunden viel freundschaftliche Hilfe gewährt wurde und der Abkauf gerade von der anderen Seite dankbar begrüsst [!] wurde. Hier könnte auch noch die Austreibung der Deutschen aus den anderen Ländern gestreift werden.« Während Heuss die Vertreibung der Deutschen in der Rede unerwähnt ließ, griff er Botts Anregung auf, vermied aber jeden Anschein der Aufrechnung und beließ es bei den vagen Anspielungen im Redetext.

232 Bulletin, Nr. 28 (8. 3. 1952), S. 274 (Herv. i. Orig.).

233 Vgl. *Neue Zeitung*, 8./9. 3. 1952, S. 1 u. 9.

234 Vgl. *Frankfurter Allgemeine Zeitung*, 8. 3. 1952, S. 1; *Frankfurter Rundschau*, 8./9. 3. 1952, S. 1; *Süddeutsche Zeitung*, 8./9. 3. 1952, S. 1; *Die Welt*, 8. 3. 1952, S. 14. In den wöchentlich erscheinenden Periodika *Die Zeit* und *Der Spiegel* findet sich kein Bericht.

235 *Frankfurter Rundschau*, 8. 3. 1952, S. 2; hier auch die folgenden Zitate (Herv. i. Orig.).

236 *Die Welt*, 12. 3. 1952, S. 2; hier auch das folgende Zitat.

237 *Frankfurter Allgemeine Zeitung*, 10. 3. 1952, S. 1; hier auch die folgenden Zitate.

238 Ebd.; hier auch die folgenden Zitate.

239 Vgl. dazu SBTH, Bundespräsidialamt, Amtszeit Heuss, B 122/2081 (= BA): Werz an Ebeling, 19. 3. 1952. Zehn Probeexemplare wurden Heuss am 13. März zugeleitet, woraufhin Dr. Werz noch einmal 50 Exemplare »nachbestellte«.

240 Vgl. ebd.: Berliner Gesellschaft an Heuss, 26. 3. 1952; zustimmende Antwort: 31. 3. 1952.

241 Ebd.: Ebeling an Werz, 8. 4. 1952; in den einschlägigen Beständen finden sich nur verstreut Zuschriften.

242 SBTH, NL Heuss, N 1221/302 (= BA): Heuss an Hoffmann, 18. 3. 1952.

243 Ebd.: Bott an Doldt, 14. 3. 1952.

244 Ebd.: Döblin an Heuss, 18. 3. 1952 [Abschrift].

245 Vgl. TH. HEUSS: Juden.

246 Vgl. BULLETIN, Nr. 45 (6. 3. 1956), S. 401f.

247 Eine Rede von Karl Carstens war weder im BULLETIN noch an anderer Stelle nachweisbar.

248 BULLETIN, Nr. 48 (10. 3. 1961), S. 433–435: »Auch eine deutsch-jüdische Brüderlichkeit«.

249 GUSTAV W. HEINEMANN: Reden und Interviews, hg. v. PRESSE- UND INFORMATIONSAMT DER BUNDESREGIERUNG, 5 Bde., Bonn 1970–1974, Bd. 1, S. 92–95: »Nichts ist verloren«.

250 WALTER SCHEEL: Reden und Interviews, hg. v. PRESSE- UND INFORMATIONSAMT DER BUNDESREGIERUNG, 5 Bde., Bonn 1975–1979, Bd. 4, S. 169–175: »Aus der Geschichte lernen«.

251 RICHARD V. WEIZSÄCKER: Reden und Interviews, hg. v. PRESSE- UND INFORMATIONSAMT DER BUNDESREGIERUNG, 10 Bde., Bonn 1985–1994, Bd. 2, S. 223–231: »Woche der Brüderlichkeit«.

252 R. HERZOG: Reden, Bd. III/1, S. 409–413: »Ansprache zur Eröffnung der Woche der Brüderlichkeit in Paderborn«.

253 BULLETIN, Nr. 48 (10. 3. 1961), S. 434.

254 R. V. WEIZSÄCKER: Reden, Bd. 2, S. 223.

255 W. SCHEEL: Reden, Bd. 4, S. 169.

256 G. W. HEINEMANN: Reden, Bd. 1, S. 94; vgl. z. B. in ähnlichen Formulierungen R. V. WEIZSÄCKER: Reden, Bd. 2, S. 229 und R. HERZOG: Reden, Bd. III/1, S. 412.

257 BULLETIN, Nr. 48 (10. 3. 1961), S. 434.

258 R. V. WEIZSÄCKER: Reden, Bd. 2, S. 224.

259 Vgl. BULLETIN, Nr. 48 (10. 3. 1961), S. 434; G. W. HEINEMANN: Reden, Bd. 1, S. 92; W. SCHEEL: Reden, Bd. 4, S. 172f; R. V. WEIZSÄCKER: Reden, Bd. 2, S. 224f; R. HERZOG: Reden, Bd. III/1, S. 409, 413.

260 BULLETIN, Nr. 48 (10. 3. 1961), S. 434.

261 Ebd., S. 434, 435.

262 Vgl. R. V. WEIZSÄCKER: Reden, Bd. 2, S. 226f; W. SCHEEL: Reden, Bd. 4, S. 170: »So müssen wir ihnen [d. i. den jungen Deutschen] die Verbrechen der nationalsozialistischen Diktatur, die Millionen jüdischer Mitbürger in einen furchtbaren Tod trieben, vor Augen führen. Darauf dürfen wir nicht verzichten. Wir ehren die Opfer durch unser Gedenken.«

263 R. HERZOG: Reden, Bd. III/1, S. 409.

264 Vgl. BULLETIN, Nr. 48 (10. 3. 1961), S. 434f.

265 Vgl. G. W. HEINEMANN: Reden, Bd. 1, S. 95.

266 W. SCHEEL: Reden, Bd. 4, S. 170.

267 Vgl. ebd., S. 170f, 173f.

268 Vgl. R. V. WEIZSÄCKER: Reden, Bd. 2, S. 228–231; R. HERZOG: Reden, Bd. III/1, S. 412f.

269 R. HERZOG: Reden, Bd. I/2, S. 423; vgl. WOLFGANG BENZ: Die »Auschwitz-Lüge«,
in: ROLF STEININGER (Hg.): Der Umgang mit dem Holocaust. Europa – USA –
Israel, Wien u. a. 1994, S. 103–115; er behauptet, daß die Rede von Heuss
»nichts an Aktualität« verloren habe und nutzt dessen Aussagen als Argument
gegen die »Auschwitz-Lüge« (S. 115).

270 TH. HEUSS: Tagebuchbriefe, S. 407. Mit den anderen beiden Reden sind
gemeint: »Soldatentum in unserer Zeit«, gehalten am 12. 3. 1959 in der Hamburger Führungsakademie der Bundeswehr (BULLETIN, Nr. 51 (17. 3. 1959),
S. 485) und »Dank und Bekenntnis«, gehalten am 19. 7. 1954 anläßlich des
10. Jahrestages des 20. Juli 1944 (BULLETIN, Nr. 132 (20. 7. 1954), S. 1188f).

271 Vgl. U. PUVOGEL / M. STANKOWSI: Gedenkstätten, Bd. 1, S. 380–387, hier S. 380;
KONZENTRATIONSLAGER BERGEN-BELSEN. Berichte und Dokumente, Hannover 1995;
EBERHARD KOLB: Bergen-Belsen, in: MARTIN BROSZAT U. A.: Studien zur Geschichte
der Konzentrationslager, Stuttgart 1970, S. 130–154; DERS.: Bergen-Belsen.
Geschichte des »Aufenthaltslagers« 1933–1945, Hannover 1962; DERS.: Bergen-
Belsen. Vom »Aufenthaltslager« zum Konzentrationslager 1943–1945, Göttin-
gen 1985; ALEXANDRA-EILEEN WENCK: Zwischen Menschenhandel und »Endlö-
sung«: Das Konzentrationslager Bergen-Belsen, Paderborn u. a. 2000.

272 Vgl. zu den einzelnen Phasen der Ausgestaltung der Gedenkstätte U. PUVOGEL /
M. STANKOWSKI: Gedenkstätten, Bd. 1, S. 385f, hier S. 385; KONZENTRATIONSLAGER
BERGEN-BELSEN, S. 235–262.

273 M. WOLFFSOHN: Angst, S. 136; vgl. M. KITTEL: Legende, S. 276–281.

274 SBTH, Bundespräsidialamt, Amtszeit Heuss, B 122/2082 (= BA): Henderson an
Heuss v. 22. 11. 1952.

275 Vgl. ebd.: Niedersächsische Staatskanzlei an Bundespräsidialamt, 11. 11. 1952.

276 SBTH, NL Heuss, N 1221/307 (= BA): Heuss an Baeck, 3. 12. 1952.

277 SBTH, Bundespräsidialamt, Amtszeit Heuss, B 122/2082 (= BA): Vorlage von Dr.
Werz, 22. 11. 1952.

278 Vgl. DERRICK SINGTON: Die Tore öffnen sich. Authentischer Bericht über das englische Hilfswerk für Belsen, Münster 1995 [zuerst: engl. 1946, dt. 1948].

279 Vgl. SBTH, Bundespräsidialamt, Amtszeit Heuss, B 122/2082 (= BA): Vorlage
von Dr. Werz, 22. 11. 1952; dort werden genannt: »The Belsen Trial«, hg. v.
Raymond Phillips sowie »Law Reports of Trials of War Criminals«.

280 Ebd.: Trützschler an Bundespräsidialamt, 15. 11. 1952.

281 Trützschler konnte nach seiner Einvernahme durch den Untersuchungsaus-
schuß 1952 weiterbeschäftigt werden; von einer Beförderung und von einem
Einsatz im Ausland wurde abgeraten. Vgl. H. J. DÖSCHER: Gesellschaft,
S. 231–233.

282 Vgl. Westdeutsche Neue Presse, 2. 12. 1952 (= BPA): Mit Befremden wurde bemerkt, daß weder der Bundeskanzler, der durch Ministerialdirektor Blankenhorn vertreten wurde, noch Kabinettsmitglieder an der Feier teilnahmen.

283 SBTH, NL Heuss, N 1221/307 (= BA): Heuss an Baeck, 3. 12. 1952.

284 Vgl. III. 2.

285 Vgl. III. 3.

286 Vgl. zum Ablauf der Gedenkfeier SBTH, Bundespräsidialamt, Amtszeit Heuss,
B 122/2082 (= BA): Fahrt des Bundespräsidenten nach Hannover – Celle –
Belsen, undatiert; Allgemeine Wochenzeitung der Juden in Deutschland,
5. 12. 1952, S. 1; in der gleichen Ausgabe sind auch die gehaltenen Reden
abgedruckt.

287 Die Durchsicht der Berichterstattung ergibt aber ein widersprüchliches Bild. Laut *Die Welt*, 1.12.1952 (= BPA) und *Frankfurter Allgemeine Zeitung*, 1.12.1952 (= BPA) fanden die Reden an Ort und Stelle vor den Kranzniederlegungen statt. Die Verlegung in die Hohne-Kaserne war allerdings im Programm schon als Alternative vorgesehen; auch die Tonaufnahme der Rede deutet auf einen geschlossenen Raum hin (DRA 88 U 4759/5).

288 Die Ansprache ist abgedruckt in: *Allgemeine Wochenzeitung der Juden in Deutschland*, 5.12.1952, S. 5; hier auch die folgenden Zitate.

289 Vgl. NAHUM GOLDMANN: Mein Leben als deutscher Jude, München / Wien 1980; DERS.: Mein Leben. USA, Europa, Israel, München / Wien 1981.

290 TH. HEUSS: Erinnerungen, S. 192 (Herv. i. Orig.). Vgl. N. GOLDMANN: Leben als Jude, S. 78; Goldmann hatte eine »reizende polnische Studentin« kennengelernt.

291 Vgl. N. GOLDMANN: Leben, S. 78.

292 SBTH, NL Heuss, N 1221/307 (= BA): Heuss an Baeck, 3.12.1952.

293 Ich zitiere nach *Allgemeine Wochenzeitung der Juden in Deutschland*, 5.12.1952, S. 3; hier auch die folgenden Zitate (Herv. I. Orig.). Vgl. J. HERF: Erinnerung, S. 376–380.

294 *Allgemeine Wochenzeitung der Juden in Deutschland*, 5. 12. 1952, S. 5; hier auch die folgenden Zitate.

295 Ebd.; hier auch die folgenden Zitate.

296 Ebd.

297 *Süddeutsche Zeitung*, 1.12.1952 (= BPA). J. HERF: Erinnerung, S. 378 sieht in Goldmanns Rede die »vollständigste [!] Darstellung des Holocaust, die im ersten Nachkriegsjahrzehnt auf einer politischen Gedenkveranstaltung in Westdeutschland vermittelt wurde«.

298 Textgrundlage: BULLETIN, Nr. 189 (2.12.1952), S. 1655f; hier S. 1655. Vgl. U. BAUMGÄRTNER: Reden, S. 157–165.

299 BULLETIN, Nr. 189 (2.12.1952), S. 1655.

300 Ebd.

301 Ebd.; hier auch die folgenden Zitate (Herv. I. Orig.).

302 Vgl. RAUL HILBERG: Täter, Opfer, Zuschauer. Die Vernichtung der Juden 1933–1945, Frankfurt (M) 1992, der im Hinblick auf das Verhältnis zum Holocaust nach Tätern, Opfern und Zuschauern unterscheidet.

303 Vgl. dagegen M. RENSING: Geschichte, S. 42: »Es ist durchgängig zu verfolgen, daß Heuss das deutsche Volk an und für sich auch als Opfer sieht«.

304 Die Einfügung des präpositionalen Objekts »von Deutschen« in die unpersönliche Passivkonstruktion erfolgte in der ersten handschriftlichen Fassung und wurde dann beibehalten.

305 Vgl. M. RENSING: Geschichte, S. 40, der seine Deutung allerdings aus einem aus verschiedenen Redeteilen zusammengefaßten Zitat ableitet: »So nah, wie in dieser Rede, ist Heuss der Vorstellung, daß das ›Erbe‹ ein selbstverantwortetes ist – ›selbst‹ verstanden als das deutsche Volk in seiner Gesamtheit –, daß das Mitwissen zur Mitverantwortung im direkten Sinn werden kann, sonst nicht.« Der Verzicht auf den bestimmten Artikel macht die deutschen Täter zu einer Minderheit, während die Zuschauerrolle, die nicht problematisiert wird, gerade einen Ausweg aus der direkten Verantwortung eröffnet.

306 BULLETIN, Nr. 189 (2.12.1952), S. 1655; hier auch die folgenden Zitate (Herv. i. Orig.).

307 Dies läßt sich anhand der Tonaufnahme gut belegen; vgl. DRA 88 U 4759/5.

308 Diese Passage wurde in das schon abgetippte Redemanuskript als eigene Seite (»7a«) eingefügt.

309 Bulletin, Nr. 189 (2.12.1952), S. 1655.

310 Vgl. M. Rensing: Geschichte, S. 40: »Mitglied des Volkes zu sein, in dessen Geschichte die Verbrechen begangen wurden, begründet die Scham. Der nationale Gedanke gewinnt den Charakter eines bis zur moralischen Bindung wirkenden Magnets.«

311 Bulletin, Nr. 189 (2.12.1952), S. 1656 (Herv. i. Orig.).

312 Vgl. I. 2. Diesen Begriff hatte Heuss auch nach 1933 verwendet, um die Ideologie der Nationalsozialisten zu charakterisieren, so z. B. in seinem Aufsatz »Neugeburt des Rationalismus«, in: Die Hilfe 40 (1934), S. 121–124, hier S. 124.

313 Diese Formulierung war im Redemanuskript unterstrichen!

314 SBTH, Bundespräsidialamt, Amtszeit Heuss, B 122/2887, fol. 69 (= BA): Rede zum 1. Jahrestag der Bundesrepublik am 7.9.1950 in Bonn.

315 SBTH, Bundespräsidialamt, Amtszeit Heuss, B 122/2889, fol. 289 (= BA): Rede nach der Wiederwahl am 20.7.1954 auf dem Bonner Marktplatz.

316 Vgl. M. Rensing: Geschichte, S. 42: »Heuss ist der Gedanke einer Identität von Deutsch-Sein und Nationalsozialist-Sein als Massenphänomen wie beim Einzelnen unbegreiflich, unbehaglich, indiskutabel.« Daß Deutsche NS-Verbrechen begangen haben, ist Heuss in dieser Rede allerdings bereit einzuräumen.

317 Bulletin, Nr. 189 (2.12.1952), S. 1656.

318 Ebd.; hier auch die folgenden Zitate.

319 M. Rensing: Geschichte, S. 44.

320 *Frankfurter Rundschau*, 2.12.1952 (= BPA).

321 *Die Welt*, 1.12.1952, S. 3.

322 *Frankfurter Allgemeine Zeitung*, 1.12.1952 (= BPA).

323 *Süddeutsche Zeitung*, 1.12.1952 (= BPA).

324 *Neue Zeitung*, 1.12.1952, S. 1.

325 Vgl. *Allgemeine Wochenzeitung der Juden in Deutschland*, 28.11.1952, 5.12.1952.

326 SBTH, Bundespräsidialamt, Amtszeit Heuss, B 122/2083 (= BA): Kaisen an Heuss, 1.12.1952.

327 SBTH, NL Heuss, N 1221/307 (= BA): Heuss an Kaisen, 3.12.1952.

328 In der *Neuen Zeitung* v. 1.12.1952 waren die Spielergebnisse auf S. 1 direkt über dem Bericht über die Einweihungsfeier abgedruckt.

329 SBTH, NL Heuss, N 1221/307 (= BA): Heuss an Kaisen, 3.12.1952; hier auch die folgenden Zitate.

330 SBTH, NL Heuss, N 1221/307 (= BA): Raederscheidt an *Neue Zeitung*, 4.12.1952.

331 *Neue Zeitung*, 6./7.12.1952, S. 5; vgl. SBTH, NL Heuss, N 1221/307 (= BA): Heuss an Feder, 8.12.1952. In diesem Brief bedankt sich Heuss für den Leserbrief, relativiert aber Feders Lob: »Ein bißchen schien es mir fast an manchen Stellen zu stark, was Sie gesagt haben«; zu Feder vgl. Ernst Feder: Heute sprach ich mit ... . Tagebücher eines Berliner Publizisten 1926–1932, hg. v. Cécile Loewenthal-Hensel u. Arnold Paucher, Stuttgart 1971, bes. S. 7–28 die Einleitung mit biographischen Informationen.

332 Vgl. SBTH, Bundespräsidialamt, Amtszeit Heuss, B 122/2083 (= BA): Bundespräsidialamt an *Cellesche Zeitung*, 15.12.1952.

333 Vgl. SBTH, Bundespräsidialamt, Amtszeit Heuss, B 122/2083 (= BA): In diesem
    Zusammenhang forderte z. B. auch eine dem Bundespräsidialamt unbekannte
    Organisation »Opfer des Stalinismus« den Text an; die Versendung erfolgte erst
    nach einer Überprüfung der Vereinigung.

334 Vgl. die entsprechenden Briefwechsel in: SBTH, Bundespräsidialamt, Amtszeit
    Heuss, B 122/2083 (= BA).

335 SBTH, NL Heuss, N 1221/307 (= BA): Heuss an Kaisen, 3. 12. 1952.

336 Vgl. SBTH, Bundespräsidialamt, Amtszeit Heuss, B 122/2082 (= BA): Hier sind
    die vom Auswärtigen Amt angeforderten und an das Präsidialamt weitergeleite-
    ten Berichte gesammelt; hier auch die folgenden Zitate.

337 SBTH, Bundespräsidialamt, Amtszeit Heuss, B 122/2082 (= BA): Rundschreiben
    des Auswärtigen Amtes, 2. 1. 1952 [richtig: 1953!].

338 Ebd.: Auswärtiges Amt an Bundespräsidialamt, 11. 2. 1953 u. 18. 5. 1953; noch
    am 5. 11. 1958 [!] forderte die Botschaft in La Paz Exemplare der Rede an.

339 SBTH, Bundespräsidialamt, Amtszeit Heuss, B 122/2083 (= BA): Asmussen an
    Heuss, 30. 11. 1952; Asmussen war einer der führenden Repräsentanten der pro-
    testantischen Kirche und maßgeblich am Stuttgarter Schuldbekenntnis beteiligt.

340 Ebd.: Beyersdorff an Heuss, 30. 11. 1952.

341 Ebd.: Thilo an Heuss, 30. 11. 1952.

342 Ebd.: Kaisen an Heuss, 30. 11. 1952.

343 Ebd.: Bleibtreu an Heuss, 13. 12. 1952.

344 Ebd.: (Carl) Speidel an Heuss, undatiert [Eingang: 6. 12. 1952].

345 Ebd.

346 Ebd.: Heuss an (Carl) Speidel, 9. 12. 1952.

347 Ebd.: Bott an Didjurgis, 8. 1. 1952.

348 Ebd.: Bott an Linke, 4. 12. 1952.

349 Ebd.: Heuss an Stille, 15. 12. 1952.

350 SBTH, NL Heuss, N 1221/307 (= BA): Heuss an Feder, 8. 12. 1952.

351 Ebd.: Heuss an Asmussen, 4. 12. 1952.

352 BULLETIN, Nr. 75 (29. 4. 1965), S. 593f, 596f.

353 R. HERZOG: Reden, Bd. I/2, S. 423–428.

354 BULLETIN, Nr. 75 (29. 4. 1965), S. 594.

355 R. HERZOG: Reden, Bd. I/2, S. 423.

356 BULLETIN, Nr. 75 (29. 4. 1965), S. 593.

357 Ebd.

358 BULLETIN, Nr. 75 (29. 4. 1965), S. 596.

359 R. HERZOG: Reden, Bd. I/2, S. 426.

360 Vgl. ebd., S. 426f, 428.

361 BULLETIN, Nr. 75 (29. 4. 1965), S. 594.

362 Ebd., S. 593.

363 R. HERZOG: Reden, Bd. I/2, S. 427.

364 BULLETIN, Nr. 75 (29. 4. 1965), S. 597.

365 R. HERZOG: Reden, Bd. I/2, S. 428.

366 Vgl. BULLETIN, Nr. 75 (29. 4. 1965), S. 594, 597.

367 R. HERZOG: Reden, Bd. I/2, S. 426; hier auch das folgende Zitat.

368 Die Darstellung der Geschichte des Volksbundes ist schwierig, weil das Archiv
    im Zweiten Weltkrieg weitgehend zerstört wurde und weil man vornehmlich
    auf Selbstdarstellungen der Organisation angewiesen ist. Vgl. zum Folgenden
    HANS SOLTAU: Volksbund Deutsche Kriegsgräberfürsorge – Sein Werden und Wir-

ken, Kassel ³1982, S. 14–24; Volksbund Deutsche Kriegsgräberfürsorge (Hg.): Dienst am Menschen. Dienst am Frieden. 75 Jahre Volksbund Deutsche Kriegsgräberfürsorge, o. O. 1994, S. 16–23, 74–86.

369 Vgl. SBTH, Bundespräsidialamt, Amtszeit Heuss, B 122/2887 (= BA), fol. 71.

370 Vgl. ebd.: Volksbund an Bott, 6. 8. 1952 mit den entsprechenden Unterlagen, weiterhin das in der Reportage der Feierstunde (DRA 52-13124) enthaltene Interview mit dem Vorsitzenden des Landesverbandes Nordrhein-Westfalen Klostermann, der über die Entstehung der Kriegsgräberstätte Auskunft gab.

371 Vgl. SBTH, Bundespräsidialamt, Amtszeit Heuss, B 122/619 (= BA): Bott an Regierungspräsident Brand, 28. 7. 1952.

372 Ebd.: Brand an Klaiber, 11. 7. 1952. Die Artikel waren jeweils am 4. 11. 1950 im *Rheinischen Merkur* bzw. in den *Dürener Nachrichten* erschienen.

373 Ebd.: Brand an Bott, 8. 8. 1952.

374 Vgl. ebd.: Volksbund an Bott, 6. 8. 1952; Bott an Brand, 1. 8. 1952, worin die Frage der Kranzschleife eigens geklärt wurde.

375 Ebd.: Hardt an Heuss, 12. 8. 1952.

376 Ebd.: Programmvorschlag für den Besuch im Regierungsbezirk Aachen, undatiert.

377 Vgl. DRA 52-13124; *Süddeutsche Zeitung*, 18. 8. 1952, S. 1f; *Frankfurter Rundschau*, 18. 8. 1952, S. 1; *Neue Zeitung*, 19. 8. 1952, S. 8; *Die Welt*, 18. 8. 1952, S. 3; *Frankfurter Allgemeine Zeitung*, 18. 8. 1952, S. 1.

378 Diese Anrede ist auf dem Mitschnitt der Rede zu hören, findet sich jedoch nicht in den schriftlichen Unterlagen.

379 Textgrundlage: Bulletin, Nr. 114 [richtig: 115!] (19. 8. 1952), S. 1101; hier auch die folgenden Zitate. Vgl. B. W. Krack: Staatsoberhaupt, S. 173f.

380 Bulletin, Nr. 114 [richtig: 115!] (19. 8. 1952), S. 1101. Bei »sicher« handelt es sich offensichtlich um einen Druckfehler, da in den anderen Fassungen an dieser Stelle das Reflexivpronomen steht. Hier auch die folgenden Zitate.

381 Dieser Satz wurde bei der Drucklegung vergessen.

382 M. Rensing: Geschichte, S. 24.

383 Vgl. ebd., S. 26: »Ursprung und Ziel der Geschichte erscheinen in seinen Betrachtungen immer wieder als dem Vergleich, dem Ausgleich anheimgestellt, Konflikte und vor allem radikale Veränderungen als unorganisch und vermeidbar.« E. Pikart: Rolle, S. 59 sieht bei Heuss eine »harmonisch-evolutionäre« Geschichtsphilosophie.

384 Verhandlungen des Bundestags, Bd. 5, S. 3067.

385 Vgl. M. Rensing: Geschichte, S. 28 konstatiert ein »von Heuss tief empfundenes d'accord-Sein mit dem Gang der Geschichte, den er ja als tendenziell harmonisch betrachtete«.

386 Bulletin, Nr. 114 [richtig: 115!] (19. 8. 1952), S. 1101.

387 SBTH BA B 122/225 R 175: maschinenschriftliches Konzept (b), S. 3.

388 Bulletin, Nr. 114 [richtig: 115!] (19. 8. 1952), S. 1101; hier auch die folgenden Zitate (Herv. i. Orig.).

389 Ebd.

390 Vgl. Th. Heuss: Aufzeichnungen, S. 143–151, hier S. 143.

391 Ebd., S. 145.

392 Ebd., S. 149f.

393 Ebd., S. 150f.

394 Ebd., S. 147, 149.

395 Ebd., S. 151.

396 Bulletin Nr. 114 [richtig: 115!] (19. 8. 1952), S. 1101; hier auch die folgenden Zitate (Herv. i. Orig.).

397 Ebd.

398 Ebd. Vgl. SBTH BA B 122/619: Volksbund an Bott, 6. 8. 1952 mit den entsprechenden Unterlagen sowie das in der Reportage der Feierstunde (DRA 52-13124) enthaltene Interview mit dem Vorsitzenden des Volksbund-Landesverbandes Nordrhein-Westfalen Klostermann über die Entstehung der Kriegsgräberstätte; bei den Doppelkreuzen wurden auf beiden Seiten jeweils drei Gräber um einen Grabstein angeordnet;

399 Vgl. Bulletin Nr. 59 (27. 3. 1954), S. 497–499, hier S. 499.

400 Bulletin Nr. 114 [richtig: 115!] (19. 8. 1952), S. 1101; hier auch die folgenden Zitate.

401 Hier handelt es sich offensichtlich wiederum um eine Nachlässigkeit bei der Drucklegung, da sowohl die Konzepte als auch die überarbeitete Redemitschrift das korrekte Partizip Perfekt »geworden« enthalten.

402 Vgl. M. Rensing: Geschichte, S. 41, der diese Passage so deutet:»Die als Würdigung gedachte Identifizierung mit dem Tun der gefallenen Soldaten abstrahiert von der faktischen Zielrichtung der deutschen Kriegsführung als solcher. Die Frage nach den Zielen der deutschen Kriegführung wie deren Berechtigung in Verbindung mit dem Soldat-Sein innerhalb der deutschen Armee zu bringen und so den Einzelnen mit dem Tun der Gruppe zu identifizieren, deren Teil er ist, ihn daran zu messen, welchem Zweck er faktisch dient, lehnt Heuss ab.« Eine solche Ablehnung ist m. E. nicht feststellbar, da Heuss sowohl die fragwürdige Rolle der Wehrmacht im Zweiten Weltkrieg als auch die moralische Problematik der für verbrecherische Ziele mißbrauchten Soldaten thematisiert. Gleichwohl erfolgt wegen der vorgegebenen Redesituation und wegen der Inkonsistenzen in seinem Denken keine grundsätzliche Klärung dieser Fragen. Ob dieser Anspruch an eine konsensorientierte Gedenkrede überhaupt zu stellen ist, ist allerdings fraglich.

403 Verhandlungen des Bundestags, Bd. 6, S. 4983f, hier S. 4984 (Herv. i. Orig.). Demgegenüber erinnerte Carlo Schmid auch an die »Nicht-Berufssoldaten« und warnte vor dem »Mythos der Kollektivunschuld« (vgl. ebd., S. 5031f, hier S. 5031; Herv. i. Orig.).

404 Vgl. als Überblick z. B. A. M. Birke: Nation, S. 295–344; M. Görtemaker: Geschichte, S. 271–328; zur Forschung zusammenfassend: R. Morsey: Bundesrepublik, S. 159–164.

405 Vgl. III. 2.

406 Vgl. grundsätzlich B. W. Krack: Staatsoberhaupt, S. 113–240.

407 Hans Speidel, in: H. Bott / H. Leins: Begegnungen, S. 173.

408 Vgl. Th. Heuss: Aufzeichnungen, S.143–151.

409 Vgl. R. Dahrendorf / M. Vogt: Heuss, S. 346–349.

410 Vgl. E. H. M. Lange: Heuss, S. 67.

411 Vgl. A. M. Birke: Nation, S. 280f

412 Vgl. B. W. Krack: Staatsoberhaupt, S. 118–142.

413 Vgl. Th. Heuss / K. Adenauer: Vaterland, S. 34–36, hier S. 34.

414 Th. Heuss / K. Adenauer: Augen, S. 46.

415 Vgl. B. W. Krack:, Staatsoberhaupt, S. 145–160, 164–172.

416 Vgl. Th. Heuss / K. Adenauer: Vaterland, S. 120, 125, hier S. 125.

417 Vgl. ebd., S.165.
418 Vgl. ebd., 165f, hier S. 165.
419 TH. HEUSS / K. ADENAUER: Augen, S. 216.
420 Vgl. hierzu zusammenfassend B. W. KRACK: Staatsoberhaupt, S.85–90. Das Memorandum »Bemerkungen zu den Erörterungen über die sogenannten Oberbefehl, 18.12.1955«, in: ebd., A/3 [o. S.]; hier auch die folgenden Zitate.
421 Vgl. B. W. KRACK: Staatsoberhaupt, S. 90 u. pass.
422 TH. HEUSS / K. ADENAUER: Augen, S. 151.
423 Vgl. B. W. KRACK: Staatsoberhaupt, S. 91–96.
424 Vgl. M. RENSING: Geschichte, S. 44: »Diese Versuche Heuss', die deutschen Soldaten in ihrem Tun zu rehabilitieren oder doch vor moralischer Verurteilung zu schützen, sind nicht etwa der Versuch einer Rechtfertigung für die deutsche Kriegführung im II. Weltkrieg. Indem er aber die faktische innere Verbindung des Kämpfens der deutschen Soldaten mit den nationalsozialistischen Kriegszielen gewissermaßen in einem voneinander unabhängigen Zustand trennt, den Soldaten in einer vorpolitischen Pflicht gebunden sieht, etabliert er eine qualitative Differenzierung zwischen dem deutschen Soldaten, der ›für uns gestorben‹ ist und den nationalsozialistischen Kriegszielen.« Dabei ist anzumerken, daß Heuss gerade keine Rehabilitation der Soldaten anstrebt, sondern eine Würdigung als Menschen. Gerade deshalb sieht er die von ihm als »tragisch« bezeichnete Verstrickung mit den verbrecherischen Kriegszielen, was die richtig beobachtete Inkonsistenz seiner Argumentation in diesem Zusammenhang eher noch verschärft.
425 Vgl. BULLETIN, Nr. 51 (17.3.1959), S. 483–486; vgl. B. W. KRACK: Staatsoberhaupt, S. 224–232.
426 Vgl. TH. HEUSS: Tagebuchbriefe, S. 407.
427 Vgl. zu Heuss' Verhältnis zur Bundeswehr B. W. KRACK: Staatsoberhaupt, S. 189–223, zum Neujahrsempfang S. 190–192.
428 BULLETIN, Nr. 51 (17.3.1959), S. 483.
429 Ebd., S. 484.
430 Ebd.
431 Ebd., S. 485; hier auch die folgenden Zitate (Herv. i. Orig.).
432 Ebd., S. 486.
433 BULLETIN, Nr. 218 (22.11.1955), S. 1835; hier auch die folgenden Zitate.
434 Vgl. *Süddeutsche Zeitung*, 18.8.1952, S. 1f; *Frankfurter Rundschau*, 18.8.1952, S. 1; *Neue Zeitung*, 19.8.1952, S. 8; *Die Welt*, 18.8.1952, S. 3; *Frankfurter Allgemeine Zeitung*, 18.8.1952, S. 1.
435 Vgl. SBTH, Bundespräsidialamt, Amtszeit Heuss, B 122/619 (= BA): Bott an Bundeszentrale, 8.9.1952; Bundeszentrale (Dr. Francken) an Bott, 12.9.1952.
436 *Frankfurter Rundschau*, 18.8.1952, S. 3.
437 Vgl. Archiv für Christlich-Demokratische Politik der Konrad-Adenauer-Stiftung, St. Augustin (hinfort ACDP), NL Ehlers, I-369-024; hier die folgenden Zitate.
438 *Frankfurter Rundschau*, 18.8.1952, S. 3; hier auch die folgenden Zitate.
439 *Süddeutsche Zeitung*, 18.8.1952, S. 1; hier auch die folgenden Zitate (Herv. u. Auslassungen i. Orig.).
440 SBTH, Bundespräsidialamt, Amtszeit Heuss, B 122/619 (= BA): Heuss an Reusch, 29.8.1952.
441 Ebd.: Heuss an Wormser, 23.8.1952.
442 Vgl. ebd.: Bott an Stoltenberg, 25.8.1952.

443 Ebd.
444 Ebd.: Heuss an Marhofka, 22. 8. 1952; die Angelegenheit war seit Mai anhängig und wurde nicht durch die Hürtgenwald-Rede ausgelöst.
445 Vgl. IV. 5.
446 Bulletin, Nr. 24 (28. 2. 1952), S. 231.
447 »Die Bestimmungen der Artikel 136, 137, 138, 139 und 141 der Deutschen Verfassung vom 11. August 1919 sind Bestandteil dieses Grundgesetzes.« (Art. 140 GG). »Der Sonntag und die staatlich anerkannten Feiertage bleiben als Tage der Arbeitsruhe und der seelischen Erhebung gesetzlich geschützt.« (Art. 139 WRV).
448 Vgl. zum Folgenden A. Friedel: Staatssymbole, S. 90f; H. Hattenhauer: Deutsche Nationalsymbole, S. 134f; Thomas Peter Petersen: Volkstrauertag, S. 32–36; Ders.: Die Geschichte des Volkstrauertages, Kassel 1984; Meinhold Lurz: Kriegerdenkmäler in Deutschland, Bd. 1–6, Heidelberg 1985–87, Bd. 6, S. 509–511.
449 Th. P. Petersen: Volkstrauertag, S. 33.
450 Vgl. ebd., S. 37f; Ders.: Geschichte, S. 19–21.
451 Vgl. F. Schellack: Nationalfeiertage, S. 133–276, hier S. 133; D. Lehnert / K. Megerle: Identität, worin die Positionen der einzelnen politischen Richtungen beleuchtet werden.
452 Vgl. F. Schellack: Nationalfeiertage, S. 148–156, 189–192, 204, 231–246, 266–276.
453 Ebd., S. 190.
454 Ebd., S. 192.
455 Ebd., S. 284–286, 296–305, 321–326, 340–345, hier S. 302f.
456 Vgl. ebd., S. 321.
457 Vgl. ebd., S. 305.
458 Ebd., S. 345.
459 Vgl. IV. 2.
460 Neue Zeitung, 6. 3. 1950.
461 Vgl. SBTH, Bundespräsidialamt, Amtszeit Heuss, B 122/637 (= BA): Deutsche Friedensgesellschaft an Heuss, 14. 3. 1950. Darin wird begrüßt, daß sich Heuss »von einer kitschig-falschen Gedenkmache, die im Letzten eine peinliche Herabwürdigung der schmerzlichen Verluste ist, die das Geschick unserm und anderen Völkern auferlegt hat. Weite Kreise der Hinterbliebenen fühlen sich zudem durch eine solche pathetisch-unverbindliche Glorifizierung der Kriegsopfer eher verletzt und abgestoßen«.
462 SBTH, Bundespräsidialamt, Amtszeit Heuss, B 122/637 (= BA): Volksbund an Herwarth, 7. 3. 1950; hier auch die folgenden Zitate (Herv. i. Orig.).
463 Vgl. SBTH, Bundespräsidialamt, Amtszeit Heuss, B 122/620 (= BA): Bundesinnenministerium an Bundepräsidialamt, 22. 11. 1952 mit den o. a. Stellungnahmen.
464 Ebd.: Bott an Wolff, 24. 11. 1952.
465 SBTH, Bundespräsidialamt, Amtszeit Heuss, B 122/2238 (= BA): Klaiber an Volksbund, 22. 12. 1950.
466 Vgl. ebd.: Rundschreiben des Bundesinnenministeriums, 2. 10. 1952.
467 Vgl. zum Zeremoniell der Kranzniederlegung M. Lurz: Kriegerdenkmäler, Bd. 6, S. 510.

468 *Neue Zeitung,* 17.11.1952, S. 1, 3, hier S. 1. Zum Ablauf der Gedenkstunde vgl. die im Stil der damaligen Zeit sehr subjektiv gehaltene, atmosphärisch dichte Rundfunkübertragung der Feierstunde (DRA 52-13143), weiterhin: *Süddeutsche Zeitung,* 17.11.1952, S.1; *Die Welt,* 17.11.1952, S. 1; *Frankfurter Allgemeine Zeitung,* 17.11.1952, S. 1; *Frankfurter Rundschau,* 17.11.1952, S. 1.

469 Textgrundlage: Bulletin, Nr. 181 (20.11.1952), S. 1597f, hier S. 1597. Die Anrede»Verehrte Anwesende!« ist nur in der Radioübertragung zu hören und findet sich nicht in den schriftlichen Unterlagen.

470 Bulletin, Nr. 115 [richtig: 114!] (19.8.1952), S. 1101.

471 Bulletin, Nr. 181 (20.11.1952), S. 1597.

472 Ebd.

473 Vgl. J. Assmann: Gedächtnis.

474 Bulletin, Nr. 181 (20.11.1952), S. 1597; hier auch die folgenden Zitate.

475 Ebd., S. 1597f

476 Vgl. M. Rensing: Geschichte, S. 43:»Ethos und Pflicht des Soldaten sieht Heuss vorpolitisch, die Position des Soldaten im Krieg scheint ihm in einer Position der Wertneutralität gegenüber dem Politischen aufgehoben zu sein, Krieg scheint Krieg zu sein.« Heuss sieht auch den Soldaten in die nationale Verantwortung mit eingebunden und trennt das Soldatische und das Politische in dieser Rede insofern, als er so dessen individuelles Leid als Mensch würdigen kann. Gleichwohl verschweigt er nicht die tragische Situation der Soldaten und wendet sich gegen jede Heldenverehrung. Durch den Vergleich mit dem Ersten Weltkrieg thematisiert er gerade den spezifischen Charakter des Zweiten Weltkriegs in seiner prekären Konstellation von Politik und Militär. Gleichwohl bleibt diese Auseinandersetzung oft nur angedeutet.

477 SBTH, Bundespräsidialamt, Amtszeit Heuss, B 122/2238 (= BA): Heuss an Journalistenverband, 17.11.1952.

478 Vgl. S. R. Arnold u. a.: Hüllen, S. 18 (Herv. i. Orig.):»*Rituale* sind integrale Bestandteile der Politik und somit konstituierend für den Herrschaftsprozeß. [...] Weil durch Rituale eine spezifische Strukturierung politischer Phänomene vorgenommen werden kann, ist eine hochgradige Komplexitätsreduktion und gruppenübergreifende Identifikation möglich.«

479 Dies kommt auch im Aufruf zum Volkstrauertag zum Ausdruck:»Der Volkstrauertag erinnert uns an die Pflicht, die Gräber in der Heimat und in fremder Erde zu pflegen und zu betreuen.« (zit. n. *Süddeutsche Zeitung,* 17.11.1952, S. 1).

480 Bulletin Nr. 181 (20.11.1952), S. 1598.

481 Vgl. zu anderen Veranstaltungen 1952 *Süddeutsche Zeitung,* 17.11.1952, S. 1.

482 SBTH, Bundespräsidialamt, Amtszeit Heuss, B 122/637 (= BA):»Zum Volkstrauertage«. Anlage zum Schreiben des Volksbundes an Herwarth, 7.3.1950; hier auch die folgenden Zitate.

483 Volksbund Deutsche Kriegsgräberfürsorge (Hg.): Wir gedenken ... Reden zum Volkstrauertag 1951–1995, o. O. u. J. [Kassel 1995], S. 7–15; Redemitschrift in: ACDP, NL Ehlers, I-369-011/3. Hier auch eine Stellungnahme »Zur Frage des Volkstrauertages« vom 15.1.1952, in der Ehlers vor »auch heute unverkennbar vorhandenen Tendenzen zur falschen Glorifizierung der vergangenen Zeit und des Todes von Millionen deutscher Menschen« warnte und sein Anliegen formulierte, »das Gedenken an die Gefallenen in der rechten Weise in die gegenwärtige Situation einzuordnen und es nicht zu einem Mißbrauch dieses Toten-

gedenkens in der im dritten [!] Reich geübten Form kommen zu lassen«.
Bemerkenswert ist auch seine Bemerkung: »Die Feier des Volkstrauertages in
den letztvergangenen Jahren hat einige bezeichnende Beispiele für die Gefähr-
dungen ergeben, die schon wieder entstanden sind und sich offenbar verstär-
ken.«

484 Volksbund: Reden, S. 10.

485 Ebd., S. 12.

486 Ebd., S. 13.

487 Vgl. *Neue Zeitung*, 17.11.1952, S. 1, 3; *Süddeutsche Zeitung*, 17.11.1952, S.1;
Die Welt, 17.11.1952, S. 1; *Frankfurter Allgemeine Zeitung*, 17.11.1952, S. 1;
Frankfurter Rundschau, 17.11.1952, S. 1. Die Wochenzeitungen wie *Die Zeit*
oder *Der Spiegel* gingen auf das Ereignis nicht ein; auch in der *Allgemeinen
Wochenzeitung der Juden in Deutschland* spielte das Ereignis keine Rolle, da in
der entsprechenden Ausgabe über den Tod des ersten israelischen Staatspräsidenten Weizmann und dessen Beisetzung berichtet wurde.

488 *Süddeutsche Zeitung*, 17.11.1952, S.1.

489 Ebd.; hier auch die folgenden Zitate.

490 SBTH BA B 122/620: Heuss an Speidel, 22.11.1952.

491 Ebd.: Bott an Béguelin, 21.11.1952.

492 Vgl. SBTH BA B 122/2238: Bundeszentrale an Bott, 2.2.2953.

493 SBTH BA B 122/620: Heuss an Franken, 10.2.1952; Franken an Heuss,
21.1.1952. Vgl. a. ebd.: Bott an Boerner (HICOG), 21.11.1952, der auch der
Hohen Kommission die Rede zusandte.

494 SBTH, Bundespräsidialamt, Amtszeit Heuss, B 122/ 2238 (= BA): Heuss an Journalistenverband, 17.11.1952; hier auch die folgenden Zitate. Vgl. DRA 52-
13143: Auf der Tonaufnahme sind die Geräusche der Filmapparate, die Heuss
störten, zu hören, bevor er nach dem Satz »[Und] Wir Älteren kennen solches
Denken [ja] schon seit 1914« seine Rede mit den Worte unterbrach: »Das muß
jetzt aufhören. Ich rede nicht mehr weiter.«

495 Volksbund: Reden, S. 42–47, hier S. 43; hier auch die folgenden Zitate.

496 Ebd., S. 44.

497 Ebd., S. 463; hier auch das folgende Zitat.

498 Ebd., S. 47.

499 Vgl. G. W. Heinemann: Reden, Bd. 1, S. 55–57.

500 Vgl. Bulletin Nr. 116 (15.11.1977), S. 1053–1056.

501 Vgl. ebd., S. 1054, 1055f.

502 Vgl. z. B. R. Herzog: Reden, Bd. III/2, S.793f.

503 Hans Manfred Bock (Hg.): Les rapports mensuels d'André François-Poncet,
Haut-Commissaire français en Allemagne 1949–1955. Les débuts de la République Fédérale d'Allemagne, 2 Bde., Paris 1996, Bd. 2, S. 1212; hier
S. 1212f auch die folgenden Zitate. Vgl. a. Edgar Wolfrum: Frankreich und der
deutsche Widerstand gegen Hitler 1944–1964. Von der Aberkennung zur Anerkennung, in: Gerd R. Ueberschär (Hg.): Der 20. Juli 1944. Bewertung und
Rezeption des deutschen Widerstands gegen das NS-Regime, Köln 1994,
S. 55–64, hier S. 63: »Erst die Rede des Bundespräsidenten Theodor Heuss zur
zehnjährigen Wiederkehr des 20. Juli 1944 war für die französischen Beobachter eine Offenbarung, allerdings eine längst überfällige. Heuss habe mit scharf-
sinnigen und ehrerbietenden Worten endlich offiziell die moralische Integrität
der Verschwörer herausgestellt und das Verdikt des Hochverrats von ihnen
genommen.«

504 Vgl. TH. HEUSS: Tagebuchbriefe, S. 407: »Die Hamburger Rede, vor den Fähn-
richen, Leutnants und der führenden Generalität ist wohl neben der zum jüdischen ›Mahnmal‹ und zum 20. Juli meine wichtigste ›Kundgebung‹«.

505 In der im BULLETIN, Nr. 21 (31.1.1953), S. 167 veröffentlichten Betrachtung
»Nach zwanzig Jahren« wurde die vollkommene Abkehr der Deutschen vom
Nationalsozialismus betont – (»Die Wandlung ist gründlich und nicht mehr
umkehrbar«) – und der Anspruch auf internationale Anerkennung erhoben –
(»Es ist für die Deutschen eine Frage der nationalen Ehre, daß sie als demokratisches Volk anerkannt und endlich vollauf [!] gewertet werden.«). 10 Jahre später stand in den an gleicher Stelle (BULLETIN, Nr. 19 (30.1.1963), S. 159f) veröffentlichten »Gedanken zur Machtübernahme am 30. Januar 1933« die Frage
»Wie war es möglich?« im Vordergrund.

506 TH. HEUSS / K. ADENAUER: Augen, S. 159. Zum öffentlichen Umgang mit dem
8. Mai vgl. J.-H. KIRSCH: Geschichte; B. WEISBROD: 8. Mai.

507 R. HOLLER: 20. Juli, S. 65.

508 Vgl. LOTHAR KETTENACKER: Die Haltung der Westalliierten gegenüber Hitlerattentat und Widerstand nach dem 20. Juli 1944, in: GERD R. UEBERSCHÄR (Hg.): Der
20. Juli 1944. Bewertung und Rezeption des deutschen Widerstands gegen das
NS-Regime, Köln 1994, S. 19–37.

509 CHRISTIANE TOYKA-SEID: Der Widerstand gegen Hitler und die westdeutsche
Gesellschaft. Anmerkungen zur Rezeptionsgeschichte des »anderen Deutschland« in der frühen Nachkriegszeit, in: PETER STEINBACH / JOHANNES TUCHEL (Hg.):
Widerstand gegen den Nationalsozialismus, Bonn 1994, S. 572–581, hier
S. 574; ähnlich R. HOLLER: 20. Juli, S. 66: »Bei den Widerstandskämpfern gab es
eine zeitlang [!] einen Zusammenhalt, der durch die rasch entstehenden politischen Fronten bald gebrochen wurde.«

510 Vgl. R. HOLLER: 20. Juli, S. 66–68; CH. TOYKA-SEID: Widerstand, S. 574f; zum Hilfs-
werk 20. Juli 1944: DIES.: Gralshüter, Notgemeinschaft oder gesellschaftliche
»Pressure-Group«? Die Stiftung »Hilfswerk 20. Juli 1944« im ersten Nachkriegs-
jahrzehnt, in: GERD R. UEBERSCHÄR (Hg.): Der 20. Juli 1944. Bewertung und
Rezeption des deutschen Widerstands gegen das NS-Regime, Köln 1994,
S. 157–169; J. FOTZIK: Vereinigung.

511 Vgl. hierzu R. HOLLER: 20. Juli, bes. S. 88–121; M. KITTEL: Legende, S. 187–205,
218–227.

512 Vgl. R. HOLLER: 20. Juli, S. 341–352 mit einen Überblick über die einzelnen
Gedenkfeiern und die jeweiligen Redner; DER 20. JULI 1944. Reden zu einem
Tag der deutschen Geschichte, 2 Bde., hg. v. d. GEDENKSTÄTTE DEUTSCHER WIDER-
STAND, Berlin 1984/86.

513 ERNST REUTER: Schriften, Reden, hg. v. HANS E. HIRSCHFELD u. HANS J. REICHHARDT,
4 Bde., Berlin / Frankfurt (M) 1973–75, Bd. 4, S. 246–248, hier S. 246.

514 Ebd., S. 247.

515 ERNST REUTER: Fanal, in: DER 20. JULI. Reden, Bd. 1, S. 39–43, hier S. 40.

516 Ebd., S. 43.

517 Ebd., S. 39.

518 Ebd., S. 40, 41.

519 Ebd., S. 42.

520 E. REUTER: Reden, Bd. 4, S. 795–799, hier S. 797f.

521   E. PIEL: Spuren, S. 148f . Vgl. zum Folgenden E. NOELLE / E. P. NEUMANN: Jahrbuch
      1947–1955, S.138; DIES.: Jahrbuch 1957, S. 144f; DIES. (Hg.): Jahrbuch der
      öffentlichen Meinung 1958–1964, Allensbach / Bonn 1965, S.235.

522   Vgl. RUDOLF WASSERMANN: Zur juristischen Bewertung des 20. Juli 1944. Der
      Braunschweiger Remer-Prozeß als Meilenstein der Nachkriegsgeschichte, in:
      Recht und Politik 20 (1984), S. 68–80, S. 69:»Die Menschen in der Bundes-
      republik ließen sich nur schwer davon überzeugen, daß der Widerstand gegen
      Hitler notwendig und legitim gewesen sei«; PETER STEINBACH: Widerstandsdiskus-
      sionen und Widerstandsforschung im Spannungsfeld politischer Entwicklun-
      gen, in: DERS.: Widerstand im Widerstreit. Der Widerstand gegen den National-
      sozialismus in der Erinnerung der Deutschen. Ausgewählte Studien, Paderborn
      u. a. 1994, S. 103–123, S. 105:»In den fünfziger Jahren ist das Bild des Wider-
      standes umkämpft, umstritten und zutiefst gefährdet«; NORBERT FREI: Erinne-
      rungskampf. Zur Legitimationsproblematik des 20. Juli 1944 im Nachkriegs-
      deutschland, in: Gewerkschaftliche Monatshefte 46 (1995), S. 664–676, bes.
      S. 665–669.

523   Vgl. HERBERT KRAUS (Hg.): Die im Braunschweiger Remerprozeß erstatteten
      moraltheologischen und historischen Gutachten nebst Urteil, Hamburg 1953
      mit den einzelnen Gutachten, die das Widerstandsrecht aus evangelischer und
      katholischer Sicht theologisch würdigen, die die Motive der Widerstandskämp-
      fer und den Ablauf der Ereignisse darstellen sowie die Kriegslage im Sommer
      1944 und die Stellung des Offizierskorps gegenüber dem 20 Juli untersuchen;
      zum Prozeß R. WASSERMANN: Bewertung; R. HOLLER: 20. Juli, S. 121–128;
      P. STEINBACH: Widerstandsdiskussion, S. 105f; N. FREI: Erinnerungskampf, bes.
      S. 671–675 sowie zur Auseinandersetzung mit der SRP insgesamt M. KITTEL:
      Legende, S. 235–240; N. FREI: Vergangenheitspolitik, S. 326–360.

524   R. WASSERMANN: Bewertung, S. 71.

525   Ebd., S. 75.

526   Ebd., S. 76.

527   Vgl. ebd., S. 77:»Angeklagt war das NS-Regime«.

528   Ebd.

529   Vgl. R. HOLLER: 20. Juli, S. 128:»Eine Ehrenrettung mit Dauerwirkung gelang
      jedoch [...] nicht.«

530   ERICH MENDE: Die neue Freiheit. 1945–1961, München / Berlin 1984,
      S. 319–321, hier S. 319.

531   Ebd., S. 320. Vgl. ebd.:»Die Meinungen auch unter Liberalen gingen auseinan-
      der. Hasso von Manteuffel, ehemaliger General der Panzertruppen, hatte
      erklärt, er sei stolz darauf, nicht zum Kreis des 20. Juli zu gehören, sondern sei-
      nen Eid gehalten und bis zuletzt seine Pflicht erfüllt zu haben wie Millionen
      anderer Soldaten.«

532   Ebd., S. 320f; hier auch der Text der Entschließung.

533   J. C. HEß: Widerstand, S. 69. Vgl. ebd., S. 68:»Überblicken wir die uns vorlie-
      genden Informationen als ganzes, so dürfen wir Heuss' Rolle im Widerstand
      gegen Hitler auf keinen Fall überbewerten. Aber er war doch weit mehr als eine
      bloße Randfigur«.

534   Ebd., S. 68.

535   Vgl. BULLETIN, Nr. 94 (19. 7. 1952), S. 927; die mit Sperrfrist (»19. Juli 1952–
      5.00 Uhr«) versehene Pressemitteilung, in der die Redaktionen gebeten wer-
      den, »besonders in diesen Tagen von dieser Möglichkeit weitgehend Gebrauch

zu machen«, in: SBTH, Bundespräsidialamt, Amtszeit Heuss, B 122/2079
(= BA). Bereits 1950 hatte Heuss aus Anlaß des fünften Jahrestages der Hinrich-
tung Julius Lebers einen Brief an Annedore Leber veröffentlicht (*Neue Zeitung*,
5. 1. 1950 (= BPA)).

536 SBTH, Bundespräsidialamt, Amtszeit Heuss, B 122/2079 (= BA): Heuss an Bauer,
28. 2. 1953.

537 BULLETIN, Nr. 94 (19. 7. 1952), S. 927; hier auch die folgenden Zitate.

538 TH. HEUSS / K. ADENAUER: Vaterland, S. 117; vgl. ebd., S. 119 den Antwortbrief
Adenauers.

539 SBTH, Bundespräsidialamt, Amtszeit Heuss, B 122/2079 (= BA): Bauer an
Heuss, 31. 5. 1950; Herwarth an Bauer, 11. 7. 1950.

540 Ebd.: Heuss an Bäuerle, 23. 6. 1952.

541 Ebd.: Sänger an Heuss, 9. 6. 1952. Ähnliche Schreiben kamen z. B. vom Göttin-
ger Geschichtsdidaktiker Erich Weniger und vom Frankfurter Verleger Benno
Reifenberg.

542 Ebd.: Heuss an Sänger, 12. 6. 1952.

543 Vgl. ebd.: Grimme an Bott, 24. 7. 1952; Bott an Bonninghoff, 12. 11. 1952; hier
auch ablehnende Leserbriefe an die Zeitschrift »Nation Europa«.

544 Vgl. hierzu SBTH, Bundespräsidialamt, Amtszeit Heuss, B 122/2079 (= BA);
PETER STEINBACH: Postdiktatorische Geschichtspolitik. Nationalsozialismus im
deutschen Geschichtsbild nach 1945, in: PETRA BOCK / EDGAR WOLFRUM (Hg.):
Umkämpfte Vergangenheit. Geschichtsbilder, Erinnerung und Vergangenheitspolitik im internationalen Vergleich, Göttingen 1999, S. 17–40 mit dem Hinweis auf die »damaligen weithin beachteten Interventionen von Bundespräsident Theodor Heuss« (S. 35).

545 SBTH, Bundespräsidialamt, Amtszeit Heuss, B 122/2238 (= BA): Heuss an Lehr,
15. 7. 1953; vgl. KABINETTSPROTOKOLLE, Bd. 6 (1953), S. 352f, 387f, 403.

546 SBTH, Bundespräsidialamt, Amtszeit Heuss, B 122/2079 (= BA): Bott an
Bäuerle, 12. 5. 1954.

547 Ebd.: Bott an Schwarz, 13. 7. 1954; vgl. ebd.: Klaiber an Schöningh, 17. 5. 1954;
Bott an Wieland, 21. 5. 1954.

548 Vgl. zur Wiederwahl zusammenfassend E. PIKART: Rolle, S. 115–119.

549 TH. HEUSS / K. ADENAUER: Augen, S. 136.

550 Ebd.

551 Vgl. ebd., S. 330f; KABINETTSPROTOKOLLE, Bd. 7 (1954), S. 191f, 251f, 256.

552 Vgl. SBTH, Bundespräsidialamt, Amtszeit Heuss, B 122/622 (= BA): Bott an
Barowsky, 10. 7. 1954: »Der Herr Bundespräsident stöhnt bereits über das Berliner Programm.«

553 Vgl. TH. HEUSS / K. ADENAUER: Augen, S. 330f; BULLETIN, Nr. 132 (20. 7. 1954),
S. 1181f; Heuss kam dann, wie von ihm selbst vorgeschlagen, nach dem Wahlakt, um die Wahl anzunehmen und eine kurze Ansprache zu halten.

554 Vgl. SBTH, Bundespräsidialamt, Amtszeit Heuss, B 122/622 (= BA): Programmentwurf v. 8. 6. 1954.

555 TH. HEUSS / K. ADENAUER: Augen, S. 330.

556 KABINETTSPROTOKOLLE, Bd. 7 (1954), S. 252, Anm. 89.

557 Ebd., S. 260.

558 TH. HEUSS / K. ADENAUER: Augen, S. 136.

559 *Süddeutsche Zeitung*, 20. 7. 1954, S. 1; hier auch die folgenden Zitate.

560 SBTH, Bundespräsidialamt, Amtszeit Heuss, B 122/622 (= BA): Zeitplan, 15. 7. 1954.

561 SBTH, Bundespräsidialamt, Amtszeit Heuss, B 122/2079 (= BA): Bott an Bäuerle, 12. 5. 1954.

562 Ebd.: Heuss an Hahn, 16. 7. 1954; hier auch der sich nach der Rede fortsetzende Briefwechsel.

563 Vgl. J. Herf: Erinnerung, S. 386f

564 SBTH, Bundespräsidialamt, Amtszeit Heuss, B 122/2079 (= BA): Bott an Hammer, 1. 6. 1954.

565 Th. Heuss / K. Adenauer: Augen, S. 138.

566 SBTH BA B 122/2079: Bott an Blanvalet, 12. 7. 1954.

567 Vgl. ebd.: z. B. Schwarz an Heuss, 8. 7. 1954, Deutsche Freiheits-Partei an Heuss, 10. 7. 1954.

568 Ebd.: Heuss an Müller-Brandenburg, 5. 8. 1954. Vgl. a. ebd.: Heuss an Pechel (Deutsche Rundschau), 5. 8. 1954.

569 Textgrundlage: Bulletin, Nr. 132 (20. 7. 1954), S. 1188–1190, hier S. 1188; hier auch die folgenden Zitate (Herv. i. Orig.). Vgl. J. Herf: Erinnerung, S. 385–388.

570 Bulletin, Nr. 132 (20. 7. 1954), S. 1188.

571 Vgl. H. Kraus: Remerprozeß, S. 80: »Wie man die Dinge auch wendet, von welcher Ebene aus, aus welchem Sektor heraus man auch den Krieg betrachten mag; der Krieg war am 20, Juli verloren.« (Herv. i. Orig.)

572 Bulletin, Nr. 132 (20. 7. 1954), S. 1188.

573 Vgl. J. C. Heß: Widerstand, S. 67f.

574 Bulletin, Nr. 132 (20. 7. 1954), S. 1188.

575 Ebd.; hier auch die folgenden Zitate (Herv. i. Orig.).

576 Ebd.

577 H. Kraus: Remerprozeß, S. 96.

578 Bulletin, Nr. 132 (20. 7. 1954), S. 1188; hier auch die folgenden Zitate (Herv. i. Orig.).

579 J. C. Heß: Heuss vor 1933, S. 43 u. pass.

580 Bulletin, Nr. 132 (20. 7. 1954), S. 1188; hier auch die folgenden Zitate.

581 Ebd., S. 1189 (Herv. i. Orig.).

582 Hans Speidel: Aus unserer Zeit. Erinnerungen, Berlin 1977, S. 343.

583 Vgl. z. B. Klemens v Klemperer: Sie gingen ihren Weg ... – Ein Beitrag zur Frage des Entschlusses und der Motivation zum Widerstand, in: Jürgen Schmädeke / Peter Steinbach (Hg.): Der Widerstand gegen den Nationalsozialismus. Die deutsche Gesellschaft und der Widerstand gegen Hitler, München ²1986, S. 1097–1106, hier S. 1102: »Sicherlich war der Treueid, den die Wehrmacht nach Hindenburgs Tod entgegen allen Verfassungsbestimmungen auf die Person des Führers schwören mußte, ein entscheidendes Hindernis für viele Offiziere, sich der Verschwörung anzuschließen.«

584 Bulletin, Nr. 132 (20. 7. 1954), S. 1189.

585 Vgl. H. Kraus: Remerprozeß, S. 17: Die protestantischen Theologen Iwand und Wolf beschrieben die Konfliktsituation so: »Es könnte dann offenbar sein, daß wir nur noch wählen können: entweder im Ungehorsam gegen Gott den Gehorsam gegen diese Regierung oder im Gehorsam gegen Gott den Ungehorsam gegen diese Regierung. Müßte dann nicht Gott mehr gehorcht werden als den Menschen?« In diesem Fall sahen sie »für die Träger öffentlicher Gewalten die Pflicht, den Staat in seinem eigentlichen, von Gott gemeinten Sinn zu be-

wahren und damit das Volk bzw. die durch die Perversion eines solchen Staates gefährdeten Völker« und die Schuld der Verschwörer allenfalls darin, »daß sie zu spät eingegriffen haben«; ebd., S. 33: »der typisch religiöse Eid ist ein ›Gott gemachtes Versprechen‹«.

586 Bulletin, Nr. 132 (20. 7. 1954), S. 1189; hier auch die folgenden Zitate (Herv. i. Orig.).

587 Vgl. H. Kraus: Remerprozeß, S. 96 mit dem Hinweis, daß man einen Eid kündigen könne, »wenn man nämlich erkennt, daß zwischen Recht und Gesetz eine unüberbrückbarer Abgrund besteht«.

588 Bulletin, Nr. 132 (20. 7. 1954), S. 1189.

589 Vgl. H. Kraus: Remerprozeß, S. 96f mit einem ähnlichen Beispiel des Generals York aus dem Jahr 1812.

590 Bulletin, Nr. 132 (20. 7. 1954), S. 1189; hier auch die folgenden Zitate.

591 Ebd.

592 Vgl. H. Kraus: Remerprozeß, S. 95: »Wir müssen uns klar darüber sein, daß Hitler in der deutschen Geschichte eine *einmalige* Erscheinung ist und hoffentlich bleiben wird und daß er *kein Vorbild* hat« (Herv. i. Orig.). Nur in dieser Ausnahmesituation sei Widerstand legitim: »Der Eidbruch ist in jedem Fall Ausnahme und nicht Norm« (S. 98); M. Rensing: Geschichte, S. 56f.

593 Vgl. II. 2. b).

594 Vgl. M. Rensing: Geschichte, S. 59: Heuss gelinge es, »den NS-Staat abzulehnen und den Staat der Gegenwart unter positiven Vorzeichen zu skizzieren«.

595 Vgl. H. Kraus: Remerprozeß, S. 96; hier wird das Hitler-Zitat als Rechtfertigung für das Handeln der Verschwörer angeführt.

596 Bulletin, Nr. 132 (20. 7. 1954), S. 1189f.

597 Ebd., S. 1190.

598 Ebd.; hier auch die folgenden Zitate (Herv. i. Orig.).

599 Ebd.

600 Vgl. M. Rensing: Geschichte, S. 29: Er sieht bei Heuss einen »herausragende[n] Hang zur Personalisierung der Geschichte«.

601 Im Redekonzept ist »kläglichem Versagen« handschriftlich unterstrichen.

602 Bulletin, Nr. 132 (20. 7. 1954), S. 1190; hier auch die folgenden Zitate.

603 Ebd.

604 Vgl. Eberhard Zeller: Geist der Freiheit. Der zwanzigste Juli, München 1952.

605 *Süddeutsche Zeitung*, 20. 7. 1954, S. 1f, S. 3.

606 Vgl. *Neue Zeitung*, 20. 7. 1954, S. 1, 4.

607 Vgl. z. B. *Frankfurter Allgemeine Zeitung*, 20. 7. 1954, S. 1, *Frankfurter Rundschau*, 20. 7. 1954, S. 1.

608 Vgl. *Süddeutsche Zeitung*, 20. 7. 1954, S. 1.

609 *Neue Zeitung*, 20. 7. 1954, S. 5; hier auch das folgende Zitat.

610 Vgl. *Frankfurter Allgemeine Zeitung*, 20. 7. 1954, S. 1; hier die folgenden Zitate.

611 Ebd.

612 *Süddeutsche Zeitung*, 20. 7. 1954, S. 1.

613 Vgl. *Der Spiegel*, 21. 7. 1954, S. 5.

614 SBTH, Bundespräsidialamt, Amtzeit Heuss, B 122/2079 (= BA): Heuss an Pechel (Deutsche Rundschau), 5. 8. 1954.

615 Diese Broschüren sind erhalten in: SBTH, Bundespräsidialamt, Amtzeit Heuss, B 122/236 R 287 II (= BA).

616 Vgl. SBTH, Bundespräsidialamt, Amtzeit Heuss, B 122/2079 (= BA): Bott an Bleek, 10. 10. 1954; Bleek an Bott, 2. 11. 1954. Die Zusammenstellung der bis dahin erfolgten offiziellen Veröffentlichungen der Heuss-Rede ergibt eine Gesamtauflage von 740.000 Exemplaren.

617 Vgl. Verhandlungen des Bundestags, Bd. 31, Drucksache 850; Bd. 21, S. 2554: Beschluß des Bundestages in der 51. Sitzung am 21. 10. 1954.

618 SBTH, Bundespräsidialamt, Amtzeit Heuss, B 122/2079 (= BA): Bundesinnenministerium an Wunderlich-Verlag, 16. 1. 1955.

619 Vgl. SBTH, Bundespräsidialamt, Amtzeit Heuss, B 122/2079 (= BA): Heuss an Bärhausen-Niemczyk, 24. 7. 1954: Heuss schreibt von »Hunderten, wenn nicht Tausenden Briefen, die dieser Tage bei mir eingegangen sind«.

620 Vgl. ebd.: Kramer an Heuss, 9. 9. 1954; Heuss an Kramer, 13. 9. 1954.

621 Ebd.: Benedikt an Heuss, 24. 7. 1954 (Herv. i. Orig.).

622 Ebd.: Hahn an Heuss, 27. 7. 1954.

623 Ebd.: Stückrath an Heuss, 20. 7. 1954.

624 Ebd.: Heuss an Treckow, 10. 8. 1954.

625 Ebd.: Heuss an Zimmermann, 26. 7. 1954.

626 Ebd.: Heuss an Treviranus, 23. 7. 1954.

627 Vgl. ebd.: Das Ministerium für gesamtdeutsche Fragen erkundigte sich am 20. 7. bei Bott nach dem Text der Rede, weil »hier von ausländischen Journalisten und ausländischen Besuchern sehr viel nach der Rede des Herrn Bundespräsidenten zum 20. Juli gefragt werde«; Hahn an Heuss, 26. 9. 1954 mit einem zustimmenden Brief von Churchills Schwiegersohn; Falkenhausen an Heuss, 23. 9. 1954; Speidel an Heuss, 22. 7. 1954; Tucher an Bott, 18. 9. 1954, mit Reaktionen aus Großbritannien.

628 Vgl. z. B. ebd.: Bundespräsidialamt an Glain (Hohe Kommission der Frz. Republik), 12. 8. 1954; v. Heyden an Botschafter Conant, 31. 8. 1954.

629 Ebd.: Heuss an Zimmermann, 26. 7. 1954.

630 Ebd.: Hirtenfelder an Heuss, 30. 7. 1954; vgl. Heuss an Hirtenfelder, 3. 8. 1954.

631 Ebd.: Backe an Heuss, 26. 7. 1954; vgl. Heuss an Backe, 2. 8. 1954.

632 Vgl. ebd.: Egan-Krieger an Heuss, 16. 8. 1954, worin dieser dafür gelobt wird, daß er »eine Brücke zwischen den entschlossenen Gegnern Hitlers und denen geschlagenen« habe, die »ihm bis zuletzt gefolgt sind. Denn sie *alle* haben nach bester Überzeugung ihre Pflicht getan« (Herv. i. Orig.); Schwarz an Heuss, 19. 8. 1954, worin der Schreiber fordert, »dass [!] von oben herab darauf hingewirkt wird, dass [!] Diffamierungen einzelner Gruppen unterbleiben«; Seiwald an Heuss, 29. 7. 1954, worin »eine gewisse Rücksichtnahme auf die Gefühle aller Deutschen erwartet« wird.

633 Ebd.: Seiwald an Heuss, 29. 7. 1954; vgl. ebd. z. T. ähnlich argumentierend Backe an Heuss, 26. 7. 1954; Schwarz an Heuss, 19. 8. 1954.

634 Ebd.: Heuss an Luise Gürtner, 30. 7. 1954; vgl. a. Luise Gürtner an Heuss, 27. 7. 1954.

635 Ebd.: Heuss an Hermes, 26. 7. 1954; vgl. ebd. Heuss an Zimmermann, 26. 7. 1954: »Mir kam es vor allem darauf an, das Problem von der ethischen Seite zu zeigen und nicht in die historische Darstellung einzutreten, die in einer knappen Feierstunde gar nicht zu leisten gewesen wäre.«

636 Ebd.: Heuss an Hermes, 26. 7. 1954.

637 Vgl. A. Wöll: 20. Juli, S. 20. Weitere Einschnitte sieht er Ende der 1960er Jahre, als mit Hilfe des 20. Juli die politische Ordnung der Bundesrepublik gegen den

»politischen Änderungsanspruch der Außerparlamentarischen Opposition und gegen die Herausforderung durch den linksextremen Terrorismus der siebziger Jahre« verteidigt und in den 1980er Jahren »zu national(konservativ)er Identitätsfindung genutzt« worden sei. Dabei unterscheidet er eine »staatspolitische«, »deutschlandpolitische«, »gesellschaftspolitische« und »europa- und außenpolitische« Bedeutung des Gedenkens. Vgl. R. HOLLER: 20. Juli, S. 88–121, 153–180; sie verzichtet auf eine eigene Phaseneinteilung, sondern gliedert schematisch in Zehnjahresabschnitte.

638 Vgl. R. HOLLER: 20. Juli, S. 61–88, K.-J. MÜLLER/ H. MOMMSEN: Historiographie, S. 13–15; in umfassendem Zusammenhang P. STEINBACH: Widerstandsdiskussion; I. KERSHAW: NS-Staat, S. 112–147.

639 H. ROTHFELS: Opposition, S. 19, 21.

640 Ebd., S. 33.

641 Ebd., S. 36.

642 Die von A. WÖLL: 20. Juli, S. 33 mit dem Unterton moralischer Empörung vorgetragene Beobachtung, die führenden Politiker hätten die »Gelegenheit genutzt, politisches Kapital aus der Erinnerung an die Geschichte zu schlagen«, verkennt die grundsätzlichen Bedingungen historischer Sinnbildung, die sich an den Bedürfnissen der Gegenwart orientiert und auf die unter geschichtspolitischen Vorzeichen einzuwirken versucht wird.

643 H. LÜBKE: Symbol der Selbstachtung unseres Volkes, in: BULLETIN, Nr. 115 (22. 7. 1964), S. 1093–1095; G. W. HEINEMANN: Reden, Bd. 1, S. 18–26: »Eine Flamme am Brennen halten«; K. CARSTENS: Reden, Bd. 3, S. 43–50: »Vermächtnis und Auftrag für die Zukunft«; R. V. WEIZSÄCKER: Reden, Bd. 1, S. 48–52: »40. Jahrestag des 20. Juli 1944«; R. HERZOG: Reden, Bd. I/1, S. 38–41 »Ansprache im Schloß Bellevue aus Anlaß des 50. Jahrestags des 20. Juli 1944«.

644 BULLETIN, Nr. 115 (22. 7. 1964), S. 1094; hier auch das folgende Zitat.

645 G. W. HEINEMANN: Reden, Bd. 1, S. 18.

646 K. CARSTENS: Reden, Bd. 3, S. 43 (Herv. i. Orig.).

647 Vgl. ebd., S. 44.

648 R. V. WEIZSÄCKER: Reden, Bd. 1, S. 49f.

649 R. HERZOG: Reden, Bd. I/1, S. 40.

650 Vgl. als knappen Überblick K.-J. MÜLLER / H. MOMMSEN: Historiographie; R. HOLLER: 20. Juli, pass.

651 BULLETIN, Nr. 115 (22. 7. 1964), S. 1093.

652 BULLETIN, Nr. 115 (22. 7. 1964), bes. S. 1093, 1095, hier S. 1095.

653 G. W. HEINEMANN: Reden, Bd. 1, S. 25, 24; zur Eidproblematik vgl. ebd., S. 21f.

654 K. CARSTENS: Reden, Bd. 3, S. 49, 48 (Herv. i. Orig.).

655 R. V. WEIZSÄCKER: Reden, Bd. 1, S. 50.

656 Vgl. R. HERZOG: Reden, Bd. I/1, S. 38f.

657 Vgl. ebd., S. 38: »Was mich im Zusammenhang mit dem deutschen Widerstand gegen den Nationalsozialismus bewegt, das habe ich vor vier Jahren in der Bendlerstraße vor den meisten von Ihnen schon einmal ausgeführt. Ich habe daran keine Abstriche zu machen. Es gilt – was mich betrifft – alles noch so, wie ich es damals gesagt habe«; ROMAN HERZOG: Gedenkrede des Präsidenten des Bundesverfassungsgerichts Prof. Dr. Roman Herzog am 20. Juli 1990, Ms., o. O. u. J. [Karlsruhe 1990].

658 R. HERZOG: Gedenkrede, S. 7; vgl. ebd., S. 7–9.

659 Vgl. ULRICH HEINEMANN / MICHAEL KRÜGER-CHARLÉ: Arbeit am Mythos. Der 20. Juli
    1944 in Publizistik und wissenschaftlicher Literatur des Jubiläumsjahres 1994
    (Teil II), in: GG 23 (1997), S. 475–501, hier S. 479: Die Rezeptionsgeschichte
    des 20. Juli sei »bis vor kurzem kaum beachtet und nur sporadisch beschrieben
    worden«; R. HOLLER: 20. Juli; P. STEINBACH: Widerstreit; CH. TOYKA-SEID: Wider-
    stand; A. WÖLL: 20. Juli.

Schluß

1   BULLETIN, Nr. 1 (3. 1. 1956), 1f, hier S. 1.
2   Ebd. Bei der Untersuchung der Neujahrsansprachen von Theodor Heuss kommt
    W. BENZ: Geschichte, S. 27 zu der Einschätzung: »den Nationalsozialimus und
    seine Folgen thematisierte er in seinen Jahresrückblicken kaum«. Diese kurzen
    alljährlichen Ansprachen, von denen Heuss während seiner Amtszeit zehn hielt,
    machen im Korpus seiner über 500 Reden nur einen kleinen Teil aus. Zudem
    unterliegen sie insofern bestimmten Gattungsgesetzen, als der Rückblick auf
    das vergangene und der Vorausblick auf das künftige Jahr die inhaltliche und
    die Situierung »zwischen den Jahren« die atmosphärische Ausrichtung vorher-
    bestimmen. Weiterhin ist Heuss' selbstauferlegte Verpflichtung zur Originalität
    in Rechnung zu stellen, die ihm die Wiederholung gleichartiger Aussagen ver-
    bot. Darin einen »Indikator für Geschichtsbewußtsein und politische Kultur des
    ersten Jahrzehnts der Bundesrepublik zu sehen« (ebd.), ist methodisch äußerst
    fragwürdig.
3   BULLETIN, Nr. 31 (15. 2. 1955), S. 249f, hier S. 249 (Herv. i. Orig.).
4   TH. HEUSS: Tagebuchbriefe, S. 153, 154.
5   Ebd., S. 59.
6   Ebd., S. 206.
7   Ebd., S. 206f.
8   Vgl. ebd., S. 83, 235 u. pass. die Hinweise auf die gegenseitige Wertschätzung
    von McCloy und Heuss sowie S. 195, 472 u. pass. die Hinweise auf das gute
    Einvernehmen von François-Poncet und Heuss. Bemerkenswert ist auch die
    Notiz über den ehemaligen französischen Staatspräsidenten Vincent Auriol: »Er
    galt als deutsch-feindlich, hatte aber, vielleicht durch François-Poncet, offen-
    kundig angenehme Vorurteile für mich« (ebd., S. 274) sowie HANS MANFRED
    BOCK: Zur Perzeption der frühen Bundesrepublik Deutschland in der französi-
    schen Diplomatie. Die Bonner Monatsberichte des Hochkommissars André
    François-Poncet, in: Francia 15 (1987), S. 579–658, hier S. 650.
9   TH. HEUSS: Tagebuchbriefe, S. 177.
10 Ebd., S. 283f; vgl. a. die Dokumentation der Italien-Reise in: BULLETIN, Nr. 236
    (20. 12. 1957), S. 2177–2180, wo S. 2179 die Reverenz vor den erschossenen
    Geiseln gewürdigt wird: »Diese hochgemute Geste, die dem freien persönli-
    chen Entschluß des Bundespräsidenten entsprang, hat eine Spur ausgelöscht,
    die das Ansehen des deutschen Volkes und seine Achtung immer noch schwer
    belastete. Sie war eine befreiende Tat, deren lösender Sinn im ganzen italieni-
    schen Volke verstanden wurde.«
11 BULLETIN, Nr. 101 (7. 6. 1958), S. 1021–1023, hier S. 1021.
12 Vgl. THEODOR HEUSS U. A.: Deutschland und England. Dokumente zu einem
    Staatsbesuch im Oktober 1958, Tübingen o. J.; DERS.: Tagebuchbriefe,
    S. 354–358.
13 TH. HEUSS: Staat und Volk, S. 9.

14   Ebd., S. 30.
15   Vgl. ebd., S. 71–90, bes. S. 71f.
16   Bulletin, Nr. 170 (16.9.1959), S. 1708f, hier S. 1708.
17   Bulletin, Nr. 169 (15.9.1959), S. 1693f, 1696, hier S. 1693.
18   Th. Heuss: Tagebuchbriefe, S. 206f.
19   Vgl. R. Herzog: Reden, Bd. II/2, S. 385.

Quellen und Literatur

1. Abkürzungen

AöR	Archiv für öffentliches Recht
APUZ	Aus Politik und Zeitgeschichte
BIOS	BIOS. Zeitschrift für Biographieforschung und Oral History
Bulletin	Bulletin des Presse- und Informationsamtes der Bundesregierung
CEH	Central European History
DA	Deutschland-Archiv
Francia	Francia. Forschungen zur westeuropäischen Geschichte
GG	Geschichte und Gesellschaft
GWU	Geschichte in Wissenschaft und Unterricht
H&M	History & Memory
HJb	Historisches Jahrbuch
HZ	Historische Zeitschrift
NPL	Neue Politische Literatur
Psyche	Psyche. Zeitschrift für Psychoanalyse und ihre Anwendungen
PVS	Politische Vierteljahresschrift
Rhetorik	Rhetorik. Ein internationales Jahrbuch
Rn.	Randnummer
sowi	Sozialwissenschaftliche Informationen
VerwArch	Verwaltungs-Archiv
VZG	Vierteljahrshefte für Zeitgeschichte

2. Ungedruckte Quellen

Stiftung Bundespräsident-Theodor-Heuss-Haus, Stuttgart (SBTH)
    Nachlaß (NL) Theodor Heuss, N 1221 (= Bundesarchiv Koblenz (BA))
    Bundespräsidialamt Amtszeit Prof. Dr. Theodor Heuss, B 122 (= Bundesarchiv
    Koblenz (BA))
    Nachlaß Theodor Heuss, A: Heuss (= Deutsches Literaturarchiv, Marbach (DLA))

Familienarchiv Heuss, Basel

Hauptstaatsarchiv Stuttgart (HStAS)
    Office of Military Government for Württemberg-Baden (OMGUSWB) [Microfiche]:
    NA RG 260: 12/9-2/5, 12/28-1/39, 12/27-3/15, 17/145-3/7, 12/86-2/31, 12/79-
    2/34; 12/86-2/7, 12/89-12/31, 12/88-3/29
    EA 3: Kultusministerium

Stiftung Archiv der Parteien und Massenorganisationen der DDR im Bundesarchiv,
    Berlin (SAPMO)
    Bestand Kulturbund: DY 27/52; DY 27/3481

Stiftung Bundeskanzler-Adenauer-Haus, Rhöndorf (StBKAH)
    Serie 02: Reden von Konrad Adenauer

Archiv für Christlich-Demokratische Politik der Konrad-Adenauer-Stiftung,
St. Augustin (ACDP)
I-369: Nachlaß Hermann Ehlers

Deutsches Rundfunkarchiv, Frankfurt (M) (DRA)

Südwestrundfunk, Hauptabteilung Dokumentation und Archive, Stuttgart

Westdeutscher Rundfunk, Schallarchiv, Köln

Volksbund Deutsche Kriegsgräberfürsorge, Kassel

3. Zeitungen und Zeitschriften

Allgemeine Wochenzeitung der Juden in Deutschland
Archiv des Presse- und Informationsamtes der Bundesregierung, Bonn (BPA)
Bulletin des Presse- und Informationsamtes der Bundesregierung
Der Spiegel
Die Hilfe
Die Neue Zeitung
Die Zeit
Die Welt
Frankfurter Rundschau
Frankfurter Allgemeine Zeitung
Münchner Neueste Nachrichten
Rhein-Neckar-Zeitung
Stuttgarter Zeitung
Süddeutsche Zeitung
Vossische Zeitung

4. Theodor Heuss

Margret Boveri / Walter Prinzing: Theodor Heuss. Die literarische Gestalt. Bibliographie der Schriften und Reden von Theodor Heuss und Elly Heuss-Knapp, Stuttgart 1954

Mechthild Brandes (Bearb.): Bundespräsidialamt. Amtszeit Prof. Dr. Theodor Heuss. Bestand B 122, Koblenz 1990

Ralf Dahrendorf / Martin Vogt (Hg.): Theodor Heuss: Politiker und Publizist. Aufsätze und Reden, Tübingen 1984

Theodor Heuss: Politik. Ein Nachschlagebuch für Theorie und Geschichte, Halberstadt 1927

Theodor Heuss : Hitlers Weg. Eine Schrift aus dem Jahre 1932, neu hg. u. m. e. Einl. vers. v. Eberhard Jäckel, Tübingen 1968

Theodor Heuss / Reinhold Maier: Schicksal und Aufgabe. Reden von Ministerpräsident für Nordwürttemberg und Nordbaden, Dr. Reinhold Maier und Kultminister Dr. Theodor Heuss, Stuttgart o. J. [1945]

Theodor Heuss: Erziehung zur Demokratie, in: Theodor Heuss / Reinhold Maier: Schicksal und Aufgabe. Reden von Ministerpräsident für Nordwürttemberg und Nordbaden, Dr. Reinhold Maier und Kultminister Dr. Theodor Heuss, Stuttgart o. J. [1945], S. 19–21

THEODOR HEUSS: 1848 – Werk und Erbe, Stuttgart 1948 [ND u. d. T.: 1848. Die
    gescheiterte Revolution, Stuttgart 1998]
THEODOR HEUSS: Die deutsche Nationalidee im Wandel der Geschichte, Stuttgart o. J.
THEODOR HEUSS U. A.: Vom Geist der deutschen Wissenschaft, Wiesbaden 1950
THEODOR HEUSS: Kräfte und Grenzen einer Kulturpolitik, Tübingen / Stuttgart 1951
THEODOR HEUSS: Vorspiele des Lebens. Jugenderinnerungen, Tübingen 1953
THEODOR HEUSS: Würdigungen. Reden, Aufsätze und Briefe aus den Jahren
    1949–1955, hg. v. HANS BOTT, Tübingen 1955
THEODOR HEUSS U. A.: Zur Verleihung der Ehrenbürgerwürde an Theodor Heuss, hg. v.
    MAGISTRAT DER STADT DARMSTADT, Darmstadt 1956
THEODOR HEUSS: Reden an die Jugend, hg. v. HANS BOTT, Tübingen 1956
THEODOR HEUSS U. A.: Deutschland und England. Dokumente zu einem Staatsbesuch
    im Oktober 1958, Tübingen o. J.
THEODOR HEUSS U. A.: Vier Ansprachen anläßlich des Friedenspreises des Deutschen
    Buchhandels, Frankfurt (M) 1959
THEODOR HEUSS: Staat und Volk im Werden. Reden in und über Israel, München 1960
THEODOR HEUSS: Bei Gelegenheit.»Außeramtliche, gelöste, nebenstündliche Pro-
    dukte«, Tübingen 1961
THEODOR HEUSS: Erinnerungen 1905–1933, Tübingen 1963
THEODOR HEUSS: An und über Juden. Aus Schriften und Reden (1906–1963), zus.gest.
    u. hg. v. HANS LAMM, Düsseldorf / Wien 1964
THEODOR HEUSS: Die großen Reden. Bd. 1: Der Staatsmann, Bd. 2: Der Humanist, 2
    Bde., Tübingen 1965
THEODOR HEUSS / LULU V. STRAUß UND TORNEY: Ein Briefwechsel, Düsseldorf 1965
THEODOR HEUSS: Aufzeichnungen 1945–1947. Aus dem Nachlaß hg. u. m. e. Einl.
    vers. v. EBERHARD PIKART, Tübingen 1966
THEODOR HEUSS: Die Machtergreifung und das Ermächtigungsgesetz. Zwei nachgelas-
    sene Kapitel der »Erinnerungen 1905–1933«, hg. v. EBERHARD PIKART, Stuttgart /
    Tübingen 1967
THEODOR HEUSS: Tagebuchbriefe 1955/1963. Eine Auswahl aus Briefen an Toni Stol-
    per, hg. u. eingel. v. EBERHARD PIKART, Tübingen / Stuttgart 1970
THEODOR HEUSS: Lieber Dehler! Briefwechsel mit Thomas Dehler, hg. u. komm. v.
    FRIEDRICH HENNING, München / Wien 1983
THEODOR HEUSS / KONRAD ADENAUER: Unserem Vaterland zugute. Der Briefwechsel, hg.
    v. RUDOLF MORSEY u. HANS-PETER SCHWARZ, bearb. v. HANS-PETER MENSING, Berlin 1989
THEODOR HEUSS / KONRAD ADENAUER: Unter vier Augen. Gespräche aus den Gründerjah-
    ren 1949–1959, hg. v. RUDOLF MORSEY u. HANS-PETER SCHWARZ, bearb. v. HANS-PETER
    MENSING, Berlin 1997
THEODOR HEUSS / CARLO SCHMID: Parlamentarische Poesie. Das ABC des Parlamentari-
    schen Rates. Parlamentarische Elegie im Januar, hg. v. d. STIFTUNG BUNDESPRÄSIDENT-
    THEODOR-HEUSS-HAUS, Stuttgart 1999
THEODOR HEUSS und MORITZ JULIUS BONN als Jubilare der Universität München, Berlin
    1956
THEODOR HEUSS. Ein Leitbild des Liberalismus. Eine Ausstellung der Karl-Hermann-
    Flach-Stiftung, Wiesbaden o. J.
THEODOR HEUSS, hg. v. d. LANDESZENTRALE FÜR POLITISCHE BILDUNG BADEN-WÜRTTEMBERG,
    Stuttgart o. J. [1993]
MICHAEL KIENZLE / DIRK MENDE (Hg.): Theodor Heuss. Politik durch Kultur 1949–1959.
    Ausstellung des Arbeitskreises selbständiger Kulturinstitute, Stuttgart 1984

Frauke Laufhütte / Jürgen Real (Bearb.): Nachlaß Theodor Heuss. Bestand N 1221, Koblenz 1994

Wolfgang Mertz / Friedrich Kaufmann (Hg.): Bilder meines Lebens. Nach den »Erinnerungen 1905–1933«, Tübingen 1964

Eberhard Pikart (Hg.): Theodor Heuss. Der Mann, das Werk, die Zeit. Eine Ausstellung, Stuttgart 1967

Hans-Heinrich Welchert (Hg.): Theodor-Heuss-Lesebuch, Tübingen 1975

5. Gedruckte Quellen und Literatur

Eduard Ackermann: Mit feinem Gehör. Vierzig Jahre in der Bonner Politik, Bergisch-Gladbach 1994

Konrad Adenauer: Erinnerungen 1945–1953, 1953–1955, 1955–1959, 1959–1963, Fragmente, 5 Bde., Stuttgart 1965–68

Konrad Adenauer: Bundestagsreden, hg. v. Josef Selbach, Bonn 1967

Konrad Adenauer: Reden 1917–1967. Eine Auswahl, hg. v. Hans-Peter Schwarz, Stuttgart 1975

Konrad Adenauer: Briefe 1945–1947, 1947–1949, 1949–1951, 1952–1953, 4 Bde., hg. v. Rudolf Morsey u. Hans-Peter Schwarz, bearb. v. Hans-Peter Mensing, Berlin 1983–1987

Konrad Adenauer: Teegespräche 1950–1954, 1955–1958, 1959–1961, 1961–1963, 4 Bde., hg. v. Rudolf Morsey u. Hans-Peter Schwarz, bearb. v. Hans-Jürgen Küsters (Bd. 1–3) u. Hans-Peter Mensing (Bd. 4), Berlin 1984–1992

Konrad Adenauer: Briefe über Deutschland 1945–1951, eingel. u. ausgew. v. Hans-Peter Mensing, Berlin 1986

Konrad Adenauer: »Die Demokratie ist für uns eine Weltanschauung«. Reden und Gespräche 1946–1962, hg. v. Felix Becker, Köln u. a. 1998

Theodor W. Adorno: Was bedeutet: Aufarbeitung der Vergangenheit?, in: Ders.: Eingriffe. Neun kritische Modelle, Frankfurt (M) [7]1971, S. 125–146

Theodor W. Adorno: Erziehung nach Auschwitz, in: Ders.: Stichworte. Kritische Modelle 2, Frankfurt (M) 1969, S. 85–101

Lothar Albertin (Hg.): Politischer Liberalismus in der Bundesrepublik, Göttingen 1980

Lothar Albertin: Die Auflösung der bürgerlichen Mitte und die Krise des parlamentarischen Systems von Weimar, in: Eberhard Kolb / Walter Mühlhausen (Hg.): Demokratie in der Krise. Parteien im Verfassungssystem der Weimarer Republik, München 1997, S. 59–112

Clemens Albrecht u. a.: Die intellektuelle Gründung der Bundesrepublik. Eine Wirkungsgeschichte der Frankfurter Schule, Frankfurt (M) / New York 1999

Willy Albrecht: Einleitung, in: Kurt Schumacher: Reden, Schriften, Korrespondenzen 1945–1952, hg. v. Willy Albrecht, Berlin / Bonn 1985, S. 31–201

Götz Aly: Wider das Bewältigungs-Kleinklein, in: Hanno Loewy (Hg.): Holocaust. Die Grenzen des Verstehens. Eine Debatte über die Besetzung der Geschichte, Reinbek 1992, S. 42–51

Götz Aly: Macht, Geist, Wahn: Kontinuitäten deutschen Denkens, Berlin 1997

Uwe Andersen / Wichard Woyke (Hg.): Handwörterbuch des politischen Systems der Bundesrepublik Deutschland, Bonn [3]1997

Hannah Arendt: Die verborgene Tradition. Acht Essays, Frankfurt (M) 1976

HANNAH ARENDT: Zur Zeit. Politische Essays, hg. v. Marie Luise Knott, Berlin 1986

HANNAH ARENDT / KARL JASPERS: Briefwechsel 1926–1969, hg. v. LOTTE KÖHLER und HANS SANER, München / Zürich ²1987

HANNAH ARENDT: Besuch in Deutschland, Berlin 1993

KARL OTMAR FREIHERR V. ARETIN / JACQUES BARIÉTY / HORST MÖLLER (Hg.): Das deutsche Problem in der neueren Geschichte, München 1997

GABRIELE V. ARNIM: Das große Schweigen. Von der Schwierigkeit mit dem Schatten der Vergangenheit zu leben, München 1989

SABINE R. ARNOLD / CHRISTIAN FUHRMEISTER / DIETMAR SCHILLER: Hüllen und Masken der Politik. Ein Aufriß, in: DIES. (HG.): Politische Inszenierung im 20. Jahrhundert. Zur Sinnlichkeit der Macht, Wien u. a. 1998, S. 7–24

ALEIDA ASSMANN: Zur Metaphorik der Erinnerung, in: ALEIDA ASSMANN / DIETRICH HARTH (Hg.): Mnemosyne. Formen und Funktionen der kulturellen Erinnerung, Frankfurt (M) 1991, S. 13–35

ALEIDA ASSMANN: Funktionsgedächtnis und Speichergedächtnis – Zwei Modi der Erinnerung, in: KRISTIN PLATT / MIHRAN DABAG (Hg.): Generation und Gedächtnis. Erinnerungen und kollektive Identitäten, Opladen 1995, S. 169–185

ALEIDA ASSMANN: Gedächtnis, Erinnerung, in: KLAUS BERGMANN U. A. (Hg.): Handbuch der Geschichtsdidaktik, Seelze-Velber ⁵1997, S. 33–38

ALEIDA ASSMANN / UTE FREVERT: Geschichtsvergessenheit – Geschichtsversessenheit. Vom Umgang mit deutschen Vergangenheiten nach 1945, Stuttgart 1999

ALEIDA ASSMANN: Erinnerungsräume. Formen und Wandlungen des kulturellen Gedächtnisses, München 1999

ALEIDA ASSMANN / DIETRICH HARTH (Hg.): Kultur als Lebenswelt und Monument, Frankfurt (M) 1991

ALEIDA ASSMANN / DIETRICH HARTH (Hg.): Mnemosyne. Formen und Funktionen der kulturellen Erinnerung, Frankfurt (M) 1991

JAN ASSMANN: Kollektives Gedächtnis und kulturelle Identität, in: JAN ASSMANN / TONIO HÖLSCHER (Hg.): Kultur und Gedächtnis, Frankfurt (M) 1988, S. 9–19

JAN ASSMANN: Das kulturelle Gedächtnis. Schrift, Erinnerung und politische Identität in frühen Hochkulturen, München 1992

JAN ASSMANN: Erinnern, um dazuzugehören. Kulturelles Gedächtnis, Zugehörigkeitsstruktur und normative Vergangenheit, in: KRISTIN PLATT / MIHRAN DABAG (Hg.): Generation und Gedächtnis. Erinnerungen und kollektive Identitäten, Opladen 1995, S. 51–75

JAN ASSMANN / TONIO HÖLSCHER (Hg.): Kultur und Gedächtnis, Frankfurt (M) 1988

AUSCHWITZ. Geschichte, Rezeption und Wirkung, hg. v. FRITZ-BAUER-INSTITUT, Frankfurt (M) / New York ²1997

WOLFGANG BACH: Geschichte als politisches Argument. Eine Untersuchung an ausgewählten Debatten des Deutschen Bundestags, Stuttgart 1977

JOHN H. BACKER: Die deutschen Jahre des General Clay. Der Weg zur Bundesrepublik 1945–1949, München 1983

UWE BACKES / ECKARD JESSE / RAINER ZITELMANN (Hg.): Die Schatten der Vergangenheit. Impulse zur Historisierung des Nationalsozialismus, Frankfurt (M) / Berlin 1990

ARNULF BARING: Außenpolitik in Adenauers Kanzlerdemokratie. Bonns Beitrag zur Europäischen Verteidigungsgemeinschaft, München / Wien 1969

ARNULF BARING: Machtwechsel. Die Ära Brandt-Scheel, Stuttgart 1982

SIGNE BARSCHDORFF: 8. Mai 1945: »Befreiung« oder »Niederlage«? Die öffentliche Diskussion und die Schulgeschichtsbücher 1949 bis 1995, Münster 1999

HENNER BARTHEL (Hg.): Politische Reden in der DDR. Eine kritischen Dokumentation, St. Ingbert 1998

ULF BAUER / WALTER KEIM / DANIEL FRIEDRICH STURM (Hg.): Zu Lande, zu Wasser und in der Luft. Die Bundespräsidenten 1949 bis 1999 in der Karikatur, München 1999

WOLF-RÜDIGER BAUMANN / GUSTAV FOCHLER-HAUKE: Biographien zur Zeitgeschichte seit 1945, Frankfurt (M) 1983

ULRICH BAUMGÄRTNER: Reden nach Hitler. Präsidiale Rhetorik angesichts der nationalsozialistischen Vergangenheit, in: EBERHARD JÄCKEL / HORST MÖLLER / HERMANN RUDOLPH (Hg.): Von Heuss bis Herzog. Die Bundespräsidenten im politischen System der Bundesrepublik, Stuttgart 1999, S. 151–167 (Kommentar von EBERHARD JÄCKEL, S. 168–172; Diskussion, S. 173–175)

HERMANN BAUSINGER: Anmerkungen zum Verhältnis von öffentlicher und privater Festkultur, in: DIETER DÜDING U. A. (Hg.): Öffentliche Festkultur. Politische Feste in Deutschland von der Aufklärung bis zum Ersten Weltkrieg, Reinbek 1988, S. 390–404

ERNST WOLFGANG BECKER: Ermächtigung zum politischen Irrtum. Vergangenheitspolitik und Vergangenheitsdiskurs im 1. württembergisch-badischen Untersuchungsausschuß zum »Ermächtigungsgesetz«, Stuttgart 2001

JÜRGEN BELGRAD U. A.: Von unschuldigen Deutschen und ihren Opfern. Über die Wirkungsformen einer »großen Rede«: Richard von Weizsäcker und der 8. Mai 1985, in: GUNZELIN SCHMID NOERR (Hg.): Metamorphosen der Aufklärung. Vernunftkritik heute, Tübingen 1988, S. 174–188

WOLFGANG BENZ: Die Abwehr der Vergangenheit. Ein Problem nur für Historiker und Moralisten?, in: DAN DINER (Hg.): Ist der Nationalsozialismus Geschichte? Zu Historisierung und Historikerstreit, Frankfurt (M) 1987, S. 17–33

WOLFGANG BENZ: Nachkriegsgesellschaft und Nationalsozialismus. Erinnerung, Amnesie, Abwehr, in: Dachauer Hefte 6 (1990), S. 12–24

WOLFGANG BENZ: Trauern oder Feiern. Der schwierige 9. November, in: Journal für Geschichte 1990/5, S. 38–45

WOLFGANG BENZ: Potsdam 1945. Besatzungsherrschaft und Neuaufbau im Vier-Zonen-Deutschland, München [3]1994

WOLFGANG BENZ: Die »Auschwitz-Lüge«, in: ROLF STEININGER (Hg.): Der Umgang mit dem Holocaust. Europa – USA – Israel, Wien u. a. 1994, S. 103–115

WOLFGANG BENZ: Der Umgang mit Gedenktagen und Gedenkstätten in der Bundesrepublik Deutschland, in: WERNER BERGMANN /RAINER ERB / ALBERT LICHTBLAU (Hg.): Schwieriges Erbe. Der Umgang mit Nationalsozialismus und Antisemitismus in Österreich, der DDR und der Bundesrepublik Deutschland, Frankfurt (M) / New York 1995, S. 302–320

WOLFGANG BENZ: Zum Umgang mit der nationalsozialistischen Vergangenheit in der Bundesrepublik, in: JÜRGEN DANYEL (Hg.): Die geteilte Vergangenheit. Zum Umgang mit Nationalsozialismus und Widerstand in beiden deutschen Staaten, Berlin 1995, S. 47–60

WOLFGANG BENZ: Die Gründung der Bundesrepublik. Von der Bizone zum souveränen Staat, München [5]1999

WOLFGANG BENZ: Geschichte als prägendes Element, in: Normen. Stile. Institutionen. Zur Geschichte der Bundesrepublik, hg. v. d. BAYERISCHEN LANDESZENTRALE FÜR POLITISCHE BILDUNGSARBEIT, München 2000, S. 23–34

NICOLAS BERG / JESS JOCHIMSEN / BERND STIEGLER (Hg.): Shoah. Formen der Erinnerung. Geschichte, Philosophie, Literatur, Kunst, München 1996

NICOLAS BERG: Auschwitz und die Geschichtswissenschaft. Überlegungen zu Kontroversen der letzten Jahre, in: NICOLAS BERG / JESS JOCHIMSEN / BERND STIEGLER (Hg.): Shoah. Formen der Erinnerung. Geschichte, Philosophie, Literatur, Kunst, München 1996, S. 31–52

HARTMUT BERGHOFF: Zwischen Verdrängung und Aufarbeitung. Die bundesdeutsche Gesellschaft und ihre nationalsozialistische Vergangenheit in den Fünfziger Jahren, in: GWU 49 (1998), S. 96–114

KLAUS BERGMANN: Gedenktage, Gedenkjahre und historische Vernunft, in: Geschichte lernen 1996/49, S. 11–18

KLAUS BERGMANN U. A. (Hg.): Handbuch der Geschichtsdidaktik, Seelze-Velber ⁵1997

KLAUS BERGMANN: Gedenktage, Gedenkjahre, in: DERS. U. A. (Hg.): Handbuch der Geschichtsdidaktik, Seelze-Velber ⁵1997, S. 758–767

KLAUS BERGMANN: Kalender-Geschichten, in: UDO ARNOLD / PETER MEYERS / UTA C. SCHMIDT (Hg.): Stationen eines Hochschullebens. Festschrift für Annette Kuhn zum 65. Geburtstag am 22. Mai 1999, Dortmund 1999, S. 131–147

WERNER BERGMANN: Politische Psychologie des Antisemitismus. Ein kritischer Literaturbericht, in: HELMUT KÖNIG (Hg.): Politische Psychologie heute, Opladen 1988, S. 217–234

WERNER BERGMANN: Sind die Deutschen antisemitisch? Meinungsumfragen von 1946–1987 in der Bundesrepublik Deutschland, in: WERNER BERGMANN / RAINER ERB (Hg.): Antisemitismus in der politischen Kultur nach 1945, Opladen 1990, S. 108–130

WERNER BERGMANN: Die Reaktion auf den Holocaust in Westdeutschland 1945 bis 1989, in: GWU 43 (1992), S. 327–350

WERNER BERGMANN: Antisemitismus in öffentlichen Konflikten. Kollektives Lernen in der politischen Kultur der Bundesrepublik 1949–1989, Frankfurt (M) / New York 1997

WERNER BERGMANN: Kommunikationslatenz und Vergangenheitsbewältigung, in: HELMUT KÖNIG / ANDREAS WÖLL (Hg.): Vergangenheitsbewältigung am Ende des zwanzigsten Jahrhunderts, Opladen 1998 [= Leviathan, Sonderheft 18], S. 393–408

WERNER BERGMANN / RAINER ERB (Hg.): Antisemitismus in der politischen Kultur nach 1945, Opladen 1990

WERNER BERGMANN / RAINER ERB: Neue Perspektiven der Antisemitismusforschung, in: DIES. (Hg.): Antisemitismus in der politischen Kultur nach 1945, Opladen 1990, S. 11–19

WERNER BERGMANN / RAINER ERB (Hg.): Antisemitismus in der Bundesrepublik Deutschland. Ergebnisse der empirischen Forschung von 1946–1989, Opladen 1991

WERNER BERGMANN / RAINER ERB / ALBERT LICHTBLAU (Hg.): Schwieriges Erbe. Der Umgang mit Nationalsozialismus und Antisemitismus in Österreich, der DDR und der Bundesrepublik Deutschland, Frankfurt (M) / New York 1995

WERNER BERGMANN / RAINER ERB / ALBERT LICHTBLAU: Einleitung. Die Aufarbeitung der NS-Vergangenheit im Vergleich: Österreich, die DDR und die Bundesrepublik Deutschland , in: DIES. (Hg.): Schwieriges Erbe. Der Umgang mit Nationalsozialismus und Antisemitismus in Österreich, der DDR und der Bundesrepublik Deutschland, Frankfurt (M) / New York 1995, S. 11–17

DIRK BERG-SCHLOSSER / JAKOB SCHISSLER (Hg.): Politische Kultur in Deutschland. Bilanz und Perspektiven der Forschung, Opladen 1987 [= PVS, Sonderheft 18]

WOLFGANG BERGSDORF: Herrschaft und Sprache, Pfullingen 1983

WALTER L. BERNECKER / VOLKER DOTTERWEICH (Hg.): Persönlichkeit und Politik in der Bundesrepublik Deutschland. Politische Porträts, 2 Bde., Göttingen 1982

GERHARD BESIER / GERHARD SAUTER: Wie Christen ihre Schuld bekennen. Die Stuttgarter Erklärung 1945, Göttingen 1985

KLAUS V. BEYME: Karl Jaspers – Vom philosophischen Außenseiter zum Praeceptor Germaniae, in: JÜRGEN C. HEß / HARTMUT LEHMANN / VOLKER SELLIN (Hg.): Heidelberg 1945, Stuttgart 1996, S. 130–148

ADOLF M. BIRKE: Die Bundesrepublik Deutschland im Schatten der NS-Diktatur, in: KARL OTMAR FREIHERR V. ARETIN / JAQUES BARIÉTY / HORST MÖLLER (Hg.): Das deutsche Problem in der neueren Geschichte, München 1997, S. 91–102

ADOLF M. BIRKE: Nation ohne Haus. Deutschland 1945–1961, Berlin 1989 [TB]

ADOLF M. BIRKE: Schuldverstrickung und Schuldbewältigung. Das historische Erbe des Nationalsozialismus, in: GERD HAEFFNER (Hg.): Schuld und Schuldbewältigung. Keine Zukunft ohne Auseinandersetzung mit der Vergangenheit, Düsseldorf 1993, S. 75–90

ADOLF M. BIRKE: Die Bundesrepublik Deutschland. Verfassung, Parlament und Parteien, München 1997

ADOLF M. BIRKE: Präsidiales Entscheidungshandeln in politischen Krisensituationen, in: EBERHARD JÄCKEL / HORST MÖLLER / HERMANN RUDOLPH (Hg.): Von Heuss bis Herzog. Die Bundespräsidenten im politischen System der Bundesrepublik, Stuttgart 1999, S. 87–99 (Kommentar von WERNER BIRKENHAUER, S. 100–104; Diskussion, S. 105–107)

RUTH BETTINA BIRN / VOLKER RIEß: Das Goldhagen-Phänomen oder 50 Jahre danach, in: GWU 49 (1998), S. 80–95

HERBERT BLANKENHORN: Verständnis und Verständigung, Blätter eines politischen Tagebuchs 1949–1979, Frankfurt (M) u. a. 1980

AGNES BLÄNSDORF: Die Einordnung der NS-Zeit in das Bild der eigenen Geschichte: Österreich, die DDR und die Bundesrepublik Deutschland im Vergleich, in: WERNER BERGMANN / RAINER ERB / ALBERT LICHTBLAU (Hg.): Schwieriges Erbe. Der Umgang mit Nationalsozialismus und Antisemitismus in Österreich, der DDR und der Bundesrepublik Deutschland, Frankfurt (M) / New York 1995, S. 18–48

AGNES BLÄNSDORF: Zur Konfrontation mit der NS-Vergangenheit in der Bundesrepublik Deutschland, der DDR und Österreich. Entnazifizierung und Wiedergutmachungsleistungen, in: APUZ B 16/17 (1987), S. 3–18

DIRK BLASIUS: Von Bismarck zu Hitler. Kontinuität und Kontinuitätsbegehren in der deutschen Geschichte, in: APUZ B 51/98 (11. 12. 1998), S. 3–10

HANS MANFRED BOCK: Zur Perzeption der frühen Bundesrepublik Deutschland in der französischen Diplomatie. Die Bonner Monatsberichte des Hochkommissars André François-Poncet, in: Francia 15 (1987), S. 579–658

HANS MANFRED BOCK (Hg.): Les rapports mensuels d'André François-Poncet, HautCommissaire français en Allemagne 1949–1955. Les débuts de la République Fédérale d'Allemagne, 2 Bde., Paris 1996

PETRA BOCK / EDGAR WOLFRUM (Hg.): Umkämpfte Vergangenheit. Geschichtsbilder, Erinnerung und Vergangenheitspolitik im internationalen Vergleich, Göttingen 1999

Y. MICHAL BODEMANN: Gedächtnistheater. Die jüdische Gemeinschaft und ihre deutsche Erfindung, Hamburg 1996

Bodo Börner / Hermann Jahrreiß / Klaus Stern (Hg.): Einigkeit und Recht und Freiheit. Festschrift Karl Carstens zum 70. Geburtstag am 14. 12. 1984, 2 Bde., Köln u. a. 1984

Lothar Bornscheuer: Topik. Zur Struktur der gesellschaftlichen Einbildungskraft, Frankfurt (M) 1976

Hans Bott / Hermann Leins (Hg.): Begegnungen mit Theodor Heuss, Tübingen 1954

Hans Bott: Theodor Heuss in seiner Zeit, Göttingen 1966

Pierre Bourdieu: Die biographische Illusion, in: BIOS 3 (1990), S. 75–93.

Margaret Bourke-White: Deutschland April 1945, München 1979 [zuerst: 1946 u. d. T.: Dear Fatherland, Rest Quietly]

Karl Dietrich Bracher: Die Auflösung der Weimarer Republik. Eine Studie zum Problem des Machtverfalls in der Demokratie, Düsseldorf ⁵1971 [TB 1978]

Karl Dietrich Bracher: Theodor Heuss und die Wiederbegründung der Demokratie in Deutschland, Tübingen 1965

Karl Dietrich Bracher: Zeitgeschichtliche Kontroversen, München ³1980

Willy Brandt: Erinnerungen, Frankfurt (M) ⁴1990

Wilfried v. Bredow: Tückische Geschichte. Kollektive Erinnerung an den Holocaust, Stuttgart u. a. 1996

Michael Brenner: Nach dem Holocaust. Juden in Deutschland 1945–1950, München 1995

Susanne Breuss / Karin Liebhart / Andreas Pribersky: Rituale des nationalen Gedenkens – die Schweiz, Frankreich, Österreich und Deutschland im Vergleich, in: Emil Brix / Hannes Stekl (Hg.): Der Kampf um das Gedächtnis. Öffentliche Gedenktage in Mitteleuropa, Wien u. a. 1997, S. 395–418

Klaus Briegleb: Unmittelbar zur Epoche des NS-Faschismus. Arbeiten zur politischen Philologie 1978–1988, Frankfurt (M) 1989

Cornelia Brink: »Ungläubig stehen oft Leute vor den Bildern von Leichenhaufen abgemagerter Skelette ...«. KZ-Fotografien auf Plakaten – Deutschland 1945, in: Auschwitz. Geschichte, Rezeption und Wirkung, hg. v. Fritz-Bauer-Institut, Frankfurt (M) / New York ²1997, S. 189–222

Cornelia Brink: Ikonen der Vernichtung. Öffentlicher Gebrauch von Fotografien aus nationalsozialistischen Konzentrationslagern nach 1945, Berlin 1998

Emil Brix: Kontinuität und Wandel im öffentlichen Gedenken in den Staaten Mitteleuropas, in: Emil Brix / Hannes Stekl (Hg.): Der Kampf um das Gedächtnis. Öffentliche Gedenktage in Mitteleuropa, Wien u. a. 1997, S. 13–22

Emil Brix / Hannes Stekl (Hg.): Der Kampf um das Gedächtnis. Öffentliche Gedenktage in Mitteleuropa, Wien u. a. 1997

Ulrich Brochhagen: Nach Nürnberg. Vergangenheitsbewältigung und Westintegration in der Ära Adenauer, Hamburg 1994

Martin Broszat u. a.: Studien zur Geschichte der Konzentrationslager, Stuttgart 1970

Martin Broszat: Der Staat Hitlers. Grundlegung und Entwicklung seiner inneren Verfassung, München ⁹1981

Martin Broszat / Saul Friedländer: Um die Historisierung des Nationalsozialismus. Ein Briefwechsel, in: VZG 36 (1988), S. 339–372

Martin Broszat: Nach Hitler. Der schwierige Umgang mit unserer Geschichte, München 1988

Martin Broszat (Hg.): Zäsuren nach 1945. Essays zur Periodisierung der deutschen Nachkriegsgeschichte, München 1990

Micha Brumlik u. a. (Hg.): Jüdisches Leben in Deutschland seit 1945, Frankfurt (M) 1988

MICHA BRUMLIK: Das Öffnen der Schleusen. Bitburg und die Rehabilitation des Nationalismus in der Bundesrepublik, in: GEORG HAFNER / EDMUND JACOBY (Hg.): Die Skandale der Republik, Darmstadt 1991, S. 261–274

MICHA BRUMLIK: Trauerrituale und politische Kultur nach der Shoah in der Bundesrepublik, in: HANNO LOEWY (Hg.): Holocaust. Die Grenzen des Verstehens. Eine Debatte über die Besetzung der Geschichte, Reinbek 1992, S. 191–212

MICHA BRUMLIK: Gedenken in Deutschland, in: KRISTIN PLATT / MIHRAN DABAG (Hg.): Generation und Gedächtnis. Erinnerungen und kollektive Identitäten, Opladen 1995, S. 115–130

HEINRICH BRÜNING: Memoiren 1918–1934, Stuttgart 1970

HANNELORE BUBLITZ U. A. (Hg.): Das Wuchern der Diskurse. Perspektiven der Diskursanalyse Foucaults, Frankfurt (M) / New York 1999

REGINE BÜCHEL: Der deutsche Widerstand im Spiegel von Fachliteratur und Publizistik seit 1945, München 1975

MARLIS BUCHHOLZ / CLAUS FÜLLBERG-STOLBERG / HANS-DIETER SCHMID (Hg.): Nationalsozialismus und Region. Festschrift Herbert Obenaus zum 65. Geburtstag, Bielefeld 1996

VERA BÜCKER: Die Schulddiskussion im deutschen Katholizismus nach 1945, Bochum 1989

HEINZ BUDE: Die Erinnerung der Generationen, in: HELMUT KÖNIG / ANDREAS WÖLL (Hg.): Vergangenheitsbewältigung am Ende des zwanzigsten Jahrhunderts, Opladen 1998 [= Leviathan, Sonderheft 18], S. 69–85

BULLETIN DES PRESSE- UND INFORMATIONSAMTES DER BUNDESREGIERUNG, Bonn 1951ff

BUNDESMINISTERIUM DER VERTEIDIGUNG, FÜHRUNGSSTAB DER STREITKRÄFTE I 3 (Hg.): Demokratische Profile. Theodor Heuss [= Schriftenreihe Innere Führung 1984/3]

ERICA BURGAUER: Jüdisches Leben in Deutschland (BRD und DDR) 1945–1990, Zürich 1992

REINER BURGER: Theodor Heuss als Journalist. Beobachter und Interpret von vier Epochen deutscher Geschichte, Münster u. a. 1999

PETER BURKE: Geschichte als soziales Gedächtnis, in: ALEIDA ASSMANN / DIETRICH HARTH (Hg.): Mnemosyne. Formen und Funktionen der kulturellen Erinnerung, Frankfurt (M) 1991, S. 289–304

IAN BURUMA: Erbschaft der Schuld. Vergangenheitsbewältigung in Deutschland und Japan, München 1994

FRANK M. BUSCHER: The U.S. High Commission and German Nationalism 1949–1952, in: CEH 23 (1990), S. 57–75

DIETRICH BUSSE / FRITZ HERMANNS / WOLFGANG TEUBERT (Hg.): Begriffsgeschichte und Diskursanalyse. Methodenfragen und Forschungsergebnisse der historischen Semantik, Opladen 1994

CHRISTOPH BUTTERWEGGE (Hg.): NS-Vergangenheit, Antisemitismus und Nationalismus in Deutschland. Beiträge zur politischen Kultur der Bundesrepublik und zur politischen Bildung, Baden-Baden 1997

HERMANN BUTZER: Der Bundespräsident und sein Bundespräsidialamt, in: VerwArch 82 (1991), S. 497–525

JOAN CAMPBELL: Der Deutsche Werkbund 1907–1934, München 1989

KARL CARSTENS: Zusammenleben in Freiheit. Reden und Schriften. Der politische Weg des 5. Bundespräsidenten, hg. v. ROLF VOGEL, Heidelberg 1979

KARL CARSTENS: Reden und Interviews, hg. v. PRESSE- UND INFORMATIONSAMT DER BUNDES-
REGIERUNG, 5 Bde., Bonn 1980–84

KARL CARSTENS: Erinnerungen und Erfahrungen, hg. v. KAI V. JENA u. REINHARD
SCHMOECKEL, Boppard 1993

CARL JOACHIM CLAASEN / HEINZ-JOACHIM MÜLLENBROCK (Hg.): Die Macht des Wortes:
Aspekte gegenwärtiger Rhetorikforschung, Marburg 1992

CARL JOACHIM CLAASEN: Die Rhetorik im öffentlichen Leben unserer Zeit, in: CARL
JOACHIM CLAASEN / HEINZ-JOACHIM MÜLLENBROCK (Hg.): Die Macht des Wortes.
Aspekte gegenwärtiger Rhetorikforschung, Marburg 1992, S. 247–268

CHRISTOPH CLASSEN: Bilder der Vergangenheit, Die Zeit des Nationalsozialismus im
Fernsehen der Bundesrepublik Deutschland 1955–1965, Köln u. a. 1999
(= Medien in Geschichte und Gegenwart, Bd. 13)

DETLEV CLAUSSEN: Veränderte Vergangenheit. Über das Verschwinden von Auschwitz,
in: NICOLAS BERG / JESS JOCHIMSEN / BERND STIEGLER (Hg.): Shoah. Formen der Erinnerung. Geschichte, Philosophie, Literatur, Kunst, München 1996, S. 77–92

RALF DAHRENDORF: Eine Vergangenheit – viele Zukünfte. Theodor Heuss und das historische Selbstverständnis der Deutschen, in: THOMAS HERTFELDER (Hg.): Heuss im Profil. Vorträge und Diskussionen zum Eröffnungsfestakt der Stiftung Bundespräsident-Theodor-Heuss-Haus am 29./30. November 1996, Stuttgart 1997, S. 18–23

OTTO DANN: Nation und Nationalismus in Deutschland 1770–1990, München 1993

JÜRGEN DANYEL (Hg.): Die geteilte Vergangenheit. Zum Umgang mit Nationalsozialismus und Widerstand in beiden deutschen Staaten, Berlin 1995

JÜRGEN DANYEL: Die beiden deutschen Staaten und ihre nationalsozialistische Vergangenheit, in: CHRISTOPH KLEßMANN / HANS MISSELWITZ / GÜNTER WICHERT (Hg.): Deutsche Vergangenheiten – eine gemeinsame Herausforderung. Der schwierige
Umgang mit der doppelten Nachkriegsgeschichte, Berlin 1999, S. 128–138

HORST DENZER: Das Gedenken des 20. Juli 1944 in gesamtdeutscher Sicht, in: THEO
STAMMEN / HEINRICH OBERREUTER / PAUL MIKAT (Hg.): Politik – Bildung – Religion. Hans
Maier zum 65. Geburtstag, Paderborn u. a. 1996, S. 275–280

DER 20. JULI 1944. Reden zu einem Tag der deutschen Geschichte, 2 Bde., hg. v. d.
GEDENKSTÄTTE DEUTSCHER WIDERSTAND, Berlin 1984/86

DER BUNDESPRÄSIDENT. Ausstellung des Bundesarchivs für ein Haus der Geschichte der
Bundesrepublik Deutschland, Bonn o. J.

DER SPRACHDIENST 34 (1990), S. 126f [Preisaufgabe: »Vergangenheitsbewältigung«]

DEUTSCHER KOORDINIERUNGSRAT DER GESELLSCHAFTEN FÜR CHRISTLICH-JÜDISCHE ZUSAMMENARBEIT
(Hg.): Zwei Reden, Frankfurt (M) 1955

DIE BUNDESPRÄSIDENTEN. Das Amt, die Staatsoberhäupter, die Bewerber 1994, Hamburg 1994 [= Zeit-Punkte 1994/2]

DIE KABINETTSPROTOKOLLE DER BUNDESREGIERUNG 1949ff, Bd. 1ff, Boppard 1982ff

GÜNTER DIEHL: Zwischen Politik und Presse. Bonner Erinnerungen 1949–1969, Frankfurt (M) 1994

DAN DINER (Hg.): Ist der Nationalsozialismus Geschichte? Zu Historisierung und
Historikerstreit, Frankfurt (M) 1987

DAN DINER: Zwischen Aporie und Apologie. Über Grenzen der Historisierbarkeit des
Nationalsozialismus, in: DERS. (Hg.): Ist der Nationalsozialismus Geschichte? Zu
Historisierung und Historikerstreit, Frankfurt (M) 1987, S. 62–73

Dan Diner: Negative Symbiose. Deutsche und Juden nach Auschwitz, in: Ders. (Hg.): Ist der Nationalsozialismus Geschichte? Zu Historisierung und Historikerstreit, Frankfurt (M) 1987, S. 185–197

Dan Diner: Kreisläufe. Nationalsozialismus und Gedächtnis, Berlin 1995

Dan Diner: Ereignis und Erinnerung. Über Variationen historischen Gedächtnisses, in: Nicolas Berg / Jess Jochimsen / Bernd Stiegler (Hg.): Shoah. Formen der Erinnerung. Geschichte, Philosophie, Literatur, Kunst, München 1996, S. 13–30

Jürgen Dittberner: Schwierigkeiten mit dem Gedenken. Auseinandersetzung mit der nationalsozialistischen Vergangenheit, Wiesbaden 1999

Anselm Doering-Manteuffel: Die Bundesrepublik in der Ära Adenauer. Außenpolitik und innere Entwicklung 1949–1963, Darmstadt 1983

Anselm Doering-Manteuffel: Strukturmerkmale der Kanzlerdemokratie, in: Der Staat 30 (1991), S. 1–18

Anselm Doering-Manteuffel (Hg.): Adenauerzeit. Stand, Perspektiven und methodische Aufgaben der Zeitgeschichtsforschung (1945–1967), Bonn 1993

Anselm Doering-Manteuffel: Deutsche Zeitgeschichte nach 1945, in: VZG 41 (1993), S. 1–29

Anselm Doering-Manteuffel: Die Kultur der 50er Jahre im Spannungsfeld von »Wiederaufbau« und »Modernisierung«, in: Axel Schildt / Arnold Sywottek (Hg.): Modernisierung im Wiederaufbau. Die westdeutsche Gesellschaft der 50er Jahre, Bonn 1993, S. 533–540

Elisabeth Domansky: »Kristallnacht«, the Holocaust and the German Unity: The Meaning of November 9 as an Anniversary in Germany, in: H&M 4 (1992), S. 60–94

Andreas Dörner: Politischer Mythos und symbolische Politik, Reinbek 1996

Hans Jürgen Döscher: Verschworene Gesellschaft. Das Auswärtige Amt unter Adenauer zwischen Neubeginn und Kontinuität, Berlin 1995

Helmut Dubiel: »Niemand ist frei von der Geschichte«. Die nationalsozialistische Herrschaft in den Debatten des Deutschen Bundestages, München 1999

Peter Dudek: »Vergangenheitsbewältigung«. Zur Problematik eines umstrittenen Begriffs, in: APUZ, B 1–2/92 (3. 1. 1992), S. 44–53

Peter Dudek: »Der Rückblick auf die Vergangenheit wird sich nicht vermeiden lassen«. Zur pädagogischen Verarbeitung des Nationalsozialismus in Deutschland (1945–1990), Opladen 1995

Peter Dudek: Die Thematisierung der NS-Vergangenheit in der Pädagogik der BRD und der DDR. Eine vergleichende Studie auf der Basis einer systematischen Zeitschriftenanalyse, in: Tel Aviver Jahrbuch für deutsche Geschichte 23 (1994), S. 371–400

Dieter Düding / Peter Friedemann / Paul Münch (Hg.): Öffentliche Festkultur. Politische Feste in Deutschland von der Aufklärung bis zum Ersten Weltkrieg, Reinbek 1988

Barbro Eberan: Luther? Friedrich »der Große«? Wagner? Nietzsche? ...? ...? Wer war an Hitler schuld? Die Debatte um die Schuldfrage 1945–1949, München ²1985

Felix v. Eckardt: Ein unordentliches Leben. Lebenserinnerungen, Düsseldorf / Wien 1967

Murray Edelmann: Politik als Ritual. Die symbolische Funktion staatlicher Institutionen und politischen Handelns, Frankfurt (M) / New York 1990 [zuerst: engl. 1964]

Hermann Ehlers: Präsident des Deutschen Bundestages. Ausgewählte Reden, Aufsätze und Briefe 1950–1952, hg. u. eingel. f. d. Hermann-Ehlers-Stiftung v. Karl Dietrich Erdmann, bearb. v. Rüdiger Wenzel, Boppard 1991

MODRIS EKSTEINS: Theodor Heuss und die Weimarer Republik. Ein Beitrag zur Geschichte des deutschen Liberalismus, Stuttgart 1969

THOMAS ELLWEIN: Krisen und Reformen. Die Bundesrepublik seit den sechziger Jahren, München ²1993

DIETER EMIG / CHRISTOPH HÜTTIG / LUTZ RAPHAEL U. A. (Hg.): Sprache und politische Kultur, Berlin 1992

ULRIKE EMRICH / JÜRGEN NÖTZOLD: Der 20. Juli 1944 in den offiziellen Gedenkreden in der Bundesrepublik und in der Darstellung der DDR, in: APUZ B 26/84 (30. 6. 1984), S. 3–12

ERHARD EPPLER: Kavalleriepferde beim Hornsignal. Die Krise der Politik im Spiegel der Sprache, Frankfurt (M) 1992

ERINNERN ODER VERWEIGERN – Das schwierige Thema Nationalsozialismus, hg. v. WOLFGANG BENZ u. BARBARA DISTEL, Dachau 1990 [= Dachauer Hefte 6 (1990)]

MICHAEL ERMATH (Hg.): America and the Shaping of German Society, 1945–1955, Providence / Oxford 1993

THEODOR ESCHENBURG: Zur politischen Praxis in der Bundesrepublik Deutschland, 3 Bde., München 1964/1966/1972

THEODOR ESCHENBURG: Staat und Gesellschaft in Deutschland, München ²1965

THEODOR ESCHENBURG: Jahre der Besatzung 1945–1949, Stuttgart 1983

THEODOR ESCHENBURG: Zum 100. Geburtstag von Theodor Heuss, in: Ansprachen anläßlich des Festaktes in der Festhalle Harmonie am 31. Januar 1984, hg. v. d. STADTVERWALTUNG HEILBRONN, Heilbronn 1984, S. 8–23

KARL-GEORG FABER: Zum Einsatz historischer Aussagen als politisches Argument, in: HZ 221 (1975), S. 265–303

KARL-GEORG FABER: Zur Instrumentalisierung historischen Wissens in der politischen Diskussion, in: REINHARD KOSELLECK (Hg.): Theorie der Geschichte, Bd. 1, München 1977, S. 270–319

PHILIPP W. FABRY: Mutmaßungen über Hitler. Urteile von Zeitgenossen, Düsseldorf 1969

BERND FAULENBACH: Ideologie des deutschen Weges. Die deutsche Geschichte in der Historiographie zwischen Kaiserreich und Nationalsozialismus, München 1980

BERND FAULENBACH: »Deutscher Sonderweg«. Zur Geschichte und Problematik einer zentralen Kategorie des deutschen geschichtlichen Bewußtseins, in: APUZ B 33/81 (15. 8. 1981), S. 3–21

BERND FAULENBACH: NS-Interpretationen und Zeitklima. Zum Wandel in der Aufarbeitung der jüngsten Vergangenheit, in: APUZ B 22/87 (30. 5. 1987), S. 19–30

BERND FAULENBACH: Die doppelte ›Vergangenheitsbewältigung‹. Nationalsozialismus und Stalinismus als Herausforderungen zeithistorischer Forschung und politischer Kultur, in: JÜRGEN DANYEL (Hg.): Die geteilte Vergangenheit. Zum Umgang mit Nationalsozialismus und Widerstand in beiden deutschen Staaten, Berlin 1995, S. 107–124

BERND FAULENBACH: Erstarrte Rituale oder demokratische Kultur? Zu den Aufgaben und Problemen der Erinnerungsarbeit heute, in: HANS-JOCHEN VOGEL / ERNST PIPER (Hg.): Erinnerungsarbeit und demokratische Kultur, München 1997, S. 9–17

BERND FAULENBACH: Überwindung des »deutschen Sonderweges«? Zur politischen Kultur der Deutschen seit dem Zweiten Weltkrieg, in: APUZ B 51/98 (11. 12. 1998), S. 11–23

ERNST FEDER: Heute sprach ich mit ... . Tagebücher eines Berliner Publizisten 1926–1932, hg. v. CÉCILE LOEWENTHAL-HENSEL u. ARNOLD PAUCHER, Stuttgart 1971

ELISABETH FEHRENBACH: Über die Bedeutung der politischen Symbole im Nationalstaat, in: HZ 213 (1971), S. 296–357

EKKEHARD FELDER: Kognitive Muster der politischen Sprache. Eine linguistische Untersuchung zur Korrelation zwischen sprachlich gefaßter Wirklichkeit und Denkmustern am Beispiel der Reden von Theodor Heuss und Konrad Adenauer, Frankfurt (M) u. a. 1995

MICHAEL F. FELDKAMP: Der Parlamentarische Rat 1948–1949. Die Entstehung des Grundgesetzes, Göttingen 1998

HORST FERDINAND (Hg.): Reden, die die Republik bewegten, Freiburg 1988

SEBASTIAN FETSCHER: Das Dritte Reich und die Moral der Nachgeborenen, in: Neue Sammlung 29 (1989), S. 161–185

ERIKA J. FISCHER / HEINZ D. FISCHER (Hg.): John J. McCloy. An American Architect of Postwar Germany. Profiles of a Trans-Atlantic Leader an Communicator, Frankfurt (M) u. a. 1994

ERIKA J. FISCHER / HEINZ D. FISCHER (Hg.): John McCloy und die Frühgeschichte der Bundesrepublik Deutschland. Presseberichte und Dokumente über den amerikanischen Hochkommissar für Deutschland 1949–1952, Köln 1985

LUDWIG FISCHER (Hg.): Literatur in der Bundesrepublik Deutschland bis 1967, München 1986

HELMUT FLEISCHER: Mit der Vergangenheit umgehen. Prolegomena zu einer Analytik des Geschichtsbewußtseins, in: HELMUT KÖNIG / ANDREAS WÖLL (Hg.): Vergangenheitsbewältigung am Ende des zwanzigsten Jahrhunderts, Opladen 1998 [= Leviathan, Sonderheft 18], S. 409–432

ANDREAS FLITNER (Hg.): Deutsches Geistesleben und Nationalsozialismus. Eine Vorlesungsreihe in der Universität Tübingen, Tübingen 1965

JAN FOITZIK: Vereinigung der Verfolgen des Nazi-Regimes (VVN), in: MARTIN BROSZAT / HERMANN WEBER (Hg.): SBZ-Handbuch. Staatliche Verwaltungen, Parteien, gesellschaftliche Organisationen und ihre Führungskräfte in der Sowjetischen Besatzungszone Deutschlands 1945–1949, München ²1993, S. 748–759

FORSCHUNGSGEMEINSCHAFT 20. JULI E. V. (Hg.): Gedanken zum 20. Juli 1944, Mainz ²1984

JOSEF FOSCHEPOTH (Hg.): Kalter Krieg und Deutsche Frage. Deutschland im Widerstreit der Mächte 1945–1952, Göttingen 1985

JOSEF FOSCHEPOTH: Im Schatten der Vergangenheit. Die Anfänge der Gesellschaften für Christlich-Jüdische Zusammenarbeit, Göttingen 1993

JOSEF FOSCHEPOTH: Das Kreuz mit dem Davidstern: Christen und Juden nach dem Holocaust, in: SIGRID WEIGEL / BIRGIT ERDLE (Hg.): Fünfzig Jahre danach. Zur Nachgeschichte des Nationalsozialismus, Zürich 1996, S. 379–402.

ETIENNE FRANÇOIS / HANNES SIEGRIST / JAKOB VOGEL (Hg.): Nation und Emotion. Deutschland und Frankreich im Vergleich. 19. und 20. Jahrhundert, Göttingen 1995

PAUL FRANK: Entschlüsselte Botschaft. Ein Diplomat macht Inventur, Stuttgart 1981

FRIEDHELM FRANKEN (Hg.): Repräsentanten der Republik. Die deutschen Bundespräsidenten in Reden und Zeitbildern, Bonn 1989

NORBERT FREI: Auschwitz und Holocaust. Begriff und Historiographie, in: HANNO LOEWY (Hg.): Holocaust. Die Grenzen des Verstehens. Eine Debatte über die Besetzung der Geschichte, Reinbek 1992, S. 101–109

NORBERT FREI: »Vergangenheitsbewältigung« or »Renacification«? The American Perspective on Germany's Confrontation with the Nazi Past in the Early Years of the Adenauer Era, in: MICHAEL ERMATH (Hg.): America and the Shaping of German Society, 1945–1955, Providence / Oxford 1993, S. 47–59

NORBERT FREI: Erinnerungskampf. Zur Legitimationsproblematik des 20. Juli 1944 im Nachkriegsdeutschland, in: Gewerkschaftliche Monatshefte 46 (1995), S. 664–676

NORBERT FREI: NS-Vergangenheit unter Ulbricht und Adenauer. Gesichtspunkte einer vergleichenden Bewältigungsforschung, in: JÜRGEN DANYEL (Hg.): Die geteilte Vergangenheit. Zum Umgang mit Nationalsozialismus und Widerstand in beiden deutschen Staaten, Berlin 1995, S. 125–132

NORBERT FREI: Vergangenheitspolitik. Die Anfänge der Bundesrepublik und die NS-Vergangenheit, München 1996

NORBERT FREI: Das Problem der NS-Vergangenheit in der Ära Adenauer, in: HEINRICH OBERREUTER / JÜRGEN WEBER (Hg.): Freundliche Feinde? Die Alliierten und die Demokratiegründung in Deutschland, München / Landsberg (Lech) 1996, S. 181–194

NORBERT FREI: Vergangenheitspolitik in den fünfziger Jahren, in: WILFRIED LOTH / BERND-A. RUSINEK (Hg.): Verwandlungspolitik. NS-Eliten in der westdeutschen Nachkriegsgesellschaft, Frankfurt (M) / New York 1998, S. 79–92

ALOIS FRIEDEL: Deutsche Staatssymbole. Herkunft und Bedeutung der politischen Symbolik in Deutschland. Frankfurt (M) / Bonn 1968

JÖRG FRIEDRICH: Die Affäre John, in: GEORG HAFNER / EDMUND JACOBY (Hg.): Die Skandale der Republik, Darmstadt 1991, S. 21–30

HANNA FRIELINGHAUS-HEUSS: Heuss-Anekdoten, München / Esslingen [10]1986 [zuerst: 1964]

KLAUS FRÖHLICH / HEINRICH THEODOR GRÜTTER / JÖRN RÜSEN (Hg.): Geschichtskultur, Pfaffenweiler 1992

KLAUS FÜßMANN / ULRICH WACKER: Theodor Heuss. Ein Leitbild des Liberalismus, hg. v. d. Friedrich-Naumann-Stiftung Königswinter, St. Augustin 1989

OSCAR W. GABRIEL / EVERHARD HOLTMANN: Handbuch Politisches System der Bundesrepublik Deutschland, München / Wien [2]1999

DETLEF GARBE: Äußerliche Abkehr, Erinnerungsverweigerung und »Vergangenheitsbewältigung«: Der Umgang mit dem Nationalsozialismus in der frühen Bundesrepublik, in: AXEL SCHILDT / ARNOLD SYWOTTEK (Hg.): Modernisierung im Wiederaufbau. Die westdeutsche Gesellschaft der 50er Jahre, Bonn 1993, S. 693–716

HANS-MARTIN GAUGER: Zur politischen Rhetorik – heute, in: HEINRICH F. PLETT (Hg.): Die Aktualität der Rhetorik, München 1996, S. 36–47

JÖRG-DIETER GAUGER / JUSTIN STAGL (Hg.): Staatsrepräsentation, Berlin 1992

JÖRG-DIETER GAUGER: Staatsrepräsentation – Überlegungen zur Einführung, in: JÖRG-DIETER GAUGER / JUSTIN STAGL (Hg.): Staatsrepräsentation, Berlin 1992, S. 9–18

HELLMUT GEIßNER: Rhetorik und Hermeneutik. Die Rede der Abgeordneten Hamm-Brücher vor dem Deutschen Bundestag am 1.10.1982, in: Rhetorik 4 (1985), S. 85–100

HANS-DIETRICH GENSCHER (Hg.): Heiterkeit und Härte. Walter Scheel in seinen Reden und im Urteil von Zeitgenossen. Festschrift zum 65. Geburtstag, Stuttgart 1984

EUGEN GERSTENMAIER: Aufgabe und Grenze der Toleranz. Rede des Präsidenten des Deutschen Bundestages zur Eröffnung der »Woche der Brüderlichkeit«, Frankfurt (M) 1955

Eugen Gerstenmaier: Streit und Friede hat seine Zeit. Ein Lebensbericht, Frankfurt (M) 1981

Gesellschaft für Christlich-Jüdische Zusammenarbeit in Wiesbaden: 50 Jahre Gesellschaft für Christlich-Jüdische Zusammenarbeit in Wiesbaden, Wiesbaden o. J. [1998]

Monika Gibas u. a. (Hg.): Wiedergeburten. Zur Geschichte der runden Jahrestage der DDR, Leipzig 1999

Ulrich Gill / Winfried Staffani (Hg.): Eine Rede und ihre Wirkung. Die Rede des Bundespräsidenten Richard v. Weizsäcker vom 8. Mai 1985. Betroffene nehmen Stellung, Berlin 1986

John Gimbel: Amerikanische Besatzungspolitik in Deutschland. 1945–1949, Frankfurt (M) 1971

Ralph Giordano (Hg.): »Wie kann diese Generation eigentlich noch atmen?« Briefe zu dem Buch »Die zweite Schuld oder Von der Last Deutscher zu sein«, Hamburg 1990

Ralph Giordano: Die zweite Schuld oder Von der Last Deutscher zu sein, Hamburg / Zürich 1987

Heiko Girnth: Einstellung und Einstellungsbekundung in der politischen Rede. Eine sprachwissenschaftliche Untersuchung der Rede Philipp Jenningers vom 10. November 1988, Frankfurt (M) 1993

Hermann Glaser: Kulturgeschichte der Bundesrepublik Deutschland, Bd. 1: Zwischen Kapitulation und Währungsreform 1945–1948, München 1985; Bd. 2: Zwischen Grundgesetz und Großer Koalition, München / Wien 1986

Hermann Glaser: Deutsche Kultur. Ein historischer Überblick von 1945 bis zur Gegenwart, Bonn 1997

Joseph Goebbels: Die Tagebücher von Joseph Goebbels. Sämtliche Fragmente, Teil I: Aufzeichnungen 1924–1941, Bd. 2: 1.1.1931–31.12.1936, hg. v. Elke Fröhlich, München u. a. 1987

Hans-Peter Goldberg: Bismarck und seine Gegner. Die politische Rhetorik im kaiserlichen Reichstag. Düsseldorf 1998

Daniel Jonah Goldhagen: Hitlers willige Vollstrecker. Ganz gewöhnliche Deutsche und der Holocaust, Berlin 1996

Daniel Jonah Goldhagen: Modell Bundesrepublik. Nationalgeschichte, Demokratie und Internationalisierung in Deutschland – eine Preisrede, in: SZ am Wochenende, 15./16.3.1997, S. If

Goldhagen-Kontroverse, Hamburg 1996 [= ZEITdokument 1996/1]

Nahum Goldmann: Mein Leben als deutscher Jude, München / Wien 1980

Nahum Goldmann: Mein Leben. USA, Europa, Israel, München / Wien 1981

Dietrich Goldschmidt: Unter der Last des Holocaust. 1945–1989: Entsetzen, Trauer, bemühter Neuanfang, in: Neue Sammlung 29 (1989), S. 145–160

Victor Gollancz: Stimme aus dem Chaos, Bayreuth 1948

Manfred Görtemaker: Geschichte der Bundesrepublik Deutschland von der Gründung bis zur Gegenwart, München 1999

Constantin Goschler: Wiedergutmachung. Westdeutschland und die Verfolgten des Nationalsozialismus 1945–1954, München 1992

Karl-Heinz Göttert: Einführung in die Rhetorik. Grundbegriffe – Geschichte – Rezeption, München ²1994

Karl-Heinz Göttert: Vox – Ein vernachlässigtes Kapitel der Rhetorik, in: Heinrich F. Plett (Hg.): Die Aktualität der Rhetorik, München 1996, S. 57–66

Hermann Graml: Die verdrängte Auseinandersetzung mit dem Nationalsozialismus, in: Martin Broszat (Hg.): Zäsuren nach 1945. Essays zur Periodisierung der deutschen Nachkriegsgeschichte, München 1990, S. 169–183

Helga Grebing: Der »deutsche Sonderweg« in Europa 1806–1945. Eine Kritik. Stuttgart u. a. 1986

Martin und Sylvia Greiffenhagen: Ein schwieriges Vaterland. Zur politischen Kultur Deutschlands, Frankfurt (M) 1981

Martin Greschat (Hg.): Die Schuld der Kirche. Dokumente und Reflexionen zur Stuttgarter Schulderklärung vom 18./19. Oktober 1945, München 1982

Klaus-Michael Groll: Wie lange haften wir für Hitler? Zum Selbstverständnis der Deutschen heute, Düsseldorf 1990

Alfred Grosser: Ermordung der Menschheit. Der Genozid im Gedächtnis der Völker, München / Wien 1990

Alfred Grosser: Vergangenheitsbewältigung. Rede an der Friedrich-Schiller-Universität Jena, gehalten am 18. 5. 1994, Jena 1994 [= Schriften des Collegium Europaeum Jenense, 11]

Harald Guldin: Die Bundesrepublik Deutschland auf dem Weg zur souveränen Gleichberechtigung: Die politisch-ökonomische Westintegration Westdeutschlands als Verhandlungsgegenstand zwischen der Alliierten Hohen Kommission und der Bundesregierung in den Jahren 1949 bis 1952, Frankfurt (M) 1990

Peter Häberle: Feiertagsgarantien als kulturelle Identitätselemente des Verfassungsstaates, Berlin 1987

Jürgen Habermas (Hg.): Stichworte zur »Geistigen Situation der Zeit«, 2 Bde., Frankfurt (M) 1979

Jürgen Habermas: Eine Art Schadenabwicklung. Kleine politische Schriften VI, Frankfurt (M) 1987

Jürgen Habermas: Was bedeutet ›Aufarbeitung der Vergangenheit‹ heute? Bemerkungen zur doppelten Vergangenheit, in: Ders.: Die Moderne – ein unvollendetes Projekt. Philosophisch-politische Aufsätze 1977–1992, Leipzig ²1992, S. 242–267

Richard Hachenberger: Theodor Heuss. Stationen beim Wein, Wiesbaden 1997

Gerd Haeffner (Hg.): Schuld und Schuldbewältigung. Keine Zukunft ohne Auseinandersetzung mit der Vergangenheit, Düsseldorf 1993

Gerd Haeffner: Schuld. Anthropologische Überlegungen zu einem ebenso problematischen wie unverzichtbaren Begriff, in: Ders. (Hg.): Schuld und Schuldbewältigung. Keine Zukunft ohne Auseinandersetzung mit der Vergangenheit, Düsseldorf 1993, S. 10–28

Georg Hafner / Edmund Jacoby (Hg.): Die Skandale der Republik, Darmstadt 1991

Hildegard Hamm-Brücher / Hermann Rudolph: Theodor Heuss. Eine Bildbiographie, Stuttgart 1983

Hildegard Hamm-Brücher: Gerechtigkeit erhöht ein Volk. Theodor Heuss und die deutsche Demokratie, München 1984

Wolfgang Hardtwig: Geschichtskultur und Wissenschaft, München 1990

Wolfgang Hardtwig: Die Sehnsucht nach Größe. Über das intensive Bedürfnis, historische Jahrestage zu feiern, in: Ders.: Geschichtskultur und Wissenschaft, München 1990, S. 302–309

Wolfgang Hardtwig / Hans-Ulrich Wehler (Hg.): Kulturgeschichte Heute, Göttingen 1996 [= GG, Sonderheft 16]

Dietrich Harth (Hg.): Die Erfindung des Gedächtnisses. Texte, Frankfurt (M) 1991

Jürgen Hartmann: Selbstdarstellung der Bundesrepublik Deutschland in Symbolen, Zeremoniell und Feier, in: Jörg-Dieter Gauger / Justin Stagl (Hg.): Staatsrepräsentation, Berlin 1992, S. 175–190

Gerhard Hass: Kontroversen bei der Bewertung des 8. Mai 1945 in der neuesten deutschen Historiographie, in: Fritz Petrick (Hg.): Kapitulation und Befreiung. Das Ende des II. Weltkriegs in Europa, Münster 1997, S. 131–149

Ulrike Haß: Mahnmaltexte 1945 bis 1988. Annäherungen an eine schwierige Textsorte, in: Dachauer Hefte 6 (1990), S. 135–161

Hans Hattenhauer: Deutsche Nationalsymbole. Zeichen und Bedeutung, München 1984 [3. Aufl. Köln 1998 u. d. T.: Geschichte der deutschen Nationalsymbole. Zeichen und Bedeutung]

Hans Hattenhauer: Nationalsymbole, in: Werner Weidenfeld / Karl-Rudolf Korte (Hg.): Handwörterbuch zur deutschen Einheit, Frankfurt (M) / New York 1992, S. 500–508

Hans Hattenhauer: Nationalsymbole, in: Werner Weidenfeld / Karl-Rudolf Korte (Hg.): Handbuch zur deutschen Einheit 1949–1989–1999, Bonn 1999 [Neuausgabe], S. 579–586

Wolfgang Fritz Haug: Vom hilflosen Antifaschismus zur Gnade der späten Geburt, Hamburg / Berlin 1987

Anselm Haverkamp / Renate Lachmann (Hg.): Memoria – vergessen und erinnern, München 1993

Ulrich v. Hehl: Kampf um die Deutung. Der Nationalsozialismus zwischen »Vergangenheitsbewältigung«, Historisierungspostulat und »Neuer Unbefangenheit«, in: HJb 117 (1997), S. 406–436

Magdalena Heider: Kulturbund zur demokratischen Erneuerung Deutschlands, in: Martin Broszat / Hermann Weber (Hg.): SBZ-Handbuch. Staatliche Verwaltungen, Parteien, gesellschaftliche Organisationen und ihre Führungskräfte in der Sowjetischen Besatzungszone Deutschlands 1945–1949, München ²1993, S. 714–733

Magdalena Heider: Politik – Kultur – Kulturbund. Zur Gründungs- und Frühgeschichte des Kulturbundes zur demokratischen Erneuerung Deutschlands 1945–1954 in der SBZ / DDR, Köln 1993

Dieter Hein: Zwischen liberaler Milieupartei und nationaler Sammlungsbewegung. Gründung, Entwicklung und Struktur der Freien Demokratischen Partei 1945–1949, Düsseldorf 1985

Gustav W. Heinemann: Reden und Interviews, hg. v. Presse- und Informationsamt der Bundesregierung, 5 Bde., Bonn 1970–1974

Gustav W. Heinemann: Allen Bürgern verpflichtet. Reden des Bundespräsidenten 1969–1974, Frankfurt (M) 1975

Ulrich Heinemann: Arbeit am Mythos. Neue Literatur zum bürgerlich-aristokratischen Widerstand gegen Hitler und zum 20. Juli 1944 (Teil I), in: GG 21 (1995), S. 111–139

Ulrich Heinemann / Michael Krüger-Charlé: Arbeit am Mythos. Der 20. Juli 1944 in Publizistik und wissenschaftlicher Literatur des Jubiläumsjahres 1994 (Teil II), in: GG 23 (1997), S. 475–501

Friedrich Henning: Heuss. Sein Leben vom Naumann-Schüler zum Bundespräsidenten, Gerlingen 1984

Ulrich Herbert: Zweierlei Bewältigung, in: Ulrich Herbert / Olaf Groehler: Zweierlei Bewältigung. Vier Beiträge über den Umgang mit der NS-Vergangenheit in den beiden deutschen Staaten, Hamburg 1992, S. 7–28

Ulrich Herbert: Der Holocaust in der Geschichtsschreibung der Bundesrepublik Deutschland, in: Ulrich Herbert / Olaf Groehler: Zweierlei Bewältigung. Vier Beiträge über den Umgang mit der NS-Vergangenheit in den beiden deutschen Staaten, Hamburg 1992, S. 67–86

Ulrich Herbert / Olaf Groehler: Zweierlei Bewältigung. Vier Beiträge über den Umgang mit der NS-Vergangenheit in den beiden deutschen Staaten, Hamburg 1992

Ulrich Herbert: NS-Eliten in der Bundesrepublik, in: Wilfried Loth / Bernd-A. Rusinek (Hg.): Verwandlungspolitik. NS-Eliten in der westdeutschen Nachkriegsgesellschaft, Frankfurt (M) / New York 1998, S. 93–116

Albert F. Herbig (Hg.): Konzepte rhetorischer Kommunikation, St. Ingbert 1995

Ludolf Herbst (Hg.): Westdeutschland 1945–1955. Unterwerfung, Kontrolle, Integration, München 1986

Ludolf Herbst / Constantin Goschler (Hg.): Wiedergutmachung in der Bundesrepublik Deutschland, München 1989

Jeffrey Herf: Zweierlei Erinnerung. Die NS-Vergangenheit im geteilten Deutschland, Berlin 1998

Hans Jürgen Heringer: »Ich gebe Ihnen mein Ehrenwort«. Politik, Sprache, Moral, München 1990

Thomas Hertfelder (Hg.): Heuss im Profil. Vorträge und Diskussionen zum Eröffnungsfestakt der Stiftung Bundespräsident-Theodor-Heuss-Haus am 29./30. November 1996, Stuttgart 1997

Thomas Hertfelder / Jürgen C. Heß (Hg.): Streiten um das Staatsfragment. Theodor Heuss und Thomas Dehler berichten von der Entstehung des Grundgesetzes, bearb. v. Patrick Ostermann u. Michael F. Feldkamp, Stuttgart 1999

Thomas Hertfelder: Theodor Heuss (1884–1963), in: Torsten Oppelland (Hg.): Deutsche Politiker, Bd. 1: 17 biographische Skizzen aus Ost und West, Darmstadt 1999, S. 35–47

Thomas Hertfelder: Das symbolische Kapital der Bildung: Theodor Heuss, in: Gangolf Hübinger / Thomas Hertfelder (Hg.): Kritik und Mandat. Intellektuelle in der deutschen Politik, Stuttgart 2000, S. 93–113

Hans v. Herwarth: Von Adenauer zu Brandt. Erinnerungen, Berlin / Frankfurt (M) 1990

Thomas Herz / Michael Schwab-Trapp: Umkämpfte Vergangenheit. Diskurse über den Nationalsozialismus, Opladen 1997

Roman Herzog: Gedenkrede des Präsidenten des Bundesverfassungsgerichts Prof. Dr. Roman Herzog am 20. Juli 1990, Ms., o. O. u. J. [Karlsruhe 1990]

Roman Herzog: Reden und Interviews, hg. v. Presse- und Informationsamt der Bundesregierung, 5 Bde., Bonn / Berlin 1995–2000

Roman Herzog: Kommentar zu GG, Art. 54ff, in: Theodor Maunz / Günter Dürig / Roman Herzog / Rupert Scholz: Grundgesetz. Kommentar, Bd. III: Art. 38–87, München 1997

Jürgen C. Heß: Theodor Heuss vor 1933. Ein Beitrag zur Geschichte des demokratischen Denkens in Deutschland, Stuttgart 1973

Jürgen C. Heß: »Das ganze Deutschland soll es sein«. Demokratischer Nationalismus in der Weimarer Republik am Beispiel der Deutschen Demokratischen Partei, Stuttgart 1978

Jürgen C. Heß: »Machtlos inmitten des Mächtespiels der anderen …«. Theodor Heuss und die deutsche Frage 1945–1949, in: VZG 33 (1985), S. 88–135

JÜRGEN C. HEß: »Die deutsche Lage ist ungeheuer ernst geworden.« Theodor Heuss vor den Herausforderungen des Jahres 1933, in: Jahrbuch zur Liberalismusforschung 6 (1994), S. 65–136

JÜRGEN C. HEß: Theodor Heuss und der Widerstand gegen den Nationalsozialismus, in: liberal 36 (1994)/3, S. 64–70

JÜRGEN C. HEß: »Erste Wege durch das Ruinenfeld«. Theodor Heuss und der Neubeginn liberaler Rhetorik, in: JÜRGEN C. HEß / HARTMUT LEHMANN / VOLKER SELLIN (Hg.): Heidelberg 1945, Stuttgart 1996, S. 348–386

JÜRGEN C. HEß: Erkundungsflug. Konzeptionelle Überlegungen zur Arbeit der Stiftung Bundespräsident-Theodor-Heuss-Haus, in: THOMAS HERTFELDER (Hg.): Heuss im Profil. Vorträge und Diskussionen zum Eröffnungsfestakt der Stiftung Bundespräsident-Theodor-Heuss-Haus am 29./30. November 1996, Stuttgart 1997, S. 42–59 (Diskussion S. 80–83)

JÜRGEN C. HEß: Fehlstart. Theodor Heuss und die Demokratische Partei Deutschlands 1947/1948, in: Jahrbuch zur Liberalismus-Forschung 9 (1997), S. 83–121

JÜRGEN C. HEß: Ihm war doch sehr klar: »Tatsächlich machen wir eine Verfassung«. Theodor Heuss und der Parlamentarische Rat, in: Das Parlament, 31. 7./ 7. 8. 1998, S. 7

JÜRGEN C. HEß / HARTMUT LEHMANN / VOLKER SELLIN (Hg.): Heidelberg 1945, Stuttgart 1996

JOACHIM JENS HESSE / THOMAS ELLWEIN: Das Regierungssystem der Bundesrepublik Deutschland, Bd. 1: Text, Opladen ⁷1992

ELLY HEUSS-KNAPP: Ausblick vom Münsterturm. Erinnerungen, Tübingen ⁵1955

ELLY HEUSS-KNAPP: Bürgerin zweier Welten. Ein Leben in Briefen und Aufzeichnungen, hg. V. MARGARETHE VATER, Tübingen ³1963

MATTHIAS HEYL: Erziehung nach Auschwitz. Eine Bestandsaufnahme. Deutschland, Niederlande, Israel, USA, Hamburg 1997

RAUL HILBERG / ALFONS SÖLLNER: Bürokratie und Verdrängung – Ein Gespräch über die Aufarbeitung der Vergangenheit in der Bundesrepublik, in: HELMUT KÖNIG (Hg.): Politische Psychologie heute, Opladen 1988, S. 209–216

RAUL HILBERG: Täter, Opfer, Zuschauer. Die Vernichtung der Juden 1933–1945, Frankfurt (M) 1992.

KLAUS HILDEBRAND: Das Dritte Reich, München ⁵1995

WALTER HINDERER: Deutsche Reden, Stuttgart 1973

»HISTORIKERSTREIT«. Die Dokumentation der Kontroverse um die Einzigartigkeit der Judenvernichtung, München / Zürich 1987

ERIC HOBSBAWM: Inventing Traditions, in: ERIC HOBSBAWM / TERENCE RANGER (Hg.): The Invention of Traditon, Cambridge 1994 [zuerst: 1983], S. 1–14

HANS GÜNTER HOCKERTS: Zeitgeschichte in Deutschland, in: HJb 113 (1993), S. 98–127

CHRISTA HOFFMANN: Die justitielle ›Vergangenheitsbewältigung‹ in der Bundesrepublik Deutschland. Tatsachen und Legenden, in: UWE BACKES / ECKARD JESSE / RAINER ZITELMANN (Hg.): Die Schatten der Vergangenheit. Impulse zur Historisierung des Nationalsozialismus, Frankfurt (M) / Berlin 1990, S. 497–521

CHRISTA HOFFMANN: Stunden Null? Vergangenheitsbewältigung in Deutschland 1945 und 1989, Bonn / Berlin 1992

CHRISTA HOFFMANN: Deutsche Vergangenheitsbewältigung, in: Jahrbuch Extremismus & Demokratie 5 (1993), S. 193–218

REGINA HOLLER: 20. Juli 1944. Vermächtnis oder Alibi? Wie Historiker, Politiker und Journalisten mit dem deutschen Widerstand gegen den Nationalsozialismus

umgehen. Eine Untersuchung der wissenschaftlichen Literatur, der offiziellen
Reden und der Zeitungsberichterstattung in Nordrhein-Westfalen von 1945 bis
1986, München u. a. 1994

LUCIAN HÖLSCHER: Geschichte und Vergessen, in: HZ 249 (1989), S. 1–17

LUCIAN HÖLSCHER: Geschichte als »Erinnerungskultur«, in: KRISTIN PLATT / MIHRAN DABAG
(Hg.): Generation und Gedächtnis. Erinnerungen und kollektive Identitäten, Opladen 1995, S. 146–168

HERBERT HÖMIG: Brüning. Kanzler in der Krise der Republik. Eine Weimarer Biographie,
Paderborn u. a. 2000

GANGOLF HÜBINGER / THOMAS HERTFELDER (Hg.): Kritik und Mandat. Intellektuelle in der
deutschen Politik, Stuttgart 2000

GEORG G. IGGERS. Deutsche Geschichtswissenschaft. Eine Kritik der traditionellen
Geschichtsauffassung von Herder bis zur Gegenwart, Wien u. a. 1997

INSTITUT FÜR MARXISMUS-LENINISMUS BEIM ZK DER SED / KULTURBUND DER DDR (Hg.):
» ... einer neuen Zeit Beginn«. Erinnerungen an die Anfänge unserer Kulturrevolu-
tion, Berlin / Weimar ²1981

JOSEF ISENSEE / PAUL KIRCHHOF (Hg.): Handbuch des Staatsrechts der Bundesrepublik
Deutschland, Bd. III: Demokratische Willensbildung – Die Staatsorgane des Bundes, Heidelberg 1987

JOSEF ISENSEE: Staatsrepräsentation und Verfassungspatriotismus. Ist die Republik der
Deutschen zu Verbalismus verurteilt?, in: JÖRG-DIETER GAUGER / JUSTIN STAGL (Hg.):
Staatsrepräsentation, Berlin 1992, S. 223–242

ERIKA ISING: Kristallnacht – Pogromnacht. Schlußpunkt oder neue Fragezeichen, in:
Der Sprachdienst 33 (1989), S. 169–172

EBERHARD JÄCKEL / DETLEF JUNKER / AXEL KUHN (Hg.): Deutsche Parlamentsdebatten,
3 Bde., Frankfurt (M) 1970/71

EBERHARD JÄCKEL / HORST MÖLLER / HERMANN RUDOLPH (Hg.): Von Heuss bis Herzog. Die
Bundespräsidenten im politischen System der Bundesrepublik, Stuttgart 1999

ERNST JÄCKH: Der goldene Pflug. Lebensernte eines Weltbürgers, Stuttgart 1954

ERNST JÄCKH: Weltstaat. Erlebtes und Erstrebtes, Stuttgart 1960

MANFRED JÄGER: Kultur und Politik in der DDR 1945–1990, Köln 1994

SIEGFRIED JÄGER: Text- und Diskursanalyse. Eine Anleitung zur Analyse politischer Texte,
Duisburg ⁴1993

SIEGFRIED JÄGER: Kritische Diskursanalyse. Eine Einführung, Duisburg 1993

WOLFGANG JÄGER: Die Bundespräsidenten von Theodor Heuss bis Richard v. Weizsäcker, in: APUZ B 16/17 (14. 4. 1989), S. 33–47

WOLFGANG JÄGER: Wer regiert die Deutschen?, Osnabrück 1994

GOTTHARD JASPER: »Vergangenheitsbewältigung«. Historische Erfahrungen und politische Voraussetzungen, in: Beiträge zur Hochschulforschung, hg. v. BAYERISCHEN
INSTITUT FÜR HOCHSCHULFORSCHUNG UND HOCHSCHULPLANUNG 1991/4, S. 353–369

GOTTHARD JASPER: Die gescheiterte Zähmung. Wege zur Machtergreifung Hitlers
1930–1934, Frankfurt (M) 1986

GOTTHARD JASPER: Wiedergutmachung und Westintegration. Die halbherzige justizielle
Aufarbeitung der NS-Vergangenheit in der frühen Bundesrepublik, in: LUDOLF
HERBST (Hg.): Westdeutschland 1945–1955. Unterwerfung, Kontrolle, Integration,
München 1986, S. 183–202

KARL JASPERS: Die Schuldfrage, in: DERS.: Erneuerung der Universität. Reden und Schriften 1945/46, Heidelberg 1985, S. 113–214

BERND JASPERT (Hg.): Wahrheit und Geschichte. Vom Umgang mit deutscher Vergangenheit, Hofgeismar 1993

KARL-ERNST JEISMANN: Didaktik der Geschichte. Die Wissenschaft von Zustand, Funktion und Veränderung geschichtlicher Vorstellungen im Selbstverständnis der Gegenwart, in: ERICH KOSTHORST (Hg.): Geschichtswissenschaft. Didaktik – Forschung – Theorie, Göttingen 1977, S. 9–33

KARL-ERNST JEISMANN: »Geschichtsbewußtsein«. Überlegungen zu einer zentralen Kategorie eines neuen Ansatzes der Geschichtsdidaktik, in: HANS SÜSSMUTH (Hg.): Geschichtsdidaktische Positionen, Paderborn u. a. 1980, S. 179–222

KARL-ERNST JEISMANN: Geschichte als Horizont der Gegenwart. Über den Zusammenhang von Vergangenheitsdeutung, Gegenwartsverständnis und Zukunftsperspektive, hg. u. eingel. v. WOLFGANG JACOBMEYER und ERICH KOSTHORST, Paderborn 1985

KARL-ERNST JEISMANN: Geschichtsbewußtsein als zentrale Kategorie der Geschichtsdidaktik, in: GERHARD SCHNEIDER (Hg.): Geschichtsbewußtsein und historisch-politisches Lernen, Pfaffenweiler 1988 (= Jahrbuch für Geschichtsdidaktik, Bd. 1), S. 8–24

KARL-ERNST JEISMANN: Geschichte und Bildung. Beiträge zur Geschichtsdidaktik und zur historischen Bildungsforschung, hg. u. eingel. v. WOLFGANG JACOBMEYER und BERND SCHÖNEMANN, Paderborn u. a. 2000

WALTER JENS: Rhetorik, in: Reallexikon der deutschen Literaturgeschichte, hg. v. WERNER KOHLSCHMIDT U. WOLFGANG MOHR, 4 Bde., Berlin / New York [2]1958–1979, Bd. 3, S. 432–456

ECKHARD JESSE: Philosemitismus, Antisemitismus und Anti-Antisemitismus. Vergangenheitsbewältigung und Tabus, in: UWE BACKES / ECKARD JESSE / RAINER ZITELMANN (Hg.): Die Schatten der Vergangenheit. Impulse zur Historisierung des Nationalsozialismus, Frankfurt (M) / Berlin 1990, S. 543–567

ECKARD JESSE: Vergangenheitsbewältigung, in: WERNER WEIDENFELD / KARL-RUDOLF KORTE (Hg.): Handbuch zur deutschen Einheit, Frankfurt (M) / New York 1992, S. 715–723

ECKHARD JESSE: Doppelte Vergangenheitsbewältigung in Deutschland. Ein Problem der Vergangenheit, Gegenwart und Zukunft, in: ECKARD JESSE / KONRAD LÖW: Vergangenheitsbewältigung, Berlin 1997, S. 11–26

ECKARD JESSE / KONRAD LÖW: Vergangenheitsbewältigung, Berlin 1997

MICHAEL JOCHUM: Funktion und Wirkung symbolischer Akte. Beobachtungen am Beispiel der Präsidentschaft Roman Herzogs, in: EBERHARD JÄCKEL / HORST MÖLLER / HERMANN RUDOLPH (Hg.): Von Heuss bis Herzog. Die Bundespräsidenten im politischen System der Bundesrepublik, Stuttgart 1999, S. 177–190 (Kommentar von ULRICH SARCINELLI, S. 191–199; Diskussion, S. 200f)

JOURNAL FÜR GESCHICHTE 1990/5: Inszenierte Erinnerung

KIRSTEN JÜNGLING / BRIGITTE ROßBECK: Elly Heuss-Knapp (1881–1952). Die erste First Lady. Ein Portrait, Heilbronn 1994

WERNER KALTEFLEITER: Die Funktionen des Staatsoberhauptes in der parlamentarischen Demokratie, Köln / Opladen 1970

PATRICK KAMMERER: Die veränderten Konstitutionsbedingungen politischer Rhetorik. Zur Rolle der Redenschreiber, der Medien und zum vermeintlichen Ende öffentlicher Rede, in: Rhetorik 14 (1995), S. 14–29

REINER KELLER: Diskursanalyse, in: RONALD HITZLER / ANNE HONER (Hg.): Sozialwissen-schaftliche Hermeneutik. Eine Einführung, Opladen 1997, S. 309–333

IAN KERSHAW: Der NS-Staat. Geschichtsinterpretationen und Kontroversen im Überblick, Reinbek 1994

BERNHARD KETTEMANN / WOLFGANG GRITZ / ISABEL LANDSIEDLER: Sprache und Politik. Analy-sen berühmter Reden, Retzhof 1995

LOTHAR KETTENACKER: Die Haltung der Westalliierten gegenüber Hitlerattentat und Widerstand nach dem 20. Juli 1944, in: GERD R. UEBERSCHÄR (Hg.): Der 20. Juli 1944. Bewertung und Rezeption des deutschen Widerstands gegen das NS-Regime, Köln 1994, S. 19–37

PETER GRAF KIELMANNSEGG: Lange Schatten. Vom Umgang der Deutschen mit der nationalsozialistischen Vergangenheit, Berlin 1989

DORON KIESEL U. A. (Hg.): Pädagogik der Erinnerung. Didaktische Aspekte der Gedenk-stättenarbeit, Frankfurt (M) 1997

KURT GEORG KIESINGER: Dunkle und helle Jahre. Erinnerungen 1904–1958, hg. v. REIN-HARD SCHMOECKEL u. BRUNO KAISER, Stuttgart 1989

MICHAEL KINNE: NS-Wörter oder Braundeutsch von heute? Kristallnacht – durchraßt – gaskammervoll – Volksverhetzung, in: Der Sprachdienst 33 (1989), S. 1–5

JAN-HOLGER KIRSCH: »Wir haben aus der Geschichte gelernt.« Der 8. Mai als politischer Gedenktag in Deutschland, Köln u. a. 1999

MICHAEL KISSENER / JOACHIM SCHOLTYSECK: Gedenkjahrnachlese. Monographien zum deutschen Widerstand gegen den Nationalsozialismus aus den Jahren 1993–1996, in: HJb 118 (1998), S. 304–344

MANFRED KITTEL: Die Legende von der »Zweiten Schuld«. Vergangenheitsbewältigung in der Ära Adenauer, Berlin / Frankfurt (M) 1993

ERNST KLEE: Der Umgang der Kirche mit dem Holocaust nach 1945, in: ROLF STEININGER (Hg.): Der Umgang mit dem Holocaust. Europa – USA – Israel, Wien u. a. 1994, S. 119–136

KLEMENS V. KLEMPERER: Sie gingen ihren Weg ... – Ein Beitrag zur Frage des Entschlusses und der Motivation zum Widerstand, in: JÜRGEN SCHMÄDEKE / PETER STEINBACH (Hg.): Der Widerstand gegen den Nationalsozialismus. Die deutsche Gesellschaft und der Widerstand gegen Hitler, München [2]1986, S. 1097–1106

CHRISTOPH KLEßMANN: Die doppelte Staatsgründung. Deutsche Geschichte 1945–1955, Bonn [4]1986

CHRISTOPH KLEßMANN: Zwei Staaten, eine Nation. Deutsche Geschichte 1955–1970, Bonn 1988

CHRISTOPH KLEßMANN / HANS MISSELWITZ / GÜNTER WICHERT (Hg.): Deutsche Vergangen-heiten – eine gemeinsame Herausforderung. Der schwierige Umgang mit der doppelten Nachkriegsgeschichte, Berlin 1999

GRETE KLINGENSTEIN: Über Herkunft und Verwendung des Wortes »Vergangenheitsbe-wältigung«, in: Geschichte und Gegenwart 7 (1988), S. 301–312

JOACHIM KNAPE: Allgemeine Rhetorik. Stationen der Theoriegeschichte, Stuttgart 2000

MANFRED KOCH: »Wir wollen sie gemeinsam ehren«. Vom Umgang mit dem Wider-stand gegen den Nationalsozialismus in Karlsruhe, in: THOMAS SCHNABEL (Hg.): For-men des Widerstandes im Südwesten 1933–1945. Scheitern und Nachwirken, hg. v. d. LANDESZENTRALE FÜR POLITISCHE BILDUNG BADEN-WÜRTTEMBERG u. v. HAUS DER GESCHICHTE BADEN-WÜRTTEMBERGS, Ulm 1994, S. 284–294

THOMAS KOEBNER / GERT SAUTERMEISTER / SIGRID SCHNEIDER (Hg.): Deutschland nach Hitler. Zukunftspläne im Exil und aus der Besatzungszeit 1939–1949, Opladen 1987

THOMAS KOEBNER: Die Schuldfrage. Vergangenheitsverweigerung und Lebenslügen in der Diskussion 1945–1949, in: THOMAS KOEBNER / GERT SAUTERMEISTER / SIGRID SCHNEIDER (Hg.): Deutschland nach Hitler. Zukunftspläne im Exil und aus der Besatzungszeit 1939–1949, Opladen 1987, S. 301–329

ADOLF KÖHLER (Hg.): Der Republik ins Gewissen. Die Bundespräsidenten zur Besinnung in der Politik, Freiburg 1989

ERICH KÖHLER: Ohne Illusionen. Politik der Realität, Wiesbaden 1949

HENNING KÖHLER: Adenauer. Eine politische Biographie, Frankfurt (M) / Berlin 1994

MICHAEL KOHLSTRUCK: Zur Gegenwartsbedeutung des Nationalsozialismus, in: Leviathan 24 (1996), S. 155–162

EBERHARD KOLB: Bergen-Belsen. Geschichte des »Aufenthaltslagers« 1933–1945, Hannover 1962

EBERHARD KOLB: Bergen-Belsen, in: MARTIN BROSZAT U. A.: Studien zur Geschichte der Konzentrationslager, Stuttgart 1970, S. 130–154

EBERHARD KOLB: Bergen-Belsen. Vom »Aufenthaltslager« zum Konzentrationslager 1943–1945, Göttingen 1985

EBERHARD KOLB: Die Weimarer Republik, München 41998

HELMUT KÖNIG (Hg.): Politische Psychologie heute, Opladen 1988

HELMUT KÖNIG: Die deutsche Einheit im Schatten der NS-Vergangenheit, in: Leviathan 20 (1992), S. 359–379

HELMUT KÖNIG: Das Erbe der Diktatur. Der Nationalsozialismus im politischen Bewußtsein der Bundesrepublik, in: Leviathan 24 (1996), S. 163–180

HELMUT KÖNIG: Von der Diktatur zur Demokratie oder Was ist Vergangenheitsbewältigung, in: HELMUT KÖNIG / ANDREAS WÖLL (Hg.): Vergangenheitsbewältigung am Ende des zwanzigsten Jahrhunderts, Opladen 1998 [= Leviathan, Sonderheft 18], S. 371–392

HELMUT KÖNIG / ANDREAS WÖLL (Hg.): Vergangenheitsbewältigung am Ende des zwanzigsten Jahrhunderts, Opladen 1998 [= Leviathan, Sonderheft 18]

KONZENTRATIONSLAGER BERGEN-BELSEN. Berichte und Dokumente, Hannover 1995

JOSEF KOPPERSCHMIDT: Methodik der Argumentationsanalyse, Stuttgart-Bad Cannstatt 1989

JOSEF KOPPERSCHMIDT: Öffentliche Rede in Deutschland. Überlegungen zur politischen Rhetorik mit Blick auf zwei Gedenkreden im Deutschen Bundestag, in: Muttersprache 3 (1989), S. 213–230

JOSEF KOPPERSCHMIDT (Hg.): Politik und Rhetorik. Funktionswandel politischer Rede, Opladen 1995

JOSEF KOPPERSCHMIDT: Politische Rhetorik statt rhetorischer Politik?, in: HEINRICH F. PLETT (Hg.): Die Aktualität der Rhetorik, München 1996, S. 21–35

HANS-MICHAEL KÖRNER: Vergangenheitsbewältigung im Denkmal?, in: DERS. / KATHARINA WEIGAND: Denkmäler in Bayern, Augsburg 1997, S. 34–40

HANS-MICHAEL KÖRNER: »Vergangenheitsbewältigung«: Zwischen Wissenschaftsorientierung und Identitätsfindung, in: ausblicke. Dokumentationsschrift des Seniorenstudiums an der Ludwig-Maximilians-Universität München, H. 3, Wintersemester 1997/98, S. 38–45

BERNHARD W. KRACK: Staatsoberhaupt und Streitkräfte. Die Positionen der Bundespräsidenten zur Bundeswehr und zur Sicherheitspolitik, Würzburg 21991

MARTIN KRÄMER: Der Volksaufstand vom 17. Juni 1953 und sein politisches Echo in der Bundesrepublik, Bochum 1996

HERBERT KRAUS (Hg.): Die im Braunschweiger Remerprozeß erstatteten moraltheologischen und historischen Gutachten nebst Urteil, Hamburg 1953

HANNA KRAUSE: Nationale Gedenktage, in: Leviathan 22 (1994), S. 233–242

KLAUS KROEGER: Einführung in die Verfassungsgeschichte der Bundesrepublik Deutschland, München 1993

HANS KROLL: Lebenserinnerungen eines Botschafters, Köln 1967

HEINRICH KRONE: Tagebücher. Erster Band: 1945–1961, bearb. v. HANS-OTTO KLEINMANN, Düsseldorf 1995

GUDRUN KRUIP: Gescheiterter Versuch oder verpflichtendes Erbe? 1848 bei Theodor Heuss, in: PATRICK BAHNERS / GERD ROELLECKE (Hg.): 1848 – Die Erfahrung der Freiheit, Heidelberg 1999, S. 189–208

EKKEHARD KUHN: Einigkeit und Recht und Freiheit. Die nationalen Symbole der Deutschen, Berlin / Frankfurt (M) 1991

JOST KÜPPER: Die Kanzlerdemokratie. Voraussetzungen, Strukturen und Änderungen des Regierungsstils in der Ära Adenauer, Frankfurt (M) 1985

KONRAD KWIET: Judenverfolgung und Judenvernichtung im Dritten Reich. Ein historiographischer Überblick, in: DAN DINER (Hg.): Ist der Nationalsozialismus Geschichte? Zu Historisierung und Historikerstreit, Frankfurt (M) 1987, S. 237–264

ERHARD H. M. LANGE: Die Diskussion um die Stellung des Staatsoberhauptes 1945–1949 mit besonderer Berücksichtigung der Erörterungen im Parlamentarischen Rat, in: VZG 26 (1978), S. 601–651

ERHARD H. M. LANGE: Die Würde des Menschen ist unantastbar. Der Parlamentarische Rat und das Grundgesetz, Heidelberg 1993

ERHARD H. M. LANGE: Theodor Heuss und die Entstehung des Grundgesetzes, in: liberal 35 (1993)/4, S. 61–69

ERHARD H. M. LANGE: Gestalter des Grundgesetzes. Die Abgeordneten des Parlamentarischen Rates. 15 historische Biografien, Brühl 1999

DIETER LANGEWIESCHE: Liberalismus in Deutschland, Frankfurt (M) 1988

DIETER LANGEWIESCHE: Geschichte als politisches Argument: Vergangenheitsbilder als Gegenwartskritik und Zukunftsprognose – die Reden der Bundespräsidenten, in: Saeculum 43 (1992), S. 36–53

ARMIN LASCHET / HEINZ MALANGRÉ (Hg.): Philipp Jenninger. Rede und Reaktion, Aachen / Koblenz 1989

INGRID LAURIEN: Die Verarbeitung von Nationalsozialismus und Krieg in politisch-kulturellen Zeitschriften der Westzonen, in: GWU 39 (1988), S. 220–237

INGRID LAURIEN: Politisch-kulturelle Zeitschriften den Westzonen 1945–1949. Ein Beitrag zur politischen Kultur der Nachkriegszeit, Frankfurt (M) u. a. 1991

HEINRICH LAUSBERG: Elemente der literarischen Rhetorik. Eine Einführung für Studierende der klassischen, romanischen, englischen und deutschen Philologie, München [7]1982

HEINRICH LAUSBERG: Handbuch der literarischen Rhetorik. Eine Grundlegung der Literaturwissenschaft, Stuttgart [3]1990

CLAUS LEGGEWIE / SYBILLE MÜLLER / TIM NUNGESSER: »Nicht alles darf man beim Namen nennen – in Deutschland.« Die Bundestagsrede Philipp Jenningers zur ›Kristallnacht‹, in: sowi 20 (1991), S. 128–132

HANS-GEORG LEHMANN: Deutschland-Chronik 1945 bis 1955, Bonn 1996

GERHARD LEHMBRUCH: Das Staatsoberhaupt in den parlamentarischen Demokratien
Europas. Der internationale Vergleich, in: EBERHARD JÄCKEL / HORST MÖLLER / HER-
MANN RUDOLPH (Hg.): Von Heuss bis Herzog. Die Bundespräsidenten im politischen
System der Bundesrepublik, Stuttgart 1999, S. 108–128 (Kommentar von ROLAND
CZADA, S. 129–142; Diskussion S. 143f)

HANNA LEHMING / SIEGFRIED V. KORTZFLEISCH (Hg.): Aus der Geschichte lernen? Chancen
der Aufklärung nach Auschwitz, Bad Segeberg 1997

DETLEF LEHNERT / KLAUS MEGERLE (Hg.): Politische Identität und nationale Gedenktage.
Zur politischen Kultur in der Weimarer Republik, Opladen 1989

DETLEF LEHNERT: Die Weimarer Republik. Parteienstaat und Massengesellschaft, Stuttgart 1999

ERNST LEMMER: Manches war doch anders. Erinnerungen eines deutschen Demokraten, München 1996 [zuerst: Frankfurt (M) 1968]

OTTO LENZ: Im Zentrum der Macht. Das Tagebuch von Staatssekretär Lenz
1951–1953, bearb. v. KLAUS GOTTO, HANS-OTTO KLEINMANN u. REINHARD SCHREINER,
Düsseldorf 1989

M. RAINER LEPSIUS: Das Erbe des Nationalsozialismus und die politische Kultur der
Nachfolgestaaten des »Großdeutschen Reiches«, in: MAX HALLER / HANS-JOACHIM
HOFFMANN-NOWOTNY / WOLFGANG ZAPF (Hg.): Kultur und Gesellschaft. Verhandlungen d. 24. Soziologentages, d. 11. Österreichischen Soziologentages u. d. 3. Kongresses d. Schweizerischen Gesellschaft für Soziologie in Zürich 1988, Frankfurt (M) / New York 1989, S. 247–264

HEINER LICHTENSTEIN: NS-Verbrechen. Bewältigt im Sinne der Täter, in: GEORG HAFNER /
EDMUND JACOBY (Hg.): Die Skandale der Republik, Darmstadt 1991, S. 95–104

HEINER LICHTENSTEIN / OTTO R. ROMBERG (Hg.): Täter – Opfer – Folgen. Der Holocaust in
Geschichte und Gegenwart, Bonn [2]1997

ASTRID LINN: » ... noch heute ein Faszinosum ...«. Philipp Jenninger zum 9. November
1938 und die Folgen, Münster 1991

CAROLA LIPP: Politische Kultur oder das Politische und Gesellschaftliche in der Kultur,
in: WOLFGANG HARDTWIG / HANS-ULRICH WEHLER (Hg.): Kulturgeschichte Heute, Göttingen 1996 [= GG, Sonderheft 16], S. 78–110

PAUL LÖBE: Der Weg war lang. Lebenserinnerungen, Berlin [4]1990

ERNST LODERMEIER: »Eine neue Tradition schaffen«. Bemerkungen zu Reden des Herrn
Bundespräsidenten Professor Dr. Heuss, hg. v. CARTELLVERBAND DER KATHOLISCHEN
DEUTSCHEN STUDENTENVERBINDUNGEN (CV), Bonn o. J.

HANNO LOEWY (Hg.): Holocaust. Die Grenzen des Verstehens. Eine Debatte über die
Besetzung der Geschichte, Reinbek 1992

HANNO LOEWY / BERNHARD MOLTMANN (Hg.): Erlebnis – Gedächtnis – Sinn. Authenti-
sche und konstruierte Erinnerung, Frankfurt (M) / New York 1996

PETER LONGERICH: Deutschland 1918–1933. Die Weimarer Republik. Handbuch zur
Geschichte, Hannover 1995

WILFRIED LOTH / BERND-A. RUSINEK (Hg.): Verwandlungspolitik. NS-Eliten in der westdeutschen Nachkriegsgesellschaft, Frankfurt (M) / New York 1998

HERMANN LÜBBE: Der Nationalsozialismus im deutschen Nachkriegsbewußtsein, in: HZ
236 (1983), S. 579–599

HEINRICH LÜBKE U. A.: Abschied von Theodor Heuss, Tübingen 1964

HEINRICH LÜBKE: Aufgabe und Verpflichtung. Auszüge aus den Reden des Bundespräsidenten, Frankfurt (M) / Bonn 1965

MEINHOLD LURZ: Kriegerdenkmäler in Deutschland, Bd. 1–6, Heidelberg 1985–87

MEINHOLD LURZ: Öffentliches Gedächtnis in den Jahren 1945 und 1946, in: JÜRGEN C. HEß / HARTMUT LEHMANN / VOLKER SELLIN (Hg.): Heidelberg 1945, Stuttgart 1996, S. 231–254

REINHOLD MAIER: Ein Grundstein wird gelegt. Die Jahre 1945–1947, Tübingen 1964
REINHOLD MAIER: Erinnerungen 1948–1953, Tübingen 1966
REINHOLD MAIER: Die Reden. Eine Auswahl, Bd. 1, Stuttgart 1982
ANDREAS MAISLINGER: ›Vergangenheitsbewältigung‹ in der Bundesrepublik Deutschland, der DDR und Österreich. Psychologisch-pädagogische Maßnahmen im Vergleich, in: UWE BACKES / ECKHARD JESSE / RAINER ZITELMANN (Hg.): Die Schatten der Vergangenheit. Impulse zur Historisierung des Nationalsozialismus, Frankfurt(M) / Berlin 1990, S. 479–496
MAX MANNHEIMER: Die Bedeutung von Gedenktagen und -orten für die überlebenden Verfolgten, in: HANS-JOCHEN VOGEL / ERNST PIPER (Hg.): Erinnerungsarbeit und demokratische Kultur, München 1997, S. 18–22
ERICH MATTHIAS / RUDOLF MORSEY: Die Deutsche Staatspartei, in: DIES. (Hg.): Das Ende der Parteien 1933. Darstellungen und Dokumente, Düsseldorf 1979 [zuerst: Bonn 1960], S. 31–97
KLAUS-JÜRGEN MATZ: Reinhold Maier (1889–1971). Eine politische Biographie, Düsseldorf 1989
THEODOR MAUNZ / GÜNTER DÜRIG / ROMAN HERZOG / RUPERT SCHOLZ: Grundgesetz. Kommentar, Bd. 3: Art. 38–87, München 1997
HARTMUT MAURER: Die Gegenzeichnung nach dem Grundgesetz, in: BODO BÖRNER / HERMANN JAHRREIß / KLAUS STERN (Hg.): Einigkeit und Recht und Freiheit. Festschrift Karl Carstens zum 70. Geburtstag am 14.12.1984, 2 Bde., Köln u.a. 1984, Bd. 2, S. 701–719
ILSE MAURER / UDO WENGST (Bearb.): Politik und Wirtschaft in der Krise 1930–1932. Quellen zur Ära Brüning, Zweiter Teil, Düsseldorf 1980
HANS MAYER: Die umerzogene Literatur. Deutsche Schriftsteller und Bücher 1945–1967, Berlin 1988
CHRISTIAN MEIER: 40 Jahre nach Auschwitz. Deutsche Geschichtserinnerung heute, München 1987
CHRISTIAN MEIER: Erinnern – Verdrängen – Vergessen, in: Merkur1996/570/71, S. 937–952
FRIEDRICH MEINECKE: Ausgewählter Briefwechsel, hg. u. eingel. v. LUDWIG DEHIO u. PETER CLASSEN, Stuttgart 1962
FRIEDRICH MEINECKE: Die deutsche Katastrophe. Betrachtungen und Erinnerungen, Wiesbaden 1946
ERICH MENDE: Die neue Freiheit. 1945–1961, München / Berlin 1984
HANS-PETER MENSING: Theodor Heuss und Konrad Adenauer im Gespräch. Neue Erkenntnisse zu ihren amtlichen und persönlichen Kontakten, in: THOMAS HERTFELDER (Hg.): Heuss im Profil. Vorträge und Diskussionen zum Eröffnungsfestakt der Stiftung Bundespräsident-Theodor-Heuss-Haus am 29./30. November 1996, Stuttgart 1997, S. 60–79
FLORIAN MERZ / RUTH WODAK (Hg.): Sprache in der Politik – Politik in der Sprache. Analysen zum öffentlichen Sprachgebrauch, Klagenfurt 1991
THOMAS MEYER: Von den Fallstricken der symbolischen Politik, in: RÜDIGER VOIGT (Hg.): Politik der Symbole. Symbole der Politik, Opladen 1989, S. 39–54
FRANZ MEYERS: gez. Dr. Meyers. Summe eines Lebens, Düsseldorf 1982

MAX MILLER: Kollektive Erinnerungen und gesellschaftliche Lernprozesse. Zur Struktur
sozialer Mechanismen der ›Vergangenheitsbewältigung‹, in: WERNER BERGMANN /
RAINER ERB (Hg.): Antisemitismus in der politischen Kultur nach 1945, Opladen
1990, S. 79–107

ALEXANDER UND MARGARETE MITSCHERLICH: Die Unfähigkeit zu trauern. Grundlagen kollektiven Verhaltens, München 1967

MICHAEL MITTERAUER: Anniversarium und Jubiläum. Zur Entstehung und Entwicklung
öffentlicher Gedenktage, in: EMIL BRIX / HANNES STEKL (Hg.): Der Kampf um das
Gedächtnis. Öffentliche Gedenktage in Mitteleuropa, Wien u. a. 1997, S. 23–90

ARMIN MOHLER: Der Nasenring. Die Vergangenheitsbewältigung vor und nach dem
Fall der Mauer, München 1991

CHRISTIANE MOLL: Die Weiße Rose, in: PETER STEINBACH / JOHANNES TUCHEL (Hg.): Widerstand gegen den Nationalsozialismus, Bonn 1994, S. 443–467

HORST MÖLLER: Theodor Heuss. Staatsmann und Schriftsteller. Homme d'Etat et
Homme de Lettres, Bonn 1990

HORST MÖLLER: Die Geschichte des Nationalsozialismus und der DDR. Ein (un)mögli-
cher Vergleich?, in: KLAUS SÜHL (Hg.): Vergangenheitsbewältigung 1945 und 1989.
Ein unmöglicher Vergleich?, Berlin 1994, S. 127–138

HORST MÖLLER: Erinnerungsbilder und Zukunftserwartungen. Der 8. Mai 1945 in der
Perspektive des 20. Jahrhunderts, in: THEO STAMMEN / HEINRICH OBERREUTER / PAUL
MIKAT (Hg.): Politik – Bildung – Religion. Hans Maier zum 65. Geburtstag, Pader-
born u. a. 1996, S. 261–273

HORST MÖLLER: Weimar. Die unvollendete Demokratie, München [6]1997

HORST MÖLLER: Das Institut für Zeitgeschichte und die Entwicklung der Zeitge-
schichtsschreibung in Deutschland, in: HORST MÖLLER / UDO WENGST (Hg.): 50 Jahre
Institut für Zeitgeschichte. Eine Bilanz, München 1999, S. 1–68

HORST MÖLLER / UDO WENGST (Hg.): 50 Jahre Institut für Zeitgeschichte. Eine Bilanz,
München 1999

HANS MOMMSEN: Die Last der Vergangenheit, in: JÜRGEN HABERMAS (Hg.): Stichworte
zur »Geistigen Situation der Zeit«, 2 Bde., Frankfurt (M) 1979, Bd. 1, S. 164–184

HANS MOMMSEN: Aufarbeitung und Verdrängung. Das Dritte Reich im westdeutschen
Geschichtsbewußtsein, in: DAN DINER (Hg.): Ist der Nationalsozialismus
Geschichte? Zu Historisierung und Historikerstreit, Frankfurt (M) 1987, S. 74–88

HANS MOMMSEN: Die verspielte Freiheit. Der Weg der Republik von Weimar in den
Untergang 1918 bis 1933, Berlin 1989

HANS MOMMSEN: Erfahrung, Aufarbeitung und Erinnerung des Holocaust in Deutschland, in: HANNO LOEWY (Hg.): Holocaust. Die Grenzen des Verstehens. Eine Debatte
über die Besetzung der Geschichte, Reinbek 1992, S. 93–100

WOLFGANG J. MOMMSEN: Die politische Rolle des deutschen Liberalismus im 19. Jahrhundert und in der Weimarer Republik, Tutzing 1984

JEAN MONNET: Erinnerungen eines Europäers, Baden-Baden 1988

KAAREN M. MOORES: Presse und Meinungsklima in der Weimarer Republik. Eine publi-
zistikwissenschaftliche Untersuchung, Diss. Mainz 1996

RUDOLF MORSEY: Der Bundespräsident in der Kanzlerdemokratie. Amtsverständnis,
Amtsführung und Traditionsbildung von Theodor Heuss bis Walter Scheel, in: Jah-
res- und Tagungsbericht der Görres-Gesellschaft 1988, Köln 1989, S. 22–43

RUDOLF MORSEY: »Die Bundespräsidenten«. Eine ärgerliche Neuerscheinung mit einer
Rekord-Fehlerquote, in: Die Verwaltung 24 (1991), S. 65–71

Rudolf Morsey: Die Bundesrepublik Deutschland. Entstehung und Entwicklung bis 1969, München ³1995

Rudolf Morsey: Heinrich Lübke. Eine politische Biographie, Paderborn u. a. 1996

Rudolf Morsey: Von Windthorst bis Adenauer. Ausgewählte Aufsätze zu Politik, Verwaltung und politischem Katholizismus im 19. und 20. Jahrhundert, hg. v. Ulrich V. Hehl, Hans Günter Hockerts, Horst Möller und Martin Schumacher, Paderborn u. a. 1997

Rudolf Morsey: Die Debatte um das Staatsoberhaupt 1945–1949, in: Eberhard Jäckel / Horst Möller / Hermann Rudolph (Hg.): Von Heuss bis Herzog. Die Bundespräsidenten im politischen System der Bundesrepublik, Stuttgart 1999, S. 45–58 (Kommentar v. Christoph Gusy, S. 59–62; Diskussion, S. 63f)

Tilmann Moser: Die Unfähigkeit zu trauern: Hält die Diagnose einer Überprüfung stand? Zur psychischen Verarbeitung des Holocaust in der Bundesrepublik, in: Psyche 46 (1992), S. 389–402

Rafael Moses / Friedrich Wilhelm Eickhoff (Hg.): Die Bedeutung des Holocaust für nicht direkt Betroffene, Stuttgart-Bad Cannstatt 1992

Klaus E. Müller / Jörn Rüsen (Hg.): Historische Sinnbildung. Problemstellungen, Zeitkonzepte, Wahrnehmungshorizonte, Darstellungsstrategien, Reinbek 1997

Klaus-Jürgen Müller (Hg.): Der deutsche Widerstand 1933–1945, Paderborn u. a. ²1990

Klaus-Jürgen Müller / Hans Mommsen: Der deutsche Widerstand gegen das NS-Regime. Zur Historiographie des Widerstands, in: Klaus-Jürgen Müller (Hg.): Der deutsche Widerstand 1933–1945, Paderborn u. a. ²1990, S. 13–21

Richard M. Müller: Normal-Null und die Zukunft der deutschen Vergangenheitsbewältigung, Schernfeld 1994

Ingo v. Münch / Philip Kunig: Grundgesetzkommentar, Bd. 2 (Art. 21 bis Art. 69), München ³1995

Bernd Mütter / Bernd Schönemann / Uwe Uffelmann (Hg.): Geschichtskultur. Theorie – Empirie – Pragmatik, Weinheim 2000

Otto Nass: Staatsberedsamkeit. Das gesprochene Wort in Verwaltung und Politik, hg. v. Klaus Otto Nass, Köln u. a. ²1980

Franz Neumann: Reden der Söhne. Deutsche Politiker zum 8. Mai 1945, in: Frankfurter Hefte. Zeitschrift für Kultur und Politik 30 (1975)/8, S. 5–10

Karlheinz Niclauß: Kanzlerdemokratie. Bonner Regierungspraxis von Konrad Adenauer bis Helmut Kohl, Stuttgart u. a. 1988

Karlheinz Niclauß: Der Weg zum Grundgesetz. Demokratiegründung in Westdeutschland 1945–1949, Paderborn 1998

Karlheinz Niclauß: Politische Kontroversen im Parlamentarischen Rat, in: APUZ B 32-33/98 (31. 7. 1998), S. 20–28

Karlheinz Niclauß: Bestätigung der Kanzlerdemokratie? Kanzler und Regierungen zwischen Verfassung und politischen Konventionen, in: APUZ B 20/99 (14. 5. 1999), S. 27–38

Gottfried Niedhart: Deutsche Geschichte 1918–1933. Politik in der Weimarer Republik und der Sieg der Rechten, Stuttgart u. a. ²1996

Jürgen Nieraad: »Bildgesegnet und bildverflucht«. Forschungen zur sprachlichen Metaphorik, Darmstadt 1977

Lutz Niethammer: ›Normalisierung‹ im Westen. Erinnerungsspuren in die 50er Jahre, in: Dan Diner (Hg.): Ist der Nationalsozialismus Geschichte? Zu Historisierung und Historikerstreit, Frankfurt (M) 1987, S. 153–184

Lutz Niethammer: Jenninger. Vorzeitiges Exposé zur Erforschung eines ungewöhnlich schnellen Rücktritts, in: Babylon 4 (1989), S. 40–46

Lutz Niethammer: Erinnerungsgebot und Erfahrungsgeschichte. Institutionalisierungen mit kollektivem Gedächtnis, in: Hanno Loewy (Hg.): Holocaust. Die Grenzen des Verstehens. Eine Debatte über die Besetzung der Geschichte, Reinbek 1992, S. 21–34

Elisabeth Noelle / Erich Peter Neumann: Antworten. Politik im Konfliktfeld der öffentlichen Meinung, Allensbach 1954

Elisabeth Noelle / Erich Peter Neumann (Hg.): Jahrbuch der öffentlichen Meinung 1947–1955, Allensbach ²1956

Elisabeth Noelle / Erich Peter Neumann (Hg.): Jahrbuch der öffentlichen Meinung 1957, Allensbach 1957

Elisabeth Noelle / Erich Peter Neumann (Hg.): Jahrbuch der öffentlichen Meinung 1958–1964, Allensbach / Bonn 1965

Ernst Nolte: Die Deutschen und ihre Vergangenheiten. Erinnern und Vergessen von Reichsgründung Bismarcks bis heute, Berlin / Frankfurt (M) 1995

Heinrich Oberreuter / Jürgen Weber (Hg.): Freundliche Feinde? Die Alliierten und die Demokratiegründung in Deutschland, München / Landsberg (Lech) 1996

Katharina Oehler: Geschichte in der politischen Rhetorik. Historische Argumentationsmuster im Parlament der Bundesrepublik Deutschland, Hagen 1989

Katharina Oehler: Glanz und Elend der öffentlichen Erinnerung. Die Rhetorik des Historischen in Richard v. Weizsäckers Rede zum 8. Mai und Philipp Jenningers Rede zum 9. November, in: Klaus Fröhlich / Heinrich Theodor Grütter / Jörn Rüsen (Hg.): Geschichtskultur, Pfaffenweiler 1992, S. 121–135

Peter L. Oesterreich: Fundamentalrhetorik. Untersuchung zu Person und Rede in der Öffentlichkeit, Hamburg 1990

Manfred Opp de Hipt / Erich Latniak (Hg.): Sprache statt Politik? Politikwissenschaftliche Semantik- und Rhetorikforschung, Opladen 1991

Torsten Oppelland (Hg.): Deutsche Politiker 1949–1969, Bd. 1: 17 biographische Skizzen aus Ost und West, Darmstadt 1999

Friedhelm Ost: Die Deutschen und das Kriegsende. Die Reden der Bundespräsidenten von Weizsäcker und Herzog zum 40. und 50. Jahrestag des Kriegsendes. Mit einem Kommentar v. Friedhelm Ost, Paderborn 1997

Clemens Ottmers: Rhetorik, Stuttgart 1996

Bert Pampel: Was bedeutet »Aufarbeitung der Vergangenheit«? Kann man aus der »Vergangenheitsbewältigung« nach 1945 für die Aufarbeitung nach 1989 Lehren ziehen?, in: APUZ B 1-2/95 (6. 1. 1995), S. 27–38

Franz v. Papen: Vom Scheitern einer Demokratie 1930–1933, Mainz 1969

Parlamentarischer Rat. Stenographische Berichte über die Plenarsitzungen Bonn 1948/49, Bonn 1949 [ND 1969]

Der Parlamentarische Rat 1948–1949. Akten und Protokolle, Bd. 1ff, Boppard 1975ff

Werner J. Patzelt: Der Bundespräsident, in: Oscar W. Gabriel / Everhard Holtmann: Handbuch Politisches System der Bundesrepublik Deutschland, München / Wien ²1999, S. 229–243

Karl Pellens (Hg.): Historische Gedenkjahre im politischen Bewußtsein. Identitätskritik und Identitätsbildung in Öffentlichkeit und Unterricht, Stuttgart 1992

Karl Pellens: Bedenken und Begegnen um der Zukunft willen!, in: Ders. (Hg.): Historische Gedenkjahre im politischen Bewußtsein. Identitätskritik und Identitätsbildung in Öffentlichkeit und Unterricht, Stuttgart 1992, S. 41–58

Joachim Perels: Die Zerstörung von Erinnerung als Herrschaftstechnik. Adornos Analysen zur Blockierung der Aufarbeitung der NS-Vergangenheit, in: Helmut König / Andreas Wöll (Hg.): Vergangenheitsbewältigung am Ende des zwanzigsten Jahrhunderts, Opladen 1998 [= Leviathan, Sonderheft 18], S. 53–68

Karl Heinrich Peter (Hg.): Reden, die die Welt bewegten, Stuttgart 1959

Thomas Peter Petersen: Die Geschichte des Volkstrauertages, Kassel 1984

Thomas Peter Petersen: Der Volkstrauertag – seine Geschichte und Entwicklung. Eine wissenschaftliche Betrachtung, o. O. 1998

Traute Petersen: Nationales Fest oder Trauertag? Über den schwierigen Umgang der Deutschen mit ihren nationalen Feiertagen, in: GWU (1990), S. 499–503

Detlev J. K. Peukert: Die Weimarer Republik. Krisenjahre der klassischen Moderne, Frankfurt (M) 1987

Karl Georg Pfleiderer: Politik für Deutschland. Reden und Aufsätze 1948–1956, Stuttgart 1961

Friedbert Pflüger: Von Heuss bis Weizsäcker: Hüter des Grundkonsenses. Das Amt des Bundespräsidenten in Theorie und Praxis, in: Manfred Funke u. a. (Hg.): Demokratie und Diktatur. Geist und Gestalt politischer Herrschaft in Deutschland und Europa, Bonn 1987, S. 383–399

Michael Phayer: Die katholische Kirche, der Vatikan und der Holocaust 1940–1965, in: Rolf Steininger (Hg.): Der Umgang mit dem Holocaust. Europa – USA – Israel, Wien u. a. 1994, S. 137–146

Wilhelm Pieck: Reden und Aufsätze 1908–1950, Berlin (DDR) 1950

Edgar Piel: Spuren der NS-Ideologie im Nachkriegsdeutschland, in: Heinrich Oberreuter / Jürgen Weber (Hg.): Freundliche Feinde? Die Alliierten und die Demokratiegründung in Deutschland, München / Landsberg (Lech) 1996, S. 145–168

Eberhard Pikart: Theodor Heuss und Konrad Adenauer. Ihre Einstellung zu Demokratie und Parlamentarismus, in: Rudolf Morsey / Konrad Repgen (Hg.): Adenauer-Studien I, Mainz 1971, S. 58–70

Eberhard Pikart: Theodor Heuss und Konrad Adenauer. Die Rolle des Bundespräsidenten in der Kanzlerdemokratie, Stuttgart 1976

David Pike: The Politics of Culture in Soviet-Occuppied Germany, 1945–1949, Stanford 1992

Arno Plack: Hitlers langer Schatten, München 1993

Helmuth Plessner: Die verspätete Nation, Stuttgart 1959

Heinrich F. Plett: Einführung in die rhetorische Textanalyse, Hamburg [8]1991

Heinrich F. Plett (Hg.): Die Aktualität der Rhetorik, München 1996

Heinrich F. Plett: Von deutscher Rhetorik, in: Ders. (Hg.): Die Aktualität der Rhetorik, München 1996, S. 9–20

Peter v. Polenz: Verdünnte Sprachkultur. Das Jenninger-Syndrom in sprachkritischer Sicht, in: Deutsche Sprache 4 (1989), S. 289–316

Ralf Poscher (Hg.): Der Verfassungstag. Reden deutscher Gelehrter zur Feier der Weimarer Reichsverfassung, Baden-Baden 1999

Präsidium der VVN-Bund der Antifaschisten (Hg.): Von Buchenwald bis Hasselbach. Organisierter Antifaschismus 1945 bis heute, Köln 1987

ANDREAS PRIBERSKY / BERTHOLD UNFRIED (Hg.): Symbole und Rituale des Politischen. Ost-
und Westeuropa im Vergleich, Frankfurt (M) 1999
HERMANN PROEBST: Heuss. Eine Bildbiographie, München 1954
KARL PRÜMM: Entwürfe einer zweiten Republik. Zukunftsprogramme in den »Frankfur-
ter Heften« 1946–1949, in: THOMAS KOEBNER / GERT SAUTERMEISTER / SIGRID SCHNEIDER
(Hg.): Deutschland nach Hitler. Zukunftspläne im Exil und aus der Besatzungszeit
1939–1949, Opladen 1987, S. 330–343
PETER PTASSEK U. A.: Macht und Meinung. Die rhetorische Konstitution der politischen
Welt, Göttingen 1992
ULRIKE PUVOGEL / MARTIN STANKOWSKI: Gedenkstätten für die Opfer des Nationalsozialis-
mus. Eine Dokumentation, Bd. 1, Bonn ²1996

ANSON RABINBACH: Karl Jaspers' »Die Schuldfrage«. A Reconsideration, in: JÜRGEN C.
HEß / HARTMUT LEHMANN / VOLKER SELLIN (Hg.): Heidelberg 1945, Stuttgart 1996,
S. 149–158
THILO RAMM: Theodor Heuss. Ein Gedenkvortrag zu Ehren seines 80. Geburtstages in
der Universität Gießen, Gießen 1964
CHRISTIAN RASKOB: Grenzen und Möglichkeiten der Verständigung. Politische Kommu-
nikation zwischen Inszenierung und Aufklärung, Frankfurt (M) 1995
HEINZ RAUSCH: Der Bundespräsident – zugleich eine Darstellung des Staatsoberhaup-
tes seit 1919, München ²1984
MARIE-LUISE RECKER (Hg.): Politische Reden 1945–1990, Frankfurt (M) 1999
REDEN DER DEUTSCHEN BUNDESPRÄSIDENTEN Heuss, Lübke, Heinemann, Scheel, eingel. v.
DOLF STERNBERGER, ausgew. v. HEINRICH SPRENGER, München / Wien 1979
PETER REICHEL: Vergangenheitsbewältigung als Problem unserer Kultur, in: JÜRGEN
WEBER / PETER STEINBACH: Vergangenheitsbewältigung durch Strafverfahren? NS-
Prozesse in der Bundesrepublik Deutschland, München 1984, S. 145–163
PETER REICHEL: Zwischen Dämonisierung und Verharmlosung: Das NS-Bild und seine
politische Funktion in den 50er Jahren. Eine Skizze, in: AXEL SCHILDT / ARNOLD
SYWOTTEK (Hg.): Modernisierung im Wiederaufbau. Die westdeutsche Gesellschaft
der 50er Jahre, Bonn 1993, S. 679–692
PETER REICHEL: Politik mit der Erinnerung. Gedächtnisorte im Streit um die nationalso-
zialistische Vergangenheit, München 1995
HELMUT REINALTER: Grundsätzliche Überlegungen zu historischen Gedenktagen, in:
KARL PELLENS (Hg.): Historische Gedenkjahre im politischen Bewußtsein. Identitäts-
kritik und Identitätsbildung in Öffentlichkeit und Unterricht, Stuttgart 1992,
S. 9–19
MATTHIAS RENSING: Nationalsozialismus in den Reden der Bundespräsidenten Heuss bis
Carstens, in: MICHAEL EPKENHANS / MARTIN KOTTKAMP / LOTHAR SNYDERS (Hg.): Libera-
lismus, Parlamentarismus und Demokratie, Göttingen 1994 , S. 272–299 [= FS
Manfred Botzenhart]
MATTHIAS RENSING: Geschichte und Politik in den Reden der deutschen Bundespräsi-
denten 1949–1984, Münster / New York 1996
PETER MATTHIAS REUSS: Die Mission Hausenstein (1950–1955). Ein Beitrag zur
Geschichte der deutsch-französischen Beziehungen nach dem Zweiten Weltkrieg,
Sinzheim 1995
ELKE REUTER / DETLEF HANSEL: Das kurze Leben der VVN von 1947 bis 1953. Die
Geschichte der Vereinigung der Verfolgten des Naziregimes in der Sowjetischen
Besatzungszone und in der DDR, Berlin 1997

ERNST REUTER: Schriften, Reden, hg. v. HANS E. HIRSCHFELD u. HANS J. REICHHARDT, 4 Bde., Berlin / Frankfurt (M) 1973–75

HANS REUTIMANN: Theodor Heuss. Humanismus in der Bewährung, Braunschweig 1964

RHETORIK. Ein internationales Jahrbuch, Bd. 11: Rhetorik und Politik, hg, v. GERT UEDING, Tübingen 1992; Bd. 14: Angewandte Rhetorik, hg. v. WILHELM HILGENDORFF, Tübingen 1995

GERHARD RITTER: Geschichte als Bildungsmacht. Ein Beitrag zur historisch-politischen Neubesinnung, Stuttgart 21947

CLAUDE RIVIÈRE: Politische Liturgien, in: ANDREAS PRIBERSKY / BERTHOLD UNFRIED (Hg.): Symbole und Rituale des Politischen. Ost- und Westeuropa im Vergleich, Frankfurt (M) 1999, S. 25–38

KARL ROHE: Politische Kultur und ihre Analyse. Probleme und Perspektiven der politischen Kulturforschung, in: HZ 250 (1990), S. 321–346

HANS ROTHFELS: Die deutsche Opposition gegen Hitler. Eine Würdigung, Krefeld 21951 [zuerst: amerikan. 1948]

HANS ROTHFELS: Zehn Jahre danach, in: VZG 3 (1955), S. 227–239

HANS ROTHFELS: Theodor Heuss, die Frage der Kriegsorden und die Friedensklasse des Pour le mérite, in: VZG 17 (1969), S. 414–422

HERMANN RUDOLPH / OTTO BORST / BARTHOLD C. WITTE: Drei Reden über Theodor Heuss, hg. v. d. STADT BRACKENHEIM, Brackenheim 1996

KLAUS-JÜRGEN RUHL (Hg.): »Mein Gott, was soll aus Deutschland werden?« Die Adenauer-Ära 1949–1963, München 1983

HERMANN-JOSEF RUPIEPER: Der besetzte Verbündete. Die amerikanische Deutschlandpolitik 1949–1955, Opladen 1991

HERMANN-JOSEF RUPIEPER: Die Wurzeln der westdeutschen Nachkriegsdemokratie. Der amerikanische Beitrag 1945–1952, Opladen 1993

JÖRN RÜSEN: Historische Vernunft. Grundzüge einer Historik I: Die Grundlagen der Geschichtswissenschaft, Göttingen 1983

JÖRN RÜSEN Rekonstruktion der Vergangenheit. Grundzüge einer Historik II: Die Prinzipien der historischen Forschung, Göttingen 1986

JÖRN RÜSEN: Lebendige Geschichte. Grundzüge einer Historik III: Formen und Funktionen de historischen Wissens, Göttingen 1989

JÖRN RÜSEN: Geschichtskultur als Forschungsproblem, in: KLAUS FRÖHLICH / HEINRICH THEODOR GRÜTTER / JÖRN RÜSEN (Hg.): Geschichtskultur, Pfaffenweiler 1992, S. 39–50

JÖRN RÜSEN: Was ist Geschichtskultur? Überlegungen zu einer neuen Art, über Geschichte nachzudenken, in: KLAUS FÜßMANN / JÖRN RÜSEN (Hg.): Historische Faszination. Geschichtskultur heute, Köln u. a. 1994, S. 3–26

JÖRN RÜSEN: Geschichtskultur, in: KLAUS BERGMANN u. A. (Hg.): Handbuch der Geschichtsdidaktik, Seelze-Velber 51997, S. 38–41

THEO RÜTTEN: Der deutsche Liberalismus 1945 bis 1955. Deutschland- und Gesellschaftspolitik der ost- und westdeutschen Liberalen in der Entstehungsphase der beiden deutschen Staaten, Baden-Baden 1984

ULRICH SARCINELLI: »Staatsrepräsentation« als Problem politischer Alltagskommunikation: Politische Symbolik und symbolische Politik, in: JÖRG-DIETER GAUGER / JUSTIN STAGL (Hg.): Staatsrepräsentation, Berlin 1992, S. 159–174

HANS SARKOWICZ (Hg.): Sie prägten Deutschland. Eine Geschichte der Bundesrepublik in politischen Porträts, München 1999

GARY S. SCHAAL / ANDREAS WÖLL (Hg.): Vergangenheitsbewältigung. Modelle der politischen und sozialen Integration in der bundesrepublikanischen Nachkriegsgeschichte, Baden-Baden 1997

WALTER SCHEEL: Reden und Interviews, hg. v. PRESSE- UND INFORMATIONSAMT DER BUNDESREGIERUNG, 5 Bde., Bonn 1975–1979

FRITZ SCHELLACK: Nationalfeiertage in Deutschland von 1871 bis 1945, Frankfurt (M) u. a. 1990

ULRICH SCHEUNER: Das Amt des Bundespräsidenten als Aufgabe verfassungsrechtlicher Gestaltung, Tübingen 1966

HOLGER SCHICK U. A.: Bonn: Der »Fall« der Jenninger-Rede, in: ULRIKE WASMUHT (Hg.): Konfliktverwaltung. Ein Zerrbild unserer Demokratie? Analysen zu fünf innenpolitischen Streitfällen, Berlin 1992, S. 227–272

AXEL SCHILDT: Deutschlands Platz in einem »christlichen Abendland«. Konservative Publizisten aus dem Tat-Kreis in der Kriegs- und Nachkriegszeit, in: THOMAS KOEBNER / GERT SAUTERMEISTER / SIGRID SCHNEIDER (Hg.): Deutschland nach Hitler. Zukunftspläne im Exil und aus der Besatzungszeit 1939–1949, Opladen 1987, S. 344–369

AXEL SCHILDT / ARNOLD SYWOTTEK (Hg.): Modernisierung im Wiederaufbau. Die westdeutsche Gesellschaft der 50er Jahre, Bonn 1993

AXEL SCHILDT: Nachkriegszeit. Möglichkeiten und Probleme einer Periodisierung der westdeutschen Geschichte nach dem Zweiten Weltkrieg und ihre Einordnung in die deutsche Geschichte des 20. Jahrhunderts, in: GWU 44 (1993), S. 567–584

AXEL SCHILDT: Der Umgang mit der NS-Vergangenheit in der Öffentlichkeit der Nachkriegszeit, in: WILFRIED LOTH / BERND-A. RUSINEK (Hg.): Verwandlungspolitik. NS-Eliten in der westdeutschen Nachkriegsgesellschaft, Frankfurt (M) / New York 1998, S. 19–54

DIETMAR SCHILLER: Politische Gedenktage in Deutschland. Zum Verhältnis von öffentlicher Erinnerung und politischer Kultur, in: APUZ B 25/93 (18. 6. 1993), S. 32–39

DIETMAR SCHILLER: Die inszenierte Erinnerung. Politische Gedenktage im öffentlich-rechtlichen Fernsehen der Bundesrepublik Deutschland zwischen Medienereignis und Skandal, Frankfurt (M) 1993

DIETMAR SCHIRMER: Strukturen und Mechanismen einer deformierten Wahrnehmung. Der 8. Mai und das Projekt »Vergangenheitsbewältigung«, in: HELMUT KÖNIG (Hg.): Politische Psychologie heute, Opladen 1988, S. 190–208

HEINZ SCHLAFFER: Gedenktage, in: Merkur 43 (1989), S. 81–84

KLAUS SCHLAICH: Rez. Axel Schulz, Die Gegenzeichnung, in: AöR 105 (1980), S. 145–152

KLAUS SCHLAICH: Die Funktionen des Bundespräsidenten im Verfassungsgefüge, in: JOSEF ISENSEE / PAUL KIRCHHOF (Hg.): Handbuch des Staatsrechts der Bundesrepublik Deutschland, Bd. III: Demokratische Willensbildung – Die Staatsorgane des Bundes, Heidelberg 1987, § 49 [= S. 523ff]

JÜRGEN SCHMÄDEKE / PETER STEINBACH (Hg.): Der Widerstand gegen den Nationalsozialismus. Die deutsche Gesellschaft und der Widerstand gegen Hitler, München ²1986

CARLO SCHMID: Bundestagsreden, hg. v. HANSJOACHIM DAUL, Bonn 1966

CARLO SCHMID: Erinnerungen, Bern u. a. 1979

SIEGFRIED J. SCHMIDT: Gedächtnis – Erzählen – Identität, in: ALEIDA ASSMANN / DIETRICH HARTH (Hg.): Mnemosyne. Formen und Funktionen der kulturellen Erinnerung, Frankfurt (M) 1991, S. 378–397

THOMAS SCHMIDT: Kalender und Gedächtnis. Erinnern im Rhythmus der Zeit, Göttingen 2000

THOMAS SCHNABEL (Hg.): Formen des Widerstandes im Südwesten 1933–1945. Scheitern und Nachwirken, hg. v. d. LANDESZENTRALE FÜR POLITISCHE BILDUNG BADEN-WÜRTTEMBERG u. v. HAUS DER GESCHICHTE BADEN-WÜRTTEMBERGS, Ulm 1994

CHRISTIAN SCHNEIDER: Identität und Identitätswandel der Deutschen nach 1945, in: WILFRIED LOTH / BERND-A. RUSINEK (Hg.): Verwandlungspolitik. NS-Eliten in der westdeutschen Nachkriegsgesellschaft, Frankfurt (M) / New York 1998, S. 247–258

GREGOR SCHÖLLGEN: Die Außenpolitik der Bundesrepublik Deutschland. Von den Anfängen bis zur Gegenwart, Bonn 1999

GÜNTHER SCHOLZ: Die Bundespräsidenten. Biographien eines Amtes, Heidelberg ³1996

BENIGNA SCHÖNHAGEN: Örtlich betäubt. Der öffentliche Umgang mit dem Widerstand gegen das NS-System in Tübingen nach 1945, in: THOMAS SCHNABEL (Hg.): Formen des Widerstandes im Südwesten 1933–1945. Scheitern und Nachwirken, hg. v. d. LANDESZENTRALE FÜR POLITISCHE BILDUNG BADEN-WÜRTTEMBERG u. v. HAUS DER GESCHICHTE BADEN-WÜRTTEMBERGS, Ulm 1994, S. 295–309

MICHAEL SCHORNSTHEIMER: Bombenstimmung und Katzenjammer. Vergangenheitsbewältigung, Quick und Stern in den 50er Jahren, Köln 1989 [neu bearb. u. d. T.: Die leuchtenden Augen der Frontsoldaten. Nationalsozialismus und Krieg in den Illustriertenromanen der fünfziger Jahre, Köln 1995]

GERHARD SCHREIBER: Hitler. Interpretationen 1923–1983. Ergebnisse, Methoden und Probleme der Forschung, Darmstadt 1984

WALTRAUD SCHREIBER: Neuere geschichtsdidaktische Positionen und ihr Lebensweltbegriff. Versuch einer Präzisierung im Anschluß an die Phänomenologie Edmund Husserls, Bochum 1995

HELMUT SCHREYER / MATTHIAS HEYL (Hg.): Das Echo des Holocaust. Pädagogische Aspekte des Erinnerns, Hamburg 1992

KLAUS V. SCHUBERT: Eine Armeegründung unter der Belastung durch historische Hypotheken, in: KLAUS M. KODALLE (Hg.): Tradition als Last? Legitimationsprobleme der Bundeswehr, Köln 1981, S. 153–166

KARL-HEINZ SCHULMEISTER: Auf dem Wege zu einer neuen Kultur. Der Kulturbund in den Jahren 1945–1949, Berlin (DDR) 1977

HAGEN SCHULZE: Weimar. Deutschland 1918–1933, Berlin 1998 [TB]

HAGEN SCHULZE: Mentalitätsgeschichte – Chancen und Grenzen eines Paradigmas der französischen Geschichtswissenschaft, in: GWU 36 (1985), S. 247–270

WINFRIED SCHULZE: Deutsche Geschichtswissenschaft nach 1945, München 1989

KURT SCHUMACHER: Reden, Schriften, Korrespondenzen 1945–1952, hg. v. WILLY ALBRECHT, Berlin / Bonn 1985

MARTIN SCHUMACHER (Hg.): M. d. R. Die Reichstagsabgeordneten der Weimarer Republik in der Zeit des Nationalsozialismus. Politische Verfolgung, Emigration und Ausbürgerung 1933–1945. Eine biographische Dokumentation, Düsseldorf ³1994

MICHAEL SCHWAB-TRAPP: Konflikt, Kultur und Interpretation. Eine Diskursanalyse des öffentlichen Umgangs mit dem Nationalsozialismus, Opladen 1996

Gesine Schwan: Die politische Relevanz nicht-verarbeiteter Schuld, in: Peter Bettelheim / Robert Streibel (Hg.): Tabu und Geschichte. Zur Kultur des kollektiven Erinnerns, Wien 1994, S. 29–44

Gesine Schwan: Politik und Schuld. Die zerstörerische Macht des Schweigens, Frankfurt (M) 1997

Thomas A. Schwartz: Die Atlantik-Brücke. John McCloy und das Nachkriegsdeutschland, Frankfurt (M) / Berlin 1992 [zuerst: u. d. T.: America's Germany. John McCloy and the Federal Republic of Germany, Cambridge / London 1991]

Thomas A. Schwartz: Reeducation and Democracy: The Policies of the United States High Commission in Germany, in: Michael Ermath (Hg.): America and the Shaping of German Society, 1945–1955, Providence / Oxford 1993, S. 35–46

Hans-Peter-Schwarz: Vom Reich zur Bundesrepublik. Deutschland im Widerstreit der außenpolitischen Konzeptionen in den Jahren der Besatzungsherrschaft 1945–1949, Stuttgart ²1980

Hans-Peter Schwarz: Die Ära Adenauer. Gründerjahre der Republik 1949–1957, Stuttgart / Wiesbaden 1981

Hans-Peter Schwarz: Die Ära Adenauer. Epochenwechsel 1957–1963, Stuttgart / Wiesbaden 1983

Hans-Peter Schwarz (Hg.): Konrad Adenauers Regierungsstil, Bonn 1991

Hans-Peter Schwarz: Adenauer, Bd. 1: Der Aufstieg. 1876–1953; Bd. 2: Der Staatsmann. 1953–1967, München 1994 [TB]

Hans-Peter Schwarz: Der Ort der Bundesrepublik in der deutschen Geschichte, Opladen 1996

Hans-Peter Schwarz: Von Heuss bis Herzog. Der Bundespräsident im politischen System der Bundesrepublik Deutschland, in: Eberhard Jäckel / Horst Möller / Hermann Rudolph (Hg.): Von Heuss bis Herzog. Die Bundespräsidenten im politischen System der Bundesrepublik, Stuttgart 1999, S. 17–41 [auch in: APUZ B 20/99 (14. 5. 1999), S. 3–13]

Max Schwarz: MdR. Biographisches Handbuch der Reichstage, Hannover 1965

Volker Sellin: Mentalität und Mentalitätsgeschichte, in: HZ 241 (1985), S. 555–598

François Seydoux: Beiderseits des Rheins. Erinnerungen eines französischen Diplomaten, Frankfurt (M) 1975

Derrick Sington: Die Tore öffnen sich. Authentischer Bericht über das englische Hilfswerk für Belsen, Münster 1995 [zuerst: engl. 1946, dt. 1948]

Jean Solchany: Vom Antimodernismus zum Antitotalitarismus. Konservative Interpretationen des Nationalsozialismus in Deutschland 1945–1949, in: VZG 44 (1996), S. 373–394

Hans Soltau: Volksbund Deutsche Kriegsgräberfürsorge – Sein Werden und Wirken, Kassel ³1982

Kurt Sontheimer: Antidemokratisches Denken in der Weimarer Republik. Die politischen Ideen der deutschen Nationalismus zwischen 1918 und 1933, München ²1968

Kurt Sontheimer: Die Adenauer-Ära. Grundlegung der Bundesrepublik, München ²1996

Franz Spath: Das Bundespräsidialamt, Düsseldorf ⁵1993

Hans Speidel: Aus unserer Zeit. Erinnerungen, Berlin 1977

Ilse Spittmann / Gisela Helwig (Hg.): DDR-Lesebuch. Von der SBZ zur DDR 1945–1949, Köln 1989

CHRISTOPH STEINBACH. Historische Argumentation in politischen Reden und Leitartikeln zum 30. Jahrestag der deutschen Kapitulation von 1945, in: WILHELM VAN KAMPEN / HANS GEORG KIRCHHOFF (Hg.): Geschichte in der Öffentlichkeit. Tagung der Konferenz für Geschichtsdidaktik vom 5. bis 8. Oktober 1977 in Osnabrück, Stuttgart 1979, S. 237–262

PETER STEINBACH: Nationalsozialistische Gewaltverbrechen. Die Diskussion in der deutschen Öffentlichkeit nach 1945, Berlin 1981

PETER STEINBACH: Nationalsozialistische Gewaltverbrechen in der deutschen Öffentlichkeit nach 1945, Einige Bemerkungen, Fragen, Akzente, in: JÜRGEN WEBER / PETER STEINBACH (Hg.): Vergangenheitsbewältigung durch Strafverfahren? NS-Prozesse in der Bundesrepublik Deutschland, München 1984, S. 13–39

PETER STEINBACH: Vergangenheit als Last und Chance. Vergangenheitsbewältigung in den 50er Jahren, in: JÜRGEN WEBER (Hg.): Die Bundesrepublik wird souverän 1950–1955, München 1986, S. 309–345

PETER STEINBACH: Wem gehört der Widerstand gegen Hitler?, in: Dachauer Hefte 6 (1990), S. 56–72

PETER STEINBACH: Widerstand im Widerstreit. Der Widerstand gegen den Nationalsozialismus in der Erinnerung der Deutschen. Ausgewählte Studien, Paderborn u. a. 1994

PETER STEINBACH: Der Widerstand als Thema der politischen Zeitgeschichte. Ordnungsversuche vergangener Wirklichkeit und politischer Reflexionen, in: DERS.: Widerstand im Widerstreit. Der Widerstand gegen den Nationalsozialismus in der Erinnerung der Deutschen. Ausgewählte Studien, Paderborn u. a. 1994, S. 39–102

PETER STEINBACH: Widerstandsdiskussionen und Widerstandsforschung im Spannungsfeld politischer Entwicklungen, in: DERS.: Widerstand im Widerstreit. Der Widerstand gegen den Nationalsozialismus in der Erinnerung der Deutschen. Ausgewählte Studien, Paderborn u. a. 1994, S. 103–123

PETER STEINBACH: Widerstand im Dritten Reich – die Keimzelle der Nachkriegsdemokratie? Die Auseinandersetzung mit dem Widerstand in der historischen Bildungsarbeit, in den Medien und in der öffentlichen Meinung nach 1945, in: GERD R. UEBERSCHÄR (Hg.): Der 20. Juli 1944. Bewertung und Rezeption des deutschen Widerstands gegen das NS-Regime, Köln 1994, S. 79–100

PETER STEINBACH: Die Vergegenwärtigung von Vergangenem. Zum Spannungsverhältnis zwischen individueller Erinnerung und öffentlichem Gedenken, in: APUZ B 3-4/97 (17. 1. 1997), S. 3–13

PETER STEINBACH: Postdiktatorische Geschichtspolitik. Nationalsozialismus im deutschen Geschichtsbild nach 1945, in: PETRA BOCK / EDGAR WOLFRUM (Hg.): Umkämpfte Vergangenheit. Geschichtsbilder, Erinnerung und Vergangenheitspolitik im internationalen Vergleich, Göttingen 1999, S. 17–40

PETER STEINBACH: Vergangenheitsbewältigung als Politikum, in: GESCHICHTE UND ERINNERUNG – Gedächtnis und Wahrnehmung. Kolloquium zum UNESCO-Programm »Memory of the World«, hg. v. d. DEUTSCHEN UNESCO-KOMMISSION, Bonn 2000, S. 48–68

PETER STEINBACH / JOHANNES TUCHEL (Hg.): Widerstand gegen den Nationalsozialismus, Bonn 1994

ROLF STEININGER (Hg.): Der Umgang mit dem Holocaust. Europa – USA – Israel, Wien u. a. 1994

Hannes Stekl: Politische Feste und nationale Feiertage in Deutschland, in: Beiträge
zur historischen Sozialkunde 26 (1996), S. 20–26

Hannes Stekl: Öffentliche Gedenktage und gesellschaftliche Identitäten, in: Emil
Brix / Hannes Stekl (Hg.): Der Kampf um das Gedächtnis. Öffentliche Gedenktage
in Mitteleuropa, Wien u. a. 1997, S. 91–116

Theodor Steltzer: Sechzig Jahre Zeitgenosse, München 1966

Werner Stephan: Aufstieg und Verfall des Linksliberalismus 1918–1933. Geschichte
der Deutschen Demokratischen Partei, Göttingen 1973

Werner Stephan: Acht Jahrzehnte erlebtes Deutschland. Ein Liberaler in vier Epochen,
Düsseldorf 1983

Frank Stern: Entstehung, Bedeutung und Funktion des Philosemitismus in Westdeutschland nach 1945, in: Werner Bergmann / Rainer Erb (Hg.): Antisemitismus in
der politischen Kultur nach 1945, Opladen 1990, S. 180–196

Frank Stern: Im Anfang war Auschwitz. Besatzer, Deutsche und Juden in der Nachkriegszeit, in: Dachauer Hefte 6 (1990), S. 25–42

Frank Stern: Im Anfang war Auschwitz. Antisemitismus und Philosemitismus im
deutschen Nachkrieg, Gerlingen 1991

Klaus Stern: Das Staatsrecht der Bundesrepublik Deutschland, Bd. 2: Staatsorgane,
Staatsfunktionen, Finanz- und Haushaltsverfassung, Notstandsverfassung, München 1980

Klaus Stern: Karl Carstens und das Amt des Bundespräsidenten, in: Bodo Börner /
Hermann Jahrreiß / Klaus Stern (Hg.): Einigkeit und Recht und Freiheit. Festschrift
Karl Carstens zum 70. Geburtstag am 14. 12. 1984, 2 Bde., Köln u. a. 1984, Bd. 1,
S. 5–16

Dolf Sternberger: Auch Reden sind Taten, in: Ders.: Sprache und Politik. Schriften XI,
hg. v. Peter Haungs u. a., Frankfurt (M.) 1991, S. 52–68 [urspr.: Einleitung, in:
Reden der deutschen Bundespräsidenten Heuss, Lübke, Heinemann, Scheel, eingel.
v. Dolf Sternberger, ausgew. v. Heinrich Sprenger, München / Wien 1979,
S. IX–XXII]

Dolf Sternberger: Sprache und Politik. Schriften XI, hg. v. Peter Haungs u. a., Frankfurt (M.) 1991

Stiftung Theodor-Heuss-Preis e. v. (Hg.): Vom rechten Gebrauch der Freiheit. Ein zeit-
geschichtliches Lesebuch in Dokumenten 1964 bis 1974, München 1974

Toni Stolper: Ein Leben in Brennpunkten unserer Zeit. Wien – Berlin – New York.
Gustav Stolper. 1888–1947, Tübingen 1960

Erich Straßner: Ideologie – Sprache – Politik. Grundfragen ihres Zusammenhangs,
Tübingen 1987

Franz Josef Strauß: Erinnerungen, Berlin ²1989

Herbert A. Strauss: Der Holocaust als Epochenscheide der Antisemitismusgeschichte:
historische Diskontinuitäten, in: Werner Bergmann / Rainer Erb (Hg.): Antisemitismus in der politischen Kultur nach 1945, Opladen 1990, S. 38–56

Streitfall Deutsche Geschichte. Geschichts- und Gegenwartsbewußtsein in den 80er
Jahren, hg. v. d. Landeszentrale für politische Bildung Nordrhein-Westfalen, Essen
1988

Klaus Sühl (Hg.): Vergangenheitsbewältigung 1945 und 1989. Ein unmöglicher Vergleich?, Berlin 1994

Rita Süssmuth: Erinnern im politischen Alltag, in: Dachauer Hefte 6 (1990), S. 3–11

THEODOR HEUSS zum Gedenken, Berlin 41965

DIETRICH THRÄNHARDT: Geschichte der Bundesrepublik Deutschland, Frankfurt (M) 1986

STEFAN TITSCHER U. A.: Methoden der Textanalyse. Leitfaden und Überblick, Opladen 1998

CHRISTIAN TOMUSCHAT: Präsidialsystem und Demokratie, in: BODO BÖRNER / HERMANN JAHRREIß / KLAUS STERN (Hg.): Einigkeit und Recht und Freiheit. Festschrift Karl Carstens zum 70. Geburtstag am 14.12.1984, 2 Bde., Köln u. a. 1984, Bd. 2, S. 911–932

CHRISTIANE TOYKA-SEID: Der Widerstand gegen Hitler und die westdeutsche Gesellschaft. Anmerkungen zur Rezeptionsgeschichte des »anderen Deutschland« in der frühen Nachkriegszeit, in: PETER STEINBACH / JOHANNES TUCHEL (Hg.): Widerstand gegen den Nationalsozialismus, Bonn 1994, S. 572–581

CHRISTIANE TOYKA-SEID: »Nicht in die Lage versetzt, Erbauer eines friedlichen Deutschland zu sein«. Die Vereinigung der Verfolgten des Naziregimes (VVN) in Württemberg-Baden, in: THOMAS SCHNABEL (Hg.): Formen des Widerstandes im Südwesten 1933–1945. Scheitern und Nachwirken, hg. v. d. LANDESZENTRALE FÜR POLITISCHE BILDUNG BADEN-WÜRTTEMBERG U. V. HAUS DER GESCHICHTE BADEN-WÜRTTEMBERGS, Ulm 1994, S. 270–283

CHRISTIANE TOYKA-SEID: Gralshüter, Notgemeinschaft oder gesellschaftliche »Pressure-Group«? Die Stiftung »Hilfswerk 20. Juli 1944« im ersten Nachkriegsjahrzehnt, in: GERD R. UEBERSCHÄR (Hg.): Der 20. Juli 1944. Bewertung und Rezeption des deutschen Widerstands gegen das NS-Regime, Köln 1994, S. 157–169

GOTTFRIED REINHOLD TREVIRANUS: Das Ende von Weimar. Heinrich Brüning und seine Zeit, Düsseldorf / Wien 1968

GERD R. UEBERSCHÄR (Hg.): Der 20. Juli 1944. Bewertung und Rezeption des deutschen Widerstands gegen das NS-Regime, Köln 1994

GERT UEDING (Hg.): Rhetorik zwischen den Wissenschaften. Geschichte, System, Praxis und Probleme des »Historischen Wörterbuchs der Rhetorik«, Tübingen 1991

GERT UEDING (Hg.): Historisches Wörterbuch der Rhetorik, Bd. 1ff, Tübingen 1992ff

GERT UEDING / BERND STEINBRINK: Grundkurs der Rhetorik. Geschichte – Technik – Methode, Stuttgart / Weimar 31994

GERT UEDING (Hg.): Deutsche Reden von Luther bis zur Gegenwart, Frankfurt (M) 1999

GERT UEDING: Klassische Rhetorik, München 32000

GERT UEDING: Moderne Rhetorik. Von der Aufklärung bis zur Gegenwart, München 2000

FLORIAN VASEN: Politische Lyrik, in: LUDWIG FISCHER (Hg.): Literatur in der Bundesrepublik Deutschland bis 1967, München 1986, S. 436–459

JUTTA VERGAU: Aufarbeitung von Vergangenheit vor und nach 1989. Eine Analyse des Umgangs mit den historischen Hypotheken totalitärer Diktaturen in Deutschland, Marburg 2000

VERHANDLUNGEN DES DEUTSCHEN BUNDESTAGS, Stenographische Berichte, Bd. 1ff, Bonn 1950ff

VERHANDLUNGEN DES REICHSTAGS. Stenographische Berichte, Bd. 344ff, Berlin 1920ff

HANS-JOCHEN VOGEL / ERNST PIPER (Hg.): Erinnerungsarbeit und demokratische Kultur, München 1997

RÜDIGER VOIGT (Hg.): Politik der Symbole. Symbole der Politik, Opladen 1989

Rüdiger Voigt: Mythen, Rituale und Symbole in der Politik, in: Ders. (Hg.): Politik der Symbole. Symbole der Politik, Opladen 1989, S. 9–38.

Rüdiger Voigt: Mythen, Rituale und Symbole in der Politik, in: Andreas Pribersky / Berthold Unfried (Hg.): Symbole und Rituale des Politischen. Ost- und Westeuropa im Vergleich, Frankfurt (M) 1999, S. 55–75

Volksbund Deutsche Kriegsgräberfürsorge (Hg.): Dienst am Menschen. Dienst am Frieden. 75 Jahre Volksbund Deutsche Kriegsgräberfürsorge, o. O. 1994

Volksbund Deutsche Kriegsgräberfürsorge (Hg.): Wir gedenken ... Reden zum Volkstrauertag 1951–1995, o. O. u. J. [Kassel 1995]

Johannes Volmert: Politikerrede als kommunikatives Handlungsspiel. Ein integriertes Modell zur semantisch-pragmatischen Beschreibung öffentlicher Rede, München 1989

Hans Vorländer: Verfall oder Renaissance des Liberalismus? Beiträge zum deutschen und internationalen Liberalismus, München 1987

Rüdiger Voss / Günther Neske (Hg.): Der 20. Juli 1944. Annäherung an den geschichtlichen Augenblick, Pfullingen 1984

Wolfgang Wagner: Die Bundespräsidenten-Wahl 1959, Mainz 1972

Martina Wagner-Egelhaaf: Autobiographie, Stuttgart / Weimar 2000

Ulrike C. Wasmuht (Hg.): Konfliktverwaltung. Ein Zerrbild unserer Demokratie? Analysen zu fünf innenpolitischen Streitfällen, Berlin 1992

Rudolf Wassermann: Zur juristischen Bewertung des 20. Juli 1944. Der Braunschweiger Remer-Prozeß als Meilenstein der Nachkriegsgeschichte, in: Recht und Politik 20 (1984), S. 68–80

Jürgen Weber (Hg.): Die Bundesrepublik wird souverän 1950–1955, München 1986

Jürgen Weber / Peter Steinbach (Hg.): Vergangenheitsbewältigung durch Strafverfahren? NS-Prozesse in der Bundesrepublik Deutschland, München 1984

Petra Weber: Carlo Schmid 1896–1979. Eine Biographie, München 1996

Konstanze Wegner (Bearb.): Linksliberalismus in der Weimarer Republik. Die Führungsgremien der Deutschen Demokratischen Partei und der Deutschen Staatspartei 1918–1933, Düsseldorf 1980

Hans-Ulrich Wehler: Gedenktage und Geschichtsbewußtsein, in: Hans-Jürgen Pandel (Hg.): Verstehen und Verständigen, Pfaffenweiler 1991, S. 197–214

Jens Wehner: Kulturpolitik und Volksfront. Ein Beitrag zur Geschichte der Sowjetischen Besatzungszone Deutschlands 1945–1949, 2 Bde., Frankfurt (M) 1992

Werner Weidenfeld / Karl-Rudolf Korte (Hg.): Handbuch zur deutschen Einheit 1949–1989–1999, Bonn 1999

Sigrid Weigel / Birgit Erdle (Hg.): Fünfzig Jahre danach. Zur Nachgeschichte des Nationalsozialismus, Zürich 1996

Frederick D. Weil: Umfragen zum Antisemitismus. Ein Vergleich zwischen vier Nationen, in: Werner Bergmann / Rainer Erb (Hg.): Antisemitismus in der politischen Kultur nach 1945, Opladen 1990, S. 131–179

Peter R. Weilemann / Hanns Jürgen Küsters (Hg.): Macht und Zeitkritik. Festschrift für Hans-Peter Schwarz zum 65. Geburtstag, Paderborn u. a. 1999

Bernd Weisbrod: Der 8. Mai in der deutschen Erinnerung, in: WerkstattGeschichte 13 (1996), S. 72–81

Richard v. Weizsäcker: Reden und Interviews, hg. v. Presse- und Informationsamt der Bundesregierung, 10 Bde., Bonn 1985–1994

Richard v. Weizsäcker: Von Deutschland nach Europa. Die bewegende Kraft der Geschichte, Berlin 1991

Hans-Heinrich Welchert: Theodor Heuss, Hannover 1967

Harald Welzer: Der Mythos der unbewältigten Vergangenheit. Über ein Interpretament der Zeitzeugenforschung zum Nationalsozialismus, in: Leviathan 24 (1996), S. 587–603

Alexandra-Eileen Wenck: Zwischen Menschenhandel und »Endlösung«: Das Konzentrationslager Bergen-Belsen, Paderborn u. a. 2000

Peter Wende (Hg.): Politische Reden 1792–1945, 3 Bde., Frankfurt (M) 1994

Udo Wengst: Staatsaufbau und Regierungspraxis 1948–1953. Zur Geschichte der Verfassungsorgane der Bundesrepublik Deutschland, Düsseldorf 1984

Udo Wengst (Bearb.): Auftakt zur Ära Adenauer. Koalitionsverhandlungen und Regierungsbildung 1949, Düsseldorf 1985

Udo Wengst (Bearb.): FDP-Bundesvorstand. Die Liberalen unter dem Vorsitz von Theodor Heuss und Franz Blücher. Sitzungsprotokolle 1949–1954, 2 Bde., Düsseldorf 1990

Udo Wengst: Geschichtswissenschaft und »Vergangenheitsbewältigung« in Deutschland nach 1945 und nach 1989/90, in: GWU 46 (1995), S. 189–205

Udo Wengst: Thomas Dehler 1897–1967. Eine politische Biographie, München 1997

Udo Wengst: Die Prägung des präsidialen Selbstverständnisses durch Theodor Heuss 1949–1959, in: Eberhard Jäckel / Horst Möller / Hermann Rudolph (Hg.): Von Heuss bis Herzog. Die Bundespräsidenten im politischen System der Bundesrepublik, Stuttgart 1999, S. 65–76 (Kommentar von Hermann Rudolph, S. 76–80; Diskussion, S. 81–83)

Rolf Wernstedt: Zur Vorgeschichte der Neugestaltung der Gedenkstätte Bergen-Belsen und der regionalen Gedenkstättenarbeit in Niedersachsen, in: Marlis Buchholz / Claus Füllberg-Stolberg / Hans-Dieter Schmid (Hg.): Nationalsozialismus und Region. Festschrift Herbert Obenaus zum 65. Geburtstag, Bielefeld 1996, S. 421–426

Wolfram Wette: »Sonderweg« oder »Normalität«? Die Zäsur von 1945 im Lichte neuerer Geschichtsinterpretationen, in: Fritz Petrick (Hg.): Kapitulation und Befreiung. Das Ende des II. Weltkriegs in Europa, Münster 1997, S. 150–162

Wilfried Wiedemann: Gegen das Vergessen – für eine diskursive Form der Erinnerung, in: Marlis Buchholz / Claus Füllberg-Stolberg / Hans-Dieter Schmid (Hg.): Nationalsozialismus und Region. Festschrift Herbert Obenaus zum 65. Geburtstag, Bielefeld 1996, S. 427–442

Wolfgang Wiedner: Theodor Heuss. Das Demokratie- und Staatsverständnis im Zeitablauf. Betrachtung der Jahre 1902 bis 1963, Ratingen u. a. 1973

Friso Wielenga: Schatten deutscher Geschichte. Der Umgang mit dem Nationalsozialismus und der DDR-Vergangenheit in der Bundesrepublik, Vierow 1995

Irmgard Wilharm: 1945–1995: Offizielles Gedenken und Medienöffentlichkeit in der Bundesrepublik, in: Marlis Buchholz / Claus Füllberg-Stolberg / Hans-Dieter Schmid (Hg.): Nationalsozialismus und Region. Festschrift Herbert Obenaus zum 65. Geburtstag, Bielefeld 1996, S. 443–456

Hans-Joachim Winkler: Der Bundespräsident – Repräsentant oder Politiker?, Opladen 1967

Heinrich August Winkler: Weimar 1918–1933. Die Geschichte der ersten deutschen Demokratie, München [2]1998

Ingelore M. Winter: Theodor Heuss. Ein Porträt, Tübingen 1983

INGELORE M. WINTER: Unsere Bundespräsidenten. Von Theodor Heuss bis Johannes Rau, Düsseldorf ⁴1999

WOLFGANG WIPPERMANN: Wessen Schuld? Vom Historikerstreit zur Goldhagen-Kontroverse, Berlin 1997

RUTH WODAK U. A.: Die Sprachen der Vergangenheiten. Öffentliches Gedenken in österreichischen und deutschen Medien, Frankfurt (M) 1994

MICHAEL WOLFFSOHN: Das Wiedergutmachungsabkommen mit Israel: Eine Untersuchung bundesdeutscher und ausländischer Umfragen, in: LUDOLF HERBST (Hg.): Westdeutschland 1945–1955. Unterwerfung, Kontrolle, Integration, München 1986, S. 203–218

MICHAEL WOLFFSOHN: Keine Angst vor Deutschland!, Erlangen u. a. 1990

MICHAEL WOLFFSOHN: Doppelte Vergangenheitsbewältigung, in: KLAUS SÜHL (Hg.): Vergangenheitsbewältigung 1945 und 1989. Ein unmöglicher Vergleich?, Berlin 1994, S. 37–43

MICHAEL WOLFFSOHN: Die Deutschland-Akte: Juden und Deutsche in Ost und West. Tatsachen und Legenden, München 1995

MICHAEL WOLFFSOHN: Von der äußerlichen zur verinnerlichten »Vergangenheitsbewältigung«. Gedanken und Fakten zu Erinnerungen, in: APUZ B 3-4/97 (17.1.1997), S. 14–22

EDGAR WOLFRUM: »Kein Sedantag glorreicher Erinnerung«. Der Tag der deutschen Einheit in der alten Bundesrepublik, in: DA 26 (1993), S. 432–443

EDGAR WOLFRUM: Frankreich und der deutsche Widerstand gegen Hitler 1944–1964. Von der Aberkennung zur Anerkennung, in: GERD R. UEBERSCHÄR (Hg.): Der 20. Juli 1944. Bewertung und Rezeption des deutschen Widerstands gegen das NS-Regime, Köln 1994, S. 55–64

EDGAR WOLFRUM: Der »Tag der deutschen Einheit«, in: ETIENNE FRANÇOIS (Hg.): Lieux de mémoire. Erinnerungsorte. D'un modèle français à un projet allemand, Berlin 1996, S. 119–126

EDGAR WOLFRUM: Geschichte als Politikum – Geschichtspolitik, in: NPL 41 (1996), S. 376–402

EDGAR WOLFRUM: Geschichtspolitik in der Bundesrepublik Deutschland 1949–1989. Phasen und Kontroversen, in: APUZ B 45 /98 (30.10.1998), S. 3–15

EDGAR WOLFRUM: Geschichtspolitik und deutsche Frage. Der 17. Juni im nationalen Gedächtnis der Bundesrepublik (1953–89), in: GG 24 (1998), S. 382–411.

EDGAR WOLFRUM: Geschichtspolitik in der Bundesrepublik Deutschland. Der Weg zur bundesrepublikanischen Erinnerung 1948–1990, Darmstadt 1999

ANDREAS WÖLL: »Wegweisend für das deutsche Volk« – Der 20. Juli 1944: Öffentliche Erinnerung und Vergangenheitsbewältigung in der Bundesrepublik, in: HELMUT KÖNIG / ANDREAS WÖLL (Hg.): Vergangenheitsbewältigung am Ende des zwanzigsten Jahrhunderts, Opladen 1998 [= Leviathan, Sonderheft 18], S. 17–37

JÖRG WOLLENBERG: Den Blick schärfen – Gegen das Verdrängen und Entsorgen. Beiträge zur historisch-politischen Aufklärung, Bremen 1998

HEIDE WUNDER: Kultur-, Mentalitätengeschichte, Historische Anthropologie, in: RICHARD V. DÜLMEN (Hg.): Fischer Lexikon. Geschichte, Frankfurt (M) 1990, S.68–86

INGRID WURTZBACHER-RUNDHOLZ: Verfassungsgeschichte und Kulturpolitik bei Dr. Theodor Heuss. Bis zur Gründung der Bundesrepublik Deutschland durch den Parlamentarischen Rat 1948/49, Frankfurt (M) / Bern 1981

JAMES E. YOUNG: Formen des Erinnerns. Gedenkstätten des Holocaust, Wien 1997

JAMES E. YOUNG: Jom Hashoah. Die Gestaltung eines Gedenktages, in: NICOLAS BERG / JESS JOCHIMSEN / BERND STIEGLER (Hg.): Shoah. Formen der Erinnerung. Geschichte, Philosophie, Literatur, Kunst, München 1996, S. 53–76

BERNHARD ZELLER (Hg.): »Als der Krieg zu Ende war«. Literarisch-politische Publizistik 1945–1950. Eine Ausstellung des Deutschen Literaturarchivs im Schiller-National-museum Marbach, Stuttgart 1973

EBERHARD ZELLER: Geist der Freiheit. Der zwanzigste Juli, München 1952

MICHAEL ZIMMERMANN: Negativer Fixpunkt und Suche nach positiver Identität. Der Nationalsozialismus im kollektiven Gedächtnis der alten Bundesrepublik, in: HANNO LOEWY (Hg.): Holocaust. Die Grenzen des Verstehens. Eine Debatte über die Besetzung der Geschichte, Reinbek 1992, S. 128–143

MOSHE ZIMMERMANN: Die Erinnerung an Nationalsozialismus und Widerstand im Spannungsfeld deutscher Zweistaatlichkeit, in: JÜRGEN DANYEL (Hg.): Die geteilte Vergangenheit. Zum Umgang mit Nationalsozialismus und Widerstand in beiden deutschen Staaten, Berlin 1995, S. 133–138

Verzeichnis der analysierten Reden

1. Theodor Heuss: Reichstagsrede, Berlin, 11. Mai 1932
(VERHANDLUNGEN DES REICHSTAGS, 63. Sitzung, Mittwoch, 11. Mai 1932, Bd. 446, S. 2587– 2593)
Zur Überlieferungsgeschichte:
Es handelte sich dabei, wie oben dargestellt (I. 2.), um eine weithin improvisierte Rede, so daß das Prokoll der Reichstagssitzung als ursprünglicher Text zu gelten hat.

2. Theodor Heuss: In memoriam, Stuttgart, 25. November 1945
(THEODOR HEUSS: Die großen Reden, Bd. 1: Der Staatsmann, Tübingen 1965, S. 63-71)
Zur Überlieferungsgeschichte:
Der Text findet sich in der o. a. Redensammlung. Weder im Nachlaß noch in den Beständen des Kultministeriums im HStAS waren, was angesichts des Arbeitsstils von Heuss verwunderlich ist, Materialien zu finden, anhand derer der Entstehungsprozeß der Rede hätte nachvollzogen werden können. Möglicherweise sind Unterlagen im Zuge der Auflösung des Verlages verlorengegangen. Eine Tonaufnahme ist laut brieflicher Auskunft des Deutschen Rundfunkarchivs v. 22. 9. 1997 »mit größter Wahrscheinlichkeit nicht erhalten geblieben«.

3. Theodor Heuss: Um Deutschlands Zukunft, Berlin, 18. März 1946
(THEODOR HEUSS: Aufzeichnungen 1945–1947. Aus dem Nachlaß hg. u. m. e. Einl. vers. v. EBERHARD PIKART, Tübingen 1966, S. 184–208)
Zur Überlieferungsgeschichte:
  (a) »Berlin Kulturbund / 18. 3. 1946«: handschriftliche Disposition, DIN A 5, 18 S. (SBTH, NL Heuss, N 1221/27 (= BA))
  (b) »Deutscher Kulturbund Berlin / Entwurf für Rede im März 1946«: maschinenschriftliche Disposition, DIN A 4, 5 S. (SBTH, NL Heuss, N 1221/27 (=BA))
  (c) »Um Deutschlands Zukunft«: redigierte Redemitschrift, 16 S. DIN A4 (SBTH, NL Heuss, N 1221/1 fol. 215–223 (= BA))
  (d) »Um Deutschlands Zukunft«, Druck in: TH. HEUSS: Aufzeichnungen, S. 184–208 (vgl. a. M. KIENZLE / D. MENDE: Heuss, S. 50–56).
(a) und (b) sind weitgehend identisch. Da Heuss solche fragmentarischen Dispositionen als Grundlage für seine Reden bevorzugte, ist es wahrscheinlich, daß (b) ihm in Berlin vorlag. In dem Genehmigungsantrag an die Sowjetische Militärverwaltung heißt es auch: »Dr. Heuss spricht nur nach Konzept und nicht nach einer wörtlich ausgearbeiteten Rede.«[1] Während in (a) auf einem eigenen Blatt die Eingangspassage mit dem erwähnten Schillerzitat notiert ist (»8. Mai Kapitulation / 9. Mai: Schillers 140. Geburtstag (!?). / Stürzte auch ...«), heißt es in (b) lapidar: »Besinnung über das deutsche Schicksal«; auch in (c) fehlt dieser Teil. Nachdem die erste handschriftliche Disposition schon abgetippt war, überarbeitete Heuss anscheinend nochmals die ursprüngliche Fassung. Auch wenn eine Tonaufnahme fehlt, deuten Presseberichte darauf hin, daß Heuss den in (a) vorgesehenen Redebeginn verwendete.[2]

[1] SAPMO DY 27/52: Kulturbund an Dymschitz, 11. 3. 1946.
[2] Vgl. *Nacht-Express*, 20. 3. 1946 (= SBTH, NL Heuss, N 1221/520 (= BA)): »Er sprach vom 9. Mai 1945, Schillers Todestag, dem Tag nach der in Berlin unterzeichneten bedingungslosen Kapitulation« sowie mit falscher Datumsnennung *Das Volk*, 20. 3. 1946: »Theodor Heuss verwies darauf, daß der 8. Mai 1945, der Tag der bedingungslosen Kapitulation, auch (!) der 140. Todestag war.«

Die Fassung (c), die nicht die Überschrift »Deutschland – Schicksal und Aufgabe« trägt, unter dem der Vortrag angekündigt wurde, sondern schon den späteren Titel »Um Deutschlands Zukunft«, ist demnach keine vorher fertig gestellte Fassung der Rede, sondern wurde erst im nachhinein, wahrscheinlich aufgrund einer Tonaufnahme und/oder eines Stenogramms, angefertigt. Dies entspricht auch dem Arbeitsstil von Heuss. Der posthume Druck (d) folgt wörtlich der Fassung (c).[3]

4. Theodor Heuss: Mut zur Liebe, Wiesbaden, 7. Dezember 1949
(THEODOR HEUSS: Die großen Reden, Bd. 1: Der Staatsmann, Tübingen 1965, S. 99–107)
Zur Überlieferungsgeschichte:
(a) Tonaufnahme (DRA 60–02397), 23'
(b) »Rede des Herrn Bundespräsidenten Dr. Heuss anläßlich der Feierstunde der Gesellschaft für christlich jüdische Zusammenarbeit in Wiesbaden am 7. Dezember 1949, 16.00 Uhr«: maschinenschriftliche Redemitschrift mit handschriftlichen Korrekturen, DIN A 4, 6 S. (SBTH, Bundespräsidialamt, Amtszeit Heuss, B 122/211 R 14 (= BA))
(c) »Wir dürfen nicht vergessen«. Der Wortlaut der Wiesbadener Rede des Bundespräsidenten Theodor Heuss zum jüdischen Problem (Neue Zeitung, 9.12.1949, S. 5)
(d) »Bundespräsident Prof. Dr. Theodor Heuß, Mut zur Liebe«, hg. v. Deutschen Koordinierungsrat der Christen und Juden, Frankfurt o. J [1950] (SBTH, Bundespräsidialamt, Amtszeit Heuss, B 122/211 R 14 (= BA); SBTH BA N 1221/2 (= BA))
(e) englische Übersetzung; drei Exemplare, z. T. mit maschinenschriftlichen Korrekturen (SBTH, Bundespräsidialamt, Amtszeit Heuss, B 122/211 R 14 (=BA))
(f) englische Übersetzung, hektographiert (SBTH, Bundespräsidialamt, Amtszeit Heuss, B 122/211 R 14 (= BA))
(g) TH. HEUSS: Reden, Bd. 1, S. 99–107.
Aus der Vorbereitungsphase scheinen keine Notizen und Entwürfe überliefert zu sein. Fassung (b) ist kein Wortprotokoll, beruht aber – wie sich aus dem Vermerk der Zuschauerreaktion »(Heiterkeit)« an einer Stelle und wie sich aus einem Vergleich mit der Tonaufnahme (a) ergibt – auf dem gesprochenen Text. Die stenographische Mitschrift der Rede war Ministerialdirektor Klaiber am 9.12.1949 von der Kanzlei des hessischen Ministerpräsidenten übersandt worden.[4] Der Hinweis auf die schlechte Plazierung des Stenographen mag die Abweichungen von (a) erklären und/oder auf zwischenzeitliche Bearbeitungen hinweisen. Die Einarbeitung der handschriftlichen Korrekturen in (b) ergäbe – folgt man der Überlieferung anderer Reden – eine dann vermutlich hektographierte Fassung (b'), mit der die Wünsche nach der Zusendung des Redetextes befriedigt wurden[5] und auf der die dann veröffentlichte Fassung (d) beruht. Darauf deutet auch der Vermerk auf der ersten Seite von (b) hin: »Soll für Abzüge abgeschrieben werden«.
Die englischen Übersetzungen gingen auf das Interesse McCloys zurück, dem einige Exemplare übersandt wurden.[6] Fassung (d) war dann die Grundlage für weitere Drucke wie z. B. (g). Der in der Neuen Zeitung veröffentlichte Wortlaut (c) beruht nicht auf

---

[3] Vgl. TH. HEUSS: Aufzeichnungen, S. 28f, 184, 239, wo aber Fragen der Überlieferung weitgehend ausgespart werden.
[4] Vgl. SBTH, Bundespräsidialamt, Amtszeit Heuss, B 122/614 (= BA): Schreiben an Klaiber, 9.12.1949.
[5] Vgl. ebd. die entsprechenden Anfragen.
[6] Vgl. ebd.: Herwarth an Sprachendienst, 12.12.1949.

der Mitschrift, die (b) zugrunde liegt, sondern wurde anscheinend unabhängig davon angefertigt und weicht in einzelnen Formulierungen deutlich vom gesprochenen Text (a) ab.[7]

5. Theodor Heuss: Woche der Brüderlichkeit, Rundfunk, 7. März 1952
(BULLETIN DES PRESSE- UND INFORMATIONSAMTES DER BUNDESREGIERUNG, Nr. 28 (8. März 1952), S. 273f)

Zur Überlieferungsgeschichte:
(a) »Woche der Brüderlichkeit Rundfunk 9. (!) März 1952«: handschriftliche Disposition, DIN A 4, 6 S. (SBTH, NL Heuss, N 1221/7 (= BA))
(b) »Woche der Brüderlichkeit Rundfunk 9. (!) März 1952«: maschinenschriftliche Disposition in zwei Ausfertigungen, mit Anmerkungen, z. T. von verschiedener Hand, und einem Beiblatt mit inhaltlichen Anregungen, DIN A 4, 5 S. (SBTH, Bundespräsidialamt, Amtszeit Heuss, B 122/222 R 147 (= BA))
(c) »Bundespräsident Theodor Heuss zur 'Woche der Brüderlichkeit'. Rundfunkansprache am 7. März 1952«: Endfassung mit Sperrfristvermerk »Veröffentlichung nicht gestattet vor dem 7. März 1952 – 20.30 Uhr«, DIN A 4, 6 S., hektographiert (SBTH, Bundespräsidialamt, Amtszeit Heuss, B 122/222 R 147 (= BA))
(d) Tonaufnahme (DRA 52–12772; SDR-Tonarchiv 6000552 [= SWR]), 17'
(e) »Woche der Brüderlichkeit«: Endfassung (BULLETIN Nr. 28 (8. 3. 1952), S. 273f.)
(f) Sonderdruck, hg. v. Deutschen Koordinierungsrat mit Heuss auf dem Titel (SBTH, Bundespräsidialamt, Amtszeit Heuss, B 122/222 R 147 (= BA)).

Da die einzelnen Fassungen nicht datiert sind, läßt sich der zeitliche Fortgang der Redevorbereitung nicht im einzelnen rekonstruieren. Da die Tonaufnahme am Nachmittag des 3. März, also vier Tage vor der Ausstrahlung erfolgte, muß zu diesem Zeitpunkt die Rede fertig gewesen sein.[8] Der von ihm selbst korrigierte handschriftliche Entwurf (a) diente abgetippt wohl als Arbeitsgrundlage, wobei offen bleiben muß, inwieweit Heuss Skizzen und Vorentwürfe anfertigte, die jedenfalls nicht erhalten sind. Nicht nur Korrekturen von verschiedener Hand lassen darauf schließen, daß nicht nur Heuss den Text mehrmals überarbeitete. Das (b) beiliegende Beiblatt mit inhaltlichen Anregungen deutet darauf hin, daß noch konzeptionelle Änderungswünsche von anderen erfolgten. Der handschriftliche Vermerk von Heuss »Notizen von [?] Bott« auf dem eben erwähnten Beiblatt weist auf eine wichtige Rolle des persönlichen Referenten Hans Bott bei der Erstellung der Rede hin. Fassung (c) stellt auch die Grundlage für die Veröffentlichung (e) dar, wobei gegenüber dem vorab verbreiteten Text lediglich die Anrede »Geehrte Zuhörer!« weggelassen wurde.

---

[7] Ein Vergleich z. B. des Anfangssatzes macht die – kursiv gesetzten! – Abweichungen vom gesprochenen Text (a) deutlich:
(a) »Es wäre verlockend für mich, die geschichtsphilosophischen Darstellungen von Herrn Professor Morgen mit zu verfolgen.«
(b) »Es wäre verlockend für mich, die *geschichtsphilosophische Darstellung* von Herrn Professor Morgen weiter zu verfolgen; (...)«
(c) »Es wäre für mich *eine Verlockung, mich an* (!) *den* geschichtsphilosophischen Darstellungen von Herrn Prof. Dr. Morgen *im einzelnen auseinanderzusetzen.*«
[8] Vgl. SBTH, NL Heuss, N 1221/482 (= BA): Kalendereintrag für 16 Uhr: »Bandaufnahme Rundfunk f. Woche der Brüderlichkeit«; um 18 Uhr war eine Besprechung mit Adenauer vorgesehen, bei der er ihn auch über die Rede informierte (vgl. TH. HEUSS / K. ADENAUER: Augen, S. 81).

6. Theodor Heuss: Diese Scham nimmt uns niemand ab!, Bergen-Belsen, 30. November 1952

(Bulletin des Presse- und Informationsamtes der Bundesregierung, Nr. 189 (2. Dezember 1952), S. 1655f)

Zur Überlieferungsgeschichte:

(a) »Belsen / Mahnmal / 30. 11. 52«: handschriftliche Disposition, DIN A 5, 14 S. (SBTH, NL Heuss, N 1221/8 (=BA))

(b) »Belsen / Mahnmal / 30. 11. 52«: maschinenschriftliche Disposition, DIN A 5, 14 S. (SBTH Bundespräsidialamt, Amtszeit Heuss, B122/226 R 186 (=BA))

(c) Tonaufnahme, 19′ 35″ (DRA Band Nr. 88 U 4759/5)

(d) »Bundespräsident Prof. Heuß: [...]«: maschinenschriftliche korrigierte Redemitschrift, 8 S., DIN A 4, (SBTH Bundespräsidialamt, Amtszeit Heuss, B122/226 R 186 (=BA))

(e) hektographierte Endfassung, DIN A 4, 8 S. (SBTH Bundespräsidialamt, Amtszeit Heuss, B122/226 R 186 (=BA))

(f) »›Diese Scham nimmt uns niemand ab!‹«, Bulletin, Nr. 189 (2. 12. 1952), S. 1655f.

(a) ist die erste nachweisbare Fassung, die die Grundstruktur der Rede bereits aufweist; mögliche Notizen, die man aufgrund der schon beschriebenen Arbeitsweise von Heuss als Grundlage für (a) vermuten könnte, sind entweder nicht erhalten oder, was angesichts der relativ kurzen Vorbereitungszeit wahrscheinlicher ist, nie angefertigt worden. Heuss hatte von Werz am 22. 11. verschiedene Materialien erhalten, begann also wohl erst danach mit der Anfertigung der Rede.

(b) folgt weitgehend (a), ist aber nicht nur deren abgetippte Fassung; entweder gab es noch eine bzw. mehrere weitere Fassungen, oder die Veränderungen gehen auf mündliche Anweisungen oder Diktate zurück. So wurde auch noch in die fertiggestellte Fassung eine Seite »– 7a –« eingefügt. Diese Fassung, die einige handschriftliche Anmerkungen von Heuss enthält, diente ihm wahrscheinlich als Vorlage bei seiner Rede. Im Programmablauf war schon festgehalten worden: »Die Rede des Bundespräsidenten wird auf Band und von einem Landtagsstenographen aufgenommen. Dieser begibt sich im Anschluß an die Feier zum Sonderzug, wo er die Rede in die Maschine diktiert – 2 Durchdrucke an Dr. Werz vor der Ankunft in Hannover«.[9]

Fassung (d) kann aber, wie ein Vergleich mit der Tonaufzeichnung zeigt, nicht das Wortprotokoll der gehaltenen Rede sein, da sie nicht alles Gesprochene wiedergibt; daß sie zum anderen Passagen enthält, die in den Entwürfen, aber nicht im Mitschnitt nachweisbar sind, könnte auf Bearbeitungen des Mitschnitts schließen lassen. Diese Fassung (d) beruhte wohl auf der nachträglichen Überarbeitung aufgrund der Entwürfe und der erstellten Mitschrift, die während der Rückfahrt nach Bonn erfolgte; im Programm hieß es nämlich: »Nach dem Abendessen Durchsicht der Ansprache Belsen«.[10] Diesen Ablauf bestätigt Heuss in einem Brief an Kaisen: »Nun hatten wir [...] ja bereits auf dem Weg von Belsen bis Hannover im Zug das Stenogramm durchkorrigiert, und, in Bonn angekommen, kam ein druckfertiges Stück an die jüdische Wochenzeitung.«[11] Die Fassung (e) kann bereits als »Endfassung« gelten, die an Interessenten versendet wurde; Bott meinte wohl diese Fassung, wenn er eine »stenographische Wiedergabe seiner Rede« beilegte.[12] Der im Bulletin veröffentlichte Text (f) weicht von (e) kaum mehr ab.

[9] SBTH, Bundespräsidialamt, Amtszeit Heuss, B 122/2082 (= BA), Programmentwurf, S. 2.
[10] Ebd., S. 3.
[11] SBTH, NL Heuss, N 1221/307 (= BA): Heuss an Kaisen, 3. 12. 1952.
[12] Vgl. z. B. ebd.: Bott an Linke, 4. 12. 1952.

7. Theodor Heuss: [Wälder und Menschen starben gemeinsam], Hürtgenwald, 17. August 1952
(BULLETIN DES PRESSE- UND INFORMATIONSAMTES DER BUNDESREGIERUNG, Nr. 114 (richtig: 115) (19. August 1952, S. 1101)
Zur Überlieferungsgeschichte:
Von der Rede liegen bis zur Veröffentlichung folgende Fassungen vor:
   (a) »Soldaten-Friedhof Hürtgenwald 17. 8. 52«: handschriftliche Disposition, DIN A 5, 8 S. (STBH, NL Heuss, N 1221/8 (= BA))
   (b) »Soldaten-Friedhof Hürtgenwald 17. 8. 52«: maschinenschriftliche Disposition, DIN A 5, 10 S., mit Gebrauchsspuren (SBTH, Bundespräsidialamt, Amtzeit Heuss, B 122/225 R 175 (= BA))
   (c) Tonaufnahme (DRA 52–13124; WDR Schallarchiv 448/7))
   (d) »Hürtgenwald Weihe des Soldatenfriedhofes. Ansprache von Bundespräsident Theodor Heuss am 17. August 1952«: maschinenschriftliche Redemitschrift, DIN A 4, 4 S., handschriftliche Korrekturen (SBTH, Bundespräsidialamt, Amtzeit Heuss, B 122/225 R 175 (= BA))
   (e) Endfassung »Wälder und Menschen sterben gemeinsam‹ Der Friede ist die Aufgabe der Lebenden«, BULLETIN, Nr. 114 [richtig: 115] (19. 8. 1952), S. 1101.

Die Überlieferung ergibt das inzwischen gewohnte Bild: Nach der Erstellung eines handschriftlichen Konzepts (a) wurde dieses abgetippt; daß Fassung (b) Heuss bei seiner Rede als Vorlage diente, zeigen die Gebrauchsspuren und bestätigen die Angewohnheit von Heuss, »gestufte Textfetzen auf kleinen Papieren« zu verwenden, »die man am Schluß in der Rocktasche verschwinden läßt, statt mit den großen Bögen abzuziehen«.[13] Wenngleich sich in den Unterlagen diesmal kein Hinweis darauf findet, ist von einer stenographischen Mitschrift auszugehen. Zudem existierte wegen der Radioübertragung eine Tonaufnahme (c), wobei offenbleiben muß, ob diese für die Korrektur verwendet wurde. Es ist anzunehmen, daß diese Tonaufnahme, die Teil einer Reportage war, nur Auszüge und nicht den vollen Wortlaut wiedergab, da wichtige Passagen aus den Konzepten, die auch in die Endfassung eingingen, hier fehlen. Ein Vergleich von (c) und (d) zeigt, daß (d) schon eine fortgeschrittene Überarbeitungsstufe darstellt, da einige Formulierungen des gesprochenen Wortes korrigiert wurden. Die Veröffentlichung im Bulletin erregte den Widerspruch von Heuss. Er nahm zum einen Anstoß an der Auslassung eines entscheidenden Satzes: Nach »Tausende, Zehntausende, viele Zehntausende von Bäumen starben« fehlte in der Druckfassung (e) der Anschlußsatz: »Tausende, Zehntausende, viele Zehntausende von Menschen starben«. Zum anderen bemängelte er die Wahl der Überschrift, die ein Zitat aus der Rede selbständig verändert hatte: Aus dem Satz »Der kartographische Markungsname ist zur Überschrift geworden für eine düstere Ballade, in der die Natur und die Menschen gemeinsam starben« wurde im Bulletin die Überschrift »›Wälder und Menschen sterben gemeinsam‹«.[14]

8. Theodor Heuss: Unser Opfer ist Eure Verpflichtung: Frieden!, Bonn, 16. November 1952
(BULLETIN DES PRESSE- UND INFORMATIONSAMTES DER BUNDESREGIERUNG, Nr. 181 (20. November 1952), S. 1597f)

---

[13] TH. HEUSS: Tagebuchbriefe, S. 469.
[14] Vgl. SBTH, Bundespräsidialamt, Amtzeit Heuss, B 122/619 (BA): Heuss an Bundespresseamt, 19. 8. 1952.

Zur Überlieferungsgeschichte:

(a) »Volkstrauertag / Bonn, 16. 11. 52«: handschriftliche Disposition, DIN A 5, 22 S. (SBTH, NL Heuss, N 1221/8 (= BA))

(b) »Volkstrauertag / Bonn, 16. 11. 52«: maschinenschriftliche Disposition, DIN A 5, 13 S. (SBTH, Bundespräsidialamt, Amtzeit Heuss, B 122/226 R 185 (= BA))

(c) Tonaufnahme, 20′ 25″ (DRA 52–13143; WDR Schallarchiv 454/11)

(d) »Bundespräsident Professor Dr. Heuss in der Feierstunde anläßlich des Volkstrauertages am 16. November 1952 im Plenarsaal des Bundeshauses in Bonn«: Redemitschrift (korrigierte und unkorrigierte Exemplare), DIN A 4, 6 S. (SBTH, Bundespräsidialamt, Amtzeit Heuss, B 122/226 R 185 (= BA))

(e) »Bundespräsident Professor Dr. Heuss in der Feierstunde anläßlich des Volkstrauertages am 16. November 1952 im Plenarsaal des Bundeshauses in Bonn«: Endfassung, DIN A 4, 6 S. (SBTH, Bundespräsidialamt, Amtzeit Heuss, B 122/226 R 185 (=BA))

(f) »›Unser Opfer ist Eure Verpflichtung: Frieden!‹«, BULLETIN, Nr. 181 (20. 11. 1952), S. 1597f.

Nach der Korrektur des ursprünglichen Entwurfs (a), dem möglicherweise noch Notizen vorausgingen, wurden in (b), das, wie ein Vergleich mit (c) zeigt, die Grundlage für das gesprochene Wort darstellte, nur wenige handschriftliche Ergänzungen angebracht. Aufgrund der Redemitschrift (d) wurde dann schließlich eine Endfassung (e) erstellt, im Bulletin veröffentlicht (f) und war die Grundlage für weitere Drucke.

9. Theodor Heuss: Bekenntnis und Dank, Berlin, 19. Juli 1954

(BULLETIN DES PRESSE- UND INFORMATIONSAMTES DER BUNDESREGIERUNG, Nr. 132 (20. Juli 1954), S. 1188–1190)

Zur Überlieferungsgeschichte:

Von der Rede liegen bis zur Veröffentlichung folgende Fassungen vor:

(a) »Berlin / 19. Juli 1954 / Gedenkrede für Opfer des 20. Juli 1944«: handschriftliche Disposition, DIN A 5, 33 + 1 S. mit Datumsvermerk »10. 7.« (SBTH, NL Heuss, N 1221/12 (=BA))

(b) »Berlin / 19. Juli 1954 / Gedenkrede für Opfer des 20. Juli 1944«: maschinenschriftliche »Endfassung« in 3 Ausfertigungen, DIN A 5, 32 S. (eingefügte Seiten 5a und 27a), davon eine Ausfertigung korrigiert, eine mit dem Vermerk »Urspr. Fassung Seite 5a-8 sind aber umgeschrieben« (SBTH, Bundespräsidialamt, Amtzeit Heuss, B 122/236 R 87/I (=BA))

(c) hektographierte Endfassung mit Sperrfristvermerk »19. 7. 54, 18 Uhr« und einzelnen, meist redaktionellen Korrekturen sowie dem Vermerk »durchgesehen« von Heuss (SBTH, Bundespräsidialamt, Amtzeit Heuss, B 122/236 R 87/I (=BA))

(d) Tonaufnahme der Rede, 42′ 15″ (DRA 88 U 4770/10; SDR-Tonarchiv 6002395 [= SWR])

(e) »Bekenntnis und Dank«: Druckfassung (BULLETIN, Nr. 132 (20. Juli 1954), S. 1188–1190).

Bei dieser Rede laufen die beiden idealtypischen Arbeitsweisen bei der Vorbereitung ineinander. Bereitete Heuss seine Reden zumeist mit Hilfe der Konzeptzettel vor, die zusammen mit der Redemitschrift die Grundlage für den später veröffentlichten Text bildeten, wurde hier auch ein fertiger Redetext erstellt. Die Überlieferung verschiedener Bearbeitungsstufen in z. T. mehreren, unterschiedlich benutzten Ausfertigungen, die wohl nur einen Teil der damals erstellten Unterlagen umfassen, sowie die Anzahl der Korrekturen und Ergänzungen im einzelnen zeigen die Intensität der Vorbereitung, die angesichts des von Heuss lange gehegten Plans einer Gedenkrede für den 20. Juli nicht verwundert. War das handschriftliche Konzept der erste Entwurf, dem möglicherweise einzelne Notizen vorausgingen, liegt in (b), wie ein Vergleich mit der Tonaufnahme (d) zeigt, der Redetext von Heuss vor. Zum einen handelt es sich nämlich hier nicht um die sonst übliche elliptische Zusammenstellung der zentralen Formulierungen, sondern um einen durchgängig formulierten Vortragstext, dessen graphische Gestaltung die Lesbarkeit erleichterte.

Einerseits finden sich einige der eingefügten Korrekturen auch in der vorab verteilten Fassung (c) sowie in der im Bulletin veröffentlichten, wie z. B. die handschriftliche Änderung von »Vollsinnige« in »Klardenkende« im Satz »Es wird heute wohl nur noch wenige Klardenkende geben, die das bestreiten wollen« (vgl. (b), (c) und (e)). Das bedeutet, daß (c) (und (e)) nach der Korrektur von (b) erstellt wurden. Andererseits finden sich in (b) Einfügungen, die nur in der Tonaufnahme nachweisbar sind; in den dem obigen Beispiel vorausgehenden Satz »Hitlers Krieg gegen die Welt war damals militärisch schon verloren« (so (c) und (e)) wurde in (b) handschriftlich ein »völlig« (»schon völlig verloren«) eingefügt, das auch in (d) hörbar ist. Das heißt, daß Heuss die fertige Fassung, die zum Zwecke der Veröffentlichung in Form gebracht wurde, für den Vortrag noch durchgegangen ist. Die Betonungen anzeigenden Unterstreichungen sowie Pausen und Absätze markierende Querstriche sind wohl auch so entstanden. Insgesamt beschränken sich diese Veränderungen auf Details und sind für die inhaltlichen Aussagen weithin bedeutungslos. Während der Rede selbst wich Heuss dann an manchen Stellen geringfügig vom vorliegenden Text ab, indem er einzelne verdeutlichende Worte einfügte oder manche Formulierung leicht variierte; so wurde z. B. aus einem »Dies« ein »Dieses« ((b), S. 1), aus »(...), die ihre Ablehnung des Hitlertums zu den Misshandlungen in den Konzentrationslagern führte, in den Tod, (...)« wurde »(...), die ihre Ablehnung des Hitlertums zu den Misshandlungen in den Konzentrationslagern, in den Tod *führte,* (...)« ((b), S. 5), aus »Manchem mag dies bekannt sein« wurde »Manchem von Ihnen mag bekannt sein« ((b), S. 9) oder aus »Dieser Fahneneid wurde einem Manne geleistet (...)« wurde »Dieser Fahneneid, um den jetzt soviel diskutiert wird, wurde einem Manne geleistet (...) ((b), S. 13). Diese zumeist verdeutlichenden Veränderungen bedeuten aber keine inhaltlichen Abweichungen vom geplanten Duktus der Rede.

Personenregister